2023年度版

わかって合格(うか)る宅建士

基本テキスト

TAC宅建士講座 専任講師
木曽 計行・木曽 陽子

wakatte-ukaru

TAKKEN士
shi

はじめに

　宅建士試験に合格するためには、どんな学習をするのが効果的でしょうか。

　できるだけ短時間で効果的な学習をして合格したいと考えれば、当然の疑問です。しかし、それは、ただ単に覚えようとしたり、やみくもに問題を解くことではありません。

　その答えは、**合格に必要不可欠な知識**を、**必要な限度で理解・整理**して頭に入れ、**問題を解く力にまで高める**ことです。キーワードは、「**わかって合格る**」。その心は"理解あってこそ、はじめて合格する"です。

　そのために、本書では、本試験の出題傾向を徹底的に分析し、次のコンセプトで、**合格に必要不可欠な情報を掲載**しています。もちろん、初めて学習する方々でもスムーズに理解できるように、**わかりやすさには特に留意**しました。

---

❶ 過去問の分析を通じて、押さえるべき事項を絞り込みました。**直近の2022年度**（**令和4年度**）を含む、**12年間の本試験**での出題事項には**アンダーラインを引き**、**出題年も記載**しています。ここを拾っていけば、**一気に重要な基本事項がマスター**できます。

❷ 重要なキーワードや数字は、付属の**赤シート**を用いて暗記できます。

❸ 必要に応じて「**ケース（具体例）」を用いて説明**しました。**実戦的な受験対策**ができます。

❹ 整理が必要な箇所は、簡略に**図表化**し、理解や記憶に必要な**着眼点**や**整理のポイント**を随所に織り込みました。

❺ 準備が不可欠な**最近の改正ポイント**は、「 **最近の改正** 」で明示しています。もちろん、「**民法大改正**」にも、しっかり対応しています。

❻ 仕上げとして「**厳選過去問プレミアム50**」、これをやれば完璧です。

❼ 手軽で機動的な学習ができるように、**4分冊構成**としました。

　皆さんが本書を集中的にマスターされ、2023年度の宅建士試験の合格を勝ち取られることを心よりお祈りしています。

　合格はすぐそこにあります。

2022年10月吉日

TAC宅地建物取引士講座 専任講師

木曽　計行

木曽　陽子

本書の利用方法

本書は、直近の試験の出題傾向を徹底的に分析し、マスターすべき事項を丁寧に絞り込みました。合格に必要不可欠な知識を、きっちり理解・整理して頭に入れ、問題を解く力に結びつける——これが本書のコンセプト、「わかって」「合格る」です!

① まずは「全体像」をつかもう!

パッとすばやく全体を俯瞰!

● 『基本テーマ32』 【本書 冒頭】

本書の冒頭では、きっちり押さえておきたい"基本テーマ"をコンパクトに整理しました。「効果的な学習の出発点」として、試験の全体像を、イメージで一気につかみましょう!

効率的な学習の"ナビゲーター"!

● 分野ごとの『傾向と対策・全体像』 【各編 冒頭】

各分野の冒頭は、直近の2022年度(令和4年度)の本試験の傾向分析や、その分野の本試験における位置づけ、学習方法を、"ガイダンス"としてまとめました。合格するために攻略すべき本試験の全容を、ここでしっかり把握しましょう。

スムーズに本文に入るための

● 『Introduction』 【各Section 冒頭】

各Sectionの冒頭では、そこでマスターする学習内容のポイントや得点配分などについて、簡潔にまとめました。

4

本試験対策の"最重要ポイント"が一目瞭然!

合格のための必須情報!
● 『最近の改正』アイコン
本試験で問われやすい、直近および近時に行われた法改正箇所について、わかりやすくアイコン表記しました。

今年は特にココをマーク!
● 『重要』アイコン
何度も確認してほしい重要項目にはアイコン表示しました。ここでの内容は、絶対にしっかりマスターしておきましょう!

---

2 賃貸借の存続期間 ❗重要

1 存続期間を定める場合

賃貸人と賃借人との間で賃貸借の期間を定めるとき、最長期間は<u>50年</u>です(604条1項) 。したがって、例えば、<u>60年と決めた場合でも、期間50年の賃貸借になります</u>。
H26

> 以前は「20年」まででしたが、社会のニーズにより、「50年」という長期の賃貸借が認められるようになったのです。

そして、民法上、期間を定めた場合は、特約があるときを除いて(618条)、賃借

狙われた箇所がハッキリわかる!
● アンダーラインと出題年度表示

平成23年度から直近の令和4年度(12年分)の本試験で出題された事項には、アンダーラインを引き、出題された年度を併記しました。なお、令和2、3年度の本試験は10月と12月の2回行われていますので、たとえば令和2年度の10月、12月に同じ事項がそれぞれ出題された場合は"R2・2"という表記になります。

> **3 登記の受付と完了**
> ❶ 登記の受付
> 登記官は、申請情報等が登記所に提供された場合は、登記の申請を受理しなければなりません(19条1項)。
> ❷ 登記の完了
> 登記が完了すると、その旨を通知するために、登記完了証が交付されます(26条、9/24条、規則181条・182条)。重ねて、<u>申請人自らが登記名義人となる場合で、その登記が完了したときは、登記官は、その申請人に対し、その登記にかかる登記識別情報を通知します</u>(21条本文)。ただし、申請人が、あらかじめ登記識別情報の通知

余裕のないときは後回しに!!
関連知識や学習の優先度が低い事項は、タイトルを薄い色(灰色)で表記し、内容表記も、文字を小さく控えめにしました。時間に余裕のない方はここを<u>後回しにする</u>、または<u>省略する</u>のも、ひとつの戦略です。

③ きっちり理解・整理して覚える！

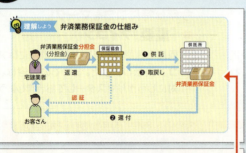

暗記事項も ばっちりインプット！
赤シート対応

絶対に覚えておきたいキーワードや重要数字などは、付属の赤シートを使って徹底暗記しましょう！

豊富な図表！
- 『理解しよう』
- 『試験に出る！POINT整理』
- 『ゴロで覚える』
- 『出題される具体例』

「試験によく出題される事例」や、覚えるべき点をギュッと集約した「まとめの図表」を、ビジュアルでわかりやすく表現し、要所要所に配置しました。重要ポイントをここでしっかり整理しましょう。

"ゴロ合わせ"は、いっぺんにいろいろ覚えられますので、うまく活用しましょう！

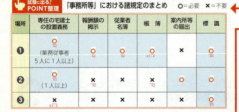

「わか合格キャラクター」が学習アドバイス！
- 『学習のPOINT KK&KY』
- 『ひとことKK&KY』

著者の木曽計行先生・木曽陽子先生からの「+αの注釈」や、理解をさらに深めるためのヒントおよびワンポイントアドバイスです。「ふ〜ん」「なるほど!」……目からウロコのお役立ち情報満載です。

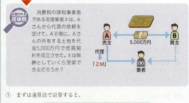

6

問題を解いて"合格力"を養成!

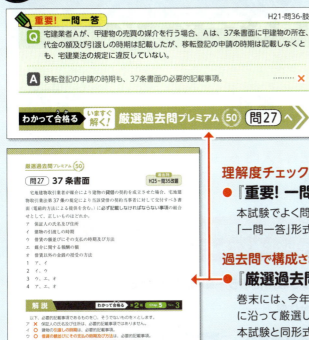

理解度チェック&知識を定着!!
● 『重要! 一問一答』
本試験でよく問われる問題を厳選して、「一問一答」形式で掲載しています。

過去問で構成された"最強の予想模試"!!
● 『厳選過去問プレミアム50』
巻末には、今年の出題が予想されるテーマに沿って厳選した「過去の本試験問題」を、本試験と同形式で配置しました。

さらに実践的な過去問に挑戦!!
● 『分野別過去問題集』へのリンク
『Introduction』の下には、同じシリーズの『分野別過去問題集』の問題番号を記載しています。

★ 法改正・統計情報対策も万全!! 『法律改正点レジュメ』のご案内 ★

　宅建士本試験は、例年4月1日現在施行中の法令等に基づいて出題されます。本書執筆時(2022年9月末)以後に施行が判明した法改正情報については、TAC宅建士講座の『法律改正点レジュメ』にて対応いたします。
※2023年7月よりTAC出版ウェブページ「サイバーブックストア」内で無料公開（パスワードの入力が必要です）

ご確認方法
● TAC出版で 検索 し、TAC出版ウェブページ「サイバーブックストア」へアクセス
● 「各種サービス」より「書籍連動ダウンロードサービス」を選択し、「宅地建物取引士 法律改正点レジュメ」に進み、パスワードを入力してください。

パスワード：231010341
公開期限：2023年度宅建士本試験終了まで

CONTENTS

本書の利用方法 *4*

1時間で宅建士試験大(おお)づかみ
まずはここから！基本テーマ 32 .... *25*

第1編 民法等 第1分冊

合格するための「民法等」入門 2
■ 「民法等」の傾向と対策
■ 「民法等」の全体像

Chapter ▷ 1 契約を結ぶときに問題となること
（売買契約を中心に考えてみよう）

Section 1 "契約"ってなんだろう ～契約の成立要件など～

1 契約の全体像 6

Section 2 相手方が未成年者なら ～制限行為能力者制度～

1 「制限行為能力者制度」とは 9
2 未成年者制度 10
3 成年後見制度 12
4 制限行為能力者の取消しとその効力 16
5 取引の相手方の保護および法律関係安定のための制度 ... 16

Section 3 だまされて契約したら ～意思表示～

1 詐　欺 19
2 強　迫 21
3 通謀虚偽表示 22
4 心裡留保 24
5 錯　誤 25
6 意思表示のまとめ 27

8

Section 4 人に契約を結んでもらう ～代　理～

1 代　理 ·· 28
2 無権代理 ·· 38

Chapter ▷ 2 契約の内容を実現する段階で問題となること
（売買契約を中心に考えてみよう）

Section 1 契約が守られないとき ～債務不履行・契約の解除・手付～

1 債務不履行 ··· 46
2 契約の解除 ··· 52
3 手　付 ·· 56

Section 2 買った建物が地震で壊れたら ～危険負担～

1 危険負担 ··· 60
2 履行遅滞中の履行不能と帰責事由 ··················· 62

Section 3 買った家が欠陥住宅だったら? ～売買の契約不適合（売主の担保責任）等～

1 種類・品質に関する契約不適合 ······················ 63
2 数量に関する契約不適合 ································· 65
3 権利に関する契約不適合 ································· 65
4 特約による担保責任の軽減 ···························· 66
5 権利の全部が他人に属する場合 ······················ 66
6 売買の契約不適合（担保責任）等のまとめ ········· 69

Section 4 債権回収のための手段-① ～抵当権等～

1 抵当権などの担保物権 ···································· 70

Section 5 債権回収のための手段-② ～連帯債務と保証～

1 連帯債務と保証 ··· 87

Section 6 二重譲渡などに備えて ～対抗問題～

1 物権変動の対抗要件 ······································· 98
2 「第三者」の範囲 ··· 99
3 登記が必要な物権変動 ···································· 102
4 対抗問題のまとめ ·· 107

9

Section 7 「登記」とはどんな仕組み？ ～不動産登記法～

- **1** 登記の概要等 ··· 108
- **2** 登記の手続 ··· 114
- **3** 登記の種類 ··· 119

Section 8 債権を他人に譲り渡す ～債権譲渡～

- **1** 債権譲渡自由の原則 ··· 126
- **2** 債権譲渡の対抗要件 ··· 127
- **3** 債務者の抗弁等 ··· 130

Section 9 債権が消滅する ～弁済・相殺など～

- **1** 債権の消滅 ··· 131
- **2** 弁　済 ·· 132
- **3** 相　殺 ·· 137

Chapter ▷ 3 賃貸借契約・借地借家法

Section 1 賃料を払って借りる ～賃貸借契約（民法）～

- **1** 賃貸借契約 ··· 142
- **2** 賃貸借の存続期間 ··· 146
- **3** 賃借権の譲渡・転貸 ··· 147
- **4** 敷　金 ·· 150
- **5** 民法上の賃貸借のまとめ ·· 151
- **6** 賃貸借と使用貸借との相違点 ··································· 153

Section 2 借りた土地に家を建てる ～借地権（借地借家法）～

- **1** 借地権とは ··· 154
- **2** 借地権の存続期間 ··· 155
- **3** 借地権の更新 ·· 156
- **4** 借地上の建物の再築 ··· 157
- **5** 借地権の譲渡・転貸借 ·· 158
- **6** 建物買取請求権 ··· 159
- **7** 借地権の対抗要件 ··· 159
- **8** 借地条件の変更および増改築の許可 ························· 161
- **9** 強行規定 ··· 161

10 借地権のまとめ **162**

11 定期借地権（22～24条）................................ **163**

Section 3　賃貸住宅に住む 〜借家権（借地借家法）〜

1 借家権とは **165**

2 借家権の存続期間と更新等 **166**

3 借家権の譲渡・転貸借 **167**

4 造作買取請求権 **168**

5 借家権の対抗要件 **169**

6 借地上の建物の賃貸借 **169**

7 居住用建物の賃貸借の承継 **170**

8 強行規定 **170**

9 借家権のまとめ **171**

10 定期建物賃貸借等 **172**

11 地代・家賃の増減額請求 **174**

Chapter ▷ 4　その他のいろいろな法律関係

Section 1　契約を専門家に任せる 〜委任契約〜

1 委任契約と準委任契約 **178**

2 受任者の義務 **178**

3 受任者の権利 **180**

4 委任契約の終了事由 **182**

Section 2　工務店に家を注文する 〜請負契約〜

1 請負契約とは **183**

2 契約不適合の場合の請負人の担保責任 **184**

Section 3　タダでもらう契約 〜贈与契約〜

1 贈与契約とは **187**

2 贈与契約の性質 **187**

Section 4　時が経てば権利を失う 〜時 効〜

1 時効制度 **188**

2 取得時効 **189**

11

3 消滅時効 192

4 時効の完成猶予と更新 194

5 時効完成の効力 196

Section 5 人の死で財産を引き継ぐ ～相 続～

1 法定相続人と法定相続分 197

2 欠格と廃除 200

3 相続の承認と放棄 200

4 遺 言 202

5 遺留分 203

6 相続財産の帰属 205

7 配偶者の居住権の保護 206

Section 6 他人に迷惑をかけたら ～不法行為等～

1 不法行為 208

2 不当利得 213

3 事務管理 213

Section 7 共同で別荘を買ったとき ～所有権と共有、その他の物権～

1 物権とは何だろう 214

2 所有権と共有 215

3 土地・建物の管理制度 223

4 その他の物権 224

Section 8 マンションに住む ～区分所有法等～

1 マンション法（区分所有法）の全体像 227

2 区分建物の登記（不動産登記法） 230

3 集会の決議（区分所有法） 232

索引【第1編】

第2編 宅建業法

合格するための「宅建業法」入門 ……………………………… 246
- 「宅建業法」の傾向と対策
- 「宅建業法」の全体像

Chapter▷1 宅建業者になる

Section1 「宅地建物取引業」ってなに?
1 宅地建物取引業の定義（2条） …………………………… 250
2 事務所の定義（施行令1条の2） ………………………… 254

Section2 宅建業者は免許が必要 〜宅建業の免許と欠格要件等〜
1 免許の種類と効力 …………………………………………… 255
2 免許の欠格要件（5条） …………………………………… 256
3 免許の更新 …………………………………………………… 266
4 届出事項等 …………………………………………………… 266
5 免許換え（7条） …………………………………………… 269
6 「みなし業者」と無免許営業の禁止 ……………………… 271

Chapter▷2 宅建士は取引のスペシャリスト

Section1 「宅建士」って何をする人?
1 宅地建物取引士になるには ………………………………… 276
2 宅建士の法定業務等 ………………………………………… 277

Section2 登録しないと宅建士になれない 〜宅建士の登録と欠格要件等〜
1 宅建士の登録の欠格要件（18条） ………………………… 278
2 登録の申請と内容 …………………………………………… 283
3 届出義務と登録の消除 ……………………………………… 284
4 登録の移転 …………………………………………………… 286

Section3 宅建士としての証明書をもらう 〜宅建士証〜
1 宅建士証の有効期間と講習 ………………………………… 288

13

2 宅建士証の書換え・再交付・返納・提出 ……………………… **289**

Section 4 　宅建業者と宅建士

1 宅建士の設置義務 …………………………………………………… **291**

2 宅建業者と宅建士の比較 ………………………………………… **294**

Chapter ▷ 3 　宅建業を始める前にお金を預ける

Section 1 　営業保証金の仕組み

1 営業保証金とは …………………………………………………… **296**

2 営業保証金の供託と営業の開始時期 …………………………… **297**

3 営業保証金の還付（27条） ……………………………………… **301**

4 営業保証金の取戻し（30条） …………………………………… **303**

Section 2 　保証協会

1 宅地建物取引業保証協会 ………………………………………… **305**

2 保証協会への加入 ………………………………………………… **307**

3 保証協会による弁済業務 ………………………………………… **309**

4 弁済業務保証金の取戻し等（64条の11） ……………………… **311**

Chapter ▷ 4 　取引にあたって注意しなければならないこと

Section 1 　広告や契約の注意事項

1 誇大広告の禁止と取引態様の明示 ……………………………… **314**

2 広告開始・契約締結の時期の制限 ……………………………… **318**

Section 2 　事務所等に関する定め

1 「案内所等の届出」と「標識の設置」義務 …………………… **320**

2 従業者証明書・従業者名簿・帳簿 ……………………………… **323**

Section 3 　業務を行うときのモラルなど

1 業務における諸規定 ……………………………………………… **326**

2 供託所等に関する説明（35条の2） …………………………… **330**

14

Chapter ▷ 5 　取引にあたって交付すべき3大書面

Section 1 　媒介契約で交付すべき書面 ～媒介契約書～

1 媒介・代理契約の種類 ·· 332
2 売買・交換の媒介・代理契約の規制 ··································· 333
3 売買・交換の媒介・代理契約書の交付義務と書面の記載事項
（34条の2）·· 336

Section 2 　契約「前」に交付する書面 ～35条書面～

1 重要事項の説明義務（35条）··· 339
2 重要事項説明書の記載事項 ·· 342

Section 3 　トラブル防止目的の書面 ～37条書面～

1 37条書面の交付 ·· 355
2 35条書面と37条書面の比較 ·· 360

Chapter ▷ 6 　業者が自ら売主となるときの8種規制

Section 1 　8種規制を受けるとき

1 8種規制の趣旨 ·· 364
2 8種規制の適用対象となる取引（78条2項）····················· 365

Section 2 　8種規制ってどんなもの?

1 損害賠償額の予定等の制限 ·· 366
2 手付金の性質と額の制限 ·· 368
3 手付金等の保全措置 ··· 369
4 自己の所有に属しない物件の売買契約締結の制限 ········ 374
5 クーリング・オフ制度 ·· 376
6 契約内容不適合責任（売主の担保責任）の特約の制限 ······· 382
7 割賦販売契約の解除等の制限 ·· 384
8 割賦販売等における所有権留保等の禁止······················· 386

15

Chapter ▷ 7 報酬額の制限

Section 1 報酬額の制限規定

1 報酬額を制限する規定	390
2 消費税	391

Section 2 報酬額の計算方法

1 報酬額計算の基本ポイント	393
2 売買・交換の場合の報酬額の計算練習	399
3 貸借の場合の報酬額の計算練習	401

Chapter ▷ 8 宅建業者や宅建士が受けるペナルティー

Section 1 監督処分の種類と事由

1 監督処分の種類と処分権者	404
2 宅建業者に対する監督処分	404
3 宅建士に対する監督処分	410
4 監督処分の手続	412

Section 2 罰 則

1 罰則の種類と適用の事由	413
2 両罰規定	414

Chapter ▷ 9 欠陥住宅の販売に備えて

Section 1 新築住宅の瑕疵担保責任を果たすために ～住宅瑕疵担保履行法～

1 住宅瑕疵担保履行法とは	416
2 宅建業者等の資力確保義務	416

索引【第2編】

第3編 法令上の制限

合格するための「法令上の制限」入門 …… 426
- 「法令上の制限」の傾向と対策
- 「法令上の制限」の全体像

Chapter▷1 都市計画法

Section1 街づくりの"出発点" 〜都市計画法の目的等〜
1. 都市計画法の目的 …… 430
2. 都市計画区域の指定（5条）…… 431
3. 準都市計画区域の指定（5条の2第1項）…… 432

Section2 都市計画にはどんなものがあるのだろう 〜都市計画の種類と内容〜
1. 都市計画の全体像 …… 433
2. 都市計画区域の整備、開発および保全の方針（都市計画に関するマスタープラン、6条の2、15条）…… 434
3. 市街化区域と市街化調整区域（区域区分）…… 435
4. 地域地区 …… 436
5. 都市施設 …… 446
6. 市街地開発事業（12条）…… 447
7. 市街地開発事業等予定区域（12条の2）…… 447
8. 地区計画等 …… 447

Section3 都市計画はどのように決まるのだろう 〜都市計画の決定〜
1. 都市計画の決定権者（15条）…… 452
2. 都市計画の決定手続（15条の2〜21条の5）…… 453

Section4 都市計画の実現のために制限を加える 〜都市計画制限〜
1. 都市計画事業と都市計画制限 …… 456
2. 事業までの過程（制限の内容）…… 456

Section5 良好な街づくりのための造成工事 〜開発許可制度〜
1. 開発許可制度の目的 …… 462
2. 開発許可制度の内容（29条、施行令19条〜22条の3）…… 462

17

3 開発許可の申請の手続 ································· **467**

4 建築行為等の制限 ································· **474**

5 不服申立て（50条） ································· **477**

6 違反是正措置 ································· **477**

Chapter ▷ 2　建築基準法

Section 1　建築の最低基準を定めた法律 〜建築基準法の全体像〜

1 建築基準法の全体像 ································· **480**

2 建築基準法上の用語の定義 ································· **482**

3 建築基準法の適用除外（3条） ································· **483**

Section 2　全国どこででも守らなければならない基準 〜単体規定〜

1 単体規定 ································· **484**

Section 3　都市計画区域などで守らなければならない基準 〜集団規定〜

1 集団規定とは（41条の2、68条の9） ································· **486**

2 用途制限（48条、別表第2） ································· **486**

3 建築物の敷地と道路の関係 ································· **491**

4 建蔽率 ································· **495**

5 容積率 ································· **500**

6 建蔽率と容積率の計算例 ································· **504**

7 敷地面積の最低限度 ································· **505**

8 低層住居専用地域等内での規制 ································· **506**

9 建築物の高さの規制 ································· **507**

10 防火地域・準防火地域 ································· **513**

Section 4　建築基準法を守ってもらうために 〜建築確認〜

1 建築確認の学習ポイント ································· **519**

2 建築確認の要否（6条） ································· **520**

3 建築確認の手続（6条〜7条の6） ································· **524**

4 違反建築物に対する措置等（9条、9条の3） ································· **526**

5 不服申立て（94条〜95条） ································· **527**

18

Section 5 みんなで決める建築の基準 ～建築協定～

1 建築協定（69条～76条） **528**
2 一人協定（76条の３） **530**

Chapter ▷ 3 国土利用計画法

Section 1 国土の計画的な利用や取引 ～国土利用計画法の全体像～

1 国土利用計画法の目的と体系 **532**
2 国土利用計画法の学習の重点 **533**

Section 2 土地の売買は自由にできない-① ～事後届出制～

1 事後届出制の内容（23条～27条の２） **534**
2 事後届出制の手続 **541**

Section 3 土地の売買は自由にできない-② ～事前届出制等～

1 事前届出制 **543**
2 許可制（12条～19条） **549**

Chapter ▷ 4 農地法

Section 1 最大の目的は「食料の確保」 ～農地法の全体像～

1 農地法の概要 **552**
2 用語の定義 **553**

Section 2 農地も自由に売却できない ～農地の処分制限～

1 ３条の許可（権利移動の場合） **555**
2 ４条の許可（転用の場合） **556**
3 ５条の許可（転用目的の権利移動の場合） **558**

19

Chapter ▷ 5 土地区画整理法

Section 1 "土地の区画整理"ってどんなこと? ～土地区画整理法の全体像～

1 土地区画整理法とは ································· **562**
2 土地区画整理事業の施行者 (3条、3条の4) ················· **564**

Section 2 土地区画整理事業はどのように進めるの? ～土地区画整理事業の施行～

1 土地区画整理事業の流れと建築行為等の規制 ············· **565**
2 土地区画整理組合が成立するまで ····················· **566**
3 換地計画の策定 ································· **567**
4 仮換地の指定 ································· **568**
5 換地処分 ································· **572**
6 保留地 (96条、108条) ····························· **575**

Chapter ▷ 6 宅地造成等規制法・その他の制限法令

Section 1 崖崩れを防止するための法律の全体像 ～宅地造成等規制法の目的等～

1 宅地造成等規制法の目的 (1条) ····················· **578**
2 用語の定義 ································· **578**

Section 2 宅地造成工事規制区域と造成宅地防災区域

1 宅地造成工事規制区域の指定と許可制 ················· **582**
2 規制区域内での監督処分 (14条) ····················· **584**
3 規制区域内での届出制 (15条) ························· **585**
4 規制区域内の宅地の保全義務等 (16条、17条、19条) ········· **586**
5 造成宅地防災区域 ································· **586**

Section 3 その他の制限法令

1「その他の制限法令」の効率的な学習方法 ··············· **588**
2「その他の制限法令」のまとめ ······················· **589**

索引【第3編】

20

第4編 その他関連知識

合格するための「その他関連知識」入門 ……… 596
- 「その他関連知識」の傾向と対策
- 「その他関連知識」の全体像

Chapter▷1 不動産に関する税金

Section1 不動産に関する税金の全体像
1. 税金が課せられるさまざまな場合 ……… 600
2. 税金の分類 ……… 601
3. 税金における用語の定義 ……… 602
4. 税額算定の基本計算式と特例 ……… 603

Section2 不動産を取得したときに課される税金 〜不動産取得税（道府県税－地方税法）〜
1. 課税主体（73条） ……… 605
2. 課税客体（73条） ……… 605
3. 納税義務者（73条の2、附則10条の3） ……… 605
4. 非課税の場合（73条の3、4、7） ……… 606
5. 課税標準 ……… 606
6. 免税点（73条の15の2） ……… 608
7. 税率（73条の15、附則11条の2） ……… 608
8. 税額減額の特例（73条の24） ……… 608
9. 納税の方法（73条の17） ……… 609

Section3 不動産を保有しているときに課される税金 〜固定資産税（市町村税－地方税法）〜
1. 課税主体（341条） ……… 610
2. 課税客体（341条） ……… 610
3. 納税義務者（343条） ……… 610
4. 非課税（348条） ……… 611
5. 課税標準（349条等） ……… 611
6. 免税点（351条） ……… 613
7. 税率（350条） ……… 613
8. 住宅についての税額の減額の特例（附則15条の6、施行令附則12条） ……… 613

9 納税の方法 （362条、364条） **614**

Section 4 儲けたときに課される税金 ～所得税（国税－所得税法）～

1 課税主体等 **615**

2 譲渡所得の算定 （33条） **615**

3 課税標準の特例（特別控除） **616**

4 軽減税率（租特法31条、31条の２、31条の３） **619**

5 買換え等の特例（課税の繰延べ） **620**

6 居住用財産の買換え等の場合の譲渡損失の損益通算及び
繰越控除等 **622**

7 所得税に関する特例の適用関係のまとめ **624**

8 住宅借入金等を有する場合の所得税額の特別控除（租特法41条） **624**

Section 5 その他の重要な国税 ～印紙税・登録免許税・相続税・贈与税～

1 印紙税（国税－印紙税法） **626**

2 登録免許税（国税－登録免許税法） **628**

3 相続税・贈与税（国税－相続税法） **631**

Chapter ▷ 2 税金以外の関連知識 （※）…「５問免除」の方は学習不要です

Section 1 土地・建物の値段の決め方 ～不動産鑑定評価基準・地価公示法（価格の評定）～

1 不動産鑑定評価基準 **634**

2 地価公示法 **640**

Section 2 長期固定住宅ローンの支え手 ～住宅金融支援機構法（需給および実務－①）～ （※）

1 住宅金融支援機構の目的 （4条） **644**

2 住宅金融支援機構の主な業務 （13条、施行令5条） **644**

3 業務の委託 （16条） **647**

4 役員・職員の地位等 （11条、12条） **647**

5 フラット35 .... **648**

Section 3 "インチキ広告"にだまされないぞ ～景表法（需給および実務－②）～ （※）

1 景表法の目的 **650**

2 景表法の規制 **651**

3 不動産の表示に関する公正競争規約 **652**

22

4 不動産業における景品類の提供の制限に
関する公正競争規約（景品規約3条） ……………………………… 661

Section 4 土地の値上がり・値下がりの仕組み 〜不動産に関する統計（需給および実務-③）〜 （※）

1 不動産に関する統計 ……………………………………………… 662
2 公示地価の動向（土地の値段は上がっているの？ 下がっているの？）…… 662
3 売買による土地所有権移転登記（取引）件数
（土地取引は増えているの？ 減っているの？） ……………………… 663
4 新設住宅着工戸数の動向
（住宅の新築は増えているの？ 減っているの？） ……………………… 663
5 法人企業統計等（不動産業は儲かっているの？） ……………………… 663

Section 5 住みよい土地や建物とはどんなもの？ 〜土地・建物〜 （※）

1 土　地 ……………………………………………………………… 664
2 建　物 ……………………………………………………………… 668

索引【第4編】

……… 673

本書は、原則として、2022年9月末現在に施行されている法令等に基づいて執筆されています。

23

1時間で宅建士試験大（おお）づかみ

　宅建士試験50問のうち、正答率70％以上の問題（つまり、簡単で絶対に落としてはダメな問題）が、30問前後出題されます。これらの問題の多くはよく出る特定のテーマから出題されています。そこで、頻出・基本テーマを手早く理解して、効果的な学習につなげましょう。
　では、合格のエッセンスぎっしりの「基本テーマ32」イッキ読み、スタート！！

▶ 過去12年の出題 8回 は、過去12年間の当該論点の出題回数が8回であることを表します

▶ わかって合格る 第1編 Chap.2 Sec.2 は、本文の第1編のChapter2 - Section2を表します

民法等 1	民法等 2
# 制限行為能力者制度	# 意思表示

わかって合格る 第1編 Chap.1 Sec.2 　過去12年の出題 **7回**

わかって合格る 第1編 Chap.1 Sec.3 　過去12年の出題 **9回**

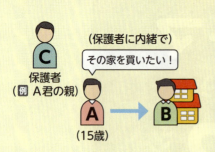

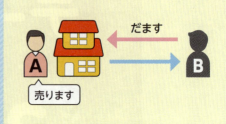

未成年者など**判断能力が十分でない人を守るために**設けられている制度。例えば、子供には親が**保護者**としてつけられています。ところが15歳のA君が1人でBと契約を結んでしまった。もしかしたら、ヤバい契約かもしれない！ そんな事態に備えて、民法は、その**契約を後からなかったことにできる**仕組みを設けています。

合格のPOINT

未成年者の他に、認知症の**大人**なども、保護してあげる必要がありますよね。それぞれについて、どのように保護されているかを学習していきましょう。大人については、3つのタイプが用意されています。判断能力の低い人ほど手厚い保護が必要ですから、「**判断能力のレベル**」をつかむことが、まず大切。

Bにだまされて家の売買契約（例「売る」という**意思表示**をする）を結んだAは、後で、やっぱりその契約をやめたいと後悔した。このままじゃAがかわいそう。Bはヒドイ奴だ。
この場合、もちろんAは、**契約をとりやめることができます**。

合格のPOINT

ここでは、このように**自分の本心と違う契約を結んでしまった**場合の処理がテーマです。さらに、事情を全く知らずにBから購入したC（このような人のことを第三者といいます）がいるときは、どうなるのでしょうか？ Aから突然「返せ」と言われたら、Cはビックリしますよね。この第三者CとAとの関係も焦点。

26

民法等 3 代理

わかって合格る　第1編　Chap.1　Sec.4　過去12年の出題 7回

マイホームなどを売却するとき、一般的には不動産屋さんに頼みますよね。このように**人に頼んで、本来は自分がやるべき売買契約などをやってもらうことを代理**といいます。自分で出向かないのに自分が家を売ったことになるという**便利な仕組み**です。

合格のPOINT

代理人は、本人のために契約を結ぶ権限（**代理権**）をちゃんともって、相手方と**代理人として契約**を結ばなければなりません。ただし、悪いことをする人もいる。例えば、頼んでいないのにBが「私はAの代理人だ」と言って、Aの家を他の誰かに売ってしまう。これを**無権代理**といいます。もちろん、Aは売ったことにならないのが原則です。

民法等 4 債務不履行・解除

わかって合格る　第1編　Chap.2　Sec.1　過去12年の出題 7回

売主A　売買契約　買主B

代金3,000万円を支払ったのにAが期日を忘れて家を渡してくれない……なんてこった！　約束違反だ！

約束を守らないことを**債務不履行**といいます。約束を破られたBは、損害を被れば、責任あるAから**賠償金**をもらえますし、契約を破棄（**解除**）して支払った代金の返還を求めることができます。

合格のPOINT

どんな場合に契約（約束）を守らなかったことになるのでしょうか？　それが、**債務不履行の要件**です。また、AB間の契約が解除されたとき、すでにBからこの家を買っていた**第三者C**の立場はどうなるのかについても、きっちり押さえておかなければなりません。

27

民法等 5 売買の契約不適合（売主の担保責任）

わかって合格る 第1編 Chap.2 Sec.3　過去12年の出題 9回

売主A ←売買契約→ 買主B

5,000万円で新築のマイホームを買って住んでるのに……ギョッ！この家、傾きだした！

長〜いローンを組んで手に入れたせっかくのマイホーム。欠陥住宅では泣くに泣けません……。売主Aに責任をとらせて、**買主Bは救済されるべき**ですよね。そこで定められているのが、**売買の契約不適合（売主の担保責任）の規定**です。

合格のPOINT

売買の目的物が**契約の内容に適合しない**場合には、どのような場合があるでしょうか？　また、契約内容に不適合な場合、**買主は、売主に対して、どんなことを請求**できるのでしょうか？　ひとつひとつ、確実にチェックしていきましょう。

民法等 6 抵当権

わかって合格る 第1編 Chap.2 Sec.4　過去12年の出題 11回

Bのマイホームに抵当権の設定を受けておけば、安心！！

A銀行 →銀行→

Bはローンを組んでマイホームを取得
→A銀行はローン債権を取得

A銀行は、Bの家に抵当権の設定を受けていれば、ローンの支払が滞ったときに、Bの家を競売にかけて債権の回収を図ることができます。このような**債権回収の手段**（**担保**といわれています）が**抵当権**。値打ちのある物に抵当権の設定を受けておけば、債権者のA銀行は安心です。

合格のPOINT

Bは、抵当権付きであっても、その家を**売ったり貸したり**することができます。しかしながら、ローンを返せなくなってしまえば、**競売**手続によって売られてしまいます。このような様々な場面での法律関係が、本試験では出題されます。

28

民法等 7 保 証

わかって合格る 第1編 Chap.2 Sec.5
過去12年の出題 5回

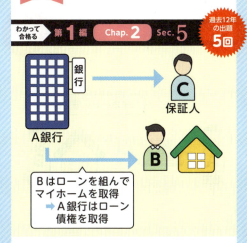

　A銀行はBからローンを払ってもらえないときは、代わりに保証人のCから回収します。このような**債権回収の手段**が**保証**。お金持ちを保証人にしておけば、債権者のA銀行はとっても安心。「普通の保証」より債権者にとって都合のよい「**連帯保証**」がポピュラー。

合格のPOINT

　Bが実はローンを完済しているにもかかわらず、A銀行がCに支払いを求めてきた場合、Cは支払う必要があるのでしょうか？　また、A銀行は、Bに請求せずに、Cに支払いを求めることができるのでしょうか？　保証債務の**性質**が重要。そして、**普通の保証と連帯保証はどう違う**のでしょうか？

民法等 8 対抗問題

わかって合格る 第1編 Chap.2 Sec.6
過去12年の出題 8回

　登記の意味って何でしょうか？　そして、Aが同じ建物をBとCの2人に売ったとき、BもCも「自分のもの」と主張し合うはず。BとCどっちのものになるのでしょうか？　これが、**対抗問題**です。この場合、**登記の先後**で優先順位が決まる。**早いもの勝ちが公平**だからです。先にAから買ったBでも、登記なしでは、登記が早い第三者のCに負けてしまうのです。

合格のPOINT

　Bは、**どんな人に対して**（＝第三者の範囲）、また、**どんな場合に**（＝登記が必要な物権変動）**登記が必要なのか**が、学習の重要ポイントです。そして、本試験での出題の中心は、判例です。**判例理解のポイント**は、それぞれのケースにおいて「早い者勝ちで処理するのが**公平**」といえるかどうかです。

29

民法等 9 不動産登記法

わかって合格る 第1編 Chap.2 Sec.7
過去12年の出題 14回

A名義からB名義へ

Aからマイホームを買ったBは、土地と建物それぞれについて、「自分のモノ」と主張するための所有権の登記をするのが普通です。不動産登記法はこの**登記の仕組み**を定めている法律です。1つの不動産ごとに、ワンセットの登記の記録が備えられていきます。

―― 合格のPOINT ――

どんな場合に**どんな登記**を（登記の種類）、**どのように**（登記の手続）するのでしょうか？　登記手続の**原則**と「**例外**」を押さえることが、最重要のポイントです。

民法等 10 借地権

わかって合格る 第1編 Chap.3 Sec.2
過去12年の出題 13回

マイホームを建てよう！
A 地主　B 借り手

比較的お手頃に**マイホームを持つ方法**をご存じですか？　**土地を借りて、その上に建てればよい**のです。ただし、借りるときは、地主Aの立場は当然強いですし、万一借りられる期間が短ければBも困ります。そんなときの**借り手Bの強い味方**が、**借地借家法**です。

―― 合格のPOINT ――

建物を持つ目的のための土地の賃借権などを借地権といい、契約期間や更新などについて、**借り手の保護**を図っています。その他どんなときに、どんな形で借り手などが保護されているのでしょうか？　この視点から学習すればシンプルに理解できます。

民法等 11 借家権

> わかって合格る 第1編 Chap.3 Sec.3
> 過去12年の出題 14回

あなたは持ち家派？ それとも賃貸派？ ローンのことを考えれば、確かにマイホームを買うのは大変ですので、**家を借りる**のも1つの方法。ここでもやはり、**借り手のBの強い味方**となるのが**借地借家法**です。

合格のPOINT

借家でも借地と同様、やはり契約期間や更新などについて、**借り手の保護**が図られています。その他どんなときに、どのように借り手が保護されているのでしょうか？ 借地権と対比すれば混乱を防げます。

民法等 12 相続

> わかって合格る 第1編 Chap.4 Sec.5
> 過去12年の出題 14回

人が亡くなって**遺産を引き継ぐこと**を**相続**といいます。それには、実は借金も含まれます。Aが亡くなったとき、Aの遺産は誰が、どのような割合で相続するのでしょう？ たとえば息子Cは、必ず相続できるのでしょうか？ そして、親不孝な息子Dに相続させたくないとき、そもそもAは、生前にどうすればよいのでしょう？

合格のPOINT

相続を巡る基本的な法律関係はもちろん、**遺言**や**遺留分**（はじめて聞く言葉かも？）についても、しっかり押さえましょう。

民法等 13 区分所有法

わかって合格る 第1編 Chap.4 Sec.8
過去12年の出題 14回

今やマンション住まいはとてもポピュラーです。一棟の建物の中にたくさんの人がそれぞれの部屋を所有し、壁1枚を隔ててお隣り同士で生活する、一戸建てとは異なる状態です。そこで、**お隣り同士の調整**を図るために**区分所有法**が用意されています。

合格のPOINT

本試験対策として重要なのは、マンションの運営に関わる事柄です。みんなで運営するために、マンションには**管理組合**があります。日常の管理は、理事などの**管理者**が行いますが、みんなの意見を反映できるように**集会**を開き、**規約**を作って運営する仕組みです。宅建士試験では、管理組合の運営のための**手続**に関する事柄について、集中的に問われます。

宅建業法 14 宅建業の意味

わかって合格る 第2編 Chap.1 Sec.1
過去12年の出題 10回

宅建業法は、**お客さん（消費者など）を保護**するための法律で、その柱として「**宅地建物取引業**」を行うときは、**免許**を必要とする制度を設けています。それでは、建売住宅を売却する業者Aや、お客さんたちから売却の仲介を頼まれる業者Bは免許を得ておく必要があるでしょうか？　答えは、「必要」です。

合格のPOINT

「**宅地**」「**建物**」「**取引**」「**業**」のそれぞれの**意味**がわかっていれば、その扱いや行為をするのに免許が必要かどうかがわかります。しっかり押さえておきましょう！

宅建業法 15 免許

わかって合格る 第2編 Chap.1 Sec.2
過去12年の出題 13回

お客さんが迷惑を被らないように、宅建業者として**ふさわしい人**にしか免許は与えられません。免許を受けて開業することになった後も、免許権者に対する様々な**手続**があります。

合格のPOINT

宅建業者としてふさわしいかどうかを判断するための"モノサシ"である「**免許の基準**」は重要です。**各種の届出等**の手続それぞれをきちっと比較して、混乱しないようにしておきましょう。

宅建業法 16 宅建士

わかって合格る 第2編 Chap.2
過去12年の出題 13回

晴れて宅建士
③宅建士証をもらう
②資格登録簿に登録
①宅建士試験に合格

宅建士は、**お客さんへの重要な情報提供など**重要な役割を担っています。そこで、宅建士になるためには**3つのステップ**を経なければなりません。まずは第一歩、宅建士のお仕事に必要な知識をしっかり身につけて、首尾よく合格。そして、宅建士としてふさわしいなら登録。最後に、宅建士の証明である宅建士証をもらいます。

合格のPOINT

この3つのステップに沿って、**登録**や**宅建士証**に関係する手続などを学習します。**宅建業者**に係る内容と混同しないように、きちっと**比較**しておくことがポイントです。

宅建業法 17 保証金

わかって合格る 第2編 Chap.3 　過去12年の出題 14回

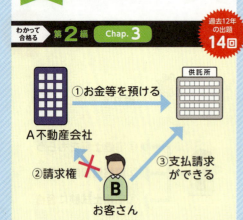

不動産の取引に際して、**お客さんが金銭的に迷惑を被らないよう**、2種類の「保証金」という仕組みが設けられています。1つは、A不動産会社が供託所にお金等をプールしておき、お客さんBがA不動産会社から支払ってもらえないとき、供託所から支払ってもらうのが「**営業保証金**（上の図がコレ！）」。もう1つが、A不動産会社が保証協会という団体に加入し、この協会が供託所に供託している保証金（**弁済業務保証金**）によってお客さんが救済を受けるという仕組みです。

合格のPOINT

いずれも「お金などを預ける（**供託**）」、「お客さんに**支払う**（**還付**）」、さらに、「保証金を**返してもらう**（**取戻し**）」という3段階に分けて整理すること！

宅建業法 18 媒介（代理）契約

わかって合格る 第2編 Chap.5 Sec.1 　過去12年の出題 14回

依頼人Aは、少しでも早く、自分の古い一戸建てのマイホームを売って、マンションに住み替えようと考えています。そんなとき、自分では買い手をうまく見つけられませんので、普通は、宅建業者に買い手を見つけてもらったり（**媒介**）、**代理**してもらって売却することになります。

合格のPOINT

依頼人AとB不動産との間で、もめ事になっては困ります。そこで、売買等の媒介のとき、B不動産には**媒介契約書面の交付義務があります**（**電磁的方法による提供**でもOK）。また、万一頼りない業者なら、なかなかうまく買い手が見つからないことも想定されますよね。そこで、3つの契約のタイプに応じた「**依頼人保護の仕組み**」が用意されています。

宅建業法 19 重要事項の説明

第2編 Chap.5 Sec.2 過去12年の出題 14回

マイホームを買おうとするとき、この家屋を**取得する契約を結ぶべきかどうか**については、きちんと判断したいものです。そこで、**契約を結ぶ前**に、買い手Cへの**重要な情報の提供**のために、B不動産会社が宅建士を使って行わなければならないのが、**重要事項の説明**です。

合格のPOINT

本試験では、**どのような事柄が「重要事項」に該当するか**が、必ず問われます。契約のタイプや、取引の対象によって事項が異なります。**重要事項の説明が求められる理由**（これを「**趣旨**」といいます）にさかのぼって理解することが、決定的に重要です。

宅建業法 20 37条書面

第2編 Chap.5 Sec.3 過去12年の出題 14回

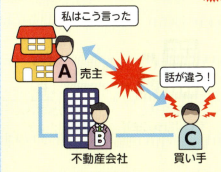

B不動産の媒介によって、もしAC間でいい加減な契約が結ばれてしまったら、将来、**言った言わないの争い**にならないとも限りません。そこで、**トラブルを未然に防ぐ**ために、宅建業法は、業者のBは、契約内容の一定事項を、**書面（37条書面）**に記載して、売主Aと買い手のCに渡しておかなければならない（**電磁的方法による提供**でもOK）、と定めています。

合格のPOINT

記載事項については、「**絶対に書くべき事項**」と「**定めがあるときだけ記載すべき事項**」の2種類があります。また、**売買・交換の場合と貸借の場合**を区別することも重要です。やはり、「**趣旨**」にさかのぼって理解すること。

宅建業法 21 — 8種規制

わかって合格る 第2編 Chap.6
過去12年の出題 14回

A不動産（宅建業者）が、**自分が自ら売主**となって**一般のお客さん**（消費者）Bを**相手に売却する場合**、業者が**力量の違い**を背景に、自分の利益ばかり考えて**素人を食い物にするおそれ**があります。そこで、**業者が素人を相手に「自ら売主」となる取引だけに適用**される**8種類の規制**が設けられています。買い手を保護するために、買い手が払う**手付の額を制限**したり、買い手から契約破棄ができる規定（**クーリング・オフ**）などが定められています。

合格のPOINT

宅建士試験では、4問程度出題されます。「**8種規制**」が設けられている**理由**を念頭に置いて、1つ1つていねいに理解していけば必ず得点できます！

宅建業法 22 — 報 酬

わかって合格る 第2編 Chap.7
過去12年の出題 14回

B不動産は、依頼主であるAのために媒介をしたので、Aからは当然、手数料（報酬）を受け取ることができます。その際、**お客さんがぼられることを防ぐ**ために、受け取れる報酬額の**上限額についての制限など**が、バッチリ規定されています。

合格のPOINT

宅建士試験では、**計算問題**が出題されます。「え！？　計算なんてダメ！」と嘆くなかれ。問われることは決まっていますから、国土交通大臣が定めた「**計算方法**」のポイントさえつかんでしまえば簡単！　コレ本当です。

宅建業法 23 ペナルティー

わかって合格る 第2編 Chap. 8 ／ 過去12年の出題 12回

宅建業法などの決まりを守らせるには、ペナルティーを課すことが有効です。そこで、**宅建業者や宅建士等への監督処分**や、**罰則**が設けられています。

合格のPOINT

まずは、宅建業法上の**様々な規制の中身**を、**確実に理解**することが重要です。それらを守らないと受けてしまうという「ペナルティー」自体に関しては、その後で充分です。

宅建業法 24 住宅瑕疵担保履行法

わかって合格る 第2編 Chap. 9 ／ 過去12年の出題 14回

せっかく新築のマイホームを買ったのに……ギョッ！この家雨漏りがするよ……。

Bが買った家は実は欠陥住宅だった！この場合、売主であるA不動産に責任を追及できるはず。でも、A不動産が倒産しちゃったら万事休す。そこで、**新築住宅の買い手の保護**のためにあるのが、この法律です。宅建業者は、自ら新築住宅を売る際は、このような問題の発生に備えて、お金等を供託所に預けるなどの措置をとることが義務づけられています。これを、**資力確保義務**といいます。

合格のPOINT

平成22年度から本試験に出題されていますが、同じ事柄が何度も出題されていますので、**過去の頻出事項を徹底的に学習**することが得策です。

法令上の制限 25 都市計画法

わかって合格る 第3編 Chap. 1
過去12年の出題 14回

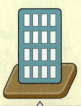

マンション建設のための造成には知事の許可が必要！

都市計画法は、**街づくりをするために定められた法律**です。誰でも、住みよい街に暮らしたいですよね。そのために、学校や病院など街に必要なもの（**都市施設**）の整備を図っていく必要があります。他方、例えば、大きなマンションの建設が野放しにされると、その付近の道路は渋滞するし、上下水道も容量不足になるかもしれません。そこで、まずはマンション建設用地などの造成段階から規制をします。これを**開発許可制度**といいます。

合格のPOINT

都市計画法（2問出題）の**最大のヤマ場**は、上記の**開発許可制度**です。必ず出題されます。ですから、これを**徹底的にマスター**するのが、ここで得点するコツ。

法令上の制限 26 建築基準法

わかって合格る 第3編 Chap. 2
過去12年の出題 14回

夢のマイホームを建てよう♪

マイホームを建てるときは、どんなことを考えますか？ まず、建築資金の問題。当然です。それはさておいて、大事なのは陽当たりの確保や災害対策でしょう。やはり、快適で安全な理想の家を建てたいですよね。そこで、登場するのが**建築基準法**。建築を通して**人の命や健康、財産の安全を図ろうとする法律**です。そのために、**様々な建築規制**を用意しています。

合格のPOINT

建築基準法（2問出題）は、建物の用途、大きさや高さ、災害対策など**様々な側面で建築規制**を設けています。容積率などのような耳慣れない言葉も出てきますが、1つ1つ積み上げていけば得点できます！

法令上の制限 27 国土利用計画法

わかって合格る 第3編 Chap. 3　過去12年の出題 14回

土地の売買を野放しにしていると、もしかしたら買ったBが自然を破壊しかねない大きなプラントを建ててしまうかもしれないし、高値で取引が行われて地価の高騰を招くかもしれません。そこで**国土利用計画法**は、**適正な土地利用を図るとともに、地価の抑制を目的**として、土地取引を規制しています。規制の中身は、取引の際の「届出や許可」です。

合格のPOINT

基本的には、毎年出題される法律です。近年は、ほとんどが契約後の届出を定めている**事後届出制**からの出題です。**どんな場合に届出が必要か**判断できるようになりましょう。

法令上の制限 28 農地法

わかって合格る 第3編 Chap. 4　過去12年の出題 14回

Bは農地を買って、大きなマンションを建てて、それを割安で分譲しようと考えています。確かにマンションも必要ですが、その敷地ではお米や野菜などの農作物は、もう作れなくなります。つまり、そのようなことは、長い目で見れば、食糧事情に影響を及ぼします。そこで、**農地などの維持・確保を通じて食糧を確保**するための法律、農地法があるです。

合格のPOINT

どんな場合に、誰の許可が必要か、比較的理解は容易です。この法律も**得点源**の1つです。

39

29 税金

その他関連知識
わかって合格る　第4編　Chap.1
過去12年の出題 14回

課税標準 × 税率 = 税額

いきなりですが、これは、納める税額の計算式です。一定の金額（「課税標準」といいます）に税率をかければ算出されます。宅建士試験に出題される税金にはどんなものがあるかというと、地方自治体に納める**不動産取得税**や**固定資産税**（**地方税**）、国に納める**印紙税**や**所得税**（**国税**）、また、マイホーム取得の促進という住宅政策などから税金を軽くするための**特例**があります。

合格のPOINT

それぞれの税金が**どんな場合に課されるのか**をつかむことが、まず第一歩です。**それを前提に学習を進めることが**、税金を得意にするのに効果的。宅建士試験では、特例がよく出題されますが、その理解についても同様です。

30 価格の評定

その他関連知識
わかって合格る　第4編　Chap.2　Sec.1
過去12年の出題 14回

不動産の価値を判定することを**不動産鑑定評価**といいます。土地や建物の売買や相続などの際に役立ちます。そのための判断基準が、**不動産鑑定評価基準**です。
また、**地価公示法**は、土地の取引などの際に役立つように、毎年1回、**土地の価値を判定して一般に公開（公示）**することについて定めています。

合格のPOINT

宅建士試験では、不動産鑑定評価か地価公示法のどちらかから1問出題されます。**地価公示法**は確認すべき内容がさほど多くありませんので、本試験対策は**簡単**です。しかし、**不動産鑑定評価については広範囲ですので、頻出の事項に絞って学習**するのがベストな戦略。

その他関連知識 31 住宅金融支援機構

わかって合格る 第4編 Chap.2 Sec.2 過去12年の出題 14回

マイホームを買いたい！でも、先立つものはどうしよう…？

マイホームを取得するためには、ローンを組むのが普通。そこで登場するのが、**住宅金融支援機構**です。機構自身は、原則として直接融資をせず、銀行などのローン債権（**フラット35**など）を買い取るなどして、**長期・固定・低金利のローン**を側面から支援する（**証券化支援業務**）ことを、主な業務としています。

合格のPOINT

機構が誕生した平成19年から、出題されています。出題の中心は、**機構の業務**と**フラット35**。あまり手を広げず、**基本的なことをしっかり準備**するのが得策。

その他関連知識 32 景表法

わかって合格る 第4編 Chap.2 Sec.3 過去12年の出題 14回

≪夢の新築物件！≫
広びろ3LDK
駅徒歩3分♪
価格：3,000万円
広告

このチラシの物件はどうですか？　スバラシイかも!! しかし、実を言えば、建てられてから5年経っていますし、しかも「3LDK」と書かれていますが、1部屋は納戸で実は2部屋、また駅までの距離は2kmあります。**こんなインチキ広告は困りますね**。そこで、**景表法**と、それを受けて不動産業界が定めた自主規制のルールである**公正競争規約**が設けられています。

合格のPOINT

宅建士試験では、**公正競争規約**からの出題がほとんど。**重要な規定をしっかり頭に入れておく**ことです。それと、結構、**常識**で答えが出るものです。自分の感覚を大切にしましょう！

41

[著者紹介]

木曽計行
きそかずゆき

神戸市生まれ。早稲田大学政治経済学部卒業後、大手金融機関に勤務。
その後、同大学法職課程を経て、長きにわたり、宅建士等の資格試験
を中心とした法務研修に携わる。合格に導いた受験生は相当数にのぼる。
海と太陽と酒をこよなく愛する。

木曽陽子
きそようこ

東京生まれ。法政大学法学部法律学科を首席で卒業。大学時代に宅建
士試験に合格し、講師歴は30年以上となる。行政書士の資格も取得。
TAC宅建士講座専任講師として、教材制作の豊富な経験と、わかり
やすく丁寧な講義で、多くの受講生から高い評価を得ている。

・装丁：神田 彩
・本文デザイン：株式会社 シンクロ
・本文イラスト：柴田 菜緒

わかって合格る宅建士シリーズ

2023年度版　わかって合格る宅建士　基本テキスト
ねんどばん　　　　　　　　　　　うか　たっけんし　　きほん

（平成16年度版　2003年12月25日　初版 第1刷発行）
2022年11月30日　初版　第1刷発行

編 著 者	Ｔ Ａ Ｃ 株 式 会 社	
	（宅建士講座）	
発 行 者	多　　田　　敏　　男	
発 行 所	ＴＡＣ株式会社　出版事業部	
	（ＴＡＣ出版）	

〒101-8383 東京都千代田区神田三崎町3-2-18
電話 03(5276)9492(営業)
FAX 03(5276)9674
https://shuppan.tac-school.co.jp/

印　　　刷	株式会社　ワコープラネット	
製　　　本	東 京 美 術 紙 工 協 業 組 合	

© TAC 2022　　Printed in Japan

ISBN 978-4-300-10346-3
N.D.C. 673

本書は、「著作権法」によって、著作権等の権利が保護されている著作物です。本書の全部また
は一部につき、無断で転載、複写されると、著作権等の権利侵害となります。上記のような使い
方をされる場合、および本書を使用して講義・セミナー等を実施する場合には、小社宛許諾を求
めてください。

乱丁・落丁による交換、および正誤のお問合せ対応は、該当書籍の改訂版刊行月末日までとい
たします。なお、交換につきましては、書籍の在庫状況等により、お受けできない場合もござ
います。
また、各種本試験の実施の延期、中止を理由とした本書の返品はお受けいたしません。返金も
いたしかねますので、あらかじめご了承くださいますようお願い申し上げます。

2023年合格目標

宅建士 独学道場

TAC出版の人気「宅建士 独学スタイル」をご提案します!

人気シリーズ書籍を使用
独学道場の教材は、TAC出版の人気シリーズ書籍!
資格の学校TACの合格ノウハウが詰まった書籍で学べる!

書籍に合わせた専用講義
実力派講師が各書籍専用の講義をわかりやすく展開!
書籍での学習効果をさらに引き上げる!

お得!
「独学」だからこその価格設定!
直前期専用の教材や模試まで付いてこの値段!

TAC出版 + TAC宅建士講座による独学者向けコース

木曽 陽子 講師の わかって合格(うか)るコース

私が担当します!
木曽 陽子 講師

みなさんは、宅建士試験に合格するための戦略をおもちですか?私が担当する当コースでは、過去問の徹底的な分析の下、合格に必要な知識やポイントをわかりやすく丁寧にお教えしておりますので、効果的な学習が継続できます。合格のためのエッセンスが凝縮された集中講義です。大いにご活用ください!

■ 講義担当講師	木曽 陽子 講師（TAC宅建士講座 専任講師）
■ 料 金 (10%税込) わかって合格る コース	フルパック **27,500円**
	「テキスト」「問題集」なしパック **23,100円**
■ 申込受付期間	2022年**11月18日(金)**～2023年**8月31日(木)**

※「「テキスト」「問題集」なしパック」は、すでに「2023年度版 わかって合格る宅建士 基本テキスト」および「2023年度版 わかって合格る宅建士 分野別過去問題集」をお持ちの方で、これらが含まれないパックです。

※本広告の記載内容は、2022年10月現在のものです。
やむを得ず変更する場合もありますので、詳細は必ず、TAC出版書籍販売サイト「サイバーブックストア」の「宅建士 独学道場」ページにてご確認ください。

宅建士 独学道場

1 「わかって合格る宅建士 基本テキスト」を読み、「わかって合格る宅建士 分野別過去問題集」を解く

試験に必要な知識を身につける

2 Web講義を視聴する
講義トータル 約25時間
1回約30分
短期学習を可能に！独学専用カリキュラム

Web講義で合格ポイントを効率的に吸収

学習効果をさらに引き上げる！

3 「2023年度版 本試験をあてる TAC直前予想模試 宅建士」「法律改正点レジュメ」で直前対策！

独学では不足しがちな法律改正情報や最新試験対策もフォロー！

4 TAC宅建士講座「全国公開模試」で総仕上げ

実力が実戦力に

「独学で合格」のポイント 利用中のサポート　学習中の疑問を解決！ 質問カード

「テキスト」を読んだだけでは、理解しにくい箇所や重要ポイントは、Web講義で解説していますが、それでも不安なところがある場合には「質問カード（5回分）」を 使って解決することができます。
専門スタッフが質問・疑問に回答いたしますので、「理解があっているだろうか？」など、独学の不安から開放されて、安心して学習を進めていただくことができます。

コンテンツPickup！
1回約30分

『速攻マスターWeb講義』
『過去問攻略Web講義』

Web講義のポイント
● コンパクトな講義だから、合格に必要なポイントを無駄なく押さえられる！
● インターネットがつながる環境なら、どこでも場所に縛られず視聴できる！
● いつでもどこでも視聴できるから、スキマ時間を利用した学習にも最適！

パソコンのほか、スマートフォンやタブレットから利用期間内なら繰り返し視聴可能！
専用のアプリで動画のダウンロード*が可能です！

★電波のない環境でも、速度制限を気にすることなく再生できます。
ダウンロードした動画は2週間視聴可能です。

お申込み・最新内容の確認

インターネットで
TAC出版書籍販売サイト「サイバーブックストア」にて

TAC出版　検索

https://bookstore.tac-school.co.jp/

詳細は必ず、TAC出版書籍販売サイト「サイバーブックストア」でご確認ください。

宅地建物取引士

2023年度版 宅地建物取引士への道

宅地建物取引士証を手に入れるには、試験に合格し、宅地建物取引士登録を経て、宅地建物取引士証の交付申請という手続

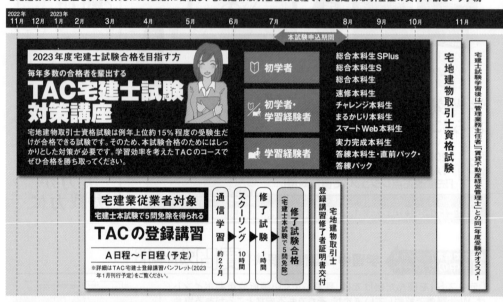

"実務の世界で活躍する皆さまを応援したい"そんな思いから、TACでは試験合格のみならず宅建業で活躍されている方、活躍したい方を「登録講習」「登録実務講習」実施機関として国土交通大臣の登録を受け、サポートしております。

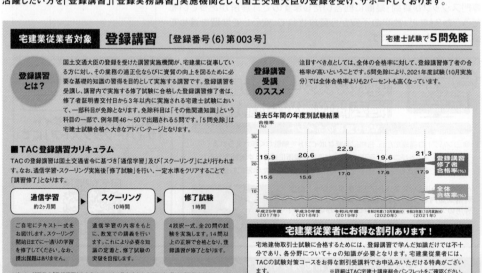

資格の学校 TAC

きが必要です。

■宅建士試験合格者で実務経験2年未満の方対象 **登録実務講習** [登録番号(6)第4号] **合格後**の宅建士資格登録に必要

登録実務講習とは?
登録実務講習は、宅建士試験合格者で宅建業の実務経験が2年に満たない方が資格登録をする場合、この講習を受講・修了することにより「2年以上の実務経験を有する者と同等以上の能力を有する者」と認められ、宅地建物取引業法第18条第1項に規定する宅地建物取引士資格の登録要件を満たすことができる、というものです。登録実務講習では、設定事例に基づき、不動産取引実務に必要な知識を契約締結・決済・引渡しに至るまでの流れに沿って学習していきます。特にスクーリング(演習)では、重要事項説明、契約書作成等の事例をもとに演習していきます。

■TAC登録実務講習カリキュラム
TACの登録実務講習は国土交通省令に基づき「通信学習」及び「スクーリング(演習)」により行います。なお、通信学習・スクーリング(演習)実施後「修了試験」を行い、一定水準をクリアすることで「講習修了」となります。

通信学習	スクーリング	修了試験
約1ヶ月間	12時間	1時間
ご自宅にテキスト等をお届けします。スクーリング開始日までに一通りの学習を修了してください。なお、提出課題はありません。	実務上必要な重要事項説明・契約書の作成等の事例をもとに、教室にて演習します。	一問一答式及び記述式の試験を実施します。一問一答式及び記述式試験の各々で8割以上の得点を取ると合格となり、登録実務講習が修了となります。

宅地建物取引士証交付手続きのススメ
登録の消除を受けない限り、宅地建物取引士証は一生有効です。しかし、宅地建物取引士証の交付を受ける際に、試験合格後1年を経過した場合には「法定講習」を受講する必要があるため、合格してから1年以内に宅地建物取引士証交付の手続きをするのがオススメです。

※当ページ記載の「登録実務講習」の内容は2022年8月末時点のものです。予めご了承ください。

 登録講習及び登録実務講習の詳細は専用パンフレットをご覧ください。
(2021年12月~2022年1月刊行予定)

各パンフレットのご請求はこちらから
通話無料 **0120-509-117**
受付時間 月~金 9:30~19:00 土・日・祝 9:30~18:00

TACホームページ
https://www.tac-school.co.jp/ [TAC 宅建士] 検索

[資料請求バーコード]

宅地建物取引士

試験ガイド

>> 試験実施日程
（2022年度例）

試験案内配布
例年7月上旬より各都道府県の試験協力機関が指定する場所にて配布（各都道府県別）

【2022年度】
7/1（金）～7/29（金）

試験申込期間
■郵送（消印有効）
例年7月上旬～7月下旬
■インターネット
例年7月上旬～7月中旬

【2022年度】
■郵送
7/1（金）～7/29（金）消印有効
■インターネット
7/1（金）9時30分～
7/19（火）21時59分

試験
毎年1回
原則として例年10月第3日曜
日時帯／午後1時～3時（2時間）
※登録講習修了者
午後1時10分～3時（1時間50分）

【2022年度】
10/16（日）

合格発表
原則として11月下旬
合格者受験番号の掲示および合格者には合格証書を送付

【2022年度】
11/22（火）

>> 試験概要（2022年度例）

受験資格	原則として誰でも受験できます。また、宅地建物取引業に従事している方で、国土交通大臣から登録を受けた機関が実施する講習を受け、修了した人に対して試験科目の一部（例年5問）を免除する「登録講習」制度があります。
受験地	試験は、各都道府県別で実施されるため、受験申込時に本人が住所を有する都道府県での受験が原則となります。
受験料	8,200円
試験方法・出題数	方法：4肢択一式の筆記試験（マークシート方式）　出題数：50問（登録講習修了者は45問）
試験内容	法令では、試験内容を7項目に分類していますが、TACでは法令をもとに下記の4科目に分類しています。 | 科目 | 出題数 | |---|---| | 民法等 | 14問 | | 宅建業法 | 20問 | | 法令上の制限 | 8問 | | その他関連知識 | 8問 | ※登録講習修了者は例年問46～問50の5問が免除となっています。

試験実施機関	**（一財）不動産適正取引推進機構** 〒105-0001 東京都港区虎ノ門3-8-21　第33森ビル3階 03-3435-8111　http://www.retio.or.jp/

 受験資格または願書の配布時期及び申込受付期間等については、必ず各自で事前にご確認ください。
願書の取り寄せ及び申込手続も必ず各自で忘れずに行ってください。

詳しい資料のご請求・お問い合わせは
通話無料 **0120-509-117**
ゴウカク イイナ
TAC 検索
受付時間 月〜金 9:30〜19:00
土日祝 9:30〜18:00

資格の学校 TAC

学習経験者対象
学習期間の目安 **1〜2ヶ月**

8・9月開講
答練パック

アウトプット重視
講義ペース 週1〜2回
時期により回数が前後する場合がございます

途中入学OK!

実戦感覚を磨き、出題予想論点を押さえる！
学習経験者を対象とした問題演習講座

学習経験者を対象とした問題演習講座です。
試験会場の雰囲気にのまれず、時間配分に十分気を配る予行練習と、TAC講師陣の総力を結集した良問揃いの答練で今年の出題予想論点をおさえ、合格を勝ち取ってください。

カリキュラム〈全8回〉

8・9月〜

応用答練（3回）
答練＋解説講義

1回30問の本試験同様4肢択一の応用問題を、科目別で解いていきます。ここでは本試験に通用する応用力を身に付けていただきます。

直前答練（4回）
答練＋解説講義

出題が予想されるところを重点的にピックアップし、1回50問を2時間で解く本試験と同一形式の答練です。時間配分や緊張感をこの場でつかみ、出題予想論点をも押さえます。

←------ 本試験形式 ------→

10月上旬

全国公開模試（1回）

本試験約2週間前に、本試験と同一形式で行われる全国公開模試です。本試験の擬似体験として、また客観的な判断材料としてラストスパートの戦略にお役立てください。

10月中旬 宅建士本試験

12月上旬 合格！

開講一覧

教室講座
8・9月開講予定
札幌校・仙台校・水道橋校・新宿校・池袋校・渋谷校・八重洲校・立川校・町田校・横浜校・大宮校・津田沼校・名古屋校・京都校・梅田校・なんば校・神戸校・広島校・福岡校

Web通信講座
8月中旬より順次講義配信開始予定
8月上旬より順次教材発送開始予定

DVD通信講座
8月上旬より順次教材発送開始予定

ビデオブース講座
札幌校・仙台校・水道橋校・新宿校・池袋校・渋谷校・八重洲校・立川校・町田校・横浜校・大宮校・津田沼校・名古屋校・京都校・梅田校・なんば校・神戸校・広島校・福岡校
8月中旬より順次講義視聴開始予定

通常受講料 教材費・消費税10%込

教室講座	
ビデオブース講座	**¥33,000**
Web通信講座	
DVD通信講座	

答練パックのみお申込みの場合は、TAC入会金（¥10,000・10%税込）は不要です。なお、当コースのお申込みと同時もしくはお申込み後、さらに別コースをお申込みの際にTAC入会金が必要となる場合があります。予めご了承ください。
※なお、上記内容はすべて2022年8月時点での予定です。詳細につきましては2023年合格目標のTAC宅建士講座パンフレットをご参照ください。

宅地建物取引士

全国公開模試

受験の有無で差がつきます!

選ばれる理由がある。

- 高精度の個人別成績表!!
- Web解説講義で復習をサポート!!
- 高水準の的中予想問題!!

"高精度"の個人別成績表!!
TACの全国公開模試は、全国ランキングはもとより、精度の高い総合成績判定、科目別得点表示で苦手分野の最後の確認をしていただけるほか、復習方法をまとめた学習指針もついています。本試験合格に照準をあてた多くの役立つデータ・情報を提供します。

Web解説講義で"復習"をサポート!!
インターネット上でTAC講師による解答解説講義を動画配信いたします。模試の重要ポイントやアドバイスも満載で、直前期の学習の強い味方になります!復習にご活用ください。

"ズバリ的中"の予想問題!!

毎年本試験でズバリ的中を続出しているTACの全国公開模試は、宅建士試験を知り尽くした講師陣の長年にわたる緻密な分析の積み重ねと、叡智を結集して作成されています。TACの全国公開模試を受験することは最高水準の予想問題を受験することと同じなのです。

下記はほんの一例です。もちろん他にも多数の的中がございます!

全国公開模試(10月)【問9】肢2 ×
〔意思能力〕意思能力を有していない者がその所有する建物を売却した場合、その親族が当該売買契約を取り消せば、その時点から将来に向かって無効となる。

令和3年度(10月)本試験【問5】肢4 ○
〔意思能力〕意思能力を有しないときに行った不動産の売買契約は、後見開始の審判を受けているか否かにかかわらず効力を有しない。

全国公開模試(10月)【問18】肢イ ×
〔建築基準法〕防火地域又は準防火地域内にある建築物で、外壁が耐火構造又は準耐火構造のものは、その外壁を隣地境界線に接して設けることができる。

令和3年度(10月)本試験【問17】肢3 ×
〔建築基準法〕防火地域又は準防火地域内にある建築物で、外壁が防火構造であるものについては、その外壁を隣地境界線に接して設けることができる。

全国公開模試(10月)【問48】肢2 ×
〔統計〕令和3年地価公示(令和3年3月公表)によれば、令和2年1月以降の1年間の地価変動率は、全国平均では住宅地、商業地、工業地のいずれについても下落となった。

令和3年度(10月)本試験【問48】肢3 ○
〔統計〕令和3年地価公示(令和3年3月公表)によれば、令和2年1月以降の1年間の地価の変動を見ると、全国平均の用途別では、住宅地及び商業地は下落に転じたが、工業地は5年連続の上昇となっている。

◆全国公開模試の詳細は2023年7月上旬に発表予定です。

詳しい資料のご請求・お問い合わせは　ゴウカク　イイナ　TAC　検索　資格の学校 **TAC**
通話無料 **0120-509-117** 受付時間 月〜金 9:30〜19:00／土日祝 9:30〜18:00

直前対策シリーズ

※直前対策シリーズの受講料等詳細につきましては、2023年7月中旬刊行予定のご案内をご確認ください。

ポイント整理、最後の追い込みに大好評!

TACでは、本試験直前期に、多彩な試験対策講座を開講しています。
ポイント整理のために、最後の追い込みのために、毎年多くの受験生から好評をいただいております。
周りの受験生に差をつけて合格をつかみ取るための最後の切り札として、ご自身のご都合に合わせてご活用ください。

8月開講　直前対策講義　〈全7回／合計17.5時間〉　　講義形式

 ビデオブース講座　 Web通信講座

直前の総仕上げとして重要論点を一気に整理!
直前対策講義のテキスト(非売品)は本試験当日の最終チェックに最適です!

対象者	●よく似たまぎらわしい内容や表現が「正確な知識」として整理できていない方 ●重要論点ごとの総復習や内容の整理を効率よくしたい方 ●問題を解いてもなかなか得点に結びつかない方
特色	●直前期にふさわしく「短時間(合計17.5時間)で重要論点の総復習」ができる ●重要論点ごとに効率良くまとめられた教材で、本試験当日の最終チェックに最適 ●多くの受験生がひっかかってしまうまぎらわしい出題ポイントをズバリ指摘

カリキュラム（全7回）
使用テキスト
●直前対策講義レジュメ（全1冊）

通常受講料 (教材費・消費税10%込)	■ビデオブース講座 ■Web通信講座	**¥33,000**

※2023年合格目標宅建士講座「総合本科生SPlus」「総合本科生S」「総合本科生」をお申込みの方は、カリキュラムの中に「直前対策講義」が含まれておりますので、別途「直前対策講義」のお申込みの必要はありません。

10月開講　やまかけ3日漬講座　〈全3回／合計7時間30分〉　　問題演習+解説講義

 教室講座　 Web通信講座　🅳 DVD通信講座

TAC宅建士講座の精鋭講師陣が2023年の宅建士本試験を
完全予想する最終直前講座!

対象者	●本試験直前に出題予想を押さえておきたい方
特色	●毎年多数の受験生が受講する大人気講座 ●TAC厳選の問題からさらに選りすぐった「予想選択肢」を一挙公開 ●リーズナブルな受講料 ●一問一答形式なので自分の知識定着度合いが把握しやすい

申込者限定配付

使用テキスト
●やまかけ3日漬講座レジュメ
　（問題・解答 各1冊）

通常受講料 (教材費・消費税10%込)	■教室講座 ■Web通信講座 ■DVD通信講座	**¥9,900**

※2023年合格目標TAC宅建士講座各本科生・パック生の方も別途お申込みが必要です。
※振替・重複出席等のフォロー制度はございません。予めご了承ください。

宅建士とのW受験に最適!

宅地建物取引士試験と管理業務主任者試験の同一年度W受験をオススメします!

宅建士で学習した知識を活かすには同一年度受験!!

宅建士と同様、不動産関連の国家資格「管理業務主任者」は、マンション管理のエキスパートです。管理業務主任者はマンション管理業者に必須の資格で独占業務を有しています。現在、そして将来に向けてマンション居住者の高齢化とマンションの高経年化は日本全体の大きな課題となっており、今後「管理業務主任者」はより一層社会から求められる人材として期待が高まることが想定されます。マンションディベロッパーをはじめ、宅建業者の中にはマンション管理業を兼業したりマンション管理の関連会社を設けているケースが多く見受けられ、宅建士とのダブルライセンス取得者の需要も年々高まっています。

また、**試験科目が宅建士と多くの部分で重なっており、宅建士受験者にとっては資格取得に向けての大きなアドバンテージになります**。したがって、宅建士受験生の皆さまには、**同一年度に管理業務主任者試験とのW合格のチャレンジをオススメします!**

◆各資格試験の比較 ※受験申込受付期間にご注意ください。

	宅建士	共通点	管理業務主任者
受験申込受付期間	例年 7月初旬〜7月末		例年 9月初旬〜9月末
試験形式	四肢択一・50問	↔	四肢択一・50問
試験日時	毎年1回、10月の第3日曜日 午後1時〜午後3時(2時間)	↔	毎年1回、12月の第1日曜日 午後1時〜午後3時(2時間)
試験科目 (主なもの)	◆民法 ◆借地借家法 ◆区分所有法 ◆不動産登記法 ◆宅建業法 ◆建築基準法 ◆税金	↔	◆民法 ◆借地借家法 ◆区分所有法 ◆不動産登記法 ◆宅建業法 ◆建築基準法 ◆税金
	◆都市計画法 ◆国土利用計画法 ◆農地法 ◆土地区画整理法 ◆鑑定評価 ◆宅地造成等規制法 ◆統計		◆標準管理規約 ◆マンション管理適正化法 ◆マンションの維持保全(消防法・水道法等) ◆管理組合の会計知識 ◆標準管理委託契約書 ◆建替え円滑化法
合格基準点	34点/50点(令和3年度10月実施分) 34点/50点(令和3年度12月実施分)		35点/50点(令和3年度)
合格率	17.9%(令和3年度10月実施分) 15.6%(令和3年度12月実施分)		19.4%(令和3年度)

※管理業務主任者試験を目指すコースの詳細は、2023年合格目標 管理業務主任者講座パンフレット(2022年12月刊行予定)をご覧ください。

宅建士からのステップアップに最適！

ステップアップ・ダブルライセンスを狙うなら…

宅地建物取引士の本試験終了後に、不動産鑑定士試験へチャレンジする方が増えています。なぜなら、これら不動産関連資格の学習が、不動産鑑定士へのステップアップの際に大きなアドバンテージとなるからです。宅建の学習で学んだ知識を活かして、ダブルライセンスの取得を目指してみませんか？

▶ 不動産鑑定士

2022年度不動産鑑定士短答式試験
行政法規　出題法令・項目

宅建を学習された方にとっては見慣れた法令が点在しているはずです。

難易度の差や多少の範囲の相違はありますが、一度学習した法令ですから、初学者に比べてよりスピーディーに合格レベルへと到達でき、非常に有利といえます。
なお、論文式試験に出題される「民法」は先述の宅建士受験者にとっては馴染みがあることでしょう。したがって不動産鑑定士試験全体を通じてアドバンテージを得ることができます。

問題	法律		問題	法律	
1	土地基本法		21	マンションの建替え等の円滑化に関する法律	
2	不動産の鑑定評価に関する法律		22	不動産登記法	
3	不動産の鑑定評価に関する法律		23	住宅の品質確保の促進等に関する法律	
4	地価公示法		24	宅地造成等規制法	
5	国土利用計画法		25	宅地建物取引業法	
6	都市計画法	地域地区	26	不動産特定共同事業法	
7	都市計画法	総合	27	高齢者、障害者等の移動等の円滑化の促進に関する法律	
8	都市計画法	準都市計画区域	28	土地収用法	
9	都市計画法	開発許可	29	土壌汚染対策法	
10	都市計画法	開発行為	30	文化財保護法	
11	土地区画整理法		31	自然公園法	
12	土地区画整理法		32	農地法	
13	都市再開発法		33	道路法	
14	都市再開発法		34	国有財産法	
15	都市緑地法		35	所得税法	
16	建築基準法	単体規定等	36	法人税法	
17	建築基準法	総合	37	租税特別措置法	
18	建築基準法	集団規定	38	固定資産税	
19	建築基準法	集団規定等	39	相続税及び贈与税	
20	建築基準法	高さ制限	40	投資信託及び投資法人に関する法律	

さらに　宅地建物取引士試験を受験した経験のある方は割引受講料にてお申込みいただけます！

詳細はTACホームページ、不動産鑑定士講座パンフレットをご覧ください。

TAC出版 書籍のご案内

TAC出版では、資格の学校TAC各講座の定評ある執筆陣による資格試験の参考書をはじめ、資格取得者の開業法や仕事術、実務書、ビジネス書、一般書などを発行しています！

TAC出版の書籍

*一部書籍は、早稲田経営出版のブランドにて刊行しております。

資格・検定試験の受験対策書籍

- ◎ 日商簿記検定
- ◎ 建設業経理士
- ◎ 全経簿記上級
- ◎ 税理士
- ◎ 公認会計士
- ◎ 社会保険労務士
- ◎ 中小企業診断士
- ◎ 証券アナリスト

- ◎ ファイナンシャルプランナー(FP)
- ◎ 証券外務員
- ◎ 貸金業務取扱主任者
- ◎ 不動産鑑定士
- ◎ 宅地建物取引士
- ◎ 賃貸不動産経営管理士
- ◎ マンション管理士
- ◎ 管理業務主任者

- ◎ 司法書士
- ◎ 行政書士
- ◎ 司法試験
- ◎ 弁理士
- ◎ 公務員試験(大卒程度・高卒者)
- ◎ 情報処理試験
- ◎ 介護福祉士
- ◎ ケアマネジャー
- ◎ 社会福祉士　ほか

実務書・ビジネス書

- ◎ 会計実務、税法、税務、経理
- ◎ 総務、労務、人事
- ◎ ビジネススキル、マナー、就職、自己啓発
- ◎ 資格取得者の開業法、仕事術、営業術
- ◎ 翻訳ビジネス書

一般書・エンタメ書

- ◎ ファッション
- ◎ エッセイ、レシピ
- ◎ スポーツ
- ◎ 旅行ガイド (おとな旅プレミアム/ハルカナ)
- ◎ 翻訳小説

TAC出版

(2021年7月現在)

書籍のご購入は

1 全国の書店、大学生協、ネット書店で

2 TAC各校の書籍コーナーで

資格の学校TACの校舎は全国に展開！
校舎のご確認はホームページにて

資格の学校TAC ホームページ
https://www.tac-school.co.jp

3 TAC出版書籍販売サイトで

CYBER TAC出版書籍販売サイト
BOOK STORE

TAC 出版　で　検索

24時間
ご注文
受付中

https://bookstore.tac-school.co.jp/

- 新刊情報を いち早くチェック！
- たっぷり読める 立ち読み機能
- 学習お役立ちの 特設ページも充実！

TAC出版書籍販売サイト「サイバーブックストア」では、TAC出版および早稲田経営出版から刊行されている、すべての最新書籍をお取り扱いしています。
また、無料の会員登録をしていただくことで、会員様限定キャンペーンのほか、送料無料サービス、メールマガジン配信サービス、マイページのご利用など、うれしい特典がたくさん受けられます。

サイバーブックストア会員は、特典がいっぱい！ (一部抜粋)

通常、1万円（税込）未満のご注文につきましては、送料・手数料として500円（全国一律・税込）頂戴しておりますが、1冊から無料となります。

専用の「マイページ」は、「購入履歴・配送状況の確認」のほか、「ほしいものリスト」や「マイフォルダ」など、便利な機能が満載です。

メールマガジンでは、キャンペーンやおすすめ書籍、新刊情報のほか、「電子ブック版TACNEWS（ダイジェスト版）」をお届けします。

書籍の発売を、販売開始当日にメールにてお知らせします。これなら買い忘れの心配もありません。

書籍の正誤に関するご確認とお問合せについて

書籍の記載内容に誤りではないかと思われる箇所がございましたら、以下の手順にてご確認とお問合せを
してくださいますよう、お願い申し上げます。

なお、正誤のお問合せ以外の書籍内容に関する解説および受験指導などは、一切行っておりません。
そのようなお問合せにつきましては、お答えいたしかねますので、あらかじめご了承ください。

1 「Cyber Book Store」にて正誤表を確認する

TAC出版書籍販売サイト「Cyber Book Store」の
トップページ内「正誤表」コーナーにて、正誤表をご確認ください。

CYBER TAC出版書籍販売サイト
BOOK STORE

URL：https://bookstore.tac-school.co.jp/

2 ①の正誤表がない、あるいは正誤表に該当箇所の記載がない ⇒ 下記①、②のどちらかの方法で文書にて問合せをする

★ご注意ください★

お電話でのお問合せは、お受けいたしません。

①、②のどちらの方法でも、お問合せの際には、「お名前」とともに、

「対象の書籍名（○級・第○回対策も含む）およびその版数（第○版・○○年度版など）」
「お問合せ該当箇所の頁数と行数」
「誤りと思われる記載」
「正しいとお考えになる記載とその根拠」

を明記してください。

なお、回答までに１週間前後を要する場合もございます。あらかじめご了承ください。

① ウェブページ「Cyber Book Store」内の「お問合せフォーム」より問合せをする

【お問合せフォームアドレス】

https://bookstore.tac-school.co.jp/inquiry/

② メールにより問合せをする

【メール宛先　TAC出版】

syuppan-h@tac-school.co.jp

※土日祝日はお問合せ対応をおこなっておりません。
※正誤のお問合せ対応は、該当書籍の改訂版刊行月末日までといたします。

乱丁・落丁による交換は、該当書籍の改訂版刊行月末日までといたします。なお、書籍の在庫状況等
により、お受けできない場合もございます。

また、各種本試験の実施の延期、中止を理由とした本書の返品はお受けいたしません。返金もいたし
かねますので、あらかじめご了承くださいますようお願い申し上げます。

TACにおける個人情報の取り扱いについて
■お預かりした個人情報は、TAC（株）で管理させていただき、お問合せへの対応、当社の記録保管にのみ利用いたします。お客様の同意なしに業務委託先以外の第三者に開示、提供することはござい
ません（法令等により開示を求められた場合を除く）。その他、個人情報保護管理者、お預かりした個人情報の開示等及びTAC（株）への個人情報の提供の任意性については、当社ホームページ
（https://www.tac-school.co.jp）をご覧いただくか、個人情報に関するお問い合わせ窓口（E-mail:privacy@tac-school.co.jp）までお問合せください。

（2022年7月現在）

本書を分解してご利用される方へ

色紙を押さえながら、分野別の「4分冊」の各冊子を取り外してください。

（各冊子と色紙は、のりで接着されています。乱暴に扱いますと破損する恐れがありますので、丁寧に取り外しいただけますようお願いいたします。）

①左側に少しずらすよう押さえる
②各冊子をそれぞれ引っぱる

＊抜き取りの際の損傷についてのお取替えはご遠慮願います＊

2023年度版

wakatte-ukaru

TAKKEN士

わかって合格る宅建士
基本テキスト

第1編 民法等

第1編 民法等　CONTENTS

合格するための「民法等」入門　2

Chapter▶1　契約を結ぶときに問題となること（売買契約を中心に考えてみよう）
Sec.1　"契約"ってなんだろう　〜契約の成立要件など〜　6
Sec.2　相手方が未成年者なら　〜制限行為能力者制度〜　9
Sec.3　だまされて契約したら　〜意思表示〜　19
Sec.4　人に契約を結んでもらう　〜代　理〜　28

Chapter▶2　契約の内容を実現する段階で問題となること（売買契約を中心に考えてみよう）
Sec.1　契約が守られないとき　〜債務不履行・契約の解除・手付〜　46
Sec.2　買った建物が地震で壊れたら　〜危険負担〜　60
Sec.3　買った家が欠陥住宅だったら？　〜売買の契約不適合（売主の担保責任）等〜　63
Sec.4　債権回収のための手段−①　〜抵当権等〜　70
Sec.5　債権回収のための手段−②　〜連帯債務と保証〜　87
Sec.6　二重譲渡などに備えて　〜対抗問題〜　98
Sec.7　「登記」とはどんな仕組み？　〜不動産登記法〜　108
Sec.8　債権を他人に譲り渡す　〜債権譲渡〜　126
Sec.9　債権が消滅する　〜弁済・相殺など〜　131

Chapter▶3　賃貸借契約・借地借家法
Sec.1　賃料を払って借りる　〜賃貸借契約（民法）〜　142
Sec.2　借りた土地に家を建てる　〜借地権（借地借家法）〜　154
Sec.3　賃貸住宅に住む　〜借家権（借地借家法）〜　165

Chapter▶4　その他のいろいろな法律関係
Sec.1　契約を専門家に任せる　〜委任契約〜　178
Sec.2　工務店に家を注文する　〜請負契約〜　183
Sec.3　タダでもらう契約　〜贈与契約〜　187
Sec.4　時が経てば権利を失う　〜時　効〜　188
Sec.5　人の死で財産を引き継ぐ　〜相　続〜　197
Sec.6　他人に迷惑をかけたら　〜不法行為等〜　208
Sec.7　共同で別荘を買ったとき　〜所有権と共有、その他の物権〜　214
Sec.8　マンションに住む　〜区分所有法等〜　227

索引

第1編 民法等

合格するための「民法等」入門

試験に合格するためには、攻略すべき試験の実態を把握しておく必要があります。そこで、まず、宅建士試験における「民法等」の位置づけをつかんだうえで、ここでの学習を始めましょう。

「民法等」の傾向と対策

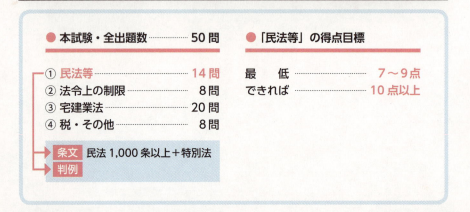

宅建士試験は、2時間で50問の問題を解いていく試験です。そして、その内容は、全体では大きく上記①〜④の4つの分野に分類することができます。これから学習するのは、①の「民法等」です。「民法等」での出題は全50問のうちの14問、主要な分野といえます。

それでは、この「民法等」での得点目標を見てみましょう。

次の表をご覧ください。これは、2017年度〜2021年度の、本試験の合格点と合格者の平均的な「民法等」における得点です（本書は2022年度に実施された本試験の出題を分析・検討の上作成していますが、執筆時点では全体の合格点等は未公表です。ただし、出題内容や難易度等から、2022年度本試験の合格者の平均的な『民法等』での得点は概ね7点程度と推定されます）。ここから合格戦略が見えてきます。

	2017年度	2018年度	2019年度	2020年度10月	2020年度12月	2021年度10月	2021年度12月
本試験の合格点	35/50	37/50	35/50	38/50	36/50	34/50	34/50
合格者の平均的な「民法等」での得点	8/14	8/14	9/14	9/14	7/14	7/14	7/14

　この表からは、合格するには、ほぼ**7点～9点**を得点する必要があることがわかります。安全確実な合格を考えれば、**10点以上**をねらいましょう。

> ＊ **2022年度**の詳細な合格ラインの分析や『**わかって合格る宅建士シリーズ**』を利用した**2023年度**の本試験対策など、読者の皆さまに役立つ情報を、TAC出版HPで公開いたします（2022年12月下旬予定）。
>
> URL ➡ https://bookstore.tac-school.co.jp/wakauka/

　それでは、「民法等」についての**攻略アドバイス**です。基本的に、この分野での出題は、かなり難しいといえます。民法だけでも1,000以上の条文がありますし、さらに、特別法である不動産登記法、借地借家法、区分所有法からも出題されるのです。このように**条文だけでも相当数**あり、それに加えて、**判例からもたくさん出題**されます。つまり、学習する範囲が広く、なかなか大変といえます。

　では、どうすれば得点目標の点数がとれるのでしょうか？

　範囲の広い「**民法等**」を学習する際の最重要ポイントは、①よく出るところは徹底的に準備しておくこと、②誰もが得点できる問題を落とさないことです。つまり、**頻出基本分野**をしっかり身につけることが**合格の要（かなめ）**です。

　さらに、「民法等」では、**ケース（事例）**のかたちでの出題が多く見られます。そのため、実践的に知識を身につける、つまり、「**わかって合格（うか）る**」ためには、**具体的な理解**（本書でいえば「🔍出題される具体例」）を通じて理解していくことが、不可欠かつ重要です。

> 2020年度以降の本試験（2023年度もそうです）は、2017年に成立・公布された**改正民法**に基づき出題されます。また、本年度においても、民法をはじめとして、様々な改正がなされています。本書は、これらの改正を反映し、しっかり対応していますので、安心して学習を進めてください。

「民法等」の全体像

　ここでは、contract契約を中心に、人と人とのさまざまな法律関係について学習します。

　例えば、Aさんが、自分の建物をBさんに3,000万円で売り、Aさんは約束どおりの期日に建物を引き渡したけど、いつまでたってもBさんが代金を支払ってくれません。あり得る話ですよね。そのようなトラブルの解決策である、お金で償わせる、

❶ 契約を結ぶときに問題となること
❷ 契約履行の段階で問題となること
❸ 賃貸借契約・借地借家法
❹ その他のいろいろな法律関係

または、契約自体を解消するなどの**方法（手段）**について、学習していきます。

　そのスタートは、契約の締結です。"だまされた"などという事態に備えて、「❶ 契約を結ぶときに問題となること」について学習をします。
　次に、契約を結ぶと、当事者は、代金の支払などの法律上の義務を負うことになります。この、契約などから生じる義務を果たすことを、「履行」といいます。そこで「❷ 契約履行の段階で問題となること」に関して学習します。
　さらに、不動産の貸し借りの事例（ケース）も出題されます。特に借り手を守るために、**民法上の賃貸借契約**に加えて、特別な法律である「**借地借家法（❸）**」に関しても、しっかりマスターしましょう。なお、民法上の賃貸借とあわせて❸からは4問程度出題されることもあります。
　ところで、法律関係には、売買契約や賃貸借契約以外の契約や、それらに加えて、契約以外の「その他の関係」もあります。例えば、「相続」。人が亡くなれば、相続人が遺産を引き継ぎますよね。これは、ご存じのとおり、契約とは無関係です。そのような「❹ その他のいろいろな法律関係」に関しても学習します。

　以上のように、この「民法等」は、世の中全般、人と人との具体的な法律関係を扱っていますので、本試験でも"事例形式"で出題されるわけです。したがって、本書の内容の「具体例」を通じて、「具体的に」理解を進めていくことが、**最強の攻略法**といえるのです。

　それでは、「**民法等**」、頑張って見ていきましょう！

第 1 編
民法等

Chapter ▷ 1

契約を結ぶときに問題となること
（売買契約を中心に考えてみよう）

この Chapter では、**売買契約**に関するケースを念頭に置きながら、契約を締結するときに問題となる事柄について学習していきます。
宅建士試験対策としては、いずれの Section も、重要なテーマです。

Section

1 **" 契約 " ってなんだろう**
~契約の成立要件など~

2 **相手方が未成年者なら**
~制限行為能力者制度~

3 **だまされて契約したら**
~意思表示~

4 **人に契約を結んでもらう**
~代 理~

第1編 民法等
Chapter 1 ▷ 契約を結ぶときに問題となること

Section 1 "契約"ってなんだろう
～契約の成立要件など～

Introduction ここでは、民法等を学習する上で理解が必要な「契約」に関して、その意味や成立要件などの基本事項を学習します。簡単につかんでおきましょう。

▶▶ 分野別過去問題集　第1編「民法等」問題 ❶～❷

1 契約の全体像

1 「契約」とは

契約とは、「約束」のことです。

例えば、Aさんが Bさんに対して、自分の土地を1,000万円で売るという契約を締結したとします。

これは、Aさんは「1,000万円と引き換えに自分の土地をBさんに渡す」という約束をしたことを意味します。その結果、Aさんは、Bさんに対してその土地を引き渡す義務を負いますし、その一方でBさんは、それに対して、代金として1,000万円を支払う義務を負うことになります。

2 契約の成立　!重要

それでは、契約の成立に必要な要件は何かについて見てみましょう。AさんがBさんに、「この土地を売りましょう」と言う。それに対してBさんが、「OK、買いましょう」と言う。これで、契約は成立します。このように、契約は、Aさんの「申込み」とBさんの「承諾」が「一致（合致）」することで成立します。もちろん、反対に、Bさんの「申込み」とAさんの「承諾」の一致でも、契約は成立します。

このように、契約の成立には、原則として、当事者の申込みと承諾の合致が必要であり、かつ、それで十分です。したがって、契約書を作らなくても、たとえ「口約束」でも、契約は成立します。

3 契約の分類

	諾成契約（原則）	要物契約
内容	当事者の合意だけで成立する契約	合意のほかに物の引渡しがないと成立しない契約
例	売買契約・賃貸借契約　等 （ほとんどの契約は諾成契約） H27・30	質権設定契約　等

契約は、申込みと承諾の合致で成立するのが原則です。これを、申込みと承「諾」だけで「成」立する契約ということから、諾成契約といいます。ただし、例外的に、契約の成立に「物」の引渡しが必「要」な、要物契約というものもあります。

そしてさらに、対価の有無で分けられる**有償契約**と**無償契約**があります。

	有償契約	無償契約
内容	対価等の支払いのある契約	対価等の支払いのない契約
例	売買契約・賃貸借契約　等	贈与契約・使用貸借契約　等

どんな契約が要物契約や無償契約かについては、この本をひととおり読んだ後にここに戻って、再確認してください。

4 契約の「有効・無効・取消し」

(1) **有効**とは効果があること、**無効**とは効果がないことです。そして、「効果がない」とは、契約などを結んでも法律がその契約の実現に協力してくれない、ということです。

(2) 無効となるものとしては、**公序良俗違反**の契約があります　**最近の改正**　。例えば、賭博やお金を受け取って愛人になる契約のように、常識に反する、社会的な妥当性のない契約ですね。このような契約は、その実現に法律が協力するのは不適当ですから、**無効**です(90条)。また、この無効は、**誰に対しても主張することができます**。

(3) 取消しとは、一応有効だけれども「取り消します」と言うことによって無効にすることです(121条)。なお、取り消されない限りは、有効なままです。

5 契約の効力発生の要件

契約の効力が発生するための要件には、条件や期限などがありますが、ここでは特に重要な停止条件を見てみましょう。なお、難しい内容ですので、第1編をひととおり学習した後でもよいでしょう。

(1) 停止条件とは、契約などの効力の発生を、成否未定の不確実な事実にかからせることをいいます。

つまり、「停止条件付きの契約」とは、例えば、転勤が決まったら売買契約の効力を生じさせるという契約のことで、原則として、停止条件が成就した（例 転勤が決まった）時から契約としての効力が生じます(127条1項・3項)。したがって、停止条件付きの契約自体が有効に成立しても、条件の成否未定の間は、契約としての効力は生じません。しかし、条件の成就によって利益を受ける当事者は、条件の成否未定の間でも、その利益に対する期待を持っています。

(2) そこで、①条件付き契約の各当事者は、条件の成否未定の間は、条件の成就によってその契約から生じる相手方の利益を害してはなりません(128条)。害した者は、不法行為（後で学習します）による損害賠償義務を負います。また、②条件の成否未定の間における当事者の権利義務は、普通の権利と同様に処分・相続・保存し、そのために担保を供することができます(129条)。さらに、③条件の成就によって不利益を受ける当事者が、故意に条件の成就を妨げたとき、相手方は、その条件を成就したものとみなすことができます(130条1項)。

「相手方は条件を成就したものとみなすことができる」とは、条件が成就したものと扱うかどうかは、相手方の選択次第ということです。

なお、上記と同様に、条件の成就によって利益を受ける当事者が、不正にその条件を成就させたときは、相手方は、その条件が成就しなかったものとみなすことができます(130条2項) 最近の改正 。

第1編 民法等

Chapter 1 ▷ 契約を結ぶときに問題となること

Section 2 相手方が未成年者なら ～制限行為能力者制度～

Introduction 判断能力が不十分な者を保護するための仕組みが「制限行為能力者制度」です。それには、「未成年者制度」という子供に関する制度と、もう1つは大人に関する「成年後見制度」があります。

▶▶ 分野別過去問題集 第1編「民法等」問題 ❸～❻

1 「制限行為能力者制度」とは　❗重要

1 能 力

能力には、(1)権利能力、(2)意思能力、(3)行為能力があります。

(1) 権利能力とは、権利や義務の主体となり得る資格のことです。人は誰でも出生すれば権利能力を取得し、死亡によってその能力を失います（3条1項）。

(2) 意思能力とは、自分の行為の結果を認識することができる能力のことです。意思能力がない者のことを意思無能力者といいます。例えば、お酒を飲んで、ぐでんぐでんに酔っ払った状況にある者が結んだ契約などは、効果が生じない、つまり、無効とされています（3条の2） 最近の改正 。
H24・30・R3

「本心から契約した」とはいえないからです。

(3) 次に、一番重要な行為能力について。行為能力とは、単独で（自分1人で）、完全に有効な法律行為（契約などのこと）をすることができる能力のことです。

民法は、10歳の子供など、判断能力が不十分な一定のタイプの人たち（「制限行為能力者」）を守ることを目的として、「制限行為能力者制度」という救済の仕組みを設けています。その者には保護者をつけ、1人では契約などをさせない、また、やってしまったときは「なかったことにできる」仕組みです。

つまり、制限行為能力者とは、「行為能力が制限された人」という意味なのです。

2 制限行為能力者制度

制限行為能力者には、未成年者（**2**）、成年被後見人（**3**-**1**）、被保佐人（**3**-**2**）、被補助人（**3**-**3**）という、保護のされ方やその程度が異なっている4つのタイプがあります。

2 未成年者制度　重要

1 未成年者とは

未成年者とは、18歳未満の人のことです（4条）最近の改正。

なお、女性の婚姻年齢が引き上げられたため、婚姻は、男女とも18歳になればすることができます　最近の改正。

2 未成年者の保護者

未成年者には、**親権者**、もしくは**未成年後見人**という保護者がつけられます。未成年後見人については、一定の者の請求により家庭裁判所が選任するほかに、遺言による場合もあります（839条、840条）。なお、児童虐待の防止等を図る観点から、**法人または複数の未成年後見人**の選任も認められています（840条）。

そして、未成年者自身が契約などを結ぶ場合には、原則として、保護者の**同意**を得なければなりません（5条1項）。また、保護者に、自分に代わって契約などを結んでもらうこともできます。自分に代わって契約などを結んでもらうことを**代理**といいますが、法律によって一定の者が代理人となるので、このような代理人を**法定代理人**といいます（824条、859条）。

このような仕組みによって、未成年者は、完全に**有効**な契約などをすることができるのです。

3 法律行為の効果

(1) 未成年者が保護者の同意を得ずに1人で契約した場合、その契約は、自分に損なものになるかもしれません。したがって、**未成年者が単独で契約などを行った場合には、原則として取り消すことができます**（5条2項）。結んだ契約は一応有効ですが、それを「なかったことにできる」わけです。

(2) ただし、次の場合は、未成年者が単独で行っても取り消すことはできません（5条、6条）。

> ① 単に権利を得、または義務を免れる行為
> ② 法定代理人が処分を許した財産の処分行為
> ③ 許可された営業に関する行為

①は、例えば、負担のない贈与（タダでもらうだけ）の場合です。②は、親からもらったお小遣いでお菓子を買うような場合、そして③は、親がきちんと判断して、未成年者に営業の許可を与えた場合で、このときは、**未成年者であっても、その営業に関しては成年者と同一の行為能力を有する**ことになります。

いずれも、未成年者が損をしないといえるような場合です。

4 保護者の権限

未成年者の保護者は、**同意権・代理権**を持っています。そして、未成年者が1人で契約を行った場合には取り消すことができる、つまり、**取消権**も認められています。さらに、**追認権**（一応有効だけれども取り消すことができる場合に、この取消権を放棄して完全に有効にすることを「追認」といいます）も認められています。追認は、法定代理人等がする場合を除いて、**取消しの原因となっていた状況が消滅し、かつ、取消権があることを知った後でなければ、その効力を生じません**（124条） 最近の改正 。

> このことは、次のSec.3で学習する詐欺・強迫の場合でも同様です。

5 取り消すことができる者

　契約などを取り消すことができるのは、未成年者である本人、法定代理人、成年者となった本人です。未成年者である本人自身も取り消すことができるという点に注意しておきましょう。

> 契約などによっていったん生じた義務が、取消しによってなくなるわけですから、未成年者自身が行っても特に問題ないからです。なお、このことは、**他の制限行為能力者についても同様**です。

3 成年後見制度　重要

　ここでは、次の「3つのタイプ」の成年後見制度について、判断能力の程度のイメージをつかんでおきましょう。
　いずれも、判断能力が低いので保護する必要がありますが、判断能力の程度に応じて、本人の意思も尊重したほうがよいですよね。そこで民法は、保護をしながらも、本人の意思の尊重との調和を図っています。

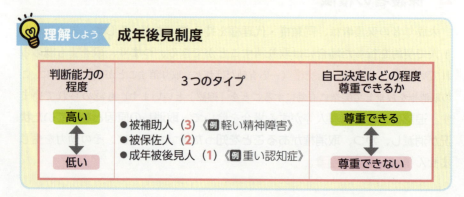

理解しよう　成年後見制度

判断能力の程度	3つのタイプ	自己決定はどの程度尊重できるか
高い ↕ 低い	●被補助人（3）《例 軽い精神障害》 ●被保佐人（2） ●成年被後見人（1）《例 重い認知症》	尊重できる ↕ 尊重できない

1 成年被後見人

(1) 成年被後見人となるには、まず、①精神上の障害によって事理を弁識する能力を欠く常況にあることが必要です。つまり、重度の認知症など、物事がよくわかっていないのが普通の状態である人ですね。そのうえで、家庭裁判所に対して、一定の者（本人、配偶者など）が審判を求めます。それを受け、②家庭裁判所が「後見開始の審判」を行います。その審判を受けた人が、成年被後見人というわけです（7条）。

(2) 成年被後見人は、判断能力が非常に乏しいため、民法は、**成年後見人**という保護者をつけています（8条）。成年後見人は、成年被後見人に代わって（＝「**代理**して」）契約などを締結します。つまり、成年後見人は、民法によって代理権が与えられた**法定代理人**ということになります（859条1項）。ただし、成年後見人が、成年被後見人に代わって、**その居住の用**に供する建物またはその敷地について、**売却**、賃貸、賃貸借の解除または抵当権の設定その他これらに準ずる処分をするには、**家庭裁判所**の許可を得なければなりません（859条の3）。

成年被後見人にとって、自分が住んできた場所は、療養し、看護を受け、精神状態の回復を図ったりするのに重要な意味があるからです。なお、このことは、保佐人（876条の5）や補助人（876条の10）に代理権が与えられた場合においても同様です。

(3) 成年被後見人自身が単独で契約の締結などの法律行為をすることは、原則として、できません。もし成年被後見人がその行為をしたとき、それは、**取り消すことができます**（9条）。そして、判断能力が非常に乏しいのですから、たとえ**保護者が同意を与えた場合でも、取り消すことができます**。しかし、本人の意思を尊重する意味から、1人でできるような日用品の購入など**日常生活に関する行為**は、取り消すことができません（9条ただし書）。

(3)にあるように「保護者が同意を与えた場合でも取り消すことができる」とは、同意に意味がない、つまり、**保護者に同意権がない**ということを表しています。

(4) 成年後見人には、**代理権**のほか、取消権、追認権があります。なお、同意権はありません。

2 被保佐人

(1) 被保佐人とは、①精神上の障害によって事理を弁識する能力が著しく不十分な者で、さらに、②家庭裁判所による「保佐開始の審判」を受けた者のことです(11条)。

(2) 被保佐人の保護者のことを保佐人といいます(12条)。

(3) 被保佐人は、判断能力が著しく不十分ですから、次の重要な財産上の行為（ただし、日用品の購入など日常生活に関する行為については除きます）については、保佐人の同意が必要です。

そして、同意が必要なのにそれを得なかったときは、契約などを取り消すことができます(13条)。

> 次の表中のどんなものが「重要な財産上の行為」にあたるのか、覚えておきましょう。❼の「5年」「3年」を「超える」という点には注意。例えば、「ちょうど5年」は含まれません。

試験に出る！POINT整理　保佐人の同意を要する重要な財産上の行為

❶	利息・賃料などを生ずる財産の返還を受け、またはさらに元本として貸与等をすること
❷	借財または保証をすること
❸	不動産（土地・建物）やその他の重要な財産（自動車等）の売買等
❹	相続を承認（資産・負債をそっくり引き継ぐこと）し、もしくは放棄すること、または遺産の分割をすること
❺	贈与の申込みを拒絶し、遺贈を放棄し、負担付贈与の申込みを承諾し、または負担付遺贈を承認すること
❻	新築・改築・増築・大修繕の契約をすること
❼	土地（山林を除く）の5年を超える賃貸借、建物の3年を超える賃貸借をすること ⚠土地であれば5年以内・建物であれば3年以内の賃貸借の場合、同意は不要
❽	❶～❼の行為等を、制限行為能力者の法定代理人としてすること　最近の改正　等

なお、「保佐人の同意を必要とする行為」について、保佐人が、被保佐人の利益が害されるおそれがないのに同意をしないときは、家庭裁判所は、被保佐人の請求に基づいて、保佐人の同意に代わる許可を与えることができます(13条3項)。また、次の**3**の「被補助人」についても、同意を要する場合について、同様の規定があります(17条3項)。

> 不当な不同意から、被保佐人等を守ってあげるためです。

(4) 保佐人には、重要な財産上の行為について、同意権・取消権・追認権があります。代理権は原則として与えられていないのですが、「特定の法律行為」については、当事者が望むならば、審判によって保佐人に代理権を与えることができます(876条の4)。

3 被補助人(ひほじょにん)

(1) 被補助人とは、①精神上の障害によって事理を弁識する能力が**不十分**であり、そして②家庭裁判所による「補助開始の審判」を受けた者のことです(15条)。例えば、軽度の認知症で、1人では高額な物の取引をするのが不安という人が、補助をしてほしいと望めば、審判によって補助してもらうことができるということです。

(2) 被補助人の保護者は、**補助人**といいます(16条)。

(3) どういう形で保護してもらうかは、**自分の希望に従って選択**できます。どの場合でも家裁の審判は必要ですが、不動産の売却などの「特定の法律行為」を定め、その行為については、①同意が必要として補助してもらったり、また、②代理して契約などをしてもらうという形であったり、さらに、③同意と代理の両方という形で補助してもらうということもOKです(17条、876条の9)。したがって、被補助人が法律行為を行うにあたって、常に補助人の同意が必要というわけではありません。そして、①か③の場合で、補助人の同意が必要な行為であるのにかかわらず、被補助人がその同意なしに行った場合には、**取り消すことができます**(17条4項)。

4 制限行為能力者の取消しとその効力

　未成年者であるＡ君は、法定代理人の同意を得ずに、Ａ君所有の土地をＢさんに売却し、さらにＢさんは、事情を知らないＣさんにその土地を転売し、移転登記も完了した。その後、Ａ君は自分が未成年者であることを理由に、Ｂさんとの契約を取り消した。
　このとき、Ａ君は、Ｃさんから土地を返してもらえるのだろうか？

　この場合、Ａ君は売主、Ｂさんは買主となり、Ａ君もＢさんもＡＢ間の契約の**当事者**です。それに対してＣさんは**第三者**、つまり、「当事者以外の者」となります。法律上、ある事実を知らないことを**善意**、逆に、ある事実を知っていることを**悪意**といいます。そして、この場合の当事者であるＡＢ間の事情を知らないＣさんを、**善意の第三者**といいます。

　それでは、Ａ君は、Ｃさんに対して、「Ｂさんとの契約は取り消したから、Ｂさんの土地ではなかったことになるし、ましてやＣさんの土地でもないよ」と言うことができるのでしょうか？

　制限行為能力者Ａ君の取消しは、善意の第三者Ｃさんにも対抗（主張）することができるというのが、ここでの結論です。

> 制限行為能力者を守ってあげる必要性は高いのですから、誰に対しても取消しの効果を主張することができるのです。

5 取引の相手方の保護および法律関係安定のための制度

　例えば、未成年者Ａ君が法定代理人の同意を得ないで、Ｂさんと、Ａ君所有の土地について売買契約を締結したとします。
　この場合に、相手方のＢさんは、「契約をいつ取り消されるかわからない…」という、**不安定な立場にある**といえます。このような相手方の立場を解消するために、次の**1～4**の4つの仕組みが設けられています。

1 相手方の催告権(20条)

　催告とは、先の「**具体例**」でいえば、例えば、相手方のＢさんが、Ａ君の法定代理人に対して、「取り消すのか追認するのか、はっきりしろ」と確答を促すことです。Ｂさんは、**１ヵ月以上の期間を定めて**、制限行為能力者側に確答するよう促します。ここでのポイントは、催告を受けた者が催告を放置した場合の効果です。

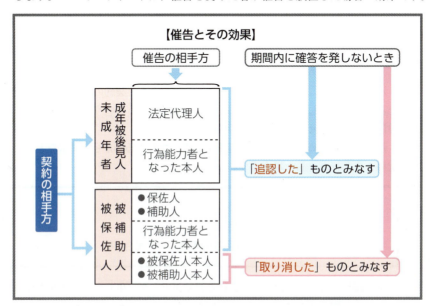

　催告を受けたのに放置したことが、現状をそのままにしておく意思があると扱えるかどうかが、「追認みなし」なのか「取消しみなし」なのかの分かれ目です。例えば、ちゃんと判断できるはずの親（法定代理人）が、催告を受けたのに放置した場合は、現状維持と考えている、つまり、「追認した」とみなしてよいのです。

2 詐術を用いた場合(21条)

　制限行為能力者が、書類を偽造したりして、**行為能力者であると信じさせるための詐術**（だます手段）を用い、相手方が問題ないと信じた場合は、制限行為能力者であることを理由にその行為を**取り消すことはできません**。
_{H28}

　このような者はズルく、保護に値しないからです。

3 取消権の期間の制限（126条） ⚠️ 重要

　追認することができる時から（例 行為能力者になってから）**5年**、行為のあったときから**20年**のいずれか早い時が経過すると、もはや**取り消すことができなくなります**（なお、このことは後で学習する詐欺・強迫の場合も同様です）。これは、法律関係を安定させるためです。

4 法定追認（125条）

　法定追認とは、追認をしたわけではないけれども、契約の完全有効を前提にしたような行為をしたときは、追認と同じ効果が生じるというものです。これも法律関係を安定させるための仕組みです。

　法定追認と認められるのは、追認することができる時から、異議をとどめずに、次のような行為をした場合です。

---

① 債務の一部または全部の**履行**
② 相手方に履行を**請求**した場合
③ 取得した権利の一部または全部の譲渡をした場合　等

---

　①の**履行**とは、例えば、契約を結んだ結果として、生じた義務を果たすということです。履行することは、「契約が完全に有効」であることを前提にした行動ですよね。なお、②③の場合も同様です。

第1編 民法等　Chapter 1 ▷ 契約を結ぶときに問題となること

Section 3 だまされて契約したら
～意思表示～

Introduction
例えば「売ります」と自分の意思を表現することが、「意思表示」です。ここでは、この「売ろう」とか「買おう」という意思表示に問題がある場合の、その契約の行方について学習します。

▶▶ 分野別過去問題集　第1編「民法等」問題 ❼～⓫

1　詐　欺　　　　　　　　　　　　　　　❗重要

ここではまず、①**当事者間での効果**、つまり、取り消すことができるのか無効なのか、そして、②**第三者にそのことを対抗（主張）することができるのか**という2点をマスターしましょう。

1　当事者間での効果

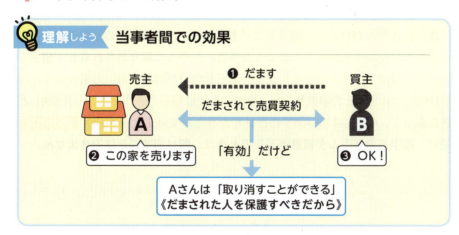

理解しよう　当事者間での効果

❶ だます　売主 ← 買主
だまされて売買契約
❷ この家を売ります　❸ OK！
「有効」だけど
Aさんは「取り消すことができる」
《だまされた人を保護すべきだから》

　AさんがBにだまされて契約した場合を考えてみましょう。
　この場合の、Aさんの「売ります」という意思表示は、実はBがAさんをだました結果行われたものです。だますことを、詐欺（さぎ）といいます。

19

この場合、民法は、Aさんを守ってあげるために、詐欺による意思表示は**取り消すことができる**としています(96条1項)。

2 第三者に対する効果

　ところが、Aさんの取消しの前に、Bはこの家を、事情を知らないCさんという第三者に転売しました。その後、AさんがBによる詐欺を理由に取り消した場合、その効果をCさんに対して主張することができるでしょうか？
　この場合、**善意無過失**(「過失」とは不注意のこと)である**Cさんは保護される**べきです。他方、Aさんには、だまされたという落ち度があります。
　そこで、民法は、Aさんよりも、善意無過失の第三者のCさんを保護するために、詐欺による取消しは、取消し前の**善意無過失の第三者**に**対抗できない**としています(96条3項) 最近の改正 。

つまり、Cさんは、家を返さなくてよいのです。

3 第三者の詐欺

　次に、AさんがDという第三者にだまされて、Aさん所有の家を善意無過失のEさんに売却する契約をしたような場合、むやみに取り消されると、相手方のEさんは困ります。そこで民法は、**第三者のDが詐欺を働いた場合には、相手方のEさんが**、その事実を**知り**(悪意)、または**知ることができた**(有過失)ときに限って、Aさんは**取り消すことができる**としています(96条2項) 最近の改正 。逆に、相手方のEさんが**善意無過失**のときは、取り消すことはできません。

2 強　迫

(1) おどすことを**強迫**といいます。そして、強迫による意思表示とは、おどされて「売ります」などと言った場合のことです。やはり、おどされた人は、守ってあげる必要がありますから、強迫の場合も、その意思表示を**取り消すことができます**(96条1項)。これが、当事者間での効果です。

(2) ただし、次の2点が、詐欺との違いです 最近の改正 。

① 強迫によって意思表示をしたとき、その取消しは、取消し前の**善意無過失の第三者**にも**対抗することができます**(96条3項の反対解釈)。

② 第三者が強迫をしたという場合、契約の**相手方が善意無過失**の場合でも、**取り消すことができます**(96条2項の反対解釈)。

このように、**詐欺**の場合と**強迫**の場合は違います。

> 強迫の場合は、詐欺の場合と異なって、強迫された本人には落ち度がないのが普通ですから、強迫された者の保護を優先しているのです。

重要！一問一答
H19-問1-肢3

Q Ａ所有の甲土地についてのＡＢ間の売買契約において、Ａが第三者Ｃの強迫によりＢとの間で売買契約を締結した場合、Ｂがその強迫の事実を知っていたか否かにかかわらず、Ａは、ＡＢ間の売買契約に関する意思表示を取り消すことができる。

A 第三者による強迫の場合、表意者は、相手方が善意無過失であっても取り消すことができる。 ……… ○

3 通謀虚偽表示 ❗重要

1 当事者間での効果

💡理解しよう　通謀虚偽表示

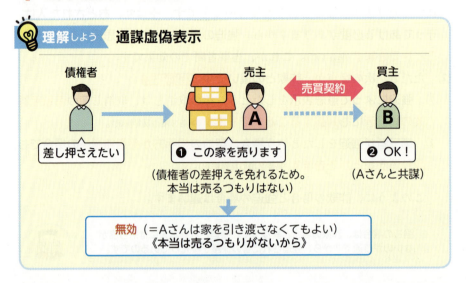

　Aさんは、本当は自分の家を売るつもりはないのですが、債権者に差し押さえられないように、Bさんに「売ります」とウソの売買契約を持ちかけます。そして、Bさんは、Aさんの本心を知った上で、Aさんと結託して「買います」と返事して契約を結びました。つまり、Aさんは、**虚偽**の意思表示を行い、また、Aさん・Bさんはつるんでいる、**通謀**（共謀）している関係です。この、AさんとBさんがつるんで行われる、Aさんの「売ります」というウソの意思表示を、**通謀虚偽表示**（虚偽表示）といいます。
　このような通謀虚偽表示は**無効**です(94条1項)。Aさんに本当は売るつもりがない以上、意思表示としての効果を生じさせる必要がないからです。

2 第三者に対する効果

(1)　では、AB間に契約の効果がないことを、Aさんは、Bさんからその家を買った善意の第三者のCさんに対して、主張することができるでしょうか？
　　そもそもAさんは、債権者からの差押えを免れたいと考え、ウソの契約を

しています。その結果、Bさん名義の登記がなされて、その登記を見たCさんは、「あの家はBさんの家だ」と、当然思うわけです。そこで、ウソの契約をしたAさんよりも、善意のCさんを守ってやるべきとして、民法は、虚偽表示の無効は、善意の第三者に対抗することができないとしています(94条2項)。この「第三者」とは、Cさんのように、虚偽表示の当事者や相続人など以外の者であって、その表示の効果などについて法律上の利害関係を持つに至った者のことです(判例)。また、わざわざウソの表示をするような者は責任が重いですから、第三者は、善意でありさえすれば過失があってもよいし、また、いちいち登記までしている必要はないとされています(判例)。

(2) 次に、転得者がいる場合です。

理解しよう　転得者がいる場合

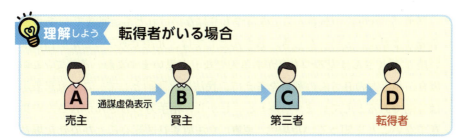

① 第三者のCさんが善意の場合

　この場合、Cさんは善意の第三者ですから、Cさんが買った段階で、この家はCさんのものに確定します。そうすると、Dさんが善意・悪意のどちらであっても、Cさんの家を買っただけですから、Dさんのものとなります(判例)。

② 第三者のCさんが悪意の場合

　悪意のCさんから譲り受けても、Dさん自身が善意であった場合、Dさんは「Cさんの家だ」と信じたわけですから、Dさんはやっぱり保護されるべきですし、その結果Aさんが家を失うのも仕方がない。Dさんは善意の第三者として保護されます(判例)。

以上の①②から、Dさんが保護されないのは、CさんDさんともに悪意の場合だけということになりますね。

(3) なお、債権者の追及を逃れるために、売買契約の実態はないのに、Ａさんが登記だけＢさん名義に移し、Ｂさんがそれに乗じてＣさんとの間で売買契約を締結した場合、Ａさんは登記をＢさん名義にしただけで、ＡＢ間には通謀も虚偽の意思表示もありませんが、第三者のＣさんが善意のときは、**虚偽表示の規定が類推適用**され、Ｃさんは**保護**されます(判例)。

4　心裡留保　

(1) 当事者の一方が、わざと真意と異なる意思表示をすることを、心裡留保(しんりりゅうほ)といいます。

　例えば、ＡさんがＢさんに、売るつもりはないけれども、冗談で、「あの家を売りますよ」と言ったとき、Ｂさんとしては、冗談であることが明白でない限り、「Ａさんは売るつもりがあるんだな」と思いますよね。そこで、この場合、相手方のＢさんの利益を考えて、民法は、**原則**として、この意思表示は**有効**であるとしています(93条本文)。しかし、相手方のＢさんがＡさんの真意でないことを知っていた場合（悪意）や注意すれば知ることができた場合（善意有過失）は、有効にしてあげる必要がない、つまり、**無効**としています(93条ただし書)。

(2) 心裡留保が無効となるときは、善意の第三者に対しては無効を主張することができません(93条2項) 最近の改正 。

> 心裡留保をした者より、善意の第三者を守る必要性のほうが優先するからです。

24

Chapter **1** ▷ 契約を結ぶときに問題となること

5 錯誤

(1) 錯誤とは、言い違い、書き違いなどの勘違いのことです。

なお、錯誤に関しては、全面的に 最近の改正 です。

Aさんは土地を1,000万円で売るつもりだったのに、ついうっかり、契約書面には「100万円」と書いてしまった。
このように、表意者が勘違いをして、自分の意思と実際の表示の食い違いを認識していない場合、Aさんは、100万円と引き換えに土地を引き渡さなければならないのだろうか？

この場合、「契約どおり100万円と引き換えに土地を引き渡せ」というのは、Aさんに酷ですよね。そこで、民法は、**錯誤による意思表示は、取り消すことができる**としました（95条1項）。つまり、Aさんは、100万円と引き換えに土地を引き渡す必要はありません。

しかし、買い手であるBさんの立場に立てば、むやみに「取り消すよ」と言われても困りますよね。そこで、Aさんが、「錯誤による意思表示だから取り消す」と主張するためには、**条件が2つ**付けられています。まずは、①その錯誤が、契約などの法律行為の目的および取引上の社会通念に照らして**重要なものであること**。そして、②勘違いをした人に**重大な過失**（重大な不注意。不注意の程度がヒドイ場合です）**がない**ことです（95条3項）。

ただし、勘違いをした表意者に重大な過失があっても、相手方が表意者に錯誤があることを知り、または重大な過失によって知らなかったときや、相手方が表意者と同一の錯誤に陥っていたときは、取消しをすることができます。こんな場合は、相手方の保護は不要だからです。

ところで、錯誤には次の2種類があります。

① 1つは、前述のような、意思表示に対応する**意思を欠く**錯誤のことで（前述のケースでは、「100万円」という意思表示に対応する意思がありません）、**表示錯誤**といわれます。

② もう1つは、表意者が契約等の法律行為の**基礎とした事情**についての、その認識が真実に反する錯誤で、**動機の錯誤**といわれています。

例えば、「今なら課税されない」と誤解して土地を売却するなど、意思表示の**動機**に**錯誤**があるにすぎないときです。動機に錯誤がある場合の意思表示の取消しは、<u>その事情が法律行為の基礎とされていることが**表示**されていたときに限り</u>、することができます(95条2項)。

> 動機は内心にあるにすぎないので、相手方の保護を図るために、表示が要求されているのです。

なお、この表示は、**明示**の表示のみでなく、**黙示**の表示でもよいとされています(判例)。

> **黙示の表示**とは、言葉で直接明示したわけではないものの、周囲の事情や行動などから、表示があったと判断される場合のことです。

(2) 第三者保護のために、錯誤による意思表示の取消しは、<u>**善意でかつ過失がない第三者**に対抗することができません</u>(95条4項)。

Chapter 1 ▷ 契約を結ぶときに問題となること

6 意思表示のまとめ

 重要

当事者間において、取消しができるのか、無効となるのか、また、第三者に対抗できるのかどうか。
これらを、次の表でしっかり整理しておきましょう。

Chap. 1 Sec. 3 だまされて契約したら～意思表示～

 意思表示のまとめ

	当 事 者 間	対・第三者
詐　欺	取り消すことができる	取消し前の**善意無過失**の第三者に対抗**できない**　最近の改正
強　迫	取り消すことができる	取消し前の**善意無過失**の第三者にも対抗できる　最近の改正
虚偽表示	無効	善意の第三者に対抗**できない**
心裡留保	原則 有効 例外 無効 （相手方が悪意、または善意有過失の場合）	── 善意の第三者に対抗**できない**　最近の改正
錯　誤	原則 取り消すことができる ① **重要**な錯誤 ② 表意者に**重過失なし** 最近の改正	取消し前の**善意無過失**の第三者に対抗**できない**　最近の改正

わかって合格(うか)る いますぐ解(と)く！ 厳選過去問プレミアム 問1 へ

第1編 民法等
Chapter 1 ▷ 契約を結ぶときに問題となること

Section 4 人に契約を結んでもらう ～代 理～

Introduction
ここでは、代理の仕組みと、代理人でないにもかかわらず「代理人」と称して契約などが締結されたときの処理について学習します。宅建士試験では、頻出の超重要項目です。

▶▶ 分野別過去問題集 第1編「民法等」問題 ⑫～⑯

1 代理

1 代理とは

💡 理解しよう 代理とはどんなこと？

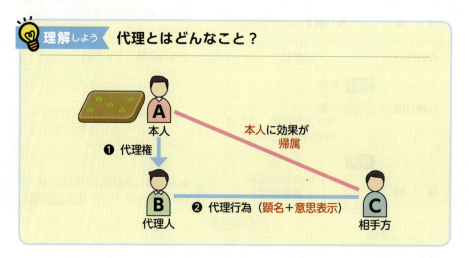

　Aさんは、自分の土地を売りたいのですが、仕事が忙しくて契約に行く時間がなかなか取れません。そこで例えば、不動産業者のBさんに売買を依頼します。依頼を受けたBさんは、買おうと思っているCさんのところへ行き、Bさんが、Aさんの代理人という形で契約を結びます。その結果、契約の効果がAさんとCさんとの間に生じ、AさんとCさんが契約の当事者となる、つまり、Aさん自身が売ったことになります。これが、代理という仕組みです。

そして、この場合、依頼をしたＡさんを**本人**、依頼を受けたＢさんを**代理人**、契約の相手であるＣさんを**相手方**といいます。

> 要するに代理とは、Ａさん以外の他人である**Ｂさんが契約**などをした結果、その**効果がＡさんに生じる**ということです。このような代理という仕組みによって、自分の**活動範囲を広げる**ことや、それを補充することができるのです。

2 代理の要件　重要

それでは、本人であるＡさんに効果が帰属するためには、どのような条件が必要でしょうか？

(1) まず、Ｂさんは、**代理権**を持っていなければなりません。これがあって初めて、代理人のした契約などの効果が本人に帰属することになります。

(2) 次に、代理権を持っているＢさんが、Ｃさんと契約するなどの**代理行為**をする必要があります。代理行為をするにあたって、Ｂさんは、Ｃさんに対して、「Ａさんのために契約を結びます」と示す必要があります。これを、**顕名**といいます。そして、Ｂさんが、「この土地を売ります」と**意思表示**を行い、Ｃさんと売買契約を結ぶことになります。

このように、**本人に効果を生じさせる**ためには、(1)代理権の存在と、(2)顕名をしたうえでの意思表示（代理行為）が必要です（99条）。

3 代理の種類

代理には、(1)**任意代理**と(2)**法定代理**があります。

(1) **任意代理**とは、例えばＡさんが**自分の意思で**Ｂさんに代理権を与える、という場合です。業者さんに依頼するような場合ですね。

(2) (1)に対して、**法定代理**とは、**法律が**、代理人となる人に代理権を自動的に与えている場合です。

> 未成年者の保護者である親権者は、「法定代理人」でしたが、この法定代理人が行う代理行為を、法定代理といいます。

4 代理権の範囲

任意代理の場合は、本人から与えられた代理権によって、その権限の範囲が決まりますが、権限が決められていない代理人ができることは、①保存行為、②物や権利の性質を変えない範囲内での利用・改良行為に限られています(103条)。

> 法定代理の場合は、民法等の法律によって、その代理権の範囲が定まります。

5 代理人の行為能力

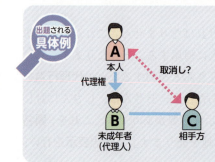

Aさんは未成年者B君に代理権を与え、自己所有の土地の売却を依頼した。B君は法定代理人の同意を得ずに相手方Cさんとの間で売買契約を締結したが、この契約はAさんにとって不利な契約となってしまった。

Aさんは、B君が未成年者であることを理由に、この売買契約を取り消すことができるだろうか？

結論を言えば、制限行為能力者が「任意代理人」として単独で契約を結んでも、**取り消すことができません**(102条本文)。

> 未成年者が単独で契約を結んだときに取消しが認められるのは、あくまで未成年者を保護するためでしたね。ところが、代理の場合には、代理人のB君がCさんと結んだ契約の効果は、Aさん本人に帰属することになるため、AC間の契約の取消しを認めても、制限行為能力者であるB君自身の保護につながらないからです。

ただし、制限行為能力者が、他の制限行為能力者の法定代理人として行った行為については、取り消すことができます(102条ただし書等) 最近の改正 。

> 法定代理人の場合は、任意代理と異なり、本人が代理権を与えたわけではないし、本人を保護する必要があるからですね。

6 代理権の消滅(111条)

　例えば、代理人が代理権を与えられた後に後見開始の審判を受ければ（成年被後見人になれば）、代理権は消滅します。

> 代理人に選任された後に、その人の精神状態が悪くなり成年被後見人になってしまった場合は、その後代理を任せられるかどうか不安がありますから、代理権を消滅させたほうがよいのです。

　なお、任意代理権の消滅事由は、後に学習する委任契約の終了事由と同じだということも頭の隅に残しておいてください。したがって、「解除」によっても、消滅します。

代理権の消滅事由

	本　人	代　理　人
法定代理	死　亡	死亡・破産手続開始の決定・後見開始の審判
任意代理	死亡・破産手続開始の決定	死亡・破産手続開始の決定・後見開始の審判 H26・30

7 自己契約・双方代理・利益相反行為 ！重要

❶ 自己契約

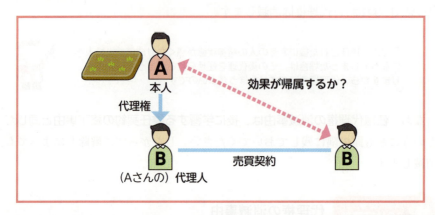

　自分が代理人であると同時に、契約の相手方にもなることを、**自己契約**といいます。Ｂさんは買主であると同時に、Ａさんの代理人でもあるため、代理人としての地位を利用して、Ａさんの土地を、安い値段で自分に売ることができてしまいます。このような悪事を防ぐために、**原則**として、自己契約は**許されず**、自己契約を行ったときは、「Ｂさんには**代理権がない**」と扱われます。つまり、**無権代理行為**とみなされるのです（108条1項） 最近の改正 。

要するに、本人に効果が帰属しないということですね。

　逆に、**例外**として、Ａさんに不利益が生じる可能性がないような場合、つまり、①Ａさんが Ｂさんの自己契約をすることにあらかじめ**許諾**を与えている場合や、②例えば、決まりきった義務を果たすだけで、代理人に裁量の余地がない**債務の履行**の場合には、自己契約はＯＫです。

❷ 双方代理

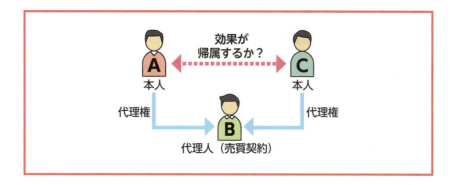

　Ｂさんが、Ａさんの依頼を受けてＡさんの代理人となると同時に、契約の相手方であるＣさんの代理人にもなる場合を、**双方代理**といいます。双方代理の場合も、代理人のＢさんの気持ちひとつで、ＡさんかＣさんのどちらか一方だけが、不利益を受けるおそれがあります。そこで、**双方代理**も、**原則**として**認められず**、双方代理をしたときには、**無権代理行為**とみなされます(108条1項)。 `最近の改正` 。

　例外は、❶の自己契約と同様、①あらかじめ本人の**許諾**のある場合と、例えば登記の申請(判例)などの、単なる②**債務の履行**です。

❸ 利益相反行為 `最近の改正`

　❶自己契約や❷双方代理のほか、代理人にとっては利益となるものの、本人にとっては不利益となるような、**代理人と本人との利益が相反する行為**についても、原則として、**無権代理行為**とみなされます(108条2項)。

> 例えば、包括的な代理権を与えられているＢが、本人Ａを自分の債務の保証人とする契約を、Ａを代理して、Ｂの債権者Ｘとの間で結ぶような場合です。

　しかし、本人があらかじめ**許諾**した行為については、例外的に、無権代理行為とはみなされません。

重要! 一問一答　　　　　　　　　　　　　　　H24-問2-肢3

Q 不動産の売買契約に関して、同一人物が売主及び買主の双方の代理人となった場合であっても、売主及び買主の双方があらかじめ承諾をしているときには、当該売買契約の効果は両当事者に有効に帰属する。

A 同一の法律行為について、当事者双方の代理人として行った行為は、原則として、無権代理行為とみなされるが、本人があらかじめ許諾した行為については、この限りでない。
　　　　　　　　　　　　　　　　　　　　　　　　　　　………○

8 代理行為

❶ 顕 名

　代理行為は、顕名（前出**2**参照）をしたうえで意思表示を行うことが必要です。
　ところが、顕名をしなければ、相手方のＣさんは、自分の契約の相手は、普通、目の前にいるＢさんだと思いますよね。そこで、顕名のないときは、原則として本人に効果は帰属せず、代理人が自分で自分自身のために契約をしたものと扱われます（100条本文）。

> 結局、相手方のＣさんが、どのように考えるかが重要なのです。

　なお、顕名がなくても、相手方のＣさんが、ＢさんがＡさんの代理人でありＡさんのために契約をすることを知っていた場合、さらには、知り得る状態にあった場合には、行為の効果は本人に帰属することになります（100条ただし書）。

❷ 代理行為の瑕疵

❶ Aさんの代理人であるBさんが、Cの強迫により、Cと土地の売買契約を結んだ場合、BC間の売買契約は取り消し得るが、では、誰が取り消すことができるのだろうか？

❷ 本人Aさんが、相手方Dの家の購入を代理人Bさんに依頼し、BさんがDと売買契約を結んで、登記もDからAに移転したが、実はこの家は、Eが債権者の差押えを免れるため、Dと通謀して、Dに仮装譲渡していたものだった場合、Bさんがそのことについて善意でも、Aさんがそれを知っていたとき、Aさんは、この家を取得できるのだろうか？

(1) まず、❶のケース。取消しのために実際に行動するのは、代理人のBさんです。したがって、強迫されたかどうか、善意か悪意か等については、代理人のBさんを基準に考えることが原則です(101条1項)。

つまり、この契約は、Cの強迫によって締結されたことになります。

例えば、相手方が代理人を相手に心裡留保によって意思表示をした場合のように、相手方が代理人に対してした意思表示の効力が、意思表示を受けた者の悪意・有過失によって影響を受けるべき場合も、その事実の有無は、代理人について決するのが原則です(101条2項)。 最近の改正 。

そして、代理人Bさんがした行為の効果は、全部本人に帰属する、つまり、本人自身が強迫によって意思表示をしたことになるため、取り消すことができるのは本人のAさんとなります。

(2) 次に、❷のケース。本人Aさんが、代理人Bさんに「Dさんと契約を結んで、Dさんの家を買ってきてほしい」というように、限定された、特定の契約などを依頼した場合です。

この場合、Aさんは、虚偽表示の事実を知っていますので、Bさんに指示して、契約を止めさせるなどコントロールすることができたはずです。そこで、「特定の法律行為の委託」のあるときは、本人が悪意または有過失ならば、たとえ代理人が善意だったとしても、善意であることを主張できない、とされています(101条3項) 最近の改正 。

つまり、結論として、Aさんは、悪意の第三者であって、Eに対抗できないので、この家を取得することができません。

> 任意代理権は、**本人の意思**に基づいて与えられていることから、本人の態様（善意・悪意など）が影響するのです。

9 復代理 !重要

例えば、代理権を与えられているBさんが、自分の代理人としての仕事（事務処理）を代わってやってもらうために、Eさんという人を連れてきます。そして、EさんがDさんと契約を結ぶ。その結果、売買契約の効果が本人Aさんに帰属する。このEさんのことを**復代理人**、Eさんが代理をした場合を**復代理**といいます。

> これに対して、普通に、BさんがAさんの代理人として契約を結ぶ場合を、**本代理**といいます。

❶ 復代理人の選任と責任

(1) 復代理人の選任

任意代理の場合、「あなただから頼む」と、特に指定して依頼をしているわけですので、任意代理人が、自分の仕事をむやみに他人に代わってしてもらうのは不適切ですね。そこで、**任意代理の場合は、原則**として、復代理人を選ぶことは**できません**(104条)。ただし、①本人が「OK、いいですよ」と許した（**許諾**のある）場合や、②緊急の事態など**やむを得ない事情**のある場合は、差し支えないとされています。

それに対して、法定代理の場合、「あなただから頼む」というわけではないので、いつでも自由に復代理人を選任することができます(105条)。

(2) 復代理人を選任した場合の代理人の責任

例えば、復代理人として選んだEさんがミスをしたとき、代理人Bさんは、どのような責任を本人Aさんに対して負うことになるのでしょうか？

① 代理人は、復代理人が引き起こした不始末については、本人に対して、本人と代理人との間の事務処理契約に関する**債務不履行**として、責任を負うことになります 最近の改正 。

復代理人としてEさんを選任したからといって、代理人Bさんの責任が特別に軽くなるような取り扱いはしない、ということです。

② 次に、**法定代理**の場合は、選任が自由なのですから、代理人は、**全責任**を負うのが**原則**です(105条)。ただし、**やむを得ない事情**で選んだ場合には軽くなり、**選任監督責任**でよいとされています。

❷ 復代理人を選任したときの代理人との法律関係

復代理人Eさんが締結した契約の効果は、当然本人Aさんに帰属します(106条1項)。復代理人は**本人の代理人**だからです。さらに、復代理人は、代理人の仕事をBさんに代わってするのですから、その代理権の範囲は、代理人の代理権の範囲内ですし、代理人の代理権が消滅したならば、復代理人の代理権も消滅します。また、代理人が自分で仕事ができれば、それに越したことはないですから、復代理人を選んでも、代理人の代理権は消滅しません。

2 無権代理

1 無権代理とは 重要

理解しよう　無権代理行為とは

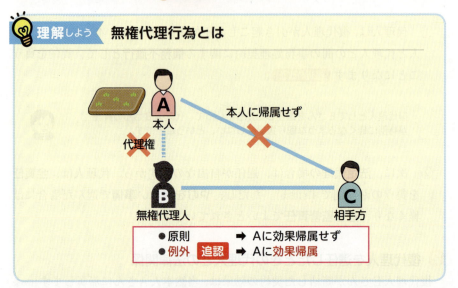

- 原則 ➡ Aに効果帰属せず
- 例外 追認 ➡ Aに効果帰属

　さて、Bが、Aさんから代理権を与えられていないにもかかわらず、Aさんの代理人と称して、Cさんに対して、顕名のうえでその土地の売買契約を行うなど、代理権のないB（無権代理人）が代理行為を行った場合のことを、無権代理といいます。そして、そもそも代理権がないのですから、その契約の効果は<u>Aさんには帰属しない</u>のが、<u>原則</u>です。
_{R3}

　ところが、Bが締結した契約の内容が自分に有利だった場合、Aさんとしては、代理権を与えていたことにしたいと思うかもしれません。このようなときは、本人Aさんは、追認することができます(113条)。そして、本人Aさんが<u>無権代理行為</u>を<u>追認</u>すると、AC間で確定的に効果が生じ、その効果は、原則として、行為をしたときに<u>さかのぼって</u>生じます(116条)。
_{H24}
_{H26・R1・2}

2 相手方を保護するための制度

　Bは、Aさんの代理人と称して、Cさんとの間でAさん所有のマンションの売買契約を締結した。なお、Bは実は何らの代理権も有していなかった。
　このような場合、相手方のCさんはどんなことができるのだろうか？

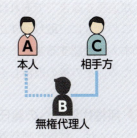

　通常の場合、相手方のCさんは、予期しない事態に陥っているでしょうし、また、Aさんの追認がない限りAC間に効果は帰属しないため、Cさんは不安定な立場に置かれています。そこで、相手方のCさんを保護するために、次の❶～❹の**4つの手段**が用意されています。

❶ 催告権

　催告とは、相手方のCさんが、本人Aさんに対して、相当な期間を決めて、「追認してください」と確答を促すという制度です。**相手方には、このような催告権**が認められており、無権代理であることについて**悪意**の相手方にもこのような権利が認められています。
　ここで重要なのは、本人側が催告に対して何も返事をしない場合の効果です。追認か追認拒絶か、どちらかに決めないと、相手方の立場は不安定なままになってしまいます。民法は、このように期間内に本人の確答がない場合は、**追認を拒絶**したものとみなす、としています（114条）。

> 本人に効果が帰属しないという、常識的な結論です。

❷ 取消権

Cさんが善意、つまり、Bが無権代理人であることを知らなかった場合は、本人が追認するまでであれば、契約を取り消すことができます(115条)。

このように、取り消すことができるのは、①善意の相手方に限ります。また、②本人が追認するまで、です。本人の追認があれば、相手方の立場も安定化するため、その後の取消しを認める必要がありませんよね。

❸ 無権代理人への責任追及権

Cさんは、無権代理行為という想定外のことをしたBに対して、原則として、責任追及ができます(117条)。

では、どのような内容の責任を追及することができるのでしょうか？ ①損害賠償請求、もしくは、「契約内容を果たしてほしい」という形での②履行の請求です。Cさんが、どちらかを選択して請求することができます。

ただし、Bは、自己の代理権を証明したとき、または、Aさんの追認を得たときは、この責任を免れます。

また、①Bが代理権を有しないことをCさんが知っていたとき、②そのことをCさんが過失によって知らなかったとき、③Bが制限行為能力者 例 未成年者) であったとき、のいずれかに該当すれば、Bは、この責任を負いません。

ただし、②の場合、Bが自己に代理権がないことを知っていたときは、Bは責任を負わなければなりません 最近の改正 。

❹ 表見代理

相手方のCさんが、Bに代理権がないことを知らず、相当な注意を払ったけれども、それがわからなかった場合には、Cさんは、Aさんに対して、「Bに代理権があるのと同じようになるよ」と主張できることがあります。これを、表見代理といいます。

表見代理は、相手方保護のための仕組みですから、①保護されるべき相手方Cさんは善意無過失でなければなりません。つまり、Bの代理人らしい外見を正当に信頼した場合です。また、表見代理が成立したときに、本人がそうなっても仕方がないと思える場合、つまり、②本人に落ち度（帰責性）があった場合

に限ります。

そこで、本人の落ち度の種類に応じて、次のようなタイプの表見代理が認められています。

(1) **代理権授与の表示**による表見代理(109条1項)
　例えば、代理権を与えるつもりがないにもかかわらず、代理権を与えた際に持たせる「委任状」をBに渡し、そのBが代理人と称してCさんと契約を結んだ場合です。

(2) **権限外**の行為の表見代理(110条)
　例えば、代理人が抵当権設定の代理権しか与えられていないのに、売買契約を結んだ場合です。

(3) **代理権消滅後**の表見代理(112条1項)
　例えば、かつて代理権があったのですが、代理人をクビになったにもかかわらず、現在も代理人と称して契約などを結んだ場合です。

> さらに、(1)や(3)の場合で、表示された代理権の範囲を越えたときや、消滅前の代理権の範囲を越えたときも、相手方に**正当な理由**があれば表見代理が認められます(109条2項、112条2項)。 最近の改正

試験に出る! POINT整理 表見代理の成立に必要な要件

❶ 相手方が**善意無過失**
❷ 本人に帰責性

代理権授与の表示	例 委任状を持たせた
代理権限外の行為	例 抵当権設定の代理権を与えた。しかし、売却した
代理権消滅後	例 かつて代理人だった

ここで、**相手方**の善意・悪意などのポイントをまとめておきましょう。

試験に出る！POINT整理　保護される相手方の要件

○…あり　×…なし

主張できる権利 \ 相手方の要件	善意 無過失	善意 有過失	悪意
催告権		○	○
取消権		○	×
無権代理人への責任追及権	○	×※	×
表見代理	○	×	×

※：無権代理人が自己に代理権がないことを知っていたときは、無権代理人は責任を負う　**最近の改正**

3　無権代理に関する重要判例

(1) まず、表見代理が成立する場合に、相手方Cさんは、表見代理を主張せずに無権代理人Bに対して責任を追及することができるのでしょうか？　判例は、それを認めてもいいとしています。

責任を追及された無権代理人に、「あなたは表見代理を主張することができるんですよ」と"逃げ口上"を言わせるのは不適当だからです。

(2) では、**無権代理人Bが、本人Aさんの息子**で、Bの無権代理行為の後で、Aさんがそのことを知らずに亡くなり、BがAさんを単独で相続した場合、BはAさんがもっていた追認拒絶権を行使して、マンションの引渡しを拒むことができるでしょうか？　この点、判例は、Bは無権代理行為をした張本人だから、**無権代理人Bは、追認を拒絶**することは**できない**、つまり、無権代理による**契約の効力を否定**することは**できない**としています。

H24・30・R1

(3) それに対して、本人Ａさんが無権代理人のＢを単独で相続した場合、本人Ａさんはいわば被害者のようなものですから、**本人Ａさんは、<u>追認拒絶</u>する<u>ことができる</u>**とするのが判例です。ただし、Ａさんは、無権代理人Ｂの責任も相続しますから、要件が満たされていれば、相手方のＣさんは、無権代理人としての責任をＡさんに追及することができます。

H24・R1

第 **1** 編
民法等

Chapter ▷ **2**

契約の内容を実現する段階で問題となること
（売買契約を中心に考えてみよう）

この章でも、**売買契約**に関するケースを中心に、契約の締結後、実際に契約を履行しようという時に問題となる事柄について学習します。ここで学ぶことも、宅建士試験にはよく出題される基本的で重要なテーマばかりですから、しっかりマスターしましょう。

Section

1 契約が
守られないとき
～債務不履行・契約の解除・手付～

2 買った建物が
地震で壊れたら
～危険負担～

3 買った家が
欠陥住宅だったら？
～売買の契約不適合（売主の担保責任）等～

4 債権回収のための
手段-①
～抵当権等～

5 債権回収のための
手段-②
～連帯債務と保証～

6 二重譲渡などに
備えて
～対抗問題～

7 「登記」とは
どんな仕組み？
～不動産登記法～

8 債権を
他人に譲り渡す
～債権譲渡～

9 債権が
消滅する
～弁済・相殺など～

第1編 民法等

Chapter 2 ▷ 契約の内容を実現する段階で問題となること

Section 1 契約が守られないとき
～債務不履行・契約の解除・手付～

Introduction 民法は、約束を破られた人のために、お金で償ってもらったり、そんな人との契約をご破算にするなどの救済手段を用意しています。ここでは、それらの方策のほか、「手付」についても学習します。

▶▶ 分野別過去問題集 第1編「民法等」問題 ⑰〜㉔

1 債務不履行

1 同時履行の抗弁権

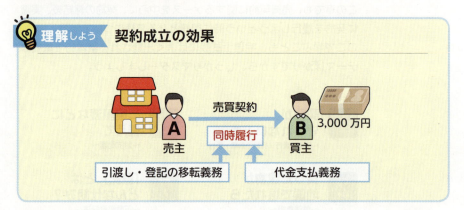

理解しよう　契約成立の効果

「例えば、AさんがBさんに家を売る」という売買契約などのように、双方が義務を負う双務契約においては、「Aさん・Bさん双方の義務は同時に果たさなければならない」という関係にあります。それが、公平だからです。これを「同時履行」の関係といいます。
H27・29
　その結果、万一Aさんが、自分は家の引渡しや登記の移転をしないでおいて
「代金3,000万円を支払え」とBさんに迫ってきたとき、Bさんは、「あなたが家の引渡しと登記の移転をしない限り、代金は支払いませんよ」と言って、代金の支払いを拒むことができます。このように主張できる権利を、同時履行の抗弁権といいます(533条)。
R1

46

なお、Ａさんが義務を果たさない場合の、それに代わる損害賠償の義務についても、同時履行の抗弁権が主張できます 最近の改正 。
　これらの関係は、例えば、第三者の詐欺を理由に売買契約が取り消された場合の契約当事者双方の返還義務についても、認められています(判例)。
H30

> やはり、それが公平だからです。

2 債務不履行 ！重要

　さて、先ほどのケースで、ＡさんやＢさんが、それぞれの負っている義務を果たさないことを、債務不履行といいます。債務とは、簡単にいえば「義務」のこと、また、履行とは、義務を果たすことです。したがって、債務不履行とは、契約などから生じた義務を果たさないことです。

> なお、売主のＡさんは、買主のＢさんに対して、登記等の対抗要件を備えさせる義務を負っています(560条) 最近の改正 。

💡 理解しよう　債務不履行 最近の改正

1．種類… ① 履行遅滞
　　　　　② 履行不能
　　　　　③ 不完全履行

2．効果… ● 損害賠償請求（債務者の帰責事由が必要）
　　　　　● 解除（債務者の帰責事由は不要）

　もし、Ａさんが債務不履行に陥れば、その効果として、Ｂさんからは、原則として、損害賠償請求(415条1項)がされますし、また、契約が解除されることもあります(541条、542条)。
R2

なお、債務不履行による**解除**は、債務不履行の憂き目にあった債権者を、契約の拘束力から解放するための制度であり、債務者の責任を追及するための手段ではありません。したがって、解除をするためには、<u>債務者の責めに帰すべき事由</u>（帰責事由）は不要です。最近の改正。

> 先ほどのケースで、債権者である買主のＢさんが家を壊したので、Ａさんが家を引き渡せなくなったような場合、つまり、債務不履行が債権者の責めに帰すべき事由によるものであるときは、債権者に解除のチャンスを与える必要はないことから、債権者は、解除をすることができません（543条）最近の改正。

　債務不履行には、次の３つのタイプがあります。❶**履行遅滞**、❷**履行不能**、❸**不完全履行**です。

> ❶ **履行遅滞**……例えば、いつまでに引き渡すと契約したにもかかわらず、その引渡しが**遅れてしまうこと**
> ❷ **履行不能**……履行ができないということ
> ❸ **不完全履行**…履行はしたものの、それが不完全ということ

> 宅建士試験では、「❶履行遅滞」と「❷履行不能」が重要ですので、ここでは❶❷に絞って学習します。なお、「❸不完全履行」は、債務不履行の３種類のうち、「❶❷以外のもの」と考えればOKです。

❶ 履行遅滞
(1) 履行遅滞の要件 (412条)
　① 第１の要件は、履行は可能だが、履行すべき時（履行期）に**遅れた**ことです。そして、履行期には、次の㋐〜㋒の３つがあり、「遅れた」と扱われるタイミング（「遅滞となる時期」）は、それぞれ異なります。

Chapter 2 ▷ 契約の内容を実現する段階で問題となること

試験に出る！POINT整理　履行遅滞となる時期

履行期の種類	遅滞となる時期
(ア) **確定期限ある債務** 例 10月1日に引き渡す	期限の**到来**時
(イ) **不確定期限ある債務** 例 父が死んだら引き渡す	①期限の**到来**後に、債**務**者が、履行の**請求を受けた時**、または、②期限の到来を**知った時**の、どちらか**早い時**　最近の改正
(ウ) **期限の定めのない債務** 例 引渡し時期を定めない	債**権**者が履行の**請求**をした時

　なお、(ウ)の「期限が定まっていない場合」は、債権者はいつでも請求することができるため、債権者が請求したときに履行しないと、遅滞となります。

② 第2の要件は、遅滞が**違法**であることです。自分の義務を果たしていないために相手方に同時履行の抗弁権がある場合は、相手方が遅れたことは、違法とは評価されません。自分の義務を果たさないで、相手方だけを一方的に非難するのは不当だからです。そこで、相手方の履行遅滞の責任を追及するためには、**自分の義務をあらかじめ提供して、相手方の同時履行の抗弁権を封じておく必要**があります。

> つまり、相手方が受け取るかどうかはともかく、自分は弁済を提供しておかなければならないのです。

(2) 履行遅滞の効果

　まず、債権者は、生じた損害について、債務者に対して**損害賠償を請求できます**(415条1項)。ただし、その債務不履行が、災害による場合等、契約その他の債務の発生原因および取引上の社会通念に照らして**債務者の責めに帰することができない事由**によって生じたものであるときは、**損害賠償を請求できません**(415条1項ただし書)　最近の改正　。つまり、債務者に帰責事由がなければ、債務者は免責されます。

49

また、原則として、相手方に**相当の期間**を定めて**催告**をし、その期間内に履行されなければ、**契約の解除**をすることもできます(541条)。

> 催告による解除一般に当てはまるのですが、相当の期間を経過した時における債務の不履行が、その契約や取引上の社会通念に照らして軽微であるときは、解除できません　最近の改正　。

　履行遅滞の場合、相手方は期日に遅れているだけで、履行自体は可能ですから、解除をするには、履行のための**ラストチャンス**を与える必要があります。そこで、例えば「３日待ってあげるから、早く履行しなさい」と催告をし、それでも履行されなければ解除できる、というわけです。

❷ 履行不能

　履行期に**履行が不能**（不可能）であることが、その要件です。不能かどうかは、契約などの債務の発生原因や取引上の社会通念に照らして判断します(412条の2第1項)　最近の改正　。

　そして、債務者が**債務を履行できない**ときは、履行遅滞の場合と同様、債権者は、原則として、**損害賠償**を請求できます(415条1項)。また、契約を解除することもできますが、ここで注意が必要なのは、**履行不能に基づく解除の場合は、相当な期間を定めた催告は不要**、つまり、**ただちに解除できる**という点です(542条1項1号)。

> そもそも履行できないのですから、ラストチャンスを与えても意味がありませんよね。

❸ 損害賠償の範囲と予定等　⚠ 重要

　債務不履行に対する損害賠償の請求の目的は、それによって**通常生ずべき損害**（債務不履行と相当因果関係にある損害）の賠償をさせることです(416条1項、判例)。そして、**相当性の判断にあたっては、通常の事情**のほか、債務者が債務不履行のときに予見すべきであった**特別の事情**を基礎とします(416条2項、判例)。
　また、債務不履行またはこれによる損害の発生やその拡大に関して**債権者**に

過失があったときは、裁判所は、これを考慮して、**損害賠償の責任**およびその額を定めます(418条) 最近の改正 。そして、この過失相殺は、債務者からの主張がなくとも、裁判所が**職権**ですることができます。（ただし、債権者の過失となる事実については、債務者が立証しなければなりません。判例）。

> 債権者に落ち度があるのですから、考慮されるのが公平ですね。

しかし、損害賠償請求をするときに、損害額の算定を巡って争いになることがあります。そこで、紛争に備えて**損害賠償額の予定**をしておくことができます(420条1項) 最近の改正 。これをしておけば、債権者は、損害の発生とその額を証明しなくとも、予定した賠償額を請求できます(判例)。

なお、**違約金**は、損害賠償額の予定と推定されます(420条3項)。

4 金銭債務の特則

　金銭債務とは、例えば、買主の代金支払義務など、お金を支払う義務のことです。金銭債務は、家の引渡しなどの普通の義務とは異なり、特殊な取扱いがされています(419条)。

(1) まず、**効果の特則**。損害賠償として請求できる額は**利息相当分**とされています。お金の支払いが遅れた場合、当然に利息分の損害が生じていると考えるのですね。損害賠償請求できる金額は、債務者が**遅滞の責任を負った最初の時点**における法定利率によりますが 最近の改正 、契約当事者が約定でこれより高い利率を決めているときは、それによります。

> 法定利率は、**年3％**と規定されており、**3年に1度見直し**が行われます（404条2項・3項）。

(2) 次に、**要件の特則**です。①利息相当分は請求できるのですから、**損害の証明は不要**です。また、②金銭を支払う義務は、**履行遅滞**しか認められません。

> 世の中にお金はあるわけですから、「不能はない」という考え方です。

さらに、③債務者は、**不可抗力をもって抗弁とすることができない**とされています。過失がなくても履行遅滞の責任を負わなければならないのです。シビアですね。

2 契約の解除

1 解除の種類

契約の解除には、次の３つのパターンがあります。

> ❶ **法定解除**……例えば「債務不履行があったときは解除OK」など、一定の要件を満たせば解除することができると、法律によって決められている場合のこと
>
> ❷ **約定解除**……例えば、手付（後出）や買戻し（例えば、AさんがBさんに売った家を、一定期間後に、Aさんが買い取るとの特約に基づいて、買い戻すこと）、「ローン不成立のときは契約を解除できる」旨の特約など、当事者が契約（特約）によって解除権を設定する場合のこと
>
> ❸ **合意解除**……例えば、AさんとBさんが結んだ契約を、双方合意の下、破棄する場合のこと

2 解除の方法

❶ 解除の意思表示

　　AさんとBさんが家の売買契約を結んだ。しかし、買主のBさんが代金を支払わないので、売主のAさんは契約を解除したい。このとき、Bさんの承諾は必要だろうか？

解除権を有する者は、**相手方の承諾がなくても、解除できます**(540条１項)。

このように**一方的な意思表示**で法律的な効果が生じる権利を、**形成権**といいます。

また、一度解除の意思表示をしたら、**撤回することはできません**(540条2項)。

いつまでも法律関係が安定せず、ややこしくなるからです。

さらに、当事者の一方が複数いるときには、解除は全員から、または、全員に対して行わなければなりません(544条)。これを、**解除不可分**の原則といいます。

一部の解除だけを認めると、法律関係が複雑になるからです。

また、同じ考え方から、**複数いる当事者の1人について解除権が消滅した場合は、他の者の解除権も消滅する**とされています。

一部だけの解除になるようなことを認めるわけにはいかないからです。

❷ 催告解除と無催告解除

債務不履行の場合、相手方が相当の期間を定めてその履行の**催告**をし、その期間内に履行がないときは、相手方は、原則として、契約の解除をすることができます(541条本文)。

ただし、次のような場合は、債権者は、**催告をすることなく、直ちに契約の解除をすることができます**(542条1項)。

> ❶ 債務の**全部**の履行が**不能**であるとき
> ❷ 債務者が、その債務の**全部**の履行を拒絶する意思を明確に表示したとき
> ❸ 契約の性質または当事者の意思表示により、**特定の日時**または**一定の期間内**に履行をしなければ契約をした目的を達することができない場合(「**定期行為**」)に、債務者が履行をしないで、その時期を経過したとき　等

ひとことでいえば、債務不履行によって目的達成ができなくなったような場合です。

3 解除の効果（545条） ！重要

❶ 当事者間での効果

　例えば、AさんとBさんが家の売買契約を結びましたが、買主のBさんが代金を支払わなかったので、Aさんは契約の解除をしました。この場合の契約関係は、当事者間、つまり、AさんとBさんとの間では、最初からなかったことになります(判例)。そこで、もしBさんが代金の一部を支払っていた場合、Aさんは、Bさんから受け取っていたお金を当然返さなければなりません。これを原状回復といいます。つまり、契約を解除すると、原状回復義務が生じるということです(545条１項本文)。そして、お互いの原状回復義務は、同時履行の関係に立ちます (546条、533条)。

　また、契約が解除されたとき、金銭を受け取っていたAさんは、受領の時からの利息を付けて返還しなければなりません(545条２項)。

> Aさんは、受け取ったときからお金を借りている場合と同様、他人のお金による利益を得ていると考えられるからです。

　同様に、買った家の引渡しを受けていたBさんは、その家だけでなく、その引渡しを受けた時以後に生じた果実（家を他の人に貸して受け取った賃料など）や使用利益も返還しなければなりません (545条３項、判例) 最近の改正。なお、解除をしても、損害が発生していれば、損害賠償も請求できます(545条４項)。

❷ 第三者に対する効果

Bさんは、Aさんから買った土地をCさんに転売し、Cさんは引渡しを受け、登記も済ませた。

その後、Bさんの代金不払いを理由にAさんがこの契約を解除したとき、AさんはCさんに対して土地の返還を請求することができるのだろうか？

この場合、理屈では、ＡＢ間の契約関係は最初からなかったことになり、Aさんは、Cさんに対して「土地を返せ」と言えそうです。しかし、民法は、それを許していません。解除によって、解除前の第三者であるＣさんの権利を害することはできないとされているのです（545条1項ただし書、判例）。

もし、このような場合にＣさんが土地を返還しなければならないとすると、取引関係に入ることはリスクが大きすぎて、誰も土地を買わなくなってしまうからです。

ただし、Ｃさんが保護されることは、Ａさんが犠牲になることを意味します。そこで、保護されるのは、それだけその土地に「強い利害関係」を持った人に限るという意味で、Ｃさんの権利が保護される要件として、Ｃさんは、登記などの対抗要件を備えていなければなりません（判例）。

また、Ｃさんが保護されるためには、Ｃさんの善意・悪意は無関係です（判例）。

Ｂさんに債務不履行があっても、Ａさんは、せっかく契約を結んだのですから必ず契約を解除するとは限りませんよね。ですから、悪意（Ｂさんの債務不履行を知っていた）のＣさんであっても、保護に値するのです。

> **重要！ 一問一答**　　　　　　　　　　　　　　H21-問8-肢1
>
> **Q** 売主Aは、買主Bとの間で甲土地の売買契約を締結し、代金の $\frac{2}{3}$ の支払と引換えに所有権移転登記手続と引渡しを行った。その後、Bが残代金を支払わないので、Aは適法に甲土地の売買契約を解除した。この場合において、Aの解除前に、BがCに甲土地を売却し、BからCに対する所有権移転登記がなされているときは、BのAに対する代金債務につき不履行があることをCが知っていた場合においても、Aは、解除に基づく甲土地の所有権をCに対して主張できない。
>
> **A** 第三者は、登記などの対抗要件を備えることが必要であるが、その善意・悪意を問わない。したがって、Aは、甲土地の所有権をCに対して主張できない。
>
> .... ○

4 解除権の消滅

　解除権を行使できる期間については、その定めがなく、解除権を有する側が解除しないときは、その相手方（解除される側）からは、相当の期間を定めて「解除するか否か」を催告することができます。そして、その期間内に解除の通知を受けないとき、**解除権は消滅**します(547条)。

> 解除される側の不安定さを解消させるために、催告権が認められているわけです。なお、「解除権が消滅」する（＝解除することができなくなる）のであり、解除したことになるわけではありません。

3 手 付

　手付とは、売買契約等を結んだときに、相手方に払うお金などのことです。

> 宅建業法でも出てきますよ。ここでしっかり学習しておきましょう。

1 手付の性質

　手付には、交付する目的によって、❶証約手付・❷解約手付・❸違約手付の3つの種類があります。

宅建士試験では、❶～❸の中で、❷がいちばん重要です。

❶ 証約手付…契約が成立した証として払われる手付のこと
❷ 解約手付…その手付の交付によって、契約を解除できるようにするもののこと。つまり、**約定解除権の設定を意味する**
❸ 違約手付…「約束違反の場合には没収される」という了解の下で交付される手付のこと

なお、当事者が、「この手付はどういう意味か」ということを決めないときには、**解約手付**と**推定**されます(557条)。

つまり、反対の証拠がないかぎり、一応、解約手付として扱われるということです。

2 解約手付による解除

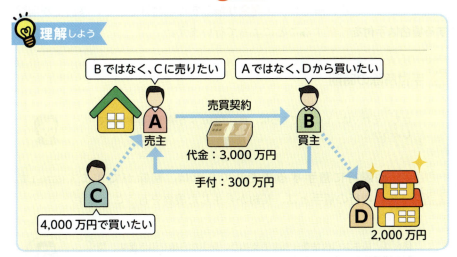

❶ 手付解除の方法

　AさんはBさんに、自分の家を代金3,000万円で売る契約を締結しました。このとき、BさんはAさんに、解約手付として300万円を交付しました。

① その後、Aさんのところへ、この家を「4,000万円で買いたい」と申し込むCさんが現れました。この場合、Aさんは、Bさんから受け取った手付300万円と、それに加えてBさんに対する償いとして300万円、合計600万円（手付額の倍ですね）をBさんに渡すことによって、Bさんとの契約の解除をすることができます。「倍の金額を渡す」ので、これを**手付倍返し**といいます。

なお、売主であるAさんから契約を解除するには、手付の倍額を**現実に提供**しなければなりません 最近の改正 。

それでは、逆に、買主のBさんからは、契約を解除できるのでしょうか？

② 買主のBさんがAさんと契約を結んだ後、もっと素敵なDさんの家が、2,000万円で売り出されているのを発見し、Bさんは欲しくなりました。このときは、Bさんは、Aさんへの償いとして、すでに交付している300万円を捨ててしまえば、Aさんとの契約を解除できます。この方法を、**手付放棄**といいます。

以上のように、手付解除は、①**売主**が解除する場合は**倍返し**、②**買主**が解除する場合は手付を**放棄**することによって行います。

❷ 手付解除の時期

さて、それでは、いつまでならば、解約手付による解除が可能なのでしょうか？

『**相手方**が履行に着手するまで』であれば、解除ができます(557条1項) 最近の改正 。履行の着手とは、契約から生じた義務を行うことです。

例えば、買主なら代金を一部でも支払う、売主なら家を引き渡す、登記を移転する、といったことですね。

なぜ、このように規定されているかというと、相手方がせっかく履行に着手

したのに、手付による解除を認めてしまうと、着手した相手方の苦労を一方的に水の泡にしてしまうからです。

逆に、着手した者が、着手に要した苦労を自分でムダにしても構いませんよね。そこで、**自分が履行に着手**していたとしても、**相手方が履行に着手していない限り**は、手付解除ができるのです。

> ここは、本試験でよく問われています。よく理解しておきましょう。

❸ 手付解除の効果

手付によって解除をしても、債務不履行による解除ではないため、**損害賠償請求はできません**(557条2項)。逆に、**損害賠償の請求もされません**。ただし、債務不履行という事態が起きたならば、当然、それに基づいて解除をすることができますし、さらに、損害賠償請求も可能となります。また、**債務不履行による損害賠償請求額は、解約手付の額とは基本的に無関係ですから、解約手付の額に制限されません**。

試験に出る！POINT整理　解約手付のポイント

どのように するか	売主からの解除	手付の倍額を現実に提供（手付の倍返し）　最近の改正
	買主からの解除	手付を放棄
いつまでなら 解除可能か	「相手方が」履行に着手するまでなら解除できる　最近の改正 ⚠ たとえ自分が着手していても、解除ＯＫ	
債務不履行 との関係	● 手付解除は、債務不履行解除ではないから、損害賠償の請求はできない ● 債務不履行があれば、債務不履行解除ができ、手付額にかかわらず損害賠償請求ができる	

買った建物が地震で壊れたら
～危険負担～

Introduction　家を購入したものの、地震や火事など当事者双方の責任なくその家が滅失してしまった場合、買主は、代金の支払いを拒むことができるのでしょうか──これが、危険負担という問題です。

▶▶ 分野別過去問題集　第1編「民法等」問題 ㉕～㉖

1　危険負担　

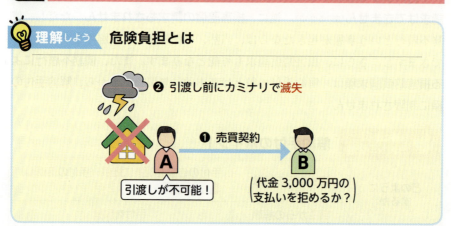

　AさんとBさんとの間でAさんの家を3,000万円で売る契約がなされた際、例えば、カミナリが落ちて、あるいは地震が発生した結果、この家が滅失してしまった。また、この家の隣家が火事になりその火が燃え移って類焼してしまった。いずれもAさんBさん（当事者）双方の責任なく家を引き渡せなくなった、というケースです。

Chapter **2** ▷ 契約の内容を実現する段階で問題となること

　このような場合、買主のＢさんは、それでも代金3,000万円の支払いを拒むことはできないのでしょうか？　これが、**危険負担**という問題です。

> つまり、カミナリなどによる滅失のリスクを、ＡさんとＢさんのどちらが負担するのか、ということです。

　民法上、この危険は、**売主のＡさん**が負担することになります。つまり、ＡさんＢさん（当事者）双方の責めに帰すことができない事由によって債務を履行することができなくなったときは、債権者である買主Ｂさんは、反対給付の**履行を拒むことができます**（536条１項） 最近の改正 。

　したがって、Ｂさんは、代金3,000万円の支払いを拒むことができます。

> なお、ＡさんがＢさんにこの家を**引き渡した後**に、カミナリなどによって家が滅失したときは、買主のＢさんは、契約を解除できず、また、その**危険を負担**することになり、代金3,000万円の**支払いを拒むことができません**（567条１項） 最近の改正 。

　ところで、**債権者**の責めに帰すべき事由によって債務を履行することができなくなったときは、**債権者**は、反対給付の**履行を拒むことができません**（536条２項前段）。

> 先ほどのケースで考えると、債権者である買主のＢさんの責任によってＡさんの家が滅失してしまったときは、債権者のＢさんは、代金3,000万円を支払わなければならないということです。

　ただ、この場合、債務者（Ａさん）は、自己の債務を免れたことによって**利益**を得たときは、これを**債権者**（Ｂさん）に**償還**しなければなりません（536条２項後段）。

2　履行遅滞中の履行不能と帰責事由

　次のような場合は、直接には当事者双方の責任によるものではない不能でも、前出 1 とは異なる扱いをされます（413条の2第1項）最近の改正。

　例えば、Aさんの家について、AさんとBさんとの間で売買契約が結ばれましたが、Aさんが引渡期日を過ぎたのに引渡しをしないでいたところ、**地震でその家が滅失してしまったような場合、その不能は、Aさんの責任によるもの**とみなされます。

　つまり、**債務者**（Aさん）がその債務について**遅滞**の責任を負っている間に、**当事者双方の責めに帰すことができない事由**によってその債務の履行が**不能**となったときは、その履行の不能は、**債務者の責めに帰すべき事由**によるものとみなされるのです。

> ですから、Bさんは、Aさんに対して、履行不能を理由とする損害賠償を請求できます。

重要！一問一答　　　　　　　　　　　　　　H8-問11-肢1改題

Q AがBに対し、A所有の建物を売り渡し、所有権移転登記を行ったが、代金の支払い及び建物の引渡し前に、その建物が地震によって全壊した場合、Bは、Aに対して代金の支払いを拒むことはできない。

A 地震による建物の全壊という危険は、売主Aが負担するため、Bは、Aに対して代金の支払いを拒むことができる。　　　　　　　　　　　✗

第1編 民法等
Chapter 2 ▷ 契約の内容を実現する段階で問題となること

Section 3 買った家が欠陥住宅だったら？
〜売買の契約不適合（売主の担保責任）等〜

Introduction

相当の金額の代金を支払って家を買い、その引渡しを受けたら、実は、雨漏りのする欠陥住宅だった！というときは、売買契約の内容に適合していない家を引き渡されたことになります。この場合、民法は、特に重要な**売買**について、目的物などが**契約内容に適合しない**場合の**債務不履行の特則**を設けており、**売主**は、買主に対して責任を負わなければなりません。その**売主の責任**を中心に、学習を進めましょう。

▶▶ 分野別過去問題集　第1編「民法等」問題 ㉗〜㉚

1 種類・品質に関する契約不適合　最近の改正

出題される具体例

　AさんからBさんが、建売住宅を買ったが、屋根に穴があいていて雨漏りがする。Bさんは、どんなことを主張できるのだろうか？

上記のケースが、「引き渡された目的物が種類・品質に関して契約の内容に適合しないもの」に該当する場合、買主のBさんは、次のことを売主のAさんに主張できます。

❶ 買主の追完請求権（562条）

　売主は不完全な履行をしたことになりますから、買主は、売主に対し、目的物の**修補**や代替物の引渡し・不足分の引渡しによる**履行の追完を請求**することができます。なお、「売主の責めに帰すべき事由」は、追完請求権の要件ではありませんから、契約不適合について売主に責任がなくても、買主は、追完請求権を行使することが可能です。

　ただし、売主は、買主に不相当な負担を課すものでないときは、買主が請求した方法とは違う方法によって、履行の追完をすることができます。

　なお、契約不適合が、**買主の責めに帰すべき事由**（買主の責任）によるものであるときは、買主は、この追完請求をすることができません。

❷ 買主の代金減額請求権(563条)

買主が、相当の期間を定めて履行の**追完の催告**をしたにもかかわらず、その期間内に履行の**追完がない**ときは、買主は、その不適合の程度に応じて**代金の減額を請求**することができます。なお、「売主の責めに帰すべき事由」は、代金減額請求権の要件ではありませんから、契約不適合について売主に責任がなくても、買主は、代金減額請求権を行使することが可能です。

ただし、次の場合には、買主は、**催告をすることなく、直ちに代金の減額を請求**することができます。

> ❶ 履行の追完が**不能**であるとき
> ❷ 売主が、履行の**追完を拒絶**する意思を明確に表示したとき
> ❸ 契約の性質または当事者の意思表示により、**特定の日時**または**一定の期間内**に履行をしなければ契約をした目的を達することができない場合(「**定期行為**」)に、売主が履行の追完をしないで、その時期を経過したとき　等

なお、契約不適合が、**買主の責めに帰すべき事由**(買主の責任)によるものであるときは、買主は、代金の減額の請求をすることができません。

❸ 買主の損害賠償請求および解除権の行使(564条)

前述の具体例は債務不履行にあたることから、債務不履行(➡前出Section1❶)のところで学習したとおり、買主は、原則として、**損害賠償**の請求(415条)や**解除権**の行使(541条、542条)もすることができます。

なお、解除を行うには、原則として**履行の追完の催告**が必要です。

❹ 担保責任の期間の制限(566条)

際限なく、いつまでも責任を問われるのは売主に酷ですから、買主が**契約不適合を知った時**から**1年以内**にその旨を売主に**通知**しないときは、買主は、その不適合を理由として、履行の追完の請求等をすることができません。

> この期間の制限を受けるのは、「契約不適合」の場合のうち、**種類・品質**に関する契約不適合の場合だけです。

ただし、売主が引渡しの時にその不適合を知っているか、または、重大な過失によって知らなかったときは、この期間の制限を受けません。

2 数量に関する契約不適合 最近の改正

「坪単価10万円で100坪、したがって、代金は計1,000万円」と明示された売買によってＡさんから買主Ｂさんが X 地を取得したが、実測したところ90坪しかなかった。Ｂさんは、どんなことを主張できるのだろうか？

このケースが、「引き渡された目的物が数量に関して契約の内容に適合しないもの」に該当する場合、前記 1 と同様、買主のＢさんは、次のことを売主のＡさんに主張できます。

❶ 買主の追完請求権 (562条)
❷ 買主の代金減額請求権 (563条)
❸ 買主の損害賠償請求および解除権の行使 (564条)

3 権利に関する契約不適合 最近の改正

Ａさん所有の X 地をＢさんがＡさんから買ったが、その土地に地上権や質権が設定されていた。また、300㎡の X 地についてＡＢ間に売買契約が成立したが、その土地のうち、100㎡が売主Ａさんのものではなく、Ｃさんのものであったため、買主Ｂさんは、その100㎡については所有権を取得できなかった。
Ｂさんは、どんなことを主張できるだろうか？

（一部はＣさんの所有地）　→　 売買契約

🔍出題される具体例のケースが、「移転した権利が契約の内容に適合しない場合」に該当する場合、前記❶と同様、買主のBさんは、次のことを売主のAさんに対して主張できます(565条)。

> ❶ 買主の追完請求権(562条)
> ❷ 買主の代金減額請求権(563条)
> ❸ 買主の損害賠償請求および解除権の行使(564条)

4 特約による担保責任の軽減

「もし欠陥が見つかったとしても、売主は買主に担保責任は負わない」という免責特約は、民法上、当事者が合意すれば、有効です。

ただし、たとえこのような特約があっても、**売主が知っていながら買主に告げなかった**事実や第三者に対し自ら設定し、または譲り渡した権利については、売主は、**その責任を免れることができません**(572条)。

黙っていた売主は、ズルイからです。

5 権利の全部が他人に属する場合

　X地について、Aさんを売主、Bさんを買主とする売買契約が成立した。ところが、X地の所有者は、実はCさんだった。
　Bさんは、どんなことを主張できるのだろうか？

(実はCさんの所有地) → 売買契約

このような売買契約のことを**他人物売買**といいますが、この契約は無効ではなく、**有効**です。

たとえCさんに、ＡＢ間の契約締結時から、Ｘ地を売却する**意思がまったくなかった**としても、ＡＢ間の売買契約自体は**有効**です（判例）。

この場合、他人物売買の売主であるＡさんは、Ｃさんから、Ｘ地の所有権を**取得してＢさんに移転する義務**を負います（561条）　**最近の改正**　。にもかかわらず、売主のＡさんがその義務を果たさないときは、前出の「債務不履行一般の規定」に従うことになります。つまり、買主のＢさんは、要件を満たせば、契約を**解除**できますし（541条、542条1項1号）、**損害賠償請求**をすることができます（415条1項）。

Ｂさんは A さんから1,000万円を借り入れ、自己所有のＸ地にＡさんのための抵当権を設定した。
　その後、Ｂさんが X 地を C さんに売却したが、抵当権の実行によりＣさんが X 地の所有権を失ってしまった。
　Ｃさんは、どんなことを主張できるのだろうか？

それでは、まずは、抵当権の基本を少し見ておきましょう。

Ａさんが B さんに1,000万円を貸したとき、Ｂさんが返せない、または、Ｂさんが A さん以外にもあちこちからお金を借りまくる、ということが心配されます。そこで A さんは、何らかの安全策を講じておきたい。そのために設定されるのが、**抵当権**です。

Aさんが抵当権の設定を受けておけば、Bさんが借金を返さないときは、Aさんは「抵当権を実行します」と宣言して、X地を競売にかけること（「**抵当権を実行する**」といいます）ができます。そして、競売で買ったDさん（「**競落人**」といいます）が競売代金を支払ったとき、Aさんは、この競売代金から、他の債権者に優先して自分の債権を回収することができるのです。

> このような仕組みがあるため、Aさんは、安心してBさんに1,000万円を貸すことができるのです。

　X地の売主Bさんは、買主Cさんに対して、X地の所有権を移転する義務を負いますが、抵当権の実行によりCさんがX地の所有権を失ったときは、Bさんは、Cさんに対して、その**所有権移転義務を果たすことができなかったこと**になります。

　ですから、この場合も、「債務不履行一般の規定」に従うことになり、Cさんは、要件を満たせば、Bさんに対して**損害賠償請求権**や**解除権**を行使することができます。

Chapter **2** ▷ 契約の内容を実現する段階で問題となること

6 売買の契約不適合（担保責任）等のまとめ ！重要

試験に出る！ POINT整理 売買の契約不適合（売主の担保責任）等

	内容（(1)(2)(3)に共通）	1年の期間制限
(1) 目的物が**種類・品質**に関して契約内容不適合	❶ **買主の追完請求権** ●目的物の修補、代替物の引渡しまたは不足分の引渡しによる履行の追完を請求することができる。ただし、売主には、変更権がある ●不適合が、買主の責めに帰すべき事由によるものであるときは、追完請求ができない	あり
(2) 目的物が**数量**に関して契約内容不適合		
(3) **権利**が契約内容不適合	❷ **買主の代金減額請求権** ●買主が相当の期間を定めて履行の追完の催告をし、その期間内に履行の追完がないとき、代金の減額を請求できる（ただし、追完が不能であるとき等は、直ちに代金減額請求ができる） ●不適合が、買主の責めに帰すべき事由によるものであるときは、代金減額請求ができない ❸ **買主の損害賠償請求・解除権の行使** 左記(1)(2)(3)はすべて債務不履行だから、損害賠償の請求（売主の責めに帰することができない事由によるものであるときは、損害賠償請求はできない）や解除権の行使（売主の責めに帰すべき事由は必要ではないが、買主の責めに帰すべき事由によるときは、買主は、解除できない）もできる	なし <u>R2</u>

⚠ ●他人物売買契約は**有効**（売買契約締結時から、所有者に他に売却する意思がなくとも有効である〈判例〉）。
　●売主が目的物の移転義務を果たさないときは、債務不履行一般の規定に従って処理される（損害賠償請求権や解除権の行使ができるのが原則）

Chap.**2** Sec.**3** 買った家が欠陥住宅だったら？〜売買の契約不適合（売主の担保責任）等〜

わかって合格る いますぐ**解く！** 厳選過去問プレミアム⑤⓪ **問4** へ

69

第1編 民法等
Chapter 2 ▷ 契約の内容を実現する段階で問題となること

Section 4 債権回収のための手段-① ～抵当権等～

債権者は、スムーズな債権の回収を図るため、担保物権を設定したり、保証人を立てたりします。ここでは、"物"を的にする担保である担保物権の中で、最も重要な抵当権を中心に学習していきます。

▶▶ 分野別過去問題集　第1編「民法等」問題 ㉛～㊲

1 抵当権などの担保物権

1 担保物権の種類と性質　⚠重要

❶ 担保物権の種類

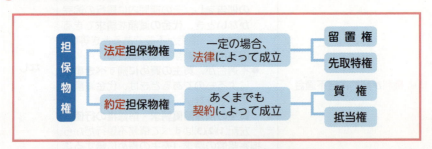

一定の場合に、法律によって成立するのが法定担保物権。それに対して約定担保物権は、当事者の契約によって成立する担保物権です。

以上の民法上の担保物権のほかに、取引の慣習上認められている譲渡担保などもあります。

70

❷ 担保物権の性質

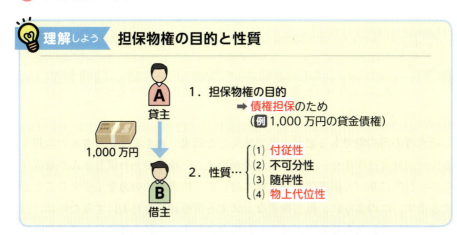

　例えば、1,000万円の債権を取得した債権者は、債務者にお金がなくなれば、弁済期日に1,000万円が回収できません。そこで、**債権の確実な回収を図るため**、つまり、**債権を担保**するために、抵当権などの担保物権の設定を受けておくのです。

　担保物権の共通の性質には、次の(1)～(4)の４つがあります。

(1) **付従性**

　債権を担保するために担保物権が設定されるのですから、債権があって初めて担保物権が成立し、債権が弁済などによってなくなれば消滅するという性質のことです。なお、抵当権登記の抹消は、弁済された後にすることができます。つまり、**債務の弁済と抵当権登記の抹消は、同時履行の関係にありません**。債務の弁済が先履行です（判例）。

　なお、担保される債権のことを、**被担保債権**といいます。

(2) **不可分性**

　債権の全額が弁済されるまで、その担保の目的物の全部について担保物権が存続するという性質のことです。

(3) **随伴性**

　債権担保のための担保物権ですから、債権が移転すればそれと一緒に担保物権も移転する、という性質のことです。

(4) 物上代位性

Aさんは、Bさんに対して有する貸金債権1,000万円の担保として、Bさん所有の家（火災保険が付けられている）について、抵当権の設定を受けた。ところが、この家が火事で焼失してしまった。抵当権者のAさんは、優先弁済を受けることがまったくできないのだろうか？

抵当権の目的物である家が火事で滅失した結果、Aさんは、Bさんの取得する**火災保険金請求権**や、また、第三者が放火した場合であればBさんが取得する不法行為に基づく**損害賠償請求権**に対して、抵当権の効力を主張することができます。このように、抵当権者などによる債権回収を可能にするために、例えば、担保の対象となる物が滅失した場合に発生する請求権に対して担保の効力が及ぶという性質が、**物上代位性**です。物上代位の対象となる権利としては、目的物が売却された場合の**売買代金請求権**や、それが賃貸された場合の**賃料請求権**などもあります。

そして、**物上代位**するためには、このケースでいえば、保険金などがBさんに支払われるなどの前に**差し押さえ**ることが必要です(372条、304条)。

Bさんに先に支払われてしまったら、それが保険金として支払われたお金かどうかわからなくなるからです。

なお、後に学習する**留置権**には、この物上代位性は認められていません。

❸ 担保物権の対抗要件

担保物権も物権ですから、留置権を除いて、**第三者に対抗するためには登記が必要です**(177条)。

Chapter 2 ▷ 契約の内容を実現する段階で問題となること

出題される具体例
　AさんはBさんに1,000万円を貸し付け、その担保としてBさん所有のX地について抵当権の設定を受けた。Bさんはその後、X地をCさんに売却し、現在Cさんが所有している。もしBさんがAさんに弁済できなかったら、Aさんは抵当権を実行できるだろうか？

　抵当権は、目的物であるX地がCさんのものになったとしても、その効力が及びます。そして、抵当権設定の登記があれば、AさんはCさんに抵当権を主張して、抵当権を実行することができます。

2　抵当権

　抵当権とは、債務者などが担保に供した不動産をその手元に残したまま、債務の弁済がないときは競売に出すなどして、抵当権者が、その競売代金などから他の債権者に優先して債権の回収を図ることのできる**担保物権**のことです（「**優先弁済的**効力」、369条1項）。

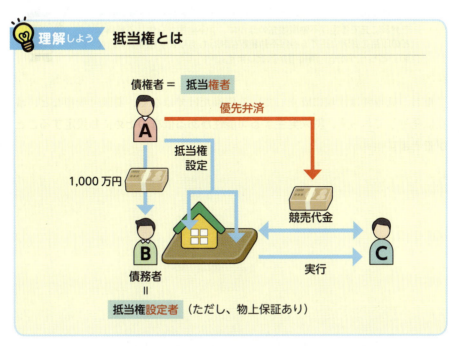

理解しよう　**抵当権とは**

AさんがBさんに1,000万円を貸す場合、Aさんは、将来Bさんから返してもらえないのは困るので、Bさんの持っている土地や家について、抵当権の設定を受けます。この場合、Aさんを**抵当権者**、Bさんを**抵当権設定者**といいます。

　債務者のBさんが土地や家を持っていない場合は、例えば、Bさんのお父さんが持っている土地や家に、抵当権を設定します。その場合、Bさんのお父さんがAさんと契約を結んで抵当権設定者となり、Bさんのお父さんを**物上保証人**といいます。

　ところで将来、Bさんが借金を返せなくなった場合は、債権者（抵当権者）のAさんは、この抵当権を設定している目的物を競売に出すことができます。これを、**抵当権の実行**といいます。その結果、Cさんが競売で買い受けたときに、抵当権者のAさんは、たとえ他に多くの債権者がいてもお構いなしに、Cさんが支払う競売代金から優先して、自分の債権の回収ができます。ですから、抵当権の設定を受けることによって、Aさんは安心して融資を行えるのです。これが、**抵当権**の仕組みです。

> 不動産を目的とする**担保権の実行方法**として、①競売による売却代金を弁済に充てる担保不動産競売のほかに、②不動産から生じる賃料などの収益を弁済に充てる担保不動産収益執行もあります（民事執行法180条）。どちらかから、債権者が選択します。

　なお、抵当権は、現に成立している債権だけではなく、期限付債権など、現在は発生しておらず、**将来発生する可能性がある債権のためにも設定すること**ができます（判例）。

Chapter 2 ▷ 契約の内容を実現する段階で問題となること

さて、抵当権に関しては、以下、❶抵当権を設定する段階での事柄、❸実行する段階での事柄、加えて、❷設定から実行までの間に行う使用など、の3つに分けることができます。

理解しよう 抵当権学習の視点

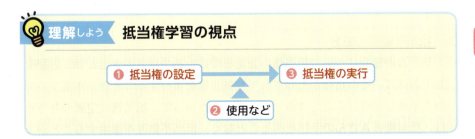

❶ 抵当権の設定 　重要

(1) 抵当権の目的物

民法上、抵当権の目的物となり得るものは、**不動産**（H29）、**地上権**（R4）、**永小作権**の3つです（369条）。

(2) 抵当権設定契約

抵当権の設定契約は諾成契約であり、抵当権者と抵当権設定者の合意によって行われます。（H29）

(3) 対抗要件としての登記

第三者に対する抵当権の対抗要件（「抵当権がある」と主張するための要件）は登記ですので、したがって、例えば、同じ土地に複数の抵当権が設定されたときの**抵当権の順位**も、**登記の順番**によります（373条、177条）。（H22・25・29）

> つまり、先に登記をした抵当権者が**先順位**の、遅れて登記をした者が**後順位**の抵当権者となります。"早い者勝ち"ですね。

なお、この**抵当権の順位**は、各抵当権者の合意で**変更**することができますが、その際は利害関係者の承諾が必要であり、また、登記をしなければ効力を生じません（374条）。（H25・28）

❷ 使用など

(1) 使用・収益

　例えば、Bさんの建物について、Aさんのために抵当権が設定されても、抵当権実行までの間、この建物はBさんが使用することができます。また、Bさんは、この建物を人に貸して賃料を受け取るなどの収益を得ることもできます。

(2) 抵当不動産の処分

　Bさんの建物について抵当権の設定を受けた抵当権者のAさんは、登記をしておけば、その建物が売却されても抵当権を実行することができますので、何ら不利益を受けることはありません。したがって、抵当権設定者のBさんは、抵当権者Aさんの承諾を得ることなく、抵当不動産を譲渡することができます。

(3) 買主の代金支払拒絶権・費用償還請求権

　Bさんの建物について、Aさんのために抵当権が設定され、その登記もされている場合に、BさんがCさんにその建物を売却したとしましょう。買主のCさんは、売買契約を結んだ以上、売買代金を支払うのは当然ですが、建物に設定された抵当権の登記が契約の内容に適合しないものであれば、抵当権消滅請求の手続が終わるまでは、代金の支払を拒絶できます(577条1項)。 最近の改正 。

　この抵当権消滅請求とは、買主のCさんが抵当権者のAさんにお金を支払うことでAさんの抵当権を消滅させることができる制度です(379条)。

　Cさんは、お金をAさんに払えば抵当権は消滅し、抵当権の実行により建物の所有権を失う恐れがなくなる、つまり、買った建物の所有権を保存したことになります。そこで、Cさんは、買い受けた建物に契約内容に適合しない抵当権が存在しているときは、売主のBさんに対して、所有権保存のためにAさんに支払った金額相当分を、費用として償還請求することができます(570条) 最近の改正 。

> このように、Cさんは、Bさんに、抵当権消滅請求の手続が済むまで代金の支払を待ってもらえば、抵当権消滅請求後の費用の償還請求権と代金請求権とを帳消しにできて簡単だ、ということで、買主には代金支払拒絶権が認められているのです。

(4) 抵当権侵害

抵当権設定者のBさんは、自分が所有する建物であっても、抵当権が設定されている以上、建物を壊してしまうことなどは許されません。それにもかかわらず、Bさんが破壊行為に及んだ場合、**抵当権の侵害**として、抵当権者のAさんは、破壊行為を**差し止める**ことができます(判例)。

> もし、抵当権者のAさんに損害が生じれば、建物を壊したBさんには**不法行為**（後で学習します）が成立し、Aさんに対して**損害賠償金**を支払わなければなりません。

❸ 抵当権の実行　⚠重要

(1) 抵当権の効力が及ぶ目的物の範囲

抵当権者が、抵当権の実行の際に、競売に出すことができるのは、次のものです。

① 土地と建物

土地と建物は別個の不動産ですから、建物だけに抵当権を設定した場合、**土地にはその効力は及びません**。つまり、建物しか競売に出せません。また同様に、土地だけに抵当権を設定しても、建物にはその効力は及びません。

② 付加一体物

例えば、増築部分や雨戸など、抵当不動産とそれに付加して一体となった（強くくっついている）物には、付加されたのが**抵当権の設定の前後を問わず**、原則として、その効力が及びます(370条)。

③ 従物、従たる権利

次に、例えば、土地上に設置されている動かすことができる庭石や石灯籠など、②の付加一体物ほど強くくっついていないものを、その土地の従物といいます。**抵当権設定当時**に存在した従物については、当事者はそれも抵当権の対象であると考えていますので、原則として、抵当権の**効力が及びます**(87条2項、判例)。逆に、抵当権設定後の従物には、効力が及びません。

また、土地を借りてその土地の上に建物を建てていた場合に、建物に抵当権が設定されれば、**抵当権設定当時にあった賃借権**などの土地利用権（従たる権利）に対しても、抵当権の効力が及びます(判例)。

④　果実（天然果実・法定果実）

　抵当権は、目的物の使用・収益権を奪わないので、原則として果実には効力が及びません。しかし、抵当権は、その担保する債権につき**不履行があったとき**は、**その後に生じた抵当不動産の果実に及びます**（371条）。果実とは、物から生じる利益のことで、リンゴの木になっている実などの**天然果実**と、人に家を貸した結果、借りた人が払う賃料などの**法定果実**があります。なお、この**法定果実**については、**物上代位**によっても、抵当権の効力を及ぼすことができます。

(2) 被担保債権の範囲

　抵当権者は、競売代金から、元本だけではなくその利息も、全額優先的に回収できるのでしょうか？　いいえ、先順位の抵当権者の利息分について全額回収されれば、後順位抵当権者は、取りっぱぐれてしまう恐れがあります。そこで、抵当権によって担保される**被担保債権の範囲**は、原則として、**元本**のほか、**利息**その他の定期金や損害金などにつき最後の**2年分**に限られています（375条）。ただし、特別の登記をした場合は別です。また、この規定の目的は、後順位の抵当権者や他の債権者を保護することですので、ほかに**後順位抵当権者**などの利害関係者がいないときには、2年分に限定されません（判例）。

(3) 法定地上権

　AさんはBさんに1,000万円を貸し付け、Bさんの所有の土地上にあるBさん所有の「家」について抵当権の設定を受けた。そして、Bさんが弁済できなかったため抵当権が実行され、競売により、その家をCさんが取得した。
　Bさんは、Cさんを、土地から追い出すことができるのだろうか？

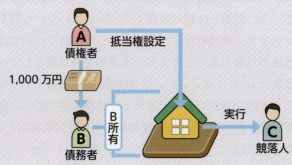

もし、Cさんが追い出されるということになれば、Cさんは、建物を壊すことになるかもしれません。せっかくたくさんのお金をかけ、限りのある資源を利用して建築された建物、非常にもったいない話です。そこで民法は、このような場合、**社会経済上の不利益を防止**するために、この建物のために土地の利用権が成立すると規定しました。これを、**法定地上権**といいます。

① 法定地上権の成立要件（388条）

　法定地上権が成立するための要件としては、次の㋐〜㋒がすべてそろっていなければなりません。

㋐ 抵当権設定当時、**土地の上に建物が存在**し、それぞれが**同一の所有者**であること

　つまり、抵当権設定当時に土地の上に建物があっても、**建物所有者が土地所有者とは違う人**ならば、その時点で何らかの利用権が設定されているはずですから、その人のための法定地上権を認める必要はありません。

㋑ 土地と建物の一方または双方に抵当権が設定されていること

　土地と建物、両方に抵当権を設定することもできます。なお、同じ債権のために複数の物件に抵当権を設定することを、**共同抵当**といいます。

㋒ 抵当権の実行によって、土地と建物が別々の所有者になったこと

② 法定地上権に関する判例

法定地上権に関しては、**判例**が本試験での出題の中心です。

　判例は、上記①のように、**抵当権設定当時、土地の上に建物が存在し、それぞれが同一の所有者に属している限り**、次の場合にも法定地上権の成立を認めています。

㋐ 建物の所有権が未登記であっても、土地への抵当権設定当時、土地上に建物があって、それらが同一の所有者である場合

㋑ 設定当時に同一所有者であれば、**抵当権設定後**に、**土地と建物の所有者が別々**になった場合

しかしその一方で、判例は、次の場合には、必ずしも①の成立要件を満たしているとはいえないこと、また、抵当権者が不利益を被ることから、**法定地上権の成立を認めていません。**

> (ア) 抵当権設定当時、**更地**（建物の建っていない土地）であり、その後建物が築造された場合（更地として担保価値を評価したことが明らかであれば、抵当権者が築造を承認した場合でも同様）
> (イ) 更地に１番抵当権が設定された後に、その土地上に建物が築造され、その土地上に他の者のために２番抵当権が設定された場合

(4) 一括競売

　Aさんはさんに1,000万円を貸し付け、Bさん所有の土地（更地）について抵当権の設定を受けた。
　その後、Bさんはこの土地上に建物を新築したが、結局、Aさんに弁済できなかった。そこで、Aさんは抵当権を実行しようと考えている。
　この場合、建物も一緒に競売にかけることができるのだろうか？

　抵当権者のAさんが更地に抵当権を設定した後に、抵当権設定者のBさんが建物を建てた。このとき、Aさんが土地だけを競売に出したとしても、土地の上にはジャマな建物が立っているので、土地だけを競売で買う人が出てこないかもしれません。また、競売価格も下がるでしょう。
　そこで、民法は、**抵当権者の利益**を考えて、土地に抵当権を設定した当時は更地で、その後、建物が建てられた場合、抵当権者は、便宜上、土地と建物を一括して競売にかけることができると規定しています(389条)。これが、**一括競売**です。
　ただし、「便宜上」一括競売ができますが、抵当権の設定対象はあくまでも土地であり、抵当権者は土地の担保価値しかつかんでいないため、**建物の競売代金から優先弁済を受けることは当然できず**、優先弁済を受けられるのは**土地の代価からだけ**であるということに注意してください。
　なお、建物の築造は、抵当権設定者に限らず**第三者**でもよいとされていますが、その建物の所有者が、抵当地を占有することについて抵当権者に対抗し得る賃借権などの権利を持っているときは、一括競売の対象とはなりません。

(5) 賃貸借の保護

さて、抵当権設定登記後の賃貸借は、その**期間の長短を問わず**、たとえ登記などの対抗要件を備えていても、原則として、抵当権者や買受人に**対抗できません**（605条、177条）。抵当権と賃貸借の関係は**対抗問題**であり、対抗要件の順番で見ると、賃借権は、抵当権に劣後するからです。

① しかし、ア）**登記した賃貸借**であり、イ）**賃貸借の登記前に登記したすべての抵当権者が同意をし**、かつ、ウ）**その同意の登記がある**、この３つがそろった場合は、その同意をした抵当権者や競売による買受人に**対抗することができます**（「**抵当権者の同意**による賃貸借の対抗力」、387条１項）。

> 抵当権者自身の同意があるため問題ないからですね。ただし、それによって不利益を受ける可能性のある者（転抵当権者など）の承諾を得る必要があります（387条２項）。

② また、建物賃借人にとって、競売による買受人から直ちに追い出されるのは酷です。そこで、**抵当権者に対抗することができない賃貸借**で、**競売手続の開始前から建物を使用・収益をする者**等（抵当建物使用者）は、原則として、その建物が競売に出された場合、買受人が買い受けた時から**６ヵ月**経過するまでは、その建物を買受人に引き渡さなくとも差し支えありません（「**建物明渡し猶予**制度」、395条１項）。

(6) 第三取得者の保護

　Aさんは Bさんに1,000万円を貸し付けたが、その際、Bさん所有の Y地について抵当権の設定を受け、その登記も備えた。Bさんが Y地を Cさんに売却した場合、Cさんが、その抵当権を消滅させ抵当権の実行を防ぐには、どうしたらよいだろうか？

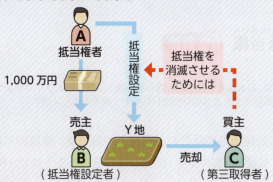

Cさんのように、元々抵当権が設定されている物を取得した人を、**第三取得者**といいます。CさんはY地をせっかく買ったのですから、失いたくないですよね。そこで、**第三取得者Cさん**の保護を図るために設けられているのが、①代価弁済と②抵当権消滅請求という2つの制度です。

売主の担保責任のところも一緒に復習しておきましょう。

① 代価弁済
H27・R4
　代価弁済とは、買い受けたCさんがその代金を、抵当権者のAさんの求めに応じて、BさんでなくAさんに支払うことです(378条)。それによって、Aさんの抵当権を消滅させることができます。

② 抵当権消滅請求
　所有権を取得した第三取得者Cさんから、「抵当権を消滅させてほしい」と書面を送付して抵当権者のAさんに要求し、登記したすべての債権者の承諾を得た額を支払えば、抵当権を消滅させることができます(379条、386条)。
H28

①は、Aさん主導。そして②は、**Cさんに主導権**があります。

　抵当権消滅請求は、抵当権の実行としての競売による差押えの効力発生前までは、行うことが可能です(382条)。なお、**主たる債務者や保証人、その承継人**は、本来全額を弁済すべき立場ですから、それに満たない金額で抵当権を消滅させる機会を与えるべきではないため、抵当権消滅請求をすることはできません(380条)。
H27・R4

3 根抵当権 ❗重要

ここで、これまで学習した普通の抵当権とはちょっとタイプが違う、**特殊な抵当権である「根抵当権」**について見てみましょう。

　例えば、問屋と商店などの小売商との間では、継続的に取引が行われます。そこでは、債権・債務の発生・消滅が繰り返されますので、**特定の債権を担保す**

る普通の抵当権とは異なり、それらの当事者間において生ずる、**一定の範囲**（例 問屋・小売商間の仕入取引）に属する**不特定**の債権（将来発生する債権も含む）を、あらかじめ定めた限度額（「**極度額**」といいます）までは担保するという、特殊な抵当権が認められています。これが**根抵当権**です(398条の2～398条の22)。

> 商店の仕入れによって代金債権が発生し、支払によってそれが消滅するたびに抵当権を設定し直すのは、面倒ですからね。

(1) 被担保債権

根抵当権の被担保債権は、**一定の範囲に属する債権**、つまり、債務者との一定の種類の取引によって生ずる債権などに限定されます。したがって、債務者に対するすべての債権を担保するという「**包括根抵当**」は認められません。

また、後順位抵当権者などは、「極度額の範囲内であればその内容に関しては当事者の決定にお任せ」と覚悟すべきですから、**被担保債権の範囲**（どんな債権を被担保債権に含めるか）は、**後順位抵当権者などの承諾なしで変更する**ことができます。ただし、その変更は、元本確定前に限られます。

さらに、根抵当権の場合は法律関係が複雑になりますから、**元本確定前**に個々の被担保債権が譲渡されても、根抵当権は**随伴しません**。

(2) 極度額

根抵当権は、当事者が定めた限度額、つまり、**極度額の限度内**で担保するために設定されます。

したがって、例えば、Aさんが、Bさんに対する債権を担保するためにBさん所有の不動産に根抵当権の設定を受けた場合、登記された極度額が1億円、債権の元本も1億円と確定したときは、Aさんは、極度額を超えてしまった2年分の利息に関しては、根抵当権に基づく優先弁済権を主張できません。

なお、逆に、**極度額1億円の範囲内なら、利息は2年分に限定されません**。

そして、この極度額は、**元本確定の前後を問わず、後順位抵当権者**などの**利害関係人の承諾があれば、変更可能**です。また、**元本確定後なら、根抵当権設定者は、目的物の余っている担保価値を有効に使うために、極度額について減額請求をすることができます**。

(3) 元本の確定

　元本の確定とは、担保される元本が一定のものに特定されることです。あらかじめ確定期日を定めることも、定めないこともあります。確定期日を定めない場合は、例えば根抵当権設定者は、根抵当権設定の時から3年経過すると、元本の確定を請求することができ、その請求から2週間後に、元本が確定することになります。

4 その他の担保物権

抵当権以外の民法上の担保物権について、簡単に見ておきましょう。

1 留置権

(1) 例えば、BさんがAさんに、時計の修理を依頼する。その結果、AさんはBさんに対して修理代金という債権を取得します。仮に3万円としましょう。修理代金債権は、この時計を修理するという行為によって物（時計）から生じた債権です。もし、Bさんがこの3万円の修理代金を払わなければ、Aさんは、この時計の返還を拒むことができます（「留置的効力」、295条1項）。そうして、Bさんに、3万円の修理代金の支払いを、間接的に強制することができるのです。これが、公平の見地から認められている留置権です。動産・不動産のどちらも対象になります。

　なお、留置権には、抵当権のような優先弁済的効力はありません。

(2) 他方、例えば泥棒が、自分が盗んだ物を修理に出すように、占有自体が不法行為によって始まった場合には、留置権を認めるのは公平とはいえず、留置権は成立しません（295条2項）。また、同様の理由で、賃借人の債務不履行により賃貸借契約が解除された後、賃借人が建物を占有して修繕費などの必要費を支出した場合にも、留置権を行使して返還を拒否することはできません（判例）。

❷ 先取特権

(1) 例えば、家の修理を依頼された工務店のＡさんが、注文者Ｂさんに対して100万円の家の修理代金債権を取得した場合、もしＢさんが支払わなければ、Ａさんは、この家を競売に出して競売代金から100万円を回収することができます。これを、**先取特権**といいます(303条)。つまり、抵当権と同じように**優先弁済的**効力があります。したがって、もちろん物上代位性もあります。しかし、抵当権が当事者が契約を結んで設定する約定担保物権であるのに対して、先取特権は、法律によって成立する**法定担保物権**である点が異なります。

(2) 先取特権には、①**一般の先取特権**、②**動産の先取特権**、③**不動産の先取特権**の3種類がありますが、(1)のケースは、③**不動産の先取特権**の例です。その他、②**動産の先取特権**の例としては、借家人（借りた者、賃借権の譲渡や転貸がある場合は、譲受人や転借人も含みます）が家賃を滞納した場合、その借りた家の中に持ち込んだ家具などの動産に対して、家主（貸した人）が先取特権を取得する、というものがあります。

つまり、家賃を、借家人の持ち物で代替するのですね。

なお、家主が敷金を受け取っているときは、敷金相当部分については敷金で担保されていますから、家主は、その敷金で弁済を受けることができない残額の部分についてのみ、先取特権を有します(316条)。

❸ 質権

(1) 質屋さんを考えてみましょう。Ｂさんは自分の宝石を質屋さんに持って行って、お金を借ります。担保として、宝石に質権を設定するのです。その結果、質屋のＡさんは、Ｂさんがお金を返してくれるまではこの宝石を預かることができる、つまり、留置することができます（「**留置的**効力」）。さらに、実際の質屋さんの場合は異なりますが、Ａさんは、もしＢさんがお金を返さないならば、この宝石を競売に出して、その競売代金から債権を回収することが可能です。つまり、優先的に弁済を受けることができる（「**優先弁済的**効力」）、これが**質権**です(342条)。当事者の契約によって成立する**約定担保物権**ですね。なお、質権を設定する契約では、目的物を引き渡さなければなりませ

ん(344条)。つまり、**要物契約です。**

(2) 動産を対象とする質権を**動産質**、不動産を対象とする質権を**不動産質**、権利を対象とする質権を**権利質**(362条) といいます。

　質権者は、質物が不動産以外の場合、質権設定者の承諾がないと目的物を使用・収益できませんが、**不動産質の場合、質権者は、原則として、質権設定者の承諾なしで、質権の対象の不動産をその用法に従って使用・収益できます**(356条)。ただし、その結果、**不動産質権者は、原則として、管理費を自分で負担しなければならず**(357条)、また、**利息を請求することもできません**(358条)。

　さらに、権利質の一種である、債権を目的とする**債権質**においては、質権者は、質権の目的である債権を**直接取り立てる**ことができますが、質権の目的である債権の弁済期が、質権者の債権の弁済期前に到来したときは、第三債務者（質入された債権の債務者のこと）に対して、その弁済すべき金額を**供託**するように請求することもできます(366条)。なお、債権質の対抗要件については、後で学習する**債権譲渡の対抗要件**の規定が**準用**されています(364条)。

Section 5 債権回収のための手段-②～連帯債務と保証～

Introduction 担保物権に続けて、ここでは、他人の資力をあてにする"人"を的にした担保である、連帯債務や保証について学習します。

▶▶ 分野別過去問題集 第1編「民法等」問題㊳～㊸

1 連帯債務と保証

学習のPOINT

ここで学習する連帯債務と保証は、債権者は1人でも、債務者が1人ではなく**複数人**いるという点で**共通**しています。

債務者が複数だと、1人から債権の回収が図れなくても他の債務者に請求すればいいですから、債権の回収に便利な仕組みですよね。

1 連帯債務（れんたいさいむ）

❶ 連帯債務とは

出題される具体例

【DさんがAさん・Bさん・Cさんに別荘を売却した場合】

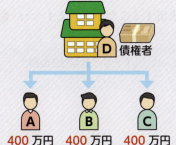

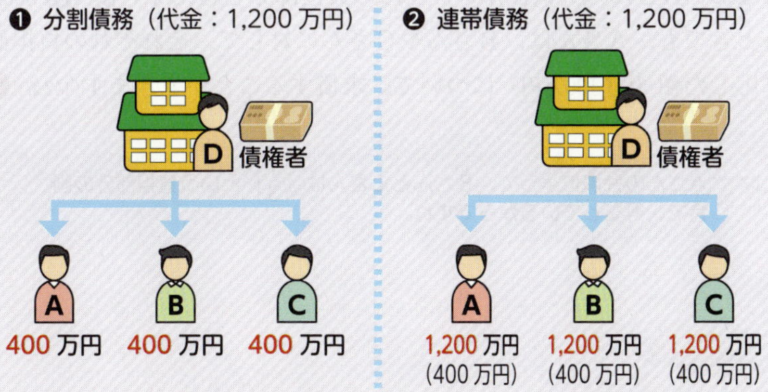

❶ 分割債務（代金：1,200万円）
D 債権者
A 400万円
B 400万円
C 400万円
❷ 連帯債務（代金：1,200万円）
D 債権者
A 1,200万円 (400万円)
B 1,200万円 (400万円)
C 1,200万円 (400万円)

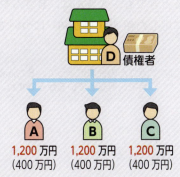

① DさんとAさん・Bさん・Cさんの3人との間の売買契約が締結された場合、特約を結ばない限り、Aさんたちの代金支払義務（債務）は、❶の**分割債務**となります。この場合、Aさん・Bさん・Cさんは、それぞれDさんに対して1,200万円の$\frac{1}{3}$（400万円）ずつ債務を負います。

② ところが、❷の**連帯債務**を負う特約を結んだ場合や法令の規定による場合は、❶の分割債務とは異なり、債権者は、**債務者の1人**に対して、または、**同時**に、もしくは順次に、**全員**に対して債務の**全額**または一部を請求することができます。そして、債務者の**1人が弁済**すれば、他の債務者の債務も、そのぶん**消滅**します（436条）　最近の改正　。

連帯債務ならば、債権者Dさんは全額（1,200万円）について3人の債務者に請求することができるので、万一1人が支払えなくなったとしても、他の人に請求することができて、債権者は安心です。

　以上のように、連帯債務の場合、債務者のAさんたちは、債権者のDさんに対してそれぞれ1,200万円全額を支払う義務を負っていますが、例えばAさんは最終的に、$\frac{1}{3}$（400万円）だけ負担すればいいと考えるのは、常識的な感覚ですよね。この**最終的に負担する割合**を、**負担部分**といいます。そして、弁済をしたAさんは、BさんやCさんの負担部分については、BさんやCさんに対して「支払ってください」と請求できます（442条）。これを、**求償**といいます。

　なお、Aさんの弁済額が、Aさんの負担部分を超えない額（例 300万円）であるときでも、Aさんは、BさんやCさんに対して、それぞれの負担部分の割合に応じた額（例 100万円）について、求償することができます（442条）　最近の改正　。
H29

Aさんの弁済によって、BさんとCさんは「$\frac{1}{3}$」という負担部分の割合で、得をしているからですね。

❷ 連帯債務の効力

前出の🔍出題される具体例でいえば、連帯債務者の1人であるAさんに何かしらの事実が生じたとき、それはBさんやCさんに影響するのでしょうか？

(1) 相対的効力（相対効）の原則

原則は、相対効（相対的効力）です(441条)。つまり、**お互いに影響し合いません**。例えば、Aさんが債務を承認（債務があるのを認めること）しても、Bさんが承認したことにはなりません。

> また、債権者のDさんがAさんに裁判上の請求をしても、あるいは、債務を免除しても、BさんとCさんは、その請求や免除を受けたことにはなりません。
> R3

(2) 絶対的効力（絶対効）　最近の改正

例外として、絶対効（絶対的効力）があります。1人について生じた事由は、他の人にも生じたことになる、つまり、**影響する**、ということです。絶対効が生じる事由は、弁済や相殺など一定のものです。また、それ以外の場合でも、債権者と他の連帯債務者の1人が、別の意思表示（合意）をしたときは、絶対的効力とすることができます(441条ただし書)　最近の改正　。

> 以下、「絶対効事由」にはどういうものがあるのかを、**きっちり覚えて**ください。そうすれば、「**絶対効事由以外のものは、相対効**」として、問題を解くことができます。なお、弁済や相殺など、債権の消滅事由については、Sec.9で詳しく学習します。

① 弁済・代物弁済・供託等

連帯債務者の1人が弁済して債務全部を消滅させると、他の連帯債務者も債務を免れます。

② 相殺(そうさい)

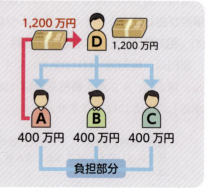

Aさん・Bさん・CさんはDさんに対して1,200万円の連帯債務を負っている（各連帯債務者の負担部分は等しいものとする）。一方、AさんはDさんに対して1,200万円を貸して貸金債権を有している。Aさん・Bさん・Cさんは、どんなことができるだろうか？

　相殺とは、簡単にいうと、"帳消し"にすることです。Aさんが、Dさんに対して1,200万円の債権を持っているならば、Aさんは、Dさんに「帳消しにしよう」と言って、相殺することができます。そして、相殺をすれば弁済をしたのと同じ効果が生じるので、その分だけ、ＡＢＣ３人すべての連帯債務者の債務が消滅します(439条１項)。

　また、例えば、BさんがDさんから「1,200万円支払って」と言われた場合、Bさんは、Dさんに対して、AさんがDさんに対して有する債権のうち、Aさんの負担部分である$\frac{1}{3}$、つまり400万円を限度に債務の履行を拒むことができます(439条２項) 最近の改正 。

相殺の絶対効には、２つのタイプがあります。注意しましょう。

③ 更改(こうかい)

　更改とは、新しい債務を成立させることで旧債務を消滅させる契約のことです。連帯債務者の１人が、債権者との間でその連帯債務について更改契約を行うと、連帯債務は消滅し、他の連帯債務者も債務を免れます(438条)。

90

Chapter 2 ▷ 契約の内容を実現する段階で問題となること

④ 混同

Dさんが息子のA君とその友人B君・C君に伊豆の別荘を売却し、その代金1,200万円をA君・B君・C君の連帯債務とした。
代金支払い前にDさんが死亡し、A君は単独で別荘の代金債権を相続した。このときB君やC君は、依然、債務を負ったままだろうか？

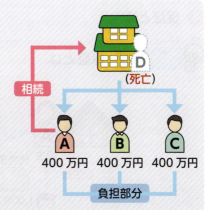

連帯債務者の1人が債権者を相続すると、1つの債権について債権者であると同時に債務者でもあることになります。こんな債権は無意味ですから、消滅します（520条）。これを混同といいます。**他の連帯債務者も、連帯債務を免れます**（440条）。

ちなみに、A君は、B君・C君に対して、後で負担部分を求償することになります。

試験に出る！POINT整理　連帯債務（1人について生じた事由の影響）

原則	相対効
例外	❶ **絶対効**が生じる事由あり （弁済等・相殺・更改・混同）　最近の改正 ❷ ❶以外の場合でも、債権者と他の連帯債務者の1人が別段の意思を表示したときは、絶対的効力とすることができる　最近の改正

2 保 証 !重要

❶ 保証とは

> 💡 **理解**しよう　**保証とは**
>
>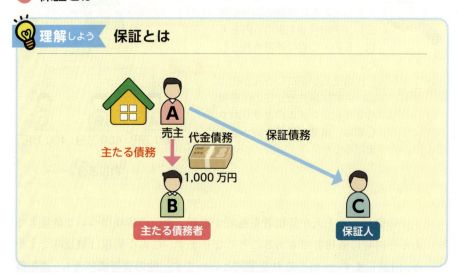

　Aさんが自分の家をBさんに1,000万円で売却した場合、買主のBさんは1,000万円を支払う代金債務を負います。Aさんとしては、この1,000万円をBさんから回収できないと困りますので、Bさんに対して保証人を立てることを請求します。普通は、Bさんがまずは友人のCさんに「保証人になってほしい」と依頼をして、BさんCさん間で保証委託契約が結ばれて、その後、あらためて、AさんとCさんとの間で**保証契約**が締結されることになります。
　この保証契約は、**書面**か、その内容を記録した**電磁的記録**で締結しなければ、**その効力を生じません**(446条2項・3項)。慎重を期すためです。
　そして、BさんがAさんに負っている債務を**主たる債務**、Bさんのことを**主たる債務者**といいます。また、保証契約の結果、CさんがAさんに対して負う債務を**保証債務**、Cさんを**保証人**といいます。

以上のように、ＡＣ間の保証契約によってＣさんは保証人となりますので、主たる債務者Ｂさんの委託がなくても、また、その意思に反していても、Ｃさんは保証人になることができます。

また、主たる債務を担保する目的で保証人を立てるのですから、保証債務の成立には、そもそも**主たる債務の存在**が前提です（付従性、446条）。

> **付従性**という言葉は、後にいくつか出てきますが、「すべて**保証債務は主たる債務に従属**する」という点で共通です。

❷ 保証人の資格

誰でも保証人になれます。しかし、契約などによって、**債務者が保証人を立てる義務を負う場合**には、**資力**（お金）があること、さらに行為能力者であること（＝制限行為能力者ではないこと）**が必要**です（450条）。ただし、債権者が保証人を指名した場合は、このような制限はなくなります。

❸ 保証債務の範囲

保証人は、主たる債務のほか、従たる性質の利息や損害賠償なども支払わなければなりません（447条１項）。しかし、保証債務は、主たる債務を確保するためのものですので、**主たる債務より重くなることはありません**（448条１項）。これも、保証債務の付従性です。

なお、**契約解除による原状回復義務も、保証債務の範囲に含まれます**（判例）。
R2

❹ 求償権
きゅうしょうけん

保証人が債務を弁済したときに、主たる債務者に対して「あなたの代わりに返したんだから、**そのぶんを私に払ってください**」と請求できる権利を、求償権といいます（459条、459条の２、462条）。

> 法律的には、保証人は保証債務という自分の義務を果たしただけですが、実質的には、主たる債務者の債務を代わりに返してあげたようなものだからです。

❺ 保証債務の性質

まず、確認すべきは、保証人を付ける目的は、担保としての役割を果たしてもらうためということです。そのことを前提として、ここでは、連帯保証ではない、「**普通の保証債務**」の性質について見てみましょう。

① 第1の性質として、**付従性**が挙げられます。**主たる債務が存在して初めて、保証債務も存在します**。つまり、主たる債務に従属する性質です。
② 第2に、**随伴性**が挙げられます。主たる債務の担保としての保証債務ですから、**主たる債務が移転すれば保証債務も伴って付いていきます**。
③ 第3は、**補充性**です。主たる債務者が支払わないときに備えて保証人が支払うようにしておくのですから、保証債務は**二次的な債務**といえます。主たる債務が弁済されないときに保証人が弁済する、そのような二次的・補充的な性質を称して、保証債務の補充性というのです。

それでは、もう少し、具体的に見ていきましょう。

(1) 保証債務の付従性

① 主たる債務がなければ保証債務は**成立**せず、逆に主たる債務が消滅すれば保証債務も**消滅**します。
② 例えば、主たる債務が1,000万円から800万円に**減った**場合、保証人の債務も減ります。ただし、**主たる債務が1,000万円から1,200万円に増額された場合でも、保証人の債務が自動的に1,200万円になることはありません**(448条2項) `最近の改正` 。

なお、主たる債務が増額された場合に保証人の債務も増える「**根保証**」という特殊な保証もあります。

③ 同時履行の抗弁権など**主たる債務者が債権者に主張できることは、保証人も同様に主張することができます**(457条2項) `最近の改正` 。

④　主たる債務に付従するのが、保証債務です。したがって、**主たる債務者について生じた事由**は、原則として、保証人にも効力を及ぼします。例えば、債権者のAさんが主たる債務者のBさんに対して請求し、Bさんの負っている主たる債務について時効の完成猶予や更新があったときは、保証人のCさんに対してもその効力を生じ、Cさんの負っている保証債務も、時効が完成猶予されたり、更新されたりします(457条1項) 最近の改正 。

この付従性は、**承認**についてもあてはまります。

⑤　主たる債務者のBさんが、債権者のAさんに対して**相殺権や取消権、解除権**を有するときは、これらの権利の行使によってBさんがその債務を免れる限度において、保証人のCさんは、Aさんに対して**債務の履行を拒む**ことができます(457条3項) 最近の改正 。

(2) 保証債務の随伴性

債権者のAさんが、Bさんに対する債権をDさんに譲渡すると、新債権者Dさんは、Bさんだけではなく、保証人のCさんに対しても請求することができます。

(3) 補充性（催告の抗弁権、検索の抗弁権）

もし突然、保証人のCさんが、債権者のAさんから直接支払いを請求された場合、Cさんは、主たる債務者Bさんが破産手続開始の決定を受けた場合などを除いて、「いや、私の負っている債務は二次的な債務なんだから、まずは主たる債務者に請求してください」と、Aさんに言って、支払いを拒むことができます。これを、**催告の抗弁権**といいます(452条)。

また、同様に、CさんはAさんからの請求に対して、「まず、主たる債務者の財産から強制執行をしてください」と言うこともできます。つまり、保証人が、**主たる債務者に弁済の資力があって執行が容易であることを証明すれば**、債権者Aさんは、まずは主たる債務者のBさんから取り立てなければなりません。これを、**検索の抗弁権**といいます(453条)。

保証債務の性質については、試験対策上、**付従性**と**補充性**が重要！　特に付従性は、保証債務の"かなめ"の性質です。

(4) 保証人に生じた事由の効力

保証人が弁済をしたなどの、保証人に債務の消滅事由が生じた場合は、当然、主たる債務も消滅しますが、それ以外の事由は影響しません。例えば、Cさんに対する履行の請求などによる時効の完成猶予や更新は、Bさんに対しては、その効力を生じません。

❻ 連帯保証

連帯保証とは、保証人が、主たる債務者と連帯（一致団結）して保証債務を負担することです。連帯保証も保証ですから、付従性と随伴性はあります。しかし、**債権者にとって有利な保証**とするために、普通の保証とは違う、次のような規定が設けられています。それが連帯保証の**ポイント**です。

(1) 主たる債務者と連帯して保証債務を負担していますから、連帯保証人には**補充性がありません**（454条）。つまり、催告の抗弁権や検索の抗弁権は認められず、債権者は、主たる債務者に請求しなくても、連帯保証人にただちに請求できます。

> この点で、債権者にとって、より有利な保証といえます。

(2) 連帯保証人に生じた事由については、普通の保証と異なり、弁済・相殺・更改等の**債務の消滅事由**以外に**混同**が連帯保証人に生じれば、主たる債務者にも、同様にそれが生じたことになります（458条）**最近の改正**。

> しかし、例えば、債権者のAさんが連帯保証人のCさんに**請求**しても、主たる債務者のBさんには請求の効果が及びません。**最近の改正**です。

❼ 共同保証

1つの主たる債務について複数の人が保証人となる場合を、共同保証といいます。例えば、債権者がAさん、主たる債務者がBさん、保証人としてCさんとDさんの2人がいるケースです。

普通の保証と連帯保証を比較して考えてみましょう。 CさんやDさんが、普

通の保証人である場合は、分別の利益があります。つまり、Aさんは、保証人の1人であるCさんまたはDさんに対して、それぞれ債権2,000万円の頭割り（2人で割った）分である1,000万円ずつしか請求することができません。

> 保証人は、このように頭割りの金額さえ支払えば済みますので、**保証人側のメリット**という意味で「分別の**利益**」といわれるわけです。

ところが、CさんやDさんが**連帯保証人**である場合は、**分別の利益はありません**。したがって、Aさんは、Cさんに2,000万円、Dさんに2,000万円、それぞれ全額を請求することができるのです。つまり、Aさんにとっては、連帯保証のほうが有利なわけです。これも、普通の保証と連帯保証の違いです。

❽ 保証と連帯保証の共通点と相違点のまとめ

> **連帯保証**と**普通の保証**は、次の表の❸・❹・❺の**3つの点**で異なります。しっかりと頭に入れておきましょう。

試験に出る！POINT整理　保証と連帯保証の共通点と相違点

	保　　証	連　帯　保　証
❶ 付　従　性	あ　り	あ　り
❷ 随　伴　性	あ　り	あ　り
❸ 補　充　性	あ　り	**な　し**
❹ 保証人に生じた事由	弁済や保証人の債権で保証人がする相殺等の債務消滅事由	弁済や連帯保証人の債権で連帯保証人がする相殺等の**債務消滅事由**のほか、**混同**【最近の改正】
❺ 分別の利益	あ　り	**な　し**

第1編 民法等 Chapter 2 ▷ 契約の内容を実現する段階で問題となること

Section 6 二重譲渡などに備えて ～対抗問題～

Introduction
同じ家が2人の人に売却されてしまったら、その家の所有権を巡って争いが生じます。これが、対抗問題の典型である二重譲渡です。ここでは、「第三者」の範囲と、登記が必要となる「物権変動」を中心に学習します。

▶▶ 分野別過去問題集 第1編「民法等」問題 ㊹〜㊼

1 物権変動の対抗要件

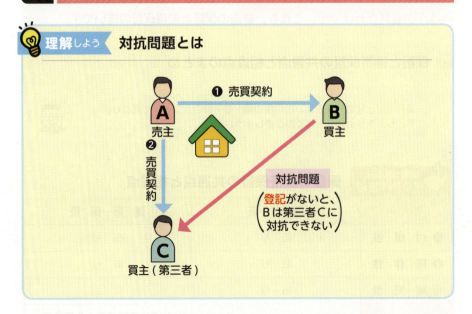

例えば、Aさんが、Bさんに家を売った場合、この家の所有権は、AさんからBさんに移転します。このような所有権の移転などを**物権変動**といいます。

> 所有権は、「物に関する権利」である物権の代表格です。

物権変動は、原則として、契約などの意思表示をすることで効力が生じます（176条）。例えば、不動産のような特定の物を目的とする売買契約では、特約が

ない限り、直ちに買主への所有権移転の効力が生じるとされます(判例)。

> この物権変動を前提に、以下、「対抗問題」について見ていきましょう。

(1) 前出の 理解しよう は、AさんがBさんに家を売り、同じ家をCさんにも売った場合です。これを**二重譲渡**といいます。この場合、家の所有権を巡って、BさんとCさんがお互いに「自分のもの」と主張し合うことになりますが、このように、互いに権利を主張し合う関係を、**対抗問題**といいます。

(2) それでは、このBさんとCさんの争いに、どのようにして決着をつけるのでしょうか？

A・B間の売買契約において、Cさんは、Bさんから見れば当事者以外の人、つまり、**第三者**です。そのCさんに対しては、Bさんは、登記がないと自分の家であることを主張できません。つまり、**不動産に関する物権変動は、登記**がないと、第三者に対抗できないのです(177条)。先に**登記**を備えた者が勝ち(優先権を主張できる)、逆に登記がないと負けるのです。**早い者勝ち**です。

> BさんもCさんも、Aさんから買って同じように**登記のチャンス**があった以上、登記の早い者勝ちで優劣をつけるのが**公平**だからですね。

優先権を主張できることを、**対抗力がある**といいます。そして、対抗力を得るための手段を、**対抗要件**といいます。動産の場合は物の引渡しですが(178条)、不動産に関しては登記が対抗要件です(177条)。そして、登記などによって、所有権などの所在を世の中の人に明らかにすることを、**公示**といいます。

2 「第三者」の範囲　

> では、「登記がないと対抗することができない第三者」とは、どのような人をいうのか、見ていきましょう。

「第三者」とは、当事者や相続人などの包括承継人以外の者というだけではなく、登記が欠けていることを主張することについて、正当な利益を有する者とされています(判例)。具体的には、不動産の二重譲渡における第二の譲受人や、譲渡された不動産を借りている賃借人等です。もちろん、当事者やその相続人は第三者ではありません。

　先ほどの二重譲渡の場合のＣさんは、Ｂさんと同様、Ａさんから家を買い、自由競争の下で早い者勝ちで優劣を決してよい、対等な関係にあるのですから、Ｂさんに対して登記がないことを主張する正当な利益があるのです。

> さて、以上のことから、「第三者にあたらない人」に対しては、Ｂさんは登記なしでも対抗できることになります。では、具体的にどのような人が、「第三者にあたらない」のでしょうか？

1 まったくの無権利者

　書類を偽造してＡさん所有の土地を勝手に自分名義に登記をしたＢが、この土地をＣさんに売却したとき、Ａさんは登記なしでＣさんに対抗することができるだろうか？

　本来の所有者であるＡさんは、無権利者のＣさんに対しては、登記なしで自分のものであると主張できます。なぜなら、このＣさんは何の権利も持っていませんから、Ａさんに登記がないことを主張し得る正当な利益がなく、「第三者」にあたらないからです。

2 不法行為者・不法占拠者

　ＡさんがＢさんからＢさん所有の家を買ったが、まだ所有権移転登記をしていない。そして、この家はまったくの無権利者（賃借権等も有しない者）Ｃによって、不法に占拠されている。
　この場合、Ａさんは登記がないと、Ｃに対して立退きを請求できないのだろうか？

Chapter 2 ▶ 契約の内容を実現する段階で問題となること

Aさんは、登記がなければ**不法占拠者**のCを追い出すことができないのでは、あまりに理不尽ですね。そのような公平の趣旨から、不法行為者・不法占拠者などに対しては、Aさんは登記なしで「自分のものだから出て行け」と主張できますし(判例)、また、「損害賠償金を支払え」と主張することもできます。
R1・3

> **重要！一問一答**　H19-問3-肢3
>
> Q　Aが所有者として登記されている甲土地について、Aと売買契約を締結して所有権を取得したBは、所有権の移転登記を備えていない場合であっても、正当な権原なく甲土地を占有しているCに対し、所有権を主張して甲土地の明渡しを請求することができる。
>
> A　不法占拠者は「第三者」にあたらず、その者に対する明渡請求には、登記は不要。
> ……… ○

3　背信的悪意者

AがBさんに土地を売った後、Bさんを困らせてやろうと、AとCが共謀してその土地の売買契約をした場合、Bさんは、登記なしでCに対抗できるだろうか？　また、Cから転売を受けたDは、どうなるだろうか？

Cが、もし自分の前にBさんが買っていたことを、ただ単に知っていた場合であれば、第三者として保護されます。**悪意者**も「**第三者**」(正当な利益を有する者)なのです。
R4

「単なる悪意」という程度なら、登記の先後で決めるのが適切で、自由競争の範囲内だと考えるのですね。

それに対して、Bさんを困らせようという目的でAとCが共謀して契約したとしたら、このCの行為は、自由競争の範囲を逸脱していますよね。そこで、判例は、Cのような**背信的悪意者**は、「第三者」ではないとしています。Cはズルイですから、登記の早い者勝ちで優劣を決するのは、むしろ不公平だからです。
H28・R4

101

なお、背信的悪意者Cから転得した者Dについては、その転得者D自身が背信的悪意者かどうかで判断され、D自身が背信的悪意者なら、Bは登記なしにDに対抗できます(判例)。

4 詐欺・強迫によって登記申請を妨げた者

　例えば、BさんがAさんから土地を買って登記をしようとした場合に、まずCは、Bさんをだまして登記を妨害し、そのうえで、Aさんから同じ土地を買って移転登記をしたようなケースにおける「C」のことです。

　この場合、Bさんは登記なしでCに対して、「自分の土地だ」と主張できます(不動産登記法5条1項)。

> Cは、背信的悪意者の一種ととらえることができるからです。

5 他人のために登記申請をする義務のある者

　例えば、BさんがAさんから土地を買って登記をしたいと考え、司法書士のEに登記の依頼をしたとします。ところが、Eはこの土地が気に入ったので、Aさんから同じ土地を自分も買って、登記も備えました。この場合における「E」のことです。この場合、BさんはEに対しては、登記なしで、自分のものであると主張することができます(不動産登記法5条2項)。

> Eも、上記Cと同様、背信的悪意者の一種ととらえることができるからです。

3 登記が必要な物権変動　

> では、どんな「物権変動」について、登記が必要なのでしょうか？

1 解除と登記

Aさんは、自己所有の土地をBさんに売却し、さらにBさんはCさんへ、その土地を転売した。Bさんが代金を支払わないので、AさんはBさんの債務不履行を理由にＡＢ間の売買契約を解除した。この場合、Aさんは、Cさんに対して、土地の所有権を主張することができるだろうか？

ＡＢＣ間の売買を、２つのケースに分けて考えてみましょう。

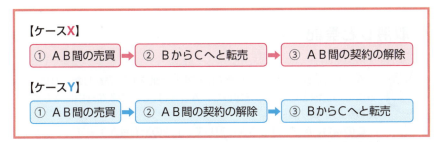

ケースXとYの違いは、Cさんの登場がAさんの解除の**前**か**後**かです。

ケース**X**では、Cさんは、ＡＢ間の契約の解除の前に登場していますから**解除前の第三者**、そしてケース**Y**では、Cさんは、契約解除「後」の登場ですので**解除後の第三者**といいます。

(1) ケース**X**の、Aさんと**解除前の第三者**Cさんとの関係では、解除前に登場したCさんが保護されるには**登記が必要**です（判例）。この場合、AさんとCさんは、**対抗問題とはなりません**。そのため、ここで必要な登記は、物権変動の対抗力を主張するためではなく、Cさんの権利が保護されるための要件としての登記、つまり、**権利保護要件としての登記**といわれています。

これらのことは、「契約の解除」のところで学習しましたね。

(2) これに対して、判例は、ケース**Y**のＡさんと**解除後**の第三者Ｃさんとの関係は、**対抗問題**であるとしています。
① まず、ＡＢ間の売買があり、その後、契約の解除によってＢさんからＡさんへと所有権が復帰し、他方、ＢさんからＣさんへ売却され、所有権が移転しました。そこで、Ｂさんを起点に、ＡさんとＣさんに**二重譲渡**がされたことと同じ、と考えることができるからです。
② 実質的に考えても、Ａさんは契約を解除した以上、Ｂさん名義から自分名義に登記を戻すチャンスがあります。他方、ＣさんはＢさんから買ったのですから、Ｃさん名義へ登記を移転するチャンスがあります。

このように、ＡさんとＣさんは自分名義に登記をする機会を平等に与えられているのですから、「早い者勝ちで処理をするのが公平」なわけです。

2 取消しと登記

　Ａさんは、Ｂの詐欺によりその所有する土地をＢに売却した。Ｂは、さらにこの土地をＣさんに売却した。Ａさんは、Ｂの詐欺を理由にＡＢ間の売買契約を取り消した。
　この場合、ＡさんはＣさんに対して、土地の所有権を主張することができるだろうか？

この場合は、前出１の２つのケース**X** **Y**での「解除」が「取消し」に変わっただけ、と考えれば簡単です。ここでも、次の２つのケースに分けられます。
(1) Ａさんと**取消し前**の第三者Ｃさんとの関係については、詐欺の場合は、詐欺による取消しをもって善意無過失の第三者に対抗することはできません。つまり、ＡさんとＣさんの関係は、**対抗問題ではありません**。

このことは、すでに「意思表示」のところで学習しましたね。

(2) 対抗問題となるのは、やはり**取消し後**の第三者との関係です。これも解除後の第三者と同様に、二重譲渡と同じように扱われます(判例)。したがってこの場合、AさんとCさんのどちらか先に登記を備えたほうが優先します。

3 時効と登記

　ここでは、取得時効によって所有権を取得した者が登場するケースについて考えてみましょう。**取得時効**とは、一定の要件を満たして、10年間か20年間、他人のものを使っている（占有といいます）と、所有権などの権利を取得できる制度のことです（詳細は後で学習します）。

> それでは、例えば、Bさんの土地を時効取得をしたAさんと、元の所有者Bさんから譲り受けたCさんとの関係に関しては、対抗問題となるのでしょうか？

　これも、CさんがBさんから、Aさんの**時効完成前に譲り受けた場合**（次の①）と、**時効完成後に譲り受けた場合**（②）の2つのケースに分けて考えることができます。

① まず、時効完成前に第三者が登場するケースです。

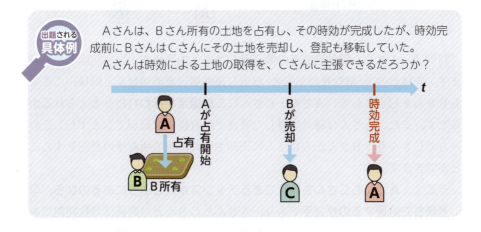

Aさんは、Bさん所有の土地を占有し、その時効が完成したが、時効完成前にBさんはCさんにその土地を売却し、登記も移転していた。
Aさんは時効による土地の取得を、Cさんに主張できるだろうか？

判例は、次のように考えています。Aさんがこの土地を時効で取得した時点では、BさんはすでにCさんに売ってしまっているため、所有者はCさんです。すると、AさんとCさんは、「時効によって土地の所有権を取得する者」と「時効によって同じ土地の所有権を失う者」、つまり、**当事者同士の関係**と考えられます。対抗問題とは、「第三者との関係」の問題ですから、そもそも当事者同士、つまり、AさんとCさんとの関係は、**対抗問題ではないのです**。したがって、Aさんは、登記がなくても、Cさんに対して「自分の土地である」と主張できます。

H24・27・R1・3・4

② 次に、**時効完成後に第三者**が登場するケースです。

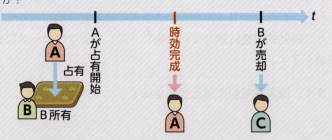

　Aさんは Bさん所有の土地の占有を続け、その時効が完成したが、Aさんの時効完成後、Bさんは、その事実を知らない Cさんへその土地を売却し、所有権移転登記を完了させた。
　Aさんは、時効による土地の取得を、Cさんに主張することができるだろうか？

　判例は、Aさんと時効完成後の第三者Cさんとの関係を、**対抗問題**としています。先ほどの、「解除後の第三者・取消し後の第三者の問題」と同様、ここでもBさんを起点にして、Aさん・Cさんに二重譲渡が行われたと考えられるからです。また、Aさんは時効取得した時点で所有権の登記ができますし、その一方でCさんも、BさんからCさんに売却された時点で所有権の登記をすることができます。

　そこで、AさんもCさんも登記できるチャンスが同じようにあるのなら、早い者勝ちで処理するのが公平であり、AさんとCさんとの関係は対抗問題である、と扱うことができるのです。したがって、この場合は、登記のないAさんは、土地の時効取得をCさんに主張できません。

4 対抗問題のまとめ　　❗重要

物権変動の「対抗問題」については、本試験では判例がよく出題されます。このSectionで学習した判例を振り返って、理解度を確認しながら、次の「まとめの表」でしっかり整理しておきましょう。

試験に出る！POINT整理　「対抗問題」全般のポイント

❶	不動産に関する物権変動は、**登記**がなければ、**第三者**に**対抗**することができない ➡ 当事者間では対抗問題にはならない
❷	「第三者」とは（判例） ● 二重譲受人や賃借人など。善意・悪意を問わない ● 無権利者、不法行為者・不法占拠者、背信的悪意者、詐欺や強迫によって登記申請を妨げた者、他人のために登記申請をする義務のある者などは含まれない
❸	「登記が必要な物権変動」として対抗問題となる場合（判例） ① 解除した者と解除後の第三者との関係 ② 取り消した者と取消し後の第三者との関係 ③ 時効取得者と時効完成後の第三者との関係 　（時効完成前の第三者との関係は当事者関係） ⚠ ①〜③については、それぞれの前後関係に注意 （例「解除前の第三者」か、「解除後の第三者」か）

Chapter 2 ▷ 契約の内容を実現する段階で問題となること

Section 7 「登記」とはどんな仕組み？
～不動産登記法～

すでに学習したように、**不動産の対抗要件**が**登記**です。そして、この登記の仕組みなどについて定めている特別な法律が**不動産登記法**であり、宅建士試験では**必ず出題**されています。ただし、学習の範囲はかなり広いので、あまり深入りしないことが、ここでの学習のコツです。

▶▶ 分野別過去問題集　第1編「民法等」問題 ㊽～㊼

1 登記の概要等

1 不動産登記法とは

Sec.6で学習した「不動産の対抗要件である登記」（民法177条）について定めている法律が、不動産登記法です。

現在の不動産登記法では、**コンピュータ**管理システムによる登記簿（**登記記録**）が導入され、**オンライン**による登記申請が可能となっていますので、以下「コンピュータによる登記」を前提に学習していきます。

2 登記の仕組み

理解しよう　登記の仕組み

1. 編成 ➡「**一不動産一登記記録の原則**」
2. 「一登記記録」の様式（構成）
   - ❶ 表題部（**表示**に関する登記）➡ 原則として、対抗力**なし**
   - ❷ 権利部（**権利**に関する登記）➡ 原則として、対抗力**あり**

❶ 一不動産一登記記録の原則

登記は、登記官が「登記簿」という帳簿に登記事項を記録することによって行います(不動産登記法〈以下同じ〉11条、2条9号)。これを登記記録といい、表示に関する登記や権利に関する登記について、1筆の土地または1個の建物ごとに作成されています(「一不動産一登記記録の原則」)。

❷ 登記機関

不動産の所在地を管轄する法務局・地方法務局・支局・出張所が、管轄登記所として定められています(6条1項)。

> ある不動産の登記を見たいときは、その管轄登記所に行けばよいのです。

ある不動産が、複数の登記所の管轄区域にまたがる場合は、法務大臣または法務局長等が、管轄登記所を指定します(6条2項)。複数の登記所において登記しなければならないわけではありません。

❸ 登記記録の構成

登記記録は、表題部と権利部という2つの部分で構成されます(12条)。

(1) 表題部には、その物件、つまり土地や建物の物理的な概況が記録されています。要するに「何についての登記記録なのか」を明らかにするもので、この表題部に行う登記のことを表示に関する登記といいます。なお、表示に関する登記のうち、その不動産について表題部に最初にされる登記を表題登記といいます(2条20号)。

(2) 権利部は、甲区および乙区に区分されます(15条、不動産登記規則4条4項)。そして、甲区には所有権に関する事項を、また、乙区には抵当権や賃借権・配偶者居住権 最近の改正 等の所有権以外の権利に関する事項を記録します。この甲区や乙区に記録された登記のことを、権利に関する登記といいます。

(3) 表示に関する登記は、原則として対抗力が認められていません。反対に、権利に関する登記は、原則として対抗力が認められています。

❹ 登記記録のサンプル

(1) 表題部のサンプル

それでは、「建物」と「土地」の表題部を見てみましょう。

(建物)

表　題　部	(主である建物の表示)	調製	余　白		不動産番号	○○○○○
所在図番号	余　白					
所　　在	○区○町　２０番地５				余　白	
家屋番号	２０番５の１				余　白	
① 種　類	② 構　造	③ 床　面　積　㎡			原因及びその日付〔登記の日付〕	
居宅	鉄骨造陸屋根３階建	1階　　37　56 2階　　46　56 3階　　43　29			平成１６年２月５日新築〔平成１６年２月７日〕	
所　有　者	○区○町２２番１号　田　中　一　郎					

(土地)

表　題　部	(土地の表示)	調製	余　白		不動産番号	○○○○○
地図番号	余　白	筆界特定	余　白			
所　　在	○市○町三丁目				余　白	
① 地　番	② 地　目	③ 地　積　㎡			原因及びその日付〔登記の日付〕	
４２番９	宅地	77　36			４２番１から分筆〔平成１２年５月２６日〕	

　まず、「建物」の登記記録の表題部には、所在などの他に「①種類」という欄があり、「居宅」と記録されています。この欄には、その他、店舗・事務所や工場など、建物の「用途」が記録されます。その右には「②構造」の欄があり、ここには材質・屋根・階数の３要素から見た建物の構造に関する事柄が記録されます。さらに「③床面積」「原因及びその日付」と続いています。そして、一番下には「所有者」欄があります。

　また、「土地」の登記記録の表題部にある「②地目」とは、土地の利用目的のことです。なお、この「土地」のサンプルのように「所有者」欄がないこともあります。

Chapter **2** ▷ 契約の内容を実現する段階で問題となること

(2) 権利部のサンプル

権 利 部（甲区） (所 有 権 に 関 す る 事 項)			
順位番号	登 記 の 目 的	受付年月日・受付番号	権 利 者 そ の 他 の 事 項
1	所有権保存	平成１６年２月１８日 第１４８５号	所有者　○区○町２２番１号 　　田 中 一 郎
2	所有権移転	平成１８年７月１５日 第５３４３号	原因　平成１８年７月１０日売買 所有者　○区○町３番２号 　　佐 藤 花 子
付記１号	買戻特約	平成１８年７月１５日 第５３４３号	原因　平成１８年７月１０日特約 売買代金　金　６，０００万円 契約費用　金２０万円 期間　平成１８年７月１０日から１０年間 買戻権者　○区○町２２番１号 　　田 中 一 郎

権 利 部（乙区） (所 有 権 以 外 の 権 利 に 関 す る 事 項)			
順位番号	登 記 の 目 的	受付年月日・受付番号	権 利 者 そ の 他 の 事 項
1	抵当権設定	平成１６年２月１８日 第１４８６号	原因　平成１５年４月１日保証委託契約に基づく 　求償債権平成１６年２月１８日設定 債権額　金５，０００万円 損害金　年１４％ 債務者　○区○町２２番１号 　　田 中 一 郎 抵当権者　埼玉県○市○町○丁目○○ 　　Ａ Ｂ Ｃ 銀 行 保 証 株 式 会 社 共同担保　目録（ま）２２３４号
2	１番抵当権抹消	平成１８年６月１４日 第４６３４号	原因　平成１８年６月１０日弁済
3	根抵当権設定	平成２０年１０月１６日 第９３７２号	原因　平成２０年１０月１２日設定 極度額　金４，０００万円 債権の範囲　銀行取引　手形債権　小切手債権 債務者　○区○町３番２号 　　佐 藤 花 子 根抵当権者 　大阪市○区○町○丁目○番地 　　株 式 会 社 Ｙ Ｚ 銀 行 　　（取扱店　○○支店） 共同担保　目録（の）第３３４５号

　　甲区には、所有権移転登記など所有権に関する事項が、乙区には、抵当権
設定登記など所有権以外の権利に関する事項が記録されていますね。

❺ 図 面
　　登記所には、物件ごとの所在を明らかにするために、地図や建物所在図が備え
られています（14条１項）。

❻ 順位番号と受付番号
　　❹の「(2)　権利部のサンプル」を見てみると「順位番号」「受付番号」とい
う２つの番号があることがわかります。
(1)　**登記記録の甲区には、所有権に関する事柄が記録され、その記録がなされ**

111

た順番に番号が振られています。これが、**順位番号**です。もう１つ、**受付番号**という番号がありますが、これは甲区・乙区を問わず、その登記所で登記の申請を受け付けた順番に振られています。

(2)　次に、**登記記録の乙区にも**、同様に順位番号・受付番号が記録されます。

(3)　登記した権利の優劣は、原則として**登記の前後**によります（4条1項）。それでは、抵当権や地上権など、乙区内同士での権利関係の優先順位は、何を見ればわかるのでしょうか？　カギは順位番号です。順位番号は、それぞれの区ごとに記録が行われた順番で振られていますから、この番号を見比べるとわかります。このように、**同区間**の権利の優先関係は、**順位**番号の前後で決まります（規則2条1項）。

(4)　では、甲区に記録されている所有権と、乙区に記録されている、例えば抵当権の優劣は、どこを見ればわかるのでしょうか？　順位番号は、同じ区の中で記録されていった順番に振られているだけですので、それを見ても当然わかりません。そうすると、手がかりは、その登記所での受付の順番を示す受付番号です。つまり、**別区間**での権利の優先関係は、**受付**番号を見比べれば、その先後がわかる仕組みになっています（規則2条1項）。

3　登記の公開

(1)　登記記録は、**誰でも**（利害関係人に限らない）、登記官に対し、手数料を納付して、登記記録に記録されている事項の全部または一部を証明した**書面**（「登記事項証明書」といい、全部の事項を証明するものや現在効力を有する事項のみを証明するもの等があり、「書面」で作成されます）の**交付**を請求することができます（119条1項、規則196条1項）。また、「交付」の一方法として、**送付**を請求することもできます（規則197条6項）。つまり、「郵送OK」です。この交付請求は、**電子情報処理組織を使用する、オンラインによる請求もOK**です（規則194条3項）。

(2)　誰でも、登記官に対し、手数料を納付して、登記記録に記録されている事項の概要を記載した書面（「登記事項要約書」）の**交付**を請求することもできます（119条2項）。

(3)　手数料は、原則として**収入印紙**で納付しますが、一定の場合は現金で納付することもできます（119条4項）。

4 筆界の特定

> 筆界特定制度は、土地の境界（筆界）をめぐるトラブルを、裁判をしないで早期に解決を図ることができる制度です。

(1) 「**筆界**」とは、ある土地が初めて法務局に登記されたときに、その**土地の範囲を区画するものとして定められた公法上の線**のことであり、所有者同士の合意などによって変更することはできません。

> いわゆる「境界」は、筆界と同じ意味で使われるほか、所有権の範囲を画する私法上の線という意味で使われることもあります。「筆界」は、所有権の範囲と一致する場合が多いですが、そうでないこともあります。

(2) 「**筆界の特定**」とは、新たに筆界を決めるのではなく、筆界を現地において特定することをいいます。つまり、様々な調査や意見をもとに、筆界特定登記官が、登記されたときに定められた**筆界を明らかにすること**です。

(3) この筆界特定の申請は、**土地の所有権登記名義人やその相続人**などから、筆界特定登記官に対して、することができます(131条1項)。

　また、**地方公共団体**も、その対象となっている土地の所有権登記名義人等のうちいずれかの者の**同意**を得たときは、筆界特定登記官に対し、当該対象土地の筆界（地図に表示されないものに限ります。）について、**筆界特定の申請**をすることができます(131条2項) 最近の改正 。

> 所有者不明の土地が増加していることを受けて、適正な土地の利用や管理がなされるよう、地方公共団体による筆界特定の申請の規定が置かれました。

2 登記の手続

ここでは、登記の手続と、その際に提供する情報について学習していきます。本試験では、原則をふまえたうえで例外についても出題されます。この**例外をしっかり覚える**ことが重要です。

1 登記手続の原則と例外 ❗重要

登記手続には、前出の「オンライン申請」が導入されており、オンライン申請と書面申請が**併存**しています（18条）。

❶ 申請主義の原則

(1) 不動産の登記については、「登記をしたいならば申請しなさい」という、申請主義の原則が採られています。

つまり、「任意」、当事者の自由意思に任されているということですね。**当事者の意思の尊重**です。

したがって、この原則から、所有権移転登記等の権利に関する登記は、当事者の申請、または官公庁の嘱託によって行われます（16条1項）。また、申請する**義務はない**ということです。
H28・30

嘱託とは、役所（官公庁）が他の役所（登記所）に申請することをいいます。

(2) そして、申請主義の反対としては、①登記官というお役人が、職務として行う場合があります。これを、**職権**主義といいます。さらに、②登記を**申請する義務**がある場合もあります。これらが、申請主義の例外であり、**表示**に関する登記が、この例外に該当します。ですので、表示に関する登記は、登記官が**職権**で行うことができますし（28条）、申請義務もあります。土地が新たに生じた場合（例 埋立てによるなど）や、建物の**新築**や**滅失**の場合などには、
H30
所有権を取得した者等は、1ヵ月以内に、表示に関する登記の申請をしなければなりません（36条、47条1項、42条、57条）。
H26・28・R3

> 表示に関する登記が、申請主義の例外となっているのは、そもそも物件の現況を公示するという役割があるので、**できるだけ早く**備えておいたほうがいいからです。

　なお、登記官は、職権による登記をし、または、地図を作成するために必要な限度で、関係地方公共団体の長等に対して、その**不動産の所有者等に関する情報の提供を求めることができます**(151条)　最近の改正　。

❷ 共同申請の原則
（きょうどうしんせい）

(1) 例えば、AさんからBさんが、家を買いました。Bさんが登記をすれば、Aさんは、もはや登記上では所有者ではありません。このように、登記をすることによって、登記上、不利益を受けるAさんのことを、**登記義務者**といいます。その一方でBさんは、自己名義に登記をすることによって、登記上自分のものと表示されるという利益を受けます。このBさんを、**登記権利者**といいます。そして、**登記の申請をするときには、登記義務者のAさんと登記権利者のBさんが、共同で申請をしなければならない**という原則が、共同申請の原則です(60条)。

> 共同申請の原則が採られているのは、**ウソの登記が行われるのを防止**するためです。本当は譲渡していないAさんが、Bさん名義の嘘の登記に協力するはずがありませんから、一緒でないと登記できないとしておけば、嘘の登記を防ぐことができますよね。

(2) (1)に対する**例外**として、次のように**単独**で申請できる場合もあります。

❶	登記手続をすべきことを命ずる確定**判決**による登記(63条1項)
❷	**相続**または**合併**による権利の**移転**の登記(63条2項) _{R3}
❸	**相続人**に対する**遺贈**による所有権**移転**の登記(63条3項) 　最近の改正
❹	登記名義人の**氏名等の変更**の登記または更正の登記(64条1項)
❺	所有権**保存**の登記(74条)
❻	仮登記義務者の**承諾**があるとき、また、仮登記を命ずる**処分**があるときの**仮登記**(107条1項) _{H26}
❼	**仮登記**の**抹消**（仮登記の**登記名義人**が行うもの、および仮登記の登記名義人の承諾があれば仮登記の登記上の利害関係人が単独で行うもの、110条） _{H23}
❽	起業者が行う不動産の**収用**による所有権の**移転**の登記(118条1項) _{H24} 　等

①の「判決による登記」や⑥の「仮登記義務者の承諾があるときの仮登記」のように**嘘の登記が行われるおそれがない**ときは、共同で申請する必要はありませんし、②の「相続による権利の移転登記」や⑤の「所有権保存の登記」のように、そもそも**共同で申請することができない場合**ならば、仕方がないですからね。

Chapter 2 ▷ 契約の内容を実現する段階で問題となること

 登記手続の原則と例外

	原　則	例　外
❶	申請主義 ●当事者の申請または官庁・公署の嘱託による ●申請義務なし	職権可、また、申請義務あり ●表示に関する登記 （新築・滅失の場合は 1 ヵ月以内に申請義務等）
❷	共同申請 ●登記権利者および登記義務者が共同して行う	単独申請 ●登記手続をすべきことを命ずる確定判決による登記 ●相続または合併による権利の移転の登記 ●相続人に対する遺贈による所有権移転登記　最近の改正 ●登記名義人の氏名等の変更登記 ●所有権保存登記 ●仮登記義務者の承諾があるときの仮登記　等

2 申請情報および添付情報等の提供

　登記の申請にあたっては、不動産を識別するために必要な事項、申請人の氏名または名称、登記の目的などの情報（「申請情報」）と、その他、申請情報と併せて提供することが必要な情報（「添付情報」）を、登記所に提供して行います(18条、25条9号、26条)。

> それでは、以下、重要な「添付情報」を見ておきましょう。

❶ 登記原因証明情報

　権利に関する登記を申請する場合には、申請人は、原則として、その申請情報と併せて、登記原因証明情報（登記の原因を証明するための情報のこと。例 売買契約書や売渡証書などの記載事項）を提供しなければなりません(61条、令7条1項5号ロ)。権利の変動に関する登記原因について嘘の登記がされないようにするため

です。なお、それが不要となる場合には、所有権保存登記などがあります（敷地権付き区分建物の場合を除きます。76条1項本文、令7条3項1号）。

❷ 登記識別情報
(1) 登記識別情報の提供

　登記権利者および登記義務者が、共同して**権利に関する登記の申請**をする場合などには、申請人は、原則として、その申請情報と併せて、**登記義務者などの登記識別情報を提供しなければなりません**（22条本文）。

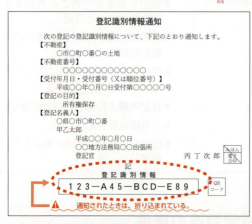

　登記識別情報とは、簡単に言えば、登記名義人などしか知り得ない暗証番号のようなものです。

　登記識別情報は、登記義務者が、以前その物件を取得してその登記をした時に通知されたものですから、その提供によって、今回の登記申請における登記義務者が、間違いなく本人であることを証明できるのです。

　ただし、後出❸❷の「登記識別情報不通知制度」を利用して、そもそも登記識別情報が通知されていなかった場合など、申請人が登記識別情報を提供することができないことにつき**正当な理由**がある場合は、**提供不要**です（22条ただし書）。

(2) 登記官による事前通知制度等

　登記官は、申請人が正当な理由があって登記識別情報の提供ができないときは、登記をする前に登記義務者に対し、「登記申請があった旨」と「申請の内容が真実であると考えるときは一定の期間内にその旨の申出をすべき旨」を**通知**しなければなりません（「**登記官による事前通知**」、23条1項）。通知に対して「登記申請に問題がありません」と答える登記義務者の応答があれば、本人確認ができるからです。

　その他、司法書士などの**資格者代理人**を通じて本人確認をする等の制度も設けられています（23条4項）。

❸ その他の添付情報

代理人によって登記を申請するときは**代理人の権限を証する情報**(令7条1項2号)、また、登記原因について第三者の許可・同意・承諾を要するときは**許可等をしたことを証する情報**(令7条1項5号ハ) の提供等が必要です。

なお、代理人によって登記を申請する場合、その代理人の権限は、**本人が死亡しても消滅しません**(17条1号)。不動産登記の申請手続きについては、本人が死亡した場合に代理人の権限を存続させても濫用される可能性が少ないからです。

3 登記の受付と完了

❶ 登記の受付

登記官は、申請情報等が登記所に提供された場合は、登記の申請を受理しなければなりません(19条1項)。

❷ 登記の完了

登記が完了すると、その旨を通知するために、登記完了証が交付されます(26条、令24条、規則181条・182条)。重ねて、**申請人自らが登記名義人となる場合で、その登記が完了したときは、登記官は、その申請人に対し、その登記にかかる登記識別情報を通知します**(21条本文)。ただし、**申請人が、あらかじめ登記識別情報の通知を希望しない旨の申出をした場合などは、通知されません**(「**登記識別情報不通知制度**」、21条ただし書、規則64条)。

3 登記の種類

登記の果たす機能に関連して、表示に関する登記や権利に関する登記などのほかにも、**さまざまな分類の方法**があります。

❶ 登記の内容による分類 ⚠️ 重要

(1) まずは、所有権**保存登記**があります。甲区に行う最初の登記のことです。

> この保存登記をそもそもしておかないと、誰かに譲渡したときに所有権移転登記をすることができません。

原則として、**表題部所有者**またはその**相続人**その他の一般承継人・所有権を有することが確定**判決**によって**確認**された者、**収用**によって所有権を取得した者が申請することができます(74条1項)。なお、**マンション**(「区分建物」のこと、後で学習します)については、**特例**があります(74条2項)。

(2) 次に、**移転登記**があります。例えば、AさんからBさんが土地を買って、Bさんが所有権を取得した場合に行うのが、所有権の移転登記です。

(3) **変更登記**とは、登記をした後、登記された内容と実体との間に不一致が生じた場合に、これを変更する登記です(2条15号)。

(4) **更正登記**とは、登記された時、すでにその登記内容に錯誤や遺漏があった場合に、これを訂正する登記です(2条16号)。

(5) **抹消登記**とは、登記の記載を抹消する登記です。なお、抹消を申請する場合、その抹消について登記上**利害関係**を有する第三者がいるときは、その者の**承諾**がなければ申請できません(68条)。

2 登記の形式による分類

登記の形式による分類としては、主登記と付記登記があります。**主登記**とは、独立した順位番号を有する登記のこと、そして**付記登記**とは、独立した順位番号がない登記で、主登記との同一性や順番を維持するため主登記に付記して行われます(4条2項)。なお、付記登記には、**登記名義人氏名等の変更**の登記や、**買戻し特約**の登記などがあります(規則3条)。

120

3 仮登記 ！重要

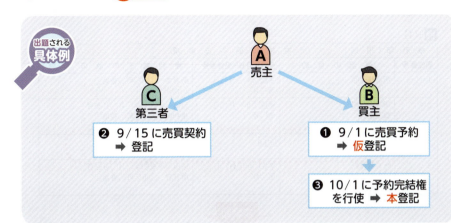

　例えば、ＡＢ間の売買の予約が９月１日に行われた場合、この時点では、所有権はまだＡさんにあり、Ｂさんに移っていませんから、Ｂさん名義で所有権移転の本登記をすることは不可能です。そのため、Ｂさんは**仮登記**をすることになります。
(1)　仮登記の目的は、**所有権取得の順位を確保する**ためです。仮登記のままでは、原則として、**対抗力を持たない**ため、Ｂさんとしては、後に仮登記を本登記に改める必要がありますが、❸の仮登記を本登記に改めたときの本登記は、上の図でいえば、❶の仮登記をした９月１日という日付の順位を維持することができるのです(106条)。Ｂさんは９月１日に仮登記をしていますから、したがって、本登記の日付も、Ｂさんが９月１日、Ｃさんが９月15日となり、Ｂさんのほうが優先されます。

　このように、Ｂさんへの所有権の移転という**物権変動がまだ生じていない**段階で行うことができる仮登記を「**２号仮登記**」といいます。それに対して、登記識別情報を提供できないなど、**物権変動は生じているけれども手続上の条件が欠けている**際に行う仮登記を「**１号仮登記**」といいます(105条)。

(2)　仮登記の申請も、原則として共同申請です(60条)。例外的に、**仮登記義務者**（ここではＡさん）の**承諾**がある場合は、**単独申請**ができます(107条１項)。そのほか、仮登記を命ずる**処分**（判決よりも簡易な裁判所の判断のこと）がある場合も、単独で申請できます。

それでは、仮登記はどのようにされるのか、また、仮登記を本登記に改めるとはどのようなことか、登記記録のサンプルで見てみましょう。

例-①

権利部（甲区）	（所有権に関する事項）		
順位番号	登記の目的	受付年月日・受付番号	権利者その他の事項
1	所有権保存	平成○年○月○日 第○号	所有者　○市○町○番地○ A
2	所有権移転 仮登記	平成○年○月○日 第○号	原因　平成○年○月○日売買 権利者　○市○町○番地○ B
	余白	余白	余白
3	所有権移転	平成○年○月○日 第○号	原因　平成○年○月○日売買 所有者　○市○町○番地○ C

↓ **本登記**

例-②

権利部（甲区）	（所有権に関する事項）		
順位番号	登記の目的	受付年月日・受付番号	権利者その他の事項
1	所有権保存	平成○年○月○日 第○号	所有者　○市○町○番地○ A
2	所有権移転 仮登記	平成○年○月○日 第○号	原因　平成○年○月○日売買 権利者　○市○町○番地○ B
	所有権移転	平成○年○月○日 第○号	原因　平成○年○月○日売買 所有者　○市○町○番地○ B
<u>3</u>	<u>所有権移転</u>	<u>平成○年○月○日 第○号</u>	<u>原因　平成○年○月○日売買 所有者　○市○町○番地○ C</u>

＊下線のあるものは抹消事項であることを示す。

「例-①」の順位番号2番の、Bさんがした所有権移転仮登記の**下側の欄**には「余白」が設けられ(規則179条1項)、AさんがCさんに売却をしたので、Cさんの所有権移転登記が3番に記録されています。その後、Bさんへの本登記（例-②）は、順位番号2番の下側の「余白」を埋める形で行われます。その結果、Bさんの本登記の順番は2番となり、3番のCさんに優先するのです。

なお、**所有権に関する仮登記を本登記にする場合**に、**登記上利害関係**を有する**第三者**がいるときは、その**承諾**が必要です(109条1項)。この**例**の場合、利害関係者はCさんです。そして、Bさんの本登記が行われると、Cさんの所有権移転登記は、登記官によって、**職権**で**抹消**されます。抹消の際は、「例-②」のように、アンダーラインが引かれます(109条2項)。

4 土地の分筆・合筆の登記および建物の分割・合併の登記

理解しよう　土地の分筆・合筆の登記

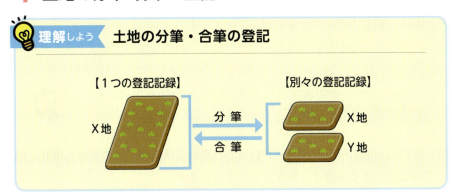

❶ 土地の分筆の登記　⚠️重要

　分筆の登記とは、登記記録上、1筆の土地を、分割して数筆の土地にすることです。この登記は申請主義の原則が採られており、申請できるのは、**表題部所有者**または**所有権の登記名義人**に限られます（以下の合筆、建物の分割・合併も同様です。39条1項）。

　しかし、**1筆の土地の一部が地目を異にすることとなった場合**、または**地番区域を異にすることとなった場合**は、申請がなくても、登記官は、**職権**で分筆の登記をしなければなりません（39条2項）。

> そのままにしておくのは、適当ではないからです。

　また、登記官は、申請がない場合であっても、**地図を作成するため必要がある**と認めるときは、表題部所有者または所有権の登記名義人による**異議がない**ときに限り、**職権**で、分筆の登記をすることができます（39条3項）。

❷ 土地の合筆の登記　⚠️重要

　合筆の登記とは、登記記録上、数筆の土地を合併して1筆の土地にすることです。ここでは、合筆の登記が「**できない**」場合が重要です（41条、規則105条）。

> 以下、それぞれ具体的につかみましょう。

① 1筆の土地に、所有者が混在すると混乱が生じますから、所有者が異なる土地の合筆はできません。つまり、**表題部所有者**または**所有権の登記名義人**が相互に異なる土地の合筆の登記はダメです。
② **所有権**の登記のない土地と**所有権**の登記のある土地の合筆はできません。

1筆の土地の一部についてのみ、権利に関する登記がされていることは、好ましくないからです。

③ 複数の土地の所有者が同一でも、それぞれに所有権以外の異なる権利に関する登記がある場合は、合筆の登記はできません。

所有権「以外」の権利の「範囲」が不明となるからです。

ただし、次の場合は、例外として、合筆の登記が可能です。
　ア）承役地についてする**地役権**の登記がある場合（地役権がそもそも土地の一部についてでも成立するので、不都合が生じないことから**除外**される）
　イ）合筆する両方の土地に登記原因・登記の日付・目的・受付番号が同一である抵当権・質権・先取特権の登記が設定されている場合
　ウ）信託の登記であって信託の登記特有の登記事項が同一の場合
④ なお、互いに接続していない土地同士の合筆や接続していても地番区域の異なる土地の合筆、**地目**の異なる土地の合筆はできません。

合筆の登記を申請することができる者は、分筆の登記と同様、表題部所有者または所有権の登記名義人です(39条1項)。

なお、所有権の登記がある土地の合筆登記の申請の場合は、合筆前のいずれか1筆の土地の、所有権の登記名義人の登記識別情報のみの添付で足ります(令8条2項1号)。

それで、合筆の登記の申請の意思は、十分確認できるからです。

Chapter 2 ▷ 契約の内容を実現する段階で問題となること

❸ 建物の分割・合併の登記

A建物、およびA建物の付属建物等がある場合について、考えてみましょう。

(1) 建物の分割の登記

建物の分割の登記とは、例えば、A建物とその付属建物（例 物置）が1つの登記記録の中で扱われている場合に、A建物についての登記記録と、物置を独立したB建物として扱い、そのB建物についてする登記記録の2つに分けることです。

そして、この建物の**分割の登記**は、土地の分筆の登記と違って、**登記官の職権**では行われません。つまり、表題部所有者などの申請のみで行われます（54条1項1号）。

(2) 建物の合併の登記

建物の合併の登記とは、例えば、独立したA建物とC建物がある場合に、C建物をA建物の付属建物として、「A建物」という1つの**登記記録**で扱うことです。

土地の合筆の登記と同様（56条、規則131条）、例えば、所有者が異なる建物の場合、所有権の登記のない建物とある建物の場合などは、合併できません。

なお、所有権の登記がある建物の合併登記の申請にあたって提供する**登記識別情報**は、いずれか一方の建物のものでOKということも、土地の合筆の登記の場合と同様です（令8条2項3号）。

第1編 民法等

Chapter 2 ▷ 契約の内容を実現する段階で問題となること

Section 8 債権を他人に譲り渡す
～債権譲渡～

Introduction
例えば、1,000万円を支払ってもらうことができる権利（債権）を誰かに売却すれば、その債権は移転します。このことを「債権譲渡」といいます。ここでは、債権譲渡で重要な **1** **2** **3** の "3つのポイント" について学習します。

▶▶ 分野別過去問題集　第1編「民法等」問題 53 〜 54

1 債権譲渡自由の原則

1 債権譲渡とは

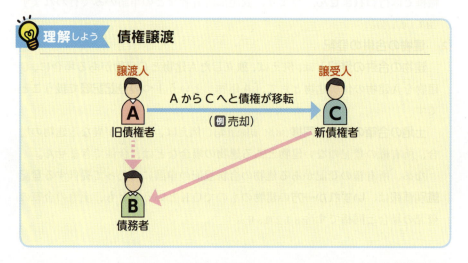

　Aさんが、Bさんに対する債権をCさんに売ってしまうと、その債権はAさんからCさんに移転します。その結果、Cさんが、債務者Bさんに対する新債権者になるという、新たな関係ができます。これを**債権譲渡**といい、Aさんを債権の**譲渡人**、Cさんを**譲受人**といいます。

2　債権譲渡自由の原則

⑴　債権は、自分の財産である以上、自由に譲り渡すことができるのが原則（「**債権譲渡自由の原則**」）です(466条1項)。そして、譲渡の時点ではまだ発生していない、**将来発生する債権**でも、譲渡することができますし、また、譲受人は、発生した債権を、**当然に取得します**(466条の6第1項・2項)　最近の改正　。

⑵　しかし、**例外**があります。

その中で重要なのは、当事者の合意によって譲渡できないことにする、**譲渡**を**禁止**し、**制限**する**特約**（以下、「譲渡制限特約」といいます）が付いている場合です(466条2項)。

この譲渡制限特約がある場合でも、AさんがCさんに譲渡をしたとき、その債権譲渡は、その**効力を妨げられません**(466条2項)　最近の改正　。つまり、**有効**ということです。ただし、譲渡制限特約に反してAさんがCさんに譲渡し、Cさんがその特約について**悪意**、または、**重大な過失**があった場合、Bさんは、Cさんに対してその**債務の履行を拒む**ことができ、かつ、Bさんは、Aさんに対して**弁済**等をすれば、そのことを**Cさんに対抗できます**(466条3項)　最近の改正　。

2　債権譲渡の対抗要件

譲受人が債権を譲り受けたことを主張するのには、何が必要でしょうか？　それが、**債権譲渡の対抗要件の問題**です。ここでは、「債務者に対する対抗要件」と「第三者に対する対抗要件」とに分けて、理解しましょう。

1　債務者への対抗要件

債務者に対して譲渡の事実を主張するには、①**譲渡人Aさんからの通知**か、②**債務者Bさんの承諾**の、どちらか1つが必要です(467条1項)。また、将来発生する債権の譲渡の場合も同様です　最近の改正　。

通知か承諾があれば、債務者のBさんは債権譲渡の事実を知っているといえるので、AさんCさんの両方に"二重弁済"してしまうことを防ぐことができるからです。

この通知や承諾は、口頭でOKです。ここで、重要なのは、債務者のBさん自身が「今の債権者はCさんだ」と認識していることですから、「承諾」は、譲渡人のAさんであれ、譲受人のCさんであれ、どちらに対して行っても問題ありません。しかし、「通知」は、譲渡人のAさん自身が行わなければなりません。

「譲受人による通知でよい」とすると、譲り受けてもいない者が、嘘の通知をするおそれがあるからです。

ですから、**債権者代位権を使って、CさんがAさんを代位して行う通知**もダメです(判例)。

この場合は、CさんがAさんにとって代わって通知しているにすぎず、結局「Cさんが」通知しているのです。

ただし、CさんがAさんの**代理人**として行った**通知**は、**有効**です(判例)。

代理の場合は、代理人Cさんの行った行為の効果はAさんに帰属するため、結局「Aさんが」通知していることになるからです。

重要！一問一答

H23-問5-肢2

Q AがBに対して1,000万円の代金債権を有しており、AがこのA代金債権をCに譲渡した場合、AがBに対して債権譲渡の通知をすれば、その譲渡通知が確定日付によるものでなくても、CはBに対して自らに弁済するように主張することができる。

A 債務者への対抗要件としての通知は、確定日付のある証書による必要はなく、口頭によるものでもよい。 ……… ○

2 第三者に対する対抗要件

AさんはBさんに対する1,000万円の債権（弁済期日は10月1日）をCさんに譲渡した後、Dさんに対しても譲渡した。10月1日が到来し、CさんおよびDさんは、それぞれBさんに対し弁済を請求した。CさんとDさんのどちらが、Bさんから弁済を受けることができるのだろうか？

(1) Cさんからすれば、Dさんは第三者です。Dさんに対して、Cさん自身が真実の債権者であることを主張するには、どんな条件が必要でしょうか？
　この「**第三者に対する対抗要件**」も、譲渡人からの通知または債務者の承諾があればよい、とされています(467条1項)。通知などによって、債務者のBさんは、Cさんへ債権譲渡が行われた事実を認識する。その後、DさんがBさんに問い合わせれば、二重に譲り受けることを避けることができるからです。
　ただし、Cさんが、第三者Dさんに対して主張するには、その通知または承諾は、**確定日付**のある**証書**（内容証明郵便など）によることが必要です(467条1項・2項)。

確定日付が要求されているのは、後で譲り受けたDさんが譲渡人のAさんと共謀して、通知または承諾の前後をごまかすのを防ぐためです。

(2) ところで、**CさんもDさんも確定日付のある証書による通知等を得ている場合**には、どのように優劣関係を決めるのでしょうか？　この場合は、例えば通知であれば、確定日付のある通知がBさんに**到達**したときの、**早いほうが優先**します(判例)。通知がBさんに到達した時に、Bさんは譲渡の事実を知ることができるからです。

(3) また、確定日付のある証書による通知が**同時に到達**することも考えられます。Cさんへの譲渡とDさんへの譲渡の事実を記した確定日付のある証書による通知が同時に到達をした場合には、**いずれも**債務者のBさんに対して請求することができます(判例)。少なくとも、債務者に対する対抗要件は備えているからです。もちろん、Bさんは、例えばCさんに支払えば、Dさんに支払う必要はありません。

要するに、「早い者勝ち」です。

3 債務者の抗弁等

(1) 通知・承諾の効果

例えば、AさんがCさんにこの1,000万円の債権を譲渡する前に、債務者のBさんがAさんに、1,000万円のうち300万円を弁済していた場合を考えてみましょう。

この場合、Bさんは、譲渡人のAさんから**通知**を受けた場合や、譲渡の事実を**承諾した場合**には、通知を受ける、または、承諾をするまでに（つまり、**対抗要件具備時**までに）、譲渡人のAさんに対して主張できたこと（BさんがAさんに300万円弁済したということ）を、**譲受人のCさんに対しても主張**することができます(468条1項) 最近の改正 。要するにBさんは、Cさんに対して残りの700万円を支払えば済むのです。

債務者が債権譲渡前よりも不利益な立場に置かれるのは、不当ですよね。

(2) 債権譲渡における債務者の相殺権

前記(1)の例で、AさんがBさんに対する1,000万円の債権（a債権とします）をCさんに譲渡する前に、すでにBさんがAさんに対して1,000万円の債権（b債権とします）**を取得**していた場合、その後、Aさんがa債権をCさんに譲渡して、このことをBさんに**通知**したときは、Bさんは、a債権とb債権の相殺をCさんに主張することができます。

つまり、債務者のBさんは、**対抗要件を具備した時**（Aの通知またはBの承諾）より**前に取得**した譲渡人Aさんに対する**債権**による相殺を、譲受人のCさんに対抗できるのです(469条1項) 最近の改正 。

(1)(2)については特則もありますが、試験対策上、重要ではありませんので、ここでのポイントのみしっかり覚えておきましょう。

第1編 民法等　Chapter 2 ▶ 契約の内容を実現する段階で問題となること

Section 9 債権が消滅する
～弁済・相殺など～

Introduction
例えば、1,000万円を支払ってもらえる債権は、債務者が債権者に1,000万円を支払えば消滅します。これを**弁済**といいます。その他にも、**債権の消滅原因**としてはいくつかありますが、ここでは、特に重要な**弁済・相殺**を中心に学習していきましょう。

▶▶ 分野別過去問題集 第1編「民法等」問題 55〜59

1 債権の消滅　【重要】

理解しよう　債権の消滅原因

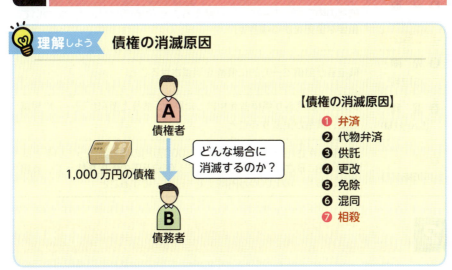

債権が消滅する原因には、契約の取消し・解除・時効などのほかに、次の❶〜❼があります。それでは、簡単に説明します。

❶ 弁　済 （473条以下） 最近の改正	例えば、債務者のＢさんが、債権者のＡさんに、1,000万円を支払うこと。その結果、ＡさんのＢさんに対する債権は**目的を達して消滅**する
❷ 代物弁済 （482条） 最近の改正	**弁済をすることができる者**（「弁済者」）が、債権者との間で、債務者の負担した給付に代えて**他の給付**（例金銭に代えて、不動産の給付）をすることにより**債務を消滅させる旨の契約**をした場合において（**諾成契約**）、その弁済者が他の給付をしたときに、債権の消滅という効果が発生すること
❸ 供　託 （494条） 最近の改正	例えば、弁済の提供をした場合において、債権者が弁済の受領を拒んだときや、債権者が弁済を受領できないときなどに、弁済者が、債権者のために弁済の目的物を供託所に預けてしまって、その債務を免れること
❹ 更　改 （513条） 最近の改正	債務の内容を別のものに切り替えること（従前の給付の内容について**重要な変更**をする場合等）
❺ 免　除 （519条）	債権者が無償で一方的に債権を消滅させること
❻ 混　同 （520条1項）	例えば、債務者が債権者を相続した結果、債権と債務が同一人に帰属して、債権が消滅すること H23
❼ 相　殺 （505条以下）	例えば、Ａさんが B さんに対して1,000万円の債権を持っていると同時に、逆に B さんが A さんに対して1,000万円の債権を持っている場合に、お互いの1,000万円同士で"**帳消し**"にすること

2　弁　済

1　弁済できる者

弁済は本来、債務者がするものですが、**債務者以外の第三者でも可能です**（474条1項）。

> 債権者にとっては、基本的には、誰が弁済をしてもかまわないからです。

Chapter 2 ▷ 契約の内容を実現する段階で問題となること

しかし、次の❶〜❸のように、債務者以外の第三者の弁済が認められない場合があります（474条2項〜4項）。

> ❶ 債務の性質が第三者の弁済を許さない場合（例 歌手のコンサート）
> ❷ 当事者間で「第三者には弁済させない」というような特約がある場合
> ❸ 弁済することにつき正当な利益を有しない第三者による弁済で、一定の場合 最近の改正

ここで重要なのは❸です。

では、❸の「一定の場合」とは、どのようなことでしょうか？

次の2つの場合のことです。

> ❶ 債務者の意思に反するとき（ただし、債務者の意思に反することを債権者が知らなかったときは、弁済は有効）
> ❷ 債権者の意思に反するとき（ただし、その第三者が債務者の委託を受けて弁済をする場合に、そのことを債権者が知っていたときは、弁済は有効）

例えば、AさんがBさんに対して1,000万円の債権を有している場合、債務者以外の第三者であるCさんが、「正当な利益を有しない第三者」であるときは、Bさんの意思に反するのであれば、Cさんは弁済することはできません。

しかし、Bさんの意思に反することを、Aさんが知らなかったときは、Aさんが弁済を受領してしまうおそれがあります。そこで、この場合は、Aさんを保護するために、Cさんがした弁済は有効となるのです。

なお、抵当権が設定されている不動産を買った第三取得者は、正当な利益を有する第三者といえます。債務を弁済すれば、抵当権は付従性によって消滅し、抵当権が実行されなくて済むからです。ほかに、物上保証人や後順位抵当権者なども、正当な利益を有する第三者です。また、借地上に借地権者が建てた建物を借りている借家人も、家主が支払うべき敷地の地代の弁済については、正当な利益（旧法上の「利害関係」）がある、とされています（判例）。

逆に、兄弟・父親・親友などの近しい間柄というのみでは、なんら「正当な利益を有する第三者」にはあたりません。

なお、弁済をする者は、弁済と引換えに、受取証書（領収証）の交付を請求できますが、 最近の改正 により、原則として、受取証書の交付に代えて、その内容を記録した 電磁的記録 の提供が請求できることとされました。

2 弁済の相手方

債権者やその代理人等、法令の規定または当事者の意思表示によって**弁済を受領する権限を付与された第三者**（受領権者）が弁済を受ければ、当然に債権は消滅しますが、債権者など以外の者に対して行った弁済であっても、有効となる場合があります。

それは、**受領権者としての外観を有する者に対する弁済**です。

つまり、受領権者以外の者であって取引上の社会通念に照らして**受領権者としての外観を有する者**に対して弁済がなされたときは、その弁済をした者が**善意無過失**であれば、その弁済は**有効**となります（478条） 最近の改正 。

受領権者としての外観を有する者とは、例えば、他人の預金通帳と印鑑の所持人や受取証書（領収証）の持参人などです。

例えば、Aさん（債権者）の預金通帳と印鑑を持参してB銀行（債務者）からお金を引き出そうとするCさん（**受領権者としての外観を有する者**）に、B銀行が**善意無過失**で弁済したときは、その**弁済は有効**となるので、B銀行は、もはやAさんに弁済する（＝二重弁済する）必要はありません。

3 弁済の提供

(1) 弁済を完了させるために、債務者としてやるべきことをやったうえで、債権者に対して「受け取ってください」とその協力を促すことを、**弁済の提供**といいます。**弁済の提供をしさえすれば、債務者は自分がやるべきことをやったのだから、債務を履行しないことによって生ずる責任を免れます**(492条) 最近の改正 。

また、弁済を提供すれば、**相手方の同時履行の抗弁権を奪うことができます**(533条)。

こちらとしては、やるべきことをやったからです。

売買契約の両当事者には、原則として同時履行の抗弁権がありますから、例えば、売主が履行期に履行しないときは、買主が、まずは一度代金を提供して売主の同時履行の抗弁権を奪えば、売主の遅滞はその時点で違法となります。その後、買主は、相当期間を定めた催告のうえで、売主の履行遅滞を理由に、契約解除ができます(判例)。

(2) 弁済の提供は、原則として**債務の本旨**(本来の債務の内容)**に従って現実に**しなければなりません(実際にお金を払うなどの「現実の提供」)。しかし、例外的に、**債権者があらかじめ受領を拒んでいる場合**などは、**口頭の提供**(弁済の準備をしたことを通知して、その受領を催告すること)**でかまいません**(493条)。

なお、金銭債務の場合に、銀行の自己宛小切手等と異なって、**自分振出しの小切手を債権者の所に持参しても、支払の確実性がありませんから、原則として、現実の提供とはなりません**(判例)。

4 弁済の充当 最近の改正

同じ債権者に対して、同時に複数の債務を負うことがあります。例えば、BさんがAさんに、1,000万円の貸金債務を負うとともに、500万円の代金支払債務を負っている場合です。Bさんが800万円を弁済したときは、どちらの債務の弁済となるのかが、**弁済充当**の問題です。

弁済額がすべての債務を消滅させるのに足りないときは、もちろん、AさんとBさんの**合意**で充当することができ(490条)、合意があるときは、合意充当が最優先となります。合意がない場合は、弁済者Bさんまたは弁済受領者Aさんが指定する**指定充当**(488条1項・2項)になり、この当事者による指定がないときは、法律の定めに従った**法定充当**(488条4項)になります。なお、指定充当と法定充当の場合は、どちらも「**費用➡利息➡元本**」の順番で充当しなければなりません(489条1項)。

5　弁済による代位　最近の改正

　さて、保証人が債権者に弁済した場合、保証人は主たる債務者に対して**求償**することができます。このような保証人などの求償権を実効的なものにするために、弁済をした保証人が債権者に取って代わる（債権者と同じ位置に立つ）ことを、**弁済による代位**といいます。債務者のために弁済をした者は、債権者の承諾を要することなく、**債権者に代位**します(499条)。それにより、債権者が債務者に対して有していた債権や抵当権などを、保証人などが行使できるようになります(501条1項)。

> ここでは、次の①「正当な利益を有する者」が弁済した場合と、②「正当な利益を有する者」以外の者が弁済した場合に分けて、学習していきましょう。

① 弁済をするについて**正当な利益を有する者**が弁済した場合、**債権者に代位**し、**債務者**に対して**権利を行使**できます。

> 例えば、保証人は、弁済しないと自分が強制執行などを受ける可能性がありますから、弁済をするについて正当な利益があるため、代位するのです。

② 弁済をするについて「正当な利益を有する者」以外の者が弁済した場合も、**債権者に代位**します。ただし、この場合は、債権者から債務者への**通知**または債務者の**承諾**がなければ、債務者に**対抗**できません(500条)。

> 代位をする人がいる旨を、債務者に知らせるためです。

3 相殺

Aさんは B さんに対して1,000万円の貸金債権を有している。
一方 B さんは、A さんに自己所有の家を売却し、1,000万円の代金債権を有している。
B さんはA さんに1,000万円を、A さんはB さんに1,000万円を、それぞれ現実に支払わなければならないのだろうか？

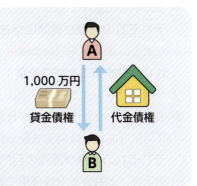

この場合、AさんがBさんに「あなたが返すべき貸金債務と私が支払うべき代金債務を帳消しにしよう」と言えば、これですべて清算できます。このように、帳消しにしたほうが簡便であることから認められているのが、相殺です。

1 自働債権と受働債権

例えば、上の 出題される具体例 の、Aさんのほうから相殺をもちかける場合を考えてみましょう。この場合、AさんがBさんに対して持っている貸金債権を**自働債権**、BさんがAさんに対して持っている代金債権を**受働債権**といいます。

何が自働債権になるか、何が受働債権になるかは、誰が相殺するかによって変わります。

2 相殺適状（相殺の要件）

相殺をするには、まず、自働債権と受働債権の両方が相殺できる状態、すなわち相殺適状にあることが必要です（505条1項）。

そのほかに必要な条件は、次の①〜⑤です。

① それぞれの債権が互いに対立していること
　ＡさんがＢさんに対して債権を持ち、逆にＢさんもＡさんに対して債権を持っている状態のことです。
② それぞれの債権が有効に存在していること
　ただし、**時効が完成した債権**であっても、時効完成前に相殺適状になっていれば**相殺することができます**（508条）。例えば、Ａさんの債権の時効が完成した場合でも、Ａさんとしては、いったん相殺適状にあった以上、自動的に帳消しになったと考えるのが自然です。そこで、Ａさんの期待を保護するために、例外的に、時効完成後の相殺が認められています。
③ それぞれの債権が同種の目的を有すること
　例えば、どちらも金銭債権である場合などです。
④ それぞれの債権が弁済期にあること
　ただし、**自働**債権（相殺する側が持っている債権）さえ**弁済期**にあれば、受働債権は弁済期が到来していなくても相殺可能です。

> なぜなら、相殺は、受働債権については実質的には自ら弁済をしたのと同じ効果を生じさせ、受働債権に関する「弁済期まで支払わなくてもよい」という期限の利益を、債務者は放棄することができるからです。

⑤ 債権の性質が相殺を許すものであること
　自働債権に抗弁権が付いているときは、相殺ができません。相殺を許すと、「抗弁を主張できる」という相手方の利益を奪うことになるからです。

3 相殺が禁じられている場合

　相殺適状にあっても、相殺できない場合があります。次の(1)(2)のように、**法律で禁じられている場合**（条文上は『相殺をもって対抗できない』と表現されています）や、当事者間に相殺禁止等の**特約**があり、そのことにつき第三者が悪意または重過失の場合です（505条2項）　最近の改正　。

(1) **受働**債権が**一定の不法行為**等によって発生した債権である場合（509条）
　最近の改正

次の❶❷の債務の債務者は、原則として、相殺できません。

> ❶ **悪意による不法行為**に基づく損害賠償の債務（この場合の悪意は、損害を与える意欲があることが必要）
> ❷ **人の生命または身体の侵害**による損害賠償の債務（不法行為だけでなく、債務不履行による損害賠償債務も含む）

例えば、Bさんにお金を貸しているAが、Bさんを車ではねてケガをさせ損害賠償債務を負った場合は、❷に該当します。この場合、AがBさんに「借金をチャラにする」と言って、現実にはお金を支払わず帳消しにすれば、被害者のBさんは治療代に困ってしまいます。このように、被害者Bさんの救済を図るため、相殺は禁じられているのです。

(2) **自働**債権が**受働**債権の**差押え後**に取得された債権である場合(511条1項)
　　最近の改正

この場合は、差押えの実効性を確保するために相殺が禁じられています。逆に、**自働**債権が**受働**債権の**差押え前**に取得された債権なら、相殺できます。

> 自働債権の債権者は、相殺できるものと期待しているからです。

なお、**差押え後**に債権を取得した場合であっても、それが**差押え前の原因**に基づいて生じた債権であるときは、原則として、相殺できます(511条2項)　最近の改正　。

重要！一問一答　　　　　　　　　　　　　　　　H23-問6-肢1

Q Aが自己所有の甲建物をBに賃貸し、賃料債権を有している場合において、Aの債権者Cが、AのBに対する賃料債権を差し押さえたとき、Bは、その差押え前に取得していたAに対する債権と、差押えにかかる賃料債務とを、その弁済期の先後にかかわらず、相殺適状になった段階で相殺し、Cに対抗することができる。

A 差押え前にBはAに対する反対債権を有しており、「相殺によって決済できる」と考えていたBの期待を保護するため。 ……… ○

4 相殺の方法と効力

相殺は、相手方に対する一方的な意思表示によって行われ(506条1項前段)、その効力は相殺適状になった時にさかのぼって生じます(506条2項)。

このように、相殺は一方的な意思表示で行われるため、それに条件を付けると相手方の地位が不安定になってしまいますし、また、そもそも相殺の効果は相殺適状時にさかのぼるのですから、期限を付ける意味がありません。したがって、相殺には条件や期限を付けることはできません(506条1項後段)。

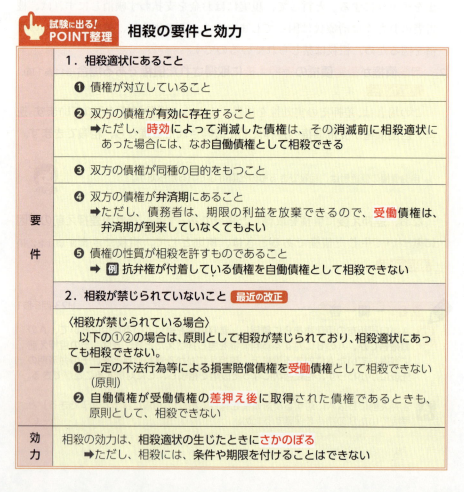

第 **1** 編
民法等

Chapter ▷ **3**

賃貸借契約・借地借家法

土地や建物を借りるときには、賃貸借契約などの締結が必要です。それについては、民法の条文のほかに、借地借家法という法律が別途定められています。宅建士試験では、この章から、2問〜4問出題されています。**重要なテーマ**です。特に、**借地借家法**は得点源としてほしいところです。

Section

1 **賃料を払って借りる**
〜賃貸借契約（民法）〜

2 **借りた土地に家を建てる**
〜借地権（借地借家法）〜

3 **賃貸住宅に住む**
〜借家権（借地借家法）〜

第1編 民法等
Chapter 3 ▷ 賃貸借契約・借地借家法

Section 1 賃料を払って借りる 〜賃貸借契約（民法）〜

Introduction
このSectionでは、不動産に限らず、さまざまな物の賃貸借を広く前提とした民法の規定について学習します。宅建士試験では、ここからは、条文にとどまらず判例からも出題されています。

▶▶ 分野別過去問題集 第1編「民法等」問題 ⑥〜⑥④

1 賃貸借契約　　【重要】

理解しよう　賃貸借契約とは

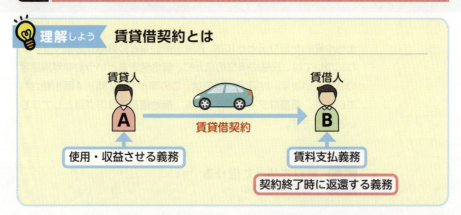

　例えば、Aさんが、自分の車をBさんに貸しました。Bさんは、この車を借りて使わせてもらう代わりに賃料を支払うなどの義務を負います。このような契約を、賃貸借契約といいます。貸したAさんを賃貸人、借りているBさんを賃借人といいます。

　それでは、AB間で賃貸借契約を結ぶと、その結果、AさんやBさんにはどのような権利や義務が発生するのでしょうか？

① 賃貸人のAさんには、使用・収益させる義務が発生します。Aさんは、Bさんに対してこの車をちゃんと使わせる義務を負うということです。

② 賃借人のBさんは、車を使う代わりに賃料を支払う義務を負います。そして、契約終了時には、Aさんに車を返還しなければなりません（601条）　最近の改正 。

142

> なお、借りるけれども賃料を支払う義務を負わない契約を、**使用貸借契約**といいます。タダでの貸し借りですね。

1 賃貸人の義務

❶ 目的物の修繕義務

車が壊れたら、賃借人にちゃんと使わせてあげることができないのですから、賃貸人のＡさんには、**修繕**する義務があります(606条１項)。ただし、**賃借人の責めに帰すべき事由**、つまり、Ｂさんの責任によって修繕が必要となったときは、その義務はありません 最近の改正 。

ところで、その修繕は、賃貸人にとってもメリットがありますから、**賃借人は、賃貸人が行う目的物の保存に必要な修繕行為を拒む**ことができません(606条２項)。

> なお、賃借物の修繕が必要な場合で、**急迫の事情**があるとき等は、**賃借人**は、自分でその**修繕**をすることができます (607条の２) 最近の改正 。

❷ 費用償還義務

普通に使うのに必要な費用を、**必要費**といいます。この費用は本来、ちゃんと使わせる義務を負っている賃貸人がただちに負担するべき費用ですから、賃借人は、当然**全額**を、賃貸人に対して「**ただちに償還してほしい**」と請求できます(608条１項)。

また、必要費以外に、**有益費**があります。これは、その物の値打ちを増すのにかかった費用です。賃借人は、**賃貸借契約終了の時**に、その価格の増加が現存する場合に限って、**支出額または増価額**のどちらかを、賃貸人の選択に従って、賃貸人に償還請求することができます(608条２項)。

2 賃借人の義務

賃借人のＢさんは、賃料支払義務（特約がなければ、後払い。614条）のほか、**保管義務**や契約終了の際に賃借物を**返還**する義務を負います。

また、Bさんには、原状回復義務があります。これは、賃借物を受け取った後に生じた損傷がある場合で、賃貸借が終了したときは、その損傷を原状に復さなければならない、つまり、元へ戻さなければならないというものです。
　ただし、その損傷が、賃借人の責めに帰すことができない事由（Bさんの責任でない事情）によるものであるときは、Bさんは、原状回復義務を負いません。また、通常の使用などによって生じた損耗や経年変化についても、この義務を負いません(621条) 最近の改正 。

> ここでのポイントは、普通に使っていてもできてしまう傷や汚れ（通常損耗）、あるいは、年月の経過によって生じる劣化（経年変化）については、Bさんに原状回復義務が生じないということです。

3 不動産の賃借権の対抗要件 **重要**

❶ 不動産の賃借権の対抗要件とは

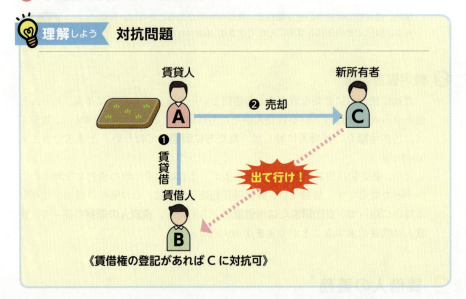

理解しよう　対抗問題

《賃借権の登記があればCに対抗可》

このケースの場合、賃貸借の目的となっている土地の新たな所有者になったCさんと、この土地を借りているBさんは、この土地を巡って争い合う関係になります。

このような場合、民法は、不動産の賃借人を守ってあげる必要があることから、**賃借人は賃借権の登記**があれば出ていかなくてもよいと定めています（605条）。

つまり、賃借権の登記が、不動産の賃借権の対抗要件です。

さらに、上のケースと異なって、例えば、Aさんが、Bさんに貸している土地をDさんにも貸すというような、不動産の**賃借権が二重に設定**された場合のBさんとDさんの優先関係に関しても、賃借権の対抗要件の先後で決着がつけられます（605条） 最近の改正 。

❷ 賃貸人の地位の移転・主張

賃借人に対抗要件が備わっているときは、一定の合意がある場合を除き、所有権の移転に伴って、賃貸人の地位は、旧所有者Aさんから新所有者Cさんに**移転**します（605条の2第1項・第2項） 最近の改正 。

また、賃借人に対抗要件が備わっていないときでも、賃貸人の地位は、賃借人の承諾なしに、譲渡人Aさんと譲受人Cさんの合意により、譲受人Cさんに**移転**させることができます（605条の3前段） 最近の改正 。

賃借物を使用させるなどの賃貸人の債務は、所有者であれば誰でも履行できるので、賃借人の承諾は不要です。

ただし、これらの場合、賃料を請求するなど**賃貸人の地位を賃借人に主張**するには、新所有者Cさんは、**所有権の移転登記**を備える必要があります（605条の2第3項）。

自分が新たな賃貸人となったことを、賃借人に証明するためですね。

2 賃貸借の存続期間　❗重要

1 存続期間を定める場合

　賃貸人と賃借人との間で賃貸借の期間を定めるとき、**最長期間は50年**です(604条1項) 最近の改正 。したがって、例えば、60年と決めた場合でも、期間50年の賃貸借になります。

> 以前は「20年」まででしたが、社会のニーズにより、「50年」という長期の賃貸借が認められるようになったのです。

　そして、民法上、期間を定めた場合は、特約があるときを除いて(618条)、賃借人は、契約に定めた時期に建物の返還をしなければなりませんし、また、**中途解約**も認められません(622条、597条1項)。

2 存続期間を定めない場合

　期間を定めていない場合、賃貸借契約は、いつでも解約申入れがあれば終了します。土地の場合は、解約申入れをして1年経てば終了します。建物の場合は、**3ヵ月**です(617条1項)。

> 特に、**建物**には注意。民法上は、賃貸人から「出ていけ」と言う場合と賃借人から「出ていきます」と言う場合、どちらも同じ**3ヵ月**です。

3 黙示の更新

　契約は、その期間が満了しても、借り手のほうがそのまま使い続けている場合は、**賃貸人が何も文句を言わない**（異議を述べない）ならば、そのまま更新されます(619条1項)。

4 目的物の滅失

　賃貸借契約は、一定の期間人に物を貸し続けるという、**継続的な契約**です。ところが、目的物が滅失したとき、貸すことができないのに契約関係が続いてしまったら、法律関係が複雑になってしまいます。そこで、賃貸借契約の場合は、目的物の**全部**が**滅失**して使用できなくなると、これによって賃貸借契約も**終了**します（616条の2）　最近の改正　。

3 賃借権の譲渡・転貸　　　　❗重要

　Bさんが、賃借権をAさんの承諾を得てCさんに譲り渡した場合、Aさんは、賃借権の譲渡後に生じた賃料を、誰に対して請求することができるだろうか？

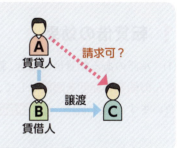

　例えば、BさんがCさんに賃借権を売却して、賃借権がBさんからCさんに移転することを、**賃借権の譲渡**といいます。この場合、Bさんは賃貸借契約関係から**離脱**し、AさんCさんの間に新たに賃貸借契約が発生します。したがって、譲渡後に発生した賃料などは、Aさんは、Cさんに対して請求できることになります。

　Aさん所有の家をBさんが賃借している。Bさんは、Aさんの承諾を得て、適法にその家をCさんに転貸した。
　この場合、A・B・C間は、どんな法律関係になるだろうか？

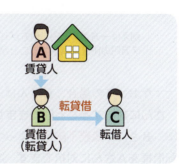

Aさんから借りているBさんは、この家を使う権利に基づき、Cさんに又貸し（転貸）することができます。このように、BさんとCさんとの間で新たな賃貸借契約を結ぶことを、**転貸借**といいます。AB間の賃貸借においては、Aさんは賃貸人で、Bさんは賃借人ですが、BC間の転貸借ではBさんは**転貸人**で、Cさんは**転借人**となります。転貸借の場合には、BさんとAさんとの賃貸借関係は継続するため、**依然Bさんは賃借人で、さらにCさんは転借人です**。その点が、**賃借権の譲渡と転貸借の違い**です。

　しかし、どちらの場合も、結局、Bさん以外のCさんが使うことになります。物の使い方は人によって違います。そのため、**賃借権の譲渡・転貸**には、**賃貸人の承諾**が必要とされています（612条1項）。

1 転貸借の効果

(1) 承諾のある転貸借の場合、**転借人のCさんは、賃貸人のAさんに対して、Bさんの債務の範囲を限度**として、転貸借に基づく債務を**直接**に履行する義務を負います（613条1項前段）　**最近の改正**　。

> Aさん・Cさん間には直接の契約関係がないため、CさんにはAさんに対する権利はないのですが、又貸しによって賃貸人Aさんの財産が危険にさらされることから、Aさんの利益を守るために、この義務が認められているのです。

　例えば、**賃貸人のAさんは、転借人のCさんに対して賃料を請求できます**。その額は、AB間の賃料とBC間の転貸料のうち、**少ないほう**が限度となります。

> 例えば一方が7万円、他方が10万円ならば、AさんはCさんに対して7万円の限度で請求することができます。

　なお、この場合、Cさんは、Bさんに賃料を**前払い**したことをもって、Aさんに対抗することはできません（613条1項後段）。

(2) Bさんの**債務不履行**によってAB間の契約が解除された場合は、Cさんは転借権をAさんに対抗できず、AさんはCさんを追い出すことができます（判例）。

> 転借人のCさんの使う権利は、賃借人Bさんの使う権利を基礎としています。そのため、このBさんの権利が消える以上、Cさんは、Aさんとの関係で、不法占拠者と同じ立場になるからです。

　なお、賃貸人が、賃借人の<u>賃料不払いを理由に賃貸借契約を解除する場合</u>、賃貸人は、賃借人に対して催告すれば足り、<u>転借人に対して通知をする必要も、また、賃借人に代わって賃料を支払う機会を与える必要もありません</u>(判例)。
H23・28

　他方、上記の債務不履行による解除の場合と異なって、<u>賃貸人のAさんと賃借人のBさんとの間で賃貸借契約を</u>合意解除（AさんとBさんとで話し合った上で解除）したとしても、<u>賃貸人のAさんは、転借人のCさんを追い出すことはできません</u>(613条3項) 最近の改正 。
H23・27・28・R2

> AさんBさんとの関係で、転借人Cさんの「目的物の使用・収益」という独自の利益は尊重されるべきだからです。

　ただし、その解除の当時、<u>AさんがBさんの債務不履行による解除権を有していたときは、Cさんに対抗することができるため、Aさんは、Cさんを追い出すことができます</u>。
R2

重要! 一問一答　　　　　　　　　　　　　　　　H16-問13-肢4

Q AはBに対し甲建物を月20万円で賃貸し、Bは、Aの承諾を得たうえで、甲建物の一部をCに対し月10万円で転貸している。この場合、賃貸人AがAB間の賃貸借契約を賃料不払いを理由に解除する場合は、転借人Cに通知等をして賃料をBに代わって支払う機会を与えなければならない。

A 賃貸人は、賃借人に対して催告をすれば足り、転借人に対して、通知をする必要も、賃料を支払う機会を与える必要もない。　　　　　……… ✗

---

2 無断譲渡・無断転貸の禁止

　賃借権の譲渡・転貸には、賃貸人の承諾が必要です。それにもかかわらず、B

さんがＣさんに**無断譲渡・無断転貸**をして使わせた場合は、賃貸人と賃借人の信頼関係が失われることになりますから、賃貸人のＡさんは、原則として、**賃貸借契約を解除**することができます(612条2項)。ただし、**信頼関係**が失われない特別な事情があるならば、解除することはできません(判例)。

4 敷　金　最近の改正　　　❗重要

　敷金とは、名称を問わず、賃借人の賃貸人に対する**金銭債務**（例　賃料債務）を担保する目的で、賃借人から賃貸人に対して交付される金銭のことです(622条の2第1項かっこ書)。賃貸人にとっては担保の役割を持ち、将来、賃借人に賃料の不払いなどがあったときに、賃貸人が賃借人から取りっぱぐれないようにするためのものです。

　契約が終了して賃借人が**明け渡す時**には、未払賃料などを控除した残額について、賃借人の**敷金返還請求権が発生**します(622条の2第1項1号)。したがって、賃借人は、敷金を返還してもらうためには、まず自ら先に明け渡さなければならず、明渡しと敷金の返還は**同時履行**の関係とは**なりません**。

　また、敷金は、賃貸人にとっての担保ですから、**賃借人は**、賃貸人に対して、敷金を延滞賃料などの弁済に充てるよう**請求することはできません**(622条の2第2項後段)。

1　賃貸人が変更した場合

　ＡさんとＢさんの賃貸借契約締結に際し、ＢさんはＡさんに敷金を差し入れた。その後ＡさんとＢさんの賃貸借契約中に、ＡさんはＣさんへ家を譲渡し、Ｃさんが新たな賃貸人となった。
　さて、Ｂさんは賃貸借契約終了後、ＡさんとＣさんのどちらに敷金返還請求をすればよいのだろうか？

この場合、Bさんは、AさんではなくCさんに対して「敷金を返してほしい」と言うことができます。つまり、敷金返還債務は、Aさんに対する未払賃料等を控除した残額について、AさんからCさんに移転します（605条の2第4項、622条の2第1項）。

敷金は、賃貸人にとっての担保ですので、賃貸人の地位が移転する以上、担保も一緒に移転するのが新賃貸人にとっては都合よいからです。

2 賃借人が変更した場合

AさんとBさんの賃貸借契約締結に際し、BさんはAさんに敷金を差し入れた。その後AさんとBさんの賃貸借契約中に、BさんがAさんの承諾を得て賃借権をDさんに譲渡した。
このとき、敷金に関する権利・義務も、新賃借人Dさんに承継されるのだろうか？

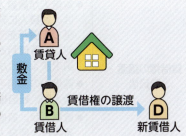

もし、BさんからDさんに敷金に関する権利関係が移転するとしたら、新賃借人Dさんによる賃料の未払などは、Bさんが交付した敷金から控除されてしまいます。これは、おかしいですよね。

この場合は、原則として、敷金関係はDさんに移転しないとされています。そのため、敷金を受け取っているAさんは、Bさんに対して、受け取った敷金の額から、Aさんに対する未払賃料等を控除した残額を返還しなければなりません（622条の2第1項2号）。

5 民法上の賃貸借のまとめ

民法上の賃貸借のポイントをまとめておきましょう。これらは、次の「借地借家法」の学習の前提となります。

試験に出る！POINT整理 民法上の賃貸借のポイント

存続期間	最長**50年** 最近の改正
更新（期間の定め**あり**）	合意による更新・黙示の更新
解約申入れ（期間の定め**なし**）	解約申入れ後… ┌ 土地➡**1年**で終了 └ 建物➡**3ヵ月**で終了
賃借権の譲渡・転貸借	● 賃貸人の**承諾**が必要。無断なら、賃貸人は、原則として**解除**できる。ただし、**信頼関係**が破壊されない特段の事情があれば解除できない（判例） ● 賃借人が賃貸人の承諾を得て賃借物を転貸した場合、転借人は、賃貸人に対し、**賃借人の債務の範囲を限度**に、転貸借に基づく債務を**直接**履行する義務を負う。賃貸人は、転借人に対し、賃借料と転借料の**少ない方**の範囲内で賃料の支払いを請求することができる 最近の改正 ● 賃借人の**債務不履行**により賃貸借契約が解除された場合、転借人は、**転借権を賃貸人に対抗することはできない**（判例） ● 賃貸人が、賃借人の賃料不払いを理由に賃貸借契約を解除する場合、賃貸人は、賃借人に対して催告をすれば足り、転借人に対して、**通知**をする必要もなく、賃借人に代わって**賃料を支払う**機会を与える必要もない（判例） ● 賃貸人と賃借人が賃貸借契約を**合意解除**しても、賃貸人は、原則として、その解除の効果を転借人に対抗できない 最近の改正
不動産賃借権の対抗要件と賃貸人の地位	● 不動産賃借権の対抗要件は、**賃借権の登記**である ● 賃借人が対抗要件を備えている場合で、賃貸目的物が譲渡されたとき、賃貸人の地位は、一定の合意がある場合を除き、新所有者に**移転**する 最近の改正 ● 新所有者が、**賃貸人の地位**を賃借人に**主張**するには、**登記**が必要
敷 金 最近の改正	● 敷金返還請求権は、賃借人の**明渡し時**に、未払賃料等を控除した残額について発生する ● 賃貸人たる地位が移転した場合、敷金返還債務は、旧賃貸人に対する未払賃料等を控除した残額について、**新賃貸人に承継される** ● 賃貸人の承諾を得て賃借権が譲渡された場合、敷金に関する権利・義務は、原則として、**新賃借人に承継されない**

6 賃貸借と使用貸借との相違点

使用貸借のポイントは、「無償」、つまり「タダ」です。

	賃 貸 借	使 用 貸 借
性 質	有償・諾成契約 H27	無償・諾成契約 最近の改正
目的物の修繕義務	賃貸人には、原則として修繕義務がある 最近の改正	貸主には修繕義務がない
費用の負担	賃借人は賃貸人に対して、次の費用の償還を請求できる ●必要費…ただちに H27 ●有益費…終了時に	借主は通常の必要費を負担しなければならない H27
貸主の担保責任等	売買の契約不適合（売主の担保責任）と同様の規定が準用される H27	使用貸借と同じ無償契約である贈与契約の規定（引渡し義務） 最近の改正 が準用される H27
対抗要件	賃借権の登記等	なし
契約の終了	●期間を定めた場合 ➡期間が満了した時に終了する ●期間を定めなかった場合 ➡各当事者はいつでも解約申入れができる ●目的物の全部滅失 最近の改正 ●債務不履行を理由とする賃貸借の解除	最近の改正 ●期間を定めた場合 ➡期間が満了した時に終了する ●期間を定めなかった場合 ①使用・収益の目的を定めたとき ➡その目的に従い使用・収益が終わった時に終了する ➡その目的に従い借主が使用・収益をするのに足りる期間を経過した時は、貸主は解除できる ②使用・収益の目的を定めなかったとき ➡貸主はいつでも解除できる ●借主はいつでも解除できる R4
借主の死亡	賃借権は相続人に相続される H27	使用貸借契約は終了する H27・R3

第1編 民法等 / Chapter 3 ▷ 賃貸借契約・借地借家法

Section 2 借りた土地に家を建てる
～借地権（借地借家法）～

Introduction
土地や建物の貸し借りの場合、一般的に、貸す者は強く、借りる者は弱い立場に置かれます。その前提に沿って、借地借家法という法律は、「借り手の保護」を重視してさまざまなことを決めています。これが借地借家法の学習の出発点です。ここでは、借地に関する取り決めについて学習します。借地借家法からは、通常2問が出題されます。

▶▶ 分野別過去問題集 第1編「民法等」問題 65〜69

1 借地権とは

理解しよう 借地権とは

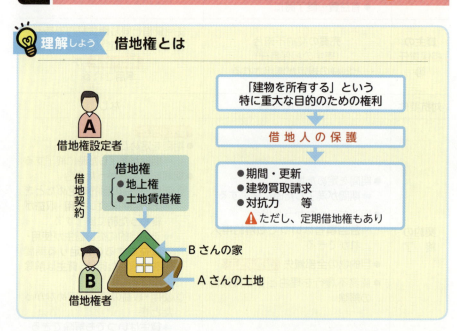

借地権とは、建物所有を目的とした地上権と土地賃借権の２つをいいます（借地借家法（以下同）２条１号）。例えば、ＡさんからＢさんが土地を借り、Ｂさんはこの借りた土地の上に家を建てました。この場合、Ｂさんが持っている権利を借地権といい、地主のＡさんを借地権設定者、Ｂさんを借地権者といいます。

> 建物を持つことが目的ですから、借地人はしっかり保護しなければなりません。まずは、借り手の保護、弱者保護の観点からさまざまな規定があるということを、常に意識しましょう。それが借地借家法の学習のコツです。

なお、借地権には、使用貸借は含まれません。

> 使用貸借は、タダで借りる契約ですから、借り手を守る必要性はさほど高くはないからです。

そのほか、臨時使用など一時使用のために設定されることが明らかな場合には、存続期間、更新、再築、更新拒絶の場合の建物買取請求権などの一定の借地借家法の定めは、適用されません（25条）。

> 一時的な（短期の）使用のため、借地人保護の必要性が低いからです。

2　借地権の存続期間　

借地権は、建物所有の目的で設定されるのですから、一定の長い期間存続が必要なため、最短期間が定められています。最短期間は、30年です。当事者が期間を定めるときには30年以上、期間を定めないならば、自動的に30年と扱われます。例えば、期間を40年と定めたとすると、期間は当然40年になりますが、それに対して、期間を20年と定めた場合は、「最低限30年」という規定から30年となります。このように、借地の場合は、必ず期間が定まりますから、特約がない限り、中途の解約申入れは認められません。

3 借地権の更新

期間が満了した時に建物を持っていれば、そのまま土地を借りていたいと考えますよね。そこで、次の **1～3** の3つの場合に限り、更新が認められます。

1 合意更新

話合いによる更新です。この場合の更新後の期間は、最初の更新では **20年以上**、2度目以降の更新では **10年** 以上と定めなければなりません（4条）。

借地人の保護を図っているのですね。

2 請求による更新

Bさんは借りた土地の上に建物を持っていますので、期間満了の際には「家があるので更新してほしい」と地主のAさんに**請求**すれば、更新されます。これが、**請求による更新**です（5条1項）。

その一方で、地主のAさんが、「もうBさんとの契約は打ち切りにしたい」と考えるならば、遅滞なく**異議**を述べることになります。けれども、地主のAさんの異議が認められるためには、**正当事由**が必要です（6条）。正当事由が認められるか否かについては、**地主および借地権者（転借地権者を含む）**が土地を必要とする事情のほか、借地に関する従前の経過、土地の利用状況、**立退き料**などの地主が土地の明渡しに際して支払うべきものがあるかといった、**さまざまな事情を総合的に考慮して、判断されます**（判例）。

請求による更新は、**建物**がある場合に限られます。この場合にこそ、更新を認める絶対的な必要性があるからです。

更新後の期間は、初回の更新の場合は **20年**、2度目以降の場合は **10年** です。もちろん、これより長い期間を当事者が定めたときは、その期間となります。

3 法定更新

　これもやはり、**建物**がある場合に限って認められます。例えば、ＡＢ間の賃貸借の期間が終わっても、借り手のＢさんが建物があるために土地を**使い続けて**いて、地主のＡさん側からの**正当事由**ある**異議**がない場合は、更新されます。これが、**法定更新**です（5条2項、6条）。この場合の期間も、初回が**20年**、2度目以降が**10年**となります。なお、これよりさらに、長い期間とすることもOKです。

4 借地上の建物の再築

　地主のＡさんから、建物所有の目的でＢさんが期間を30年として土地を借り、家を建てている場合で、25年目に家が滅失したらどうなるのだろうか？

1 最初の契約期間中の再築

　25年目に借地上の建物が滅失しても、契約期間はあと5年ありますので、再築したとします。しかし、あと5年しか住めないというのでは、Ｂさんは困りますよね。そこで、**地主Ａさんの承諾**を得たうえで再築した場合は、承諾のあった日と、建物が再築された日のいずれか早い日から、原則として、契約は**20年**間存続します（7条）。
_{H25・R4}

　なお、Ｂさんが Ａさんに対して「再築します」という**通知**を出して2ヵ月経っても異議がなければ、承諾があったとみなされます。承諾を擬制するのです。

> 「承諾の**擬制**」とは、「承諾する」という実際のアクションはないものの、それを「あったもの」として扱ってしまうことです。

2 契約更新後の再築

　契約の更新後に借地上の建物が滅失し再築した場合で、地主Ａさんの**承諾**が

あったときは、やはり、最初の契約の場合と同じく20年、期間が延長されます。また、借地権者のBさんは、再築ではなく、地上権の放棄または土地の賃貸借の解約の申入れをすることもできます(8条1項)。

その一方で、地主のAさんの承諾がないにもかかわらず、Bさんが無断で再築した場合、Aさんは、地上権の消滅請求または土地の賃貸借の解約の申入れをすることができます(8条2項)。

さらに、地主のAさんが再築を認めてくれない場合、借地権者のBさんは、裁判所に申し立てて地主のAさんの承諾に代わる裁判所の許可を受ければ、再築による期間の延長が認められます(18条)。ただし、更新後の再築の場合は、とは異なり、通知による承諾の擬制は認められていません。

5 借地権の譲渡・転貸借　重要

(1) ＡＢ間の借地契約の後、借地権者のBさんは借地上に建物を建て、その建物を、Cさんに譲渡したとします。この場合、建物は土地の利用権がないと存在できませんから、借地上の建物を譲渡するときは、原則として、借地権も同時に移転します(判例)。

(2) ところで、借地権が地上権である場合は、地主の承諾がなくても借地権を譲渡できます。しかし、土地の賃借権の場合は、賃借権の譲渡・転貸には地主の承諾が必要ですから、その譲渡の際には、Aさんの承諾がなければ、借地権者のBさんは建物を譲渡できないことになってしまいます。

そこで、借地権者が賃借権の目的である土地上の建物譲渡に伴って土地の賃借権の譲渡・転貸をしようとする場合で、特に不利益がないにもかかわらず地主が承諾しないときは、借地権者は、地主の承諾に代えて、裁判所の許可を得ればよいとされています(19条)。

(3) また、建物の競売や公売における土地賃借権の譲渡の場合は、不利益がないのにもかかわらず地主の承諾がないとき、競売や公売によって取得した者が、地主の承諾に代わる許可を裁判所に申し立てることができます(20条)。なお、この申立てができるのは、競落人等が建物の代金を支払った後、2ヵ月以内に限られます。

6 建物買取請求権

1 契約の更新拒絶の場合の建物買取請求権

　地主Aさんによる正当事由ある異議があって更新されない場合、借地権者のBさんは、期間満了の時に、Aさんに対して「この建物を時価で買い取ってほしい」と請求することが認められています。これを、建物買取請求権といいます(13条)。

> Bさんは、建物を建てるために、それ相応のコストをかけています。また、借地権が終了するときは、建物を壊さなければならないのはもったいないですね。そこで、借地権者の投下した資本の回収および社会経済上の損失の防止を目的として、建物買取請求権が認められているのです。

　しかし、借地権者Bさんの債務不履行によって終了する場合は、買取請求はできません。
H28・R2

2 第三者の建物買取請求権

　第三者が、賃借権の目的である土地の上の建物等を取得した場合で、地主が土地の賃借権の譲渡または転貸を承諾しないときは、その第三者（例 Bさんから建物を譲り受けたCさん）は、地主Aさんに対して「建物を時価で買い取ってほしい」と請求することが認められています(14条)。

> 買取請求は、譲渡人ではなく第三者である譲受人が行うことに注意！

7 借地権の対抗要件　⚠️重要

1 建物の登記

　AさんがBさんに対して土地を貸し、Bさんがその上に建物を建てて使っているとします。地主のAさんが、この土地をDさんに譲渡した場合、民法は、「賃借権の登記があればBさんは土地を使い続けられる」としていました。

しかし、賃貸借の場合は、地上権と異なって、地主のＡさんには賃借人Ｂさんの登記に協力する法律上の義務はありません。また、Ｂさんの登記をしてしまうと自分の土地の値打ちが下がりかねませんので、賃貸人のＡさんの厚意による協力は、残念ながら期待薄です。結果的に、Ｂさんは賃借権の登記を備えることができず、追い出されてしまうでしょう。

> 結局、民法の定めは"絵に描いた餅"というわけです。

　そこで、借地借家法は、特に賃借人のＢさんの保護を図るために、借地権者のＢさんは借地上に**登記**した**建物**を持っていれば、その借地権を対抗することができるとしました(10条1項)。
H26・R2・3

> この登記は、Ｂさんの建物の登記なので、当然Ａさんの協力は不要、Ｂさんは自分1人で登記ができます。

　表示に関する登記は、対抗力がないのが原則ですが、判例は、この借地上の建物の登記は、**表示に関する登記でもよい**としています。
H24・R2

> 弱者である借地権者の保護のためです。

　判例はその一方で、その建物の登記名義人と借地権者は同じ名義、つまり、**借地権者名義でなければダメ**、としています。ですから、息子名義や妻名義では登記した建物を持っていることにはなりません。
H28・30

2　掲示による保全

　かつてＢさんは、借地上に自分の建物を建てて自己名義で登記していたものの、その建物が火事で滅失した場合、Ｂさんには、もはや借地上に登記した建物はなく、その間に土地を買ったＤさんから「出ていけ」と言われれば、Ｂさんは出ていかなければなりません。しかし、これでは、Ｂさんが可哀想です。そこでＢさんは、とりあえず土地の上の見やすい場所に、再築する旨などの一定の事項を掲示、つまり、看板を立てておけば、**2年**間は新たな譲受人のＤさんに対抗できるとされています(10条2項)。
H24

この対抗力は、一時的なものです。ですから、借地権者が**建物滅失の日**から**2年**以内に**建物を再築**し、その建物の登記をしなければ、**対抗力**は**遡及的に消滅**します。

なお、立て看板に対抗力が認められるのは、元々建物の登記がされていた場合に限ります。

8 借地条件の変更および増改築の許可

(1) 建物の種類・構造・規模などを制限する借地条件がある場合で、事情の変更によって従来の借地条件と異なる建物を所有するのが適当であるにもかかわらず、その変更について当事者間に協議が調わないときは、**裁判所は、当事者の申立てにより、その借地条件を変更**することができます(17条1項)。

(2) また、借地権者が既存の建物について、建物の種類を同一のまま増改築することは、その禁止の特約がない限り、土地所有者の同意なしで、自由に行えます。しかし、**増改築禁止の特約がある場合**は、当然、土地所有者の承諾が必要ですが、土地の通常の利用上相当である増改築について当事者間に協議が調わないときは、**裁判所は、借地権者の申立てにより、その増改築について地主の承諾に代わる許可**を与えることができます(17条2項)。

9 強行規定

後で学習する **11 定期借地権**の「更新規定などの排除」を除いて、**2**～**5**-(2)、および**6**～**8**の期間や更新などに関する借地借家法の定めよりも、**借り手**（転借地権者も含む）に**不利な特約**は、**無効**とされています(9条、16条、21条)。

地主と借り手との間で、借地借家法の規定よりも借り手に不利な特約を結んだ場合、その効力を認めてしまうと、「**借り手保護**」という借地借家法の目的が達成できないからです。

10 借地権のまとめ 重要

特に色文字の箇所に注意して、**借地権のポイント**を整理しておきましょう。"**借り手の保護**"が、考え方の出発点です。

 借地借家法 ── 借地権のポイント

基本的な考え方	**借り手**の保護が目的。したがって、借り手に不利な特約は、原則として**無効**
適用される場合	借地権とは、**建物所有**を目的とする地上権と賃借権 （一時使用には、期間・更新等の定めは適用されない）
存続期間	●期間を定めるとき➡**30年**以上 　（30年未満なら30年） ●期間の定めがないとき➡**30年**
更　新	●合意による更新は当然 ●請求による更新（**建物**がある限り）　　ただし、**正当事由**ある遅滞な ●使用継続による更新（**建物**がある限り）　き**異議**があれば更新されない ●更新後の借地期間➡1回目**20年**（以上） 　　　　　　　　　➡2回目以降**10年**（以上）
建物の再築	●建物が滅失し、残存期間を超えて存続する建物を再築したときは、借地権設定者（地主）が築造を**承諾**した場合に限り、借地期間は、原則として**20年**存続する。当初の期間なら、再築の通知後2ヵ月以内に地主の異議がないときは、承諾があったものとみなされる（承諾の擬制） ●**更新**後、やむを得ない事情によって残存期間を超える建物を築造するにつき地主が承諾しないときは、借地権者は、承諾に代わる裁判所の許可を求めることができる ●**更新**後、建物が滅失したとき、借地権者は借地契約を終了できる。その一方で、地主の承諾（または許可）なしに残存期間を超える再築をしたときは、地主のほうから終了できる
借地権の譲渡・転貸借	●地上権と異なり、土地賃借権の場合は、**賃貸人の承諾**が必要 ●借地権者が賃借権の目的である土地上の建物を第三者に譲渡するに伴い、土地賃借権の譲渡・転貸を**しようとする**場合、**借地権者**（競売により建物が取得されたときは競落人）は、賃貸人の承諾に代わる裁判所の許可を求めることができる

建物買取請求権	●期間満了で終了のとき、建物買取請求権が認められる（債務不履行で終了する場合はダメ） ●借地権者が借地上の建物を第三者に譲渡するのに伴い、賃借権の譲渡・転貸の承諾を地主から得られないとき、第三者は地主に買取請求できる	
対抗要件	●賃借権・地上権の登記のほか、借地上の建物の登記があればよい（表示に関する登記はＯＫ、他人名義はダメ） ●かつて登記があれば、建物滅失のとき、その旨の掲示で2年間対抗可	

11 定期借地権（22〜24条） 重要

　定期借地権とは、ひとことで言うなら、**更新のない借地権**のことで、次の❶〜❸の3種類があります。

試験に出る！POINT整理　定期借地権のポイント

	❶ 一般定期借地権	❷ 事業用定期借地権	❸ 建物譲渡特約付借地権
存続期間	50年以上 H28・R1・3	10年以上50年未満 H28	30年以上 R3
目的	自由 R1	事業用の建物所有目的に限定（居住用はダメ） H28・30・R1・3	自由
要件	公正証書等書面 R1・3 （電磁的記録を含む　最近の改正） による更新等を排除する旨の特約	公正証書による設定契約が必要 R1	30年以上経過の後、建物を土地所有者に譲渡する旨の特約
建物利用	●建物買取請求権は排除される H29 ●借地人の建物利用は継続されない	●建物買取請求権は排除される H29 ●借地人の建物利用は継続されない	借地人の建物利用は、原則として、継続されない
消滅	いずれも更新がなく、期間の満了（または建物の土地所有者への譲渡）によって、借地契約が終了する H29・R3		

以下、重要なポイントを確認しましょう。

(1) まず、それぞれの存続期間を覚えましょう。

(2) ❷事業用定期借地権は、事業用建物所有の目的に限定されます。つまり、「居住用建物」所有の目的ではダメということです。同様に、住宅賃貸の事業者が賃貸マンションを建てる場合や、従業員の社宅として従業員の居住の用に供する場合も、設定することはできません。

(3) ❶一般定期借地権の契約は、書面あるいは電磁的記録 最近の改正 によることが必要ですが、書面については、公正証書である必要はありません。それに対して、❷事業用定期借地権の契約は、必ず公正証書によらなければなりません。

(4) ❸建物譲渡特約付借地権ですが、その特約により借地権が消滅した場合は、その借地権者（または建物の賃借人）で、権利が消滅した後もなお建物使用を継続している者が請求したときは、請求の時に、その建物につき、その借地権者（または建物の賃借人）と借地権設定者との間で「期間の定めがない賃貸借」がされたものとみなされます。なお、借地権者が請求をした場合において、借地権の残存期間があるときは、「その残存期間」=「存続期間」となります(24条2項)。

第1編 民法等
Chapter 3 ▶ 賃貸借契約・借地借家法

Section 3 賃貸住宅に住む ～借家権（借地借家法）～

> **Introduction**
> 借地借家法は、**借家権**についても借地権と同様の事柄について、**借家人の保護**の目的からさまざまな定めをおいています。ただし、借地と借家の対象は異なりますので、その違いが規制の違いとなっています。

▶▶ 分野別過去問題集 第1編「民法等」問題 ⑦〜⑭

1 借家権とは　⚠重要

　Bさんは**借家人**（家の賃借人）であり、Bさんが持っている権利を**借家権**といいます。借地借家法は、**借家人の保護**という目的のために**更新**や**造作買取請求**、さらには**対抗力**など、さまざまなことを定めています。また、借地に関する定期借地権と同様に、**定期借家権**も認められています。

　夏季の貸別荘や展示会場など、明らかな**一時使用**目的の建物の賃貸借は、借家人を保護する必要性が低いため、**借地借家法は適用されません**（借地借家法（以下同）40条）。また、タダで貸す**使用貸借**にも、やはり借地借家法は適用されません。

2 借家権の存続期間と更新等

それでは、存続期間を「**定める**場合」と「**定めない**場合」の２つに分けて考えてみましょう。

1 存続期間を定める場合

❶ 存続期間

　民法での上限は50年でしたが **最近の改正** 、「借家」に関しては、この民法の規定が適用されず、**50年を超えることができます**。したがって、例えば、60年と決めれば60年になります。

　また、**１年**未満の期間を決めた場合には、定期借家の場合を除いて、期間の定めのない賃貸借契約とみなされます(29条)。

❷ 契約の更新

　契約期間満了の**１年**前から**６ヵ月**前までの間に**更新拒絶の通知**等がないと、従前の契約と同一の条件（ただし、契約期間については「期間の定めのない契約」となります）で**更新**されます(26条1項)。そして、賃貸人（家主）からの更新拒絶には、**正当事由**が必要です。

正当事由がなければ借家人を追い出すことができないのは、**借家人の保護**のためです。

　また、期間満了の１年前から６ヵ月前までの間に、家主さんが正当事由のある更新拒絶の通知をしたけれども、**借家人が使い続けている場合、家主が何も異議を述べなければ、そのまま更新**されます(26条2項)。

これも、**借家人の保護**に役立っていますね。

2 存続期間を定めない場合

契約期間が決まっていない場合は、お互いからの**解約申入れ**によって終了します。

借地借家法では、借家に関して、**家主**のほうから「出ていってほしい」と言うときには、**正当事由**および**6ヵ月**の猶予期間が必要とされています(27条1項、28条)。借家人の保護のためです。反対に、**借家人からの解約申入れの場合**は、民法が適用され、猶予期間は3ヵ月、正当事由も不要です。

> 「**どちら側から**解約を申し入れるのか」に注意してください。

なお、**正当事由の判断**においては、賃貸人および賃借人（転借人を含む）が建物の使用を必要とする事情のほか、賃借人に対する**立退料の申出**などの賃貸人の財産上の給付も1つの事情として**考慮**されますが、「その申出」＝「正当事由がある」とはみなされません(判例)。

また、賃貸人が正当事由ある解約申入れを行い、6ヵ月を経過した場合でも、さらに借家人が**使用を継続**し、かつ、家主の**異議がない**ときは、更新されます(27条2項)。

3 借家権の譲渡・転貸借　

借地については、借地上の建物の譲渡などにかかる借地権の譲渡・転貸について、地主の**承諾に代わる裁判所の許可**という制度がありましたが、**借家の場合は、そのような制度はありません**。つまり、賃貸人の承諾が必要です。

> 家の場合は、ていねいに使うか、乱暴に使うか、借り手によって使用方法が違うことによる影響が大きいからです。

167

BさんはAさん所有の家を賃借している。BさんはAさんの承諾を得て、その家をCさんに転貸した。この場合、ＡＢ間の賃貸借契約が期間満了により終了したとき、Cさんはただちに家を明け渡さなければならないのだろうか？

　ＡＢ間の賃貸借が期間満了や解約申入れで終了する場合は、転借人のＣさんを保護する観点から、賃貸人から転借人Ｃさんに対して通知をしないと、Ｃさんを追い出すことはできません。

　そして、転貸借契約は、通知があってから6ヵ月後に終了します(34条)。

4 造作買取請求権　　重要

　例えば、借家人（転借人も含みます）のＢさんが家主のＡさんの承諾を得て、エアコンなどの造作を取り付けた場合、借家契約が期間満了または解約申入れによって終了する時に、Ｂさんは、家主のＡさんに対して「造作を時価で買い取ってほしい」と請求できます。これを、造作買取請求権といいます(33条)。また、後で学習する定期建物賃貸借契約においても、この買取請求は認められます。なお、この請求が認められるのは、期間満了等による終了に限定されていますから、債務不履行で終了する場合は、造作買取請求は認められません。

　この権利が認められている理由は、建物買取請求権と同様、借家人の投下した資本の回収などです。したがって、この造作買取請求を排除する特約は、借り手に不利といえます。しかし、造作買取請求権があるがゆえに、家主さんが承諾してくれず、借家人は造作をつけられないことになりかねないことは、借り手のＢさんにとって、かえって不都合です。そのため、造作買取請求を認めない特約は有効とされています(37条)。

　なお、以上のことは、後に学習する定期建物賃貸借でも同様です。

5 借家権の対抗要件 　❗重要

Aさん所有の家をBさんが賃借している。Aさんはこの家をCさんに売却した。Cさんはこの家に自ら居住しようと考えている。Bさんはどうすれば、Cさんに対して賃借権を対抗することができるだろうか？

この場合、借家人のBさんの保護のため、Bさんは家の<u>引渡し</u>を受けていれば、Cさんから「出ていけ」と言われても、退去は不要とされています(31条)。
_{H27・R2・4}

6 借地上の建物の賃貸借 　❗重要

例えば、Bさんが Aさんから土地を借りていて、そこに自分の家を建てている場合は、<u>Bさんがその家をCさんに賃貸しても、土地の利用権の譲渡・転貸にはあたりません</u>(判例)。
_{H26}

> Cさんは**単に家に住むだけ**であって、借地人でもあるBさんとは別に独立して土地を使うわけではないからです。

また、Bさんの借地権が存続期間の満了によって消滅するとき、Cさんが、期間満了の事実をその**1年**前までに知らなかった場合であれば、**裁判所はC**さんの請求により、Cさんがそのことを知った日から**1年**を超えない範囲内で、土地の明渡しにつき相当の期限を許与することができます(35条1項)。

なお、このことは、Bさんの借地権が、先に学習した定期借地権であるときも同様です。

7　居住用建物の賃貸借の承継

　居住用の建物について、借家人が、**相続人なしに死亡**したときは、事実上夫婦または養親子関係にあった同居者は、借家人の権利義務関係を引き継ぎます(36条)。例えば、内縁の妻のような同居人を保護するためです。ただし、これに反する特約であっても、**有効**です(37条)。

　なお、内縁の妻などが、「この家から出ていきたい」と考えた場合は、相続人なしに借家人が死亡したことを**知った時から1ヵ月以内**に、家主に対して反対の意思表示をすれば、承継しません。

8　強行規定

　後で学習する❿における「定期建物賃貸借の更新規定の排除」等を除いて、❷❸❺❻の更新や借家権の対抗要件などに関する借地借家法の定めよりも借家人（転借人を含む）に不利な特約は、**無効**です。

　これに対して、❹❼は、強行規定ではありません。

9 借家権のまとめ

 借地借家法 ── 借家権のポイント

基本的な考え方	借り手の保護が目的。したがって、借り手に不利な特約は、原則として無効
適用される場合	建物の賃貸借（一時使用には適用されない）
存続期間	●上限なし（例 60年の契約➡60年となる） ●最短の定めなし（1年未満は、定期借家を除いて、「期間の定めがないもの」となる）
更新 （期間の定めあり）	期間満了の1年前から6ヵ月前までの間に、更新拒絶の通知等がなければ、更新される。賃貸人からの更新拒絶には正当事由が必要 ➡賃貸借終了後、賃借人が使用を継続し、賃貸人が異議を述べなければ更新される
解約申入れ （期間の定めなし）	賃貸人からの解約のときは、6ヵ月以上前に正当事由ある解約申入れが必要。ただし、賃借人からの解約のときは、「3ヵ月以上前」で足り、正当事由も不要 ➡賃貸借終了後、賃借人が使用を継続し、賃貸人が異議を述べなければ更新される
借家権の譲渡・転貸借	●賃貸人の承諾が必要。借地のような裁判所による許可の制度はない ●建物の転貸借がされた場合、賃貸借契約が期間の満了または解約申入れによって終了するときは、賃貸人は、転借人にその旨を通知しなければ、終了を転借人に対抗することができず、通知した際は、通知がされた日から6ヵ月経過後に、転貸借契約が終了する
造作買取請求権	期間満了または解約申入れで終了する場合、賃貸人の承諾を得て付加した建具等の造作買取請求権が認められる（ただし、債務不履行で終了する場合はダメ）。なお、造作買取請求権を認めない特約は、有効
対抗要件	賃借権の登記のほか、建物の引渡しでOK
その他	居住用建物の借家人が、相続人なしに死亡した場合には、内縁の妻など事実上の夫婦関係にあった同居者等は借家権を承継するのが、原則。ただし、1ヵ月以内に反対の意思を表示すれば、承継しない

10 定期建物賃貸借等

定期建物賃貸借等とは、更新がない借家権のことです。いずれも利用目的についての制限はありません。

> 家主としても、一定期間が経てば確実に出ていってもらえるのであれば、貸しやすいですし、また、家賃も下げられますよね。

1 定期建物賃貸借（38条）

① まず、**期間の定め**が必要です。この期間は、例えば20年でも、**1年**未満でも構いません。普通の借家契約とは異なり、6ヵ月と決めれば、6ヵ月です。「期間の定めのない契約」になるわけではありません。

② そして、更新がないという重大性から、**契約は書面**によってしなければなりません。しかし、公正証書である必要はありません。

なお、契約が**電磁的記録**によってなされたときは、その契約は、書面によってされたものとみなされます 最近の改正 。

> デジタル社会を形成して国民の利便性を高めるため、**電磁的記録も書面と同じ扱い**になりました。

③ 賃貸人は、契約締結にあたって、更新がなく、一定期間が経てば借家契約が終わる旨を記載した**書面**（契約書とは別個独立の書面、判例）を使って**説明**する必要があります。この書面を使った説明がない場合は「**更新がない**」旨の**定め**が無効となる、つまり、更新が認められる、普通の借家契約になります。

> 借家契約**全体**が、無効となるのではない点に注意してください。そんなことになれば、むしろ、借家人にとって不都合ですよね。

なお、賃貸人は、この書面の交付に代えて、**賃借人の承諾**を得て、書面に記載すべき事項を**電磁的記録**により提供することができます。この場合、賃貸人は、書面を交付したものとみなされます 最近の改正 。

172

④ 契約の終了にあたっては、期間が1年以上の定期建物賃貸借の場合は、**1年**前から**6ヵ月**前までの間に家主のほうから**通知**しなければ、終了を対抗できません。
_{H23・28・30・R3}

> 新しく住む家を探す必要性から、通知期間が設けられているのです。

⑤ 床面積が**200㎡未満**の**居住用**建物の賃貸借の場合で、転勤や療養など**やむを得ない事情**によって、借家を生活の本拠として使用できないときは、賃借人のほうから**中途解約**をすることができます。
_{H24・30・R2・4}

⑥ ④や⑤に反する内容で、**借家人に不利**な特約は**無効**です。
_{H23・27・R4}

2 取壊し予定建物の賃貸借（39条）

取壊し予定建物の賃貸借とは、契約（**例** 定期借地上の家である場合）や法令（**例** 土地区画整理事業の区域内の家である場合）によって、一定期間が経つと取り壊されるという予定のある建物の賃貸借について、取り壊す時に契約が終了するというタイプの借家契約です。この特約も、取り壊す事由を記載した**書面**でしなければなりません。
_{H23}

> なお、その特約が、内容や取り壊す事由を記録した**電磁的記録**によってなされたときは、その特約は、書面によってされたものとみなされます **最近の改正**。

更新のない借家契約

定期建物 賃貸借	❶ 書面・電磁的記録 最近の改正 による契約 ❷ 契約締結にあたって、賃貸人は、賃借人に対してあらかじめ、契約の更新がなく、期間満了によって賃貸借が終了することにつき、その旨を記載した書面を交付、あるいは、賃借人の承諾の下、電磁的方法により提供 最近の改正 して説明する必要がある。この書面等による説明がないときは、「更新がない」旨の定めは無効 ❸ 期間が1年以上の定期建物賃貸借の場合は、1年前から6ヵ月前までの間に家主のほうから通知しなければ、終了を対抗できない ❹ 床面積が200㎡未満の居住用建物の賃貸借で、転勤や療養などやむを得ない事情によって、借家を生活の本拠として使用できない場合は、賃借人のほうから中途解約をすることができる ❺ ❸❹に反する内容で、借家人に不利な特約は無効
取壊し予定建物 の賃貸借	「建物を取り壊すべき事由」等を記載した書面・電磁的記録 最近の改正 による契約

11 地代・家賃の増減額請求 重要

　地代・家賃の増額および減額の請求については、借地と借家の両方で、ほぼ共通の内容です。なお、次の(1)(2)は、定期建物賃貸借契約において借賃の改定に係る特約がある場合には、適用されません(38条7項)。

(1)　借地・借家に関して、地代や家賃が税金などの負担の増減や土地や建物の価格の上下その他経済事情の変動などから考えて不相応になった場合、当事者は、将来に向かって、地代や家賃などの増額および減額を請求することができます。ただし、契約に「一定期間増額しない」旨の特約がある場合には、その期間は増額の請求をすることができません(11条1項、32条1項)。

　しかし、逆に「一定期間減額しない」旨の特約があっても、減額を請求することはOKです(判例)。

(2) 例えば、借家について、家賃が1ヵ月「10万円」だったのを、家主が「15万円にする」と言ってきました。しかし、両者の協議が調わない。このときは、借り手が相当と考える家賃、例えば「12万円」であれば、それを支払えば足ります。ただし、その後、裁判で「15万円」と決まったときは、増額請求が行われた時点以降分の家賃が増額されることになります（判例）。すると、それまで12万円ずつしか支払っていない場合は、1ヵ月あたり3万円不足しています。そのとき、借り手は、「1ヵ月あたり3万円」に加えて「年1割の利息も付けて」支払わなければなりません（11条2項、32条2項）。

減額請求の場合は、今説明したことの逆ですね。

 **地代・家賃の増減額請求**

❶	●地代や家賃が経済事情の変動等により不相応となった場合、当事者は、将来に向かって、地代や家賃の増額または減額の請求をすることができる ●ただし、「一定期間増額しない」旨の特約は有効
❷	●地代や家賃の増減額の請求があり、当事者間に協議が調わない場合、その請求を受けた者は、増減額を正当とする裁判が確定するまでは、相当と考える額の地代・家賃の支払または請求をすることができる ●ただし、裁判が確定し、すでに支払ったまたは支払を受けた額に、不足が生じたまたは多い場合、その不足額または超過額に年1割の利息を付して、支払または返還をしなければならない

第 1 編
民法等

Chapter ▷ 4

その他のいろいろな法律関係

この章では、ここまで見てきた売買契約や賃貸借契約など以外のさまざまな法律関係について学習します。売買や賃貸借以外の重要な契約関係や、そのほか契約に基づかない法律関係も多くあり、最近の宅建士試験では、これらについてよく出題されています。

Section

1 契約を
専門家に任せる
～委任契約～

2 工務店に
家を注文する
～請負契約～

3 タダで
もらう契約
～贈与契約～

4 時が経てば
権利を失う
～時　効～

5 人の死で
財産を引き継ぐ
～相　続～

6 他人に
迷惑をかけたら
～不法行為等～

7 共同で
別荘を買ったとき
～所有権と共有、その他の物権～

8 マンション
に住む
～区分所有法等～

第1編 民法等

Chapter 4 ▷ その他のいろいろな法律関係

Section 1 契約を専門家に任せる ～委任契約～

Introduction
委任契約に関しては、**2つのポイント**があります。1つめは、どのような**権利**や**義務**が**発生**するのか、2つめは、どのように**委任契約が終了**するのか。この2つを中心に、学習を進めていきましょう。

▶▶ 分野別過去問題集 　第1編「民法等」問題 ㊇～㊈

1 委任契約と準委任契約

理解しよう　委任契約とは

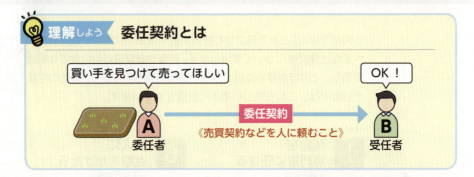

　AさんがBさんに、土地の売買契約などの**法律行為を依頼する契約**のことを、委任契約といいます。この場合、依頼をしたAさんを**委任者**、頼まれたBさんを**受任者**といいます。仕事を頼み・頼まれる契約の1つのタイプといえますね。
　また、土地の管理などの**事実上の行為を依頼する**ことを、準委任契約といいます。

委任契約について、以下で説明する事柄は、**準**委任契約についても、そのまま**あてはまります**。

2 受任者の義務　

　委任契約を結ぶと、委任者や受任者それぞれに、権利や義務が発生します。

1 善管注意義務

　受任者は、善良な管理者としての注意をもって、きちんと委任事務を処理しなければなりません(644条)。この義務を**善管注意義務**といいます。そして、このことは、**報酬**を請求できる場合も**できない**場合も同様です。

> タダで働くときも、**人のために仕事**をするんだから、ちゃんとしなければならないのです。なお、以下は、**善管注意義務の現れ**と考えることができます。

2 自己執行義務

　受任者は、委任事務を自ら行わなければならないのが原則です。したがって、受任者は、**委任者の許諾**を得たとき、または、**やむを得ない事由**があるときでなければ、**復受任者を選任**することができません(644条の2第1項)　最近の改正　。

3 報告義務

　受任者は、**委任者の請求があるときは、いつでも**委任事務の処理状況を報告し、また、**委任事務終了後は遅滞なく**、その経過や結果を**報告**しなければなりません(645条)。

4 受取物引渡義務

　受任者は、**委任事務を行うにあたって受け取った金銭、物等を委任者に引き渡さなければなりません**(646条1項)。また、委任者のために受任者の名前で**取得した権利も移転**しなければなりません(646条2項)。

> 最終的に、これらは、委任者のものだからです。

5 金銭消費責任

受任者は、委任者に引き渡すべき**金銭**を自分のために使ったときは、その使った時からの**利息**を付けて、さらに損害があれば**損害賠償**もしたうえで、引き渡さなければなりません(647条)。

> 受任者には、委任者に渡すべきお金を自分のために使う権利はないからです。

3 受任者の権利

1 特約があれば報酬を請求できる権利

(1) 報酬請求権

原則として、委任契約は**無償**なので、受任者は委任者に報酬を請求できません。ただし、「報酬あり」との特約があれば、受任者は、報酬を請求することができます(648条1項)。

> ここは、**重要**です。「タダ働き」が**原則**ということですね。

(2) 報酬の支払時期

報酬が支払われる場合の委任には、事務処理を行ったことに対して報酬が支払われる①**履行割合型**と、事務処理により**得られた成果**に対して報酬が支払われる②**成果完成型**の2種類があります。

① 履行割合型の委任の場合

当事者間に特に定めがなければ、報酬の支払いは**後払い**です(648条2項)。

② 成果完成型の委任の場合

その成果が引渡しを要するときは、受任者は、その成果の引渡しと同時に、委任者に対して報酬の支払いを請求することができます(648条の2第1項)。

最近の改正。

Chapter **4** ▷ その他のいろいろな法律関係

(3) 割合に応じた報酬請求権

① 履行割合型の委任の場合

受任者は、(ⅰ)**委任者**の責めに帰することができない事由（受任者の責めに帰すべき事由、あるいは、委任者・受任者双方の責めに帰することができない事由）によって委任事務の履行をすることができなくなった場合、または、(ⅱ)委任が履行の**中途**で**終了**した場合には、**既にした履行の割合**に応じて、委任者に対して**報酬を請求**することができます（648条3項）。

② 成果完成型の委任の場合

(ⅰ)**委任者**の責めに帰することができない事由によって委任事務の履行をすることができなくなった場合、または、(ⅱ)委任が**成果完成前**に**解除**された場合、受任者が既にした事務処理の結果のうち、可分な部分の給付によって委任者が利益を受けるときは、その部分は、**得られた成果**とみなされます。そして、この場合、受任者は、**委任者が受ける利益の割合**に応じて、委任者に対して**報酬を請求**することができます（648条の2第2項、634条）。

2 費用償還請求権・費用前払請求権

必要費を受任者が立替払いしたような場合は、**受任者は、委任者のために仕事をしているのですから、それに要した費用**に、これを支出した日からの**利息**を付けて、**償還を請求**することができます（650条1項）。また、受任者が委任事務のための費用を要する場合、**受任者からの請求**があれば、委任者は受任者に対して**前払い**しなければなりません（649条）。

3 損害賠償請求権

受任者が委任事務を処理するにあたって、**自分に過失がないのに損害を受けたときは、委任者**に対してその損害の賠償を請求することができます（650条3項）。この場合の委任者の義務は、委任者に何ら落ち度がない場合でも負わなければならない、**無過失責任**です。

181

4 委任契約の終了事由 　❗重要

1 告知による契約解除

　委任契約は、委任者・受任者間の**信頼関係**の上に成り立っています。そのため、信頼関係が破綻した場合、委任契約は、**各当事者**が、**いつでも**、告知によって契約を解除することができます(651条1項)。

　ただし、①相手方にとって不利な時期に解除をした場合、または、②委任者が受任者の利益(専ら報酬を得ることを目的とする場合を除く)をも目的とする委任契約を解除した場合は、やむを得ない事情があるときを除いて、損害賠償をしなければなりません(651条2項) 　最近の改正　。

　なお、委任契約の解除の場合、その効果は過去に遡及しない、つまり、将来に向かってのみその効果がなくなるにすぎません(652条)。

重要！ 一問一答　　　　　　　　　　　　　　　H18-問9-肢1

Q 委任契約は、委任者又は受任者のいずれからも、いつでもその解除をすることができる。ただし、相手方に不利な時期に委任契約の解除をしたときは、相手方に対して損害賠償責任を負う場合がある。

A 相手方の不利な時期に委任契約の解除をしたときは、原則として、相手方の損害を賠償しなければならない。　　　　　　　　　　　　　　　　……○

---

2 委任者・受任者に一定の事由が生じた場合(653条)

代理のところで学習した**任意代理権の消滅事由**と同じです。つまり、「信頼の前提が欠けた場合」です。一方を覚えておけば**一石二鳥**ですね。

【委任契約の終了事由】

委任者	死　亡	破産手続開始の決定	──
受任者	死　亡	破産手続開始の決定	後見開始の審判

第1編 民法等
Chapter 4 ▷ その他のいろいろな法律関係
Section 2 工務店に家を注文する ～請負契約～

Introduction 請負契約で一番重要な**担保責任**を**中心**に、学習していきましょう。

▶▶ 分野別過去問題集 第1編「民法等」問題 ⑱〜⑲

1 請負契約とは

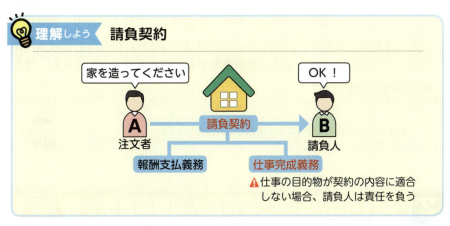

　家を造ってほしいＡさんと「いいよ」と言うＢさんとの合意で、**請負契約**が成立します(632条)。注文をしたＡさんを**注文者**、頼まれた工務店のＢさんを**請負人**といいます。

(1) 請負契約が結ばれると、注文者のＡさんには**報酬支払義務**が発生し、請負人のＢさんには**仕事完成義務**が発生します。つまり、請負契約の目的は**仕事を完成させること**であり、これが本質です。そして、請負人は先に仕事を完成させ、その後に初めて**報酬**を請求できます。その結果、目的物の引渡しと報酬の支払いは同時履行の関係になります(633条、判例)。

(2) なお、仕事が完成しなければ、請負人のBさんは全く報酬を得ることができないのかというと、そうではありません。Bさんには、**割合的報酬請求権**が認められています。つまり、①注文者の帰責事由（注文者の責任）なく仕事を完成することができなくなった場合、または、②請負契約が仕事の完成前に解除された場合で、請負人が既に行った仕事の結果のうち、可分な部分の給付によって注文者が利益を受けるときは、その部分については仕事が完成したものとみなされ、請負人は、その注文者が受ける利益の割合に応じて、**報酬を請求することができます**(634条) 最近の改正。

(3) ところが、注文者のAさんにとって、建物が不要になってしまった場合は、もはや、造ってもらう必要はないため、**注文者**は、請負人が仕事を完成させる前であれば、契約を**解除**することができます(641条)。ただし、請負人に損害が生じた場合は、注文者は**損害賠償**をする必要があります。これが、**注文者の契約解除権**です。

請負人の解除権**ではない**ことに注意しておきましょう。

2 契約不適合の場合の請負人の担保責任 ❗重要

これは、請負人が**契約内容に適合しない物をつくった場合**に、請負人が負わなければならない責任です。

1 目的物の種類・品質に関する担保責任 最近の改正

請負契約には、有償契約であることから、**売買においての目的物の契約不適合の規定**が**準用**されています(559条)。つまり、仕事の目的物が種類・品質に関して契約の内容に適合しない場合、注文者は、請負人に対して、次のような請求をすることができます。

(1) **追完請求権**(562条の準用)

　　注文者は、原則として、請負人に対して、目的物の**修補**（修理）など**履行**

の追完を請求することができます。なお、契約不適合が重要なものではないのに、修補にかかる費用が過分すぎるなど、取引上の社会通念に照らして修補が不能であるときは、追完請求は認められません(412条の2第1項)。

(2) **報酬減額請求権**(563条の準用)

注文者が相当の期間を定めて履行の**追完の催告**をし、その期間内に履行の追完がないときは、注文者は、原則として、その不適合の程度に応じて**報酬の減額を請求**することができます。

(3) **損害賠償請求権・契約解除権**(564条の準用)

① 注文者は、原則として、契約内容の不適合を理由として、請負人に対して**損害賠償**を請求することができます(415条)。したがって、注文者は、追完請求に代えて、あるいは、追完請求とともに損害賠償を請求することができます。例えば、修補が不能、つまり、直せないときは、修補に代わる損害賠償の請求が認められます(415条2項)。

② また、注文者が請負人に修補するよう**催告**したにもかかわらず、相当期間を経過しても修補されないときは、注文者は、原則として、請負契約を**解除**することができます(541条)。仮に、契約内容に適合しないために**契約の目的を達成できない**ときは、催告なしで解除すること(**無催告解除**)が可能です(542条)。

> **建物**などの土地の工作物であっても、契約不適合を理由とする**解除**が制限されているわけではありません。

2 担保責任の制限 最近の改正

仕事の目的物が契約内容に適合しないものであっても、それが、注文者が提供した**材料や指示によって生じた**場合には、**請負人**は、その材料や指示が不適当であることを知っていながら注文者に告げなかったときを除いて、**担保責任を負いません**(636条)。

3 担保責任の期間の制限 最近の改正

請負の担保責任についても、売買の場合と同様、1年という期間の制限があります。具体的には、以下のような制限です。

注文者が、契約**不適合**を**知った時**から**1年**以内にその旨を請負人に**通知**しないときは、注文者は、その不適合を理由として、履行の追完請求や報酬の減額請求、損害賠償請求および契約の解除をすることができません(637条1項)。ただし、仕事の目的物を注文者に引き渡した時などに、請負人がその不適合を知っていた、または、**重大な過失**によって知らなかったときは、この期間の制限を受けません(637条2項)。

4 特約について

「仕事の目的物が契約の内容に適合しない場合における担保責任を**負わない**」という特約は、当事者間において合意で決めたことですから**有効**です。しかし、請負人が知っていたにもかかわらず告げなかった事実等については、請負人は、たとえ特約があっても、担保責任を負わなければなりません(559条、572条)。
H29

第1編 民法等 Chapter 4 ▷ その他のいろいろな法律関係

Section 3 タダでもらう契約 ～贈与契約～

Introduction
他人から物をタダでもらう場合でも、「贈与契約」という契約を結んだ結果、物を取得することになります。もらう側の人は、普通はお金など自分の物を失いませんので無償の契約です。出題頻度は高くはないものの、要注意です。

▶▶ 分野別過去問題集 第1編「民法等」問題 ⑧

1 贈与契約とは

贈与契約とは、「タダでものをあげる・もらう」という**無償**の契約です(549条)。契約成立の原則どおり**諾成契約**ですから、その成立に書面は不要です。

2 贈与契約の性質

無償で与える契約であることが、贈与契約の大きな特徴です。
(1) そのため、**書面によらない**、例えば口約束でした贈与は、履行の終わった部分を除いて、各当事者が**解除**することができます(550条) 最近の改正 。

> 逆に、履行が終わった部分や、書面で行った場合は、贈与する意思がはっきりしていますから、解除できないのです。

なお、書面によらない不動産の贈与では、**所有権移転登記**がなされれば、引渡しがなされていなくても、**履行は終わった**ものとされます(判例)。
(2) また、タダであげるのですから、贈与者（あげる人）は、原則として、**目的物が特定された時の状態**で引き渡せば、受贈者（もらう人）から担保責任を問われません(551条1項) 最近の改正 。ただし、「もらう人も一定の負担を負う」という**負担付贈与**の場合は、贈与者は、その負担の限度で、売主と同様の**担保責任**を負います(551条2項)。

第1編 民法等
Chapter 4 ▷ その他のいろいろな法律関係

Section 4 時が経てば権利を失う
～時　効～

Introduction
一定期間の経過によって、①他人の物が自分のものになる（取得時効）、あるいは②借金を返さなくてもよくなる（消滅時効）、という仕組みを、時効といいます。ここでは、時効が成立する要件とその効果を中心に学習していきます。

▶▶ 分野別過去問題集　第1編「民法等」問題 ⑧1～⑧4

1 時効制度

理解しよう　時効とは

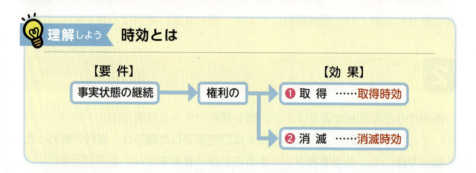

1 時効とは

　時効とは、一定の事実状態の継続によって、権利が取得されたり、逆に権利が失われたりすることです。そして、時効には、❶取得時効と❷消滅時効の2つの種類があります。

❶ 取得時効
　取得時効とは、占有、つまり「持っている」あるいは「支配している」という事実状態が続き、その効果として権利を取得するという仕組みです(162条)。

> 例えば、本来はAさんの家なのですが、Bさんがそこに一定の期間住み続けていると、Bさんのものになるということです。

188

❷ 消滅時効

消滅時効とは、権利を行使しない状態が続くと、その効果として権利が消滅するという仕組みです(166条)。

> AさんがBさんに対して「1,000万円を返して」と請求できる権利を持っているにもかかわらず、一定の期間請求しなければ、AさんのBさんに対する権利が消滅してしまうのです。

2 時効制度の認められる理由

他人の物を持っている、または権利を行使しないなどの事実状態が継続していると、その事実状態どおりの権利関係があると普通は考えますよね。そこで、社会の安定という見地から、その事実状態を法律関係にまで高めようとするのが、時効制度の認められている1つめの理由です。

> あくまで**事実状態を尊重**しようというわけです。

さらに、AさんはBさんに対して1,000万円を請求できるのに、いつでもできるからと請求しない。そんな**権利の上に眠る人**の権利は守ってやる必要はない、というのが2つめの理由です。

2 取得時効　⚠️重要

1 取得時効にかかる権利

所有権だけではありません。地上権や**地役権**(通路を開設しているなど継続的に行使され、かつ、外形上認識することができるものに限る。283条)、**賃借権**(継続的用益という外形的事実が存在し、賃借の意思に基づくことが客観的に表現されているとき。判例)なども、時効で取得できます。

> 例えば、他人の家に住み続け、その間賃料も払い続けているようなときに、"賃借権"の時効取得が認められます。

2 時効期間

取得時効が認められるためには、**一定の期間継続した占有**（賃借人などの占有代理人による占有でもOK）が必要です。その「一定の期間」とは、**占有開始時**に、**善意かつ無過失ならば、占有の開始から10年、悪意または過失があるならば20年**です(162条)。

> 10年や20年という期間は、占有の開始時から計算しますが、この期間の計算を始める時点を、「**起算点**」といいます。

この場合、「占有開始時」ということがポイントです。例えば、**占有開始時に善意無過失だけれども、途中で他人の物だと気づいて悪意になった場合でも、占有を始めたときにはあくまでも善意無過失ですから、時効期間は10年**となります(判例)。

3 所有権の取得時効

所有権を時効取得するためには、**所有の意思**をもって、平穏かつ**公然**と（普通の状態で）**占有**することが必要です。占有を継続すれば、取得時効が成立するので、一筆の土地の一部のみの時効取得も認められます(判例)。

所有の意思の有無は、主観的にではなく、**占有取得の原因事実**により、**外形的・客観的**に判断されます。例えば、売買契約で家を取得した場合は、客観的に「自分のもの」として持つことになり、したがって「所有の意思がある」とされます。他方、他人のものであるBさんの家をAさんが借りている場合、この場合は借りて占有しているのであり、客観的に「他人のもの」として持っているので、所有の意思は認められません。そのため、**賃貸借契約を結んで借りているAさんが、「所有権」を時効取得することはあり得ません**。

4 占有の承継

Aさんは、Cさん所有の土地について善意無過失で占有を開始した。7年後、AさんはこのをBに売却した。Bは、この土地が、実はCさんの所有であることを知っていた。Bはあと何年この土地の占有を続ければ、時効取得することができるのだろうか？

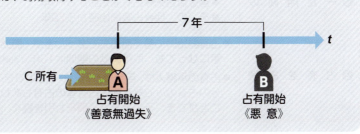

　まず、Bは占有開始時に悪意ですから、Bの占有だけを考えるのなら、20年間が必要です。

　しかし、自分より前の占有者Aさんから**占有を引き継いだ者B**は、自分の占有期間だけではなく、**自分より前の占有者Aさんの占有期間も、あわせて主張することができます**（187条1項）。そして、そのときは、**その瑕疵も引き継ぎます**（187条2項）。なお、この場合の「瑕疵」とは、善意無過失や悪意等のことです（判例）。したがって、BはAさんの占有期間（7年間）をあわせて主張して、Aさんの占有開始時点から数えることができます。その場合は、Aさんは占有開始時に善意無過失ですから、Bは、あと3年間占有すれば、取得時効が完成します。

試験に出る！POINT整理　所有権の取得時効の成立要件

❶ 所有の意思をもって、平穏・公然と	所有意思の有無は、占有取得の原因事実により、外形的・客観的に判断され、賃貸借に基づくときは、「所有の意思なし」とされる
❷ 一定期間の	占有開始の時に、 ● 善意無過失 ➡ 占有開始時から10年 ● そ の 他 ➡ 占有開始時から20年
❸ 占 有 を 継 続	● 占有開始時に善意無過失であった者が、時効期間途中で悪意になっても、取得時効の期間は10年（判例） ● 占有の承継人は、自分の占有のみを主張できるし、また、自分の占有のみでなく前の占有者の占有もあわせて主張することができ、そのときは、瑕疵も引き継ぐ

3 消滅時効　

1 時効期間とその起算点（166条〜168条）

(1) どんな権利が、どのくらいの期間で消滅するのかを見てみましょう。

まずは、❶についてしっかり覚えておいてください。

権 利 の 種 類	権利が消滅する時効期間
❶ 債権　原則　最近の改正	① 債権者が権利を行使することができることを知った時から、5年 ② 権利を行使することができる時から、10年（人の生命または身体の侵害による損害賠償請求権については20年）※
❷ 債権または所有権以外の財産権 （地上権・永小作権・抵当権など）	権利を行使することができる時から20年

なお、所有権は消滅時効にかかりません。かかるのは、取得時効のみです。また、抵当権は、債務者および抵当権設定者に対しては、その担保する債権

と同時でなければ、時効によって消滅しません（396条）。

(2) 次に、前出(1)表中の「※」についてお話しましょう。この「10年」あるいは「20年」は、**権利を行使できる時から**カウントします。なぜなら、権利行使（例 代金の取立て）ができるのにしないのは、「権利の上に眠っている」といえるからです。

> 「権利の上に眠っている人の権利は保護しない」という時効制度が認められる理由から考えれば、**いつから眠っていたのかがポイント**です。

(3) いつから権利を**行使することができるか**は、具体的には、次のように債権のタイプによって異なります。

債権の分類	消滅時効の起算点
① **確定期限ある債権** 例 10月1日に代金を支払う	期限**到来**時
② **不確定期限ある債権** 例 父が死んだら代金を支払う	期限**到来**時
③ **期限の定めのない債権** 例 売買目的物の引渡し時期を定めていない	債権の**成立・発生**時

①②の"期限の定めのある債権"の場合は、どちらも期限到来時から権利を行使することができます。これに対し、③の「期限の定めのない債権」の場合は、債権者は権利の成立・発生時からいつでも請求することができます。したがって、成立・発生時から眠っていたことになります。

2 判決で確定した権利の消滅時効

確定判決または確定判決と同一の効力を有するもの（裁判上の和解や調停など）によって確定した権利の消滅時効期間は、10年より短い時効期間の定めがあるものであっても、確定の時に弁済期の到来していない債権を除いて、**10年**になります（169条）。

判決などの後、それを放置した場合に、短い期間で時効消滅を認めると、せっかく訴訟を提起して裁判官が判断を下したことがムダになってしまいますから、「10年間」と長くなるわけです。

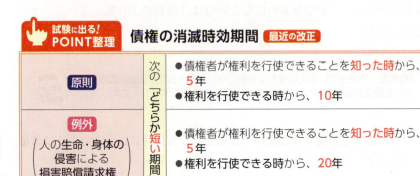

4 時効の完成猶予と更新 最近の改正 ❗重要

① 時効の**完成猶予**とは、その間、時効が完成しないことをいいます。例えば、時効の進行中に訴えが提起され、権利行使の意思が明らかになった場合等に認められます。

時効の完成猶予の事由としては、裁判上の請求・仮差押え・催告・協議を行う旨の合意などがあります。例えば、**裁判上の請求**（例 裁判所に訴えを提起して「貸したお金を返して！」というように請求をすること）の場合、その**手続事由が終了するまでの間**等は、時効は、完成しません。また、**催告**の場合、催告の時から**6ヵ月**を経過するまでの間は、時効は、完成しないのです。

② 他方、時効の**更新**とは、時効が新たにその進行を始めることをいいます。例えば、確定判決によって権利が確定した場合等に認められます。

なお、更新が生じるとそれまで進行していた時効期間は**リセット**されます。

更新事由としては、裁判上の請求や承認などがあります。例えば、**承認**（例 借金があることを認めること）の場合、時効は、**承認**の時から新たにその進行を始めます。

> では、以上のことをまとめておきましょう。

Chapter **4** ▷ その他のいろいろな法律関係

👆 **試験に出る!**
POINT整理 　**時効の完成猶予事由と更新事由** 最近の改正

	時効の完成猶予	時効の更新
裁判上の請求・支払督促等 (147条)	裁判上の請求等の手続事由が終了する（確定判決または確定判決と同一の効力を有するものによって権利が確定することなくその事由が終了_{R1・2}した場合にあっては、その終了の時から6ヵ月を経過する）までの間は、時効は完成しない_{R2}	確定判決または確定判決と同一の効力を有するものによって**権利が確定したときは、時効は、裁判上の請求等の事由が終了した時から**新たにその進行を始める
承認 (152条)	――	●権利の承認があったときは、時効は、**その時から新たにその進行を始める**_{R2} ⚠承認をするには、相手方の権利についての処分につき行為能力の制限を受けていないこと、または権限があることを要しない_{R2}
仮差押え等 (149条)	仮差押え等が終了した時から6ヵ月を経過するまでの間は、時効は、完成しない	
催告（裁判外での請求） (150条)	●催告の時から6ヵ月を経過するまでの間は、時効は完成しない ⚠催告によって時効の完成が猶予されている間にされた**再度の催告は、時効の完成猶予の効力を有しない**	
協議を行う旨の合意 (151条)	権利についての協議を行う旨の合意が書面または電磁的記録でされたときは、一定の時（例合意があった時から1年を経過した時）までの間は、時効は完成しない	――
未成年者　等 (158条等)	例 時効の期間の満了前6ヵ月以内の間に未成年者または成年被後見人に法定代理人がないときは、その未成年者等が行為能力者となった時または法定代理人が就職した時から6ヵ月を経過するまでの間は、その未成年者等に対して、時効は完成しない	

Chap.
4

Sec.
4

時が経てば権利を失う〜時効〜

195

5 時効完成の効力

(1) 時効の利益を受けたいなら、「私は時効の効果を受けます」と告げる、つまり、時効の**援用**が必要です(145条)。

> 時効の恩恵を受けるかどうかは、当事者の意思に任されているのです。

　そして、援用ができる者は「当事者」であり、消滅時効の場合なら、債務者はもちろん、保証人、その債権の担保として抵当権が設定されているときの物上保証人や第三取得者など、権利の消滅について**正当な利益を有する者**です 最近の改正 。他方、後順位抵当権者は、先順位抵当権の被担保債権の消滅時効を援用することができないとされています(判例)。

(2) 時効を援用すると、その効力は起算日にさかのぼります(144条)。例えば、取得時効の場合なら、要件を満たす「占有を始めた時」から時効取得者のものということになります。

(3) 時効の利益を「受けません」と言うことを、時効の利益の放棄といいます。しかし、時効制度が無視されないように、時効の**完成前**には、時効の利益の放棄をすることはできないとされています(146条)。したがって、時効完成前に結ばれた、時効の利益を放棄する旨の特約も無効です。

　逆に、時効の利益は、時効完成後なら放棄することができます。ただし、その効果は、各当事者の意思を尊重すべきですから、**放棄した者との関係でのみ生じます**。したがって、消滅時効完成後に、主たる債務者が時効の利益を放棄した場合であっても、別途、保証人は時効を援用することができます。

(4) なお、消滅時効の完成後に債務者が**債務の承認**をした場合は、債務者は、時効完成の事実を知らなかったときでも、信義則上、消滅時効を援用することは許されません(判例)。この場合は、通常、債権者は「もはや債務者は時効の援用をしないだろう」と考えるからです。

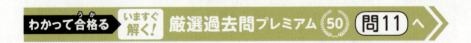

第1編 民法等

Chapter 4 ▷ その他のいろいろな法律関係

Section 5 人の死で財産を引き継ぐ ～相続～

Introduction
民法は、相続をめぐる紛争を防ぐために、相続できる順番やその割合、また、相続の方法などについて定めています。
宅建士試験ではほぼ毎年出題されている、重要なテーマです。

▶▶ 分野別過去問題集　第1編「民法等」問題 85〜90

1 法定相続人と法定相続分　⚠重要

1 法定相続人（886条〜890条）

法律によって決められた相続人が、法定相続人です。

(1) 例えば、Aさんが亡くなったときにAさんに妻のBさんがいれば、妻は常に相続人になります。妻や夫のことを配偶者（内縁の妻などは含まれない）といいます。
H25・26・29
(2) そして、配偶者以外で相続人になる、血族相続人という人たちがいます。A
R3
さんが亡くなったときに、そのAさんと血のつながりのある人たちが血族相続人で、その中では優先順位があります。

第1の優先順位があるのが、子供です。「子供」には、非嫡出子や養子、胎
H24・25・29・R3
児も含まれますが、再婚相手の連れ子は含まれません。
なお、後出の代襲相続によって、孫が相続する場合もあります。
R3

> 婚姻関係から生まれた子供を嫡出子、それに対して、婚姻関係外から生まれた子供を非嫡出子といいます。

第2順位が直系尊属です。例えば、Aさんの父や母のことです。
H24・R2
そして、第3順位が、Aさんの兄弟姉妹です。
H26・R2
Aさんに、配偶者と子供がいるならば、配偶者と子供が相続人になります。子供などがいないときは、配偶者と直系尊属。子供なども直系尊属もいない場合は、Aさんの兄弟姉妹が、配偶者と共に相続します。

(3) なお、Aさんが亡くなる以前に、例えば、子のCさんがすでに亡くなっていた（Aさんの死亡と同時も含む）という場合、Cさんに子供Dさんがいたら、Cさんが相続するはずのものをDさんが相続することになります。これを**代襲相続**といいます（887条2項）。また、Dさんの子供Eさんが、**再代襲**をすることもあります。

さらに、Aさんが亡くなる以前に兄弟姉妹が亡くなっていた場合には、兄弟姉妹の子供、つまり、Aさんから見ればおいやめいが相続します。やはり、**代襲相続**です。ただし、この場合は、**再代襲はありません**。

試験に出る！POINT整理　法定相続人

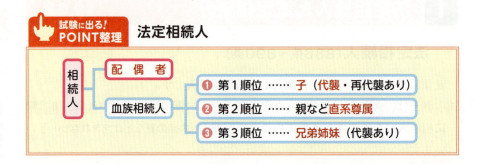

2 法定相続分

法律が決めている相続人の取り分を、**法定相続分**といいます。

❶ 第1順位の子と配偶者が相続人の場合

Aさんが亡くなったときに、配偶者のBさんと子供のCさんたちがいる場合です。**配偶者には、$\frac{1}{2}$の取り分があり、子供たちは、その残りの$\frac{1}{2}$を全員で平等に分けることになります**。もし子供が2人だったら$\frac{1}{4}$ずつです。なお、**非嫡出子**の相続分も、嫡出子と**同じ**です。

❷ 第2順位の直系尊属と配偶者が相続人の場合

この場合は、配偶者の取り分が$\frac{2}{3}$、その残りの$\frac{1}{3}$をAさんの父や母が相続することになります。

❸ 第3順位の兄弟姉妹と配偶者が相続人の場合

この場合、配偶者が $\frac{3}{4}$ を取って、残りの $\frac{1}{4}$ を兄弟姉妹が相続します。

また、父母の一方のみを同じくする兄弟姉妹（異母・異父兄弟）の相続分は、父母の双方を同じくする兄弟姉妹の相続分の $\frac{1}{2}$ です。

試験に出る！POINT整理　法定相続分

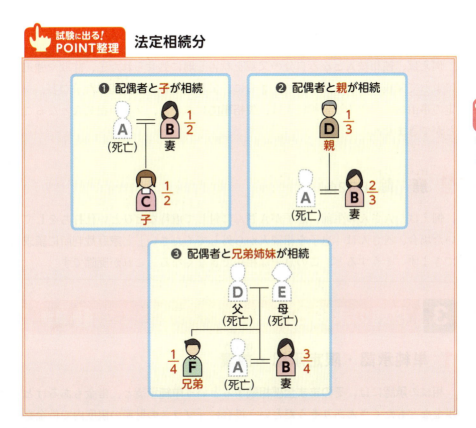

2 欠格と廃除

次の**1**・**2**は、どちらも相続するのに不適当として、相続人から外され、相続できなくなる場合です。

1 相続人の欠格事由(891条)

例えば、被相続人となる自分の父親を殺害し刑に処せられた子、詐欺や強迫によって父親の遺言を妨げた子、さらに、父親の遺言書を偽造した子など、一定の事由に該当する法定相続人は、欠格事由にあたり、父親の相続人となることができません。

2 廃除(892条)

例えば、Aさんの生前、息子がAさんに対して虐待などひどい仕打ちをしていた場合、Aさんは「息子を相続人から外してください」と家庭裁判所に請求できます。そうすると、この息子は相続できなくなる。これが廃除です。

3 相続の承認と放棄

1 単純承認・限定承認・放棄

相続の承認には、そのまま全部相続するという単純承認と、借金もあるけど現金などもたくさんありそうだという場合に、「プラスの財産の限度内で借金を返します」と言って相続する限定承認の2つがあります。

そして、相続の放棄とは、借金を背負い込みたくない場合などに、一切相続しないことです。

2 方 法

(1) 承認や放棄は、自分について相続開始のあったことを知ったときから、3ヵ

月以内にしなければなりません（915条。ただし、この期間は請求により伸長可）。したがって、**相続開始前に**、**相続の放棄**をすることはできません。そして、**家庭裁判所**に限定承認、または放棄の**申述**をせずにこの**3ヵ月**が過ぎてしまった場合は、単純承認したとみなされます（921条）。これを**法定単純承認**といいます。なお、相続人が自分について相続が開始したことを知った、または、これを確実に予想しながらあえて相続財産の全部または一部を**処分**したときも、相続人は、単純承認をしたとみなされます（921条、判例）。例えば、**相続債権の取立てをして収受領得する（自分のものにしてしまう）ことは「処分」にあたります**。その一方で、不法占拠者への明渡し請求等の保存行為は、「処分」にあたりません（判例）。

(2) **限定承認**は、法律関係がややこしくなるので、相続人が何人かいるときには、**全員**でしなければなりません（923条）。

(3) **相続放棄**をした場合には、その者の子供が代襲相続をすることは**ありません**。

子供のCさんが相続を放棄すると、Cさんは最初から相続人でなかったことになるので（939条）、孫のDさんが代襲することはあり得ないからです。

3 相続しない、相続できない場合

「相続しない」「相続できない」場合を、表にまとめました。❶〜❸の場合は代襲相続が生じ、❹の場合は**代襲相続が生じない**ことに注意してください。

相続と代襲相続

×…なし　○…あり

	相　　続	代　襲　相　続
❶ 被相続人の死亡以前に死亡	×	○
❷ 欠　　　　格	×	○
❸ 廃　　　　除	×	○
❹ 放　　　　棄	×	×

4 遺言　　　　　　　　　　　　　　　❗重要

　遺言とは、亡くなる方の最終的な意思をできるだけ尊重し、死後に実現するための制度です。

　遺言で実現できる事柄は、相続分、遺産分割方法の指定やその委託、**遺贈**（遺言によってあげること）など、民法で定められています。なお、判例は、**特定の遺産**（例マイホーム）を特定の相続人に「相続させる」趣旨の遺言は、原則として、その遺産をその相続人に単独で相続させる**遺産分割の方法が指定**されたものとしています。その結果、その遺産は、何らの行為なしに被相続人の死亡の時に、**直ちに相続によってその特定の相続人に承継**されます。

(1)　未成年者は満**15歳**になれば、1人で遺言ができます(961条)。未成年者であってもその意思は尊重すべきだからです。また、**成年被後見人**も、判断能力が一時回復したとき、医師2名以上の立会いの下に遺言をすることができます(973条)。その一方で、**被保佐人・被補助人は単独で遺言をすることができます**。

> **制限行為能力者**でも、**保護者の同意なしに**、遺言をすることができるのです。

(2)　遺言は、意思を尊重する制度ですから、いつでも、遺言の方式に従って、全部または一部を**撤回**できます(1022条)。また、前の遺言と後の遺言が**抵触**する場合や、遺言の内容と**矛盾**する行為を遺言の後にした場合は、その抵触する限度で、前の遺言を撤回したことになります(1023条)。

(3)　民法は、**遺言の方式を厳格**に定めています。

　遺言の普通の方式として、まず、①遺言者が、**全文、日付および氏名を自書し、押印**する**自筆証書遺言**があります(968条1項)。

> ただし、自筆証書にこれと一体のものとして**相続財産目録**を添付する場合、その目録は**自書不要**とされています。つまり、「パソコンで作成OK」ということです。その場合、その**目録の毎葉**（各ページ）に署名押印が必要です(968条2項)　**最近の改正**。

　また、「押印」については、遺言者が、遺言書本文を入れた**封筒の封じ目に押印した場合でも、押印の要件に足りる**とされています(判例)。

そして、他には、より厳格な、②**公正証書遺言**、③**秘密証書遺言**の２種類があります(967条～972条)。

(4) なお、**自筆証書遺言を作成した遺言者**は、法務大臣の指定する法務局（遺言書保管所）に、**遺言書の保管を申請することができます**（遺言書保管法４条） 最近の改正 。

法務局で遺言書を保管することで、遺言書の紛失や改ざんを防止することができますね。
遺言書の存在も、カンタンに把握することができます。

遺言者が死亡した後、相続人などは、遺言書保管所において、遺言書が預けられているか確認したり、遺言書の内容の証明書を取得したりすることができます。また、遺言書の閲覧もすることができます。

5 遺留分　!重要

Aさんは遺産8,000万円を残して死亡した。Aさんには妻Bさん、子CさんおよびDさんがいたが、Aさんは遺産を愛人Eさんにすべて遺贈する旨の遺言を残していた。
妻のBさんや子のCさん・Dさんは、まったく相続できないのだろうか？

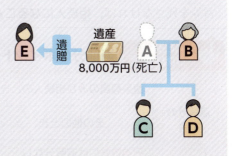

Aさんが亡くなり、財産がすべてEさんのものになってしまうとなれば、妻や子供たちは生活に困ります。そこで、最低限これだけの遺産が確保される一定の割合として、**遺留分**が定められています。

(1) 遺留分の割合は、直系尊属のみが相続人の場合は相続財産の$\frac{1}{3}$、その他の場合は$\frac{1}{2}$です(1042条)。例えば妻Bさんは、8,000万円のうちいくらEさんから取り戻せるかというと、$\frac{1}{2}$(遺留分)×$\frac{1}{2}$(法定相続分の割合)＝$\frac{1}{4}$、つまり、2,000万円です。なお、**兄弟姉妹**には、**遺留分はありません**。**兄弟姉妹**は、大人になれば一緒には生計を営まないのが普通だからです。

(2) ところで、例えば、遺贈によって**遺留分が侵害**された場合でも、それによってただちにその遺贈が**無効**になるわけではありません。この場合、遺留分を侵害された者は、**遺留分侵害額請求権**という権利を行使して、遺留分侵害額に相当する金銭の支払いを請求することができます(1046条1項) **最近の改正** 。

(3) また、**遺留分**は、相続開始前であっても、家庭裁判所の許可を受ければ**放棄**することができます(1049条)。

> 相続の放棄が、相続開始前にはできなかったこととは異なりますね。

また、相続人の1人が遺留分を放棄しても、他の相続人の個別の遺留分には影響を及ぼしません。さらに、**遺留分を放棄**したとしても、被相続人が遺言等を残さなければ、**相続人になることはできます**。

遺留分のポイント

遺留分の割合	直系尊属のみが相続人のとき	相続財産の$\frac{1}{3}$
	その他のとき	相続財産の$\frac{1}{2}$
	兄弟姉妹には遺留分なし	
侵　害	●遺留分を侵害した遺言は、ただちに**無効**にはならない ●遺留分を侵害された者は、**遺留分侵害額請求**によって侵害額に相当する金銭の支払いを請求できる **最近の改正**	
放　棄	●相続開始前でも、家裁の許可を得て**遺留分**の**放棄**ができる ●遺留分を放棄しても、遺言等がなければ、相続人にはなれる	

6 相続財産の帰属

1 相続財産の共有

相続財産は、相続人が数人いるときは、全員の共有となります(898条1項)。例えば、相続財産である建物を持分に基づいて占有している相続人の1人に対し、他の相続人は、当然に明渡しを請求することはできません(判例)。

なお、相続財産について共有に関する規定を適用する場合の各相続人の共有持分は、法定相続分等が基準とされます(898条2項) 最近の改正 。

また、各共同相続人は、その相続分に応じて、被相続人の権利・義務を引き継ぎます(899条)。したがって、相続財産中の可分債権・債務は、法律上当然に分割され、各共同相続人は、その相続分に応じて、被相続人の債権や債務を承継します(判例)。ただし、預貯金債権の払戻しに関しては、一定額に限られます(909条の2) 最近の改正 。

2 遺産分割

(1) 遺産分割の方法

共同相続人は、遺言に定めのある場合(相続開始のときから5年を超えない期間内で遺産の分割を禁ずることができます。908条1項)、または、次の(2)の遺産分割を禁止する契約をした場合 最近の改正 を除いて、いつでも協議によって遺産の全部または一部の分割ができます(「遺産分割」、907条1項)。この協議には全員の合意が必要ですが、協議が調わない場合などは、原則として、相続開始地の家庭裁判所に対して、その全部または一部の分割を請求できます(907条2項)。

(2) 遺産分割の禁止 最近の改正

共同相続人は、5年以内の期間を定めて、遺産の全部または一部について、その分割を禁止する契約をすることができます。また、5年以内の期間を定めて、この契約を更新することができます。ただし、その期間の終期は、相続開始の時から10年を超えることができません(908条2項・3項)。

(3) 遺産分割の効力

遺産の分割は、相続開始の時にさかのぼってその効力が生じますが、第三者の権利を害することはできません(909条)。

(4) 期間経過後の遺産分割における相続分 【最近の改正】

相続開始時(被相続人の死亡時)から**10年**を経過した後にする遺産分割は、原則として、法定相続分によって行われます(904条の3)。つまり、10年を経過してしまうと、たとえば、生前贈与を受けた(特別受益分)、あるいは、療養看護等の特別の寄与をした(寄与分)などの個別の事情は考慮されないということです。

> これによって、早期に遺産分割がなされることが期待されています。

7 配偶者の居住権の保護 【最近の改正】

> 被相続人が死亡したことにより、残された配偶者が安定した生活を送れるよう、配偶者居住権等の権利が創設されました。

(1) 配偶者短期居住権

配偶者は、被相続人の財産であった居住建物に、①相続開始の時に、②**無償**で居住していた場合、原則として、最低6ヵ月間以上の一定期間、引き続き**無償**で、その**建物を使用**することができます(1037条1項)。

この配偶者短期居住権は、上記①②の要件を満たしていれば、被相続人が、死亡する前に反対の意思を表示していた場合でも認められます。

> 例えば、死亡した被相続人が居住建物を他の人に遺贈していたとしても、配偶者は、6ヵ月間以上はその建物に住み続けることができます。

(2) 配偶者居住権

　配偶者は、被相続人の財産であった居住建物に、**相続開始の時に居住して**いた場合、被相続人の遺言がある等の一定の場合に該当するときは、**終身**、または一定期間、その**居住建物の全部**を、**無償**で**使用・収益**をすることができます。ただし、被相続人が、相続開始の時にその居住建物を、配偶者以外の者と共有していたときは、例外となります（1028条1項、1030条）。

　そして、配偶者が、配偶者居住権を取得したときは、その居住権は財産的に評価され、その**評価された金額を相続したと取り扱われる**ことになります。

> この規定によって、配偶者は、自宅に住み続けながら、預貯金などのその他の財産も取得することができます。

第1編 民法等
Chapter 4 ▷ その他のいろいろな法律関係

Section 6 他人に迷惑をかけたら ～不法行為等～

Introduction
宅建業者がお客さんをだまして被害を与えたり、交通事故を起こしてケガをさせた場合など、わざと、または不注意で人に損害を与えた場合、加害者は被害者に対して、**不法行為によって発生した損害を賠償**しなければなりません。**被害者を救済**して、**損害を公平に分担**させるためです。ここは、**頻出**テーマです。

▶▶ 分野別過去問題集 第1編「民法等」問題

1 不法行為　⚠重要

不法行為には、次の種類があります。

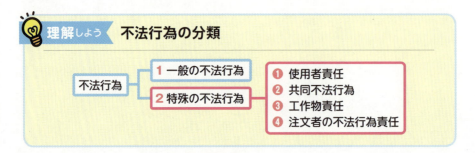

1 一般の不法行為　⚠重要

(1) 例えば、車を運転していて、不注意で人をはねてケガをさせてしまった場合は、過失によって車の事故を起こし被害者に損害を与えたことになります。これが、「一般の不法行為」の典型例です。つまり、<u>故意または過失によって、他人の権利や法律上保護される利益を違法に侵害し、損害を与えた者は、被害者救済の観点から、その損害賠償義務を負わなければなりません</u>（709条）。

(2) 他人の身体、自由もしくは名誉を侵害した場合、または他人の財産権を侵害した場合のどちらであっても、加害者は、**財産以外の損害**（例えば、精神的な苦痛）**に対しても、その賠償をしなければなりません**（710条）。これがいわゆ

る、慰謝料請求権です。そして、判例は、不法行為によって被害者が即死した場合でも、被害者自身に慰謝料請求権が発生するとしています。この慰謝料請求権も、普通の金銭債権であり、相続の対象になります(判例)。また、法人の名誉権が侵害された場合に、金銭的な評価が可能な損害が発生したときは、法人も、加害者に対して慰謝料を請求することができます(判例)。

(3) なお、不法行為に基づく損害賠償債務は、被害者保護のために、その損害の発生と同時に履行遅滞に陥るとされています(判例)。

2 特殊の不法行為

一般の不法行為が成立するための要件を少し変容させたのが、次の❶～❹の「特殊の不法行為」です。

❶ 使用者責任　重要

宅建業者Aさんの従業員Bは、その業務の中で客Cさんに対して不法行為による損害を与えた。Cさんは、誰に対して損害賠償を請求することができるだろうか？

(1) 宅建業者のAさんは、従業員のBを使用することで、自己の活動範囲を広げ利益を得ています。それならば、Bの不始末についてもAさんが責任を負うべきとして、民法は、従業員（被用者）のBが「事業の執行」についてお客さんのCさんに不法行為を働き損害を負わせたときは、Cさんは、使用者のAさんに対しても、損害賠償請求ができるとしています(715条1項本文)。Aさんが責任を負う、このような考え方を報償責任といい、Aさんが使用者として負う責任を使用者責任といいます。

　なお、判例は、使用者責任が生じるための「事業の執行」に関して、本当は従業員Bの職務の範囲内でなかった場合でも、外形を基準に、客観的に職務の範囲内と考えられるときは、被害者Cさんが悪意重過失でなければ、使用者Aさんは責任を負うとしています。

より広く、被害者の救済を図るためです。

(2) 使用者責任は、従業員の不法行為の責任を使用者Aさんが代わって負うことですから、まずは従業員のBに一般の不法行為が成立することが必要です。この場合の使用者の責任は、使用者が従業員に代わって負う「代位責任」とされます。そして、使用者と被用者（従業員）は、被害者に対して**不真正連帯債務**を負い、両者はそれぞれ**全額**について賠償する責任を負います(判例)。
H25

不真正連帯債務は、主に、同一の損害について、複数の者がそれぞれ補填すべき義務を負う場合に生じるもので、連帯債務と異なり、それぞれの債務者の債務が主観的に共同の目的をもっているものではありません。しかし、民法改正により、請求・免除・時効が相対的効力事由となったため、連帯債務との違いは、ほとんどなくなりました。

(3) 一方、使用者Aさんが、被用者Bの選任監督について相当の注意を払っていたときや、相当の注意を払っていたとしても損害が生じていたと考えられるようなときは、Aさんはその責任を負いません(715条1項ただし書)。つまり、この限度で、**使用者の免責**が認められています。

(4) 最終的に悪いことをしたのは、被用者のBですね。したがって、宅建業者Aさんがお客さんに損害賠償金を支払った場合、**AさんはBに求償できます**(715条3項)。ただし、必ずしも従業員ばかりが悪いとはいえないこともありますから、この場合の求償は、**信義則上相当**な限度に限られます(715条3項、判例)。
H24・25・28

(5) なお、**被用者BがCさん**にその**損害を賠償した場合、被用者Bも、使用者**の事業の性格、規模、施設の状況、被用者の業務の内容、労働条件、勤務態度等に照らし、**損害の公平な分担という見地から相当**と認められる額について、**使用者Aさんに対して求償**することができます(判例)。
R2

いわゆる「逆求償」といわれるものです。

❷ 共同不法行為 ❗重要

売主Aさんは宅建業者Bに、買主Cさんは宅建業者Dに、それぞれ媒介の依頼をしたが、宅建業者BおよびDは共同して不法行為を行い、売主Aさんが損害を被ってしまった。Aさんは、誰に対して損害賠償を請求することができるだろうか？

　この場合、BとDは共同で**不法行為**を行ったのですから、「どちらも悪い」ということで、BとDは**連帯**して責任を負います(719条)。したがって、被害者のAさんは、自分が依頼したBに対してだけではなく、Dに対しても損害賠償請求ができます。
　ただし、この「連帯」も、使用者責任と同様に**不真正連帯債務**とするのが判例であり、債務者（共同不法行為者）の片方であるBに生じた事由（例 請求）は、弁済等を除き、原則として、他方の債務者であるDに影響を及ぼしません。

❸ 工作物責任 ❗重要

ある家の壁がはがれ落ちて、通行人Aさんにケガをさせてしまった！この場合、誰が損害賠償をしなければならないのだろうか？

　このように、建物などの**土地の工作物の設置・保存の瑕疵**によって、誰かが**損害を被ったとき**は、**まず、第一次的に、その工作物である建物の占有者**（借家人などその建物に住んでいる人）が、そして、**占有者が、相当な注意を払っていたときには、占有者は責任を負わず、第二次的に、所有者**が責任を負います(717条1項)。この所有者の責任は、自分に**過失がなくとも負わなければならない**重い責任です（**無過失責任**）。
　なお、例えば、壁の工事をした工務店が手抜き工事をした結果、壁がはがれ落ちた場合のように、損害の原因について**他にその責任を負う者**があるときは、賠償金を支払った占有者や所有者は、その者に対して**求償権**を行使することができます(717条3項)。

❹ 注文者の不法行為責任

請負契約を結んだ場合で、その請負人が誰かに損害を与えた（不法行為をした）としても、原則として、**注文者は責任を負いません**。注文者は、請負人の使用者ではないからです。ただし、その注文や指図について注文者に過失があるときは、注文者自身に過失があるとして、不法行為責任を負います(716条)。

3 不法行為による損害賠償請求権の消滅時効

(1) 損害賠償請求権の長期・短期の消滅時効　最近の改正

不法行為による損害賠償請求権は、**被害者または被害者の親などの法定代理人**が、**損害および加害者を知ったとき**（損害の発生は現実に認識することが必要。判例）から **3 年間**行使しなければ時効によって消滅します。また、**不法行為のときから 20 年間**行使しないときも、時効によって消滅します(724条)。
H24・26・28

時間が経った頃には被害者の怒りもおさまっているでしょうし、不法行為の証拠も散逸してしまっているからです。

(2) 人の生命・身体の侵害による損害賠償請求権の消滅時効　最近の改正

人の生命または身体を侵害する不法行為による損害賠償請求権は、**被害者またはその法定代理人**が、**損害および加害者を知った時から 5 年間**行使しないとき、あるいは、**不法行為の時から 20 年間**行使しないときは、時効によって消滅します(724条の2、724条2号)。
R2・3
R3

人の生命や身体は、本当に大切なものだから、期間が 3 年から **5 年に伸長**されているのですね。

Chapter 4 ▷ その他のいろいろな法律関係

2 不当利得

　法律上の原因がないにもかかわらず、他人の財産または労務により利益を受け、それによって他人に損害を及ぼした場合は、受けた利益を返還しなければなりません(703条、704条)。これを、不当利得返還義務といいます。

3 事務管理

　ある人が、好意で隣家の垣根を直してあげる場合のように、法律上の義務なしに、他人のために事務の管理を始めた者(管理者)は、その事務の性質に従って、最も本人の利益に適合する方法によって、その事務の管理をしなければなりません(「事務管理」、697条)。この場合、管理者が、本人のために有益な費用を支出したときは、本人に対し、その償還を請求することができます(702条)。ただし、本人の意思に反して事務管理を行ったときは、現に利益を受けている限度内でしか、その償還請求は認められません。

Chap. **4**
Sec. **6**
他人に迷惑をかけたら～不法行為等～

わかって合格る いますぐ解く！ 厳選過去問プレミアム 50 問13 へ

213

第1編 民法等

Chapter 4 ▷ その他のいろいろな法律関係

Section 7　共同で別荘を買ったとき
～所有権と共有、その他の物権～

Introduction　財産権は、人に対して一定の行為を請求することができる権利である債権と、物に対する権利である物権の2つに分けられます。ここでは、物権に関する重要ポイントを学習しましょう。

▶▶ 分野別過去問題集　第1編「民法等」問題 96～100

1　物権とは何だろう

物権は、民法とその他の法律に定められたもの以外は創設できないとされています（175条）。これを物権法定主義といいます。民法が定めている物権は、次のものです。

理解しよう　債権と物権の種類

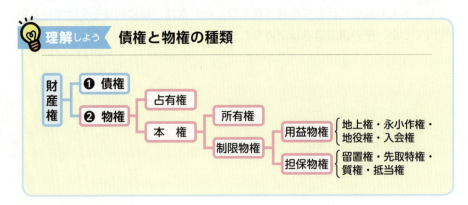

1　債権と物権

財産権には、❶債権と❷物権の2種類があります。

❶　債権とは、人に対して一定の行為を請求できる権利のことです。例えば、家を借りたときには、借りた人は貸した人に対して「使わせてほしい」と請求することができます。

❷　もう片方の物権とは、物に対する直接的な権利のことです。例えば、車を買ったとすると、車の所有権を取得することになります。所有権は、物権の代表的なものです。

214

2 物権的請求権

例えば、Aさんの土地をBが不法に占拠して、Aさんの所有権の円満な支配が妨げられているとします。この場合、所有者Aさんは、その不法に占拠しているBに対して、「土地を返せ」と言うことができます。このように言うことができる権利を、**物権的返還請求権**といいますが、これは、物権に基づく請求権の一種です。

2 所有権と共有

所有権とは、物に対する全面的支配権であり、所有者は、法令の制限内で、自己の所有物を自由に使用・収益・処分することができます（206条）。

自分のものだから、当然、まったく自由に扱うことができるのです。

1 所有権と相隣関係

例えば、土地の所有者が最大限に自分の土地を利用しようとするときは、隣接地相互の利用の調整、つまり、お互いの所有権を制限することなどが必要になります。そこで、隣接地同士の調整を目的として、民法はお隣り同士の関係（「相隣関係」といいます）について、さまざまな規定を置いています。この相隣関係上の権利は、法律上当然に認められる権利です。

❶ 公道に至るための他の土地の通行権

他の土地に囲まれて公道に通じない土地を**袋地**といいますが、その袋地の所有者Aさんには、公道に至るためにその土地を囲んでいる他の土地を通行する権利が認められています（210条）。

ただし、迷惑はできるだけ少ないほうが好ましいため、通行の場所および方法は、必要かつ隣地への損害が最も少なくなるようにしなければなりません（211条1項）。もし、隣地に損害が生じたときには、償金を支払う必要があります（212条）。

また、袋地が、共有地の分割や一部譲渡によって生じたときは、Aさんが通行できるのは他の分割された土地や残余地だけですが、たとえそれらの土地に

損害を生じさせても、償金を支払う必要はありません(213条1項)。

❷ 隣地使用権(209条) 最近の改正
(1) 隣地使用権を行使できる場合
　　土地所有者は、①隣地との境界やその付近における**塀・建物**等の**築造・収去・修繕**、②境界標の調査・境界に関する測量、③**越境した枝の切取り**のために必要な範囲内で、**隣地**を**使用**することができます。

> ただし、**住家**については、その**居住者の承諾**がなければ、立ち入ることはできません。プライバシーがあるからです。

(2) 隣地の使用方法・手続き等
　　隣地を使用する場合、使用の日時・場所・方法は、隣地の所有者および隣地使用者(賃借人等)のために**損害が最も少ないもの**を選ばなければなりません。

　　また、隣地を使用する者は、あらかじめ、その目的・日時・場所・方法を隣地の所有者および隣地使用者に**通知**しなければならないのが原則です。

> 隣地所有者が誰なのか特定できない、あるいは、特定できてもその所在がわからないなど、あらかじめ通知することが困難なときは、事後通知でもかまいません。

　　さらに、隣地の使用により、隣地の所有者や隣地使用者が損害を受けたときは、その**償金**を支払う必要があります。

❸ ライフラインの設備の設置権・使用権(213条の2・213条の3) 最近の改正
(1) ライフラインの設備の設置権・使用権を行使できる場合
　　土地の所有者は、他の土地に設備(導管等)を設置しなければ、電気・ガス・水道水等の継続的給付を受けることができないときは、必要な範囲内で、**他の土地に設備を設置**することができます。

　　また、他人が所有する設備を使用しなければ、電気・ガス・水道水等の継続的給付を引き込むことができない土地の所有者は、必要な範囲内で、**他人が所有する設備を使用**することができます。

なお、設備の設置工事等のために**他の土地等を使用**できますが、この場合は隣地使用権の規定が準用されます。

(2) 設備の設置等の方法・手続き等

設備の設置やその使用の場所・方法は、他の土地や他人が所有する設備のために、**損害が最も少ないもの**を選ばなければなりません。

また、他の土地に設備を設置したり、他人が所有する設備を使用したりする者は、**あらかじめ**、その目的・場所・方法を、**他の土地の所有者や設備の所有者に通知**しなければなりません。同様に、他の土地に賃借人などの使用者がいるときは、その**使用者にも通知**しなければなりません。

ライフラインの設備設置等については、通知の相手方の所在がわからず、あらかじめ通知することが困難なときでも、事後通知は認められません。この場合は、公示の方法（裁判所の掲示場に掲示し、掲示があったことを官報に掲載する等）によって意思表示をします (98条)。

さらに、他の土地に設備を設置する者は、その設置により土地が継続的に使用できなくなることで他の土地に損害が生じたときは、**償金**を支払う必要があります。また、他人が所有する設備を使用する者も、その設備の使用開始の際に生じた損害に対して**償金**を支払わなければなりません。

❹ その他の相隣関係

(1) 隣接地の所有者は、お互いに、隣地から水が自然に流れて来るのを妨げてはなりません (214条)。

(2) 境界には**境界標や囲障を設置**することができ (223条、225条1項)、**費用は双方が$\frac{1}{2}$ずつ負担**します (224条本文、226条)。ただし、境界標設置のための**測量費用**は、面積に応じて振り分けます (224条ただし書)。

(3) 建物は、境界線から50cm以上隔てて建てなければなりません (234条1項)。さらに境界線から**1m未満**の距離のところに窓や縁側（ベランダを含みます）を設けるときは、目隠しを設ける必要があります。なお、別な慣習があれば、それに従います。

(4) 隣地の竹木の**枝**が境界線を越える場合、土地の所有者は、**竹木の所有者に**その枝を**切除させる**ことができます(233条1項)。

しかし、①竹木所有者に越境している枝を切除するよう**催告**したにもかかわらず、竹木所有者が相当期間内に**切除しない**とき、②竹木所有者が誰か**わからず**、または、その**所在を知ることができない**とき、③**急迫の事情**があるときは、土地所有者が、その枝を**自ら切り取る**ことができます(233条3項) 最近の改正 。

> なお、**竹木が共有物のとき**は、**各共有者**は、その越境している枝を**切り取る**ことができます(233条2項) 最近の改正 。

(5) 隣地の竹木の**根**が境界線を越える場合、越境された**土地所有者**は、その根を**自ら切り取る**ことができます(233条4項)。

> 根っこは自分の土地の一部になっているため、切ってしまえるのです。

2 共 有

出題される具体例

> Ａさん・Ｂさん・Ｃさんの3人がそれぞれ1,000万円ずつ出しあって、別荘を3,000万円で買った。この別荘は、Ａさん・Ｂさん・Ｃさんの共有とし、3人はそれぞれ $\frac{1}{3}$ ずつの割合で所有権を有することにした。

このように、何人かで共に1つの物を所有することを、共有といいます。この別荘は、Ａさん・Ｂさん・Ｃさんの3人が1,000万円ずつ出したのですから、持っている割合も $\frac{1}{3}$ ずつです。この「$\frac{1}{3}$ ずつ」の割合を、**持分**といいます。もし、**持分が明らかでなければ、均等であると推定されます**(250条)。

❶ 持 分

(1) Ａさん・Ｂさん・Ｃさんは、**持分に応じて**それぞれ、**その共有物全部を使用する**ことができます(249条1項)。

> 「持分に応じて」とは、例えば、夏のお盆の頃に誰が別荘を使うかを、持分の賛成多数で決めるということですね。

　ただし、各共有者は、あくまでも自己の持分に基づいて共有物の占有権限を有するのですから、ＡＢＣ間の協議に基づかないで占有使用しているＡさん自身や、Ａさんだけから別荘の占有使用を承認されたＤさんに対しても、ＢさんやＣさんは、その明渡しを当然には請求することはできません(判例)。

(2)　この別荘の$\frac{1}{3}$の割合の部分（持分）は、それぞれ各自の所有物です。だから、自分の持分を処分することは自由です。Ａさんは、ほかの共有者Ｂさん・Ｃさんに相談することもなく、単独で売却できるということですね。

(3)　そして、共有者の１人が持分を放棄したり、死亡して相続人がいないときは、ほかの共有者にこの持分が移転します(255条)。ほかの共有者に移すのが自然だからです。ただし、共有者の１人が死亡して相続人がいないときで、もし、特別縁故者（死亡した人を長期にわたり看病した者など被相続人と特別の縁故があった者のこと）がいれば、特別縁故者に対する財産分与の規定(958条の2)が優先適用されます(判例)。

重要！ 一問一答　　　　　　　　　　　　　　　　　　　　H19-問4-肢1

Q　Ａ、Ｂ及びＣが、持分を各$\frac{1}{3}$とする甲土地を共有している場合、共有者の協議に基づかないでＡから甲土地の占有使用を承認されたＤは、Ａの持分に基づくものと認められる限度で甲土地を占有使用することができる。

A　Ｄは、Ａの持分に基づいて、占有使用ができる。　　　　　……○

---

❷　**共有物を使用する共有者の義務**　最近の改正

(1)　共有物を使用する共有者は、他の共有者に対して、**自己の持分を超える使用の対価**を償還しなければなりません。ただし、共有者間でこれを無償とする等、別段の合意があれば別です(249条2項)。

(2)　共有者は、善良な管理者の注意をもって、共有物の使用をしなければなりません(249条3項)。

> 共有物を使用する共有者は、持分を有している他の共有者との関係では、他人の物を管理しているといえるのですから、当然のことです。

❸ 共有物の管理・変更 最近の改正

(1) Aさんによる別荘の修繕や**不法占拠者への明渡請求**などは、全員の利益になるため、**単独**ですることができます。つまり、これらの現状を維持する行為である**保存**行為は、単独でOKです(252条5項)。ただし、不法占拠者に対する損害賠償請求については、**持分の割合に限られます**(判例)。

(2) 一方、別荘に変更を加える行為でその形状や効用の著しい変更を伴わない場合(**軽微変更**)や、改良行為など(狭義の管理行為)については、Aさん・Bさん・Cさんの**持分の価格の過半数**で決定します(広義の管理行為、252条1項前段)。

> 「持分の価格の過半数」です。「頭数」ではありません。また、「ちょうど$\frac{1}{2}$」ではダメです。

> たとえば、別荘の外壁の修繕工事などは、軽微変更であると考えられます。また、改良行為とは、共有物を変更しない範囲での使用価値・交換価値を増加させる行為とされます。

また、別荘(建物)を賃貸する場合は、**3年を超えない短期の賃借権**を設定するのであれば、**持分の価格の過半数**で決定することができます(252条4項3号)。

> **借地借家法の適用のある建物賃貸借**については、事実上約定された期間内で終了しないため、共有者**全員の同意**がなければ、その設定は基本的に無効となります。ただし、**更新が認められない定期建物賃貸借**等や**一時使用目的**の建物賃貸借については、存続期間が3年以内であれば、持分の価格の過半数の決定により契約が可能です。

なお、共有物を使用する共有者がいる場合も、持分の価格の過半数で、管理に関する事項を決定することができます(252条1項後段)。

(3) 別荘に**軽微でない変更**を加える場合については、Aさん・Bさん・Cさんの**全員の同意**が必要です(251条1項)。たとえば、別荘全体を売却する場合や、別

荘について増築をする場合などは、共有者全員の同意が必要であると考えられます。

❹ 所在等不明共有者がいる場合の共有物の管理・変更 最近の改正

(1) 調査をしても氏名等やその所在がわからない共有者がいるときは、**裁判所の決定**を得れば、その所在等不明共有者以外の**残り**の共有者**全員の同意**により、共有物に**軽微でない変更**を加えることができます(251条2項)。

　また同様に、**裁判所の決定**を得れば、その所在等不明共有者以外の**残り**の共有者の**持分の価格の過半数**により、**管理**に関する事項を決定することができます(252条2項1号)。

> この制度により、所在等不明の共有者がいても、共有物を利用しやすくなりました。

❺ 賛否を明らかにしない共有者がいる場合の共有物の管理 最近の改正

共有物の管理に関心がないため明確な返事をしないなど、催告をしても管理に関する事項につき賛否を明らかにしない共有者がいるときは、**裁判所の決定**を得れば、その共有者以外の**残り**の共有者の**持分の価格の過半数**により、**管理**に関する事項を決定することができます(252条2項2号)。

> 賛否を明らかにしない共有者がいる場合のこの制度は、共有物の「軽微でない変更行為」には認められていません。注意しましょう！

❻ 共有物の管理者 最近の改正

　共有物の管理者の**選任・解任**は、共有物の管理に関する事項に含まれるため、共有者の**持分の価格の過半数**により決定されます(252条1項)。

　選任された管理者は、軽微変更を含む**管理**に関する行為をすることができます。**軽微でない変更**を共有物に加えるためには、**共有者全員の同意**を得る必要があります(252条の2第1項)。

> なお、共有者が共有物の管理に関する事項を決定した場合、管理者は、これに従ってその職務を行わなければなりません (252条の2第3項)。

❼ 共有物に関する費用・債権

　共有の場合、持分に応じて誰でも、その共有物全部を使用することができます。したがって、**管理費も各自の持分に応じて負担します**(253条1項)。もし、1年以内に、共有者がこの義務を果たさないときは、共有関係から排除するため、ほかの共有者は相当な償金を払って、その共有者の持分を取得することができます(253条2項)。

　また、共有者の1人が、例えば管理費用の立替金債権など、**共有物に関してほかの共有者に対する債権を持っているときは、その共有者の持分を譲り受けた承継人に対しても請求する**ことができます(254条)。

❽ 共有物の分割請求　最近の改正

(1)　各共有者は、いつでも共有物の**分割を請求**できます(256条1項本文)。

　もし、分割の協議がまとまらない、あるいは、**協議できない**ときには、裁判所に分割請求もできます(258条1項)。

> 「協議できないとき」とは、たとえば、共有者の中に、特定できない人がいる、あるいは、所在不明の人がいる場合などが考えられます。

　この場合、裁判による共有物の分割方法としては、①**現物**分割（共有物をそのまま分割する）、②**賠償**分割（共有者に債務を負担させて、他の共有者の持分の全部または一部を取得させる）のほか、③**競売**分割（共有物を競売しその代金を共有者間で分ける）が認められています(258条2項・3項)。

　そして、これらの分割については、①現物分割・賠償分割のどちらもできない場合、または、②現物分割によって共有物の価格を**著しく減少**させるおそれがあり、賠償分割もできない場合に、**競売分割**がなされます(258条3項)。

　また、裁判所は、共有物の分割の裁判において、当事者に対して、**金銭の支払いや物の引渡し、登記義務の履行等の給付**を命ずることができます(258条4項)。

> この裁判所の命令により、たとえば賠償分割の場合、共有持分を失った者が、その共有持分を取得した現物取得者から、取得持分相当の金銭の支払いを確実に受けることができます。

(2) これに対し、Aさん・Bさん・Cさんの間で、5年以内の期間を定めて、不分割特約（分割をしない旨の特約）を結ぶこともできます(256条1項ただし書)。

なお、この特約は更新できますが、この期間も5年以内です(256条2項)。

❾ 所在等不明共有者の不動産の持分の取得・譲渡 最近の改正

不動産の共有者は、裁判所の決定を得れば、共有者の氏名等を特定できなかったり、その所在がわからなかったりする者（「所在等不明共有者」といいます）の不動産の持分を取得することができます(262条の2第1項)。

また、不動産の共有者は、裁判所の決定によって、所在等不明共有者の不動産の持分を含めて不動産全体を第三者に譲渡することができます(262条の3第1項)。

ただし、これらの制度は、遺産共有の場合、相続開始の時から10年経過しなければ、利用することはできません(262条の2第3項、262条の3第2項)。

この2つの仕組みにより、所在等が不明な共有者がいる場合でも、共有関係を解消しやすくなりました。

3 土地・建物の管理制度 最近の改正

1 所有者不明土地・建物の管理制度

所有者が不明であったり、その所在がわからない土地・建物については、利害関係人が裁判所に申立てをして、必要性があれば、その土地・建物の管理を行う管理人を選任してもらえます(264条の2第1項、264条の8第1項)。

ここでいう利害関係人とは、たとえば、その不動産の取得を望んでいる公共事業の実施者や民間の買受希望者などです。

選任された管理人は、裁判所の許可があれば、所有者不明土地・建物を売却することができます(264条の3第2項、264条の8第5項)。

なお、所有者不明建物の管理制度は、区分所有建物の専有部分や共用部分には適用されません(区分所有法6条4項)。

2 管理不全の状態にある土地・建物の管理制度

　所有者による**管理**が**不適当**であることにより、他人の権利や法的利益が侵害され、あるいは、そのおそれがある土地・建物については、利害関係人が裁判所に申立てをして、必要性があれば、その土地・建物の管理を行う**管理人**を**選任**してもらえます(264条の9第1項、264条の14第1項)。

> ここでいう利害関係人とは、たとえば、不法投棄されたゴミが土地所有者により放置され、異臭や害虫発生により健康被害を受けている隣地所有者などです。

　選任された管理人は、**裁判所の許可**があれば、管理不全土地・建物を**売却**することができますが、この許可をするには、土地・建物の**所有者の同意**が必要です(264条の10第2項・第3項、264条の14第4項)。

　なお、管理不全建物の管理制度は、区分所有建物の専有部分や共用部分には適用されません(区分所有法6条4項)。

> このように、土地・建物に特化した財産管理制度が設けられたことで、1では公共事業や民間取引が活性化されることや、2ではゴミの撤去や害虫の駆除等により近隣に悪影響を発生させなくなることなどが期待されます。

4 その他の物権

> 所有権以外の物権についても、ポイントを見ておきましょう。少なくとも**どんな権利**かは知っておきましょう。

1 地上権と永小作権

① 地上権

　地上権とは、他人の所有する土地において、**工作物または竹木を所有**するため、その土地を使用・収益することができる物権です(265条)。つまり、建物を造った

り樹木を植える目的で、他人の土地を利用できる権利です。

❷ 永小作権

永小作権とは、**小作料を支払って、他人の所有する土地において、耕作または牧畜を行うための物権**です(270条)。つまり、農業をやったり、または牧場を営む目的で、他人の土地を利用できる権利です。

2 地役権

❶ 地役権とは

甲地を所有するAさんは、乙地について、その所有者Bさんと契約を結び、道路に出るのに最も便のよい部分に地役権を取得し、通行させてもらっている。

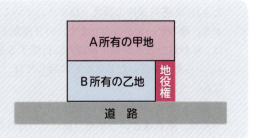

地役権とは、このように、**一定の目的のために他人の土地を自分の土地の便益に供する権利**のことです(280条)。甲地を**要役地**、乙地を**承役地**、そして、乙地を通行できる権利を、**通行地役権**といいます。

❷ 地役権の性質

ここでは、地役権の付従性について見てみましょう。つまり、**特約がない限り、地役権は、要役地である甲地の所有権の「従」として甲地とともに移転し、要役地である甲地上に設定された権利の目的になります**(281条1項)。地役権という権利が、要役地の便益のための権利であることから、当然ですね。

このように、地役権は、要役地である甲地にとって必要ですから、**地役権のみを要役地と分離して譲渡したり、地役権だけをほかの権利の目的にすることはできません**(281条2項)。

3 占有権

❶ 占有権と占有訴権

　　占有権とは、物を支配している状態自体を保護することを目的とした権利です。例えば、Aさんの時計をBが盗んだとします。時計の所有権はAさんにありますが、今やBにも占有権という権利が発生するのです。そして、その時計がCに奪われた場合は、占有権が侵害されたことになり、Bは奪ったCに対して、「時計を返せ」と訴えることができるのです。これが占有訴権です。

❷ 占有訴権の種類

　　占有訴権には、侵害の態様に応じて、①占有保全の訴え（妨害のおそれがあるとき）、②占有保持の訴え（妨害されているとき）、③占有回収の訴え（奪われたとき。❶のケースが該当します）の3種類があります。なお、③占有回収の訴え^{H27}は、奪われたときから1年以内に行使する必要がありますが、善意の特定承継人^{R4}（Cから善意で買ったDさん）に対しては、Bは、占有回収の訴えを提起できません。
　　また、例えば、Aさんが所有・占有している時計をBに盗まれたときには、A^{H27}さんは、所有権という本権（民法上の占有権以外の物権のこと）に基づく訴えと占有権に基づく訴えの、両方をすることが可能です（202条1項）。そして、裁判所が占有の訴えについて判断するときは、所有権などの本権の有無を理由に裁判をすることは認められません（202条2項）。

第1編 民法等
Chapter 4 ▷ その他のいろいろな法律関係

Section 8 マンションに住む〜区分所有法等〜

Introduction

ここではまず、マンションに関する基本的な事項、つまりマンションでのルールや各種事項の決定方法などについて学習し、次に、マンションの登記についても学習します。なお、この登記に関する部分は、出題される場合は、不動産登記法の問題として出題されます。

▶▶ 分野別過去問題集 第1編「民法等」問題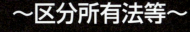

1 マンション法（区分所有法）の全体像

1 マンションの基本事項

理解しよう　**マンションの全体像**

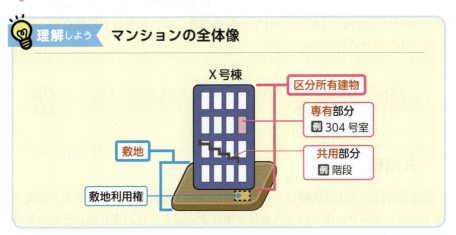

それでは、まず、基本的な用語についてマスターしましょう。

227

(1) X号棟のように、一棟の建物の中に複数の所有者が存在する建物のことを、**区分所有建物**といいます。その中の、例えば304号室をAさんが所有している場合、この所有権のことを**区分所有権**といいます。そして、Aさんを、**区分所有者**といいます。さらに、マンションが建っている土地のことを、**敷地**といいます。

(2) また、区分所有建物は、専有部分と共用部分という部分から成り立っています。例えば、304号室などを**専有部分**、階段・廊下・エレベーターなど、共同で使用するものを**共用部分**といいます。そして、専有部分のために必要な土地の利用権のことを、**敷地利用権**といいます。

2 専有部分

専有部分とは、例えば304号室のように、**区分所有権の対象**となる部分のことです（区分所有法（以下同）2条3項）。対象となる要件には、①**構造上の独立性**と、②**利用上の独立性**の両方が必要です。

つまり、きちっと**壁**で区切られていることと、独立した**出入り口**がある、ということですね。

3 共用部分

共用部分は、**法定共用部分**と**規約共用部分**の2種類に分けられます。階段・廊下・エレベーターなどの当然全員で使うようなものは、専有部分とはなり得ません。これを、**法定共用部分**といいます（4条1項）。

それに対して**規約共用部分**とは、本来、専有部分となり得るところを規約で共用部分としたものです（4条2項）。例えば、管理人室や集会室などです。

(1) 共用部分は、規約で別段の定めをしない限り、**区分所有者の共有**です（11条）。そして、**持分**は、原則として、**専有部分の床面積の割合**によります（14条1項）。この専有部分の床面積は、**壁、その他の区画の内側線で囲まれた部分の水平投影面積**とされています（14条3項）。つまり、「壁の内側」で計算されるのです。

> それに対して、一戸建ての建物の床面積は、**中心線**で測ります。つまり、壁の厚みの真ん中の線で囲まれた部分で、建物の面積を測るのです。

(2) 共用部分の持分は、**専有部分と分離して処分することができない**のが原則です（15条）。

> 専有部分を持っていて、そこに住むために廊下や階段などを使うわけですから、当然、専有部分と共用部分の持分は一体であると考えるのが自然ですね。

ただし、緊急時等にスムーズに共用部分を管理するために、規約に特別の定めがあるときは、**管理者**が、共用部分を所有することができます（「管理所有」、27条1項）。

4 敷　地

❶ 敷地利用権

敷地利用権には、所有権と借地権があります。そして、**敷地利用権**は、規約に別段の定めがあるときを除いて、**専有部分と分離して処分することはできません**（22条）。共用部分と同じように、原則として**一体性**があるのです。

❷ 敷地権

登記した敷地利用権で、専有部分と分離処分ができないものを、不動産登記法では、**敷地権**といいます。

2 区分建物の登記（不動産登記法）

1 区分建物の登記簿

それでは、マンションに関する登記の基本的な仕組みを確認しましょう。

理解しよう　マンションに関する登記

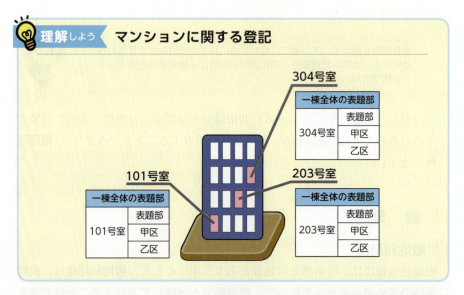

　区分建物の登記でも、一戸建ての建物と同様に**一不動産一登記記録**の原則がとられ、まず**一棟全体の表題部**、次に**各専有部分の表題部および権利部（甲区・乙区）によって構成されています**（不動産登記法2条5号、12条、規則4条3項・4項）。

ちなみに、不動産登記法上の「区分建物」とは、区分所有法上の「専有部分」を指します（2条22号）。

2 区分建物の登記申請

❶ 表示に関する登記

　まず、最初にマンションの分譲業者などの**原始取得者**が、一棟全体の建物の表題登記とともに、101号室・203号室・304号室などの各専有部分の表題登記を、**一括して申請します**(48条1項・2項)。

❷ 権利に関する登記

　マンションの場合は、表題部所有者（原始取得者）であるＡ不動産会社（分譲会社）から**所有権を取得したＢさん（購入者）**も、直接自己名義で**所有権保存登記**を申請することができます(74条2項)。
H28

> 分譲業者としては、当然お客さんなどに譲渡するのですから、手間もコストもかからない、このような取扱いが認められているのです。

3 共用部分の登記

　法定共用部分は、登記をする必要がないことから、逆に登記をすることが認められていません。つまり、**登記できない**ということです。それに対して、**規約共用部分は、登記をしないと、第三者に対抗することができません**(区分所有法4条2項)。もともと専有部分となり得るところですから、共用部分であることを示すために登記が必要とされているのです。

　専有部分となり得る部分を規約で共用部分とした場合は、**共用部分となった区分建物の表題部に登記します**。例えば、101号室を規約で共用部分とした場合、101号室の表題部にその旨を登記します(44条1項6号)。

3 集会の決議（区分所有法）

マンションでは、一棟の建物の中で多くの人たちが自分の権利を持ちつつ生活を共にしていますので、スムーズなコミュニティ形成のために住民が管理組合を作り、さまざまな**ルール**等を決めていきます。

1 区分所有者の意思決定の方法

❶ 管理組合と管理者

💡 **理解**しよう　**マンションの管理の全体像**

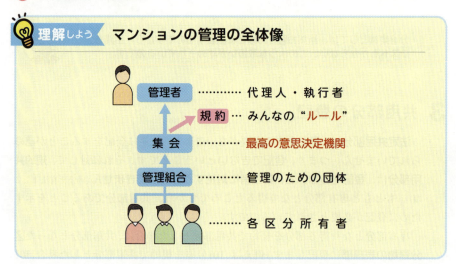

(1) 区分所有者が2人以上になれば、**管理組合**は当然に成立し、区分所有者全員で構成されます。その管理組合が、マンションの管理を行います。そして、いろいろなことを**集会**の場で決め、ここで決められたルールが、**規約**です。

(2) そして、マンションの管理を実際に執行するのが、**管理者**です。これには、管理組合の理事や理事長などが該当します。

いわゆる「管理人さん」ではありません。

管理者は、規約に別段の定めがない限り、**集会の決議**（区分所有者および議

決権の各過半数）で選任・解任されます（区分所有法25条1項、39条1項）。また、管理者は、区分所有者以外の者からも選任できます。この管理者の役目は、区分所有者の代理人となり、管理を執行していくことです（26条1項・2項）。そして、規約または集会の決議により、その職務に関して、区分所有者のために原告または被告となることもできます（26条4項）。管理者が原告または被告となったときは、そのことを各区分所有者に通知しなければなりません（26条5項）。

(3) 管理組合は法人化することもできます。そのためには、まず、集会の決議で、区分所有者および議決権の各$\frac{3}{4}$以上の賛成が必要です。さらに、法人登記も必要です。なお、法人化にあたり、区分所有者の人数は関係ありません（47条）。

❷ 集　会

　集会の決議のポイント

1. どれくらいの賛成が必要なのか？

必要な賛成数	区分所有者および議決権の	原則	普通の事柄…過半数
		例外	重大な事柄… ● $\frac{3}{4}$以上 ● $\frac{4}{5}$以上（建替え）

2. 規約で増減ができるのか？

議決数は、原則として、区分所有者および議決権の各過半数とされています（39条1項）。

「区分所有者」とはマンションの所有者の頭数（人数）のことで、「議決権」とは持分のことです。区分所有者は、専有部分の床面積の割合に応じて議決権を持っています。

そして、日常の管理のような普通の事柄に関して決めるなら過半数の、重大な事柄なら$\frac{3}{4}$以上や$\frac{4}{5}$以上の、それぞれの賛成が必要です。
　議決権は、書面で、または代理人によって行使することができます（39条2項）。書面による議決権の行使に代えて、メールやファックスなどの電磁的方法に

よって議決権を行使することもできますが、そのためには、その旨の規約または集会の決議が必要です(39条3項)。

なお、専有部分を数人で共有している場合、共有者は、**議決権を行使すべき者1人**を定めなければなりません(40条)。

また、集会においては、一定の場合を除いて、**管理者**または集会を招集した**区分所有者の1人**が**議長**となります(41条)。

(1) 集会の招集

① 管理者は、少なくとも**毎年1回**、集会を招集しなければなりません(34条1項・2項)。**区分所有者の$\frac{1}{5}$以上で議決権$\frac{1}{5}$以上を有するものは、「集会を開いてほしい」と管理者に請求することができます。さらに、「$\frac{1}{5}$」という数字は規約で減じることができます**(34条3項)。

もっと少ない人数でも「請求が可能になる」、つまり、より民主的になるということです。

また、一定の場合は、区分所有者が自ら招集することもできます(34条4項・5項)。

② 集会に参加する区分所有者には準備の期間が必要ですから、**集会の招集の通知は、原則として、会日より少なくとも1週間前に、会議の目的たる事項を示して、各区分所有者に発せられなければなりません。この期間は、規約で伸縮**(延長または短縮)**することができます**(35条1項)。

③ 専有部分を数人で共有している場合、招集通知は、**議決権を行使すべき者が定められているときは、その者に対して、その定めがないときは共有者の1人**に対してすれば足ります(35条2項)。

④ 集会の招集の通知は、**区分所有者が管理者に対して招集通知を受ける場所を通知したときはその場所に、また、この通知がないときは区分所有者の所有する専有部分が所在する場所**に宛ててすれば足ります(35条3項前段)。

⑤ 集会の招集通知は、建物内に住所を有する区分所有者または招集通知を受ける場所を通知していない区分所有者に対しては、規約に特別の定めがあれば、建物内の見やすい場所に掲示してすることができます(35条4項)。

⑥ 招集通知をする場合で、会議の目的たる事項が共用部分の重大変更や建

234

替えなどの**特別決議事項**であるときは、その議案の要領をも通知しなければなりません(35条5項)。

⑦ なお、集会は、区分所有者**全員**の同意があるときは、招集の手続を経ずに開くことができます(36条)。

(2) 集会での決議事項の制限

集会においては、招集通知によりあらかじめ通知した事項についてのみ、決議をすることができるのが原則ですが(37条1項)、**特別決議事項**を除いて、規約で別段の定めをすれば、あらかじめ通知した事項以外についても決議することができます(同条2項)。

(3) 集会の特例

① 例えば、304号室の賃借人などの**占有者**も、会議の目的である事項に利害関係がある場合は、集会に出席したり意見を述べることができます(44条1項)。占有者は、区分所有者ではありませんから**議決権はありません**が、利害関係があるからです。

② また、区分所有者**全員**の承諾があるときは、書面または電磁的方法による決議をすることができます(45条1項)。さらに、区分所有者**全員**の書面または電磁的方法による合意があったときは、書面または電磁的方法による決議があったものとみなされます(45条2項)。

(4) 議事録

議長は、集会の議事について、書面または電磁的記録により、議事録を作成しなければなりません(42条1項)。

> つまり、パソコンデータなどの電磁的記録でもＯＫです。

また、議事録が書面で作成されているときは、**議長および集会に出席した区分所有者の２人**がこれに**署名**しなければなりません(42条3項) 。

2 規　約 ！重要

(1) 規約の設定・変更・廃止は、重大な事柄ですから、区分所有者および議決権の各 $\frac{3}{4}$ 以上の賛成が必要です(31条1項)。そして、規約は、書面または電磁

的記録によって作成しなければなりません（30条5項）。

> パソコンで作って、ハードディスクなどに保存することもOKです。

(2) 分譲業者など、最初に建物の専有部分の全部を所有する者は、規約共用部分・規約敷地等一定の事柄については規約で決めることができるという特例があります。これを「原始規約」といい、公正証書による必要があります（32条）。なお、結果的に建物の専有部分の全部を所有することとなった者であっても、他の区分所有者から区分所有権を譲り受けた者ではダメです。

(3) 規約や集会の決議は、区分所有者は当然のこと、一般承継人（「包括承継人」ともいいます。例 Aさんが亡くなって304号室を相続したBさん）、特定承継人（例 Aさんから304号室を買ったCさん）、そして、建物などの使用方法については占有者（例 Aさんから304号室を借りているDさん）にも、その効力が及びます（46条）。

(4) 規約は、原則として、管理者が保管しますが、管理者がいないときは、建物を使用している区分所有者またはその代理人で、規約または集会の決議で定めるものが保管しなければなりません（33条1項）。そして、規約を保管する者は、利害関係人の請求があったときは、正当な理由がある場合を除いて、規約の閲覧を拒んではなりません（33条2項）。規約がパソコンなどの電磁的記録で作成されているときは、プリントアウトしたり、モニターに表示するなどの方法によって、その保管場所で閲覧させる必要があります。また、規約の閲覧を容易にするために、規約の保管場所は、建物内の見やすい場所に掲示しなければなりません（33条3項）。

なお、規約の保管等に関するこれらのルールは、議事録にもあてはまります（42条5項）。

重要！一問一答

H23-問13-肢1

Q 管理者は、利害関係人の請求があったときは、正当な理由がある場合を除いて、規約の閲覧を拒んではならない。

A 利害関係人の請求があったときは、原則として、規約の閲覧を拒めない。……〇

Chapter 4 ▷ その他のいろいろな法律関係

3 義務違反者に対する措置

❶ 措置の内容

　義務違反をした区分所有者に対しては、行為の停止等請求(57条)、使用禁止請求(58条)、競売請求(59条) が可能です。

　次に、占有者に対しては、行為の停止等請求、さらに、契約の解除および引渡し請求ができます(60条)。

❷ 方 法

　停止等請求は、「ルール違反を止めてください！」と言えばよいので、裁判外でもできますが、裁判所に訴えるときは、区分所有者および議決権の各過半数の決議が必要です。

　他方、「使用禁止」など、その他の措置は影響が大きいですから、必ず、訴えによらなければなりません。その際は各 $\frac{3}{4}$ 以上の多数による決議が必要です。

【義務違反者に対する措置】

区分所有者等への行為の停止等請求	区分所有者への使用禁止や競売請求、占有者への契約解除・引渡し請求
① 裁判**外**でも裁判上でも〇K ② 訴えの提起は、区分所有者および議決権の各**過半数**の決議でできる	① 必ず**訴え**をもって行う ② 訴えの提起にあたって、区分所有者および議決権の各 $\frac{3}{4}$ 以上の多数による集会の決議が必要

4 共用部分の管理等

試験に出る！ POINT整理　共用部分の管理等

		必要な賛成数
(1) 保存行為		**単　独**
(2) 管理行為		区分所有者および議決権の各**過半数**
(3) 変更行為	軽微変更	区分所有者および議決権の各**過半数**
	重大変更	区分所有者および議決権の各 $\frac{3}{4}$ 以上 ⚠ ただし、**区分所有者**の定数は、規約で過半数まで減じてよい

237

(1) **保存行為**は、区分所有者全員の役に立ちますから、**単独**することができます。ただし、規約で別段の定めができます（18条）。保存行為とは、例えば、エレベーターの保守、破損した窓ガラスの修繕などです。

(2) **管理行為**については、区分所有者および議決権の**各過半数**の賛成が必要です（18条）。例えば、損害保険契約をすることや、夜間灯の設置などです。

(3) **変更行為**は、変更の著しいものと、そうでないものに分けられます。その形状または効用の著しい変更を伴わない変更を「軽微変更」、それ以外のものを「重大変更」といいます。そして、軽微変更を行うには、区分所有者および議決権の各**過半数**の賛成が（18条）、**重大変更**には、区分所有者および議決権の各$\frac{3}{4}$以上の賛成が必要です。

なお、この「重大変更」の場合の賛成数は、**区分所有者の定数**、つまり**頭数については、規約で過半数まで減らすことができます**（17条）。しかし、**議決権は減らせないことに注意**をしてください。

5 区分所有建物の復旧・建替え

マンションは、住み続ければ古くなります。そこで、「元の良い状態にしよう」とするのが、復旧です。当然、建替えもあり得ます。

❶ 復 旧 (61条)

復旧は、(1)小規模滅失の場合と、(2)大規模滅失の場合の2つに分かれます。**建物価格の$\frac{1}{2}$以下部分の滅失が、小規模滅失**です。そして、**建物価格の$\frac{1}{2}$を超える部分の滅失が、大規模滅失**です。

(1) **小規模滅失の復旧の場合、共用部分については、復旧や建替えの決議等があるまでは各自で直すことができます**。復旧決議は、小規模滅失の場合、区分所有者および議決権の各**過半数**の賛成が必要です。

(2) **大規模滅失の復旧の場合**は、建物価格の$\frac{1}{2}$を超える、つまり、多額のお金がかかりますから、**区分所有者および議決権の各$\frac{3}{4}$以上の決議が必要**です。なお、この賛成数は、規約で増減できません。

❷ 建替え（62条）

建替えは、お金がたくさんかかる非常に重大な行為です。そのため、賛成数も、区分所有者および議決権の各 $\frac{4}{5}$ 以上が必要とされます。この数字は、もめごとを防ぐ観点から、**規約で増減することはできません**。

その他に、取り壊す建物の**敷地**もしくはその**一部の土地**、またはその建物の敷地の**全部**もしくは**一部を含む土地**に新たに建物を建築することが、建替えの要件です。

> 建替え前と建替え後の敷地が**全く同一である必要はなく**、敷地の一部が同じならよい、ということです。

また、区分所有者が建替えについて十分な考慮ができるように、建替え決議を会議の目的とする集会を招集する場合は、集会の**招集の通知**は、原則として、集会の会日より少なくとも **2ヵ月前**に発しなければなりません。

試験に出る！POINT整理　復旧・建替え決議の要件

復旧	小規模滅失（建物価格の $\frac{1}{2}$ 以下）	区分所有者および議決権の	各**過半数**
	大規模滅失（建物価格の $\frac{1}{2}$ 超）		各 $\frac{3}{4}$ 以上
建替え	区分所有者および議決権の各 $\frac{4}{5}$ 以上		

6 数字のまとめ

試験に出る! POINT整理 区分所有法の主要な「数字」

$\frac{4}{5}$	**建替え決議**
$\frac{3}{4}$	(ア) 規約の設定・変更・廃止 (イ) 管理組合法人の設立・解散 (ウ) 義務違反者に対する**訴訟提起**（使用禁止・競売・契約解除・引渡し） (エ) **大規模滅失**の復旧決議 (オ) 共用部分の**重大変更** ⚠️区分所有者の定数は、規約で過半数まで減じることができる
過半数	(ア) 管理者の選任・解任 (イ) 義務違反者に対する行為の**停止等請求**の訴訟提起 (ウ) **小規模滅失**の復旧決議 (エ) 共用部分の**軽微変更** (オ) 共用部分の管理
$\frac{1}{5}$	**集会の招集請求**
単独	(ア) 共用部分の保存行為 (イ) 小規模滅失の復旧（決議があるまで）

わかって合格る いますぐ解く! **厳選過去問プレミアム** 50 問14 へ

240

第1編 民法等

さくいん

あ行

悪意	16,24
遺言	202
遺言書の保管	203
遺産分割	205
意思能力	9
意思表示	19,27
慰謝料請求権	209
遺贈	202
1号仮登記	121
一時使用目的	165
一不動産一登記記録の原則	108,230
一括競売	80
一般承継人	236
一般定期借地権	163
一般の先取特権	85
一般の不法行為	208
移転登記	120
委任契約	178,182
委任者	178
違約金	51
違約手付	56
遺留分	203
請負契約	183
受付番号	111
受取物引渡義務	179
内側線	229
永小作権	75,225
乙区	109,111
オンラインによる登記申請	108

か行

解除権の消滅	56
解除の効果	54
解除不可分の原則	53
買主の損害賠償請求および解除権の行使	64
買主の代金減額請求権	64
買主の追完請求権	63
買戻し特約	120
解約手付	56
解約手付による解除	57
確定期限ある債権	193
確定判決	116,117,120,193
確定日付	129
過失相殺	51

合筆の登記	123
合併の登記	125
家庭裁判所の許可	13,204
仮登記	121
仮登記義務者	116,117,121
元本の確定	84
管理組合	232
管理行為	220,237,238
管理者	232
管理所有	229
管理費	86,222
期間の定めのない契約	166
期限の定めのない債権	193
危険負担	60,61
起算点	190
義務違反者に対する措置	237
規約	235
規約共用部分	236
求償権	93
境界標	217
強行規定	161,170
供託	132
共同申請の原則	115
共同抵当	79
共同不法行為	211
共同保証	96
強迫	21,102
共有	218
共用部分	228
共用部分の登記	231
共用部分の持分	229
虚偽表示	22
極度額	83
居住用建物	170
金銭債務の特則	51
金銭消費責任	180
区分所有権	228
区分所有者	228
区分所有建物	228
区分所有法	227
区分建物	230
区分建物の登記	231
形成権	52
兄弟姉妹	197
競売	68
競売請求	237
軽微変更	238
契約	6
契約解除権	185
契約の解除	52

契約の成立	6
契約不適合	63
契約不適合の場合の請負人の担保責任	184
欠格	200
検索の抗弁権	95
原始規約	236
原始取得者	231
現実の提供	135
原状回復	54,93
限定承認	200
顕名	29,34
権利質	86
権利に関する契約不適合	65
権利に関する登記	109,231
権利能力	9
権利部	109
合意解除	52
合意更新	156
行為能力	9
行為の停止等請求	237
更改	90,132
甲区	109,111
後見開始の審判	13
工作物責任	211
後順位抵当権者	196
公序良俗違反	7
公正証書	163,236
公正証書遺言	203
更正登記	120
構造上の独立性	228
公道に至るための他の土地の通行権	215
混同	91,132

さ行

債権	214
債権譲渡	126
債権譲渡自由の原則	127
債権の消滅	131
催告権	17,39
催告の抗弁権	95
再築	157
債務	47
債務者の抗弁等	130
債務者の相殺権	130
債務の本旨	135
債務不履行	47
詐欺	19,102

詐欺による意思表示………………20	使用貸借…………7,153,155,165	損害賠償の範囲…………………50
先取特権……………………………85	使用貸借契約……………………143	
錯誤…………………………………25	承諾…………………………………6	**た行**
詐術…………………………………17	譲渡制限特約……………………127	代価弁済…………………………82
敷金………………………………150	譲渡人……………………………126	大規模滅失………………………238
敷金返還請求権…………………150	消滅時効……………………188,189	代金減額請求……………………64
敷地………………………………228	証約手付…………………………56	対抗問題………………………81,99
敷地権……………………………229	嘱託………………………………114	対抗要件………………………99,127
敷地利用権……………………228,229	職権……51(裁判所),114(登記官)	第三者………………………16,99
事業用定期借地権………………164	所有権……………………………215	第三者の詐欺……………………20
時効………………………………188	所有権の取得時効………………190	第三者の弁済……………………133
時効完成後の相殺………………138	所有権保存登記…………………119	第三取得者………………82,133,196
時効の援用………………………196	所有の意思………………………190	代襲相続…………………………197
時効の完成猶予…………………194	親権者………………………………10	代物弁済…………………………132
時効の更新………………………194	申請主義の原則…………………114	代理………………………10,13,28
時効の利益………………………196	申請情報…………………………117	代理権………………………11,13,15
時効の利益の放棄………………196	心裡留保…………………………24	代理権授与………………………41
自己契約……………………………32	随伴性……………71,94,95,96	代理権の消滅……………………31
仕事完成義務……………………183	数量に関する契約不適合…………65	代理権の範囲……………………30
質権…………………………………85	成果完成型の委任………………180	代理行為………………28,29,34
指定充当…………………………136	請求による更新…………………159	代理行為の瑕疵…………………35
自働債権…………………………137	制限行為能力者制度………………19	諾成契約………………………7,153
自筆証書遺言……………………202	成年後見制度………………………12	建替え……………………………239
事務管理…………………………213	成年後見人…………………………13	建物明渡し猶予制度……………81
借地権……………………154,162	成年被後見人………………………13	建物買取請求権…………………159
借地権者…………………………154	絶対効（絶対的効力）……………89	建物譲渡特約付借地権…………164
借地権設定者……………………154	善意…………………………………16	単純承認…………………………200
借家権……………………165,171	善意の第三者………………………16	単独申請………………………117,121
借家人……………………………165	善意無過失……………………20,21	担保責任………………………63,185
集会………………………………233	善意有過失…………………………24	担保責任の期間の制限………64,186
集会の決議……………………232,233	善管注意義務……………………179	担保責任の制限…………………185
集会の招集………………………234	先順位抵当権……………………196	担保物権…………………………70
重大変更…………………………238	占有……………………………105,190	地役権……………………………225
従たる権利…………………………77	占有権……………………………226	竹木の枝（相隣関係）…………218
従物…………………………………77	占有者……………………………211	地上権……………………155,224
重要な財産上の行為………………14	専有部分…………………………228	地代・家賃の増減額請求………174
主たる債務…………………………92	相殺……………………90,132,137	地目………………………………110
主登記……………………………120	相殺適状…………………………137	嫡出子……………………………197
受働債権…………………………137	造作買取請求権…………………168	中心線……………………………229
取得時効……………………188,189	相続………………………………197	注文者………………183,184,212
受任者……………………178,180	相続財産目録……………………202	直系尊属…………………………197
種類・品質に関する契約不適合…63	相続の放棄………………………200	賃借権……………………………144
準委任契約………………………178	相対効（相対的効力）……………89	賃借権の譲渡・転貸……………147
順位番号…………………………111	相当因果関係……………………50	賃借権の登記……………………145
承役地……………………………225	双方代理…………………………33	賃借人……………………142,151
小規模滅失………………………238	贈与………………………………187	賃貸借……………………152,153
使用禁止請求……………………237	相隣関係…………………………215	賃貸借契約………………………142
条件の成就…………………………8	損害賠償額の予定…………………51	賃貸人……………………142,150
使用者責任………………………209	損害賠償請求（権）	追完請求権………………………63,184
使用・収益させる義務…………142	………47,64,67,181,185,212	

追認権…………………………11,13,15		
通行地役権…………………… 225		
通知・承諾の効果…………… 130		
通謀虚偽表示…………………22		
定期借地権………………… 163		
定期建物賃貸借…………… 172		
停止条件…………………… 8		
抵当権………………… 67,73		
抵当権者……………………74		
抵当権消滅請求………………82		
抵当権設定契約………………75		
抵当権設定者……………………74		
抵当権の実行………………77		
抵当権の侵害………………77		
抵当権の設定………………75		
抵当建物使用者………………81		
手付………………………56		
手付解除…………………57		
手付倍返し…………………58		
手付放棄…………………58		
電磁的方法………… 233,235		
転貸借…………………… 148		
転得者………………………23		
天然果実………………………78		
添付情報…………………… 117		
同意権…………………11,13,15		
登記……… 55,99,108,230		
登記義務者………………… 115		
登記記録…………………… 109		
登記原因証明情報………… 117		
登記権利者………………… 115		
登記識別情報……………… 118		
登記識別情報不通知制度…… 118		
登記事項証明書…………… 112		
登記所……………………… 109		
登記簿……………………… 109		
動機の錯誤…………………26		
動産質………………………86		
動産の先取特権………………85		
同時履行の関係……… 54,71,183		
同時履行の抗弁権…………46,135		
特殊の不法行為…………… 209		
特定承継人………………… 236		
特別縁故者………………… 219		
特約による担保責任の軽減……66		
土地(の)賃借権…… 155,158		
取消し……………………… 8		
取消権…………11,13,15,18,40		
取壊し予定建物の賃貸借……… 173		

な行

2号仮登記……………… 121
二重譲渡………………………99
任意代理…………… 29,31,36
根(相隣関係)………… 218
根抵当権………………………82

は行

配偶者……………………… 197
配偶者の居住権の保護………… 206
廃除……………………… 200
背信的悪意者……………… 101
売買の契約不適合………………69
被担保債権…………71,78,83
非嫡出子…………………… 197
筆界特定の申請…………… 113
必要費……………………… 143
被保佐人………………………14
被補助人………………………15
秘密証書遺言……………… 203
表見代理……………………40
表示錯誤……………………26
表示に関する登記………… 114,231
費用償還義務……………… 143
費用償還請求権……………76,181
表題登記…………………… 109
表題部……………………… 109
表題部所有者……………… 120
費用前払請求権…………… 181
付加一体物……………………77
不確定期限ある債権………… 193
不可分性………………………71
不完全履行……………………47
付記登記…………………… 120
復代理…………………………36
復代理人の選任………………36
袋地……………………… 215
付従性………………71,93,94
不真正連帯債務…………… 211
負担付贈与………………… 187
負担のない贈与………………11
負担部分(連帯債務)………88
復旧……………………… 238
物権……………………… 214
物権変動………………………98
物上代位性……………………72
物上保証人……………………74
不動産質………………………86

不動産登記法……………… 108
不動産の先取特権………………85
不当利得…………………… 213
不分割特約………………… 222
不法行為…………………… 208
不法行為者………………… 100
不法占拠者………………… 100
分割債務………………………88
分割の登記………………… 125
分筆の登記………………… 123
分別の利益………………………97
変更行為…………………… 237
変更登記…………………… 120
弁済……………………… 132
弁済による代位…………… 136
弁済の充当………………… 135
包括承継人……………… 100,236
報告義務…………………… 179
報酬減額請求権…………… 185
報酬支払義務……………… 183
報酬請求権………………… 180
報償責任…………………… 209
法定解除………………………52
法定果実………………………78
法定共用部分……………… 228
法定更新…………………… 157
法定充当…………………… 136
法定相続人………………… 197
法定相続分………………… 198
法定代理…………… 29,31,36
法定代理人………………… 10,13
法定単純承認……………… 201
法定担保物権………………… 70
法定地上権………………………78
法定追認………………………18
法定利率………………………51
法務局……………………… 109
法律行為の効果………………11
保護者……………………… 9
保佐開始の審判………………14
保佐人………………………14
補充性………………… 94,95
保証…………………………92
保証契約………………………92
保証債務………………………92
保証人………………………92
補助開始の審判………………15
補助人………………………15
保存行為………………………30
本権……………………… 226

ま行

抹消登記	120
マンション	227
未成年後見人	10
未成年者	10
無過失責任	181,211
無権代理	38
無権利者	100
無効	7,9
無償契約	7
免除	132
黙示の更新	146
黙示の表示	26
目的物の修繕義務	143
目的物の種類・品質に関する担保責任	184
持分	218,223

や行

約定解除	52
約定担保物権	70
有益費	143
有効	7
有償契約	7
優先弁済的効力	73,85
譲受人	126
要役地	225
要物契約	7

ら行

利益相反行為	33
履行遅滞	47,48,49
履行遅滞中の履行不能	62
履行の追完	63
履行不能	47,48,50
履行割合型の委任	180
留置権	72,84
留置的効力	85
利用・改良行為	30
利用上の独立性	228
隣地使用権	216
連帯債務	87
連帯保証	96

2023年度版

wakatte-ukaru
TAKKEN士

わかって合格(うか)る宅建士
基本テキスト

第2編 宅建業法

第2編 宅建業法　CONTENTS

合格するための「宅建業法」入門　246

Chapter▶1　宅建業者になる
- **Sec.1**　「宅地建物取引業」ってなに？　250
- **Sec.2**　宅建業者は免許が必要　～宅建業の免許と欠格要件等～　255

Chapter▶2　宅建士は取引のスペシャリスト
- **Sec.1**　「宅建士」って何をする人？　276
- **Sec.2**　登録しないと宅建士になれない　～宅建士の登録と欠格要件等～　278
- **Sec.3**　宅建士としての証明書をもらう　～宅建士証～　288
- **Sec.4**　宅建業者と宅建士　291

Chapter▶3　宅建業を始める前にお金を預ける
- **Sec.1**　営業保証金の仕組み　296
- **Sec.2**　保証協会　305

Chapter▶4　取引にあたって注意しなければならないこと
- **Sec.1**　広告や契約の注意事項　314
- **Sec.2**　事務所等に関する定め　320
- **Sec.3**　業務を行うときのモラルなど　326

Chapter▶5　取引にあたって交付すべき3大書面
- **Sec.1**　媒介契約で交付すべき書面　～媒介契約書～　332
- **Sec.2**　契約「前」に交付する書面　～35条書面～　339
- **Sec.3**　トラブル防止目的の書面　～37条書面～　355

Chapter▶6　業者が自ら売主となるときの8種規制
- **Sec.1**　8種規制を受けるとき　364
- **Sec.2**　8種規制ってどんなもの？　366

Chapter▶7　報酬額の制限
- **Sec.1**　報酬額の制限規定　390
- **Sec.2**　報酬額の計算方法　393

Chapter▶8　宅建業者や宅建士が受けるペナルティー
- **Sec.1**　監督処分の種類と事由　404
- **Sec.2**　罰則　413

Chapter▶9　欠陥住宅の販売に備えて
- **Sec.1**　新築住宅の瑕疵担保責任を果たすために　～住宅瑕疵担保履行法～　416

索引

第2編 宅建業法

合格するための
「宅建業法」入門

　木を見て森を見ないで始める学習は、効率的ではありません。そこで、まず
は、宅建業法の全体像について、２つのことをつかんでおく必要があります。
１つは、宅建士試験における宅建業法の位置づけ、もう１つは、宅建業法の目
的とその目的を達成するための手段です。大まかに把握しておきましょう。

「宅建業法」の傾向と対策

　「宅建業法」は、宅建士試験の出題数50問のうちの**４割**、つまり**20問**が出題さ
れる最も重要な分野です。
　それでは、この「宅建業法」での**得点目標**を見てみましょう。

　次の表をご覧ください。これは、2017年度〜2021年度の、**本試験の合格点**と
合格者の平均的な「宅建業法」における得点です（本書は**2022年度に実施され
た本試験**の出題を分析・検討の上作成していますが、執筆時点では全体の合格点
等は未公表です。ただし、出題内容や難易度等から、**2022年度本試験**の合格者の
平均的な『宅建業法』での得点は概ね17点程度と推定されます）。ここから**合格戦
略**が見えてきます。

	2017年度	2018年度	2019年度	2020年度10月	2020年度12月	2021年度10月	2021年度12月
本試験の合格点	35/50	37/50	35/50	38/50	36/50	34/50	34/50
合格者の平均的な「宅建業法」での得点	15/20	16/20	15/20	17/20	16/20	17/20	16/20

　合格するには、ほぼ**16点程度**という**高得点**を得る必要があることがわかりま
す。ですが、裏返して言うと、しっかり学習すれば誰でも**8割程度の得点が可能**
ということです。このことと、合格点が50問中35点程度であり、「宅建業法は50
問中20問を占める」ことをあわせて考えれば、合格対策として、非常に重要な戦
略が見えてきます。つまり、①「宅建業法」を圧倒的に得意科目にすること、そ
して、②このことが合格には不可欠であるということです。したがって、得点目

標は、満点近く、少なくとも **18点程度** になります。

　そのために、合格に必要十分な知識が記載されている本書を、徹底的にマスターしましょう。同時にこのことは、最近よく出題されるようになった「**個数問題**」（例えば、「正しい」ものは「いくつ」あるかなど、個数を訊く問題）への**強力な対策**にもなるはずです。このタイプの問題は、問われていることすべてについてきちんと判断ができなければ正解を導けません。したがって、得点するためには**確実な知識が必要**です。ちなみに、2022年度実施の本試験では、宅建業法20問のうち５問が個数問題でした。

> ＊ **2022年度**の詳細な合格ラインの分析や『**わかって合格る宅建士シリーズ**』を利用した **2023年度**の本試験対策など、読者の皆さまに役立つ情報を、TAC出版HPで公開いたします（2022年12月下旬予定）。
>
> URL ➡ https://bookstore.tac-school.co.jp/wakauka/

「宅建業法」の全体像

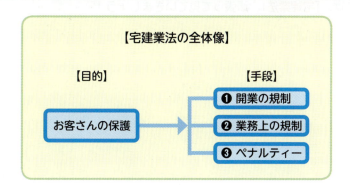

　宅建業法の目的は、**お客さんを保護**することにあります。「消費者等の保護」と言い換えてもいいですね。この"目的"に見るように、**宅建業法は考え方がシンプル**ですから、**マスターしやすい分野**であるといえます。

では、そのために**どのような手段**が用意されているのでしょうか？
大きく、次の３つに分かれます。

> ❶　**開業の規制**とは、宅建業者としてこれから仕事をするにあたって、必要な準備に関することです。例えば、宅建業を営むのに免許が必要であるなどです。
> ❷　２つめに、**業務上の規制**。これは、業務を行うにあたってやらなければならないことや、逆にやってはいけないことです。
> ❸　最後に、❶の開業の規制や❷の業務上の規制をきちんと守ってもらうために、**ペナルティー**として定められている事柄です。業者の免許を剥奪したり、また、罰金を科したりするというものです。

　近年の本試験では、❶の開業の規制から20問のうちの $\frac{1}{3}$ 程度、❷の業務上の規制からは $\frac{2}{3}$ 程度の割合で出題されます。それに❸の**ペナルティー**などが１問程度という構成です。

　なお、2010年からは、「住宅瑕疵担保履行法」が関係法令として出題対象となり、毎年１問出題されています。

　それでは、「宅建業法」、頑張って見ていきましょう！

② また、今現在、建物はないけれど、**建物を建てる目的で取引をする土地**も「宅地」です。これも登記簿上の地目とは関係ありません。
③ さらに、今現在、建物はなく、また建てる目的で取引をするわけではないのですが、**用途地域内にある土地**であれば「宅地」です。

　用途地域とは、後出の「**第3編　法令上の制限**」で学習しますが、建物の用途ごとに分けられた地域のことです。そして、この用途地域は、建物が建つところが指定されますから、用途地域内の土地は「宅地」とされています。

　ただし、用途地域内にある土地であっても、**現に道路、公園、河川、水路、広場の用に供せられている土地**は「宅地」から、例外的に除かれます。その土地には、もはや建物が建たないからです。なお、**現在それらでないなら、道路「予定地」や公園「予定地」とされていても「宅地」**です。

「用途地域内の例外」については"ゴロ合わせ"で覚えてしまいましょう。

ゴロで覚える ▷▷ 用途地域内でも「宅地でない」もの

コー	ヒー	どうで	す	か
公園	広場	道路	水路	河川

---

2 「建物」の定義

　いわゆる「一戸建て」のみでなく、**建物の一部である**マンションの専有部分も「建物」です。

　また、**学校・病院・官公庁施設等の公共的施設**も、「建物」に当たります。

3 「取引」の定義

次の表の「○」印が、「取引」にあたります。

試験に出る! POINT整理　「取引」とは

契約のタイプ 取引態様	売　買	交　換	貸　借
❶ 自 ら 当 事 者	○	○	✕
❷ 代　　　理	○ _{R3}	○	○
❸ 媒　　　介	○ _{R3}	○	○

(1)　表中の取引態様、つまり、「自ら当事者」「代理」「媒介」は、宅建業に関する仕事をする際に「どのような形でかかわるか」ということを指しています。「❶自ら当事者」とは、契約の当事者になる場合です。「❷代理」と「❸媒介」は、人と人との間を取り持つことであり、契約を結ぶ権限がある場合を「代理」、ない場合を「媒介」といいます。なお、他人に代理や媒介を依頼した場合の依頼者本人は「自ら当事者」となります。

(2)　取り扱う契約のタイプは、3種類あります。「売買」とは売買契約、「交換」は交換契約です。「貸借」とは、もっぱら賃貸借契約をお考えください。

(3)　ここで重要なのは、「自ら貸借」は、「取引」には該当しないということです。　したがって、貸ビル業や貸駐車場、貸マンション経営などは取引にあたらず、宅建業の免許は不要です。また、自ら貸借をする者は、宅建業法上の規制も受けません。さらに、自ら転貸借も自ら貸借ですから、取引には含まれません。

その他、マンション管理や建築請負も、取引に含まれません。

4 「業」の定義

「業」とは、不特定多数を相手に、反復または継続して行うことです。そして、関わってくるいろんな多くの人たちが迷惑を被るかもしれないからこそ、免許

を受ける必要があるのです。

❶「不特定多数」とは

対象が多数であっても、例えば、取り扱う仕事の相手が「一定の範囲の人に限定されている場合」など**特定**されていれば、「業」には該当しません。

「特定」か「不特定」かは、次のような、**過去の本試験で出題された具体例**から、判断できるようにしておきましょう。

> 【「相手方」についての過去の出題例】
> ① Ａ社が、**従業員のみ**を対象
> ② Ｂが、公益法人のみを対象
> ③ Ｃが、国その他宅地建物取引業法の適用がない者を対象 H26
> ④ Ｄが、多数のＤの友人または知人を対象

①は、一定の範囲内の人に限定されていますので「業」には該当しません。しかし、②③④は、実は対象が限定されていないため、「業」に該当します。

>「のみ」という言葉にだまされないように、違いをしっかり把握しましょう。

❷「反復または継続して」とは

これは、「繰り返して、ずっと行う」という意味です。他方、例えばＡさんが持っている土地を「**一括**（1つにまとめて扱う）**してＢさんに売る**」という場合は、取引を繰り返したり、ずっと行うわけではないので「業」には該当しません。

> ただし、「一括して代理を依頼する」「一括して媒介を依頼する」という場合は、**注意が必要**です。「一括」して行われるのは代理等の依頼であり、その後、例えば代理人が、不特定多数を相手に反復継続して契約を結べば、依頼をした者は、自ら当事者として「業」を行うことになるからです。

❸「営利性」とは？

「業」にあたるか否かの判断には、営利目的の有無は関係ありません。例えば、営利法人ではない学校法人や宗教法人のような<u>公益法人</u>が行う場合でも、「業」に該当します。また、ほかの業務のサービスの一環として、あるいは<u>付帯業務</u>として、無報酬であっせんなどを行う場合でも、「業」に該当します。

2 事務所の定義（施行令1条の2）

宅建業法上の事務所とは、次の①～③です。なお、<u>商業登記簿に登載されているか否かは無関係</u>です。

① まず、<u>本店（主たる事務所）</u>です。本店は、そこで直接<u>宅建業を営んでいなくても</u>、支店（従たる事務所）で宅建業を営んでいるならば、事務所にあたります。

> 本店（主たる事務所）は、その業者全体の方針を決めるところだからです。

② 次に、宅建業を営む支店（従たる事務所）です。本店（主たる事務所）と異なり、<u>宅建業</u>を営んでいる支店のみが宅建業法上の事務所とされ、営んでいない支店は事務所にカウントされません。

③ さらに、<u>継続的に業務を行うことができる施設を有する場所で、宅建業に係る契約を締結する権限を有する使用人を置くところ</u>も、事務所です。建物の中にあるような施設で、支配人などがいるところです。一時的な<u>出張所</u>は含まれません。

> 例えば、<u>商業登記簿に登載されていない営業所</u>なども事務所に該当します。

第2編 宅建業法

Chapter 1 ▷ 宅建業者になる

Section 2 宅建業者は免許が必要
～宅建業の免許と欠格要件等～

Introduction
宅建業法の目的は**お客さんの保護**です。そのために、宅建業を行うには**免許が必要**とされているのです。ここでは、免許に関するいくつかのことを学習します。1つ1つ押さえていきましょう。

▶▶ 分野別過去問題集　第2編「宅建業法」問題 ❶〜❽

1 免許の種類と効力　

1 免許の種類（3条1項）

　宅建業を行う場合は、免許を受けなければなりません。そして、受けるべき免許には、①都道府県知事免許と②国土交通大臣免許の2種類があります。
　①②の区別のポイントは、**事務所**の設置場所です。**事務所**が1つの都道府県内にあるならば、たとえ何ヵ所あっても都道府県知事免許、2つ以上の都道府県にまたがる場合は、国土交通大臣免許です。
（H23・R2）

> 2つ以上の都道府県にまたがる場合は、それぞれの知事が**管轄**する範囲を越えるからです。

2 免許の申請

　免許の申請が行われたときに欠格要件に該当しないならば、免許権者は免許証を交付します。また、国土交通大臣免許を申請しようとする者は、主たる事務所の所在地を管轄する都道府県知事を経由して申請します（78条の3第1項）。
　さらに、免許権者は、免許（免許の更新を含む）を与えるに際して、一定の条件を付することもできます（3条の2）。なお、希望する者は、**旧姓併記**で申請できます　最近の改正　。
（H26・R2／R2）

> 免許申請の受理など国土交通大臣の一定の権限は、地方整備局長等に委任されています（78条の2）。

3 免許の効力

免許の有効期間は、**5年**です（3条2項）。そして、**免許は全国で有効**です。

例えば、東京都知事免許を持っている業者であっても、全国どこでも仕事ができます。

2 免許の欠格要件（5条） ⚠重要

1 「免許の欠格要件」のポイント

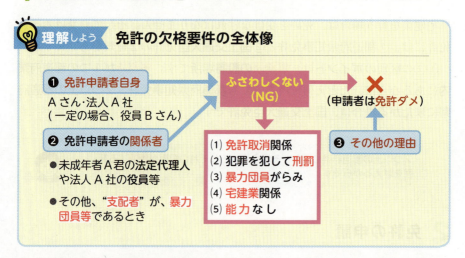

宅建業者は、高価で、しかもお客さんにとって非常に重要な財産である土地・建物などを取り扱いますので、宅建業者としてふさわしくない人には免許を与えるわけにはいきません。そこで、上の 理解しよう にあるように、いくつかの**欠格要件**（宅建業者になるための資格が欠ける場合）が定められています。

まず、欠格要件の１つめのポイントは、❶の「**免許申請者自身**」が「ふさわしくない」場合です。

「ふさわしくない」という欠格要件は、**大きく５つに分類できます。**

> (1) 宅建業者Ａが免許を受けて営業していたが、一定の事由で**免許取消処分**を受け、そして、その後あらためて免許を申請するような場合
> (2) **犯罪を犯して刑罰を受けた場合**
> (3) **暴力団員がらみの場合**
> (4) **宅建業に関して不当なことを行ったなどの場合**
> (5) **能力がない場合**

例えば、(5)の「自分の財産を管理する能力さえないような人」が宅建業者では困りますね。

次に、２つめのポイントは、❷の免許申請者の「**関係者**」が「ふさわしくない」場合です。申請者であるＡさんやＡ社には問題はないものの、ＡさんやＡ社の関係者が以下の❶～❽のようにふさわしくない場合などには、ＡさんやＡ社には免許が与えられません。

そして、３つめのポイントが、❸の「**その他の理由**」です。

2 「ふさわしくない」とはどんなことか

これから見ていく❶❷❸は、いったん免許を受けた後に、一定の理由で**免許を取り消された場合**です。❹は犯罪・刑罰がらみ、❺は暴力団員がらみ、❻❼は宅建業に関して不適当なことをしたような場合、❽は能力が不足している場合です。

ここは、完全にマスターしておいてください。非常に重要です。

❶ 次の㋐～㋒のいずれかの事由に該当して宅建業の**免許を取り消され**、その取消しの日から**5年**を経過していない者

欠格要件に該当するのは、免許取消事由のうちの、次のような一定の事由に限定されています。

> ㋐ **不正の手段**で免許を受けた
> ㋑ **業務停止**処分事由に該当し、情状が特に重い
> ㋒ **業務停止**処分に違反した

いずれの免許取消事由も、もう一度宅建業者にするのは不適当と考えられる場合です。㋐～㋒の3つの事由をしっかり覚えておいてください。次の❷でも共通です。また、「5年」という数字も頭に入れておきましょう。

❷ 上記㋐～㋒の事由による**免許取消処分の聴聞の期日および場所の公示日**から処分までの間に、相当の理由なく**廃業等の届出**をしたもので、その届出の日から**5年**を経過しない者

> 免許取消処分などの監督処分を受けるときに言い分を聴いてもらうことを、**聴聞**といい、その聴聞が、いつ・どこで開かれるのかが公示される日を、「**聴聞の期日および場所の公示日**」といいます。

「免許取消処分を受けるとマズいから」という理由で、廃業の届出をして逃げた結果、本来なら免許を受けられない期間内に免許を受けようとするズルい奴のことです。

ここで注意が必要なのは、「業務停止処分」ではなく、「免許取消処分」の聴聞の期日および場所の公示日ということです。引っかけ問題が出題されますから、注意してください。

本試験では、次の 🔍出題される具体例 のように、**公示日**がいつで、**廃業届**を出したのがいつなどと、問題文の中に**日付の指定**が書いてあり、そのうえで免許を受けることができるか否かが問われます。

🔍 **出題される具体例**

宅建業者Ａが不正な手段で免許を受けたとして、2023年4月4日、免許取消処分の聴聞の期日および場所が公示されたが、同月8日、Ａは、相当の理由なく廃業の届出をした。Ａは、同年4月8日から5年間、免許を受けることができない。

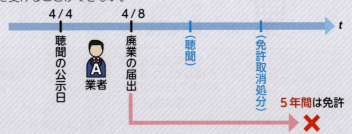

❸ ❶❷のケースで、宅建業者が法人の場合、聴聞の期日および場所の**公示**日前**60日**以内に、**役員**であった者等

例えば、宅建業者であるＡ社が、業務停止処分に違反したという理由で免許取消処分を受けた場合、Ａ社の免許取消し当時に役員だったＢさんが、自分で宅建業をやろうと思って免許を申請しても、免許は与えられません（次の 🔍出題される具体例 参照）。

Ａ社が相当の理由なく廃業届を出した場合のＢさんも、同様です。

なお、ここでいう**役員**とは、**取締役・執行役**といった名称が付けられている者だけでなく、相談役、顧問その他いかなる名称を有する者であるかを問わず、法人に対して**取締役等と同等以上の支配力**を有する者を指します。

つまり、役員とは、実質的に会社を支配し、会社を免許取消処分を受けるような方向に導いた**張本人**のことです。

宅建業者A社が業務停止処分に違反したとして、2023年5月10日、免許取消処分の聴聞の期日および場所が公示され、同年5月20日、A社は、免許取消処分を受けた。A社の取締役Bは、同年4月10日にA社を退職していた。

この場合、Bは、同年5月20日から5年間は、宅建業の免許を受けることができない。

❹ 次の(ア)(イ)に該当する者で、**刑の執行が終わり**、または執行を受けることがなくなった日から **5年** を経過しない者

(ア) **宅建業法違反**、暴力団員による不当な行為の防止等に関する法律違反、**傷害罪**・傷害現場助勢罪・**暴行罪**・凶器準備集合結集罪・**脅迫罪**・**背任罪**、暴力行為等処罰に関する法律の罪により、**罰金刑** に処せられた者
　　H23〜25・27・R1・2

(イ) どんな犯罪であれ、**禁錮刑以上の刑** に処せられた者
　　H23〜25・27・30・R1

(ア) まずは、**罰金刑** です。たとえ懲役や禁錮刑に比べると軽い刑であっても、このような犯罪を犯して罰金刑を受けた場合は、宅建業者としてNGです。

そして、罰金刑を受けた犯罪の種類と欠格となる理由は、次の3つです。

① 宅建業法違反	宅建業者としてふさわしくない
② 背 任 罪	背任罪とは、依頼人を裏切ったときに成立する犯罪。顧客が損害を被るおそれがある
③ 暴 力 犯 罪	暴力団等を排除することが目的

(イ) そして、**禁錮刑**「**以上**」**の刑**とは、禁錮刑および懲役刑を想定すればOKです。罰金刑と異なって重い刑罰ですので、**犯罪の種類は問いません**。したがって、道路交通法違反や公職選挙法違反等で罰せられた場合も含まれます。

なお、次の①②は、前記(ア)(イ)に共通する注意点です。

① まず、**執行猶予**がつけられた場合です。この**執行猶予**期間が満了すると刑の言渡しは失効する、つまり、刑の言渡しがそもそもなかったことになりますから、その期間が満了すれば、ただちに免許を受けることができます。ただし、**執行猶予**期間中は免許を受けることはできません。
_{H24・25・27・R1・2}

> **執行猶予**とは、例えば懲役刑であっても、まだ刑務所に入らなくてもよいとする制度です。

② さらに、判決に不服で**控訴**や**上告**をする場合。判決が覆って無罪になる可能性もある、つまり、刑が確定していない状態ですから、控訴・上告中の場合は、**免許を受けることができます**。
_{R3}

> ❺ 暴力団員による不当な行為の防止等に関する法律2条6号に規定する**暴力団員**または**暴力団員**でなくなった日から**5年**を経過しない者
> _{H27}

これらの者（まとめて「**暴力団員等**」といいます）が、宅建業者になれないようにするための規定です。

> ❻ 免許申請前**5年**以内に、**宅建業**に関し**不正**または著しく不当な行為をした者
> _{H28}
> ❼ **宅建業**に関し、**不正**または**不誠実**な行為をするおそれが明らかな者
> _{H25}

⑦については、過去に不正行為等をした経歴があり、今後もそれを繰り返す

危険性が客観的に認識しうる者を指します。

> ❽ **心身の故障**により宅建業を適正に営むことができない者として国土交通省令で定めるもの 最近の改正 ・**破産者**で復権を得ない者

　成年被後見人や被保佐人であっても、一律に免許が受けられないわけではなく、**心身の故障**等の状況を個別的・実質的に審査することによって、必要な能力の有無が判断されます。また、破産者でも、**復権**を得ればただちに免許を受けることができます。
R2・2・3

重要！一問一答
H24-問26-肢1

Q 免許を受けようとするA社に、刑法第204条（傷害）の罪により懲役1年（執行猶予2年）の刑に処せられ、その刑の執行猶予期間を満了した者が役員として在籍している場合、その満了の日から5年を経過していなくとも、A社は免許を受けることができる。

A 執行猶予期間が満了しているので、もはや問題なし。　　　　　……… ○

3 免許の申請者の「関係者」

ここでは、どんな人たちが「関係者」にあたるのかをつかんでおきましょう。

> ❾ 営業に関し成年者と同一の行為能力を**有しない未成年者**であり、かつ、**法定代理人**（未成年後見人が法人のときは、その法人の役員）が❶～❽のいずれかに該当する者
> H27

(1)　「営業に関し成年者と同一の行為能力を有しない未成年者」とは、親権者などの法定代理人から宅建業に関して営業の許可を受けていない未成年者のことです。

262

> 成年者と同一の行為能力を有しない未成年者の場合は、同意を与えたり代理をする親がふさわしくないならば、不適当な取引を招くおそれがあるため、親などをちゃんと審査する必要があるからです。

(2) 宅建業に関して営業の許可を受けていれば、「**営業に関し成年者と同一の行為能力を有する未成年者**」と扱われます。そして、成年者と同一の行為能力を「**有する**」未成年者の場合は、**親権者等の法定代理人がふさわしいか否かにかかわらず、その未成年者自身を審査して問題がなければ、免許を受ける**ことができます。

> (1)と(2)の違いには**要注意**です。

❿ 役員または**政令で定める使用人**が、**❶**～**❽**のいずれかに**該当する者**
　　　　　　　　　　　　　　　　　　　　　H24・25・27・R1・2・3

　政令で定める使用人とは、支店長などのこと。**役員**（非常勤も含まれます）は
　　　　　　　　　　　　　　　　　　　H24・25・R1
会社の方針を決めますし、支店長なども支店において同様ですので、ふさわしくない人を役員や政令で定める使用人にしている**法人**や**個人**に免許を与えるわけにはいかないからです。

> 前出❸では**役員のみ**だったことと、**区別**しましょう。

　例えば、免許を受けようとするC社の**役員**、あるいは、**政令で定める使用人**の中に、前出❸の「宅建業者であったA社において、聴聞の公示日前60日以内に役員であった者」（ex. A社の免許取消し当時に役員だったBさん）がいる場合、C社は、**免許を受けることができません**。

⓫ その事業活動を支配する者が暴力団員等である者

　暴力団員等が宅建業界に入ってこないようにするためです。

4 免許の申請手続等その他の欠格要件

次のように、手続にウソがある場合なども、免許は受けられません。

⑫ 免許申請書やその添付書類中の重要な事項に、虚偽の記載があったり重要な事実の記載漏れがある者

⑬ 事務所ごとの専任の宅地建物取引士の設置要件を欠く者

わかって合格る いますぐ解く! 厳選過去問プレミアム 50 問16 へ

Chapter **1** ▷ 宅建業者になる

5 「免許の欠格要件」のまとめ

試験に出る！ POINT整理　免許の欠格要件

申請者	❶	次の一定事由により**免許を取り消された者**（取消日から**5年**間は不可） （ア）**不正の手段**で免許を受けた （イ）**業務停止**処分事由に該当し、情状が特に重い （ウ）**業務停止**処分に違反した
	❷	❶の聴聞の公示後、相当の理由なく**廃業等の届出**をした者 （届出日から**5年**間は不可）
	❸	❶❷に該当する法人において、聴聞の**公示日前60日以内**に**役員**（取締役等と同等以上の支配力を有する者）であった者（取消日または届出日から**5年**間は不可）等
	❹	（ア）**一定の罪**により**罰金刑**に処せられた者 （**刑の執行終了**等から**5年**間は不可） （イ）どんな犯罪であれ**禁錮刑以上の刑**に処せられた者 （刑の執行終了等から**5年**間は不可）
	❺	暴力団員による不当な行為の防止等に関する法律に規定する**暴力団員**または**暴力団員でなくなった日**から**5年**を経過しない者（「**暴力団員等**」）
	❻	免許**申請前5年**以内に、**宅建業**に関し**不正**または**著しく不当な行為**をした者
	❼	**宅建業**に関して**不正**または**不誠実**な行為をする**おそれが明らかな者**
	❽	**心身の故障**がある一定の者　**最近の改正**　・**破産者**で復権を得ない者
関係者	❾	営業に関し**成年者と同一の行為能力を有しない未成年者**で、**法定代理人**（未成年後見人が**法人**のときは、その法人の役員）が上記❶〜❽のいずれかに該当する者
	❿	**役員・政令で定める使用人**が上記❶〜❽のいずれかに該当する者
	⓫	その事業活動を**支配**する者が**暴力団員等**である者
その他	⓬	免許申請書等の重要な事項に、**虚偽の記載**や重要な事実の記載漏れがあった者
	⓭	事務所ごとの専任の宅建士の設置要件を欠く者

Chap. **1**

Sec. **2**

宅建業者は免許が必要〜宅建業の免許と欠格要件等〜

265

3 免許の更新

① 有効期間が満了しても業者として仕事を続ける場合は、免許の更新申請が必要です。そして、更新申請は、有効期間満了日の90日前から30日前までの間にしなければなりません（3条3項、施行規則3条）。
② ところが、適法に免許の更新申請をしたものの、満了日が来てもまだ免許が出されていないという場合、有効期間の満了日から新たな免許が出るまでの間は、従前の免許が効力を有します（3条4項）。
③ 更新後の免許の有効期間は、②の場合も含めて、従前の免許の有効期間の満了日の翌日から5年間です（3条5項）。

4 届出事項等

1 宅建業者名簿と変更の届出（8〜10条）

業者に関する重要な情報は、免許権者（免許を与えた知事等）としては把握する必要がありますし、また同様に、取引をするお客さんにとってもそのほうが好ましいので、国土交通大臣や都道府県知事のところには、宅建業者名簿が備え付けられ、一般の閲覧に供されています。

次の表の「1. 登載事項」❷〜❻に変更が生じた場合は、宅建業者は、届出をしなければなりません。それを変更の届出といいます。

この変更届出書に関し、法人業者の代表者を含む役員・個人業者・政令で定める使用人・専任の宅建士の氏名については、希望する者は旧姓併記で申請することができます 最近の改正 。

宅建業者名簿の登載事項

1. 登載事項

❶	免許証番号・免許年月日
❷	商号・名称
❸	法人の場合、役員の氏名、政令で定める使用人の氏名
❹	個人の場合、その者の氏名、政令で定める使用人の氏名
❺	事務所の名称・所在地
❻	事務所ごとに置かれる専任の宅建士の氏名
❼	取引一任代理等について、国土交通大臣の認可を受けているときは、その旨および認可の年月日
❽	宅建業法違反により、指示または業務停止の処分を受けているときは、その年月日と内容
❾	宅建業以外の事業を行っているとき（兼業）は、その事業の種類

2. ❷～❻の事項に変更があったときには、宅建業者は、30日以内に、免許権者へ届け出なければならない

以下は、上の表に関する主な留意点です。

　おおむね、名称に変更があった場合です。ですから、❸の「役員」や❻の「専任の宅建士」の住所に変更があっても、変更の届出は不要です。ただし、❺の「事務所」については、名称だけでなく所在地も含まれます。したがって、新たに支店を設けたときや廃止したときだけでなく、元からある支店を移転したときにも、変更の届出が必要です。また、❸の「役員」には、非常勤の取締役や監査役も含みます。
　なお、❾の「兼業」に関しては、変更の届出の対象事項ではありません。

2 免許証

　免許証の一定の記載事項（商号など）に変更が生じたときは、「変更の届出」とあわせて、**免許証の書換え交付の申請をしなければなりません**(規則4条の2)。また、免許証を亡失・破損したときは、免許証の再交付申請が必要です。

　さらに、宅建業を廃業したり免許の取消処分を受けたときは、免許証を**返納**しなければなりません(規則4条の4)。しかし、**免許の有効期間が満了する**ことによって免許の効力が失われた場合は、**免許証の返納は不要**です。H28・R3

> なお、免許証の記載事項である**代表者の氏名**について、旧姓使用を希望する者は、免許証に**旧姓**を**併記**できるようになりました　最近の改正　。

3 廃業等の届出(11条)

　宅建業者が宅建業をやめる場合、免許を残しておいても仕方がないため、届出が要求されます。ポイントは、**どんな場合に**（事由）、**誰が**（義務者）、**いつまでに届けるのか**（期限）です。**いつ免許の効力が失われるのか**（免許失効時点）ということにも、要注意です。

試験に出る！ POINT整理　廃業等の届出

届出事由	期限	届出義務者（個人業者）	届出義務者（法人業者）	免許失効の時点
❶ 死亡	その事実を知った日から**30日**以内	相続人	―	**死亡**時
❷ 破産手続開始の決定	その日から**30日**以内	**破産管財人**	**破産管財人**	**届出**の時
❸ 廃業	〃	本人	代表役員	〃
❹ 法人の解散	〃	―	清算人	〃
❺ 法人の合併消滅	〃	―	**消滅会社**の代表役員	**合併**の時

(1) それでは、誰が届け出るのか。❶の死亡の場合は当然、相続人です。❷の破産手続開始の決定の場合は、本人ではなく破産管財人です。

> ここは、後で学習する「宅建士等の届出」とは異なりますから、要注意。

❸の廃業とは宅建業をやめることです。そして、❹の法人の解散とは、法人を廃止することで、この場合には、後始末の手続、つまり清算手続を行う清算人が届け出ます。❺の法人の合併による消滅ですが、例えば、A会社とB会社があり、B会社がA会社に吸収合併されてB会社が消滅することです。この場合は、消滅会社であるB会社の代表役員が届け出ます。

(2) 期限は、いずれも「30日以内」です。❶の死亡の場合は、例えばAさん（個人業者）が亡くなったという事実を相続人が「知った日」から30日以内です。相続人が知らないと、そもそも届け出ることができないからです。

(3) さて、死亡と合併消滅の場合には、どちらもその時点でもはや仕事ができなくなりますから、免許は、その時に当然失効します。その一方で、その他の場合は、「届出時」です。免許を失効させるための届出だからです。

重要！一問一答　　　　　　　　　　　　　　　　　　　　　H21-問28-肢2

Q 法人である宅建業者A（乙県知事免許）が合併により消滅した場合、Aを代表する役員であった者は、その日から30日以内に、その旨を乙知事に届け出なければならない。

A 「合併により消滅」した法人を代表する役員が届け出なければならない。……〇

5　免許換え（7条）　　　　　　　　　　　　　　　　　　❗重要

免許換えとは、事務所が増えたり減ったりした結果、免許権者が変わることです。

> 「免許権者は誰か」ということの、延長線上の内容です。

1 免許換えが必要な場合

❶ 国土交通大臣免許から都道府県知事免許に免許換えが必要な場合

例えば、東京都と千葉県に事務所を持っていたAさんが、千葉県にある事務所を全部廃止したときです。この場合、Aさんは東京都知事へ、直接免許換えの申請を行います。

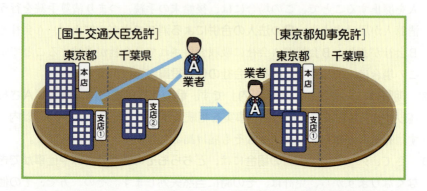

❷ 都道府県知事免許から国土交通大臣免許に免許換えが必要な場合

例えば、千葉県の中にしか事務所がなかったBさんが、東京都にも事務所を設けた場合です。つまり、❶と逆のパターンです。この場合、Bさんは国土交通大臣（地方整備局長等）に免許換えの申請をする必要がありますが、主たる事務所の所在地を管轄する知事（千葉県知事）を経由して行います。

❸ 都道府県知事免許から、他の都道府県知事免許に換える場合

例えば、Cさんは東京都内にしか事務所がなかったのですが、東京都内の事務所を廃止して、千葉県内だけに事務所を設ける場合です。この場合、Cさんは千葉県知事へ、直接免許換えの申請を行います。

2 免許換えの通知と効果

　免許換えをする場合、宅建業をやめるわけではないので、**廃業の届出を行う必要はありません**。なお、国土交通大臣または都道府県知事は、新たに免許を与えたときは遅滞なく、その旨を従前の免許権者に**通知**することが必要です（施行規則4条の5）。

　そして、免許換えをした後の免許の効力は、新たな免許を取得したときから**5年間**です。免許換えは「新たな免許取得」と考えられるからです。

　なお、必要な免許換えをしなかった場合は、**免許が取り消されます**（66条1項5号）。

> 免許換えの申請中であっても、**免許換えがなされるまでは、現に受けている免許は有効**ですから、もちろんその間も、業務を行うことができます　最近の改正　。

6 「みなし業者」と無免許営業の禁止

1 免許の一身専属性

　免許には、「その人に対してのみ」与えられるという、**一身専属的な性格**があります。

> 例えば、甲県知事免許を受けている個人業者Aさんが死亡して、息子のBさんがあとを継いだときは、Aさんの免許でBさんが宅建業を行うことはできません。AさんとBさんは違う人だからです。Bさんが宅建業を行いたいのなら、Bさんは別途、宅建業の免許を受けなければなりません。

　このように、宅建業の免許は一身専属的なものですから、**相続や合併**等によっては**承継されません**。

　また、同様に、個人である宅建業者がその事業を法人化するため、新たに株式会社を設立し、その代表取締役に就任する場合でも、設立された会社は法律上「**別の人**」ですから、やはり、**法人**として新たに免許を取得する必要があります。

2 みなし業者 ⚠️ 重要

　ただし、次の表の(B)欄の者は、(A)欄の者が締結した契約に基づく**取引を結了**する目的の範囲内においては、なお宅建業者とみなされます(76条)。それが、みなし業者です。「個人業者Aさんが死亡した」という**1**の例でいえば、息子のBさんは、Aさんが行った仕事の後始末の範囲内では、新たに免許を受けなくても、宅建業者とみなされるのです。

試験に出る! POINT整理　みなし業者

(A)	(B)
死亡した宅建業者	そ の 相 続 人
宅建業者でない法人と**合併**し、消滅した宅建業者	合 併 後 の 法 人
●免許を**取り消された**宅建業者 ●廃業した宅建業者 ●免許の効力がなくなった宅建業者　等	宅建業者であった者

3 免許がなくとも宅建業を営むことができる特例 ⚠️ 重要

(1)　免許を受けなくても宅建業を営むことができる団体が、特例によって認められています(77条~78条)。

　国や地方公共団体、都市再生機構、地方住宅供給公社などは、お客さんを害するようなことはしないと想定され、宅建業法の規定は**全部適用されません**。したがって、免許も不要です。しかし、これには、農業協同組合は含まれません。また、破産管財人が、破産財団の換価のために自ら売主として売却する場合も、免許不要です。裁判所の監督の下に行われるからです。ただし、国・地方公共団体等から代理・媒介の依頼を受けた者は、免許不要とはなりません。注意しましょう。

Chapter **1** ▷ 宅建業者になる

(2) (1)に対して、**信託会社や信託業務を兼営する金融機関は、国土交通大臣に**「**届出**」**をすれば、国土交通大臣免許を受けたものとみなされます。**宅建業法の**免許の規定**が適用されないので、宅建業の免許を受ける必要はありませんし、免許取消処分も受けません。しかし、**免許に関すること以外の宅建業法の規定は、指示処分等の監督処分も含めて適用される**ことに、注意が必要です。

4 無免許営業等の禁止（12条、13条）

免許制度がある以上、**無免許営業や名義貸しは禁止**され、違反した者に対しては厳しい処分が行われます。

① **名義貸し**とは、他人に名義を貸して宅建業を営ませることで、すでに免許を受けている者に自己の名義を貸した場合でも、名義貸しに該当します。

② 無免許営業の禁止は当然ですが、免許を取得していない限り、広告もできません。また、実際に営業をしなくとも、宅建業者であるような嘘の表示や広告をしただけで、罰則の対象となります。

Chap. **1**

Sec. **2**

宅建業者は免許が必要〜宅建業の免許と欠格要件等〜

わかって合格る **いますぐ解く!** **厳選過去問プレミアム 50** **問17** へ

273

第**2**編
宅建業法

Chapter ▷ **2**

宅建士は
取引のスペシャリスト

ここで学習する「宅建士」に関しては、**Chapter1** の「**宅建業者**」と**対比することが効果的**です。免許と登録の違いはあれ、やはり、ふさわしくない者は宅建業者や宅建士になれないですし、知事などから監督を受ける点では共通であるため、両者は押さえるべき内容が似ているからです。ただ、逆にいえば、混同するおそれがありますから、注意しましょう。

Section

1 「宅建士」って何をする人？

2 登録しないと宅建士になれない
〜宅建士の登録と欠格要件等〜

3 宅建士としての証明書をもらう
〜宅建士証〜

4 宅建業者と宅建士

第2編 宅建業法

Chapter 2 ▷ 宅建士は取引のスペシャリスト

Section 1 「宅建士」って何をする人?

Introduction ここでは、「宅地建物取引士」がどのような人を指すのかをつかんだうえで、宅建士が行う法定業務を確認しましょう。

▶▶ 分野別過去問題集 第2編「宅建業法」問題 ❾〜㉑

1 宅地建物取引士になるには

理解しよう 「宅地建物取引士」へのステップ

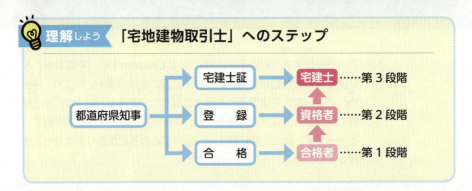

宅地建物取引士(「宅建士」)とは、都道府県知事(例東京都知事)が行う宅地建物取引士資格試験に合格し(16条)、受験地の都道府県知事の登録を受け(18条)、さらにその知事から宅建士証の交付を受けた者(22条の2)をいいます。
H23・26

つまり、宅建士になるには、「合格➡登録➡宅建士証の交付」という3つのステップが必要です。

宅地建物取引士資格試験は、一度合格すれば、取り消されない限り、その合格は一生有効です。なお、不正受験者には、合格の取消しや**3年**以内の再受験禁止などのペナルティが課されることがあります。また、受験地の都道府県知事への登録も、一度登録すると登録の消除(抹消)がされない限り、一生有効です。

276

2 宅建士の法定業務等　⚠️重要

試験に出る！POINT整理　宅建士の法定業務

❶ **重要事項の説明**をすること

❷ 重要事項の説明書（**35条書面**）に**記名**すること　最近の改正

❸ **契約書**（**37条書面**）に**記名**すること　最近の改正

この「3つの法定業務」のことを、**事務**といいます。

本試験では、一定の事柄について、「宅建士自身がしなければならない、あるいは、業者が宅建士を使ってさせなければならないか否か」という形で出題されます。そして、出題された場合の判断は、上記の3つを覚えてさえおけばできるはずです。なぜなら、この3つ以外のことは、特に宅建士が行わなくてもいいからです。
H27・28

なお、従前の「宅建主任者」から、「**宅建士**」へと名称が変更されたことに伴い、次のことが規定されました。

> ① **宅建士の業務処理の原則**として、宅建士は、宅地建物取引業の業務に従事するときは、宅地または建物の**取引の専門家**として、購入者等の利益の保護および円滑な宅地または建物の流通に資するよう、**公正かつ誠実にこの法律に定める事務を行う**とともに、宅地建物取引業に**関連する業務に従事する者との連携**に努めなければならない（15条）
> H27
>
> ② 宅建士は、宅建士の**信用**または**品位**を害するような行為をしてはならない（業務に従事するときのみに限定されない）として、**宅建士としての信用失墜行為が禁止**されている（15条の2）
> H27・R4
>
> ③ 宅建士は、宅地または建物の取引に係る**事務に必要な知識および能力の維持向上に努めなければならない**（15条の3）
> H27

第2編 宅建業法
Chapter 2 ▷ 宅建士は取引のスペシャリスト

Section 2 登録しないと宅建士になれない
～宅建士の登録と欠格要件等～

Introduction

宅建士試験の合格者は、登録の基準となる欠格要件に該当しなければ、登録ができます。**免許**（業者）の欠格要件と**登録**（宅建士）の欠格要件については混同しがちですので、**きちんと対比**しておきましょう。ほかにも変更の登録など、手続的な事項も学習します。

▶▶ 分野別過去問題集 第2編「宅建業法」問題 ❾〜㉑

1 宅建士の登録の欠格要件（18条） ❗重要

宅地建物取引業に関し**2年**以上の実務経験を有する者、または国土交通大臣がその実務経験を有する者と同等以上の能力を有すると認めた者は、欠格要件に該当しなければ、登録を受けることができます。
_{H29・R1}

後者は、要するに、国土交通大臣の登録を受けた講習機関の**登録実務講習**を受講すればよい、ということです。

それでは、宅建士の登録の基準となる欠格要件について、**Chapter1**で学習した宅建業者の免許の欠格要件との違いを確認しましょう。

同じところと**違うところ**を**対比**してつかむことが、学習上効率的です。なぜなら、欠格要件については、宅建業者と宅建士は、いずれも土地・建物に関する取引に携わる者として、よく似ているからです。

ただし、宅建士の登録には、宅建業者にはない**独特の基準**があります。1つは、成年者と同一の行為能力のない未成年者です。もう1つは、登録を消除され、再度登録を申請したような場合です。

Chapter 2 ▷ 宅建士は取引のスペシャリスト

理解しよう 「免許」と「登録」の欠格要件の対比

宅建業者の免許		宅建士の登録
● 免許取消し関係	➡	あ り
● 犯罪を犯して刑罰	➡	あ り
● 暴力団員がらみ	➡	あ り
● 宅建業関係	➡	——
● 能力なし	➡	あ り

● 行為能力なしの未成年者
⚠ 「宅建業者の免許」とは
扱いが異なることに注意
● 登録消除関係

1 免許の欠格要件と同一の欠格要件

　次の❶❷❸に該当する場合は、登録を受けることができません。例えば、免許を受け、業者として活動していたものの、一定の事由で**免許取消**処分を受けた場合に、「宅建士として再出発しよう」と登録を申請するようなケースです。

❶ 「不正の手段で免許を受けた」「業務停止処分事由に該当し、情状が特に重い」「業務停止処分に違反した」のいずれかの事由に該当することによって、宅建業の**免許を取り消され**、その取消しの日から5年を経過していない者

❷ ❶の免許取消処分の聴聞の公示日から処分までの間に、相当の理由なく**廃業等の届出**をした者で、その届出の日から5年を経過していない者

❸ ❶❷に該当する法人において、免許取消処分の聴聞の**公示日前60日**以内にその法人の**役員**であった者等
H23・R1・2

279

次の❹は、**犯罪・刑罰**関係の欠格要件です。

> ❹ 次のいずれかに該当する者で、**刑の執行を終わり**、または執行を受けることのなくなった日から**5年**を経過しない者
> H23・R3

> (ア) 宅建業法違反、暴力団員による不当な行為の防止等に関する法律違反、傷害罪・傷害現場助勢罪・暴行罪・凶器準備集合結集罪・脅迫罪・背任罪、暴力行為等処罰に関する法律の罪により、**罰金刑**に処せられた者
> (イ) どんな犯罪であれ**禁錮刑以上の刑**に処せられた者

「登録が消除された日から5年経過しない者」ではありません！
R3

次の❺は、**暴力団員**がらみ。暴力団員等を排除する趣旨で設けられた規定です。

> ❺ **暴力団員等**

次の❻は、**能力**に関する欠格要件です。

> ❻ **心身の故障**により宅建士の事務を適正に行うことができない者として国土交通省令で定めるもの 最近の改正 、復権を得ない**破産者**

成年被後見人や**被保佐人**であっても、一律に登録が受けられないわけではなく、心身の故障等の状況が**個別に判断**されます。
R2

2 免許の欠格要件と異なる要件

> ❶ 宅建業に係る営業に関し成年者と同一の行為能力を**有しない未成年者**

280

成年者と同一の行為能力を有しない未成年者というだけで、法定代理人が欠格要件に該当するか否かにかかわらず、登録を受けることができません。つまり、宅建業に関して営業の許可を受けていない未成年者は、そのことだけで、「登録NG」ということです。

> 宅建士は、不動産に関する法律などのスペシャリストです。業務を行うに際して、いちいち親などに相談をするのはナンセンスですよね。

それに対して、**成年者と同一の行為能力を有する未成年者**は、営業の許可を受け、法定代理人からお墨付きを受けていますから、**登録を受けることができます**。

次の❷は、登録の抹消を受けた者が再登録を申請する場合です。

❷ 次の一定の事由により**登録の消除処分**を受け、その処分の日から**5年**を経過していない者

「一定の事由」とは、次のことです。

宅建士の場合	(ア) 不正の手段により登録を受けた (イ) 不正の手段により宅建士証の交付を受けた (ウ) 事務禁止処分事由に該当し情状が特に重い (エ) 事務禁止処分に違反した
宅建士資格者（合格し、登録した者）の場合	(ア) 不正の手段により登録を受けた (イ) 宅建士としてすべき事務を行い情状が特に重い

なお、「登録の消除処分」は、宅建業者に対する監督処分の「**免許取消処分**」に相当します。また、「事務禁止処分」は、宅建業者の「**業務停止処分**」に相当します。

> したがって、**業者の欠格要件**のところと重ね合わせれば、**記憶の省力化**が図れます。

❸ ❷の事由により、登録の消除処分の聴聞の期日および場所が公示された後、相当の理由なく、自ら登録の消除を申請した者で、その登録が消除された日から5年を経過していない者

宅建士Aが不正な手段で登録を受けたとして、2023年4月4日、登録の消除処分の聴聞の期日および場所が公示された。Aは、その処分をする日までの間である同月12日に、相当の理由なく自ら登録の消除を申請し、Aの登録は消除された。

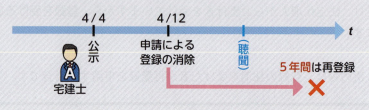

監督処分としての登録の消除処分がされてしまうと、❷のように、5年間は再登録を受けることができません。

それを避けるために、自ら申請して登録を消除すれば再登録できるというのでは、❷の規制が"骨抜き"になってしまうからです。

次の❹は、事務の禁止処分を受けている場合です。

❹ 事務の禁止処分を受け、その禁止の期間中に本人からの申請により登録が消除され、事務の禁止期間がまだ満了していない者

事務の禁止期間中には再登録を受けることができません。もし、禁止期間中に申請による消除が行われ、直ちに再登録を許してしまえば、その期間中事務を禁止したことの意味がなくなってしまうからです。

なお、「事務の禁止期間中のみ」であり、登録が消除されたときから「5年間」ではないことに注意。

Chapter 2 ▶ 宅建士は取引のスペシャリスト

重要！一問一答

H18-問32-肢1

Q 甲県知事の宅建士資格登録を受け、乙県内の宅建業者の事務所に勤務しているAは、不正の手段により登録を受けたとして、登録の消除の処分の聴聞の期日及び場所が公示された後、自らの申請によりその登録が消除された場合、当該申請に相当の理由がなくとも、登録が消除された日から5年を経ずに新たに登録を受けることができる。

A 消除された日から5年を経過しなければ、新たに登録を受けることができない。
　　　　　　　　　　　　　　　　　　　　　　　　　　　　………… ✕

2 登録の申請と内容　重要

1 登録の申請（19条、施行規則14条の4）

　登録をしようとする者は、申請書を受験地の都道府県知事に提出します（氏名については、旧姓を併記して申請可能 ）。そして都道府県知事は、登録したときは、遅滞なくその旨を申請者に通知します。

2 登録簿の記載事項の内容と変更の登録申請

　登録は、宅建士資格登録簿に、次の表の事項が記載されて行われます（施行規則14条の2の2）。

　　なお、資格登録簿は、一般の閲覧に供されるものとはされていません。

　そして、登録されている事項について変更があったときには、登録をしている者は、登録を受けている知事に、遅滞なく、変更の登録を申請しなければなりません（20条）。古い情報では、役に立たないからです。

　　どの事項に変更があったときに、いつまでに変更の登録をするのか、押さえておきましょう。

　　なお、この変更登録申請書に関し、「氏名」については、希望する者は旧姓併記で申請することができます 最近の改正 。

283

試験に出る！POINT整理　宅建士資格登録簿の記載事項

1．記載事項

❶	氏　名
❷	生年月日
❸	性　別
❹	住　所　R1・2
❺	本　籍　R3
❻	試験合格年月日
❼	合格証書番号
❽	従事している宅建業者の**名称または商号、免許証番号** R1・3
❾	登録番号
❿	登録年月日

2．❶❸❹❺❽に変更があったときには、宅建士等は遅滞なく変更の登録を申請しなければならない。
H25・R2

❽の「従事している宅建業者の名称または商号、免許証番号」が変わったときとは、例えば、今の勤務先の宅建業者を辞めて他の宅建業者に就職をする場合や、勤務中の宅建業者が名称を変えたり免許換えをした場合が考えられます。

3　届出義務と登録の消除　❗重要

1　宅建士の死亡等の届出（21条）

届出先はすべて、登録を受けている都道府県知事です。
R4

次の表で、どういう場合に、誰が、いつまでに届け出なければならないのか、しっかりと押さえましょう。

Chapter 2 ▷ 宅建士は取引のスペシャリスト

 宅建士の死亡等の届出

	事　　由	届出義務者	届出期限
❶	死亡した場合	相続人	事実を知った日から**30日**以内 H30
❷	**心身の故障**がある一定の者になった場合　最近の改正	**本人**・R2 法定代理人・同居の親族	その日から**30日**以内 H25・28・R4
❸	**破産者**になった場合	**本　人** H25・R4	
❹	成年者と同一の行為能力を有しない未成年者になった場合		
❺	一定の事由により免許を取り消された場合		
❻	一定の罪により罰金刑、または、**禁錮刑以上に処せられた場合** R4		
❼	**暴力団員等**になった場合		

　❸の「破産者になった場合」の届出義務者については、宅建業者が破産手続開始の決定を受けたときは「破産管財人」だったことと比較しましょう。
　宅建士の場合は、**本人**です。

> なお、❷の「一定の者」とは、「精神の機能の障害により、宅建士の事務を適正に行うに当たって必要な**認知**、**判断**及び**意思疎通**を適切に行うことができない者」をいいます。

2 登録の消除（22条、68条の2）

　登録が消除（抹消）されるのは、まず、㋐本人から登録の消除の**申請**があった場合。これは自分で「登録を抹消したい」と希望したときです。次に、㋑死亡等の届出がなされた場合。また、届出はないものの㋒死亡した事実が判明した場合もそうです。それから、㋓試験の合格が取り消された場合。さらに、㋔**監督処分**としての消除もあります。

285

4 登録の移転

登録先を変えることを、登録の移転といいます。

1 登録の移転事由（19条の2）

登録の移転をするのは、どういう場合でしょうか？　それは、登録をしている都道府県知事が管轄する都道府県以外に所在する宅建業者の**事務所**の**業務に従事**しようとするときやすでに従事しているときです。つまり、転勤の場合のように働く場所、つまり、**業務従事地**が、現在自分が登録をしている知事の管轄する都道府県以外になったときです。単に引越しをして**住所**を移転しただけでは登録の移転はできません。

例えば、業務従事地が、東京から大阪に変わったとします。宅建士証の更新の際、東京まで帰って知事指定講習を受けるのでは面倒です。そこで、**宅建士の便宜のために認められているのが登録の移転です。ですから、登録の移転は別に申請しなくてもよく、移転することが"できる"**、つまり、**任意**です。

この点には注意しましょう。

なお、**事務の禁止**期間中は、**登録の移転はできません**。

2 登録の移転の手続（19条の2、22条の2）

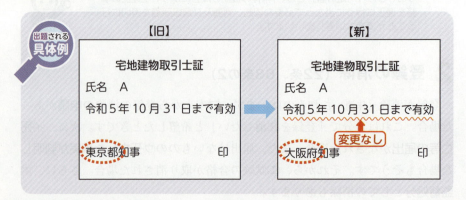

登録の移転の申請は、**現に登録をしている都道府県知事**を**経由**して行います。例えば、東京都知事の登録から大阪府知事の登録に変わる場合は、東京都知事を経由して大阪府知事に登録の移転を申請します。そして、登録の移転をすると、現在持っている**宅建士証は失効**しますから、「登録の移転の申請」とともに「宅建士証の交付申請」をあわせて行います。

そして、登録の移転が行われると、新宅建士証は、前の東京都知事から受けている宅建士証（旧宅建士証）と**引換え**に、大阪府知事から交付されます。そして、登録の移転とともに新たに宅建士証をもらう場合は、知事指定講習の受講は**不要**です。

また、新宅建士証の有効期間は、旧宅建士証の有効期間の**残存**期間となります。

> 例えば、東京都知事の宅建士証を持っていて、4年めに大阪に転勤になった場合、1年後には講習を受ける必要がありますから（➡Sec.3）、新宅建士証の有効期間は、残りの「あと1年」です。

登録の移転の重要ポイント

移転事由	登録先の知事管轄の都道府県以外の**事務所**で**業務に従事**しようとする場合 ● **住所**の移転だけではダメ ● **任意**（義務ではない）…「**できる**」 ● **事務禁止**期間中はダメ
手続	現に登録をしている都道府県知事を**経由**して申請 【宅建士証との関係】 ● 現に有する宅建士証と**引換え**で新宅建士証を交付 ● 交付時の講習は**不要** ● 宅建士証の有効期間…旧宅建士証の**残存**期間

第2編 宅建業法　Chapter 2 ▷ 宅建士は取引のスペシャリスト

Section 3 宅建士としての証明書をもらう 〜宅建士証〜

Introduction ここでは、宅建士証の有効期間など、**宅建士証全般**について学習します。

▶▶ 分野別過去問題集　第2編「宅建業法」問題 ❾〜㉑

1 宅建士証の有効期間と講習

1 宅建士証（22条の2）

宅建士証は、まさに宅建士である"証（あかし）"です。

宅建士証の有効期間は、**5年**です（22条の2第3項）。有効期間の5年が満了すれば宅建士証は失効しますが、申請によって**更新**することができます。

宅建士の「登録の効力」自体は、消除されない限り**一生有効**でしたね。宅建士証の「有効期間」と宅建士の「登録の効力」を混同しないように！

お客さんから「宅建士証を見せてほしい」と請求された際は、宅建士である証明として宅建士証を提示しなければなりません（22条の4）。また、重要事項の説明をするときにも、宅建士が行っていることを示すため、宅建士証の提示が義務づけられています（35条）。なお、この場合は、お客さんの請求がなくても提示が必要です。

Chapter 2 ▷ 宅建士は取引のスペシャリスト

宅建士証の記載事項である宅建士の氏名について、旧姓使用を希望する者は、宅建士証に旧姓を併記できるようになりました 最近の改正 。その併記後であれば、重要事項説明書への記名など、業務において旧姓を使用できます。

2 講習の受講（22条の2第2項）

❶ 交付時における講習受講の義務

　宅建士証の交付を受けるときには、原則として、都道府県知事指定の講習を受ける必要があります（法定講習）。5年ごとの更新のたびに勉強してもらうためです。
H29・R4

　この講習は、交付の申請前6ヵ月以内に行われるものでなければなりません。
H25・29

登録の際に受ける実務経験に代わる講習は、国土交通大臣の登録を受けた機関の講習でしたが、宅建士証は知事からもらうため、知事指定講習であることに注意。

❷ 講習受講の免除

例外的に講習不要となる場合です。

例外 -その①
試験合格後1年以内に宅建士証の交付を受けようとする場合
　➡合格のための勉強をして、まだ間がないから
H23・29

例外 -その②
宅建士証が交付された後に、登録の移転とともに、移転先の都道府県知事から宅建士証の交付を受ける場合
R2
　➡前の宅建士証をもらってから5年経っていないので、講習はまだ受けなくてもいいという趣旨

---

2 宅建士証の書換え・再交付・返納・提出 ❗重要

❶ 宅建士証の書換え交付の申請・再交付の申請

　宅建士の氏名や住所に変更が生じた場合は、宅建士証を書き換えてもらう必

289

要があり、これを書換え交付の申請といいます（施行規則14条の13）。つまり、この場合は、「変更の登録の申請」とあわせて「宅建士証の書換え交付の申請」をしなければなりません。

> 現在持っている有効な宅建士証の「氏名」について、旧姓を併記するため変更の登録を申請した場合、この書換え交付申請書に関しても、**旧姓併記**で申請します　最近の改正　。

また、宅建士証を失くしてしまった場合や汚損・破損の場合は、宅建士証の再交付申請が必要です（施行規則14条の15）。なお、その後、亡失した宅建士証を発見したときは、発見したほうの宅建士証を返納します。

2 宅建士証の返納・提出

> 「返納」とは宅建士証を返すこと。「提出」とは一時的に預けること。

❶ 宅建士証の返納（22条の2第6項）

登録が**消除**されたときと、宅建士証が失効したときには、**返納が必要です**。宅建士証を持っていると、宅建士としての仕事をするおそれがあるからです。返納先は、その交付を受けた都道府県知事です。

❷ 宅建士証の提出（22条の2第7項・8項）

事務の禁止処分を受けたときは、その間、宅建士の仕事をしないように、すみやかに宅建士証を提出しなければなりません。

提出先には注意が必要です。例えば、東京都知事に登録をしている宅建士が、北海道で事務の禁止処分に該当するようなことを行い、北海道知事から事務の禁止処分を受けたとします。この場合の提出先は、事務の禁止処分をした北海道知事ではなく、**交付**を受けた都道府県知事、つまり東京都知事です。

また、事務の禁止期間が満了し、提出者から**返還**の請求があれば、ただちに返還されます。

> 期間が満了すれば「当然に返してくれる」わけではありません。

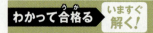
厳選過去問プレミアム50　問18・19へ

第2編 宅建業法
Chapter 2 ▷ 宅建士は取引のスペシャリスト

Section 4 宅建業者と宅建士

Introduction
ここでは、宅建業者における**宅建士の設置義務**について学習します。また、宅建業者と宅建士は、互いに**比較**しながら学習することが、正確な理解のポイントであることも再確認しておきましょう。

▶▶ 分野別過去問題集　第2編「宅建業法」問題 ❾〜㉑

1 宅建士の設置義務　!重要

　宅建業者は、事務所やその他国土交通省令で定める場所ごとに、成年者である**専任の宅建士**を置かなければなりません（31条の3第1項）。設置すべき法定数は、事務所には宅建業者の業務に従事する者**5人に1人以上**（R4）、国土交通省令で定める場所には**1人以上**必要です（施行規則15条の5の3）。なお、専任の宅建士に不足が生じた場合には、**2週間**以内に補充等をしなければなりません（31条の3第3項）。
（H24）
（H24・26・R1）
（H23・R1・2・3・4）

> 例えば、ある事務所に、業務に従事する者が16人いれば、4人の専任の宅建士の設置が必要になります。
> さて、以下で、**設置が義務**づけられている**専任の宅建士**のポイントを見ていきましょう。

1 成年者

　専任の宅建士は「**成年者**」でなければなりません。そこで、まず、「成年者」との関係で、未成年者の扱いについて、見てみましょう。
　宅建士が未成年者であっても、「**宅建業者本人である場合**」、または「**法人の役員（取締役・執行役など）である場合**」は、その者が自ら主として業務に従事する事務所等については「成年者である専任の宅建士」として扱われます（31条の3第2項）。

> 例えば、未成年者A君が宅建業の免許を受けて自分で不動産屋を開業したら、その店舗では、A君が「成年者である専任の宅建士」となります。

291

次の表は混乱しやすいところですから、確実につかんでおいてください。**非常に重要なまとめです。**

試験に出る！POINT整理　宅建業者免許・宅建士登録・「専任の宅建士となれるか」の比較

区　分	免許の可否	登録の可否	専任の宅建士となれるか	
❶ 成年者と同一の行為能力を**有する**未成年者	○	○	**例外** 宅建業者 または 法人の役員 R3 ：○	**原則** 左記以外 ：✕ R2・3
❷ 成年者と同一の行為能力を**有しない**未成年者	○ （法定代理人の審査要）	✕	✕	✕

　❶成年者と同一の行為能力を有する未成年者は、宅建士の登録をすることができ、宅建士になることもできますが、未成年者ですから、原則として、「成年者」である専任の宅建士にはなれません。
R2・3

　ただし、上記の 例外 のように、「宅建業者本人である場合」等は、専任の宅建士となることができます。

2 「専任」とは

　常時勤務する者を意味します。非常勤、アルバイト、パートなどは、専任とはいいません。専任でない宅建士のことを、一般の宅建士といいます。ただし、業務の内容は、専任も一般も同じです。

3 「業務に従事する者」

　営業職のみでなく、総務などの一般管理部門の仕事をしている者や、補助的な事務等をする者も含みます。

4 「国土交通省令で定める場所」

次の①〜④に該当し、かつ、契約を締結し、または申込みを受ける場所のことです。

> ① 継続的に業務を行うことができる施設を有する場所で事務所以外のもの
> ② 一団の宅地建物の分譲を行う場合の**案内所**
> ③ 他の宅建業者の一団の宅地建物の分譲の代理や媒介をする場合の**案内所**
> ④ 展示会場・催し会場

①は出張所など、②は自社物件を分譲する際に業者自らが設ける案内所、③は他の業者から代理や媒介の依頼を受けた業者（要するに、他社物件を取り扱う業者のこと）が設ける案内所のことです。

②の「一団」とは、10区画以上の宅地または10戸以上の建物のことをいいます。

上記①〜④を「案内所等」といいます。そこで契約の締結や契約の申込みを受けたりする場合には、**宅建士による重要事項の説明**などが行われることになります。

そのため、案内所等にも「少なくとも1人の宅建士を設置しておくように」と定められているのです。

2 宅建業者と宅建士の比較

学習のPOINT 本試験対策としては、よく似ていて混同しそうな事柄について**違いを把握**することが**非常に重要**です。ここでは、宅建業者名簿の「変更の届出」と、宅建士資格登録簿の「変更の登録の申請」について、両者を対比しておきます。「時期」と「届出事項」がポイントです。

試験に出る！POINT整理 「変更の届出」と「変更の登録」の比較

	宅建業者名簿の変更の届出 （宅建業者）	登録簿の変更の登録の申請 （宅建士・資格者）
時期	変更から30日以内に届出	変更後、遅滞なく申請
届出事項	① 商号または名称 ② 事務所の名称・所在地 ③ 事務所ごとに置かれる専任の宅建士の氏名 ④ 宅建業者・役員・政令で定める使用人の氏名	① 氏名 ② 性別 ③ 住所 ④ 本籍 ⑤ 従事している宅建業者の商号または名称、免許証番号

わかって合格る いますぐ解く！ 厳選過去問プレミアム 50 問20 へ

294

第 2 編
宅建業法

Chapter ▷ 3

宅建業を始める前に
お金を預ける

営業保証金と弁済業務保証金は、どちらも、お客さんの金銭面での安全を考えてつくられた仕組みです。したがって、効率的な学習のためには、両者を比較する視点が大いに役立ちます。**両者の共通点と相違点**をしっかり押さえましょう。

Section

1 営業保証金の仕組み

2 保証協会

第2編 宅建業法
Chapter 3 ▷ 宅建業を始める前にお金を預ける

Section 1 営業保証金の仕組み

Introduction
営業保証金とは、お客さんが業者に対する**債権の回収をできるだけスムーズ**にできるように、業者に一定の金額を拠出させ、そのお金をプールしておく仕組みのことです。宅建士試験では、通常、この**Section**と次の**Section2**（保証協会制度）から、**合計で2問**が出題されます。

▶▶ 分野別過去問題集 第2編「宅建業法」問題 ㉒〜㉔

1 営業保証金とは

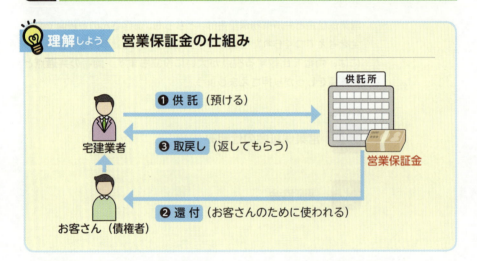

営業保証金の仕組み

宅建業者とお客さんが取引を行った際に、業者の債務不履行により、お客さんが業者に対して損害賠償請求権などの債権を取得したのに、業者からお金を支払ってもらえない場合、お客さんは困ります。

そこで、そのような不測の事態に備えて、宅建業者として仕事を始める前に、まずは供託所にお金を預けておくという仕組みが設けられています。これが、**営業保証金**です。お客さんは、業者から支払ってもらえないときでも、ここからお金を払ってもらうことができるのです。

営業保証金制度の仕組みは、宅建業者が供託所にお金などを預けることであ

る❶供託、お客さんが供託所からお金をもらうことである❷還付、業者が供託所からお金を返してもらうことである❸取戻しの3つに、大きく分けることができます。

2 営業保証金の供託と営業の開始時期 ⚠️重要

1 営業保証金の供託 (25条、施行令2条の4、施行規則15条1項、15条の2)

> まずは、①誰が、②いくらの金額を、③何で、④どこに供託することになるのかを見ておきましょう。

　営業保証金の供託は、①宅建業者が、供託所に対して行い、②その金額は、主たる事務所（本店）は1,000万円、従たる事務所（支店）は1ヵ所につき500万円の合計額と定められています。
H24・27・28・30・R2

> 例えば、本店と2ヵ所の支店であれば、本店分1,000万円と支店分500万円×2で1,000万円、合計2,000万円が供託する額となります。

　次に、③の「何で供託するのか」ですが、現金（金銭）は当然のこと、そのほかに一定の有価証券でも可能です（併用もOK）。ただし、有価証券であっても株券、手形、小切手など信用力が不安定なものは認められません。そして、有価証券は、その信用力によって評価が違ってきます。国債の場合は額面の100％、地方債や政府保証債は90％、その他の有価証券は80％の評価です。なお、満期となった国債を地方債に替えるなど、既に供託している営業保証金を他のものと差し換えることを、営業保証金の変換といいます。
　④の「供託する場所」は、主たる事務所（本店）の最寄りの供託所（法務局等）で、支店分もあわせて全額一括して供託をします。
H24

> 支店分は、本店分とは別に、支店の最寄りの供託所に供託するわけではありません。引っかからないように注意してください。

2 免許取得から営業開始までの流れ（25条4項〜7項）

(1) 宅建業者は、まずは**免許**を取得し、お客さんの安全のために**保証金**を**供託**し、供託書の写しを添えて、供託した旨を自分が免許を受けた免許権者（国土交通大臣または知事）に**届出**をした後でないと、業務を開始してはなりません。

> 簡単にいえば、免許を取得し、業務を開始する前です。

(2) もし供託した旨の届出をいつまでもしない場合は、どうなるのでしょうか？まず免許権者は、免許を与えた後、**3ヵ月**経っても供託した旨の届出がない場合、その届出をするように**催告**をします。次に、その催告が到達してから**1ヵ月**経っても業者が供託した旨の届出をしない場合は、免許権者は免許を取り消すことが**できます**。

> なお、この免許取消しは、必要的ではなく、**任意的な取消し**です。

3 事務所を増設する場合（26条）

事業の開始後に、業務拡大で**事務所（支店）**を増設するという場合は、営業保証金が従来のままでは不十分です。そこで、**事務所増設のときは、あらかじめ、その事務所の分の営業保証金を主たる事務所**の最寄りの供託所に供託しなければならず、また、免許権者に供託した旨の**届出**をした後でなければ、その事務所では業務を開始できません。

重要！ 一問一答　　　　　　　　　　　　　　　　　H18-問34-肢2

Q 宅建業者は、事業の開始後新たに支店を設置したときは、その支店の最寄りの供託所に政令で定める額を供託し、その旨を免許を受けた国土交通大臣又は都道府県知事に届け出なければならない。

A 営業保証金の供託場所は、「主たる事務所」の最寄りの供託所。支店の最寄りの供託所ではない。　　　　　　　　　　　　　　　　　　✗

298

4 保管替えなど（29条1項）

　主たる事務所が引越しなどで移転した場合は、供託所を、移転後の本店の最寄りのところに替える必要があります。その方法には、**2つのタイプ**があります。

(1)　まず、保証金を<u>金銭</u>のみで供託をしている場合は、保管替えの請求を行います。

> これは、遅滞なく費用を予納して、**A市にある現在のA供託所に対して「B市の供託所に供託先を替えてください」**と請求することです。

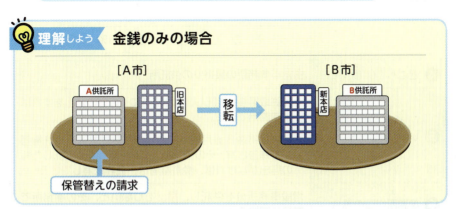

(2)　それに対して、<u>有価証券だけで供託をしている場合</u>、または、<u>金銭と有価証券の両方で供託をしている場合</u>は、保管替え請求ではなく、まず先に、<u>移転先のB市のB供託所に現実に供託</u>をしなければなりません。なお、このときは「二重供託」の状態になりますから、その後、A市の供託所からは保証金を取り戻します。

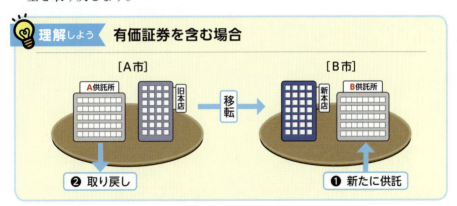

営業保証金のまとめ-① 供託

❶ 誰 が	宅建業者	
❷ いくら	[主]…**1,000万円**　　[従]…**500万円**	
❸ 何 で	金銭・有価証券 ［有価証券の評価額］ | 国　債 | 額面の**100**% | |---|---| | 地方債・政府保証債 | 額面の**90**% | | その他 | 額面の**80**% |	
❹ どこへ	**主たる**事務所の最寄りの供託所	
❺ い つ	●免許取得後、供託し、免許権者に**その旨の届出**をすれば事業開始できる。 ●免許取得後**3**ヵ月経っても届出がなければ、免許権者から**催告**され、その到達後、**1**ヵ月経っても供託した旨の届出がなければ、免許権者は、**免許取消しできる**	
❻ 事務所増設の場合	増設事務所分を**供託**し、**届出**をしないと、その事務所で業務を開始できない	
❼ 主たる事務所の移転	●**金銭**のみで供託のとき……保管替え請求 ●有価証券を含むとき………現実に供託	

3 営業保証金の還付（27条）

供託しているお金がお客さんのために使われることを、還付といいます。

1 還付を受けることができる者

宅建業者と宅建業に関し**取引**をした者で、その**取引**により生じた債権を有する者（ただし、**宅建業者**は除かれます）が還付を受けることができます。

> 「取引」とは、①自ら売買・交換、②媒介または代理で売買・交換・貸借などの「宅建業」の「取引」のことを指しています。したがって、この取引から生じた売買代金の返還請求権や、債務不履行や不法行為によって生じる損害賠償請求権などが、ここでの債権に該当します。

他方、例えば、宅建業者が、広告代理店に広告の依頼をした場合に広告代理店が取得した報酬請求権や、また、銀行から融資を受けた結果、銀行が取得した融資金の返還請求権などは、「宅建業の取引」から生じた債権ではありませんから、還付請求の対象にはなりません。

> 同様に、業者の従業員が持っている給料債権もダメです。

2 還付金額

還付を受けることができる金額は、本店・支店どこで取引しても、その業者が供託している**営業保証金**の範囲内です。

> 例えば、本店と2ヵ所の支店の場合ならば供託額は2,000万円ですから、還付を受けることができるのも2,000万円以内となります。

3 不足額の供託（28条）

そして、例えば、2,000万円供託している宅建業者のお客さんが供託所から700万円の還付を受けた場合は、営業保証金が700万円不足します。

その不足額は、次の流れで穴埋めすることになります。

理解しよう　還付から不足額の供託まで

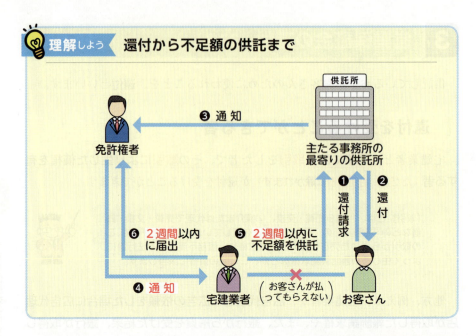

　不足額の供託は、「不足額を供託しなさい」という免許権者から通知書の送付を受けた日から2週間以内にしなければなりません。さらに、供託をしてから2週間以内に、供託書の写しを添えて免許権者に届け出なければなりません。なお、これらを怠ると、業務停止処分または免許取消処分を受けます。

この数字、「まずは2週間、次も2週間」なので、覚えやすいですね。

試験に出る！POINT整理　営業保証金のまとめ-②還付

❶ 誰が	宅建業に関する取引から生じた債権を有する者（宅建業者は除かれる） ⚠広告業者の報酬請求権、銀行の融資金返還請求権、宅建業者の従業員の給料債権などは還付の対象外
❷ いくら	供託している営業保証金の範囲内
❸ 還付後の流れ	●免許権者から通知書の送付を受けた日から2週間以内に、不足額を供託 ●その後、2週間以内に免許権者に届出

4 営業保証金の取戻し（30条）

宅建業者が供託所から保証金を返してもらうことを、取戻しといいます。

1 取戻しができる事由

　取戻しには、その事由によって、(1)全部を取り戻すことができる場合と、(2)一部を取り戻すことができる場合の2つに分かれます。

(1) 全部を取り戻すことができるのは、次のような場合です。

> ① 免許の更新をしなかったり、**免許取消処分**を受けたなど、宅建業者としての仕事ができなくなったとき
> ② 有価証券を含んで営業保証金を供託している宅建業者が、主たる事務所移転のため移転先の供託所に営業保証金を供託し直したとき
> ③ 保証協会の社員となり、弁済業務保証金制度（➡**Sec.2**）を利用することになったとき

(2) **一部を取り戻すことができるのは、事務所を一部廃止したために、供託している金額が政令で定める金額より多くなった場合です。**

2 取戻しの手続

(1) 　取引による債権を持っているお客さんがいるのに、業者が供託所からお金などを取戻しによって引き上げてしまったら、お客さんは困ります。そこで、取戻しの際、**宅建業者は6ヵ月以上の期間を決めて、「権利を早く申し出てください」という旨の公告をすることが必要です。その後、遅滞なく、公告した旨を免許権者に届け出**なければなりません。そして、保証金は、その期間の経過後に、はじめて取り戻すことができます。

これが**原則**です。

(2) 例外として公告不要で、ただちに取り戻すことができる場合があります。
① まず、有価証券を含んで営業保証金を供託している場合で、本店移転に伴って供託所が変わり、移転後の最寄りの供託所に現実に新たに供託した後、従前の供託所から取り戻すときです。この場合は二重供託状態になっており、お客さんの安全はすでに図られているからです。
② 次は、保証協会の社員となったことにより、営業保証金の供託が不要となったときです。この場合、債権者は、弁済業務保証金から還付を受けることになります。
③ 最後に、取戻し事由が発生してから、10年が経過したとき。債権の消滅時効は原則10年ですから、債権は消滅して存在しないと考えられるからです。

試験に出る！POINT整理　営業保証金のまとめ−③取戻し

取戻し事由と手続	(1) 取戻し事由 ①免許の取消し　　②事務所の一部廃止 ③主たる事務所の移転　④保証協会に加入　等 (2) 手続 【原則】6ヵ月以上の期間を定めて、権利を申し出るべき旨の公告が必要 【例外】①二重供託 　　　　②保証協会に加入 　　　　③10年が経過

手続の「例外」は、ゴロ合わせで覚えちゃいましょう！

ゴロで覚える ▶▶ 営業保証金の取戻しの手続の「例外」

日　　　　**本**　　　　**刀**　　　　は　　　　**いらない**
二重供託　　保証協会加入　10年経過　　　　　　公告は不要

第2編 宅建業法
Chapter 3 ▷ 宅建業を始める前にお金を預ける

Section 2 保証協会

Introduction
営業保証金の制度では、供託が必要な額は高額です。そこで、"集団保証"の趣旨により、個々の宅建業者の負担を軽減する目的で保証協会制度が設けられ、「弁済業務保証金制度」が用意されています。Section1の「営業保証金制度」と区別しながら、よく整理しておきましょう。

▶▶ 分野別過去問題集 第2編「宅建業法」問題 ㉕～㉙

1 宅地建物取引業保証協会

1 弁済業務保証金とは

　弁済業務保証金も営業保証金と同様に、例えば、お客さんが宅建業者に対して損害賠償請求権などを取得した場合のスムーズな回収を目的として用意されている仕組みです。

　ただし、弁済業務保証金の場合は、保証協会（宅地建物取引業保証協会）が間に入っている点が、営業保証金との大きな違いです。

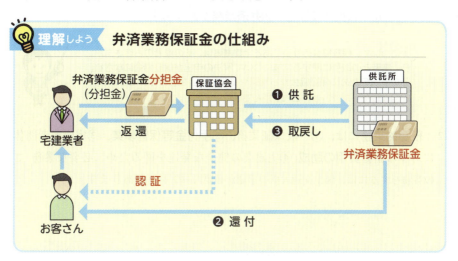

弁済業務保証金の仕組み

まず、宅建業者が弁済業務保証金制度を利用しようとする場合は、**弁済業務保証金分担金**（「分担金」）を納めて、保証協会の会員（「**社員**」といいます）になる必要があります。そして、保証協会は、社員たる業者が納めた全額を供託所に「弁済業務保証金」として供託します。

つまり、保証協会が供託する保証金の「元手」となるのが、分担金です。

また、お客さんが還付を受ける場合は、保証協会による**認証**の必要があり、認証を受けた金額を供託所に請求して、還付を受けることになります。

2 保証協会の業務（64条の2、64条の3）

保証協会とは、国土交通大臣の指定を受けた**一般社団法人**であり、宅建業者のみを社員（会員）とする団体です。なお、保証協会がその**名称や住所・事務所の所在地を変更**しようとするときは、あらかじめ、**国土交通大臣に届け出**なければなりません。

保証協会の業務には、(1)**必要的業務**と(2)**任意的業務**の２つがあります。

(1) 必要的業務には、①**苦情の解決**（苦情の申出・解決結果について社員に周知させる）、②宅建業に関する**研修**、③**弁済業務**があります。

①について、保証協会の社員である宅建業者は、その業者のお客さんから、業者との取引に関する苦情について解決の申出が保証協会になされ、その解決のために保証協会から**説明**や**資料の提出**を求められたときは、**正当な理由**がなければ、これを**拒んではなりません**。

(2) 任意的業務には、①一般保証業務、②**手付金等保管事業**、③宅建業者団体に対する**研修費用の助成**、④宅建業の健全な発達を図るために必要な業務（この業務をするには、国土交通大臣の承認が必要）、の４つがあります。

2 保証協会への加入　！重要

1 社員・保証協会・供託所の仕組み

　宅建業者は、保証協会に加入した場合は、弁済業務保証金のシステムを使うことになります。加入は任意ですが、**重ねて２つの保証協会に加入することはできません**。
　業者が保証協会に納めるのが「弁済業務保証金分担金」であり、そして、保証協会が供託所に納めるのが「弁済業務保証金」です。
　弁済業務保証金の供託先は、**法務大臣及び国土交通大臣の指定する供託所**（現在は、東京法務局）です。

2 加入の手続

　宅建業者が**新たに保証協会に加入**したときは、保証協会は、ただちに、その旨を業者の**免許権者に報告**しなければなりません（64条の４第２項）。また、保証協会は、社員が社員となる前に取引をした者が有する債権に関する弁済によって、自己の弁済業務の円滑な運営に支障を生ずるおそれがあると認めるときは、その社員に対し、**担保の提供を求めることができます**（64条の４第３項）。

❶ 弁済業務保証金分担金の納付（64条の9）

　宅建業者は、**保証協会に加入**するまでに、分担金を納めなければなりません。
　業者が保証協会に納める**分担金の額**は、**主たる事務所（本店）の分は60万円**、**従たる事務所（支店）の分は、１ヵ所につき30万円**です（施行令７条）。

> 例えば、本店１ヵ所と支店が２ヵ所の場合、本店分60万円と支店分30万円×２ヵ所で60万円、合計120万円の分担金を納めるだけでよいのです。"集団保証"によって業者の負担を軽減する目的でつくられた仕組みですので、営業保証金に比べると、はるかに少ない $\frac{6}{100}$ の額です。

　なお、営業保証金は、金銭以外に有価証券でも供託ができましたが、**分担金の納付は金銭のみ**とされています。

❷ 弁済業務保証金の供託（64条の7）

保証協会は、宅建業者から分担金の納付を受けたときは、その日から**1週間**以内に、納付相当額の弁済業務保証金を供託しなければなりません。弁済業務保証金は、分担金と異なって、有価証券でもOKです。

> 有価証券であれば、営業保証金の場合と同様に、**評価額**の問題があります。ここで、営業保証金のところも一緒に再確認しておきましょう。

そして、保証協会が弁済業務保証金を供託した場合には、納付した宅建業者の免許権者に対して届け出なければなりません。

重要！ 一問一答　　　　　　　　　　　　　　　　　　H26-問39-肢2

Q 保証協会は、その社員である宅建業者から弁済業務保証金分担金の納付を受けたときは、その納付を受けた日から2週間以内に、その納付を受けた額に相当する額の弁済業務保証金を供託しなければならない。

A 「2週間」以内ではなく、「1週間」以内。　　　　　　　　……… ✗

---

❸ 事務所を増設した場合（64条の9第2項・3項）

事務所を増設した場合、宅建業者は、増設した日から**2週間**以内に、増設に係る額の分担金を保証協会に納めなければなりません。営業保証金と違って、事務所を増設した「後」、つまり、事後納付です。

❹ 社員たる地位を失った場合（64条の15）

宅建業者は、例えば、事務所を増設したけれども、その2週間以内に分担金を納めない場合には、社員たる地位を失います。結果として、保証協会の社員たる地位を失った場合に、もし宅建業者として引き続き仕事をしたい場合は、その日から**1週間**以内に、営業保証金を供託しなければなりません。

Chapter 3 ▷ 宅建業を始める前にお金を預ける

もし供託しない場合は、監督処分としての業務停止処分事由に該当することになります。

試験に出る！POINT整理　弁済業務保証金のまとめ-①　供託など

❶ 誰が	保証協会
❷ どこへ	法務大臣および国交大臣の定める供託所（東京法務局）
❸ いくら	[主]…60万円　　[従]…30万円
❹ 何によって	金銭・有価証券（分担金は金銭のみ）
❺ いつまでに	●業者は保証協会に加入するまでに、分担金を納付する ●保証協会は、受領後1週間以内に弁済業務保証金を供託、その旨を当該業者の免許権者に届出する
❻ 事務所増設の場合	業者は、増設後、2週間以内に分担金を納付する ➡この納付をしないと、社員たる地位を失う ➡宅建業を続けるためには、1週間以内に営業保証金を供託しなければならない

3　保証協会による弁済業務

1　弁済業務保証金の還付（64条の8第1項）

① 還付を受けることができる債権者は、営業保証金と同じく、宅建業者と宅建業に関し取引をした者で、その取引から生じた債権を取得している者です。そして、この場合には、社員が社員となる前に取引をした者も含まれます。なお、還付の対象からは、宅建業者は除かれます。 H26・29・R4

② 還付の限度額は、その業者が営業保証金制度を利用していた場合に還付を受けることができる額に相当する額の範囲内です。 H24・27・28・R2・4

営業保証金の場合と同じように、お客さんを保護すべきだからです。

309

2 還付から還付充当金納付までの手続(64条の8〜10)

理解しよう 還付から還付充当金の納付まで

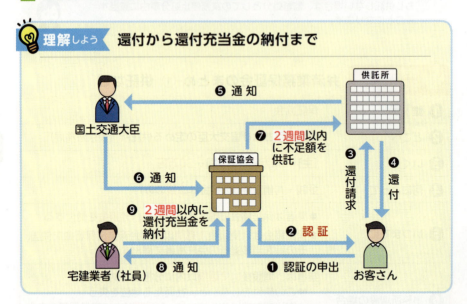

(1) まず、お客さん(債権者)が還付を受けるためには、「その債権について弁済を受けることができますよ」という保証協会の認証を受け、供託所に還付を請求します。そして、供託所は、還付を行った場合、国土交通大臣に対してその旨の通知をします。保証協会は、国土交通大臣から通知を受けた日から2週間以内に、不足額を供託しなければなりません。

(2) 次に、保証協会は宅建業者に還付充当金を保証協会に納付するよう通知をし、宅建業者は、保証協会から通知を受けた日から2週間以内に、還付の結果不足が生じた分の穴埋めに充当するため、還付充当金を保証協会に納付しなければなりません。業者は、この期間内に還付充当金を納付しないと社員の地位を失います。

なお、業者が倒産するなどした場合、還付充当金の納付がされないおそれがありますから、それに備えて保証協会は、弁済業務保証金から生じる利息などを積み立てておきます。これを、弁済業務保証金準備金といいます。また、万一不足分が生じてしまった場合は、全社員に対して、特別弁済業務保証金分担金を納付すべき旨の通知をすることになります。そして、社員は、通知を受け

Chapter **3** ▷ 宅建業を始める前にお金を預ける

た日から1ヵ月以内に納付しないと、社員としての地位を失います。

試験に出る！POINT整理	弁済業務保証金のまとめ−② 還付	
❶ 誰 が	宅建業に関する**取引**から生じた債権を有する者 （⚠**宅建業者**は除かれる） ● 保証協会による認証が必要 ● 社員となる**前**の取引も含まれる
❷ いくら	「**営業保証金**なら供託しているはず」の金額の範囲内
❸ 還付後の流れ	● **国交大臣**から通知を受けた日から**2週間**以内に、保証協会は弁済業務保証金を供託 ● **保証協会**から通知を受けた日から**2週間**以内に、業者は保証協会に**還付充当金**を納付。納付しない場合は、社員の地位を失う

4 弁済業務保証金の取戻し等 （64条の11） ！重要

　社員である宅建業者に一定事由が生じた場合、保証協会は、その社員が納付した分担金の額に相当する金額を**供託所から取り戻す**ことができます。そしてその後、業者が、保証協会から、その取戻額に相当する分担金の返還を受けることになります。

1 取戻しができる事由

(1)　その業者が納付した分担金の**全額**を取り戻すことができるのは、**その業者が保証協会の社員でなくなったとき**です。

(2)　**一部**を取り戻すことができるのは、**支店の廃止**によって実際に納付している分担金の額が、本来納付すべき金額を超えることとなった場合です。

2 取戻し・返還の手続

　弁済業務保証金の取戻しの場合、保証協会は、原則として、**6ヵ月**以上の期間を定めて、債権者に対する保証協会の認証を受けるため申し出るべき旨を公告し、その期間経過後でなければ社員に返還できません。

　しかし、<u>事務所の一部廃止</u>の場合には、公告をしなくても、ただちに社員に返還できます。
_{H27・30}

この場合、宅建業者は依然保証協会の社員であるため、債権者は弁済業務保証金によって救済されるからです。

 **弁済業務保証金のまとめ－③　取戻し**

取戻し事由と手続	(1) 取戻し事由 ① 社員の地位の喪失（全部取戻し） ② 事務所の一部廃止（一部取戻し） (2) 手続 　**原則** 社員への返還には、**6ヵ月**以上の期間を定めて、認証を受けるため申し出るべき旨の公告が必要 　**例外** <u>事務所の一部廃止</u>の場合は不要

第**2**編
宅建業法

Chapter ▷ **4**

取引にあたって
注意しなければならないこと

宅建業法は、**お客さんの利益を保護**するために、宅建業者が業務を遂行する際に守らなければならない多くの事柄を定めています。ここでは、広告の規制や、各種の設置義務など、**宅建業者に課された責務**について学習します。

Section

1 広告や契約の注意事項

2 事務所等に関する定め

3 業務を行うときのモラルなど

第2編
宅建業法

Chapter 4 ▷ 取引にあたって注意しなければならないこと

Section
1

広告や契約の注意事項

Introduction

ここまでは主に宅建業者などに「なる」までのお話でしたが、ここからは「なった後」、つまり「宅建業者」として仕事を行うときに受ける規制がテーマです。まずは広告です。宅建業者にとってはお客さんを集めるために不可欠であると同時に、物件を探しているお客さんにとっては、物件や契約内容について知るための重要な手段です。そこで宅建業法は、宅建業者が行う広告について、3つの規制をしています。

▶▶ 分野別過去問題集 第2編「宅建業法」問題 ㉚～㉝

1 誇大広告の禁止と取引態様の明示 ⚠重要

1 誇大広告の禁止(32条)

宅建業法の目的はお客さんの保護ですから、著しくオーバーな広告や事実と食い違うような広告は、誇大広告として禁止されています。新聞、雑誌、立看板、放送、インターネットなど、媒体を問わず、すべての広告が規制を受けます。

H24・30・R2

❶ 規制の対象となる広告の内容

どんなことが規制の対象となるのでしょうか？

大きく(1)物件に関すること、(2)周辺の環境等に関すること、そして、(3)お金に関すること、の3つに分類できます。

314

【規制の対象となる広告内容】

(1) 物件	❶	所 在	物件の所在地
	❷	規 模	物件の面積、間取り等
	❸	形 質	地目、構造、新築・中古の別、ガス・水道・電気等の供給施設の整備状況
(2) 環境等	❹	現在または将来における利用の制限_{R3}	●公法上の制限（用途制限、容積率等） ●私法上の制限（借地権の有無等）
	❺	現在または将来における環境	商店・学校・病院等、公共施設の整備状況、景観等
	❻	現在または将来における交通その他の利便	主要駅までの所要時間、最寄駅や停車場までの距離・所要時間等
(3) お金	❼	代金・借賃等の対価の額、支払方法	いつ・いくら支払うか、一括払いか分割か、ローン付か否か　等
	❽	代金・交換差金における金銭の貸借のあっせん	ローンに関する金利、返済期間などの条件

(1)　まず、**物件**に関することとして❶**所在**、❷**規模**、❸**形質**の3つがあります。

> 実際は2DKしかないのに3LDKと表示するのはインチキですね。

(2)　次に、**環境等**に関することとして❹**利用の制限**、❺**環境**、❻**交通その他の利便**があります。例えば、バス停が近くにないにもかかわらず「ある」と表示をするなどです。利用の制限については、私法上の制限も含まれています。また、将来の環境等についても、誇大広告禁止の対象になります。

> 例えば、用途地域について「現在は第一種低層住居専用地域ではないが、今、見直しが行われている」と嘘の表示をする、などです。

(3)　最後に、**お金**に関することとして❼**代金などの対価の額、支払方法**、さらにその❽**金銭の貸借のあっせん**に関することがあります。

> 例えば、その物件のお値段は、非常に大きな情報ですよね。

❷ 禁止される誇大広告の程度

では、誇大広告に該当する「レベル」を見てみましょう。

> ① 著しく事実に相違する表示
>   R3
> ② 実際のものよりも著しく優良であると人を誤認させるような表示
>   R2
> ③ 実際のものよりも著しく有利であると人を誤認させるような表示
>   R2

(1) 事実と違うことを表示することに加えて、**事実をあえて表示しないことで消極的に誤認をさせる場合**も該当します。つまり、隠してはなりません。
　　　　　　　　　　　　　　　　　　　　　　H30・R2
(2) 実際にその広告を見たお客さんが、これを信じて契約を結び、**実害が生じたかどうかは関係ありません**。つまり、行うだけでアウトです。
　　　　　　　　　　　　　　　　　H26・29・R2・3・4
(3) **おとり広告**、例えば世の中に**存在しない物件**、存在はするものの**売ることができない物件**、または**売る意思のない物件**などの広告をしておいて、それを見てお客さんが来たときに「もっといい物件がありますよ」と言って違う物件を紹介するようなことを指します。これも禁止されています。
　　　　　　　　　　　　　　H24・29・30・R3

以上の「誇大広告禁止」に違反すれば、**監督処分**や**罰則**を受けます。
　　　　　　　　　　　　　　　　　　　　　　H26・29・30・R3

試験に出る！POINT整理　誇大広告の禁止

内　容	① 物件　② 環境等(現在・**将来**の)　③ お金に関して
程　度	① 著しく事実に相違する表示 　　または ② 実際より著しく優良・有利と人を誤認させるような表示
その他	① **被害**がなくても、宅建業法違反となる ② **おとり**広告は、誇大広告禁止違反 ③ 違反につき**監督処分**・**罰則**あり

Chapter **4** ▷ 取引にあたって注意しなければならないこと

2 取引態様の明示義務（34条）

⑴　宅建業者は、行う広告などに取引態様を明示しなければなりません。例えば、「Ａ業者が売主」と広告に記載することです。

　　注意することは、宅地建物 "取引" 業にいう**取引の態様のすべてについて**明示すべきことです。つまり、「自ら当事者」として売買・交換する場合、「媒介または代理」をして売買・交換・貸借する場合のすべてです（もちろん「自ら貸借」は含まれません）。

⑵　では、いつ、取引態様を明示するのでしょうか？　それは、お客さんが「取引にかかわるとき」です。つまり、①**広告**をするときには**そのたびごとに**、または②**注文**を受けたときには、**遅滞なく明示しなければなりません**。そして、**広告にすでに明示してあった場合でも、お客さんが注文してくれるときにはあらためて明示**しなければなりません。また、例えば、**数回に分けて分譲の広告をする場合、それぞれの広告においてきちんと明示**する必要があります。

⑶　取引態様の明示は、**口頭でもＯＫ**です。

⑷　なお、この明示を怠ると、**監督処分の対象**にはなりますが、**罰則はありません**。

👆 **試験に出る！ POINT整理**　　**取引態様の明示義務**

何　を	**すべて**の取引態様
い　つ	① **広告**をするとき➡**そのたびごとに** 　　　かつ ② **注文**を受けたとき➡**遅滞なく** 　　　　　　　（広告時に明示してあっても、あらためて必要）
どのように	**口頭でもＯＫ**

Chap.
4

Sec.
1

広告や契約の注意事項

317

2 広告開始・契約締結の時期の制限

それでは、未完成の建物や造成をしていない土地など、未完成物件の広告や契約は、いつから可能となるのでしょうか？

1 広告開始・契約締結時期の制限（33条、36条）

　例えば、業者がこれから建物を建築して、その建物の分譲などを計画しているとします。このときは、あらかじめ、建物ならば建築確認、土地の造成ならば開発許可や造成許可等を受ける必要があります。そこで、お役所が「そのとおり造っていいよ」と認めた後、つまり、確認等が出た後であれば、お客さんの考えていた物件と違うものが出来上がるおそれは小さくなりますよね。

　そこで、未完成物件については、一定の許可や建築確認等の「**処分**」があった「**後**」でなければ、広告を開始できません。また、同様に、原則として、契約（予約も含む）を結んではなりません。
<small>H23〜28・30・R1・2・3・5</small>
<small>H26〜28・30</small>

許可などの「処分」の具体例としては、都市計画法の開発許可・市街化調整区域内の建築許可・地区計画の一定の区域内の農地の区域内における建築等の許可 最近の改正 、建築基準法の建築確認・居住環境向上用途誘導地区内における建築物の高さ制限に関する許可 最近の改正 、「津波防災地域づくりに関する法律」の津波災害特別警戒区域における開発許可などがあります。

　未完成物件に関する広告等の禁止は、**次の場合にもあてはまります**。

- ① 将来売り出す予定であることを示す**予告広告**
- ② 開発許可が下りる見込みで行う**見込み広告**
- ③ 開発許可**申請中**、建築確認**申請中**という広告
<small>　　　　　　H30　　　　　　H24・27・28・R2</small>

申請中ではあっても、申請どおりに必ずしも許可が下りるかは不確実だからです。

2 規制の対象となる取引

広告開始時期と契約締結時期の制限には、次のように少し異なるところがあります。次の表中の「○」は制限を受ける、「✗」は受けない、ということです。

[広告開始時期の制限]

	売買	交換	貸借
自ら当事者	○	○	✗
媒介	○	○	○
代理	○	○	○

比較

[契約締結時期の制限]

	売買	交換	貸借
自ら当事者	○	○	✗
媒介	○	○	✗
代理	○	○	✗

その「異なるところ」は、<u>貸借の場合は、広告開始時期に関しては制限があるけれども、契約締結時期に関しては制限がない</u>ことです。
H25・27・R1・3・3

なぜなら、売買ならば相当な取引額になるけれども、**貸借の場合は金額が小さい**ので、お客さんの損害も少なくて済む。また、契約の場合は、相手方は普通少数ですが、広告の場合は、たくさんの人が見るため、その被害が大きくなるおそれがあるからです。

なお、「<u>自ら賃借</u>」は「取引」ではありませんから、当然、<u>無関係</u>です。
R2

試験に出る！POINT整理 未完成物件の広告開始・契約締結時期の制限

	売買	交換	貸借
広告開始の時期	処分の後	処分の後	処分の後
契約締結の時期	処分の後	処分の後	制限なし

第2編 宅建業法
Chapter 4 ▷ 取引にあたって注意しなければならないこと

Section 2 事務所等に関する定め

Introduction ここでは、お客さんの保護に役立つように、事務所等に**設置**が義務づけられているものを中心に学習していきます。

▶▶ 分野別過去問題集 第2編「宅建業法」問題 ㉞〜㊶

1 「案内所等の届出」と「標識の設置」義務 ❗重要

1 「事務所等」に関する一覧

業者が業務を行う「事務所等」には、どのような種類があるのでしょうか？

次表の㈎〜㈭が、「事務所等」に含まれます。

㈺の具体例としては、見学者の案内のみを行って、そこでは契約を締結しない現地案内所などをイメージしてください。なお、「案内所等」には、土地に定着しない施設（テント張りなど）も含まれます。

試験に出る！POINT整理 「事務所等」に関する一覧

❶	㈎ 事務所	
❷	国土交通省令で定める**契約**の締結または申込みを受ける場所	㈑ 継続的に業務を行うことができる施設を有する場所で、事務所以外のもの ㈒ 宅建業者が一団の宅地・建物の分譲を案内所を設置して行う場合は、その**案内所** ㈓ 他の宅建業者が行う一団の宅地・建物の分譲の代理・媒介を案内所を設置して行う場合は、その**案内所** ㈔ 業務に関する展示会、その他催しを実施する場所
❸	国土交通省令で定める契約の締結または申込みを**受けない**場所	㈕ 上記㈑〜㈔に該当する場所 ㈖ 宅建業者が一団の宅地・建物の分譲をする場合における、その宅地・建物が**所在する場所**

Chapter 4 ▷ 取引にあたって注意しなければならないこと

2 案内所等の届出（「法50条第2項の届出」、50条2項）

前の表の❷に該当する案内所等（契約行為等を行う案内所等）を設置する宅建業者は、免許権者等に対して一定の事項を届け出なければなりません。免許権者等が、その業者の仕事を把握して、指導や監督をするためです。

> 届出が必要なのは契約行為等を行う案内所等であることに注意。

また、①どこに、②いつまでに、そして、③何を届け出るのか、という3つがポイントです。

① まず、**届出先は、免許権者および案内所の所在地を管轄する都道府県知事の両方**です。例えば、東京都知事免許を受けている業者が、北海道に契約行為等を行う案内所を設置するとした場合には、東京都知事と北海道知事の両方に対して案内所等の届出を行います。なお、免許権者が国土交通大臣の場合の届出は、案内所の所在地を管轄する都道府県知事を「経由」して行います。

② 次に、**届出の時期は、業務開始の10日前まで**です。

③ さらに、届出事項は、㋐どこで（所在地）、㋑どのような仕事（業務内容）を、㋒どのくらいの間（業務期間）続けるのか、さらに、㋓その場所に設置する専任の宅建士の氏名、の4つです。

試験に出る！POINT整理　案内所等の届出

届出が必要な場合と届出義務者	契約行為等を行う案内所等を設置する場合に、宅建業者が
届出先	右の①②の両方に対して行う　① 免許権者（国土交通大臣のときは②経由）　② 所在地を管轄する知事
時期	業務開始の10日前まで
届出事項	㋐ 所在地　㋑ 業務内容　㋒ 業務期間　㋓ 専任の宅建士の氏名

重要！一問一答　H16-問43-肢4

Q 宅建業者A（甲県知事免許）が甲県に建築した一棟100戸建てのマンションを、宅建業者B（国土交通大臣免許）に販売代理を依頼し、Bが当該マンションの隣地（甲県内）に案内所を設置して契約を締結する場合、Bは法第50条第2項で定める届出を、その案内所の所在地を管轄する甲県知事及び甲県知事を経由して国土交通大臣に、業務を開始する10日前までにしなければならない。

A 案内所を設置する宅建業者Bが届け出なければならない。　………○

3　標識の設置義務（50条1項）

この標識（業者票）は、"もぐり"（無免許）業者ではないことの証明です。

宅 地 建 物 取 引 業 者 票	
免 許 証 番 号	国土交通大臣 　　　　　　（　　）第　　　号 知事
免 許 有 効 期 間	年　　月　　日から 年　　月　　日まで
商 号 又 は 名 称	
代 表 者 氏 名	
この事務所に置かれている専任の宅地建物取引士の氏名	
主たる事務所の所在地	電話番号（　　）

「事務所等」を設置する宅建業者は、事務所および国土交通省令で定める、その業務を行う場所ごとに、公衆の見やすい場所にこの標識を掲げなければなりません。つまり、前出の **POINT整理** （「事務所等に関する一覧」）の❶❷❸すべてに設置が必要です。
_{H23・25〜28・R1・3・4}

なお、**標識にある代表者の氏名**について、希望者は、旧姓が併記された免許証の交付を受けた日以降であれば、**旧姓を併記**でき、重要事項説明書への記名について、**旧姓を併記又は旧姓を使用**することができます **最近の改正** 。

また同様に、**標識にある専任の宅建士の氏名**について、希望者は、変更の届出がなされた日以降であれば、**旧姓を併記又は旧姓を使用**することができます **最近の改正** 。

2 従業者証明書・従業者名簿・帳簿 ⚠️重要

1 従業者証明書（48条1項・2項）

　宅建業者は、従業者に仕事をさせるにあたっては、従業者証明書を携帯させなければなりません。また、お客さんなどの取引の関係者が「従業者証明書を見せてください」と請求した場合、その従業者は証明書を提示しなくてはなりません。提示は義務です。なお、従業者証明書に代えて、従業者名簿や宅建士証の提示では提示義務を満たしません。この「従業者」には、単に一時的に業務の補助をする者や非常勤の役員、さらには代表取締役などの代表者（いわゆる社長）までも含まれることに注意してください。

> なお、従業者証明書の押印欄は、削除されました。また、従業者の氏名については、旧姓を併記することが可能です 最近の改正 。

2 従業者名簿（48条3項）

　宅建業者は、事務所ごとに、従業者証明書の発行台帳となる従業者名簿を設置しなければなりません。そして、お客さんなどの取引の関係者から名簿の閲覧の請求があったときは、閲覧させなければなりません。その場合、データをパソコンのディスプレイ上に表示することでもOKです。

　従業者名簿には、①氏名（旧姓併記が可能 最近の改正 。住所の記載は不要です）や、②その事務所の従業者となった年月日、③その従業者が従業者でなくなった年月日などのほか、④宅建士であるか否かの区別が記載されています。この「従業者」にも、一時的な業務補助者等が含まれます。そして、従業者名簿は、最終の記載をしたときから10年間、保存しなければなりません。

3 帳簿

　帳簿とは、取引を記録する台帳のことです。宅建業者は事務所ごとに帳簿を備え、取引のあったつど、取引の年月日、宅地建物の所在および面積、取引態様の別、取引の相手方の氏名・住所、取引金額および報酬額などについて記載

しなければなりません（施行規則18条1項）。それらの情報は、パソコンのハードディスクにデータとして保存しておき、プリントアウトできる環境を整えておくことでも代替が可能です。なお、住宅瑕疵担保履行法（→**Chap.9**）との関係で、宅建業者が自ら売主となる新築住宅に係るものの帳簿の記載事項には、当該新築住宅の引渡しの年月日や床面積などに関する事項が追加されています。

帳簿には、従業者名簿とは異なり、お客さんから請求があったときに閲覧させる義務はありません。

帳簿は、各事業年度末に閉鎖し、その保存期間は、閉鎖した時から**5年**間（宅建業者が自ら売主となる新築住宅に係る帳簿の保存期間は**10年**間）です。

4 事務所等における諸規定のまとめ

「事務所等」に関して、ここまで学習してきた事柄をまとめておきましょう。なお、❶❷❸は、このSection中の**1**-1の「事務所等に関する一覧」の表の番号に対応しています。

「事務所等」における諸規定のまとめ　〇＝必要　×＝不要

場所	専任の宅建士の設置義務	報酬額の掲示	従業者名簿	帳簿	案内所等の届出	標識
❶	〇（業務従事者5人に1人以上）	〇	〇	〇	×	〇
❷	〇（1人以上）	×	×	×	〇	〇
❸	×	×	×	×	×	〇

事務所に設置すべき次の**5つ**は、一般に"**5点セット**"と表現されています。免許証の掲示義務はありません。

Chapter 4 ▷ 取引にあたって注意しなければならないこと

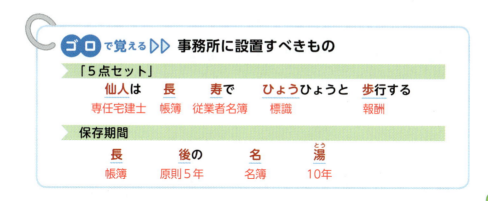

Section 3 業務を行うときのモラルなど

第2編 宅建業法 / Chapter 4 ▷ 取引にあたって注意しなければならないこと

Introduction 宅建業者の個々の業務の遂行について、行き過ぎがないように歯止めをかける意図でさまざまな注意事項や禁止事項が定められています。ここではその主要なものについて学習します。

▶▶ 分野別過去問題集 第2編「宅建業法」問題 ㊷～㊺

1 業務における諸規定

1 宅建業者の業務処理の原則等（31条、31条の2）

宅建業者は、取引の関係者に対し、信義を旨とし、誠実にその業務を行わなければなりません。加えて、その従業者に対し、その業務を適正に実施させるため、必要な教育を行うよう努めなければなりません。
H27・R4

2 不当な履行遅延の禁止（44条）

宅建業者は、その業務に関して行うべき登記・物件の引渡し・取引に係る対価の支払いを、不当に遅延してはなりません。
H24・26

3 守秘義務（45条） ⚠重要

業務上、お客さんの秘密に接することがありますが、正当な理由なく、業務上知り得た秘密を他に漏らしてはなりません。この義務は、宅建業者だけでなく、従業者も守らなければならず、また、宅建業者が宅建業を廃業した後や従業員が辞めた後であっても、同様です。
H24・R1・2・3・4　　R4　　R2

> 例えば裁判所で証言をすることなどは、裁判を行う上で必要ですから、正当な理由があるとされます。
> なお、お客さん本人の承諾があった場合は、守秘義務の対象外です。
> R2

Chapter 4 ▷ 取引にあたって注意しなければならないこと

4 重要な事実の告知義務（47条1号） ⚠ 重要

　宅建業者は、お客さんに対して、①契約の締結について**勧誘**をするに際し、または②その契約の**申込みの撤回**や**解除**、もしくは取引により生じた**債権の行使**を妨げるため、次の事項については、**故意**に事実を告げなかったり、または、**不実**のことを告げてはなりません。

(ア)	重要事項の説明事項（35条1項各号または2項各号に掲げる事項）
(イ)	供託所等に関する説明事項（35条の2各号に掲げる事項）
(ウ)	契約書面の記載事項（37条1項各号または2項各号（当事者の氏名・名称と住所を除く）に掲げる事項）
(エ)	(ア)〜(ウ)のほか、宅地・建物の所在、規模、形質、現在もしくは将来の利用の制限、環境、交通等の利便、代金、借賃等の対価の額、その支払方法、その他の取引条件または当該宅建業者や取引の関係者の資力・信用に関する事項であって、宅建業者の相手方等の判断に重要な影響を及ぼすこととなるもの

　そして、これらの告知義務のある事項は、**従業員の誰か**が告げれば足り、宅建士が告げる必要はありません。

> なお、**故意**、つまり「**わざと**」は**ダメ**、でも逆に「**過失なら問題なし**」という点にも注意してください。

5 手付貸与等による契約締結誘引の禁止（47条3号） ⚠ 重要

　宅建業者は、手付について**貸付け**その他信用の供与をすることによって**契約締結の誘引**（契約に結びつけようとすること）をしてはなりません。「手付について信用を供与する」とは、手付を貸し付けること自体のほかに、例えば、**数回に分けて手付を受領すること**（分割払いで受け取ること）や、手付の支払いを猶予すること、約束手形で受け取ることなどがあります。代金の引下げ・手付の減額・手付金借入のあっせん・売買代金の貸借のあっせんは、「信用の供与」には含まれません。また、媒介報酬は「手付」ではないため、媒介報酬を分割受領することは、この禁止規定には反しません。さらに、誘引する行為自体が禁止され、**契約**に至ったかどうかは関係がありません。

試験に出る！POINT整理 業務における諸規定（⚠すべての違反に罰則あり）

❶ 守秘義務	●正当な理由ある場合（裁判の証人となった場合など）を除いて、業務上知り得た秘密を漏らしてはダメ ●宅建業者や従業員をやめた後も、守秘義務あり	
❷ 重要な事実の告知義務	重要事項の説明事項、供託所等に関する説明事項、契約書面の記載事項等について、故意に不告知等のときは、宅建業法違反となる（⚠過失では違反とならない）	
❸ 手付貸与等による契約締結誘引行為の禁止	●手付の貸付け等信用の供与によって、契約締結の誘引をしてはならない 　［信用の供与とは］ 　　手付金の貸付け、分割払い、支払猶予、約束手形で手付金を受け取ること等（⚠手付の減額や手付金借入れのあっせんは、該当しない） ●契約に至ったか否かは無関係	

重要！一問一答
H20-問38-肢4

Q 宅建業者Aは、自ら売主として、宅地の売却を行うに際し、買主が手付金100万円を用意していなかったため、後日支払うことを約して、手付金を100万円とする売買契約を締結しても、宅建業法の規定に違反しない。

A 手付貸与等による契約締結誘引行為に該当し、違反する。　　　………✗

6 その他の禁止事項（47条の2、規則16条の11）

(1) 勧誘をするにあたって、利益を生ずることが確実であると誤解させるような断定的判断や、取引物件に関する将来の環境・交通等の利便について誤解を生じさせるような断定的判断等を提供してはなりません。例えば、「数年後には値段が確実に上がるよ」と言って勧誘をしてはならず、過失でも、また、契約に至らなくても、ダメです。

(2) 宅建業者の相手方等が契約の申込みの撤回を行うに際し、既に受領した預り金を返還することを拒んではなりません。

(3) 相手方が、解約手付による解除をする場合に、正当な理由なく、解除を拒み、または、妨げる行為をしてはなりません。

(4) その他、契約締結の勧誘に際して、次のようなことも禁止されています。

> ① 勧誘に先立ち宅建業者の商号または名称・勧誘を行う者の氏名・契約締結の勧誘目的である旨を告げずに勧誘すること
> ② お客さんが契約締結拒否の意思（勧誘を引き続き受けることを希望しない旨の意思を含む）を表示しているのに、勧誘を継続すること
> ③ 迷惑を覚えさせるような時間に電話や訪問をすること、深夜の勧誘等私生活等の平穏を害するような方法により困惑させること
> ④ 正当な理由なく、契約を締結するかどうかを判断するために必要な時間を与えることを拒むこと。

(1)～(4)の禁止は、宅建業者だけではなく、当然、その代理人や使用人、その他の従業員等にも同様に適用されます。

7 宅建業の業務に関する行為の取消しの制限（47条の3） 最近の改正

Chap.1-Sec.2でお話したように、成年被後見人や被保佐人であっても、宅建業の免許を受けることができる場合があります。その場合、制限行為能力者である宅建業者が行った行為が、後で取り消されてしまうおそれがあります。

そこで、そうならないように、個人の宅建業者（未成年者は除かれます）が宅建業の業務に関し行った行為は、行為能力の制限によっては取り消すことができないとされました。

2 供託所等に関する説明（35条の2） !重要

　宅建業者は、契約締結前に、①保証協会の社員の場合は、その協会の名前や住所、事務所の所在地、供託所とその所在地、②営業保証金を供託している場合は、供託所と所在地、などの情報を、お客さんに知らせなければなりません。どの供託所に行くべきかわからないと、お客さんは営業保証金等の還付を受けることができないからです。なお、保証金の額等については不要です。

> 以下、後ほど学習する「重要事項の説明」としっかり対比しましょう。

(1) まず「いつまでに」ですが、契約が成立するまでの間です。これは、重要事項の説明と同じです。

(2) 「誰に」説明するかですが、取引の相手方等です。例えば、売買の媒介であれば、両当事者に対して説明が必要です。なお、相手方が宅建業者であるときは、還付の対象ではありませんから、説明は不要です。

(3) 従業員を使って、この説明をさせてもOKです。

> 重要事項の説明と異なって、宅建士による説明は不要です。

(4) この供託所等に関する説明は、口頭でもOKです。

第**2**編
宅建業法

Chapter ▷ **5**

取引にあたって
交付すべき3大書面

宅建業法は、宅建業者に、取引の際に一定の**書面を交付すべき**ことを義務づけています。このテーマは、宅建士試験では頻出かつ重要なところです。覚えるところが多く結構大変ですが、逆に言えば**覚えてしまえば得点できるテーマ**です。また、35条書面と37条書面などは、1問の中で複合的に問われることもよくあります。学習にあたっては、やはり、**比較の視点が重要**です。

Section

1 媒介契約で交付すべき書面
～媒介契約書～

2 契約「前」に交付する書面
～35条書面～

3 トラブル防止目的の書面
～37条書面～

第2編 宅建業法
Chapter 5 ▶ 取引にあたって交付すべき3大書面

Section 1 媒介契約で交付すべき書面 〜媒介契約書〜

Introduction
例えば、自分の家を売却しようとする場合には、自分自身で買い手を探すのは大変ですので、宅建業者に媒介や代理を依頼するのがスムーズです。ここでは、**媒介や代理を依頼する人**を保護する観点から、どのような規制があるのか学習していきます。

▶▶ 分野別過去問題集 第2編「宅建業法」問題 ㊻〜㊾

1 媒介・代理契約の種類

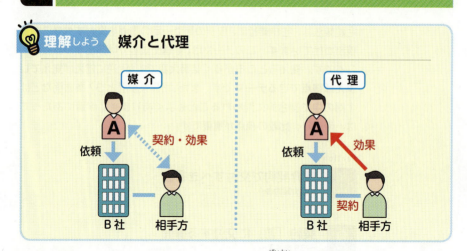

理解しよう　媒介と代理

例えば、土地を持っているAさんがB社に媒介を依頼し、B社が買い手（相手方）を探してきて、Aさんと相手方との間で契約が結ばれます。この仕組が、媒介です。つまり、間を取りもってもらうことです。それに対して**代理**の場合は、AさんがB社に契約締結の代理権を与えた結果、B社は、Aさんに代わって、契約を結びます。

なお、以下、媒介の場合を前提に説明しますが、「代理」の場合にも、そのままあてはまります(34条の3)。
H28・29

媒介契約には、**一般**媒介、**専任**媒介、**専属専任**媒介の3種類があります。

(1) **一般**媒介のときは、例えば、AさんがB社に頼みますが、その一方で、重ねてC社にも頼むこともでき、また、自分で見つけた相手と直接取引(「自己発見取引」)することも自由です。なお、一般媒介では、AさんがB社の他にC社にも依頼をしたときは、B社に対し、他の業者名(C社)を明示する義務がある場合と、ない場合があります。

(2) **専任**媒介とは、B社だけにしか依頼できないタイプです。この場合は、C社など他の業者に重ねて依頼はできません。ただし、自己発見取引はOKです。

(3) **専属専任**媒介では、AさんはB社にしか依頼できません。また、自己発見取引の禁止の特約が付くタイプです。

2 売買・交換の媒介・代理契約の規制 ！重要

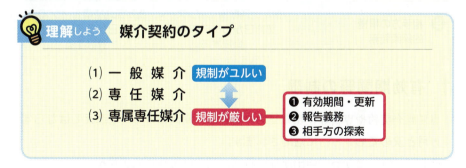

それでは、売却の依頼をした者にとって、買い手が見つかるのかどうか一番不安が募る(危ない)タイプはどれでしょうか？ もちろん(3)の専属専任媒介ですね。他の業者に頼むこともできないし、自分で見つけることもできないからです。そこで宅建業法は、**依頼者保護**の観点から、(1)一般媒介に関する規制を**最もユルく**、(3)専属専任媒介に関する規制を最も厳しくしています。

ただし、**一般・専任**(専属を含む)媒介契約共通の規制として、媒介契約の目的物である宅地建物の**売買**または**交換の申込み**があったときは、**遅滞なく**、その旨を**依頼者**(宅建業者を含む)に**報告**しなければなりません。

そして、専任(専属を含む)媒介の場合に規制される事項は、❶有効期間・更新、❷報告義務、❸相手方の探索に関することの3つです。一般媒介であれば

これらの規制はないのですが、専任媒介や専属専任媒介については規制があり
R2・3
ます(34条の2)。
H23

なお、これらの規制に反する依頼者に**不利**な特約は無効です。しかしながら、
有利な特約なら、もちろん有効です。
H23・27・29・R2

試験に出る！POINT整理　売買・交換の媒介・代理契約

	一般媒介	専任媒介	専属専任媒介
❶ 有効期間・更新	規制なし	期間は、 ● **3ヵ月**以内（超える場合は**3ヵ月**となる） ● **依頼者**からの申出で更新できる	
❷ 業務処理状況の報告義務		● **2週間**に1回以上の報告が必要 ● 口頭でもよい	● **1週間**に1回以上の報告が必要 ● 口頭でもよい
❸ 相手方の積極的探索義務		指定流通機構（レインズ）へ契約日から**7日**以内に登録する	指定流通機構（レインズ）へ契約日から**5日**以内に登録する

---

1 有効期間等の制限

専任媒介契約や専属専任媒介契約の場合は、期間は**3ヵ月**を超えてはならず、
H29・R1・4
4ヵ月と決めても**3ヵ月**に短縮されます。

そして、**依頼者**からの申出がなければ、契約は更新されません。したがって、
自動更新する旨の特約は**無効**です。また、更新後の期間も**3ヵ月**以内です。
H26・29・R2　　　　　　　　　　　　　　　　　　　　　　　H25・R4

重要！ 一問一答　　　　　　　　　　　　　　　　　　H19-問39-肢4

Q 宅建業者Aは、BからB所有の宅地の売却について媒介の依頼を受けた。この場合、Aは、Bとの間で有効期間を2か月とする専任媒介契約を締結する際、「Bが媒介契約を更新する旨を申し出ない場合は、有効期間満了により自動更新するものとする」旨の特約を定めることができる。

A 自動更新の特約は依頼者に不利だから無効。依頼者Bの申出があって、はじめて更新される。　　　　　　　　　　　　　　　　　　　　　　　　　　**✗**

334

2 業務処理状況の報告義務

宅建業者が行う業務処理状況については、専任媒介契約の場合は2週間に1回以上、専属専任媒介契約の場合は1週間に1回以上の報告義務があります。また、この報告は、口頭や電子メールでもOKです。

> 例えば、買い手が見つからなければ、専属専任媒介契約の場合、依頼者は"万事休す"となってしまいますから、業者には、普通の専任媒介契約よりも頻繁に報告する義務が課されているのです。

なお、この報告は、媒介契約の当事者が宅建業者同士であっても、しなければなりません。

3 相手方の積極的探索義務

「相手方の積極的探索義務」とは、より早く、また広く相手方を見つけることができるように、指定流通機構(「レインズ」といいます)に登録しなければならないという義務のことです。したがって、媒介契約締結後の「一定期間」内に、「一定事項」をレインズに登録する必要があります(施行規則15条の10〜15条の13)。

① 「一定期間」とは、専任媒介契約の場合は媒介契約締結の日から7日以内、専属専任媒介契約の場合は契約締結の日から5日以内です。この「契約締結日」については、初日は算入されません。さらに、「7日以内」「5日以内」には、その業者の休業日は含まれません。

② 登録すべき「一定の事項」は、物件の所在・規模・形質、売買すべき価額や評価額、主要な法令上の制限、専属専任媒介契約であればその旨とされています。所有者の氏名・登記された権利の種類、その内容などは不要です。

③ 指定流通機構に登録をしたときは、指定流通機構から登録を証する書面(登録証)をもらいますが、宅建業者は、それを遅滞なく依頼者に引き渡さなければなりません。

宅建業者は、この書面の引渡しに代えて、**依頼者の承諾**を得て、電子的に作成した書面（電子書面）を電子メールやWebページからのダウンロード形式等を利用して**電磁的方法により提供**することができます。この場合、宅建業者は、**書面を引き渡したものとみなされます**。 最近の改正 。

そして、契約が成約した場合も**遅滞**なく、指定流通機構へその旨を通知しなければなりません。通知すべき事項は、**登録番号**、物件の**取引価格**、売買または交換の契約が成立した**年月日**です。
_{H23・28} _{H24・25}

3 売買・交換の媒介・代理契約書の交付義務と書面の記載事項(34条の2) ❗重要

媒介・代理契約を口約束だけで行うと、将来、トラブルが生じることが考えられます。それを防ぐために、宅建業者は、**売買・交換**に関する媒介・代理契約（一般媒介も含む）を結んだときは、遅滞なく、物件や契約内容について書面を作成して、依頼人に交付しなければなりません。なお、この義務は売買・交換契約の場合のみです。
_{H24・28・R2・3・4} _{H26・27}

書面には、**宅建業者**が記名押印します。宅建士の記名押印ではありません。
_{H27} _{H28} _{R2}

宅建業者は、この書面の交付に代えて、**依頼者の承諾**を得て、**電磁的方法**であって宅建業者の記名押印に代わる措置を講じた一定のものにより**提供**することができます。この場合、宅建業者は、**書面に記名押印し、これを交付したものとみなされます** 最近の改正 。

書面の記載事項も重要です。**次の表**をしっかりと覚えておきましょう。

試験に出る！POINT整理 書面の記載事項

(1)物件	❶	物件を**特定**するために必要な事項（所在・地番・種類・構造等）
	❷	宅地建物の売買すべき**価額**または評価額 H28・R4
(2)契約内容等	❸	媒介契約の種類
	❹	媒介契約の**有効期間**および**解除**に関する事項 R2
	❺	指定流通機構への**登録**に関する事項
	❻	**報酬**に関する事項
	❼	**違反**に対する措置 H26・30・R2
	❽	その媒介契約が、国土交通大臣の定めた**標準媒介契約約款**に基づくものであるか否かの区別 H28・R2
	❾	**既存**の建物であるときは、依頼者に対する**建物状況調査**を実施する者の**あっせん**に関する事項（あっせんの有無） 最近の改正 H30

(1)**物件**に関する事柄と、(2)**契約内容等**に関する事柄に、大きく分けられます。

> 以下は、主な留意点です。

❷の**価額**等ですが、例えば、ある土地を「1億円で売ってほしい」と依頼があったときに、宅建業者側が「8,000万円でしか売れないですよ」と意見を述べることがありますが、その際は「この価格査定の結果を見てください」と、根拠を示す必要があります。つまり、宅建業者が、価額・評価額について意見を述べるときには、依頼者の請求がなくとも**根拠**を示さなければなりません（「一般媒介」の場合も含みますが、不動産鑑定士に評価を依頼して根拠を示すまでの必要はありません）。
H24・25・R2・3・4
R4
R2

> 依頼者を納得させ、**トラブル**を**防止**するためですね。

なお、この根拠を述べるのは、口頭でもOKですし、宅建士に述べさせる必要もありません。

　❺は、「どこの指定流通機構に登録するか」等を記載します。法律上の登録義務がない一般媒介の場合でも、登録はできます。お客さんにとってはむしろ好ましいですよね。そこで、専任媒介だけではなく、一般媒介の場合でも登録の有無等を記載するとされています。

　❼は、例えば、専任媒介契約において、依頼者が他の宅建業者の探索した相手方と契約をした場合に違約金を支払うなどの措置です。

　❽は、国土交通省が作成した「標準媒介契約約款」を用いるか否か、依頼者が確認するためです。

　❾の「建物状況調査（インスペクション）」とは、例えば、住宅の基礎や柱などの「建物の構造耐力上主要な部分」、または、住宅の屋根や外壁などの「雨水の浸入を防止する部分」の状況の調査で、国土交通大臣が定める講習を修了した建築士が実施するもののことです。この調査によって、建物の劣化の状態や欠陥の有無など建物のコンディションを知ることができ、安心して中古住宅などの既存の建物の取引を行うことができます。

わかって合格る　いますぐ解く！　厳選過去問プレミアム 50　問25 へ

Chapter 5 ▷ 取引にあたって交付すべき3大書面

Section 2 契約「前」に交付する書面 ～35条書面～

Introduction このSectionでは、「重要事項の説明」について誰が、誰に対して、いつまでに、どのように、そして何を説明するのかなどについて学習します。文字どおり、本試験対策としても"**重要事項**"です。

▶▶ 分野別過去問題集　第2編「宅建業法」問題 ㊻～㊾

1 重要事項の説明義務（35条）

理解しよう 「重要事項の説明」のポイント

【目的】
物件を取得するか否かの判断材料の提供

→
❶ 誰　　が
❷ 誰に対して
❸ いつまでに
❹ どのように
❺ 何　　を

⚠ **売買・交換**と**貸借**を区別することが重要

まず、なぜ重要事項の説明が定められているのでしょうか？　その**目的**は、物件を**取得**しようと考えているお客さんに対して、**判断**するための重要な情報（判断材料）を提供することです。それによって、お客さんがきちんと判断をすることができるのです。

1 誰が、誰に対して、いつまでに行うのか

まず、「❶誰が」説明をするかというと、重要事項の説明を義務づけられているのは、**宅建業者**です。宅建士ではありません。宅建士は説明の「担当者」です。
H25・R4

したがって、この説明を怠れば、**宅建業者**が監督処分の**対象**になります。

そして、その説明を「❷誰に対して」するのでしょうか？　物件取得のための判断材料の提供が目的ですから、当然、物件を取得しようと考えている人に対して説明する必要がありますね。宅地建物の売買契約の場合は買主（売主には不要）、交換契約の場合は、両方の人がそれぞれ交換する物件を取得するため、両当事者です。そして、貸借契約の場合なら、所有権を取得するわけではありませんが、広い意味で取得者といえる借りる人です。ただし、宅建業者に関する次の❷-❷-③に注意。

　そして、「❸いつまでに」説明するかというと、例えば、買うかどうかの判断材料を提供するのが目的ですので、契約が成立するまでの間に行う必要があります。

2　重要事項説明の方法

　「❹説明の方法」は、書面に記載をし、その書面（「重要事項説明書」）を相手方に交付して行います。この書面を、「35条書面」といいます。

> 法律上の難しい条件などを口頭でぺらぺら話されても、お客さんには理解しづらいため、確認が容易な「書面」であることが必要なのです。

❶ 説明について

　内容がよくわかっている人が説明することが大切です。そこで、宅建業者は、宅建士を使って、説明しなければなりません。なお、この場合は、専任の宅建士であるか、一般の宅建士であるかは関係がありません。両者の業務の内容は一緒だからです。そして、宅建士は、重要事項の説明をするときには、お客さんが請求しなくても宅建士証を提示しなければなりません。宅建士であることをお客さんに示す必要があるからです。また、重要事項説明書には、責任の所在を明らかにするために、宅建士の記名が必要です　最近の改正　。この記名をする宅建士も、専任の宅建士である必要はありません。

> 宅建業者は、この書面の交付に代えて、宅建士に、電磁的方法であって宅建士の記名に代わる措置を講じた一定のものにより提供させることができます（ただし、宅地や建物を取得又は借りようとしている者〈売買であれば買主、賃貸であれば借主、交換であれば取得する各当事者〉の承諾を得る必要があります）。この場合、宅建業者は、宅建士に書面を交付させたものとみなされます　最近の改正　。

❷ 説明に関する注意点

① 1つの取引に、複数の業者が関与する場合は、**すべての業者に説明義務**が課されていますが、1つの業者が代表して説明したり、関与した業者がそれぞれ分担して説明することも可能です。なお、その際の説明の誤りについては、すべての業者が共同で責任を負わなければなりません。

② 説明および書面の交付の**場所**については、宅建業法上、**どこで行ってもかまいません**。

③ 宅地建物の**取得者**（貸借の場合の借主も含みます）が**宅建業者**の場合は、35条書面の**交付**（❶でお話した、取得者である**宅建業者の承諾**の下になされた**電磁的方法**による**提供**も含みます **最近の改正** ）だけで足り、宅建士による**説明は不要**です。

> 先ほども述べたように、宅建士は、重要事項の説明をする場合、相手方からの請求がなくても宅建士証を提示しなければなりません。しかし、**宅地建物の取得者（相手方）が宅建業者**であるときは、その説明をせず、書面を交付するだけですから、宅建業者である相手方からの請求がない限り、宅建士証を**提示**する必要は**ありません**。

なお、売買の対象が、次の❷-4で学習する「**不動産信託受益権**」の場合は、取得者が宅建業者であっても、宅建士による説明が必要です。

④ 宅地建物の売買等を含む**すべての取引**に係る説明にあたっては、厳格な要件の下、**テレビ会議等のITを活用**することが可能となりました **最近の改正** 。なお、この場合でも宅建士証の提示は必要です。

2 重要事項説明書の記載事項　⚠重要

それでは、「❺何を」(**1**-💡理解しよう 参照) 説明する必要があるのでしょうか？　重要事項説明書の記載事項を見ていきましょう。

まず、**宅地建物の売買・交換**と**貸借**を区別することがポイントです。そして、**不動産信託受益権**等の売買の場合についても確認が必要です。また、説明事項に関しては、**物件に関する事柄**と**取引条件等に関する事柄**に分類できます。さらに、マンション（後出**2**）に関しては、マンション独特の追加的な説明事項があることに注意しましょう。

> 右の「記載事項」自体を、**ゴロ合わせ**で覚えてしまいましょう！

ゴロで覚える ▷▷ 重要事項（宅地建物の売買・交換の場合）

物件に関する事項

遠い	星	銀河	で	見える	か	スペースシャトル	＋	省令等の事項
登記	法令私道	飲用水ガス	電気	見通し（整備の）	完了時	インスペクション		

取引条件等に関する事項

意外だ	彼女に	バイ	バイされて	ボーゼン	あぜん	どうしたん	か？
以外（代金等）	解除	予定賠償金の	違約金	保全措置	あっせん	担保責任	割賦販売

---

1 宅地建物の売買・交換の場合

> 「各項目を覚えるのは大変」と感じるかもしれませんが、**買うか否かの判断**にはどのようなことが**重要**かをイメージすればよいでしょう。

Chapter 5 ▷ 取引にあたって交付すべき3大書面

試験に出る！POINT整理 「宅地建物の売買・交換」の記載事項

(1) 物件に関する事項	❶	登記された権利 H26・R1・3
	❷	法令に基づく制限
	❸	私道に関する負担に関する事項
	❹	飲用水・電気・ガス等の供給施設、排水施設の整備状況 H29
	❺	[未完成物件の場合] 工事完了時の形状・構造
	❻	国土交通省令・内閣府令で定める事項 H23・R1・2・2・3
	❼	既存の建物であるときは、建物状況調査（インスペクション）等に関する事項 H30・R2
(2) 取引条件等に関する事項	❽	代金・交換差金以外に授受される金銭の額および目的 H28・R1・3
	❾	契約の解除に関する事項 H28
	❿	損害賠償額の予定または違約金に関する事項 R2
	⓫	手付金等の保全措置の概要 R3・4
	⓬	支払金・預り金を受領する場合の保全措置の有無・概要 H27・30
	⓭	ローンのあっせんの内容およびローン不成立の場合の措置 H24・29
	⓮	契約内容不適合を担保すべき責任の履行に関し保証保険契約の締結その他の措置の有無・概要 最近の改正 H26・30・R3
	⓯	[割賦販売契約の場合] H26 (ア) 現金販売価格　(イ) 割賦販売価格 (ウ) 頭金・賦払金の額、支払時期・方法

それでは、前出の POINT整理 「宅地建物の売買・交換」の記載事項に沿って見ていきましょう。

❶ 登記された権利

　例えば、抵当権付きの土地を買った場合、抵当権が実行されてしまえば、買った人はせっかくの土地を失ってしまいます。そこで、**登記された権利の種類および内容**と、**登記名義人または登記簿の表題部に記録された所有者の氏名**を説明しなければなりません。

　これは、**説明する時点で登記されている権利について、説明をする義務があります。たとえ物件を引き渡すまでに抵当権が抹消される予定であっても、その旨をきちんと説明しなければなりません。**

H26・R1

❷ 法令に基づく制限

　例えば、買う物件が所在する地域はどの用途地域なのか、閑静な住宅街か、工場地帯なのかは、お客さんにとって重要です。説明すべき事項は、都市計画法・建築基準法等における造成や建築等の制限（**地区計画の一定の区域内の農地の区域内における建築等の許可制限、及び、居住環境向上用途誘導地区内における、容積率の制限の緩和・建蔽率の制限・壁面の位置の制限・高さの制限・用途の制限の緩和を含みます** 最近の改正 ）、農地法の権利移動・転用等の制限、国土利用計画法の届出、**歴史的風致の維持及び向上に関する法律における歴史的風致形成建造物の増改築等の届出、急傾斜地の崩壊による災害の防止に関する法律における急傾斜地崩壊危険区域内の制限の概要、津波防災地域づくりに関する法律における津波防護施設区域内の制限の概要、道路法における災害応急対策施設管理協定の効力**など、多岐にわたります。

R2　　R2　　R2

❸ 私道に関する負担に関する事項

　私道についての説明には、その負担の有無、私道面積、通行使用料等の負担金等があります。私道負担があるなら「**有**」、ないなら「**無**」と説明しますが、これには現在の負担だけではなく、**将来の負担も含みます。**

❹ 飲用水・電気・ガス等の供給施設、排水施設の整備状況

　ガスや水道が通っているかどうかは、生活にはとても重要です。そこで、これらが未整備であれば、その**整備の見通し**やその整備にあたって**負担金が課されるかなどの負担に関する事柄**も、説明の対象です。

H24　　　　　　　　　　　H24

❺ 未完成物件の場合

工事完了時の構造や形状を説明します。

造成工事完了前の宅地の場合は、完了時の形状・構造、さらに工事完了時における宅地に接している道路の構造と幅員等を説明します。

建築工事完了前の建物の場合は、完了時の形状・構造・主要構造部・内装および外装の構造や仕上げなどを説明します。

❻ 国土交通省令・内閣府令で定める事項

取引する物件が土砂災害警戒区域内・造成宅地防災区域内・津波災害警戒区域内にあるときは、その旨。また、取引の対象となる宅地・建物の位置が、水防法の規定により市町村の長が提供する図面（水害ハザードマップ）に表示されているときは、水害ハザードマップにおけるその宅地・建物の所在地【最近の改正】。これらは、危ない区域ですから、宅地・建物を問わず、また、売買・交換・貸借を問わず、説明が必要です。

なお、品確法に規定する住宅性能評価を受けた新築住宅の売買・交換であるときは、その旨を説明しなければなりません。

これはもちろん、建物の売買・交換の場合だけ。貸借の場合は関係なしです。

また、建物については、石綿（アスベスト）の使用の有無の調査の結果が記録されているときは、その内容（宅建業者に石綿の使用の有無の調査の実施を義務づけるものではありません）。さらに、建物（昭和56年6月1日以降に新築工事に着手したものを除く。つまり、最近建てられた建物は無関係）が、指定確認検査機関等による一定の耐震診断を受けたものであるときは、その内容（宅建業者に耐震診断の実施を義務づけるものではありません）も説明が必要です。これは、貸借の場合も含みますが、建物に関する事柄ですから、当然、建物についてだけの説明事項です。

❼ 既存の建物であるときは、建物状況調査等に関する事項

建物が既存の建物であるときは、建物状況調査（実施後1年を経過していないもの）の実施の有無や、実施している場合はその結果の概要。さらに、設計図書、

点検記録、その他確認済証や検査済証など建物の建築や維持保全の状況に関する一定の<u>書類の保存状況</u>についても、説明が必要です。
H30・R2・4

> <u>貸借</u>のときは、この一定の書類の保存状況は説明不要です。注意！
> R1

❽ 代金・交換差金および借賃以外に授受される金銭の額、および金銭の授受の目的

手付金等の額だけでなく、その授受の目的についても説明します。

ここで、「代金・交換差金および借賃以外」とあるうちの「以外」に注意しましょう。つまり、<u>代金</u>や交換差金および借賃の額などは、重要事項の説明の対象ではないのです。なお、これらは、契約を結んだ段階で交付する「37条書面」の必要的記載事項となっていることに注意。
H28・R1・4

> <u>交換差金</u>とは、例えば、Ａさんの2,000万円の土地とＢさんの3,000万円の土地を交換する際に、「差」額の「金」額としてＡさんがＢさんに支払う1,000万円のことです。

さらに、物件の<u>引渡し時期</u>や移転<u>登記申請の時期</u>も、重要事項の説明の対象ではありません。これも「37条書面」の必要的記載事項です。
H23・29・R3・4

❾ 契約の解除に関する事項

契約の解除が可能となる場合、その手続や解除の効果などについて説明します。

❿ 損害賠償額の予定または違約金に関する事項

損害賠償額の予定を定めるかどうか、違約罰としての違約金を定めるか否かを説明します。

> 要するに❾と❿は、トラブルなどに関する事柄です。

⓫ 手付金等保全措置の概要

後で学習しますが、宅建業者が自ら売主となる場合には、業者には手付金など、お客さんから受け取ったお金をきちんと返せるようにしておくことが義務づけられています。そのための保全措置の概要の説明です。

⑫ 支払金・預り金を受領する場合の保全措置の有無・概要

宅建業者が取引の相手方などから、支払金や預り金を受領する場合は、保全措置を**講ずるか否か**を説明します。そして、保全措置を講ずる場合は、その**概要**を説明しなければなりません。

ただし、50万円未満のもの等については、説明義務はありません。

⑬ 代金または交換差金に関する金銭の貸借のあっせんの内容、およびそのあっせんに係る金銭の貸借が成立しないときの措置
（ローンのあっせんの内容および不成立の場合の措置）

依頼者や相手方に対して、住宅ローン等の融資をあっせんする場合は、融資額、金利、返済方法などのあっせんの内容や融資条件を説明するとともに、そのあっせんが不調に終わって融資が受けられなかった場合の措置を説明しなければなりません。

⑭ 契約内容不適合を担保すべき責任の履行に関し保証保険契約の締結その他の措置の有無・概要

宅地・建物が種類・品質に関して契約の内容に適合しない場合におけるその不適合を担保すべき責任の履行に関して、保証保険契約の締結その他の措置で国土交通省令等で定めるものを**講ずるか否か**、および**その措置を講ずる場合におけるその措置**（住宅販売瑕疵担保保証金等）の**概要**を説明します。これは、契約内容不適合責任の履行を買主等に確実に受けさせるために設けられています**最近の改正**。

契約内容不適合責任自体の特約は、これには含まれていないことに注意。

⑮ 割賦販売契約の場合

割賦販売とは、分割払いを条件として販売することです（具体的には、「代金の全部または一部について、目的物の引渡し後1年以上の期間にわたり、かつ、2回以上に分割して受領することを条件として販売すること」と定められています）。物件を購入する場合は、分割払いがいいのか、それとも一括現金払いのほうがいいのかを考える必要があります。そこで、割賦および現金の場合のそれぞれの**販売価格、頭金・賦払金の額や支払方法等**を説明します。

重要！一問一答　　　　　　　　　　　　　H25-問30-肢4

Q 宅建業者は、重要事項の説明をする場合において、取引の対象となる宅地又は建物が、津波防災地域づくりに関する法律の規定により指定された津波災害警戒区域内にあるときは、その旨を説明しなければならない。

A これは、目的物が宅地・建物かを問わず、また売買・交換・貸借であるかを問わず、必ず重要事項として説明しなければならない事項である。……〇

2 区分所有権の目的である建物の場合の追加記載事項

マンション（区分所有権の目的である建物）の場合の追加記載事項です。

試験に出る！POINT整理　「区分所有権の目的である建物」の場合の追加記載事項

❶	敷地に関する権利の種類および内容 H28
❷	共用部分に関する規約の定めがあるときは、その内容
❸	専有部分の用途その他の利用の制限に関する規約の定めがあるときは、その内容 H25・28・R1・2
❹	専用使用権に関する規約の定めがあるときは、その内容
❺	当該一棟の建物の計画的な維持修繕のための費用、通常の管理費用その他の当該建物の所有者が負担しなければならない費用を、特定の者にのみ減免する旨の規約の定めがあるときは、その内容
❻	計画修繕積立金の規約の定めがあるときは、その内容、および、すでに積み立てられている額 H29・R2
❼	区分所有者が負担する通常の管理費用の額
❽	建物および敷地の管理が委託されているときは、その委託先の氏名・住所等
❾	当該一棟の建物の維持修繕の実施状況が記録されているときは、その内容 R2

348

マンションの場合には、1-POINT整理で見た各説明事項に追加して、さらに、この表の事項を説明しなければなりません。なお、売買・交換の場合は、❶～❾全部を説明する必要がありますが、貸借の場合には、❸と❽だけ追加して説明すれば足ります。

(1) ❸の「専有部分の用途その他の利用の制限に関する規約の定め」とは、専有部分の使い方に関する制限です。「ペット不可」「店舗として営業するのは禁止」などの規約の定めがある場合は、その規約について説明しなければなりません。これは、買う人であれ借りる人であれ、どのように使えるのか、あるいはどのように使ってはダメなのかについては、当然知っておくべきことですから、貸借の場合にも説明の必要があるのです。

❽は、管理の委託先については、住所や氏名（法人なら商号または名称、主たる事務所の所在地）の説明をします。なお、管理をしてくれる人の情報は、マンションを借りる人にとっても重要ですので、貸借の場合でも説明が必要です。ただし、管理業務の内容は不要です。

以下は、売買・交換の場合だけの追加事項です。

(2) ❶の「敷地に関する権利の種類および内容」とは、例えば、敷地利用権であれば、それが所有権か借地権か、などや、敷地の面積、または借地権の場合であれば存続期間や地代などのことです。

❹の「専用使用権に関する規約の定めがあるときは、その内容」とは、例えば、専用駐車場や専用庭などについてです。なお、使用者の氏名・住所は説明不要です。

条文上は『当該一棟の建物またはその敷地の一部を特定の者にのみ使用を許す旨の規約の定めがあるときはその内容』と表現されています。

❻の「計画修繕積立金の規約の定めがあるときは、その内容、および、すでに積み立てられている額」とは、建物の老朽化への対策として積み立てられる修繕積立金です。できるだけ直近の積立額を説明します。なお、滞納額があるときは、その金額を告げなければなりません。

❼の「区分所有者が負担する通常の**管理費用の額**」は、通常の管理費のことです。万一、**滞納額**があれば、その額も告げなければなりません。

(3) ところで、❷～❻では、いずれも「……規約の定めがあるときは、その内容」とありますが、それは規約の定めがあれば当然、その説明をしなければならず、その規約がまだ案の段階であっても、その案についても説明が必要ということを意味します。逆に、規約の定めや案がないのであれば、説明は不要です。

3 宅地建物の貸借の場合

ここでは、**宅地**の貸借と、**建物**の貸借とを、きちんと**区別**して覚えましょう。

Chapter 5 ▷ 取引にあたって交付すべき3大書面

試験に出る！POINT整理　「宅地建物の貸借」の記載事項

	記 載 事 項	宅地	建物
①	登記された権利 H23	○	○
②	法令に基づく制限 H25・27・28・R1・3	○	○
③	私道に関する負担に関する事項	○	✕
④	飲用水・電気・ガスの整備状況	○	○
⑤	未完成物件の工事完了時の形状・構造 H28	○	○
⑥	土砂（津波）災害警戒区域に関する事項 H25・26・R1	○	○
⑦	造成宅地防災区域に関する事項	○	○
⑧	水害ハザードマップにおける取引対象物件の所在地 **最近の改正** R3・3	○	○
⑨	建物の石綿の使用の有無の調査の結果の記録に関する事項 R1・3	✕	○
⑩	建物の耐震診断に関する事項 H25	✕	○
⑪	既存の建物であるときは、建物状況調査等に関する事項 H30・R3	✕	○
⑫	借賃以外に授受される金銭の額・目的 H23・25	○	○
⑬	契約の解除・損害賠償額の予定または違約金に関する事項	○	○
⑭	支払金・預り金を受領する場合の保全措置の有無・概要	○	○
⑮	台所・浴室・便所等の整備状況 H30・R2・3	✕	○
⑯	契約期間および契約更新に関する事項 H27	○	○
⑰	定期借地権・定期借家権などに関する事項 H27	○	○
⑱	宅地建物の用途や利用の制限	○	○
⑲	金銭の契約終了時の精算に関する事項 R2・3	○	○
⑳	管理の委託を受けた者の氏名・住所等 H25・R1	○	○
㉑	契約終了時における宅地上の建物の取壊しに関する事項の内容 R1	○	✕
㉒	[区分所有権の目的である建物の場合] ●専有部分の用途や利用の制限に関する規約（案を含む）の定めがあれば、その内容 H26 ●管理の委託先の氏名・住所等 H25・R1	－	○

Chap. 5
Sec. 2
契約「前」に交付する書面〜35条書面〜

351

❷の「法令に基づく制限」の内容は、もちろん売買・交換の場合と同一ではありません。例えば、建物の賃貸借であれば、賃借権の移転・設定に関する制限のみが説明事項であり、都市計画法上の開発行為に関する制限や、建築基準法上の敷地に対する制限である建蔽率・容積率に関する制限などは無関係ですから、説明不要です。

❸の「私道に関する負担に関する事項」も、建物の貸借の場合は除かれます。建物を借りるだけの人にとっては、私道として土地を提供するなどという内容は無関係ですから、当然です。

❻〜❿の事項（「土砂災害警戒区域、津波災害警戒区域、造成宅地防災区域、水害ハザードマップ 最近の改正 、建物の石綿の使用の有無の調査の結果の記録、建物の耐震診断」に関する事項）は、売買・交換での内容と同様で、説明が必要です。

なお、同じく国土交通省令等で定められている事項であるものの、貸借の場合は関係のない「住宅性能評価を受けた新築住宅であるときはその旨」が除かれていることに注意。

また、❾の「建物の石綿の使用の有無の調査の結果の記録に関する事項」、❿の「建物の耐震診断に関する事項」、⓫の「既存の建物であるときは、建物状況調査等に関する事項（ただし、貸借の場合は、設計図等一定の書類の保存状況は説明不要）」、⓯の「台所・浴室・便所等の整備状況」について、宅地のところが「✖」なのは、建物についての内容であるため宅地を借りる人にとっては無関係だからです。

なお、⓯に関しては、事業用建物の貸借でも説明が必要です。

⓰の「契約期間および契約更新に関する事項」は、更新の際の賃料改定に関することや、定期建物賃貸借等の場合は「契約の更新はない」旨などを説明します。

⓱の「定期借地権・定期借家権などに関する事項」は、「期間が満了すれば契約はおしまいで更新がない」という内容です。したがって、借りる人にとっては非常に重大ですから、説明が必要です。

⓳の「金銭の契約終了時の精算に関する事項」は、敷金など、契約終了時に精算すべき金銭に関して、例えば「敷金から何がいくら控除されるのか」につ

いて説明します。また、その金額が明確でないときは、その旨を説明しなければなりません。

しかし、敷金の保管方法までは説明不要です。

❷⓿の「管理の委託を受けた者の氏名・住所等」は、マンションでの内容と同様、管理の委託先の氏名等について説明します。

㉑の「契約終了時における宅地上の建物の取壊しに関する事項の内容」とは、借地契約が終了する時に土地上の建物を取り壊すことなので、建物を借りる場合はそもそも無関係です。

> **重要！一問一答**　　　　　　　　　　　　　H25-問33-肢3
>
> **Q** 宅建業者は、マンションの１戸の貸借の媒介を行う場合、建築基準法に規定する容積率及び建蔽率に関する制限があるときは、その制限内容を説明しなければならない。
>
> **A** 建物の貸借の媒介を行う場合には、建築基準法の容積率及び建蔽率に関する制限の内容について説明をする義務はない。　　　　　………✕

4 不動産信託受益権の売買の場合

　不動産信託の受益権の売買においては、原則として、信託の対象である原資産の宅地建物などに関して、買主に対して、宅建士をして、「一定の事項」を重要事項として説明しなければなりません(35条、50条の２の４、施行規則19条の２の４〜６)。不動産信託の受益権に関する取引にとっては、信託の対象である土地や建物の状況は、とても重要だからです。なお、「一定の事項」とは、1で学習した「売買・交換の場合」の説明事項である「物件に関する事項」(1-❶〜❼)や契約内容不適合を担保すべき責任の履行に関し保証保険契約の締結等の措置を講じている場合のその措置の概要、2で学習した「区分所有建物の追加的説明事項」などです。

　ただし、売買の相手方に損害を与えるおそれがない次の場合は、説明不要です(施行規則19条の２の３)。

① 金融商品取引法 2 条31項に規定する**特定投資家**等を信託の受益権の売買の相手方とする場合
② 信託の受益権の**売買契約の締結前 1 年以内**に売買の相手方に対し、当該契約と同一の内容の契約について**書面を交付して説明**をしている場合等

Chapter 5 ▷ 取引にあたって交付すべき3大書面

Section 3 トラブル防止目的の書面 ～37条書面～

Introduction ここでは、契約当事者間のトラブル防止を目的とする契約書面について学習します。Sec. 2の「重要事項の説明」と並んで重要なテーマです。さらに、受験対策上、「重要事項の説明」と比較しておくことも必須です。

▶▶ 分野別過去問題集 第2編「宅建業法」問題 ㊻～㊾

1 37条書面の交付

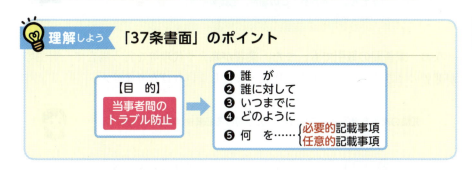

37条書面とは、宅建業に関する取引における契約書面のことで、その目的は、契約当事者間のトラブル防止です。

契約内容を書面ではっきり残しておかないと、契約を結んだ当事者間に将来トラブルが生じるおそれがありますので、その回避のために、きちんと書面にしておこうというわけです。

1 作成・交付について

❶ 誰が、誰に対して、いつまでに交付するのか

まず、「❶誰が」交付するのでしょうか？ 37条書面の作成・交付の**義務者**は、不動産に関する契約の専門家である**宅建業者**です。たとえ相手方の承諾があっても、省略はできません。もちろん、交付や作成自体は、宅建士でなく、従業員にさせてもかまいません。ですから、宅建士が交付する場合でも、請求が

ない限り、宅建士証を提示する必要はありません。

　それでは、「❷誰に対して」交付するのでしょうか？　トラブルが生じるのは誰と誰の間かといえば、契約の当事者間ですね。したがって、契約の両当事者に交付します。例えば、業者が売買契約の当事者となる場合であれば、その業者が作成して相手方に渡しますし、業者が媒介や代理という形で売買に関わる場合には、売主と買主双方に渡します。

> たとえば、宅建業者は、自ら買主として売買契約を締結する場合、契約の相手方である売主に対して37条書面を交付しなければなりません。これに対し、宅建業者が自ら貸主として賃貸借契約を締結する場合は、そもそも宅建業の「取引」にあたらないことから、宅建業法は適用されません。ですから、この場合、宅建業者は、37条書面を交付する義務はありません。

　なお、業者間の取引でも、また、業者が媒介や代理等を行う場合で、買主等が業者のときでも、37条書面を作成・交付しなければなりません。

> 知識のある業者同士等でも、トラブルを避ける必要性は同じですからね。

　そして、「❸いつまでに」宅建業者がその書面を作成して交付をするかというと、それは、契約成立後遅滞なくです。トラブルが起こってからでは遅すぎますよね。怠れば、監督処分、さらに罰則の対象になります。

❷ 書面への記名　最近の改正

　37条書面には、❹宅建士が記名をする必要があります。1つの取引に複数の業者が関与する場合、すべての宅建業者が、宅建士をして記名をさせる義務を負っています。また、業者間の取引でもこの記名は必要です。そして、専任か一般か、もしくは、重要事項の説明書面に記名をした宅建士と同じか否かは関係がありません。

　なお、宅建士をして、書面内容を説明させたり、書面を交付させる必要はありません。

宅建業者は、この書面の交付に代えて、電磁的方法であって宅建士の記名に代わる措置を講じた一定のものにより提供することができます（ただし、①自ら当事者として契約を締結した場合はその契約の相手方、②当事者を代理して契約を締結した場合はその契約の相手方及び代理を依頼した者、③媒介により契約が成立した場合にはその契約の各当事者の承諾を得る必要があります）。この場合、宅建業者は、書面を交付したものとみなされます 最近の改正 。

❺の「何を記載するか」は、次の**2**で見ていきます。

2 書面の記載事項

試験に出る! POINT整理　**37条書面の記載事項**　　　○……記載事項

		記 載 事 項	売買・交換	貸借
(1) 必要的記載事項	❶	当事者の氏名・住所 H30	○	○
	❷	宅地建物を**特定**するため必要な表示	○	○
	❸	**代金**・交換差金・**借賃**の額、支払時期、支払方法 H25・28・29・R2	○	○
	❹	宅地建物の**引渡し**の時期 H24〜30・R2・2・3	○	○
	❺	**移転登記**申請の時期 H27・R2・2・3	○	✕
	❻	**既存**の建物であるときは、建物の構造耐力上主要な部分等の状況について当事者の双方が**確認**した事項 H30・R1・2	○	✕ R3
(2) 任意的記載事項	❼	代金・交換差金・借賃**以外**の金銭の授受に関する定めがあるときは、その額、授受の時期、目的 H25・R3・3・4	○	○
	❽	契約の**解除**に関する定めがあるときは、その内容 H26・28・29・R1・3	○	○
	❾	**損害賠償額の予定**または違約金に関する定めがあるときは、その内容 R1・2	○	○
	❿	代金または交換差金についてのローンのあっせんの定めがあるときは、**ローンが成立**しないときの措置 H24・R1・2・2	○	✕
	⓫	天災その他不可抗力による損害の負担（**危険負担**）に関する定めがあるときは、その内容 H23・25・28・R2・3	○	○
	⓬	**契約内容不適合**を担保すべき**責任**、または当該責任の**履行**に関して講ずべき保証保険契約の締結その他の措置について定めがあるときは、その内容 H25・29・30・R3・4 **最近の改正** H26・27	○	✕
	⓭	宅地建物に係る**租税**その他の公課の負担に関する定めがあるときは、その内容 H26・27・R1・2	○	✕

358

37条書面の記載事項は、(1)**必要的記載事項**と、(2)**任意的記載事項**の2つに分かれます。なお、**売買・交換**の場合と**貸借**の場合との**区別**に**注意**してください。

(1) **必要的記載事項**は、必ず書かなければならない事柄です。例えば❷の「特定するため必要な表示」とは、建物であれば所在・種類・構造などのことであり、未完成の物件であれば、重要事項説明時に使用した設計図などを交付することによって行います。

(2) **任意的記載事項**は、**定めがあるならば必ず書く必要があるし、定めがないならば書かなくてよい**事柄です。当事者が契約で決めたことは、必ず書いておかないとトラブルの元になるからです。

(1)(2)それぞれに含まれるものを、きちんと**区別**して覚えておきましょう。

❸～❻は、交渉がまとまって契約が成立したときに書面にきちんと書くべき、非常に重要な事項です。なお、❸の「代金等の額」については、消費税額も明記する必要があります。また、❻は、中古住宅などの**既存の建物**を巡るトラブルを防ぐための規定です。

⓫は、**危険負担**に関する**特約**です。

⓬の前半は、**契約内容不適合責任自体**に関する**特約**です。また、その後半の「契約内容不適合を担保すべき責任の履行に関して講ずべき保証保険契約の締結その他の措置についての定め」も、後出**Chap.9**の住宅瑕疵担保履行法との関係で、**重要**です 最近の改正 。

⓭は、例えば、固定資産税は売主が全額負担するのではなく、買主と実質的に折半する、などと決めた場合のことです。

重要！一問一答　　　　　　　　　　　　　　　　　　H21-問36-肢3

Q 宅建業者Aが、甲建物の売買の媒介を行う場合、Aは、37条書面に甲建物の所在、代金の額及び引渡しの時期は記載したが、移転登記の申請の時期は記載しなくとも、宅建業法の規定に違反していない。

A 移転登記の申請の時期も、37条書面の必要的記載事項。 ……… ✗

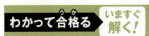

2 35条書面と37条書面の比較

「35条書面」と「37条書面」は、両者似ている事柄が多く、混同しがちです。きちんと比較するためには、なぜ「重要事項の説明」が要求され、なぜ「37条書面の作成・交付」が義務づけられるのか、その趣旨までさかのぼって整理をするとよいでしょう。

1 交付の相手と時期などの比較

35条書面と37条書面の比較−①
（宅地建物の売買・交換・貸借の場合における相手方等）

	35 条 書 面	37 条 書 面
交付の目的	物件の取得を考えている者に対し判断材料を与える	契約締結後のトラブル防止
誰 が	宅建業者	宅建業者
誰に対して	買主・借主・交換の両当事者	契約の両当事者
いつまでに	契約が成立するまで	契約成立後、遅滞なく
どのように	●書面※によって （宅建士が記名 最近の改正 ） 宅建士が説明 （必ず宅建士証を提示） ●取得者が宅建業者の場合は、説明不要。交付のみ	書面※には宅建士が記名 最近の改正 （宅建士による交付・説明は不要） R2

※ 電磁的方法による提供を含む 最近の改正

2 記載事項の比較

試験に出る！POINT整理

35条書面と37条書面の比較−②
（宅地建物の売買・交換・貸借の場合における記載事項）

記 載 事 項	35条書面（重要事項）売買・交換	貸借 建物	貸借 宅地	37条書面（契約書）売買・交換	貸借
❶ 契約の当事者の氏名・住所				○	○
❷ 宅地建物を特定するべき住所・地番・種類・構造その他				○	○
❸ 登記された権利の種類・内容・登記名義人	○	○	○	R3	
❹ 代金（貸借なら借賃）または交換差金の額ならびにその支払いの方法と時期				○	○
❺ 代金（借賃）または交換差金以外に授受される金銭の額と目的	○	○	○	(○)	(○)
❻ 上記❺の授受の時期				(○)	(○)
❼ 宅地建物の引渡しの時期	R3			○	○
❽ 移転登記の申請の時期	R3			○	
❾ 既存の建物の構造耐力上主要な部分等の状況に関する当事者双方の確認事項				○	
❿ 既存の建物の建物状況調査等に関する事項	○	○			
⓫ 契約の解除に関する事項	○	○	○	(○)	(○)
⓬ 損害賠償の予定額や違約金	○	○	○	(○)	(○)
⓭ 代金または交換差金についての金銭の貸借のあっせんに関する事項	○			(○)	
⓮ 天災その他不可抗力による損害の負担に関する定め（危険負担）				(○)	(○)
⓯ 契約内容不適合責任の内容についての特約 **最近の改正**				(○) R4	
⓰ 契約内容不適合責任の履行確保措置 **最近の改正**	○			(○)	
⓱ 都市計画法・建築基準法その他法令による制限 **最近の改正**	○	○	○		
⓲ 私道の負担に関する事項	○		○		
⓳ 給排水・電気・ガス等の施設	○	○	○		
⓴ 未完成物件の場合、完成時の構造・形状（図面も可）	○	○	○		
㉑ 手付金等の保全措置（未完成物件および完成物件）	○ R4			R4	
㉒ 支払金・預り金の保全措置の有無・概要	○	○	○		
㉓ 租税その他の公課（固定資産税等）の負担に関する定め				(○)	

⚠ ● 35条書面の場合、該当項目が定められていない場合でも、「なし」と明記しなければならない
　 ● 37条書面の場合、「(○)」は、定めがないときは省略できる

第2編
宅建業法

Chapter ▷ 6

業者が自ら売主となるときの 8 種規制

宅建業者が「自ら売主」として、素人であるお客さんを相手に売買契約を結ぶときには、弱者である買主を特に保護してあげる必要があることから、**民法の規定**を"**買主寄り**"に**修正**した、特別な「8種類の規制」が設けられています。したがって、このテーマのマスターのためには民法の理解が不可欠ですので、規制をひとつずつ、民法の規定と丁寧に比較しながら学習を進めていきましょう。

Section

1 8種規制を受けるとき

2 8種規制ってどんなもの？

第2編 宅建業法
Chapter 6 ▷ 業者が自ら売主となるときの8種規制

Section 1　8種規制を受けるとき

宅建業者が、一般のお客さんを相手に自ら売主となって不動産を売却するときは、8種類の特別な規制（「8種規制」）を受けます。ここでは、その規制が適用される場面について、まず確認しておきましょう。とても重要なところです。

▶▶ 分野別過去問題集　第2編「宅建業法」問題 ❼⓪～❽①

1　8種規制の趣旨　

理解しよう　8種規制（自ら売主の場合）

　例えば、宅建業者Aさんが、土地を、宅建業者でないBさんに売るとしましょう。取引にあたって、プロの業者Aさんと素人のBさんとの間には、情報力や交渉力などの力の差が歴然と存在しますから、業者Aさんに都合がよく、しかし、Bさんには不利益な契約を、Bさんが意に反して結んでしまうおそれがあります。

　そこで、業者が自ら売主となる場合（宅建業者が売買契約の当事者である売主となる場合）には、弱い消費者であるBさんを守るという観点から、宅建業法は、特別に、8種類の規制（「8種規制」）を用意しているのです。

2　8種規制の適用対象となる取引（78条2項）

(1) このように、8種規制は、プロと素人の間に存在する取引における歴然とした力の差から消費者を保護することが目的ですから、あくまでも、買主が素人である場合のみに適用されます。逆に言えば、**業者間**の取引には適用されません。
_{H23〜28・30・R2・3・4}

> したがって、問題文に「買主Ｂも宅建業者」と書いてあれば、**8種規制の適用は関係がない**と考えましょう。

(2) 8種規制は、「業者が自ら売主」となる場合に限って適用されます。したがって、宅建業者Ａさんが売主、素人の買主Ｂさん、宅建業者Ｃさんが**媒介・代理**業者としてＡＢ間の取引に関わって契約を成立させる場合、売主Ａさんには当然8種規制は適用されますが、媒介・代理業者のＣさんには適用されません。
_{H25・28}

第2編 宅建業法 Chapter 6 ▷ 業者が自ら売主となるときの8種規制

Section 2 8種規制ってどんなもの?

Introduction
8種規制は、買主であるお客さんを守るために民法の規定を修正したものですので、「民法の定めがどのように修正されているのか」をつかむことが肝要です。理解のポイントは、やはり、「素人である買主の保護」です。

▶▶ 分野別過去問題集 第2編「宅建業法」問題 ⑦〜㉛

1 損害賠償額の予定等の制限

 理解しよう 損害賠償額の予定等の制限

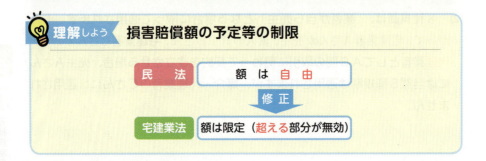

1 民法の定め（民法420条）

　債権者は、債務者が債務不履行をした場合などには、「相当因果関係」にある損害について、その賠償を請求することができます。この**損害賠償額**については**予定**することができ、民法では、**予定額の定め（金額）**は**自由**です。そして、予定をした場合には、原則として、その額を増減して請求することはできません。

366

2 宅建業法の定め（38条）

　高額の損害賠償予定額を設定すれば、約束を破ったとき、お客さんはそれだけの損害賠償金を支払わなければなりませんよね。そこで、**宅建業者が自ら売主となる場合には、損害賠償額の予定額と違約金の合算額は、売買代金額（消費税を含む）の$\frac{2}{10}$を超える定めをしてはならない**とされています。

　もし、「$\frac{2}{10}$を超える」金額とした場合には、**超える**部分のみが無効になります（すべてが無効ではありません）。

> 例えば、1,000万円の代金額のときで予定額を300万円と決めた場合には、200万円を超える100万円の部分は無効であり、万一300万円を支払ってしまった場合は、当然、100万円を返してもらうことができます。

　なお、**損害賠償額の予定額を定めていない場合であれば、債権者は、立証できた実損額を請求できます**。つまり、この場合、損害賠償の請求額は、売買代金額の$\frac{2}{10}$を超えてもかまいません。

試験に出る！POINT整理　自ら売主-① 損害賠償額の予定等の制限

原　則	例　外
● 違約金と合わせて代金額の$\frac{2}{10}$が上限 ● $\frac{2}{10}$を**超える**部分は無効	―

重要！一問一答　　　　　　　　　　　　　H19-問41-肢2

Q 宅建業者Aが、自ら売主として、宅建業者でないBと建物の売買契約の締結に際し、当事者の債務の不履行を理由とする契約の解除に伴う損害賠償の額を予定し、又は違約金を定める場合において、これらを合算した額が売買代金の2割を超える特約をしたときは、その特約はすべて無効となる。

A 「代金の額の$\frac{2}{10}$を超える部分」についてのみ無効となる。その特約のすべてが無効となるわけではない。　　　　　　　　　　　　　　　……… ✗

2 手付金の性質と額の制限 !重要

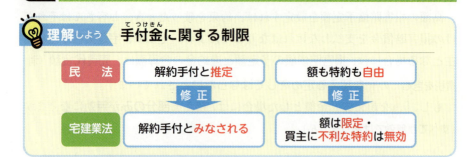

1 民法の定め（民法557条）

　民法上は、買主が売主に交付する手付金にどのような意味をもたせるかは、当事者間に任されます。そして、はっきりしないときには、解約手付と「推定」される、つまり、一応、解約手付と取り扱われます。

(1) 解約手付が交付されている場合で、**買主のほうから解除するときは、売主への償いとして、手付金を放棄**しなければなりません。逆に、売主から解除する場合には、解除される買主への償いとして、受け取っている手付にその同額を上乗せした額を支払うこと（倍返し）になります。また、この"倍返し"は、現実に提供されることが必要です 最近の改正 。なお、解約手付による解除の際には、もちろん違約金は請求できません。また、解除は、**相手方が履行に着手**するまでに限られる、という時期の制限があります。

(2) なお、手付の額そのものについては、民法上制限はなく、**自由**です。解約手付等に関する特約なども、同様です。

要するに、民法の世界では、基本的には何でも自由なんですね。

2 宅建業法の定め（39条）

(1) 宅建業法では、宅建業者が自ら売主となるときは、手付の目的は、**解約手付とみなされます**。「推定」ではなく、「みなしてしまう」のです。

つまり、たとえ当事者でどのように定めても、必ず解約手付の性質を有するという意味です。

Chapter **6** ▷ 業者が自ら売主となるときの8種規制

(2) 買主に<u>不利</u>な特約は無効です。目的は、やはり買主を保護するためです。したがって、逆に、有利な特約であれば、当然有効です。

(3) また、手付金の額は、代金額の $\frac{2}{10}$ を超えてはなりません。次の **3** の保全措置が講じられた場合でも同様です。

試験に出る！ POINT整理　自ら売主-② 手付金の制限

原　　　則	例　　　外
● 解約手付とみなす ● 額の制限（上限は代金額の $\frac{2}{10}$） ● 不利な特約は無効	―

3 手付金等の保全措置　⚠重要

1 民法の定め

　保全措置とは、宅建業者が受け取ったお金をお客さんに安全に返すための仕組みですが、民法自体は、「手付金等を受けるときには保全措置を講じなさい」とは義務づけていません（つまり、規定がありません）。

2 宅建業法の定め（41条、41条の2）

❶ 保全措置の原則

　例えば、万一売主の宅建業者が倒産した場合、せめてお客さんが支払ったお金だけは全額確実に戻るように、宅建業者は、お金を受け取る前にあらかじめ保全措置を講じることを義務づけられています。

　つまり、宅建業法は、宅建業者は自ら売主となる売買契約においては、原則として、あらかじめ一定の保全措置を講じた後でなければ、宅建業者でない買主から手付金等を受領してはならないと定めています。ですから、逆に、もし、業者が保全措置を講じない場合には、買主はお金を支払わなくとも、債務不履行にはなりません。

　なお、保全措置を講じずに手付金等を受け取った場合、業者は、業務停止等の監督処分を受けます。

❷ 保全措置を必要とする「手付金等」とは

　「手付金等」とは、手付金・中間金等の名称のいかんを問わず、契約締結日以後、物件の引渡し前までに授受される金銭で、代金に充当されるものをいいます。

　逆にいえば、引渡し以降（引渡しと同時の場合も含む）に授受される金銭は、この手付金等には該当せず、保全措置は不要です。他方、契約締結前に授受される申込証拠金も、契約締結後に手付金や内金等に充当されるのであれば、その段階で手付金等にあたり、保全の対象となります。

　手付金等とは「手付金」に限るわけではありません。とにかくお金のことです。注意してください。

❸ 保全措置の方法

　保全措置の方法には次の①〜③の3種類がありますが、売買の対象が完成物件か未成物件かによって、少し違いがあります。これもしっかりと押さえておいてください。

手付金等の保全措置の方法

(A) **未完成**物件の場合	① 保証委託契約　　② 保証保険契約
(B) **完成**物件の場合	① 保証委託契約　　② 保証保険契約 ③ 手付金等寄託契約

　ここで重要なのは、未完成物件と完成物件に区別することです。
　まず、(A)未完成物件の場合には①銀行等を連帯保証人にする（＝保証委託契約による）方法と、②保険を掛ける（＝保証保険契約による）方法の２つがあります。そして、(B)完成物件の場合は、さらに①②に加えて、③手付金等を指定保管機関に預かってもらう（＝手付金等寄託契約による）という方法の３つがあります。

> 引っかけとして、「未完成物件であるけれども指定保管機関に保管をした」という問題も、過去（H25・30・R3）に出題されたことがあります。

　なお、保証をするのは「銀行等」であり、売主の宅建業者の代表取締役など、信用性に疑問のある者ではダメです。

❹ 保全措置が不要となる場合

　以上のように、原則として宅建業者は、自ら売主となる場合、保全措置を講じなければならないのですが、**保全措置が不要になる例外**があります。
(1)　１つめは、買主が**所有権の登記**をしたとき、または所有権移転の登記がされたときです。登記を備えていれば、買主としても安心です。
(2)　２つめは、**業者が受け取る額**（すでに受け取った額も含めて）**が少ないとき**です。少ない場合は、保全措置という面倒なことまではやらなくてOKなのです。

> では「少ない」とは、いったいいくらでしょうか？

① (A)未完成物件の場合は、受領額が代金の**5％**以下、かつ、**1,000万円**以下の金額です。例えば、1億円の物件ならば500万円以下、かつ、1,000万円以下のときは保全措置が不要です。つまり、この場合は、500万円と1,000万円が重なる「500万円以下」なら保全措置がいらないんですね。逆に言えば、500万円を超えるならば、保全措置が必要ということです。

> どちらでも、問題を解きやすい方法で考えてください。

② そして、(B)完成物件の場合は、代金の**10％**以下、かつ、**1,000万円**以下であれば、保全措置は不要です。

なお、完成・未完成の区別は、売買契約締結時の状態で判断します。

> 以上のように、未完成物件のほうが、より少額の金額から保全措置が必要とされているのは、まだ完成していない物件ですから、お客さんにとって買うことのリスクがより高いからです。

なお、保全措置が必要な金額を超えることとなった場合は、すでに受領している額を合わせた**全額**について保全措置を講じなければならないことにも、注意をしてください。

宅建業者AさんがXマンションの売買契約（手付金1,000万円、中間金3,000万円、残代金6,000万円）を締結した。また、Xマンションの引渡しおよび登記の移転は、残代金の支払いと同時に行うこととした。

Xマンションが「❶未完成物件の場合」と「❷完成物件の場合」とで、保全措置はどう変わるだろうか？

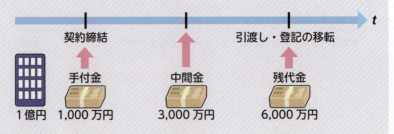

Chapter 6 ▷ 業者が自ら売主となるときの8種規制

❶ Xマンションが未完成物件の場合：
　➡手付金等は500万円を超えれば保全措置が必要なため、手付金1,000万円を受領する前に保全措置を講じなければならない
　（方法は、保証委託契約または保証保険契約のどちらか）

❷ Xマンションが完成物件の場合：
　➡手付金は、保全が必要な「1,000万円」を「超えていない」ため、保全措置は不要
　➡しかし、中間金を受領した時点で「1,000万円」を超えるため、その前に、手付金との合計額4,000万円全額について保全措置を講じなければならない（方法は保証委託契約、保証保険契約、手付金等寄託契約のいずれか）

自ら売主-③ 手付金等の保全措置

原　　則	例　　外
受領額**全額**の保全措置が**必要** 1．手付金等 　契約締結の日から**物件の引渡し前までに** 　**支払われる金銭で、代金に充当されるもの** 2．保全の方法 　(1) 未完成物件 　　① 銀行等による保証 　　② 保険事業者による保証保険 　(2) 完成物件 　　① 銀行等による保証　　｝上記「(1) 未完成 　　② 保険事業者による　　　物件」と同様 　　　保証保険 　　③ 指定保管機関による保管 3．講じないとき 　➡買主は手付金等を**支払わなくてよい**	保全措置は**不要** ① **所有権登記**をしたとき ② 受領額が少ないとき 　(ア) 未完成物件の場合 　　…代金の**5％**以下、 　　　かつ、**1,000万円**以下 　(イ) 完成物件の場合 　　…代金の**10％**以下、 　　　かつ、**1,000万円**以下

重要！ 一問一答
H25-問40-肢3

Q 宅建業者Aが、自ら売主として、宅建業者である買主Bとの間で建築工事完了前の建物を5,000万円で売却する契約を締結する場合、保全措置を講じずに、当該建物の引渡し前に500万円を手付金として受領することができる。

A 宅建業者間の売買だから、8種規制は適用されない。　………〇

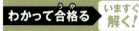

373

4 自己の所有に属しない物件の売買契約締結の制限

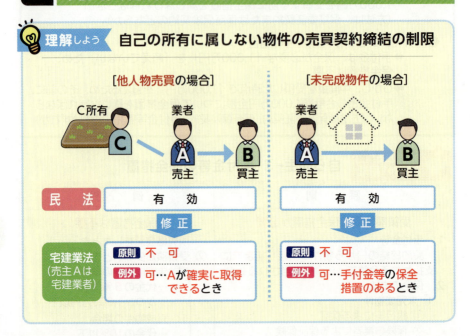

1 民法の定め（民法561条）

　民法上では、他人物売買契約は有効です。そして、売主はその所有権を取得して買主に移転する義務を負います。また、未完成物件の場合も、いずれ完成することは実現可能ですから、その売買契約も有効です。

2 宅建業法の定め（33条の2）

　宅建業法上では、原則として、自己の所有に属しない宅地建物について、自ら売主となる売買契約（予約も含む）は、結んではならないとされています。

❶ 原 則
(1) 他人物売買

Cさん所有の宅地についてAB間で行う「他人物売買」の場合、万一、業者Aさんが所有者Cさんから買って手に入れることができなくなってしまえば、必然的に買主のBさんも入手不可能です。そこで、宅建業法は、業者が自ら売主となるときは、原則として、他人物売買を認めていません。

(2) 未完成物件の売買

未完成物件の場合も、完成できないというリスクがあるため、業者が自ら売主となる場合、原則として、未完成物件の売買も認めていません。

❷ 例 外
(1) 他人物売買

① 他人物売買について、例外として認められているのは、売主の宅建業者Aさんが確実に取得でき、結果として買主Bさんも確実に取得できる場合です。具体的には、宅建業者のAさんが物件を取得する契約をCさんと締結している場合です。このときは、契約を結んでいますから業者Aさんは確実に取得でき、したがって、Bさんにも渡すことができます。この業者AさんとCさんとの間の契約は、予約契約でもOKです。

> 予約であっても、予約完結権を行使すれば、通常の売買契約が結ばれたのと同じになるからです。

② なお、AC間で契約が結ばれていればいいのであって、履行済み、もしくは履行に着手している必要はありません。

③ しかし、業者AさんとCさんとの契約が、例えば、Cさんが代替地を取得できれば効力が生じるという、停止条件付きの契約である場合は、AB間の他人物売買契約は認められません。

> なぜなら、Cさんの代替地の取得についての停止条件が、必ずしも成就するかは不明であり、最終的にBさんが確実に手に入れられる保証がないからです。

なお、Cさんの土地が農地の場合、ＡＣ間の売買契約が農地法５条の許可を条件とするものであれば、停止条件付きの売買契約となります。

(2) 未完成物件の売買
　未完成物件の売買が例外として認められるのは、先に学習した手付金等の保全措置が講じられている場合です。買い手は少なくとも、支払ったお金は返してもらえるからです。

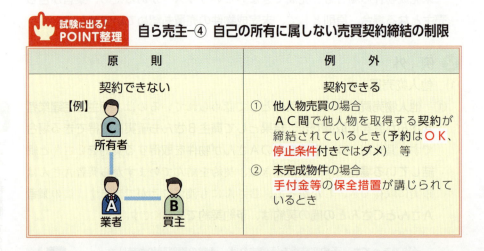

5 クーリング・オフ制度　❗重要

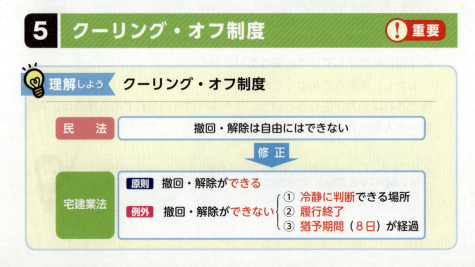

1 民法の定め

民法上の原則として、契約はいったん結ぶと「守らなければならない」という拘束力が生じます。したがって、通常は債務不履行や一定の理由がなければ、解除することはできません。また、一度「買いたい」と申し込んだ以上、一定の期間は、自由に申込みを撤回することも認められません。

2 宅建業法の定め（37条の2）

❶ クーリング・オフ制度

宅建業法は、業者が自ら売主となる場合において、「事務所等以外の場所」で行われた買受けの申込みや売買契約は、原則として、買主は、申し込みの撤回または解除をすることができると定めています。例えば、ある商品を見たときに、衝動的に欲しくなり、つい買ってしまうことがありますよね。このように、お客さんが冷静な判断をせずに申込みをした場合に備えて、宅建業法はクーリング・オフ制度を認めています。そこで、冷静な判断ができるような場所で買受けの申込みや契約を締結したか否かが、クーリング・オフの可否の分かれ目となります。

「クーリング」（冷静に判断をして）、「オフ」（撤回や解除をする）ということです。

❷ クーリング・オフ制度の適用がない「事務所等」

宅建業法上、(ア)事務所には専任の宅建士の設置義務があり、また、(イ)案内所等でも、契約の申込みを受けたり契約を締結したりするところであれば、専任の宅建士を設置しなければなりません。そのため、(ア)(イ)は、宅建士によって、契約の前に重要事項の説明が行われることから、「冷静な判断ができる機会が与えられる場所」といえます。つまり、事務所「等」とは、そのような場所のことです。なお、事務所や案内所は、自ら売主の業者の事務所・案内所だけではなく、代理・媒介業者の事務所・案内所も含みます。

クーリング・オフの適用がない「事務所等」

クーリング・オフの適用がない「事務所等」

① 自ら売主となる宅建業者の**事務所**

② 宅建業者が他の宅建業者に対し、宅地・建物の売却について代理・媒介の依頼をした場合にあっては、**代理・媒介の依頼を受けた他の宅建業者の事務所**

成年の専任の宅建士を置くべき場所

③ 宅建業者の事務所以外の場所で継続的に業務を行うことができる施設を有するもの

④ 宅建業者が一団の宅地・建物の分譲を案内所を設置して行う場合は、その**案内所**（土地に**定着**する施設に限る）

⑤ 宅建業者が他の宅建業者に対し、宅地・建物の売却について代理・媒介の依頼をした場合にあっては、代理・媒介の依頼を受けた他の宅建業者の事務所以外の場所で継続的に業務を行うことができる施設を有するもの

⑥ 宅建業者が一団の宅地・建物の分譲の代理・媒介の依頼をし、かつ、依頼を受けた宅建業者がその**代理・媒介**を案内所を設置して行う場合にあっては、その**案内所**（土地に**定着**する施設に限る）

⑦ 宅建業者（代理・媒介をする他の宅建業者を含む）が成年者である専任の宅建士を置くべき場所（土地に定着する施設に限る）で宅地・建物の売買契約に関する説明をした後、展示会等の催しを土地に定着する建物内で実施する場合の催しを実施する場所

⑧ 宅建業者の**相手方**がその自宅または勤務する場所において宅地・建物の売買契約に関する説明を受ける旨を申し出た場合の、その相手方の**自宅**または**勤務する場所**

　上の表で注意してほしいのは、❸～❼について、「成年の専任の宅建士を置くべき場所」とされていることです。つまり、ここでは重要事項の説明を受けられます。また、「土地に定着する施設に限る」という点にも注意。落ち着いた場所であって、初めて冷静な判断ができるからです。モデルルームも含まれます。逆に「土地に定着していない案内所」とは、テント張りの案内所などです。ここでは、クーリング・オフが可能です。

　❽で注意が必要なのは、取引の相手方、つまり「買主」が申し出た場合の「自

宅」と「勤務先」。したがって、業者Aが申し出た場合の買主Bさんの自宅と勤務先は該当しません。業者に押しかけられたのでは、冷静に判断ができませんよね。また、買主のBさんが申し出た場合でも、レストラン・喫茶店・ホテルのロビーのような落ち着かない場所は、やはり該当しません。

❸「事務所等」についての2つの注意点

(1) まず1つめ。「専任の宅建士を設置すべき場所」については、宅建業法上、「専任の宅建士の設置義務」があるか否かで判断します。

実際に専任の宅建士がいるかどうか、さらに、その旨の標識を掲げているかどうかは無関係です。

(2) もう1つ。買受けの申込みの場所と契約の場所が異なる場合は、**申込みをした場所**が基準になります。

最終意思を決めた場所こそが、重要なのです。

買受けの申込み	契約の締結（承諾）	クーリング・オフの可否
事務所等	事務所等以外	できない
事務所等以外	事務所等	できる

❹「クーリング・オフが適用されない場合」（例外）

3つあります。

まず、1つめ（①）は、冷静な判断ができる場所、つまり「事務所等」で、買主が「買いたい」と言った場合です。

あと**2つ**、ポイントを確認しておきましょう。

② 履行関係の終了
売主がすでに物件を**引き渡し**、**かつ**、買主が**代金を全額支払った**場合には、当事者双方とも履行が終了しているため、もはや契約の解除等はできません。

ここで注意してほしいのは、**物件の「引渡し」**が基準になる点です。例えば、単に移転登記がされただけでは、履行が終了したことにはなりません。また、代金については、**代金全額の支払い**が必要です。一部のみでは、履行終了にはなりません。

③ 8日間の経過

宅建業者が「クーリング・オフができます」と**書面**で告げた日から、**8日間**が経過した場合は、クーリング・オフ制度が適用されなくなります。

H24~27・30・R1・2・2

> 「8日の猶予期間」ですから1週間以上あり、土曜・日曜も挟んでゆっくり考えることができるはずです。

なお、**口頭**で業者が告げた場合には、この8日間の期間はそもそも始まらないことには注意が必要です。つまり、業者は、書面で告げないと「告げた」ことにはならないのです。

> 実は、業者がクーリング・オフについて**書面**で告げることは、**業者の義務ではありません**。もし、業者がわざと、または不注意で告げなかった場合は、履行関係が終わっていない限り、いつまでたってもお客さんからクーリング・オフされる危険がある、というだけなのです。

重要！一問一答

H22-問38-肢2

Q 宅建業者Aが、自ら売主となり、宅建業者でない買主Bとの間で締結した宅地の売買契約において、Bは、テント張りの案内所で買受けの申込みをし、その際にAからクーリング・オフについて書面で告げられ、契約を締結した。その5日後、代金の全部を支払い、翌日に宅地の引渡しを受けた。この場合、Bは売買契約を解除することができる。

A 物件の引渡しを受け、かつ、その代金全額を支払ったときは、クーリング・オフ可能期間であっても契約を解除することができない。 ……… ✗

❺ クーリング・オフの方法・効果および特約の効果

(1) クーリング・オフ（申込みの撤回等）の意思表示は、**書面**によって行います。そして、その意思表示の効果は、例えば解除の場合であれば、お客さんが「解除します」という書面を**発した**ときに生じます（「**発信主義**」）。たとえ、宅建業者に到達しなくても、また、到達が遅れても、書面を発したときに解除したことになる。つまり、買主の保護を図っているのです。

> 何らかの「書面」であればOKですが、内容証明郵便等であれば、より安心・確実ですね。

(2) また、解除によって、契約関係は「なかった」ことになりますから、業者が受け取っていた手付金等は返さなければならない、つまり**原状回復**義務が生じます。

(3) さらに、解除したら業者から損害賠償請求をされてしまうのでは、買主は怖くてクーリング・オフできません。そこで宅建業者は、**クーリング・オフによって契約解除された場合は、損害賠償請求や違約金の請求などをすることができません**。

(4) 宅建業法が定めているクーリング・オフ制度の規定に反するような、申込者などに**不利**な特約は無効となります。逆に言えば、**有利**な特約ならばOKです。

① 不利な特約の例として、「事務所等」の定義の範囲を拡大して、クーリング・オフをしにくくする特約などが挙げられます。

② クーリング・オフが可能なのに、宅建業者がお客さんに対して、それができない旨を告げたり、損害賠償または違約金が発生する旨を告げることは、不当な行為等として、情状に応じ、**指示処分や業務停止処分等の対象**となります。

自ら売主-⑤ クーリング・オフ

原　　則	例　　外
書面によりできる （発信主義） [効　果] ① 業者による損害賠償請求・違約金請求はダメ ② 手付金等の金銭を速やかに返還 [特　約] 申込者等に不利な特約無効	できない (1) 冷静な判断が可能な場所で契約等をした 「事務所等」 　① 事務所 　② 案内所（土地に定着、専任の宅建士の設置義務あり） 　③ 専任の宅建士の設置義務がある場所で説明後、展示会場等で契約（両者とも土地に定着） 　④ 買主申出の場合の買主の自宅・勤務場所での契約　等 　⚠️ ●「テント張り」は、土地に定着していない場所に該当 　　●買受けの申込みと契約締結の場所が異なるときは、「申込場所」が基準 (2) 履行関係の終了（引渡しを受け、かつ、代金全額を支払った場合） (3) 8日間の経過（「書面」で告げられた日から8日が経過）

6 契約内容不適合責任（売主の担保責任）の特約の制限　❗重要

理解しよう　契約内容不適合責任の特約の制限

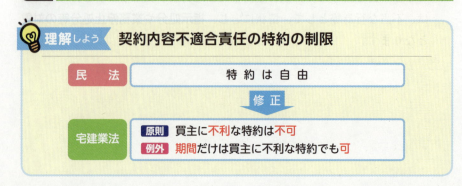

1 民法の定め（民法562〜564条、566条、572条） 最近の改正

売買した宅地・建物が種類・品質に関して契約の内容に適合していない場合（例 雨漏りがしている等）は、買主は、売主に対して、①追完請求、②代金減額請求、③損害賠償請求、④契約の解除の４つをすることができるのが原則です。

しかし、買主がその不適合を知った時から１年以内にそのことを売主に通知しないときは、買主は、原則として、その不適合を理由として、売主に対する①〜④の責任追及をすることができません。

> この「知った時から１年以内」という**期間の制限**については、次の**2**(2)のところに絡む、特に重要な事項です。

その一方で、民法上は、買主に**不利な特約**を結んでもＯＫです。また、特約によって、売主の担保責任を軽減することもできます。「売主は担保責任を負わない」という特約でも、「期間制限は引渡しから１年」というものでも、民法上はＯＫです。

2 宅建業法の定め（40条）

(1) 宅建業法上の８種規制としては、買主を保護するために、**契約内容不適合責任**に関して、原則として、**買主に不利な特約**（民法で定めている内容よりも買主に**不利**な特約、例 売主は、担保責任を一切負わない旨の特約など）は認められません。買主に**不利**となる特約は、**無効**となり、その場合、**民法の規定が適用**されます。

(2) しかし、通知すべき期間については、例外が認められています。**物件を買主に引き渡した日から２年以上**という期間を決める特約だけはＯＫです。例えば「期間は引渡しから３年間」という特約はＯＫですが、「物件の引渡しの時から１年間」という特約はダメです。この場合は、民法に戻り、「知った時から」１年間となります。

例えば、引渡しから7年目に契約内容の不適合を発見した場合、民法上、そこから1年間は、その旨を通知して責任追及ができますが、特約で「引渡しの時から3年」と定めた場合は追及できません。したがって、こんな特約は買主に不利です。しかし、売主業者としては、引渡しが済んであの契約はとうに終了したと考えているのに、いつまでも担保責任を追及されるのは酷な話です。そのため期間についてだけは、このような**例外**が認められているのです。

試験に出る！POINT整理　自ら売主−⑥　契約内容不適合責任の特約の制限

原　則	例　外
不利な特約は、**無効**	通知すべき期間についてのみ有効 （「**引渡しの日から2年以上**」 とする特約だけはＯＫ）

重要！一問一答

H19-問41-肢3改題

Q 宅建業者Ａが、自ら売主として、宅建業者でないＢと建物の売買契約を締結した際の、「建物が品質に関して契約の内容に適合しないものである場合でも、Ａは、担保責任を負わない」とする特約は有効である。

A 本問の特約は、民法の規定より買主に不利となる特約であり、無効。　……… ✗

7　割賦販売契約の解除等の制限

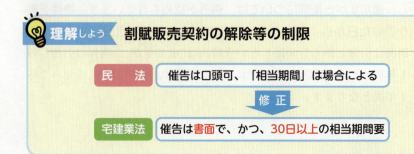

1 民法の定め（民法541条本文）

例えば、売主に対する代金の支払方法に関して割賦販売（つまり、分割払い）で買ったけれども1ヵ月分払わなかったとします。その場合は、履行遅滞に陥り、民法によれば、売主は「相当の期間」を定めて催告をし、その期間内に履行がされないときは、契約を解除することができます。そして、この催告の相当期間はケースバイケースですし、口頭で行っても構いません。

そして、特約も自由です。例えば、「割賦金の支払いがないときは、ただちに残代金を一括請求できる旨の特約」でもOKです。

2 宅建業法の定め（42条）

宅建業者が自ら売主となって、宅地建物の割賦販売契約を締結した場合で、割賦金の支払いが滞ったときでも、30日以上の相当の期間を定めて、その支払いを書面で催告した後でなければ、契約を解除できず、また、残代金の一括請求をすることもできません。そして、この定めに反する特約は無効です。

「30日あれば、給料が入ってくるから支払えるだろう」という趣旨です。また、口頭で言っただけでは、催告がされたのかどうか証拠が残りませんから、書面を要求しているのです。買主を保護するためですね。

 自ら売主-⑦ 割賦販売契約の解除等の制限

原　　則	例　　外
●30日以上の期間を定めて書面で催告 ●この定めに反する特約は無効	―

8 割賦販売等における所有権留保等の禁止

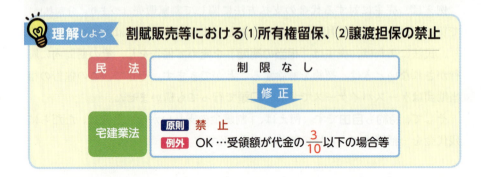

1 民法の定め

民法上は、次の(1)(2)、どちらもOKです。
(1) 所有権留保とは、「代金の支払いがされるまでは、その物の所有権を売主に残しておく」というものです。
(2) 譲渡担保とは、担保にする物の所有権そのものを代金債権の債権者（売主）に移し、弁済が済めば回復させるというものです。

2 宅建業法の定め（43条）

(1) 宅建業法では、所有権留保は、原則禁止です。宅建業者が自ら売主となって割賦販売契約を締結した場合には、原則として、目的物を買主に引き渡すまでに、登記等の売主の義務を履行しなければなりません。

> そうしないと、売主が二重に譲渡したり、売主の債権者に差し押えられてしまうおそれがあり、買主にとって危ないからです。

しかし、例外が2つあります。
① 1つめは、業者が受け取っている金額が少ない場合、具体的には代金の額の $\frac{3}{10}$ 以下の場合です。
　　H23・R3

> それだけしか受け取っていなければ、逆に**業者も残りを取りっぱぐれる**危険がありますから、例外的に所有権留保を認められるのです。

② 2つめ。受領額が代金の額の$\frac{3}{10}$を超えていても、買主が抵当権の設定や保証人を立てるなどの担保を設定せず、または設定する見込みがないときは、業者を危険から守るために、所有権留保が認められます。

(2) 同じ買主保護の理由から、譲渡担保（代金が完済されるまで、目的物を売主に譲渡し、登記も売主に移転します）も原則禁止です。つまり、<u>物件を買主に引き渡し、かつ、代金の$\frac{3}{10}$を超える額を受領した後は、担保の目的で、業者はお客さんから売買の目的物を譲り受けてはなりません</u>。逆に言えば、受領額が代金の額の$\frac{3}{10}$以下であれば、例外として、譲渡担保が許されています。

(3) 「提携ローン付き販売」の場合にも、(1)(2)と同様の制限があります。

> 「提携ローン付き販売」とは、割賦販売に似ていますが、買主が、銀行からの融資についてローンを組むときに、売主である宅建業者が債務を保証するというものです。

試験に出る！POINT整理　自ら売主-⑧　所有権留保等の制限

原　　則	例　　外
割賦販売、提携ローン付き売買の場合、**所有権留保等は不可**	できる ① 受領額が少ない（$\frac{3}{10}$以下） ② 抵当権等、他の担保を付けられない ⚠ 「譲渡担保」の場合は、②は例外にあたらない

第**2**編
宅建業法

Chapter ▷ **7**

報酬額の制限

お客さんは、宅建業者に契約の**媒介**や**代理**を依頼したとき、**報酬**を支払わなければなりません。しかし、その額が法外では困りますので、報酬の上限額がキチンと定められています。宅建士試験では、**「限度額の計算問題」**が出題されます。ポイントを把握したうえで、計算練習をすれば、必ず得点することができます。まず、ポイントとコツをしっかりつかみましょう。その数はそんなに多くはありません。

Section

1 報酬額の制限規定

2 報酬額の計算方法

Section 1 報酬額の制限規定

Introduction ここでは、報酬に関する宅建業法の規定と、報酬額を算出するうえで考慮すべき消費税について学習します。

▶▶ 分野別過去問題集 第2編「宅建業法」問題 (82)～(84)

1 報酬額を制限する規定 重要

媒介や代理を行って、お客さんのために売買・交換・貸借の契約成立に努めた宅建業者は、当然、報酬を受け取ることができます。しかし、暴利をむさぼることのないよう、宅建業法は消費者保護のため、その額をきちんと制限しています。

1 報酬額に関する規定

宅建業者は、国土交通大臣が定める額を超えて報酬を受け取ることはできません(46条2項)。H28・R2

また、宅建業者は不当に高額の報酬を要求してはなりません(47条2号)。実際に受け取るかどうかは関係なく、要求すること自体が宅建業法違反になります。H23・R2

さらに、お客さんにとって、請求される報酬額はとても気になることですので、宅建業者は、事務所ごとに、公衆の見やすい場所に、報酬額を掲示しなければなりません(46条4項)。R3・4

2 報酬の範囲

宅建業者は、業者の媒介や代理等により成約に至った場合に、報酬を受領することができます。成功報酬です。成約に至らなかった場合は、報酬のみならず、かかった必要経費等も請求することはできません。

ただし、次の費用は、成約に至らなくても、実費を請求することができます。

① まず1つめは、**依頼者からの依頼**によって行う広告料金（特別の依頼があった広告料金）です。

② 2つめは、依頼者からの**特別の依頼**により支出を要する**特別の費用**で、**事前に依頼者の承諾**があるものです（例えば、依頼者からの特別の依頼により行う**遠隔地における現地調査や空家の特別な調査等に要する費用**などです）。

また、代金額が**400万円以下**（消費税は含まない）の低廉な空家等（空家でない建物や宅地も含む）で、通常の**売買・交換**の媒介・代理よりも**現地調査等の費用**を要するものに関しては、宅建業者の調査費の負担軽減のために、次の**Section2**で学習する「報酬額の計算方法」に従って報酬額を計算した金額に、**現地調査等の費用相当額を合算した金額の範囲内**で報酬を受領できる（上限あり。例えば、売買の媒介の場合、依頼者である**売主**から受領するものに限られ、「**18万円＋消費税相当額（＝19万8,000円）」が上限**）とされています。

重要！一問一答 H26-問37-肢ア

Q 宅建業者Aが居住用建物の貸借の媒介をするに当たり、依頼者からの依頼に基づくことなく広告をした場合でも、その広告が貸借の契約の成立に寄与したとき、Aは、報酬とは別に、その広告料金に相当する額を請求できる。

A あらかじめ依頼者からの依頼が必要。　………　✗

---

2 消費税　⚠️重要

1 消費税の課税事業者と免税事業者

商品の販売やサービスの提供を行う事業者（法人および個人）で、**課税売上高**が**1,000万円を超える**場合は**課税事業者**、それ以下の場合は**免税事業者**です。

> 要するに、宅建業者も**課税事業者**となれば、お客さんから受け取る売買代金や報酬などに**消費税**（地方消費税も含む）を上乗せできるのです。

2 宅建業者と消費税

① 課税と非課税

何が課税され、非課税となるのかをつかんでおきましょう。
_{H23・24・25・R1・2}

要するに、売買代金や賃料などに消費税が含まれるのか否かです。

 課税されるもの・されないもの

	課税対象となるもの	非課税となるもの
売買代金・交換差金	建　物	土　地
賃貸借 （賃料・権利金）	非居住用建物	● 土　地 ● 居住用建物
サービス	宅建業者の報酬	──

② 報酬と消費税

次に、宅建業者が行う媒介や代理という「サービス」への消費税の課税についてです。宅建業者の報酬にも、消費税相当額が含まれます。

まず、**課税事業者**の場合は、**消費税相当額（10％）を含んだ額**が報酬の上限額となります。そして、**免税事業者**の場合も、**消費税相当額（10％）の40％**（つまり、4％）を報酬に含ませることができます 最近の改正 。
_{H23〜27・29・30・R2・3}

この「4％」を「**みなし仕入れ率**」といい、業者自身も物件を仕入れたりする段階で消費税相当分を支払っていることから、免税事業者にも消費税相当額の40％の上乗せを認める趣旨のものです。

392

Chapter 7 ▷ 報酬額の制限

Section 2 報酬額の計算方法

宅建士試験では、業者が受け取ることができる報酬に関する計算問題が出題されます。そこで、まず、報酬額の制限の内容と実際に計算するために必要な算式を頭に入れたうえで、後は事例で実際に計算練習をしておかなければなりません。

▶▶ 分野別過去問題集 第2編「宅建業法」問題 ❽❷〜❽❹

1 報酬額計算の基本ポイント

　報酬の限度額は、「国土交通省告示」で定められています。その計算の前提となる基本的な"着眼点"を、ここで3つ、確認しておきましょう。

> ① 売買・交換契約なのか、貸借契約なのかを区別すること。それによって、計算の方法が違ってきます。
>
> ② 宅建業者が媒介という形で関わるのか、または代理という形で関わるのかも、重要な違いとなりますから区別が必要です。
>
> ③ 宅建業者が課税事業者なら消費税相当額（10%）を含んだ額を、免税事業者なら、その40％の仕入れに係る消費税相当額（4%）を含んだ額を、それぞれ報酬として受領できる点に注意しましょう。

 **報酬額の計算の基本ポイント**

【報酬額の計算の着眼点】
① 売買・交換か、貸借か
② 媒介か、代理か
③ 消費税相当額をプラスするか

(1) 売買・交換の場合の限度額
　① 媒介の場合（ポイント ⓐ）
　　「依頼者の一方から受け取れる額」……「M」
　　例 M＝物件価格（売買代金）×3％＋6万円
　② 代理の場合（ポイント ⓑ）
　　「依頼者から受け取れる額」……「2M」
　③ 代理と媒介の場合（ポイント ⓒ）……合計で「2M」

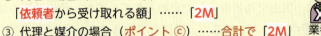

(2) 貸借の場合の限度額
　① 原則
　　……賃料の 1ヵ月 分が上限（ポイント ⓓ）
　　　ただし、居住用建物の媒介の場合、依頼者の承諾がない限り、
　　　依頼者の一方からは $\frac{1}{2}$ヵ月 が限度という制限あり（ポイント ⓔ）
　② 例外（ポイント ⓕ）
　　……権利金（返還されないもの）を物件価格（売買代金）とみなして
　　(1)の方法で計算可（居住用建物「以外」）

(3) 複数の業者が関わる場合の限度額
　(ア) 各業者が受領できる限度額内
　(イ) 総額は、全業者を 1人 とみなして受領できる限度額内（ポイント ⓖ）

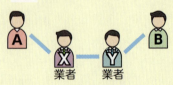

1 売買・交換の場合

① 媒介の場合

媒介の場合、つまり<u>依頼者の一方</u>から受け取れる限度額は、「M」です（ポイント ⓐ。報酬ですからMoney、そこで「M」）。そして、ここにいう「限度額」には、消費税相当額を含んでいませんので、**報酬の上限額を算定するには、消費税相当額をプラスする必要があります**（以下、同様です）。

 **Mの計算式（速算法）**

① 物件価格200万円以下…M ＝「物件価格」×5％
② 物件価格200万円を超え400万円まで…M ＝「物件価格」×4％＋2万円
③ 物件価格400万円を超える…M ＝「物件価格」×3％＋6万円

この算式（「速算法」といいます）は、報酬計算の最も基本になる計算式ですから、しっかり覚えておいてください。

物件価格とは、消費税を含まない本体価格を指します。したがって、消費税込みの場合は、**消費税分を差し引いた額が物件価格**となります。

なお、交換の場合でお互いの物件価格に差があるときは、**高い**ほうの金額を採用して計算することができます。

例えば、2,000万円の物件と3,000万円の物件を交換するときは、「3,000万円」を物件価格として計算できるのです。

❷ 代理の場合

代理の場合は、**依頼者**から**2M**受け取れます（ポイントⓑ）。なぜ、媒介の場合の２倍かというと、媒介の場合は、双方から依頼を受けることもあり得るのに対して、代理の場合は、原則として、一方からしか依頼を受けられないからです（「双方代理の禁止」）。

つまり、媒介の場合と代理の場合で報酬にギャップが生じないように、代理の場合には、２M受け取れるのです。

> **媒介**の場合は「**依頼者の一方から**」、**代理**の場合は「**依頼者から**」という点に注意してください。

❸ 代理と媒介の場合

前出の POINT整理 「報酬額の計算の基本ポイント」にいうX業者が、AさんからはAさんからは代理、Bさんからは媒介の依頼を受けるとします。このときには、結論として、Xの受け取ることのできる限度額は合計で**2M**です（ポイントⓒ）。

> XはAさんからは代理の依頼を受けているので、Aさんからは２M受け取れ（ポイントⓑ）、Bさんからの依頼は媒介なので、依頼者の一方のBさんからはMを受け取れ（ポイントⓐ）、合計「３M」受け取れそうに見えます。しかしながら、そうではないということです。そして、これらの「ポイントⓐ〜ⓒ」が、報酬計算では最も重要です。

2 貸借の場合

> 例えば、**Aさんが貸主でBさんが借主、宅建業者XがAさんとBさんの間を取りもつ場合**です。

(1) まず、貸借の場合は、原則として、賃料をもとに報酬額を計算します。業者が受け取れる合計額は、媒介の場合でも代理の場合でも、借賃の**１ヵ月分が上限**です（ポイントⓓ）。

Chapter **7** ▷ 報酬額の制限

> なお、**使用貸借**の場合は、タダで貸す契約ですから借賃はありませんが、「**通常の借賃**」が算定基準になります。
> R4

(2) ただし、**居住用建物**の貸借の**媒介**（住む家の貸借を業者が媒介する）のときには、媒介の依頼を受けるに当たって依頼者の承諾を得ている場合を除き、依頼者の一方から受け取れる報酬は、借賃の$\frac{1}{2}$ヵ月分が限度です（**ポイントⓔ**）。
H23・26・27・29・R2・3・4

例えば、居住用建物の賃貸借の媒介の場合で、貸主のAさんと借主のBさんとの間をX業者が取りもつとき、Xは合わせて1ヵ月分の家賃分（**例** 10万円）を受け取ることができるのですが、原則として、Aさんからは$\frac{1}{2}$ヵ月分の5万円、Bさんからも$\frac{1}{2}$ヵ月の5万円が上限となります。ただし、**依頼者の承諾を得ているときは、依頼者の一方から、借賃の$\frac{1}{2}$ヵ月分を超えて受け取ることも可能**です。
R4

> もちろん、その場合でも、**合計で1ヵ月分が上限**です。
> R4

なお、居住用建物「以外」の媒介なら、このような内訳の制限はなく、双方どのような割合であっても、1ヵ月分を上限として受領できます。それでも、合計額は1ヵ月分を超えることができません。

(3) 貸借で「**権利金**」が受け渡される場合について。**権利金**とは、権利設定の
R1・2・2・3・3
対価として支払われ、返還されないもののことです（返還されるものは含まれません）。**居住用建物**「以外」の貸借の場合には、**権利金**を売買代金とみなして、限度額の算定をすることができます（**ポイントⓕ**）。つまり、売買の場合の「物件価格」のところに、権利金の額をあてはめて計算できるのです。そして、借賃の1ヵ月分か、権利金から算出された金額のいずれか高いほうを、業者が選択できます。ただし、権利金を基準として計算できるのは、居住用建物「以外」ですから、宅地、事務所、店舗などの場合に限られています。

なお、以上のことは、定期建物賃貸借の再契約の場合にもあてはまります。
H23・27〜30・R2・3
H30

> 権利金に関しては、「**居住用の建物**の**貸借**の場合は**ダメ**」という点を、しっかり頭に入れておいてください。

3 複数の宅建業者が関わる場合

例えば、AさんがX業者に媒介を依頼し、BさんがY業者に媒介を依頼するときのように、**複数の業者が1つの取引**に関わっているような場合です。

(1) まず、**各業者が受領できる限度額内**でなければなりません。例えば、売買契約の場合、Xが受け取れる上限は、Aさんの媒介ですからMです（**ポイントⓐ**）。同様にYが受け取れる上限も、BさんからはMです。

このように、各業者が受領できるのは、各々の限度額内でなければダメ、ということです。

(2) さらに、もう1つ条件が加わります。**複数業者全体として受け取ることができる金額は、全業者を1人の業者としてみなして受領できる限度額内**になります（**ポイントⓑ**）。例えばXとYを、1人のZ業者とみなした場合、X・Yあわせて受け取れる総合計は「Z業者が受け取ることができる限度額内」になります。したがって、Z業者がAさんからもBさんからも媒介の依頼を受けた場合なら、MとM、「合計2M」受け取れることになるわけです（**ポイントⓐ**）。また、AさんがX業者に媒介を依頼し、BさんがY業者に代理を依頼した場合、1人の業者とみなされたZ業者が代理と媒介を行うことになり、X・Yは合わせて、「合計2M」の範囲内で受け取ることになります（**ポイントⓒ**）。

そして、上記(1)(2)のことは、**貸借の場合も同様**です。

これらをしっかり覚えておけば、あとは**具体的な数値を入れて計算**をしていけばOKです。

Chapter **7** ▷ 報酬額の制限

2 売買・交換の場合の報酬額の計算練習

それでは、いよいよ実際に計算をしてみましょう。

1 売買・交換の媒介の場合

 消費税の課税事業者である宅建業者Xは、AさんおよびBさん両方から媒介の依頼を受けて、AB間に、Aさんが所有する土地（価格5,000万円）の売買契約を成立させた。

Xは、報酬としていくら受領できるだろうか？

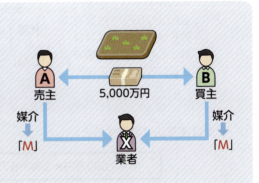

速算法で計算すると、

> M＝5,000万円×3％＋6万円＝156万円（ポイントⓐ）

消費税の課税事業者であるXは、AさんおよびBさんから、それぞれM（156万円）に消費税額（10％）を上乗せした金額（計343万2,000円）を、報酬の上限額として受領することができます。

重要！ 一問一答　　　　　　　　　　　　　　　　　　　H21-問41改題

Q 宅建業者A（消費税課税事業者）が売主B（消費税課税事業者）からB所有の土地付建物の媒介の依頼を受け、買主Cとの間で売買契約を成立させた場合、AがBから受領できる報酬の上限額は、211万2,000円である。なお、土地付建物の代金は6,400万円（うち、土地代金は4,200万円）で、消費税額及び地方消費税額を含むものとする。

A 建物代金は2,200万円であるが、これには消費税分200万円が含まれているので、差し引いて計算しなければならない。よって、業者AがBから受領することができる報酬の限度額Mは、｛(6,400万円−建物の消費税分200万円)×3％＋6万円｝×1.1＝211万2,000円となる。　　　　　　　　　　　………〇

2 売買・交換の代理の場合

消費税の課税事業者である宅建業者Xは、Aさんから代理の依頼を受けて、AB間に、Aさんの所有する土地を代金5,000万円で売買契約を成立させた。Xは報酬としていくら受領できるだろうか？

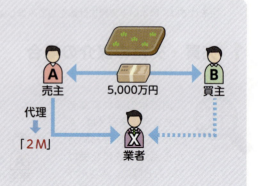

① まずは速算法で計算すると、

$$M=5,000万円×3％＋6万円＝156万円$$

② 次に、代理は2倍まで受領できるから、

$$2M＝156万円×2＝312万円（ポイントⓑ）$$

消費税の課税事業者Xは、依頼者Aさんから、2M（合計の312万円）に消費税額（10％）を上乗せした金額（計343万2,000円）を、報酬の上限額として受領することができます。

3 貸借の場合の報酬額の計算練習

1 居住用建物の貸借の媒介・代理の場合

消費税の課税事業者である宅建業者Xは、AさんおよびBさんから媒介の依頼を受け、Aさんの所有する居住用マンションの賃貸借契約を締結させた。借賃は月額10万円であった。
Xは報酬として、いくら受領できるだろうか？

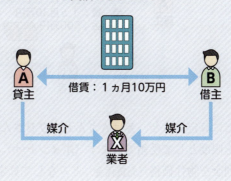

　Xは、原則として、貸主Aさんから5万円、借主Bさんから5万円を限度として受領できます。ただし、依頼者の承諾があるとき、Xは、Aさん、または、Bさんから10万円を限度額として受領することもできます（ポイントⓔ）。
　いずれにしても、XがAさんBさんから受け取れる合計額は、10万円プラス消費税（計11万円）です（ポイントⓓ）。

2 居住用建物以外の貸借の媒介・代理の場合

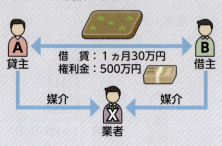

消費税の課税事業者である宅建業者Xは、AさんおよびBさんから媒介の依頼を受け、Aさん所有の土地の賃貸借契約を締結させた。借賃は1ヵ月30万円、権利金を500万円とした。
Xは、報酬としていくら受領できるだろうか？

① 借賃をもとに算定すると、XはAさんおよびBさんから合計で借賃1ヵ月分の30万円を限度として受領できます（ポイントⓓ）。
② 次に、権利金を物件価格（売買代金）とみなして算定すると、

$$M＝500万円×3％＋6万円＝21万円（ポイントⓐⓕ）$$

この場合、XはAさんから21万円、Bさんから21万円を限度として受領できます。
③ ①と②を比較すると、①は合計で30万円、②は合計で42万円です。どちらで受領するかはXの選択によりますが、限度額は、高いほうの額の「合計で42万円」となります。
そして、さらに消費税額（10％）をプラスした合計46万2,000円が、報酬の最終的な上限額となります。

第 2 編
宅建業法

Chapter ▷ 8

宅建業者や
宅建士が受けるペナルティー

宅建業法には、これまで学習したさまざまな規制を守ってもらうために、監督処分と罰則が設けられています。本試験対策としては、まずは、これまでの**各種の規制**をしっかりマスターしたうえで、この**Chapter**では、**色文字の箇所を中心**に頭に入れておきましょう。

Section

1 監督処分の種類と事由

2 罰 則

第2編 宅建業法
Chapter 8 ▷ 宅建業者や宅建士が受けるペナルティー

Section 1 監督処分の種類と事由

さまざまな宅建業法の規制も実際に守ってもらえないのでは、"絵に描いた餅"ですので、実効性を図るために、一定のペナルティーが用意されています。まず、このSectionでは、どんな監督処分があり、どんな場合にその処分を受けるのか、そして、誰がそれらの監督処分をするのかを理解しましょう。

▶▶ 分野別過去問題集 第2編「宅建業法」問題 ⑧〜⑧⑧

1 監督処分の種類と処分権者　❗重要

ここでは、①どんな種類の監督処分があり、②誰がそれぞれの監督処分をすることができるのかを、まずはざっくりとつかんでください。

違反者	① 監督処分の種類	② 処分権者
宅建業者	指示処分	●業務地を管轄する知事 ●免許権者（地方整備局長等を含む）
宅建業者	業務停止処分	●業務地を管轄する知事（一定の違反のみ） ●免許権者（地方整備局長等を含む）
宅建業者	免許取消処分	免許権者（地方整備局長等を含む）
宅建士	指示処分	●行為地を管轄する知事 ●登録をしている知事
宅建士	事務禁止処分	●行為地を管轄する知事 ●登録をしている知事
宅建士	登録消除処分	登録をしている知事のみ

2 宅建業者に対する監督処分

　宅建業者に対する監督処分としては、指示処分、業務停止処分、免許取消処分の3つがあります。

1 指示処分（65条 1項・3項）

指示処分とは、違反行為を解消するように指示をすることをいいます。

❶ 処分権者

処分権者は、**免許権者**（地方整備局長等を含む。以下「**免許権者等**」）および**業務地を管轄する都道府県知事**です。

❷ 指示処分事由

①	**業務**に関し、取引の関係者に**損害を与えた**とき、または損害を与えるおそれが大であるとき
②	**業務**に関し、取引の公正を害する行為をしたとき、または取引の公正を害するおそれが大であるとき
③	**業務**に関し、**他の法令**（住宅瑕疵担保履行法およびこれに基づく命令を除く）**に違反し、宅建業者として不適当と認められる**とき 例 土地の売買契約等で国土利用計画法の届出を怠り、国土利用計画法違反で処罰された場合　等
④	**宅建士が監督処分を受けた場合で、宅建業者の責めに帰すべき事由が**あるとき
⑤	**宅建業法**の規定または**住宅瑕疵担保履行法**における瑕疵担保保証金の供託義務の規定等に**違反した**とき

2 業務停止処分（65条2項・4項）

一定の事由に該当した場合は、**免許権者等**または**業務地を管轄する都道府県知事**は、①「**1年以内の期間**」を定めて、②業務の「**全部または一部の停止**」を③**命ずる**ことができます。

なお、宅建業者は、**業務の全部停止を命じられた場合は、広告もNG**です。

> ①業務停止は最も**長くて1年**、②業務の**一部に限って停止することも可能**、③「**することができる**」のであり「必ずしなければならない」のではない、これらに注意!!

❶ 業務停止処分事由－(1)

次の「処分事由」に該当するときの処分権者は、**免許権者等および業務地を管轄する都道府県知事**です。

_{H26・28}

	処 分 事 由	罰則
①	業務に関し、他の法令（住宅瑕疵担保履行法等を除く）に違反し、宅建業者として不適当と認められるとき	
②	宅建士が監督処分を受けた場合で、宅建業者の責めに帰すべき事由があるとき	
③	**指示**処分に違反したとき	
④	宅建業法の規定に基づく国土交通大臣または知事の処分に違反したとき	
⑤	宅建業に関し、不正または著しく不当な行為をしたとき _{H28}	
⑥	以下の㋐～㋚の宅建業法違反をしたとき	
㋐	自己の名義をもって他人に宅建業を営ませたり、営む旨の表示をさせ、または宅建業を営む目的をもって広告をさせたとき	○
㋑	案内所等の専任の宅建士の設置義務違反	○
㋒	**誇大広告違反**をしたとき _{H26}	○
㋓	自己の所有に属しない売買契約締結の制限に違反したとき	
㋔	**取引態様の別**を明示しなかったとき	
㋕	媒介（代理）契約において ●書面の交付義務を怠ったり、法定記載事項を欠いたとき ●価格等について意見を述べる際に根拠を明らかにしなかったとき	
㋖	**重要事項**の説明および説明書の**交付**をしなかったとき _{H28}	
㋗	契約締結時期の制限に違反したとき	
㋘	**37条**書面の交付義務に違反したとき	○
㋙	手付金等の保全措置を講じないで手付金等を受領したとき	
㋚	所有権留保等の禁止規定に違反したとき	

Chapter **8** ▷ 宅建業者や宅建士が受けるペナルティー

(シ)	不当な履行遅延の禁止規定に違反したとき	○
(ス)	**守秘義務違反**をしたとき	○
(セ)	報酬額の制限に違反して報酬を受領したとき	○
(ソ)	不当に高額の報酬を要求する行為をしたとき	○
(タ)	**重要な事実の告知義務違反**をしたとき	○
(チ)	**手付貸与等による契約締結誘引の禁止規定**に違反したとき	○
(ツ)	業務上の不当な行為の禁止規定に違反したとき	
(テ)	従業者に従業者証明書を携帯させなかったとき	○
(ト)	従業者名簿の備付け義務に違反した場合	○

Chap.
8

Sec.
1
監督処分の種類と事由

407

❷ 業務停止処分事由-(2)

次の「処分事由」に該当するときの処分権者は、**免許権者等のみ**です。

		処　分　事　由	罰則
①		免許を受けた宅建業者が、営業に関し成年者と同一の行為能力を有しない未成年者である場合において、その法定代理人（法人である場合はその役員）が、業務停止をしようとするとき以前5年以内に宅建業に関し不正または著しく不当な行為をしたとき	
②		法人の場合、その役員または政令で定める使用人のうちに、業務停止をしようとするとき以前5年以内に宅建業に関し不正または著しく不当な行為をした者があるに至ったとき	
③		個人の場合、政令で定める使用人のうち、業務停止をしようとするとき以前5年以内に宅建業に関し不正または著しく不当な行為をした者があるに至ったとき	
④		事務所ごとの専任の宅建士の設置義務違反 H23	○
⑤	営業保証金について	●供託した旨の届出なしで営業を開始したとき	○
		●2週間以内に不足額を供託しなかった場合	
⑥	保証協会の社員について	●事務所の新設にあたり、その日から2週間以内に追加納付をしなかった場合	
		●還付充当金について、通知を受けた日から2週間以内に納付しなかった場合	
		●特別弁済業務保証金分担金について、通知を受けた日から1ヵ月以内に納付しなかった場合	
		●社員の地位を失ってから1週間以内に、営業保証金を供託しなかったとき	
⑦		住宅瑕疵担保履行法における瑕疵担保保証金の供託義務等の規定等に違反したとき	

3 　免許取消処分（66条）

　免許取消処分は、**免許権者**等「だけ」が行えることに注意してください。つまり、国土交通大臣や、宅建業法違反が行われた現地の都道府県知事は、他の

免許権者から免許を受けている業者の免許を取り消すことはできません。
H29

要するに、「免許を与えた者でないと剥奪できない」のです。

❶ 必要的免許取消事由

必要的免許取消しとは、一定事由に該当すれば必ず取り消される、つまり「取り消さなければならない」ということです。

次の表については、最近の改正 が含まれています。注意しましょう。

①	欠格要件に該当等	不正の手段により免許を受けたとき R3
②		業務停止処分事由に該当し、情状が特に重いとき H27
③		業務停止処分に違反したとき H26
④		心身の故障がある一定の者 最近の改正 ・破産者（復権を得ない者）となったとき
⑤		宅建業法違反等一定の罪により罰金刑以上に処せられたとき H25
⑥		罪名を問わず、禁錮刑以上に処せられたとき
⑦		暴力団員等に該当するとき
⑧		暴力団員等がその事業活動を支配することになったとき
⑨		営業に関し成年者と同一の行為能力を有しない未成年者の法定代理人（法人である場合はその役員）・法人の役員・政令で定める使用人が、一定の欠格事由に該当するに至ったとき
⑩	その他	免許換えをすべき事由に該当しながら、新たに免許を受けていないことが判明したとき H28
⑪		免許を受けてから1年以内に営業を開始しないとき、または、引き続き1年以上営業を休止したとき H23・R1・3
⑫		廃業等の届出がなく、その事実が判明したとき

❷ 任意的免許取消事由

任意的免許取消しとは、一定事由に該当すれば免許を取り消すことができる、つまり「取り消すことができる」ということです。

> 裁量によって決定される、という意味ですね。

①	条件違反による免許取消し R3
②	公告による免許取消し H26
③	営業保証金を供託した旨の届出がない場合の免許取消し

3 宅建士に対する監督処分

宅建士に対しては、①指示処分、②事務の禁止処分、③登録の消除処分の3つの監督処分が適用されます。このうち、①指示処分と②事務の禁止処分は、登録している都道府県知事のほかに、行為地を管轄する都道府県知事も行うことができます。それに対して、③登録の消除処分は、登録している都道府県知事 H24・25 だけしかできません。また、①指示処分や②事務の禁止処分と異なって、登録 H25 の消除処分は、処分事由にあたれば「必ずしなければならない」とされています。

また、②事務の禁止処分とは、1年以内の期間を定めて、宅建士としてすべき事務の全部または一部を禁止することです。

> この「事務」とは、重要事項の説明など宅建士がしなければならない「3つの法定業務」のことですね。

Chapter 8 ▷ 宅建業者や宅建士が受けるペナルティー

	① 指示処分	② 事務の禁止処分	③ 登録の消除処分
処分の必要性	処分することができる	処分することができる	処分しなければならない
①②③共通の処分事由	(ア) 自分が専任の宅建士として従事している事務所以外の宅建業者の事務所で、**専任の宅建士である旨の表示を許し、宅建業者がその旨を表示したとき** (イ) 他人に名義貸しをして、その他人が宅建士である旨の表示をしたとき (ウ) 宅建士として行う **事務** に関し、不正または著しく不当な行為をしたとき　H24	左の(ア)～(ウ)に該当するとき　H25	左の(ア)～(ウ)に該当し、情状が特に重いとき
各々の処分事由	——	指示処分に従わないとき	**[宅建士の登録の消除事由]** (ア) 登録の欠格事由に該当することとなったとき (イ) 不正手段により登録を受けたとき　R2 (ウ) 不正手段により宅建士証の交付を受けたとき (エ) 事務禁止処分に違反したとき **[宅建士資格者の登録の消除事由]** (ア) 登録の欠格事由に該当することとなったとき (イ) 不正手段により登録を受けたとき (ウ) 宅建士としてすべき事務を行い、情状が特に重いとき　R3

Chap. **8**

Sec. **1** 監督処分の種類と事由

411

4 監督処分の手続 ！重要

監督処分は、宅建業者および宅建士にとっては不利益な処分ですから、次のフローチャートのように、きちんとした手続を踏んだうえで行われます(69条、70条)。

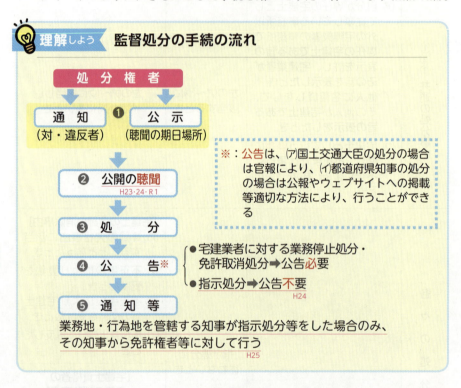

国土交通大臣は、その免許を受けた宅建業者が消費者保護のための一定の規定に違反したことを理由に監督処分を行うときは、あらかじめ、内閣総理大臣に協議しなければなりません(71条の2第1項)。

第2編 宅建業法
Chapter 8 ▷ 宅建業者や宅建士が受けるペナルティー
Section 2 罰則

Introduction　さまざまな規制のうち、特に重要な規制に違反したときは、罰則を受けなければなりません。ここではまず、ざっと確認しておいて、あとは過去問を解く過程で確認する程度でよいでしょう。

▶▶ 分野別過去問題集　第2編「宅建業法」問題 ⑮〜⑱

1 罰則の種類と適用の事由

(1) 3年以下の懲役もしくは300万円以下の罰金、またはこれらの併科

① **不正**の手段によって**免許**を受けた者
② **無免許**で宅建業を営んだ者
③ **名義貸し**の禁止規定に違反して他人に宅建業を営ませた者
④ 業務停止処分に違反して営業をした者

(2) 2年以下の懲役もしくは300万円以下の罰金、またはこれらの併科

重要な事実の告知義務に違反した者

(3) 1年以下の懲役もしくは100万円以下の罰金、またはこれらの併科

不当に高額の報酬を要求する行為をした者

(4) 6ヵ月以下の懲役もしくは100万円以下の罰金、またはこれらの併科

① 営業保証金供託書の届出をしないで営業を開始した者
② 誇大広告の禁止規定に違反した者
③ 不当な履行遅延の禁止規定に違反した者
④ 手付貸与等による契約締結の誘引をした者

(5) 100万円以下の罰金

① 免許申請書や添付書類に虚偽の記載をした者
② 免許を受けずに宅建業を営む旨の表示・広告をした者
③ 名義貸しをして、他人に宅建業を営む旨の表示・広告をさせた者
④ 専任の宅建士の設置義務に違反した者
⑤ 報酬額の制限に違反して報酬を受領した者

(6) 50万円以下の罰金

① 宅建業者名簿の変更の届出義務を怠った者
② 案内所等を設置する場合の届出義務に違反した者
③ 信託会社等が国土交通大臣へ届出をせずに宅建業を営んだ場合
④ 37条書面の交付義務に違反した者
⑤ 報酬額の掲示義務に違反した者
⑥ 従業者に従業者証明書を携帯させなかった者
⑦ 従業者名簿の設置義務に違反した者、またはこれに虚偽の記載をしたとき　R3
⑧ 帳簿の備え付け義務に違反した者、またはこれに虚偽の記載をしたとき　R3
⑨ 標識の掲示義務に違反した者
⑩ 守秘義務に違反した者　➡ ⚠ 親告罪のため、相手方等の告訴が必要
⑪ 国土交通大臣または知事の検査を拒み、妨げ、忌避した者
⑫ 報告を求められた宅建士が、報告をせず、または虚偽の報告をした場合

(7) 10万円以下の過料

① 宅建士証の返納義務に違反した宅建士
② 宅建士証の提出義務に違反した宅建士　H25・R2・3・4
③ 重要事項の説明時に宅建士証を提示しなかった宅建士　H25

　表の中でいちばん厳しい罰則は、「3年以下の懲役もしくは300万円以下の罰金、またはこれらの併科」です。

> だいたい、**業者としての資格（免許）を偽った場合**という視点で見てもらえばわかりやすいですね。資格は、制度の根幹だからです。

　また、事務所に設置しなければならない「5点セット」違反にも、罰金刑が科されています。
　いちばん軽いのは、10万円以下の過料。これは、他と異なって行政罰です。宅建士証関係ですね。

2 両罰規定

　法人の代表者、法人や人の代理人・使用人その他の従業者が、その法人または人の業務に関して、一定の違反行為（守秘義務違反は除く）をした場合、その**行為者自身**が罰せられるのはもちろん、その**法人**などに対しても罰金刑が科せられます。ただし、表中の(1)と(2)の場合は、「1億円以下」の罰金刑です。

第2編 宅建業法

Chapter ▷ 9

欠陥住宅の販売に備えて

皆さんは、以前マスコミを賑わした「**耐震偽装事件**」を覚えておられるでしょうか。建築基準法上十分な地震対策が講じられていないマンションを、消費者がそれとは知らずに購入し、売主である業者が倒産してしまいその責任が追及できなかった、という非常に影響が大きかったものです。
この事件を契機に設けられた法律が、ここで学習する**住宅瑕疵担保履行法**です。

Section 1 新築住宅の瑕疵担保責任を果たすために
～住宅瑕疵担保履行法～

第2編 宅建業法
Chapter 9 ▷ 欠陥住宅の販売に備えて

Section 1 新築住宅の瑕疵担保責任を果たすために ～住宅瑕疵担保履行法～

Introduction ここでは、宅建業法の「関係法令」として宅建士試験の出題対象となって以来12年目となる、住宅瑕疵担保履行法に関して学習します。

▶▶ 分野別過去問題集 第2編「宅建業法」問題 ❽❾〜❾⓪

1 住宅瑕疵担保履行法とは

あいにく欠陥マンションを買ってしまっても、買主は、売主であるマンション業者に瑕疵（種類・品質に関して契約の内容に適合しない状態のこと）担保責任を追及できるのが普通です。しかし、その業者が倒産してしまったら、責任追及のしようがありませんよね。そこで、宅建業者等の瑕疵担保責任の履行の実効性を確保するために設けられたのが、住宅瑕疵担保履行法です。

2 宅建業者等の資力確保義務

お客さんに新築住宅を引き渡す売主（自ら売主となる宅建業者であり、媒介・代理業者ではない）や請負人（建設業者）は、新築住宅についての瑕疵担保責任の履行の実効性を確保するために、保証金を供託するか、保険に加入しなければなりません。これを、資力確保義務といいます。この義務を負う売主は、たとえ買主から資力確保措置を講じなくてもよいとの承諾があったとしても、この義務を免れません。ただし、買主などが宅建業者である場合は、資力確保義務は生じません。
H23・25・27・R2・4

義務の履行としては、保証金の供託か、保険加入かの、どちらかの措置を講ずることが必要であり、また、両者の併用もOKです。

なお、建設業者もその義務の対象ですが、宅建士試験であることを念頭に、以下、宅建業者に関する事項に絞って見ていきます。

(1) 新築住宅とは、建設工事完了日から起算して1年以内で、人の居住の用に供したことのないものを指します(瑕疵担保履行法2条1項、住宅品質確保法2条2項)。新築であれば、持ち家だけでなく賃貸住宅も含まれますが、事務所や倉庫などは対象外です。

(2) 資力確保の義務付けの対象となる瑕疵担保責任は、住宅品質確保法で定められた「新築住宅に関する瑕疵担保責任」、つまり、**住宅の構造耐力上主要な部分**（基礎や壁・柱など）や**雨水の浸入を防止する部分**（屋根や外壁・窓などの開口部）について、**引渡しから10年間**、売主等に義務付けられている責任のことです（瑕疵担保履行法2条5項）。これには損害賠償請求や解除の他、**追完請求・代金減額請求**が含まれています 最近の改正 。

1 供託 （11条〜16条、施行令4条・5条、規則14条・21条・22条等）

宅建業者は、毎年、**基準日**（3月31日）から**3週間**を経過する日までの間に、住宅販売瑕疵担保保証金を供託しなければなりません 最近の改正 。そして、購入者は、宅建業者の倒産などの際は、供託所から還付を受けることができます。

つまり、仕組みは、宅建業法上の「営業保証金」と同様です。

(1) 供託する金額は、基準日から過去10年さかのぼって引き渡した新築住宅の総戸数に応じて算定される額（「基準額」）以上の額です。なお、床面積**55㎡以下**の新築住宅の合計戸数の算定に当たっては**2戸をもって1戸**と数えます。

もちろん、資力確保の措置として後出2の**保険**に加入した新築住宅は、供託を義務づけられる**総戸数から除かれます**。

(2) その他、供託すべき物、供託場所、主たる事務所が移転した場合に関しては、「営業保証金」と同一の内容の定めが設けられています。

試験に出る! POINT整理　住宅販売瑕疵担保保証金の供託

❶ 誰　が	新築住宅の自ら売主となる宅建業者
❷ い く ら	● 基準日（3/31 **最近の改正** ）から過去10年さかのぼって引き渡した新築住宅の総戸数に応じて算定される額（基準額）以上の額 ● 保険加入の新築住宅については、総戸数から除かれる
❸ 何　で	金銭の他、有価証券もＯＫ 　（有価証券の評価は「営業保証金」と同様）
❹ どこへ	主たる事務所の最寄りの供託所
❺ いつまでに	基準日から**3週間**を経過する日までの間に **最近の改正**
❻ 主たる事務所の移転	● 金銭のみ➡保管替え請求 ● 有価証券含む➡現実に供託し直すことが必要
❼ 説明義務	宅建業者は、自ら売主となる新築住宅の買主に対し、**契約を締結**するまでに、供託所の所在地等について、**書面を交付**（**電磁的方法**による**提供**を含む **最近の改正** ）して説明しなければならない
❽ 還付以降の流れ	顧客への還付等により供託額が不足となった場合は、**国土交通大臣**から還付の通知を受けたときまたは不足を知ったときから、**2週間以内**に供託し、供託後**2週間以内**に、免許権者に届出が必要
❾ 取 戻 し	宅建業者は、基準日において保証金の額が法定額を超えることとなった場合は、**免許権者の承認**を受けて超過額を取り戻すことができる _{R2}

　また、**顧客への還付により供託額が不足したとき**（ただし、不足額の供託は、国土交通大臣から通知を受けた時などから2週間以内にすることが必要）、**取戻し**（法定額を超えることになったとき。ただし、**免許権者の承認**が**必要**）に関しても、「営業保証金」と類似の規定があります。

(3)　宅建業者は、自ら売主となる新築住宅の買主に対し、**契約を締結**するまでに、供託所の所在地などについて、**書面**を交付して**説明**しなければなりません。
H23・24・25・26・27・28・29・R1

418

ただし、**買主の承諾**を得て、この書面の交付に代えて、**電磁的方法**により**提供**することができ、この場合は**書面を交付したものとみなされます** 最近の改正 。

2 保険（11条2項等）

　宅建業者は、顧客に販売する新築住宅について、**10年以上の契約期間**の住宅販売瑕疵担保責任保険をかけ、その保険料を支払わなければなりません。
　そして、瑕疵担保責任が生じたときは、宅建業者は、瑕疵担保責任の履行による損害を填補するために、保険法人に保険金を請求します。また、宅建業者の倒産等によって相当の期間を経過したにもかかわらず、宅建業者が瑕疵担保責任を履行しないときは、**購入者が保険金を請求することができます**。

3 届出義務（12条、規則16条）

(1) 宅建業者は、**基準日**ごとに、①その基準日までの過去10年間に引き渡した新築住宅の戸数、②そのうち供託により履行確保措置を講じた戸数、③保険加入により履行確保措置を講じた戸数などを、**基準日**から**3週間**以内に、免許権者に**届け出なければなりません**。この届出をしない場合には、50万円以下の罰金が課せられます（41条）。

(2) 宅建業者は、**資力確保措置を講じず**、また、**この届出をしないときは**、基準日の**翌日**から起算して**50日**を経過した日から**新たな新築住宅の売買契約をすることができません**（13条）。
　この禁止に違反して契約した場合は、1年以下の懲役もしくは100万円以下の罰金、またはその併科となります（40条）。

H24-問45-肢1

✎ **重要！ 一問一答**

Q 自ら売主として新築住宅を宅建業者でない買主に引き渡した宅建業者は、当該住宅を引き渡した日から3週間以内に、その住宅に関する資力確保措置の状況について、その免許を受けた国土交通大臣又は都道府県知事に届け出なければならない。

A 「基準日」から3週間以内に届出が必要。 ·········· ✗

👆 **試験に出る！ POINT整理**　**住宅瑕疵担保履行法のまとめ**（⚠宅建業者に関するもののみ）

❶ 内　容	● 新築住宅の瑕疵担保責任の履行の実効性を確保するために、顧客に新築住宅を引き渡す売主（宅建業者）は、**保証金を供託**するか、**保険に加入**しなければならない（「資力確保義務」）。ただし、**併用OK** ● **宅建業者間**においては、売主業者に資力確保義務なし
❷ 供　託	● 宅建業者が**基準日**（3/31）から**3週間**を経過する日までの間に供託をし 最近の改正 、宅建業者が倒産した等の場合に、**購入者**は、供託所から還付を受けることができる ● 宅建業者は、自ら売主となる新築住宅の買主に対し、**契約を締結**するまでに、供託所の所在地等について、**書面を交付**（電磁的方法による**提供**を含む 最近の改正 ）して**説明**しなければならない
❸ 保　険	● 宅建業者が保険をかけ（**10年**以上の契約期間）、宅建業者が、瑕疵担保責任の履行による損害を填補するために保険金を請求する ● 宅建業者の倒産等によって相当の期間を経過しても宅建業者が瑕疵担保責任を履行しないときは、**購入者**が、保険金を請求する
❹ 届出義務	① 宅建業者は、**基準日**ごとに、引き渡した新築住宅の戸数等を**基準日から3週間**以内に免許権者に届け出なければならない ② ①の届出をしないとき➡**罰則あり** ③ 資力確保措置や①の届出をしないときは、基準日の**翌日**から起算して**50日**を経過した日から、新たな新築住宅の売買契約をすることができない ④ ③に違反して売買をしたとき➡**罰則あり**

わかって合格る いますぐ解く！ **厳選過去問プレミアム** 🏅50 **問34** へ

420

第2編 宅建業法 さくいん

あ行

相手方の積極的探索義務········· 335
空家·································· 391
案内所等················ 293,320,377
案内所等の届出···················· 321
一団の宅地建物···················· 293
一般の宅建士························ 340
一般媒介···························· 333
違約金··························· 343,346
依頼者保護·························· 333
営業保証金·························· 296
営業保証金の供託···················· 297
営業保証金の取戻し················· 303
営業保証金の変換··················· 297
営利性······························ 254
おとり広告·························· 316

か行

買受けの申込み···················· 379
解約手付···························· 368
書換え交付の申請············· 268,290
瑕疵担保責任························ 416
課税事業者·························· 391
割賦販売··························· 343,347
割賦販売契約の解除等の制限··· 384
完成物件···························· 371
監督処分························· 404,410
還付··················· 296,301,311,418
還付充当金·························· 310
管理費用··························· 348,349
危険負担···························· 358
既存の建物························· 345,351
業································ 252,254
供託··················· 296,297,299,417
供託所等に関する説明············· 330
業務処理状況の報告義務············· 335
業務処理の原則···················· 277
業務停止処分····················· 404,405
居住用建物·························· 394
金銭の貸借のあっせん······· 315,347
クーリング・オフ················· 376
区分所有権の目的である建物の場合
　の追加記載事項··············· 348
計画修繕積立金················ 348,349
契約書面···························· 355

さ行

契約内容不適合（責任）
　················· 343,347,353,384
契約締結時期の制限··············· 318
契約の解除
　········· 343,346,358,361,367,379,383
欠格要件························· 256,264
建築請負···························· 252
現地調査等の費用··················· 391
権利金······························ 394
交換差金··················· 343,346,358
公告··················· 303,304,312,410
広告··················· 314,317,391
広告開始時期の制限··············· 318
講習受講の義務···················· 289
国債································ 297
国土交通省令で定める場所······ 291
国土交通大臣免許················· 255
誇大広告·············· 314,406,413
５点セット·························· 324

さ行

35条書面························· 339,335
37条書面························· 355,358
自己の所有に属しない宅地建物
　·································· 374
自己の所有に属しない物件の売買契
　約締結の制限··················· 374
指示処分··················· 381,405,410
執行猶予···························· 251
指定流通機構（レインズ）······· 335
私道負担···························· 344
死亡等の届出······················ 284
事務································ 277
事務禁止処分···················· 281,404
事務所··················· 254,291,297
事務所（を）増設············· 298,308
事務所等················ 320,377,379
社員································ 307
従業者証明書······················ 323
従業者名簿························· 323
住宅瑕疵担保履行法··············· 416
住宅販売瑕疵担保保証金········· 347
住宅品質確保法···················· 417
従たる事務所······················ 307
重要事項説明書················ 340,341
重要事項の説明···················· 340
重要事項の説明義務················· 340
重要な事実の告知義務············· 327
主たる事務所······················ 307

た行 （右列さ行続き）

守秘義務···························· 326
使用貸借···························· 397
譲渡担保···························· 386
消費税···························· 391,392
処分権者···························· 405
書面の記載事項················ 336,358
書面への記名······················ 356
所有権留保等の禁止················· 386
資力確保義務······················ 416
心身の故障がある一定の者····· 265
信託会社···························· 273
新築住宅···························· 324
信用失墜行為······················ 277
信用の供与························· 327
成年者······························ 292
成年者と同一の行為能力を有しない
　未成年者···· 263,265,280,281
成年者と同一の行為能力を有する未
　成年者················ 263,281
成年の専任の宅建士············· 378
成年被後見人······················ 262
政府保証債························· 297
政令で定める使用人··············· 263
専属専任媒介······················ 333
専任の宅建士············· 291,292,340
専任媒介···························· 333
専有部分················ 251,348,349
専用使用権····················· 348,349
造成宅地防災区域··················· 345
速算法······························ 395
損害賠償額の予定················ 366,367
損害賠償額の予定等の制限······ 366
損害賠償請求······················ 381

た行

貸借································ 252
耐震診断···························· 345
代理··················· 250,332,357
宅地································ 251
宅地建物取引業（宅建業）······ 250
宅地建物取引業者（宅建業者）
　·································· 250
宅地建物取引士（宅建士）······ 276
宅地建物取引士資格試験······ 276
宅地建物の貸借の場合············· 350
宅地建物の売買・交換の場合······ 342
宅建業者の業務処理の原則······ 326
免許··················· 255,268
宅建業者名簿······················ 267

宅建業法違反······················ 261
宅建士資格者······················ 281
宅建士資格登録簿··················· 283
宅建士証·························· 286
宅建士証の提出····················· 290
宅建士証の提示········ 288,341,414
宅建士証の返納····················· 290
宅建士証の有効期間················· 287
宅建士の設置義務··················· 291
宅建士の登録······················ 278
宅建士の法定業務··················· 277
建物······························ 250
建物状況調査········· 337,338,345
他人物売買························· 375
断定的判断························· 328
地方債···························· 297
帳簿····························· 323
聴聞························ 259,412
定期建物賃貸借···················· 397
低廉な空家等······················ 391
手付金等·························· 369
手付金等寄託契約··················· 371
手付金等の保全措置··· 343,361,371
手付金の性質と額の制限·········· 368
手付貸与等による契約締結誘引の禁
　止······························ 327
電磁的方法による提供
　················· 336,341,357,418
登記された権利············ 335,343
登記簿······················ 251,344
登録···························· 276
登録実務講習······················ 278
登録（の）消除処分··· 282,404,411
登録の移転························ 286
登録の基準························ 278
登録の欠格要件····················· 278
登録の消除························ 281
特定投資家························ 354
特約······························ 369
土砂（津波）災害警戒区域··· 345
都道府県知事免許··················· 255
届出······················ 266,268,419
取引························ 250,252
取引態様の別················ 323,406
取引態様の明示義務················· 317

な行

任意的記載事項············ 355,357
任意的免許取消し··················· 410

認証······························ 306

は行

媒介······················ 250,332,395
倍返し···························· 368
廃業······························ 258
廃業等の届出························ 258
背任罪···························· 261
売買······························ 252
破産者············ 262,280,285,409
破産管財人························· 269,268
破産手続開始の決定················· 269
8種規制··························· 364
発信主義··························· 382
罰則····························· 413
反復または継続············ 252,253
非課税···························· 392
必要的記載事項····················· 355
必要的免許取消し··················· 409
被保佐人·························· 262
標識····························· 322
標準媒介契約約款············ 337,338
不動産信託受益権············ 341,342
不動産信託受益権の売買········ 353
不当な履行遅延の禁止·········· 326
不特定多数························· 250
変更の登録························ 278
変更の届出················ 266,294
弁済業務保証金···················· 305
弁済業務保証金の取戻し········ 311
弁済業務保証金分担金··········· 310
報酬······························ 390
報酬額··················· 390,393,394
報酬額の制限······················ 390
報酬請求権························· 301
法定講習·························· 289
暴力団員等·················· 265,280
暴力犯罪·························· 261
法令に基づく制限············ 343,344
保管替え·························· 299
保証委託契約······················ 371
保証協会（宅地建物取引業保証協会）
　···························· 306,307
保証保険契約············ 343,371,373
保全措置··········· 343,372,373,376

ま行

マンション························· 251

未完成物件·············· 319,345,361
未完成物件の売買················· 375
自ら売主·············· 364,365,416
自ら貸借························· 252
自ら当事者························ 252
未成年者·············· 256,291,292
みなし業者························· 272
みなし仕入れ率····················· 392
無免許営業························· 273
名義貸し·············· 273,411,413
名簿の登載事項（宅建業者名簿）
　······························ 267
免許換え·························· 269
免許証···························· 255
免許取消処分············ 257,404,408
免許の一身専属性··················· 271
免許の欠格要件········ 256,265,279
免許の更新························ 266
免許の申請························ 255
免許の有効期間····················· 256
免税事業者························· 391

や行

役員····························· 256
有価証券·························· 297
用途地域·························· 251

ら行

両罰規定·························· 414

合格するための

「法令上の制限」入門

　まず、宅建士試験における「法令上の制限」の位置づけ、およびその比重と攻略目標をつかんでください。次に、法令上の制限の全体像をつかみ、その後、主要な法律についてそれらの目的と目的の実現のための手段を大まかに把握する。それによって、効率的に学習できるはずです。

「法令上の制限」の傾向と対策

　「法令上の制限」の分野は、「民法等」に比べて日常生活とあまり関係がない、なじみがない、硬い言葉が多い、数字が多く出てくる、そんな理由から、不得意という受験生が多い分野です。ここでは、都市計画法や建築基準法などから宅建士試験50問中8問が出題されます。

　それでは、ここでの得点目標を見てみましょう。

　次の表をご覧ください。これは、2017年度〜2021年度の、本試験の合格点と合格者の平均的な「法令上の制限」における得点です（本書は2022年度に実施された本試験の出題を分析・検討の上作成していますが、執筆時点では全体の合格点等は未公表です。ただし、出題内容や難易度等から、2022年度本試験の合格者の平均的な『法令上の制限』での得点は概ね5点程度と推定されます）。ここから合格戦略が見えてきます。

	2017年度	2018年度	2019年度	2020年度10月	2020年度12月	2021年度10月	2021年度12月
本試験の合格点	35/50	37/50	35/50	38/50	36/50	34/50	34/50
合格者の平均的な「法令上の制限」での得点	6/8	7/8	5/8	6/8	6/8	5/8	6/8

　この表からは、合格するには、ほぼ5点〜7点を得点する必要があることがわかります。安全確実な合格を考えれば、7点以上はねらいたい。とろうと思えばとれる得点です。そのためのコツは、過去の出題傾向にきちんと沿った学習をすることです。つまり、あまり詳しく突っ込まず、試験に出ている限度で勉強を進めること。それが「法令上の制限」を得意科目にするコツです。

第3編 法令上の制限

さらに、この分野は、**直前期に一気に力を伸ばすことも可能**ということも、念頭に置いておきましょう。

> * **2022年度**の詳細な合格ラインの分析や『**わかって合格る宅建士シリーズ**』を利用した **2023年度** の本試験対策など、読者の皆さまに役立つ情報を、TAC出版HPで公開いたします（2022年12月下旬予定）。
>
> URL ➡ https://bookstore.tac-school.co.jp/wakauka/

「法令上の制限」の全体像

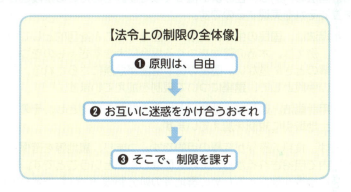

まず、❶原則は**自由**です。例えば、ある土地を売ろうとする場合、その値段は、買い手がそれでいいと言うならば、いくらでも構わないのが原則です。

しかし、ほったらかしにしていると、いろいろと問題が発生するかもしれない、つまり、❷お互いに迷惑をかけあうことになりかねない。例えば、高い値段で土地取引が行われると、土地の相場が全体として上昇して、マイホームを持つという庶民の夢が叶わなくなってしまうかもしれません。

そこで、❸**制限を課す**のです。制限の方法は、例えば「許可を受けなさい」とか、「届出が必要ですよ」とか、また「こういうふうにしなさい」などということです。したがって、宅建士試験対策としては、「**どのような場合にどんな規制を受けるのか**」を、1つ1つ押さえていくことが、学習の中心となります。

次の表が、この分野について本書で学習する主要な法律です。

	目　的	手　段
❶ 都市計画法	住みよい街づくり	都市計画を立てて実現
❷ 建築基準法	国民の生命、健康、財産を守る	建築について規制
❸ 国土利用計画法	適正な土地利用と地価の抑制	土地取引の規制
❹ 農地法	農地等の確保	農地等の処分の制限
❺ 土地区画整理法	整備された街づくり	土地区画整理事業等を行う
❻ 宅地造成等規制法	崖崩れ防止	宅地造成を規制

❶　都市計画法の目的は、**住みよい街**づくりです。そのための手段として、**都市計画を立てそれを実現**するのです。

❷　建築基準法は、**国民の生命、健康、財産を守る**ことを目的としてつくられた法律です。例えば、木造の建物をつくる場合に大きすぎるものをつくってしまうと、火事のときに危ない。国民の命や財産が危険にさらされる、これを防止するための手段として、**建築について規制**を加えています。

❸　国土利用計画法。**適正な土地利用と地価の抑制**を目的とし、そのための手段として、**土地取引に規制**を加えています。

❹　農地法は、食料の確保が究極の目的です。つまり、**農地等を確保**しておけば食料が国内で自給されるから、それを促進したいということです。その手段は、もっぱら農地等を確保するための**農地等の処分制限**。例えば、農地が宅地になってしまうことなどを防ぐことです。

❺　土地区画整理法の目的は、都市計画区域内における**整備された街づくり**。そのために**土地区画整理事業**を行って、宅地や道路や公園を整備します。

❻　宅地造成等規制法。**崖崩れの防止**が目的です。宅地造成（要するに「土地の造成工事」）などを、規制せず野放しにするといい加減な工事が行われて、集中豪雨などで崖崩れが発生するおそれが大きいためです。技術的にしっかりした造成工事をやってもらうという趣旨です。

　実は、「法令上の制限」の出題範囲となる法律は、これら以外にもたくさんありますが、出題のほとんどは上記の6つの法律からです。したがって、まずは**これらをしっかりと学習してください。7～8点**を取ることができます。「その他の制限法令」は、その後です。

　それでは「**法令上の制限**」、頑張って見ていきましょう！

第 3 編 法令上の制限

Chapter 1 都市計画法

都市計画法は、宅建士試験では2問出題されます。近年は8問出題されている「法令上の制限」の分野の中では、主要な法令といえますし、また、「法令上の制限」全体を通じたベースとなる法律でもあります。しっかり理解を深めておきましょう。**2点の得点が目標**です。

Section

1 街づくりの"出発点"
〜都市計画法の目的等〜

2 都市計画にはどんなものがあるのだろう
〜都市計画の種類と内容〜

3 都市計画はどのように決まるのだろう
〜都市計画の決定〜

4 都市計画の実現のために制限を加える
〜都市計画制限〜

5 良好な街づくりのための造成工事
〜開発許可制度〜

第3編 法令上の制限
Chapter 1 ▷ 都市計画法

Section 1 街づくりの"出発点" ～都市計画法の目的等～

Introduction
ここでは、都市計画法の"出発点"として、まずは都市計画法の目的そのものを確認したうえで、「都市計画区域」の指定権者および指定手続を学習します。さらに、「準都市計画区域」についても理解しておきましょう。

▶▶ 分野別過去問題集　第3編「法令上の制限」問題 ❶〜⓳

1 都市計画法の目的

　都市計画法の目的は、**住みよい街**をつくることです。そのために、積極的に都市計画を実施していく場所を定めます。ここでは、一体（ひとまとまり）の都市として総合的に整備・開発・保全を図っていくための規制を加えたり、公共施設を整備したり、開発を行ったりと、いろいろなプランを実現していきます。

　このように、積極的に住みよい街をつくっていくところが、**都市計画区域**（としけいかくくいき）です。

💡 **理解**しよう　**街づくりの流れ**

❶ 街づくりをする**場所**を決める（＝都市計画区域等の指定）
　　↓
❷ そこでの街づくりの**方針**を決める（＝都市計画の決定）
　　↓
❸ さまざまな**事業**や**制限**が行われる（＝都市計画事業・都市計画制限）

430

Chapter **1** ▷ 都市計画法

2 都市計画区域の指定（5条）

1 都市計画区域の指定権者

都市計画区域の指定は、誰が、どのように行うのでしょうか？

① 原則は、<u>都道府県</u>です。
_{R2}

② 例外は、2以上の都府県にまたがる都市計画区域の場合です。このときには都府県の範囲を超えますから、国土交通大臣が定めます。

都市計画区域は、街づくりをする必要性から定められるため、その指定は、例えば、東京都や神奈川県などの行政区画にとらわれずに定められます。 つまり、2以上の都府県や市町村にまたがって都市計画区域を定める場合は、当然あるということです。
_{H23}

2 都市計画区域の指定手続

次のような流れで指定されます（都道府県が指定する場合）。

① 指定にあたっては、まず、都道府県の案について、**関係市町村の意見**を聴きます。

② 次に、利害関係者の保護や専門的な判断のために、都道府県**都市計画審議会の意見**を聴きます。

③ さらに、国の利害がかかわってくる可能性がありますから、**国土交通大臣と協議**をし、その**同意を得る**ことが必要です。

④ 最後に、指定した内容についての**公告**が行われます。

3 準都市計画区域の指定 （5条の2第1項）

1 準都市計画区域の意義と指定権者

　既存集落や幹線道路の周辺、高速道路のインターチェンジなどの郊外部等、都市計画区域の「外」であっても、放っておけば、建築や造成がどんどん行われてしまいます。それでは、景観や環境が悪化し、居住性も悪くなります。

　そこで、都市計画を策定し、開発規制や建築規制を加えて土地利用を整序し、または環境を保全することを目的として設けられたのが、準都市計画区域です。

　詳しくいえば、都道府県は、①都市計画区域外の区域のうち、②相当数の建築物やその他の工作物の建築、もしくは建設、またはこれらの敷地の造成が現に行われ、または行われると見込まれる区域を含み、③土地利用の整序や環境を保全するための措置を講ずることなくそのまま放置した場合、将来における一体の都市としての整備・開発・保全に支障が生じるおそれがあると認められる一定の区域を、準都市計画区域として指定できる、ということです。

2 準都市計画区域における都市計画区域の指定 （5条の2第5項）

　準都市計画区域の全部、または一部について、都市計画区域が指定された場合は、その準都市計画区域は、「廃止された」等とみなされます。

> つまり、都市計画区域と準都市計画区域が重なることはない、ということです。

第3編 法令上の制限
Chapter 1 ▷ 都市計画法

Section 2 都市計画にはどんなものがあるのだろう ～都市計画の種類と内容～

Introduction 住みよい街づくりを実現するために、都市計画法はさまざまな街づくりのメニューやプランを用意しています。ここでは、そのプランについて見ていきます。

▶▶ 分野別過去問題集 第3編「法令上の制限」問題 ①～⑲

1 都市計画の全体像

1 都市計画の種類

都市計画には、全部で次の11種類のものがあります。

「太字」になっているものを、特に重点的に見ていきましょう。

① 都市計画区域の整備・開発および保全の方針
② **市街化区域・市街化調整区域**　③ 都市再開発方針等
④ **地域地区**　⑤ **都市施設**
⑥ **市街地開発事業**　⑦ **市街地開発事業等予定区域**
⑧ 促進区域　⑨ 遊休土地転換利用促進地区
⑩ **地区計画等**　⑪ 被災市街地復興推進地域

2 区域や地域を分ける

理解しよう 「区域」と「地域」の分類

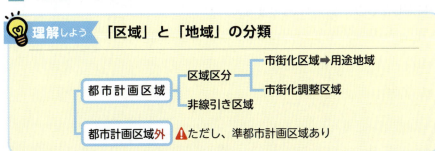

住みよい街づくりのためには、都市計画区域の中を、よりきめ細かな区域や地域に分けていく必要があります。そして、その区分に応じて街づくりのプランを実現していき、開発や建築を規制します。

(1)　まず、**区域区分**です。市街化を積極的に進めようとする**市街化区域**と、市街化を抑制しようとする**市街化調整区域**の２つに分けることです。線を引いて分けるので、俗に線引きともいいます。つまり、最初に、都市計画区域の中を、用途に応じて"色分け"するのです。他方、「線引き」をしない都市計画区域のことを、**非線引き都市計画区域**（正確には「区域区分が定められていない都市計画区域」）といいます。

> いわば、"グレーゾーン"のところです。

(2)　さらに住みよい街にするためには、もっときめ細かな区分けを行う必要があります。そのため、市街化区域の中では、必ず**用途地域**を定めます。この「用途地域」とは、**建物の用途**（利用目的）**に応じて地域を分けたもの**で、都市計画のうちで、最も基本的なものです。

2　都市計画区域の整備、開発および保全の方針
（都市計画に関するマスタープラン、6条の2、15条）

　すべての都市計画区域単位で、より広域的な見地から、都市計画として、当該都市計画区域の整備、開発および保全の方針を定めます。これらを、いわゆる「**都市計画に関するマスタープラン**」といいます。
　そして、各都市計画区域について定められる都市計画は、このマスタープランに即したものでなければなりません。

3 市街化区域と市街化調整区域（区域区分）

1 定　義（7条）

それぞれの区域は、次のようにイメージしてください。

① 市街化区域とは、建物をどんどん建ててほしい、開発もどんどんやってほしいところです。

② 市街化調整区域とは市街化を抑えたい、農業、漁業等をやってほしい、また、自然環境を残しておきたいところです。

③ 非線引き都市計画区域は、今現在、市街化区域と市街化調整区域に分ける必要がないところです。

定義問題対策としては、次のキーワードを覚えましょう。

試験に出る！POINT整理　市街化区域と市街化調整区域、非線引き都市計画区域の定義

① 市街化区域	② 市街化調整区域	③ 非線引き都市計画区域
a．すでに市街地となっている区域 b．おおむね10年以内に優先的かつ計画的に市街化を図るべき区域	市街化を抑制すべき区域	区域区分が定められていない都市計画区域

2 区域区分の決定（7条、15条）

都市計画区域について、無秩序な市街化を防止し、計画的な市街化を図るために必要があるときは、都市計画に、市街化区域と市街化調整区域との区分（「区域区分」）を定めることができます。市街化の状態などの地域の実情に応じて、線引きをするかどうか、区域ごとにその必要性を判断する、つまり、区域区分をするかどうかについては選択制がとられているということです。

ただし、3大都市圏の一定の区域では、必ず区域区分を定めるとされています。

4 地域地区

計画的に、住みよい街づくりを実現するため、街づくりのプランであるいろいろな「地域」や「地区」が、次のように用意されています。

理解しよう　地域地区の種類

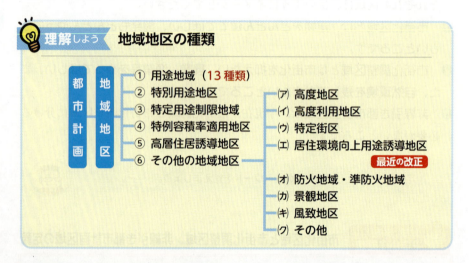

1 用途地域　重要

① 種類と定義（9条）

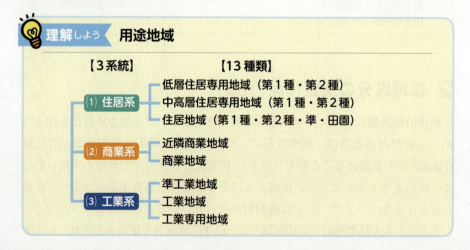

436

用途地域は、大きく３つのタイプに分類され、合計では13種類があります。
　３つのタイプとは、⑴住居系、⑵商業系、⑶工業系です。そして、⑴住居系とは、人が住むことを目的とした用途地域であり、⑵商業系とは、商売がやりやすいように設けられた用途地域です。⑶工業系とは、工場を建てて工業を推進するために用意された用途地域です。

【用途地域の分類】
住居系地域
商業系地域
工業系地域

　市街化区域については、少なくとも用途地域を定め、市街化調整区域については、原則として用途地域は定めないとされています（13条１項７号）。
H23・30・R4

> 市街化区域は、住みよい街をつくるために建物をどんどん建てたいところですので、ここでは必ず用途地域を決めるのです。

　市街化「調整」区域は、市街化を抑制したいところですから、原則として、用途地域を決める必要がありません。ただし、禁じられているわけではありません。

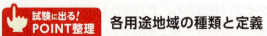

各用途地域の種類と定義

(1) 住居系	❶ 第1種低層住居専用地域	低層住宅に係る良好な住居の環境を保護するため定める地域
	❷ 第2種低層住居専用地域	主として低層住宅に係る良好な住居の環境を保護するため定める地域
	❸ 田園住居地域	農業の利便の増進を図りつつ、これと調和した低層住宅に係る良好な住居の環境を保護するため定める地域
	❹ 第1種中高層住居専用地域	中高層住宅に係る良好な住居の環境を保護するため定める地域
	❺ 第2種中高層住居専用地域	主として中高層住宅に係る良好な住居の環境を保護するため定める地域
	❻ 第1種住居地域	住居の環境を保護するため定める地域
	❼ 第2種住居地域	主として住居の環境を保護するため定める地域
	❽ 準住居地域	道路の沿道としての地域の特性にふさわしい業務の利便の増進を図りつつ、これと調和した住居の環境を保護するため定める地域
(2) 商業系	❾ 近隣商業地域	近隣の住宅地の住民に対する日用品の供給を行うことを主たる内容とする商業その他の業務の利便を増進するため定める地域
	❿ 商業地域	主として商業その他の業務の利便を増進するため定める地域
(3) 工業系	⓫ 準工業地域	主として環境の悪化をもたらすおそれのない工業の利便を増進するため定める地域
	⓬ 工業地域	主として工業の利便を増進するために定める地域
	⓭ 工業専用地域	工業の利便を増進するために定める地域

ここでは、用途地域の**イメージをしっかりつかみ**、さらに、定義問題対策として、それぞれの地域の**キーワードを覚えておき**ましょう。次の**Chap. 2**の**建築基準法**は、この用途地域にマッチするように、建物の建築等についてさまざまな規制を加えていますので、ここで理解するイメージがとても重要になってきます。

(1) まず、**住居系**の❶❷の**低層住居専用地域**は、平屋建てや2階建てなどの建物が立ち並ぶ地域です。❶第1種と❷第2種の違いは、「主として」という言葉があるかどうかです。「第2種」では、コンビニなど小さな店舗はつくることができます。

低層住居専用地域は「閑静な住宅街」「高級住宅地」を典型的イメージとすればいいでしょう。

❶ 第1種低層住居専用地域

❷ 第2種低層住居専用地域

❸の田園住居地域は、条文上は「住居地域」の1つとして「準住居地域」の次に記載されていますが、**実質的には「低層住居専用地域の一種」**と位置づけたほうがわかりやすいでしょう。つまり、「低層住居専用地域」で、**農業**もやりやすいようにという趣旨から設けられた地域です。したがって、この地域

❸ 田園住居地域

では、農産物の生産や集荷の役に立つ建築物や地場の農産物を販売するための店舗なども、つくることができます。

❹ 第1種中高層住居専用地域

❺ 第2種中高層住居専用地域

❹❺の中高層住居専用地域とは、中高層マンションがあるようなところです。

❻ 第1種住居地域

❼ 第2種住居地域

❽ 準住居地域

❻❼❽の各住居地域は、低層と中高層が混在しているところで、第1種と第2種に加えて、準住居もあります。準住居地域は、大きな道路等に面していて（つまり、道路の沿道にある）、しかも、住居環境も維持したいという欲張りな地域です。例えば、倉庫業などと住居との調和を図ろうとするものです。したがって、ここでのキーワードは「道路の沿道」です。

(2) 次に、**商業系**の❾近隣商業地域です。こちらは「近隣」の住民に、日用品の供給を行うことを主たる内容とするのですから、例えば、日常必要なものを売っている商店街などがあるところです。❿商業地域は、例えば、主要な駅前の繁華街やデパートなどの商業施設があるところをイメージすればいいでしょう。

❾ 近隣商業地域

❿ 商業地域

(3) 最後に、**工業系**の地域です。

⓫ 準工業地域

⓬ 工業地域

⓭ 工業専用地域

⓫準工業地域は、環境の悪化をもたらすおそれのない工業の利便、つまり、公害を発生させない工場ならOKなところです。イメージは、町工場などです。それに対して、⓭工業専用地域は、大きなコンビナートや工場があるところです。住宅は建てられません。かなり環境が悪いといえるでしょう。なお、⓬工業地域は、準工業地域と工業専用地域の中間です。

❷ 都市計画に定める内容 (8条3項)

都市計画で用途地域を定めるときに、その地域にマッチした建築物がつくられるように、同時に、建築すること自体についての規制を具体化させています。

> 以下は、**建築基準法**のところで詳しく学習します。

(1) **容積率**は、**全**用途地域について、都市計画で定めます。
(2) **建蔽率**は、**商業地域**を除いた他のすべての用途地域について、都市計画で定めます。
(3) **全**用途地域については、必要があれば、敷地面積の最低限度を定めることができます。その結果、小さな敷地に分割することが防げます。
(4) また、低層住宅の良好な環境を確保するため、**低層住居専用地域や田園住居地域**では当然、高さに制限を加える必要がありますから、建築物の高さの限度を都市計画で定めます。さらに、よりよい住環境をめざして、必要があれば、外壁の後退距離を定めることもできます。

❸ 田園住居地域における建築等の規制 (52条等)

田園住居地域内では、農地が維持され、農業が行われるように、農地（耕作の目的に供される土地）の区域内において、**土地の形質の変更、建築物の建築その他工作物の建設・土石等の堆積**を行う者は、非常災害のため必要な応急措置や都市計画事業の施行として行う行為などの例外を除いて、**原則として、市町村長**の許可を受ける必要があります。

この場合、市町村長は、土地の形質の変更や建築物の建築等で、その土地や建築物等の敷地の規模が**300㎡未満**のものなどについては、**許可をしなければなりません**。

> 「300㎡未満」であれば、農業の利便の増進および良好な住居の環境の保護を図るうえで、支障がない規模だからです。

2 特別用途地区（8条1項2号、9条14項）

　特別用途地区は、<u>用途地域</u>内の一定の地区の、その特性にふさわしい<u>土地利用の増進や環境の保護など特別の目的</u>を実現するために、<u>用途地域</u>の指定を補完して定めることができます。そのために、建築基準法の用途制限を緩和することもできるのです。ここで注意を要するのは、「<u>用途地域に重ねて</u>」ということです。

　例えば、工業系の用途地域だけれども、それに加えて地場産業をもっと育て、促進するために、「特別工業地区」を重ねて定める、などです。

3 特定用途制限地域（8条3項2号ニ、9条15項）

　線引きが行われず、用途地域の指定もない都市計画区域で、花火などの危険物を取り扱う工場や大規模なショッピングモールなどが無秩序につくられてしまうと、騒音・煤煙などの発生や、道路等の公共施設が不足するなどの弊害が懸念されます。そこで、<u>用途地域が定められて</u><u>いない</u>土地の区域（市街化調整区域は除かれます）内では、良好な環境の形成・保持のため、その地域の特性に応じた合理的な土地利用が行われるように、<u>制限すべき特定の建築物等の用途の概要</u>を定める地域として、<u>特定用途制限地域</u>を定めることができます。

　例えば、「この地域では、危険物を取り扱う工場はダメ」と定めることができます。

4 特例容積率適用地区（8条3項2号ホ、9条16項）

　特例容積率適用地区とは、異なる敷地間での容積率の融通を互いに認めることによって、土地を有効活用することを目的とした地区で、<u>低層住居専用地域、田園住居地域、工業専用地域</u>「以外」の用途地域内において定められます。

　なお、特例容積率適用地区においては、建物が高くなりすぎないように、<u>必要があれば、建築物の高さの最高限度</u>を都市計画に定めることができます。

5 高層住居誘導地区（8条3項2号へ、9条17項）

　高層住居誘導地区とは、土地を住居と住居「以外」の用途とに適正に配分し、利便性の高い高層住宅（大きなマンションなど）の建設を誘導するために定められる地区のことです。

　用途地域としては、第1種住居地域・第2種住居地域・準住居地域・近隣商業地域・準工業地域内において定められ、必要があれば、建築物の容積率の最高限度などが定められます。

6 その他の地域地区（8条、9条等）

試験に出る！POINT整理　その他の主な地域地区

定める場所	地域地区の名称	目的	都市計画に定める内容
(1)用途地域内のみ	❶ 高度地区	a. 市街地の環境を維持する b. 土地利用の増進	建築物の高さの最高限度、または高さの最低限度
	❷ 高度利用地区	土地の合理的かつ健全な高度利用と都市機能の更新	a. 容積率の最高限度および最低限度 b. 建蔽率の最高限度 c. 建築面積の最低限度 d. （必要な場合）壁面の位置の制限
	❸ 居住環境向上用途誘導地区　最近の改正	居住環境向上施設※を有する建築物の建築の誘導	a. 建築物の用途 b. 容積率の最高限度 c. 建蔽率の最高限度 d. 壁面の位置の制限 e. 高さの最高限度
(2)用途地域外でもOK	❹ 特定街区	市街地の整備改善を図るため、街区の整備または造成が行われる地区	a. 容積率 b. 高さの最高限度 c. 壁面の位置の制限
	❺ 防火地域・準防火地域	市街地における火災の危険を防止	建築基準法で規制
	❻ 風致地区	都市における自然の風致を維持する	地方公共団体の条例で規制

※ 病院、店舗その他の都市の居住者の日常生活に必要な施設（生活利便施設）であって、居住環境の向上に資するもの

Chapter **1** ▷ 都市計画法

特に注意してほしいのは、⑴用途地域**内のみ**で、それに重ねて定められるものと、⑵用途地域**外でも**定めることができるものの２つに分けられることです。
H26

⑴　まずは「用途地域内のみ」のものを見てみましょう。

❶**高度地区**とは、建築物の高さをそろえるところです。低層住宅地における日照を確保したり、土地の有効活用のために高層化を進める目的で定めます。ここでの「高度」は、高さを意味しますので、「**高さ**」がキーワードです。

それに対して、❷**高度利用地区**の「高度」は"ハイレベル"、要するに"有効利用"を意味します。例えば、同じ敷地なら大きな建物を建てたほうが土地の有効活用になるので、そのために容積率の数値を調整したりします。つまり、「**容積率**」がキーワードです。

❸**居住環境向上用途誘導地区**とは、病院・店舗など日常生活に必要な施設について**用途規制や容積率制限を緩和**しながら、それ以外の建築物については従前通りの規制を適用することにより、**日常生活に必要な施設の建築を誘導**することを目的とする地区です **最近の改正**。

⑵　次は、「用途地域外でもOK」のものです。

❹**特定街区**は、例えば新宿の高層ビル街などのような超高層ビルをつくる目的で、建築に関する規制を大幅に緩和するところです。

❺**防火地域・準防火地域**とは、人口密集地などにおいて、火事やその延焼を防ぐ目的で定められる地域です。具体的な規制は、建築基準法で定めています。

❻**風致地区**とは、自然の美しさを維持する目的の地区です。例えば、神奈川県の鎌倉山や京都府の嵐山などをイメージすればよいでしょう。なお、そのための規制は、**地方公共団体の条例**で行います。
H30

7　準都市計画区域内で定めることができる地域地区 （8条2項）

準都市計画区域は、積極的な街づくりではなく、逆に、土地利用を整序し、環境を保全するためのところです。したがって、次のような**地域地区**を定めることができます。それは、**用途地域**、**特別用途地区**、特定用途制限地域、**高度地区**（建築物の高さの最高限度を定める）、風致地区などです。
H23・R2

445

5 都市施設

1 都市施設の種類（11条）

　都市施設とは、道路・公園・水道・学校・図書館・病院・市場・団地など、良好な都市生活を維持するために必要な施設のことです。なお、近年降雨量が増加し、洪水被害が拡大していることから、都市施設に、洪水等の災害が発生した場合に居住者等の安全確保の拠点となる、**一団地の都市安全確保拠点施設**（避難場所の提供、生活関連物資の配布、保険医療サービスの提供等の機能を有する集会施設、購買施設、医療施設及び公共施設等）が追加されました 最近の改正 。

> 都市施設の中でも、特に都市計画によって定められたものを**都市計画施設**といいます。

2 都市施設の内容 ❗重要

❶ 定める場所（11条1項）

　例えば、道路は山の中など市街地以外にも通っていますよね。そのように、都市施設は、特に必要があるときは、**都市計画区域外にも定めることができます**。

❷ 定めるべき内容（13条1項11号）

　市街化区域および非線引き都市計画区域では、少なくとも道路、公園、下水道を定めます。例えば、市街化区域では、建物の建設が進めば人が集まってきますので、道路や公園は必要ですし、下水道が整備されていないと、伝染病などが蔓延してしまうおそれもあります。

　また、住居系の用途地域は、人が住むところですので、そこでは家庭が営まれ、子供ができます。当然、小・中学校などの整備が必要ですので、**義務教育施設**は必ず定めなければなりません。

> つまり、これらの内容は、**義務的な都市計画**です。

Chapter 1 ▷ 都市計画法

❸ **大規模な都市施設**（11条5項、12条の2）

「**大規模な都市施設**」には、①区域の面積が20ha以上の一団地の住宅施設、②一団地の官公庁施設、③流通業務団地の3つがあります。

6 市街地開発事業（12条）

積極的な街づくりの事業である市街地開発事業には、①**新住宅市街地開発事業**、②**土地区画整理事業**、③**市街地再開発事業**など、全部で7種類があります。

①は、新開発の市街地開発事業（ニュータウンづくり）であり、②③は再開発のための市街地開発事業です。

そして、これらの**市街地開発事業**は、積極的な街づくりのプランですから、市街化区域内または非線引き都市計画区域内においてのみ定められ（13条1項12号）、市街化を抑えたい**市街化調整区域**や**準都市計画区域**では定められません。

7 市街地開発事業等予定区域（12条の2）

前記 **5**-**2**-❸ の「3つの大規模な都市施設」や、**6** 「新住宅市街地開発事業」などの新開発の市街地開発事業に関しては、あらかじめ、準備段階の都市計画として、その「予定区域」を定めることができます。

> 例えば、大規模な団地（都市施設）をつくる場合、その妨げになる事態を未然に防ぐことを目的として、基本的な事項が定まった段階で「市街地開発事業等予定区域」という都市計画を定めることができます。なお、この「等」とは「3つの大規模な都市施設」のことです。

8 地区計画等

1 地区計画等の種類と内容

地区計画等とは、小規模の"地区レベル"で、その地域の特性にマッチするようなきめ細かな街づくりを目的とした、小さな街づくりのプランです。

447

> 例えば、観光地なら「道路や公園などを整備する」「ラブホテルを規制する」「建築物について景観が壊されないように規制を加える」などが行われます。

なお、地区計画「等」には、「地区計画」に加えて「防災街区整備地区計画」「集落地区計画」「歴史的風致維持向上地区計画」などがあります。

2 地区計画（12条の5）

> ここでは、地区計画「等」のうち、特に重要な「地区計画」について見ておきましょう。

地区計画とは、建築物の建築形態、公共施設等の施設の配置等からみて、一体としてそれぞれの区域の特性にふさわしい態様を備えた良好な環境の各街区を整備・開発したり、保全したりするための計画のことです。

❶ 対象区域（12条の5第1項）

地区計画は、次のいずれかに該当する土地の区域に指定されます。
① <u>用途地域</u>が定められている区域なら、地区計画を定めることができます。

> 用途地域を補うものとして、地区計画の積極的な活用が期待されているからです。

② また、<u>用途地域</u>が定められていない区域では、不良な街区の形成を防止する等一定の場合に限定されてはいますが、地区計画を定めることもできます。
③ なお、準都市計画区域においては、地区計画は定めることができません。

> なぜなら、地区計画は、道路などの地区施設の整備も一体的に行うことから、土地利用の整序等のみを行う準都市計画区域の性質になじまないからです。

❷ 都市計画に定める内容（12条の4～5）

地区計画に関する都市計画には、種類、名称、位置、その区域や地区整備計

画を定めるとともに、区域の面積、当該地区計画の目標や整備・開発・保全に関する方針等を定めるよう努める、とされています。

さらに、一定の場合、道路などの公共施設や大規模なショッピングモールなどの商業施設の整備を図るために、再開発等促進区や開発整備促進区という区域を、都市計画に定めることもできます。

❸ 地区整備計画（12条の5第7項、施行令7条の6）

地区計画の目的を達成するために、地区施設（街区内の居住者が利用する道路や公園などの施設）の配置・規模、容積率の限度、建蔽率の限度、建築物の高さの限度などについて、必要な事柄を定めることで地区計画を具体化するための計画が、地区整備計画です。

> 現存する農地で、農業の利便増進と調和した良好な居住環境を確保するため必要なものにおける土地の形質の変更等の行為制限（農地の行為制限）に関する事項も、地区整備計画に定めることができます 最近の改正 。

ただし、市街化調整区域内の地区整備計画においては、市街化を抑えるため、建築物の大規模化を促進させることにつながる「容積率の最低限度、建築物の建築面積や高さの最低限度」は定めることができません。

3 制限の内容（58条の2、58条の3等） ！重要

地区計画の方針に反する行為を抑制するため、地区計画の区域内（道路、公園その他の一定施設の配置・規模が定められている再開発等促進区や開発整備促進区、または地区整備計画が定められている区域に限る）では、建物の建築などに、次のような制限が加えられます。

❶ 届出制
(1) 届出が必要な行為

次の行為をするときには、あらかじめ届出が必要です。

> ① 土地の区画形質の変更　② 建築物の建築・工作物の建設　等

なお、(ア)この規制は「**届出**制」であること、また、(イ)地区計画は市町村単位で行われる小さな街づくりですから、届出先は**市町村長**であること、さらに、(ウ)その届出は、行為に着手する日の**30日**前までに行う必要があること、という3点に注意しておきましょう。

また、地区計画において**農地の行為制限**が定められている土地の区域内において、**土石等の堆積**を行おうとする者も、行為に着手する日の30日前までに、市町村長に届け出なければなりません **最近の改正**。

(2) 届出不要の行為

その一方で、**例外**として、届出が不要な次の場合があります。

> ①通常の管理行為、軽易な行為
> ②非常災害のため必要な応急措置として行う行為
> ③国または地方公共団体が行う行為
> ④都市計画事業の施行として行う行為
> ⑤開発許可を要する行為　　等

①に関して、地区計画において**農地の行為制限**が定められている土地の区域内においては、**仮設の工作物の建設**や、現に農業を営む者が農業を営むために行う**土石等の堆積**についても、**届出は不要**です **最近の改正**。

同様に、⑤に関して、地区整備計画に**農地の行為制限**が定められている場合における条例の規定により、**市町村長の許可を要する一定の行為**（①土地の形質の変更　②建築物の建築・工作物の建設　③土石その他の物件の堆積）についても、**届出は不要**です **最近の改正**。

(3) 市町村長の勧告

市町村長は、届出があった場合で、その行為が地区計画の内容に適合しないと認めるときは、その届出をした者に対し、設計の変更などの必要な措置をとることを勧告することができます。

Chapter 1 ▷ 都市計画法

❷ 許可制

地区整備計画に「農地の行為制限」が定められている場合、市町村は、条例で、地区計画の区域内の農地の区域内における以下の行為について、市町村長の許可を受けなければならないことを義務づけることができます 最近の改正 。

> ①土地の形質の変更
> ②建築物の建築・工作物の建設
> ③土石その他の物件の堆積

なお、この条例には、違反した者に対し、50万円以下の罰金を科す規定を設けることができます（97条） 最近の改正 。

重要！ 一問一答　　　　　　　　　　　　　　　　　　　H21-問16-肢3

Q 工作物の建設を行おうとする場合は、地区整備計画が定められている地区計画の区域であっても、行為の種類、場所等の届出が必要となることはない。

A 工作物の建設も「届出が必要な行為」に含まれている。　………… ✕

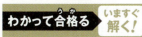

451

第3編 法令上の制限　Chapter 1 ▷ 都市計画法

Section 3 都市計画はどのように決まるのだろう ～都市計画の決定～

Introduction ここでは、前出の都市計画の"各メニュー"が決定されるプロセスについて学習します。決定権者と決定に至るまでの手続が中心テーマです。

▶▶ 分野別過去問題集　第3編「法令上の制限」問題 ❶～❾

1 都市計画の決定権者（15条）

　都市計画の決定権者は、原則として、都道府県と市町村です。つまり、都道府県と市町村がそれぞれ役割分担をしながら、都市計画を決めていきます。そして、2つ以上の都府県（例 東京都と神奈川県）にまたがる都市計画区域の中の都市計画に関する決定権者は、都道府県に代えて、国土交通大臣と市町村となります。

試験に出る！POINT整理　都市計画で決定する内容

都道府県が決定する都市計画 ※1	市町村が決定する都市計画 ※2
❶ 都市計画区域の整備・開発・保全の方針	—
❷ 市街化区域および市街化調整区域の区分	—
❸ 都市再開発方針等	—
❹ 地域地区（大都市におけるもの、または大規模なもの等）	左記❹以外の地域地区
❺ 都市施設（広域的見地から決定すべきものなど）	左記❺以外の都市施設
❻ 市街地開発事業（大規模なものなど）	左記❻以外の市街地開発事業
❼ 市街地開発事業等予定区域（広域的見地から決定すべきものなど）	左記❼以外の市街地開発事業等予定区域
—	❽ 地区計画等
—	❾ その他

※1：指定都市の区域では指定都市が定める場合がありますが（87条の2）、試験対策上重要ではありません。
※2：特別区の存する区域においては、市町村が定めるべき都市計画のうち、居住環境向上用途誘導地区に関する都市計画は、都が定めます　最近の改正　。

2 都市計画の決定手続（15条の2～21条の5）

都市計画を決めていくプロセスの中で重要なのは「利害関係者」との調整ですが、それでは、どんな人が登場するか見てみましょう（都道府県の場合）。

① まず、第1に**住民**です。自分の住んでいるところがどんな街になるのかは、当然、住民にとって重大な関心事です。
② 第2に、専門的判断を下す、エキスパートの集団である**都市計画審議会**。それには、**都道府県都市計画審議会**と**市町村都市計画審議会**の2つがあります。
③ 第3に、国の利害にかかわる問題については、**国土交通大臣**が登場します。
④ 最後に、**関係市町村**です。都道府県が定める都市計画は、当然、市町村に影響を与えるからです。

1 都道府県が定める都市計画　！重要

ここからは、上記 2 ①～④のような「利害関係者」がどのように都市計画の決定手続に参加するのか、次の POINT整理 に沿って見ていきましょう。**都道府県が定める際の決定手続**をまず重点的に確認し、次に、**市町村の決定と都道府県の違い**を確認しておけばよいでしょう。

❶ まず、**都市計画の案（原案）**を作成する段階で、**必要に応じて公聴会など**を開催します。これによって、**住民等利害関係人**が参加することができます。
❷ 次に、原案を、**都市計画を決定すべき理由を記載した書面**を添えて、公告の日から**2週間**公衆の縦覧に供しなければなりません。原案を一般の人が**2週間**見ることができ、この間に、住民などの利害関係人は意見書を出すことができます。
❸ そして、都道府県が定める都市計画ですから、**関係する市町村の意見**を聴く必要があります。
❹ 次に、専門家集団である都道府県都市計画審議会が登場します。ここでは、この**都道府県都市計画審議会の議**（決議）を経なければなりませんが、それにあたって都道府県は、**住民などから出された意見書の要旨**を提出しなければなりません。

❺ さらに、国の利害に重大な関係のある都市計画の場合、例えば、空港や一級河川などに関する場合には、都道府県は、国土交通大臣と協議をし、その同意を得なければなりません。

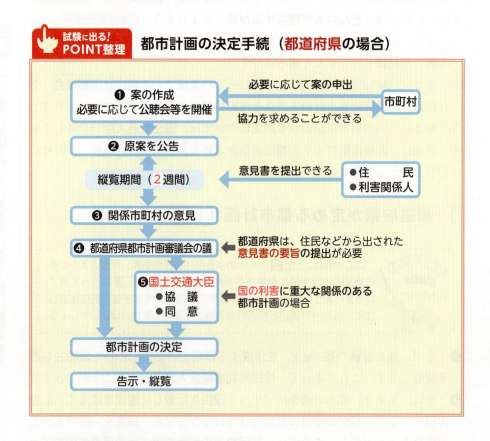

都市計画の決定手続（都道府県の場合）

2 市町村が定める都市計画

① 市町村は、議会の議決を経て定められた市町村の建設に関する基本構想や都市計画区域の整備・開発・保全の方針に即して、まずは、市町村における都市計画に関する基本的な方針（マスタープラン）を定めなければなりません。この市町村のマスタープランを決めるときには、住民の意見を反映させるために公聴会が開催されます。この場合、知事の同意は不要です。また、市町村が決める都市計画は、基本構想に即して定められます。

> その他、異なるところもありますが、公聴会、縦覧など**都道府県が定める都市計画とだいたい同じ**です。

② 次に、**市町村**は、都市計画（地区計画等については一定の事項に限られる）を決定するときは、あらかじめ、都道府県**知事に協議**しなければなりません(19条3項) 最近の改正 H24 。

3 決定手続等におけるその他の注意点 　重要

(1) 土地の**所有者・借地権者**やまちづくりＮＰＯなどは、一定の場合に、都市計画に関する基準に適合し、土地所有者等の$\frac{2}{3}$**以上**（全員ではありません）の同意を得られれば、都道府県または市町村に対して、素案を添えて、**都市計画の決定や変更**を**提案**することができます(21条の2～5)。

> 「住民の参加」を促進するための制度です。

(2) 都市計画が定められ、決定の「**告示**」がされたときから都市計画の**効力が生じる**とされます(20条3項)。
(3) **市町村が定めた都市計画と都道府県が定めた都市計画とが抵触**する場合は、**より広域的な見地**から、**都道府県が定めた都市計画が優先**します(15条4項)。
(4) 街づくりの観点から、空き地・空き家等の増加への対策として、次の制度が創設されています。 H27
　① 都道府県や市町村は、都市施設等の整備に係る都市計画の案を作成しようとする場合には、その整備を行うと見込まれる者との間で、**都市施設等整備協定**を締結することができます(75条の2)。
　② 市町村長は、都市計画の決定に関する協力等の業務を適正・確実に行うことができる法人等を、**都市計画協力団体**として指定でき(75条の5)、その団体は、市町村に対し、都市計画の決定等の提案ができるとされました(75条の9)。

第3編 法令上の制限

Chapter 1 ▷ 都市計画法

Section 4 都市計画の実現のために制限を加える ～都市計画制限～

Introduction
都市計画が決定されれば、都市計画事業をスムーズに進めるためにいろんな障害を排除しておく必要があります。そこで、「都市計画制限」が加えられることになります。ここでは、その制限の内容を学習していきます。

▶▶ 分野別過去問題集 第3編「法令上の制限」問題 ❶～⓳

1 都市計画事業と都市計画制限

　都市計画事業には、①都市施設に関するものと②市街地開発事業に関するものとの2つがありますが、これらの都市計画事業が行われるときに加えられる制限が、**都市計画制限**です。

　建築や造成などを行う場合には、その行為が事業の障害となることを防ぐために、「あらかじめ、**都道府県知事**（ただし、市の区域内では、その市の長。このSection内では、以下「都道府県知事等」とします）の**許可**を受ける必要がある」という形で、規制しています。

2 事業までの過程（制限の内容）

　都市計画事業は、通常、予定区域・施行予定者を定めない、次の表の**Ⅰ**のパターンで行われます。例えば、普通の規模の団地をつくるような場合です。

　それに対して、**大規模**な都市施設や**新開発**の市街地開発事業（ニュータウン事業など）に関しては、**予定区域・施行予定者を定めるⅡ**のパターンと、さらに予定区域を定めないものの施行予定者は定める、というパターンもあります。

Chapter **1** ▷ 都市計画法

ここでは、重要な **I** と **II** のパターンについて見ておきましょう。

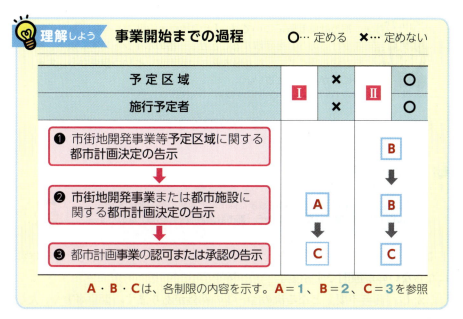

表中の❶❷❸は、それぞれ3つの時点を、そして、**ABC**は、それぞれの制限の内容を表しています。

❶は、例えば、大規模な団地を造るために、その**予定区域が定められた時点**です。

❷は、例えば、**団地を造ることが本決定した時点**です。

そして、❸は、事業（工事）着手のゴーサインが出され、いよいよ**工事スタート**という時点です。

1 都市計画施設等の区域内での制限（Aの制限の内容）

都市計画制限については、「**どの時点・段階でどんな行為が規制を受けるのか**」を理解することが、一番のポイントです。以下、**どれが最も緩くて、どれが最も厳しい規制か**、という観点から、大まかにつかんでください。

まずは、加えられる規制が最も緩い**A**の場合です。

❶ 行為の許可制

本試験では、「都市計画施設の区域または市街地開発事業の施行区域においては」と表現されます。だから「**都市計画施設等の区域**」なのです。

この区域内で<u>建築物の建築</u>を行う場合は、<u>都道府県知事等</u>の許可を得なければならないのが<u>原則</u>です（53条）。
しかし、「許可不要」となる次の①～③の**例外**があります。緊急事態や、大したことのない行為の場合です。

> ① 階数が2以下で、かつ、地階を有しない木造建築物の改築・移転
> ② <u>非常災害</u>の応急措置として行う行為
> ③ <u>都市計画事業</u>の施行として行う行為　　等

❷ 建築についての許可基準

次の①または②に該当する建築物を建築する場合、都道府県<u>知事等</u>は、原則として、許可しなければなりません（54条）。

> ① 都市計画に適合するもの
> ② 階数が2以下で<u>地階を有せず</u>、<u>主要構造部が木造・鉄骨造・コンクリートブロック造などの構造</u>で、かつ、<u>容易に移転・除却できる</u>と認められるもの

②は、「容易に移転・除却できる」という言葉がヒントです。つまり、簡単に取り除けてあまりジャマにならない場合は、原則として許可されるわけです。

> これは、「許可不要となる例外」ではないことに注意してください。許可申請は、原則どおり必要だけれども、申請すれば「原則、許可される」ということです。

2 市街地開発事業等予定区域内での制限（Bの制限の内容）

(1) 市街地開発事業等予定区域内で次の①～③を行う場合は、原則として、都道府県知事等の許可を受けなければなりません（52条の2）。

> ① 建築物の建築　② 工作物の建設　③ 土地の形質の変更

なお、「③土地の形質の変更」とは、土地の造成工事のことです。

> つまり、①～③をまとめていえば、建築・建設・造成の3つが規制を受けるということです。

(2) そして、1のAの「例外」と同様の趣旨で、次の①～③が許可不要となります。

> ① 通常の管理行為、軽易な行為　② 非常災害の応急措置として行う行為
> ③ 都市計画事業の施行として行う行為　等

3 都市計画事業の認可等の告示後の事業地内での制限（Cの制限の内容）

Cは、最も厳しい制限です。

都市計画事業地内で、事業の施行の障害となるおそれのある次の①〜③の行為、および④の行為をするときには、都道府県知事等の許可が必要です(65条)。

_{H25・29}

> ① 建築物の建築
> ② 工作物の建設　　｝事業施行の障害となるものに限る
> ③ 土地の形質の変更
> ④ 重量5トンを超える移動の容易でない物件の設置・堆積

つまり、簡単にいうと、①建築・②建設・③造成・④「重い物を置くこと」の4つのタイプの行為が規制を受けるということです。

そして、**C**の制限では、**A**や**B**のような「例外」はありません。例えば、非常災害のための応急措置として行う建築であっても、事業の障害となるおそれがあるものであれば許可が必要です。

この意味でも、最も厳しい制限といえますね。

なお、都市計画事業については、土地収用法の規定による事業の認定（例 土地などの強制収用ができるように、公益性のある事業であることを確認すること）は、行われません。都市計画事業の認可または承認があればその認定に代替されるとして、都市計画事業の告示をもって事業認定の告示とみなされます(70条1項)。

街づくりである都市計画事業は、当然に公益性があるからです。

Chapter 1 ▷ 都市計画法

 **都市計画制限**

制限の種類	B 市街地開発事業等予定区域内	A 都市計画施設の区域内・市街地開発事業の施行区域内※	C 都市計画事業の事業地内
原則	以下の行為に、**知事等**の許可が必要		
a. 建築物の建築	必要	必要	必要 (事業施行の障害となるおそれのある場合)
b. 工作物の建設	必要		必要 (事業施行の障害となるおそれのある場合)
c. 土地の形質の変更	必要	―	必要 (事業施行の障害となるおそれのある場合)
d. 重量5トン超の物の設置・堆積	―	―	必要
例外 (許可不要)	① 通常の管理行為、軽易な行為	① 階数が2以下、かつ、地階のない木造建築物の改築・移転	―
	② **非常災害**のため必要な応急措置として行う行為		
	③ **都市計画事業**の施行として行う行為・これに準ずる行為		
原則として許可されるもの(許可基準)	―	2階以下、かつ、地階がなく、主要構造部が**木造**、鉄骨造、コンクリートブロック造等に類する構造で、かつ、**容易に移転・除却できる**建築物の建築　等	―

※: **A**において施行予定者を定めた場合は、「**B**の規制」となる

第3編 法令上の制限
Chapter 1 ▷ 都市計画法

Section 5 良好な街づくりのための造成工事 ～開発許可制度～

Introduction
「開発許可制度」とは、でたらめな開発によっていい加減な街ができないようにするための仕組みです。ここは、都市計画法の中では最も重要な項目です。本試験でも必ず1問、場合によっては2問にまたがって出題されます。

▶▶ 分野別過去問題集 第3編「法令上の制限」問題 ❶～❿

1 開発許可制度の目的

　開発許可制度は、乱開発を防止して、**不良な市街地の形成を防ぐ**ことなどを目的としています。例えば、土地の造成を行って大きなマンションを建てようとした際、その敷地が接している道路が狭ければ混雑しますし、上下水道も不足するかもしれない。都市のあちこちでそんな状態に陥るようでは、住みよい街とはいえません。そこで、開発をする前には許可が必要、という制度がとられているのです。

2 開発許可制度の内容
（29条、施行令19条～22条の3）

　開発行為をする者は、日本全国どこでも、原則として、あらかじめ、**都道府県知事**（ただし、政令指定都市等では、その指定都市等の長。以下、この **Section** 内で同様）の許可を受けなければなりません。
H28

学習のポイントは、まずは、"開発行為の定義"をつかみ、次に"許可不要となる例外"を理解することです。

1 開発行為とは

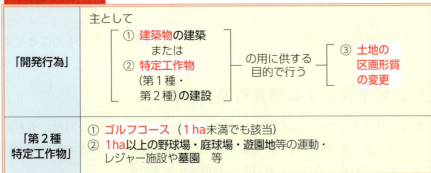

「開発行為」等の定義

「開発行為」	主として ① 建築物の建築 または ② 特定工作物（第1種・第2種）の建設 の用に供する目的で行う ③ 土地の区画形質の変更
「第2種特定工作物」	① ゴルフコース（1ha未満でも該当） ② 1ha以上の野球場・庭球場・遊園地等の運動・レジャー施設や墓園　等

　開発行為とは「土地の区画形質の変更」、一言でいえば「造成工事」のことです。そして、この「工事」は、主として建築物の建築や特定工作物の建設を目的として行う造成工事を指します。

① 建築物の建築とは、例えば、ビルやマンション、一戸建ての住宅などの新築、増改築、移転などのことです。

② 特定工作物には、㋐第1種と㋑第2種の2種類があります。

　㋐　第1種特定工作物とは、周辺の環境を悪化させるおそれのあるコンクリートプラントやアスファルトプラントなどの工作物のことです。

【プラント】

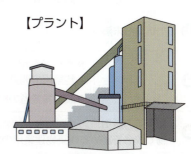

環境にとってあまり好ましくないものをつくるための造成工事は規制しよう、というわけです。

　㋑　第2種特定工作物は、非常に重要です。まず、ゴルフコースは規模にかかわらず該当します。さらに、1ha以上の野球場、庭球場、遊園地などの運動・レジャー施設、墓園等です。ゴルフコース以外は「1ha以上」と限

定されていることに注意してください。

「1 ha」とは10,000㎡、縦横それぞれ100mの正方形の土地を考えてみてください。

③ 土地の区画形質の変更とは、土地の分割や造成、地目変更などのことです。

2 許可不要となる開発行為（例外）

開発を規制する目的は乱開発の防止ですので、**好ましい開発**ならば、そもそも許可は不要ですよね。また、市街化区域や市街化調整区域などの区域の方針にマッチしているならば、これはむしろ促進すべきです。

以下、👉POINT整理 に沿って、ていねいに見ていきましょう。

試験に出る！POINT整理　許可不要の開発行為

	市街化区域	市街化調整区域	非線引き都市計画区域	準都市計画区域	左記以外の区域
❶	1,000㎡未満	―	3,000㎡未満		10,000㎡（1 ha）未満
❷	―	●農林漁業用の一定（農産物の生産・集荷用等）の建築物の建築用の開発行為 ●農林漁業者の**居住**の用に供する建築物建築用の開発行為			
❸	駅舎等の鉄道施設、図書館、博物館、公民館、変電所その他**公益上**必要な建築物で政令で定める建築物建築用の開発行為				
❹	**都市計画事業**の施行として行う開発行為				
❺	公有水面埋立法の免許を受けた埋立地で竣功認可告示前に行われる開発行為				
❻	**非常災害**のため必要な応急措置として行う開発行為				
❼	通常の管理行為、**軽易**な行為（例 車庫等の建築目的）等				
❽	**土地区画整理事業・市街地再開発事業**等の施行として行う開発行為				―

R3・4

⑴ ❶と❷は、区域の方針にマッチしているから、許可不要です。これらは、区域によって取扱いが異なる例外事由です。

❶は、面積に関する要件です。「小規模な開発に規制は不要」という考え方です。ここでは、次の「小規模開発」（ミニ開発）の許可不要となる数字を覚えておきましょう。

　㋐　市街化区域では、1,000㎡未満。市街化区域は開発をどんどん進めたいところですから、1,000㎡未満なら許可不要です。なお、例えば市街化区域でも「三大都市圏の一定の区域では500㎡未満」などという例外もありますが、「1,000㎡未満」という原則的な数字をしっかり覚えておくことが最重要です。

　㋑　市街化調整区域は、どんな規模でもチェックされます。市街化を図りたくないところですから、ミニ開発でも許可を受けないとダメ、つまり、小規模ゆえの例外はないということです。

　㋒　その他、非線引き都市計画区域・準都市計画区域では、3,000㎡未満。そして、都市計画区域・準都市計画区域のどちらでもない区域では、10,000㎡（1ha）未満、という数字も、覚えておきましょう。

そして、❷は、農林漁業に関する例外です。市街化調整区域などは、むしろ農業などをやってほしいところですので、温室、畜舎やサイロなどのような農林漁業用の一定（農産物の生産・集荷用等。貯蔵・加工用ではない）の建築物は好ましいといえます。また、農林漁業者の居住の用に供する建築物については、農業を営む人が住む家は当然必要ですから、市街化調整区域等では、それらをつくるための開発は許可不要なのです。それに対して、市街化区域では、基本的に農業はやってほしくありませんので、農林漁業関係ゆえの例外はありません。

⑵ ❸〜❽は、おおむね「みんなのためになる」ことから、許可不要とされています。

❸は、図書館・博物館・公民館・変電所など公益的な建築物のための開発です。

なお、従前、公益上必要な開発行為として、社会福祉施設、病院・診療所などの医療施設、学校の建築の用に供する目的で行う開発行為が例外に含まれていましたが、現在は許可が必要となっています。

ほかに、❹や❽も街づくり事業ですから、みんなのためになります。

❻は、緊急事態。

465

❼は、大したことがない行為です。

(3) 国・都道府県等が行う開発行為については、知事との協議の成立をもって、許可があったものとみなされます(34条の2第1項)。

> **重要！一問一答**　　　　　　　　　　　　　　　H24-問17-肢ウ
>
> **Q** 市街化区域内において、農業を営む者の居住の用に供する建築物の建築の用に供する目的で行われる1,500㎡の開発行為は、許可を受ける必要がある。
>
> **A** 市街化区域内だから、農林漁業関係ゆえの例外はなく、また、ミニ開発の例外にも該当しない。　　　　　　　　　　　　　　　　　　　　　………○

3　開発許可判定のパターンのまとめ

次のチャートは、開発許可判定のパターンです。**開発許可の要否**の問題を解くときには、まず、**①開発行為に該当するか否か**を考え、次に、**②例外に該当するか否か**を考えましょう。

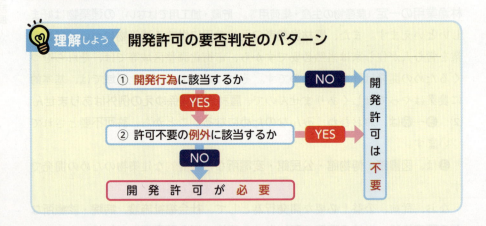

466

3 開発許可の申請の手続

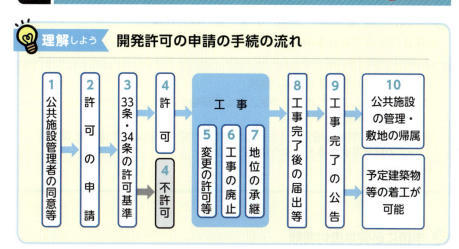

1 公共施設の管理者の同意等（32条）

　道路などの公共施設の適切な管理を図るためには、現在存在する「関係のある」公共施設の管理者と協議をしてその同意を得ることが必要です。さらに、開発に伴って、将来道路が「設置される」ということになれば、その将来の道路などの公共施設を管理することとなる者と協議をしなければなりません。

> つまり、現在は「協議＋同意」、将来は「協議のみ」です。きちっと区別しておきましょう。

2 許可の申請

❶ 申請書の記載事項（30条、31条、施行規則18条）

申請書に記載される事項は、次のとおりです。

> ① 開発区域の位置、区域および規模
> ② 開発区域内において建設が**予定される**建築物または特定工作物の**用途**
>   （構造・設備等は**不要**）
> ③ 開発行為に関する設計（1ha以上の規模の開発行為に関する設計図書は、一定の資格を有する者による作成が必要）
> ④ <u>工事施行者</u> 等
>   _{R3}

❷ 申請に必要な添付書類

許可の申請にあたっては、同意を得たことを証する書面や協議の経過を証する書面を添付しなければなりません。

> 「同意」等があった「証拠」として添付するのです。

なお、次の**3-❶**の「33条の許可」をするか否かの基準としては、「開発許可に係る区域内の土地所有者などの**相当数**の同意」が必要ですので、**土地所有者などの相当数の同意**を得たことを証する書面も添付しなければなりません。

3 33条・34条の許可基準

「**許可基準**」とは、知事が許可するか否かを判断するための基準です。つまり、この基準をクリアすれば許可されるということです。「許可不要となる例外」ではありません。

> 本試験では、許可の基準を「許可不要」の「例外事由」として出題されることがあります。くれぐれも"**引っかけ**問題"に注意しましょう。

❶ 一般的基準（「技術的な基準」、33条）

(1) 都道府県知事は、申請された開発行為が次の①〜④のような33条に挙げられている許可基準に適合しており、かつ、手続が法律で定められていることに反しない（＝適法である）場合には、必ず許可しなければなりません（次項❷の場合は除く）。

33条の許可の基準としては、例えば、①予定建築物等の用途が用途地域・居住環境向上用途誘導地区などの**用途の制限に適合している** 最近の改正 、②排水路その他の**排水施設**が必要な構造等で適当に配置されるように設計されている、③予定建築物の用途等が**地区計画等**の内容に即して定められている、などがあります。

さらに、④その開発行為を行う土地やその開発行為に関する工事をする土地の区域内の土地などについて、土地の所有者など、その開発行為の施行などの妨げとなる権利を有する者の**相当数**の同意を得ていることも必要です。

④は「その程度の同意さえあれば、開発はスムーズに進むだろう」という趣旨です。**全員の同意はいらない**ことに注意。もちろん開発区域内の土地全部について所有権を持っている必要もありません。

(2) そして、デベロッパー（開発業者）などが行う開発の場合は、次の①〜④等の基準も、別途満たす必要があります。つまり、これらの基準は、自己が居住する住宅のための開発行為には適用されません。

①	**道路、公園、広場**などが適当に配置され、かつ、開発区域内の主要な道路が、開発区域外の相当規模の道路に接続するように設計が定められていること
②	**水道その他の給水施設**が適当に配置されるように設計されていること
③	開発区域内に**災害危険区域等**の区域内の土地を含まないこと（自己の業務用の施設〈自社ビル、自社店舗など〉の開発を**含みます** 最近の改正 ）
④	開発を行うに足るだけの**資力**や**信用**があること

「信用」等が要求されているのは、ブラックリストに載るような開発業者では、でたらめな開発が行われるおそれがあるからです。

❷ 市街化調整区域での開発行為の基準（34条）

　市街化調整区域における、建築物の建築または第1種特定工作物の建設の用に供する目的で行う開発行為は、「❶一般的基準」を満たし、かつ、次の34条の許可基準のどれかに該当する場合でなければ、都道府県知事は、許可をしてはなりません。開発を抑えたい区域だからです。なお、第2種特定工作物の建設の用に供する目的で行う開発行為は、❶の基準のみで足ります。

> それでは、**過去に出題実績**のある次の「**34条の許可基準**」を見ておきましょう。

【34条の許可基準】

①	主として開発区域の周辺地域に**居住している者**の利用に供する政令で定める**公益上必要な建築物**、またはこれらの者の**日常生活に必要な物品の販売、加工、修理その他の業務**を営む店舗、事業場などの建築のための開発行為であること
②	**農林漁業用建築物**（許可不要とされているもの以外）、または**市街化調整区域内で生産される農林水産物の処理、貯蔵、加工用の建築物**などのための開発行為であること
③	知事が「**開発審査会の議決**」を経て、開発区域の周辺における市街化を促進するおそれがなく、かつ、**市街化区域内において行うことが困難、または著しく不適当と認める開発行為**であること

> また、最近は、自然災害が頻発しており、安全なまちづくりを推進する必要があります。

> そこで、以下の④のように、災害ハザードエリアからの移転を促進するための開発許可の特例が設けられたり、⑤や⑥のように、災害ハザードエリアにおける開発行為の抑制が明記されたりしています。

④	市街化調整区域のうち、災害危険区域等開発行為を行うのに適当でない区域内にある建築物等を、その区域外に移転する目的で行う、同一の市街化調整区域の開発行為であること　**最近の改正**

⑤	市街化調整区域であっても、市街化区域に隣接・近接する等の区域のうち、**災害の防止その他の事情を考慮して政令で定める基準に従い**、都道府県の条例で指定する土地の区域内における開発行為で、予定建築物の用途が都道府県の条例で定める用途に該当しないもの 最近の改正
⑥	開発区域の周辺における市街化を促進するおそれがないと認められ、かつ、市街化区域内において行うことが困難又は著しく不適当と認められる開発行為として、**災害の防止その他の事情を考慮して政令で定める基準に従い**、都道府県の条例で区域、目的又は予定建築物の用途を限り定めたもの 最近の改正

4 許可・不許可

❶ 処　分（35条）

　都道府県知事は、開発許可の申請があったときは、**遅滞なく**、許可、または不許可の処分をしなければなりません。そして、その旨は**文書で通知**します。

❷ 開発登録簿（46条、47条）

　都道府県知事は、開発許可の処分を行ったときは、**開発登録簿**に一定事項を登録しなければなりません。この開発登録簿は、都道府県知事が調製し、また、常に公衆の縦覧に供するように保管し、**請求があったときは、その写しを請求者に交付**しなければなりません。

❸ 用途地域が定められていない土地の区域内での制限との関係（41条）

　市街化調整区域など、**用途地域が定められていない区域**の中で開発行為が行われる場合、都道府県知事は、**建蔽率**、建築物の高さ、**壁面の位置**その他建築物の敷地・構造・設備に関する制限を、許可にあたって定めることができます。

> 用途地域が定まっていなければ、建築基準法による各用途地域ごとの**きめ細かな規制**もできませんので、開発許可の段階で建築規制ができるようにしたものです。

　なお、原則として、この制限に反する建築はできませんが、例外として**知事の許可**があれば、その制限は無視しても構いません。

5 変更の許可等（35条の2）

① 開発許可を受けた者は、開発許可の申請書の記載事項の**変更**をする場合は、原則として、都道府県知事の**許可**を受ける必要があります。
② **例外**として、政令で定める**軽微な変更**の場合は、許可不要です。例えば、工事の着手予定や完了予定の年月日などの変更は、軽微な変更にあたります。ただし、**遅滞なく、都道府県知事にその旨の届出**をしなければなりません。
また、そもそも開発許可が不要な場合に変更（例このSection中の**2-2**で学習した「ミニ開発」への変更）をするときも、変更の許可は不要です（届出も不要）。

6 工事の廃止（38条）

例えば、開発資金が枯渇してしまって、開発をやめる（廃止する）場合には、許可は不要ですが、**廃止した場合は遅滞なく、都道府県知事にその旨の届出**をすることが必要です。

7 地位の承継（44条、45条）

❶ 一般承継人

例えば、開発を行っていたAさんが亡くなって、息子のBさんが相続して開発を続ける場合（一般承継といいます）は、**当然に、その地位を承継**します。つまり、**許可不要**です。なお、デベロッパーである法人が合併した場合も同様です。

開発許可は、人に与えられるというよりも、開発計画そのものに与えられるからです。

❷ 特定承継人

Aさんが、自己所有の土地について許可を受けて開発していましたが、その土地をBさんに売って、Bさんが開発を続ける場合も（特定の財産だけを引き継ぐので、**特定承継**といいます）、**許可は不要**です。しかし、例えばBさんがブラックリストに載るような悪質な開発業者では困りますから、あらかじめ**知事の承**

認を受けることが必要です。
H28・R2

8 工事完了後の届出等（36条）

❶ 届　出
　開発許可を受けて工事を行った者は、開発区域の全部の工事を完了したときは、都道府県知事に届け出る必要があります。

❷ 完了検査
　都道府県知事は、工事完了の届出を受けた場合は、**遅滞なく**、その工事が開発許可の内容に適合しているかどうか、**検査**しなければなりません。そして、検査の結果、適合していると認めたときは、**検査済証**を開発許可を受けた者に**交付しなければなりません**。

9 工事完了の公告

　都道府県知事は、検査済証を交付したときは遅滞なく、その**工事が完了した旨**の公告をしなければなりません。これで、開発行為は完了です。

10 公共施設の管理・用地の帰属（39条、40条）

　開発に伴って道路などの公共施設をつくった場合、その公共施設の管理やその用地の帰属は、工事完了の公告の日の**翌日**において、次のようになります。
① 公共施設は、原則として、その施設がある**市町村**が管理することになります。
② 公共施設の用地は、原則として、公共施設の管理者に帰属します。したがって、原則として、市町村に帰属することになります。

> 公共施設の管理者とその用地の所有権の帰属者は、一致させておいたほうが便利だからですね。

4 建築行為等の制限

そもそも、開発行為とは、ざっくりいえば、建物などをつくる目的で行う造成工事のことです。では、その開発区域の中では、いつから、そして、どんな建物などをつくれるのでしょうか？　それが「開発許可を受けた開発区域内」での建築規制です。

また、「市街化調整区域」の中で、開発許可に関係なく行われる一般的な建築に対する規制、つまり、「開発許可を受けた開発区域以外」での建築規制は、どのように行われているのでしょうか？

ここでは、次の図の「A」の区域内や「B」の区域内で行われる建築制限について学習します。「原則」と「例外」の違いが重要です。

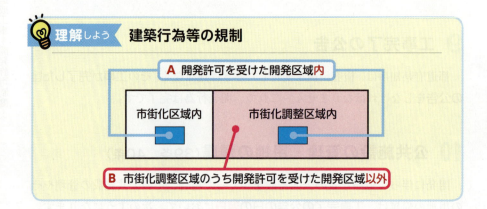

理解しよう　建築行為等の規制

A 開発許可を受けた開発区域内
　市街化区域内　　市街化調整区域内
B 市街化調整区域のうち開発許可を受けた開発区域以外

Chapter 1 ▷ 都市計画法

1 開発許可を受けた開発区域内（A）での制限
（37条・42条）

試験に出る！POINT整理　開発区域内での建築行為等の制限

	制限の内容（原則）	例　外
(1)工事完了公告前	建築物の建築・特定工作物の建設をしてはならない	① 工事用仮設建築物等 ② 知事が認めたとき ③ 開発区域内の土地の所有者等で、開発行為を行うことに同意していない者が、その権利の行使として建築物の建築等をするとき
(2)工事完了公告後	何人も、許可内容である予定建築物等以外のものを新築・新設、改築、または用途を変更して、予定建築物以外の建築物としてはならない	① 知事が許可したとき ただし、国・都道府県等が行う行為については、国の機関または都道府県等と知事との協議が成立することをもって、この許可があったものとみなす ② 用途地域等が定められているとき

(1) まず、**A**の「開発許可を受けた開発区域内」（図の中の■の部分）では、いつから建物などをつくることができるのかといいますと、正式に造成工事が終わったとき、つまり、**工事完了公告後**が原則です。

ただし、例外として、次のように、工事完了公告前でもつくれる場合があります。表中(1)の「例外」の①〜③の3つです。(1)①は、工事に必要な機械や道具を収納したりするプレハブの建物などのことです。また、(1)③は、**3-3-①**の「許可基準」における、「同意していない人」のことです。

> 同意していない人たちにとっては、自分の土地ですから、そこでの建築行為等はＯＫなのですね。

(2) 工事完了公告後は、何人も、原則として、許可を受けた内容である**予定**建築物等以外のものを新築・新設、改築、または用途を変更して、予定の建築物等以外のものとしてはなりません。

475

> 「こういうものをつくります」ということで許可を受けているのですから、当然です。

　しかし、例外として、予定したもの以外の建築物等をつくることができる場合があります。前ページの　POINT整理　の表中(2)の①②です。

> なお、②にはちょっと注意してください。開発許可を受けた開発区域が市街化区域の中にあるときには、そもそも必ず用途地域が定められています。したがって、「必ず②には該当する」、つまり、「市街化区域では常に、予定されているもの以外でもその用途規制等の範囲内であれば、建築等はOK」という結論になるのです。

2 市街化調整区域のうち開発許可を受けた開発区域以外（B）での制限(43条)

　次は、Bの「市街化調整区域」のうちの「開発区域以外」（前出の　理解しよう　の□部分）で行われる建築制限についてです。

> 試験では『市街化調整区域のうち開発許可を受けた開発区域以外の区域内』、このような条文の表現で出題されますから、どこを指しているのか、前出の図をイメージしながら考えてください。

(1)　市街化調整区域は、市街化区域と異なり、市街化を抑えたいところですから、開発だけでなく、当然建築についても規制が行われます。そのため、市街化調整区域内の開発許可を受けた開発区域以外の区域内で、建築物の新築・改築・用途変更、または第１種特定工作物の新設を行う者は、何人も、原則として、都道府県知事の許可を受けなければなりません。

(2)　例外として、次のように許可不要の場合があります。

> 「市街化調整区域における開発許可の例外」と同様の例外が、ここでの「建築規制の例外」にもなっています。

①農林漁業用の一定の建築物または農林漁業者の居住の用に供する建築物の新築等や、②鉄道の施設・図書館・公民館・変電所等の公益上必要な一定の建築物の新築等、③都市計画事業の施行として行う建築物の新築等、④非常災害のため必要な応急措置として行う建築物の新築等、⑤仮設建築物の新築等などです。

> つまり、開発行為が市街化調整区域の方針にマッチしているような場合は、建築行為も同様と考えられ、建築の許可も不要というわけです。「開発許可の例外事由」を頭に入れておけば、ほぼOKです。

なお、国や都道府県等が行う建築行為については、知事との協議の成立をもって、許可があったものとみなされます。

5 不服申立て（50条）

開発許可や開発許可を受けた区域内外で行う建築行為についての許可・不許可の処分、もしくはこれに係る不作為またはこれらの規定に違反した者に対する監督処分についての**審査請求**は、**開発審査会**に対して行います。

なお、この場合、「やるべきことをしない」という**不作為**についての審査請求は、開発審査会に代えて、その不作為に係る**知事**に対してすることもできます。

6 違反是正措置

国土交通大臣や都道府県知事等は、都市計画法等に違反した者だけでなく、違反の事実を知っていながらその違反に係る建築物等を譲り受けた者等に対しても、必要な限度内で、建築物等の除却、その他違反を是正するために必要な措置をとることを命ずることができます（81条1項1号）。

第**3**編
法令上の
制限

Chapter ▷ **2**

建築基準法

建築基準法からは、**2問が出題**されます。やはり、2問正解を得点目標にしましょう。**数字**がたくさん出てきますが、コツをつかんで覚えていきましょう。建蔽率や容積率などについては、計算問題も出題されたりしますが、都市計画法に比べれば、内容が具体的で理解しやすい科目です。

Section

1 建築の最低基準を定めた法律
～建築基準法の全体像～

2 全国どこででも守らなければならない基準
～単体規定～

3 都市計画区域などで守らなければならない基準
～集団規定～

4 建築基準法を守ってもらうために
～建築確認～

5 みんなで決める建築の基準
～建築協定～

第3編 法令上の制限
Chapter 2 ▷ 建築基準法

Section 1 建築の最低基準を定めた法律
〜建築基準法の全体像〜

Introduction ここでは、まず、建築基準法の学習を始めるにあたって、この**法律の目的**と**全体像**をつかんでおきましょう。

▶▶ 分野別過去問題集 第3編「法令上の制限」問題 ⑳〜㊳

1 建築基準法の全体像

理解しよう **建築基準法の体系図**

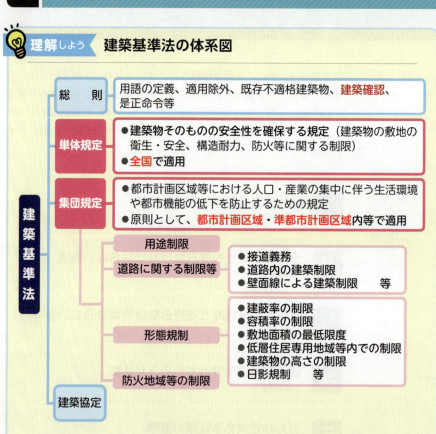

(1) 建築基準法の**目的**は、建築物に規制を加えることで、国民の**生命**・**健康**・**財産**を守ることです。例えば、大きな建物をつくっても、それが木造であれば、地震や火災などのときに簡単に燃えてたくさんの人が亡くなるおそれがあります。そのような事態を防ぐための法律が、建築基準法です。

(2) 建築基準法の定めは、①**単体規定**と②**集団規定**の2つに大きく分類できます。

① **単体規定**とは、**日本全国**どこでも適用される規定です。

> 好ましくない建築物は、北海道でも九州や東京でも、地域に関係なく好ましくないのです。

② **集団規定**とは、原則として**都市計画区域**・**準都市計画区域**等の中だけで適用されます。

(3) なお、これらの規定は、きちんと守ってもらわないと意味がないですから、建築にあたっては、あらかじめ**建築確認**を受けてもらわなければなりません。

(4) さらに、**建築協定**というものもあります。地域の住民同士による建築規制のことです。

2 建築基準法上の用語の定義

この表は、必要なときに、随時参照するだけで構いません。

(1) 建　築	建築物を新築・増築・改築・移転すること
(2) 大規模の修繕	建築物の主要構造部の一種以上について行う**過半の修繕**
大規模の模様替え	建築物の主要構造部の一種以上について行う**過半の模様替え**
(3) 主要構造部	壁・柱・床・はり・階段・屋根
(4) 建築主事	建築物の建築等の確認を行う都道府県等の職員 ① 都道府県、② 政令で指定する**人口25万以上の市**……………**必ず設置する** ③ その他の市町村……………**任意に設置できる**
(5) 特定行政庁	建築主事のいる市町村の長、都道府県の知事
(6) 建築主	建築物に関する工事の請負契約の注文者等
(7) 工事施工者	工事請負人等
(8) 建築審査会	●建築主事を置く市町村と都道府県に設置 ●特定行政庁が許可を与える場合の同意、審査請求に対する裁決等を行う
(9) 建築面積	建築物の外壁、またはこれに代わる柱の中心線で囲まれた部分の水平投影面積
延べ面積	建築物の各階の床面積の合計面積
(10) 建築物の「高さ」と「軒高」	

Chapter **2** ▷ 建築基準法

3 建築基準法の適用除外（3条）

1 文化財等

　昔からある重要文化財などについてまで、現在の建築基準法を強制するのには、無理がありますよね。したがって、次の建築物には**建築基準法は適用され**ません。

①	文化財保護法によって**国宝・重要文化財**等として、指定または仮指定された建築物
②	①の建築物の**原形を再現する建築物**で、**特定行政庁**が建築審査会の同意を得て、その原形の再現がやむを得ないと**認めたもの**　　　等

2 既存不適格建築物

　すでに立っている建築物について、新たな改正法令にマッチするように強制するのも、無理があります。そのため、これも**適用除外**になります。既存の建築物で、現在の建築基準法に合っていない次の①～③を、既存不適格建築物といいます。

法および法に基づく命令・条例の	① 施行の際に現に**存する**建築物・敷地等 _H24・30・R4_
	② 適用の際に現に**存する**建築物・敷地等
	③ 施行または適用の際、現に建築等の工事中の建築物

　ただし、その後に建替えや増改築等を行う場合は、新しい規定に従わなければなりません。

483

第3編 法令上の制限
Chapter 2 ▷ 建築基準法

全国どこででも守らなければならない基準
～単体規定～

Introduction 防火や耐震、衛生などの観点から日本全国どこででも適用される建築に関する基準、それが単体規定です。ここでは、たくさんある規定のうち、特に重要なものに絞って学習します。

▶▶ 分野別過去問題集 第3編「法令上の制限」問題 ⑳～㊳

1 単体規定　⚠ 重要

特に色文字のところは、要暗記です。

【建築物の構造】

1．構造耐力 （20条）	建築物は、自重・地震などに対して安全な構造のものとして、建築物の区分に応じ、安全上必要な構造方法に関して一定の技術的基準に適合するものでなければならないが、この場合、次の①②については、一定の構造計算によって安全性が確かめられなければならない ① 高さが60mを超える建築物 　または ② 高さが60m以下の建築物で、一定の規模のもの
2．大規模建築物の主要構造部 （床・屋根・階段を除く） （21条） 最近の改正	①地階を除く階数が4以上、②高さ16m超、 ③倉庫、自動車車庫・自動車修理工場等で高さ13m超 　のいずれかに該当する建築物 ➡原則として、一定の技術的基準に適合するもので、国土交通大臣が定めた構造方法を用いるもの等としなければならない
3．防　火 （25条・26条） 最近の改正	耐火・準耐火建築物等「以外」の建築物で、延べ面積が1,000㎡を超える建築物は、防火壁または防火床で各区画の床面積を1,000㎡以内に有効に区画しなければならない H28・R2
4．倉庫等 （27条2項）	その用途に供する3階以上の部分の床面積が200㎡以上であるものは、耐火建築物としなければならない R2

5．居室の採光換気（28条）	(1) 住宅等の居室には、床面積に対して、一定の割合（住宅の居室であれば $\frac{1}{7}$）以上の採光のための窓その他の開口部を設けなければならない H26	
	(2) 居室に設置する換気のための開口部の面積は、床面積に対して、原則として $\frac{1}{20}$ 以上の割合としなければならない H24・R3	
6．石綿の飛散等に対する衛生上の措置（28条の2）	建築物は、石綿の飛散等による衛生上の支障がないよう、建築材料に石綿を添加してはならない　等	
7．地階における住宅等の居室（29条）	住宅の居室、学校の教室、病院の病室または寄宿舎の寝室で地階に設けるものは、壁および床の防湿の措置等の事項について、衛生上必要な一定の技術的基準に適合するものとしなければならない	
8．中高層建築物（33条・34条）	(1) 高さ20mを超える建築物には、原則として、有効に避雷設備を設置しなければならない H26・R2	
	(2) 高さ31mを超える建築物には、原則として、非常用の昇降機を設置しなければならない H25・28・R2	
9．階段の手すり（施行令25条1項・4項）	階段には、手すりを設けなければならない。しかし、高さ1m以下の階段の部分には、手すりを設けなくてもよい。 R2	

重要！一問一答　　　　　　　　　　　　　　　　　H25-問17-肢エ

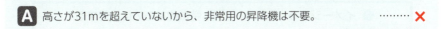

Q　高さが20mを超える建築物には、原則として、非常用の昇降機を設けなければならない。

A　高さが31mを超えていないから、非常用の昇降機は不要。　……… ✗

第3編 法令上の制限　Chapter 2 ▷ 建築基準法

Section 3 都市計画区域などで守らなければならない基準 ～集団規定～

Introduction　建築物は、都市を形成する大きな要素ですので、周辺の環境も考えて建てる必要があります。そのための基準となる集団規定は、建築基準法における出題の中心です。しっかり理解してマスターしてください。

▶▶ 分野別過去問題集　第3編「法令上の制限」問題 ⑳～㊳

1 集団規定とは（41条の2、68条の9）

集団規定は、市街地における環境を守り安全を維持するために、建築に関して規制を課すものです。したがって、原則として、都市計画区域・準都市計画区域内等で適用されます（41条の2）。ただし、それ以外の区域内でも、都道府県知事が指定する区域内においては適用されます（68条の9）。

2 用途制限（48条、別表第2）

1 用途制限とは

用途制限とは、それぞれの用途地域にマッチした建築物を建ててもらうために、どの地域でどんな用途（利用目的）の建築物を造ることができるか否かを、具体的に定めたものです。

次のことが、「用途制限を学習するコツ」です。

① イメージする　② 特徴的なものに注目する
③ 共通のものをまとめる　④ ゴロ合わせで覚える

2 用途制限の内容　重要

それでは、「学習するコツ」に沿って、後出の【用途制限】の表をマスターしていきましょう。

規模・階数等によっては建築できたりダメだったりという、より細かい区分もありますが、**本試験対策としての必要性・重要性と学習の負担**を考え、詳細は**割愛**しています。

なお、用途地域外での規制ですが、床面積が10,000㎡を超える店舗や飲食店は、**用途地域無指定区域**（市街化調整区域を除く）では、原則として、**建築できない**とされていることに注意。

❶ イメージする（建築物と用途地域をセットにして考える）

例えば、病院と診療所。ベッド数が20床以上のものが、病院です。典型的な「大病院」と考えてもらえばいいですね。その一方で、診療所とは、19床以下のもので、一般的に「○○医院」や「○○クリニック」のことです。

さて、病院は、低層住居専用地域・田園住居地域と工業地域・工業専用地域では「✖」です。自由に建築できません。大きな病院は、多くの人の出入りがあり、救急病院だったりもしますので、低層住居専用地域等の閑静な住宅街にはなじまないのですね。また、入院患者の病気を治すわけですから、当然、環境上好ましくない工業専用地域等もダメです。

このように、「病院」という建築物のイメージと各用途地域のイメージを重ね合わせて考えてみると、スムーズに理解できるはずです。

❷ 特徴的なものに注目する

神社、保育所、診療所、巡査派出所（交番）などは、**すべての用途地域**でつくることができます。どこでも必要なものだからです。

また、**商業地域と準工業地域**は、ほとんどの種類の建築物をつくることができる地域です。キャバレー、料理店、ナイトクラブ、ダンスホール、そういう騒がしいものまでOKです。

逆に、ダメなものから押さえていく覚え方もいいでしょう。

❸ 共通のものをまとめる

さらに、共通のもの、例えば、**病院**とそのすぐ上の**大学**は、同じ規制ですね。まとめて覚えておけばいいでしょう。

❹ ゴロ合わせで覚える

次のように「ゴロ合わせ」で覚えるのも有効です。文字が入る箇所が「✘」(＝建築はダメ)、「──」の箇所が「〇」(＝建築OK) です。

まずは「病院」の例です。覚え方は「ビョウーイン」です。

主な用途 ＼ 用途地域	1低住専	2低住専	田住	1中高住専	2中高住専	1住居	2住居	準住居	近商	商業	準工業	工業	工専
病院	✘	✘	✘	〇	〇	〇	〇	〇	〇	〇	〇	✘	✘
				⬇ このように「✘」の箇所に文字が入る ⬇									
	ビ	ョ	ウ									イ	ン

「**用途地域**」の分類に対して、このように左から言葉を入れて、末尾を押さえればOKです。

以下、同じように、"ゴロ合わせ"で覚えてしまいましょう。

ゴロで覚える ▷▷ 用途制限

主な用途 ＼ 用途地域	1低住専	2低住専	田住	1中高住専	2中高住専	1住居	2住居	準住居	近商	商業	準工業	工業	工専
① 病院	ビ	ョ	ウ									イ	ン
② ボーリング場、スケート場、水泳場等	な	が	れ	る	プ								ル
③ ホテル、旅館	ホ	テ	ル	は	オ							ク	ラ
④ 自動車教習所 等	ノ	ロ	ノ	ロ	と								
⑤ マージャン屋、パチンコ屋 等	パ	チ	ン	コ	で	ゲ							ム
⑥ カラオケボックス	な	に	を	う	た	う							
⑦ 2階以下かつ300㎡以下の自動車車庫	し	ゃ	こ										
⑧ 倉庫業の倉庫、⑦以外の車庫	お	お	き	な	し	ゃ	こ						

【覚え方】②ボーリング場・スケート場・水泳場等➡「流れるプール」、⑥カラオケボックス・ダンスホール等➡「何を歌う？」、⑦2階以下、かつ300㎡以下の自動車車庫➡車庫、⑧営業用倉庫および⑦以外の車庫➡「大きな車庫」

【用途制限】

○…建築できるもの　　×…原則として「建築不可」なもの

用途（利用目的）	1低住専	2低住専	田住	1中高住専	2中高住専	1住居	2住居	準住居	近商	商業	準工業	工業	工専
神社、寺院、教会等	○	○	○	○	○	○	○	○	○	○	○	○	○
保育所等、公衆浴場、診療所	○	○	○	○	○	○	○	○	○	○	○	○	○
老人福祉センター、児童厚生施設等	○	○	○	○	○	○	○	○	○	○	○	○	○
巡査派出所、公衆電話所等	○	○	○	○	○	○	○	○	○	○	○	○	○
住宅、共同住宅、寄宿舎、下宿	○	○	○	○	○	○	○	○	○	○	○	○	×
兼用住宅のうち店舗・事務所等の部分が一定規模以下のもの	○	○	○	○	○	○	○	○	○	○	○	○	×
図書館等	○	○	○	○	○	○	○	○	○	○	○	○	×
老人ホーム、福祉ホーム等	○	○	○	○	○	○	○	○	○	○	○	○	×
幼稚園、小学校、中学校、高等学校	○	○	○	○	○	○	○	○	○	○	○	×	×
大学、高等専門学校、専修学校	×	×	×	○	○	○	○	○	○	○	○	×	×
病院	×	×	×	○	○	○	○	○	○	○	○	×	×
床面積が150㎡以下の一定の店舗・飲食店（原則2階以下）	×	○	○	○	○	○	○	○	○	○	○	○	④
〃　150㎡を超え500㎡以下の　〃	×	×	①	○	○	○	○	○	○	○	○	○	④
〃　500㎡を超え1,500㎡以下の　〃	×	×	×	×	○	○	○	○	○	○	○	○	④
床面積が1,500㎡を超え3,000㎡以下の一定の店舗・飲食店	×	×	×	×	×	○	○	○	○	○	○	○	④
〃　3,000㎡を超え10,000㎡以下の　〃	×	×	×	×	×	×	○	○	○	○	○	○	④
〃　10,000㎡を超える　〃	×	×	×	×	×	×	×	×	○	○	○	×	×
ボーリング場、スケート場、水泳場	×	×	×	×	×	○	○	○	○	○	○	○	×
ホテル、旅館	×	×	×	×	×	○	○	○	○	○	○	×	×
自動車教習所、床面積の合計が15㎡を超える畜舎	×	×	×	×	×	○	○	○	○	○	○	○	○
マージャン屋、パチンコ屋、射的場、勝馬投票券販売所	×	×	×	×	×	×	○	○	○	○	○	○	×
カラオケボックス、ダンスホール　最近の改正	×	×	×	×	×	×	○	○	○	○	○	○	○
2階以下かつ床面積の合計が300㎡以下の自動車車庫	×	×	×	○	○	○	○	○	○	○	○	○	○
倉庫業の倉庫、3階以上または床面積の合計が300㎡を超える自動車車庫（一定規模以下の附属車庫を除く）	×	×	×	×	×	×	×	○	○	○	○	○	○
自家用倉庫	×	×	②	×	○	○	○	○	○	○	○	○	○
客席等の床面積合計が200㎡未満の劇場・映画館・ナイトクラブ等　最近の改正	×	×	×	×	×	×	×	○	○	○	○	×	×
〃　200㎡以上　〃	×	×	×	×	×	×	×	×	○	○	○	×	×
キャバレー、料理店等	×	×	×	×	×	×	×	×	×	○	○	×	×
個室付浴場業に係る公衆浴場	×	×	×	×	×	×	×	×	×	○	×	×	×
危険性や環境を悪化させるおそれが非常に少ない工場	×	×	③	×	×	×	×	×	○	○	○	○	○
危険性が大きいか、または著しく環境を悪化させるおそれがある工場	×	×	×	×	×	×	×	×	×	×	×	○	○
作業場の床面積の合計が150㎡以下の自動車修理工場	×	×	×	×	×	×	×	○	○	○	○	○	○
〃　300㎡以下　〃	×	×	×	×	×	×	×	×	○	○	○	○	○

⚠：①②③については、次のものに限り建築可能。①：農業の利便増進に必要な一定の店舗・飲食店（その用途に供する部分が2階以下。農産物直売所、農家レストラン等）②：農産物・農業の生産資材の貯蔵に供する建築物、③：農産物の生産・集荷・処理・貯蔵に供する一定の建築物　④については、物品販売店舗・飲食店は建築不可。

3 用途制限に関する留意事項

❶ 例外的な建築許可（48条）
特定行政庁の許可があれば、禁止されている用途のものでも建築することができます。

❷ 特別用途地区における緩和（49条2項）
特別用途地区内においては、地方公共団体は、その地区の指定の目的のために必要と認める場合、国土交通大臣の承認を得て、条例で、用途制限を緩和することができます。

❸ 処理施設等の建築（51条）
都市計画区域内では、卸売市場、火葬場、ごみ焼却場等の処理施設は、都市計画においてその敷地の位置が決定しているものでなければ、原則として、新築・増築をすることはできません。

❹ 建築物の敷地が用途地域の内外にわたる場合（91条）
例えば、建物を建てるための敷地が、第1種住居地域と近隣商業地域にまたがっている場合には、どちらの規制（つまりここでは「用途制限」）に従って建物をつくればいいのでしょうか？

このように、建築物の敷地が規制の異なる複数の地域にまたがる場合には、原則として、過半が属する敷地の規制に従わなければなりません。

❺ 特定用途制限地域内での用途の制限（49条の2）
特定用途制限地域に関する都市計画に即し、地域内における建築物の用途の制限は、地方公共団体の条例によって具体的に定められます。

3 建築物の敷地と道路の関係

1 建築基準法上の道路(42条)

① 道路の定義

条文	道路の幅		道路の種類
42条 1項	幅員 4m以上 (※1)	①	道路法による道路（国道・都道府県道・市区町村道）
		②	都市計画法等による道路
		③	都市計画区域・準都市計画区域に指定された際に、すでに存在していた道等
		④	都市計画法・道路法等で2年以内に道路をつくる事業が予定され、かつ特定行政庁が指定したもの
		⑤	①〜④以外の**私道**であり、かつ一定の基準に適合するもので、**特定行政庁からその道路の位置指定(※3)を受けたもの**
42条 2項	幅員 4m未満	⑥	③の場合で、すでに**建築物が立ち並んでおり、特定行政庁が指定したもの** H23・30・R3・4 ➡ この場合、道路中心線から2m(※2)が道路とみなされる（「2項道路」）

(※1)：特定行政庁がその**地方の気候**や風土の**特殊性**、または土地の状況により必要と認めて都道府県都市計画審議会の議を経て指定する区域内においては、6m以上（例 豪雪地帯など）

(※2)：(※1)により指定された区域内では、原則として、「3m」となる

(※3)：⑤の「**位置指定**」とは、簡単にいえば許可のようなもの。つまり、「建築基準法上問題ない、OK」と、"お墨付き"をもらった私道のこと

さて、まず原則として、建築基準法上の道路と認められるためには、**道路幅は4m以上必要**です（地下道は除かれます）。自動車や歩行者、自転車などが追い越したりすれ違ったりできなければなりません。

けれども、日本の国土は狭いので、もっと狭い道路はいっぱいありますよね。それらはどうなるのでしょうか？

そのような道路を2項道路（❷）といい、幅員4m未満の道路でも❶の表中の⑥に該当する場合であれば、建築基準法上の道路と認められています。つまり、道路に関する制限が適用されるようになったときには、すでに建物が立ち並んでいて、道路として使われていたもののことです。

❷ 42条2項に該当する道路（2項道路）

2項道路に接している敷地に関しては、次の 理解しよう の左の「原則」の図のように、道路の中心線から水平距離2mの線が、その「道路と敷地との境界線」とみなされます。これを「後退距離」や「セットバック」といいます。

その結果、道路の中心線から2m以内には、建物を建築できません。

> 建築基準法上は、「道路は4mあるのが理想」として、将来、道路をこの境界線まで拡張したいと考えているわけですね。

なお、右の 例外 の場合、川側には道路をつくれませんので、川などの境目から4m入ったところに境界線をもってくるしかありません。

そして、■の部分は、道路とみなされるので、建物の建築や塀の築造は認められず、かつ、建蔽率・容積率の計算上、敷地面積に算入されません。また、セットバックがある場合には、道路の幅員を「4m」として容積率を算出します。

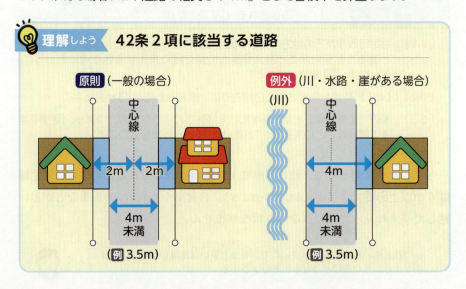

理解しよう 42条2項に該当する道路

2 接道義務と建築制限 ⚠重要

❶ 接道義務（43条）

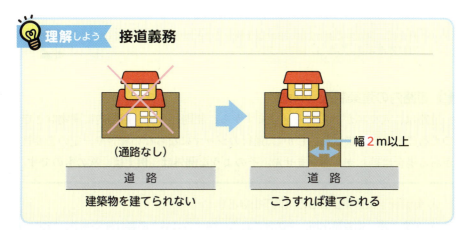

(1) 建築物を建てる敷地は、原則として、道路に**2m以上**の幅で接しなければなりません。これが、**接道義務**です。敷地内で火事が発生した場合、住んでいる人は道路を使ってほかのところへ避難しますし、近くの道路に消防車が止まって消火活動を行う必要があるためです。

ただし、接する道路は、**自動車専用道路**（例 高速道路）ではダメです。避難に役立たないからです。

(2) **例外**として、避難という観点から、敷地の周囲に広い**空地**を有する建築物その他の一定の基準に適合する建築物で、**特定行政庁**が交通上、安全上、防火上および衛生上支障がないと認めて**建築審査会の同意**を得て**許可**したものには、接道義務は適用されません。その他、例外として、その敷地が**幅員4m以上の道**（**道路**に該当するものを除き、避難及び通行の安全上の一定の基準に適合するものに限る）に2m以上接する建築物のうち、利用者が少数であるものとしてその用途及び規模に関し一定の基準に適合するもので、**特定行政庁**が交通上・安全上・防火上・衛生上**支障がない**と認めるものには、接道義務は適用されません。この場合は、**建築審査会の同意は不要**です。

(3) なお、**地方公共団体**は、延べ面積が**1,000㎡超**の大規模な建築物など一定の建築物の敷地が接する道路の幅については、**条例**で必要な制限を**付加**できます。つ

まり、より厳しくすることができるんですね。その他、**敷地が袋路状道路**（その一端のみが他の道路に接続したもののこと）**にのみ接する延べ面積が150㎡を超える長屋等の建築物**（一戸建ての住宅を除きます）**についても同様です**。

> 例えば、自治体によっては「3ｍ以上接することが必要」と定めることができます。しかし、**緩和**はダメです。

❷ 道路内の建築制限（44条）

道路は、人や車がどんどん通りますから、**原則として、道路内に建物などをつくることはできません**。しかし、通行のジャマにならない場合や一定の必要性がある場合は差し支えありません。そのような**例外**は、例えば、次のものです。

① **地盤面下**に建築するもの（地下街など）
② 公衆便所、巡査派出所、その他これらに類する**公益上**必要な建築物で、**特定行政庁が通行上支障がないと認めて、建築審査会の同意を得て許可したもの**
③ **公共用歩廊**（例 アーケード）などの一定の建築物で、**特定行政庁があらかじめ建築審査会の同意を得て、安全上、防火上および衛生上問題がないと認めて許可したもの**

❸ 私道の変更または廃止の制限（45条）

個人が所有する道路（私道）であっても、勝手に道路以外のものにしたり、幅を狭くしてしまったりされると困ります。そこで、私道の変更や廃止によって接道義務違反となる場合には、**特定行政庁は、これらを禁止**または**制限**することができます。

❹ 壁面線の指定および制限（46条、47条）

建築物などの位置をキレイにそろえる目的で、壁面線の指定が行われることがあります。そして、その指定がされた場合は、**建築物の壁またはこれに代わる柱や高さ2ｍを超える門または塀は、壁面線を超えてつくってはなりません**。

ただし、例外があります。**地下の部分**と、特定行政庁が建築審査会の同意を得て許可した歩廊の柱などの場合は、ＯＫです。

4 建蔽率

1 建蔽率とは

理解しよう　建蔽率とは

　建蔽率とは、建築物の建築面積の、敷地面積に占める割合のことです。簡単にいうと、「敷地全体の面積のうち、これくらいの割合までは建物を建てることができる」ということを表したものです。逆に考えれば、建蔽率によって**敷地内の空き地の割合が決まります**。

> 例えば、敷地面積が100㎡、建築面積が60㎡だとすると、建蔽率は$\frac{60}{100}$、つまり、$\frac{6}{10}$です。

　上の図を見てください。□の枠の内側が、敷地です。そして、建築物を建てる■の部分が、建築面積です。この２つの図の建蔽率を比べた場合、左側のほうが、その数値は大きくなります。

理解しよう　建蔽率の比較

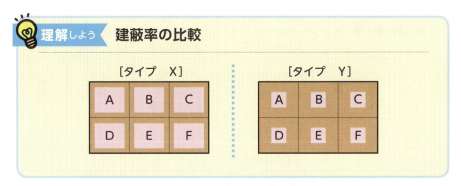

　上の２つの図には、それぞれ６区画の敷地が並んでいます。**タイプX**と**タイプY**を比べた場合に、日照や採光、風通しは、空間が多くありますから**タイプYのほうが良好**ですね。

また、例えば、火事がそれぞれのBの敷地内の建物で発生したとします。**タイプXとタイプYのどちらが延焼の可能性が低いでしょうか？**　タイプYは、空き地がたっぷりありますから隣地に延焼しにくいですよね。

　このように、日照や風通しなどを良くする、また、延焼を抑えるためには、タイプYになるべく近づける、つまり、建蔽率の規制を小さく抑えればいいのです。

2 建蔽率の制限

① 地域別の建蔽率（53条1項・3項・6項1号）

試験に出る！POINT整理　建蔽率の制限

用途地域等	原則	① 防火地域・準防火地域内の一定の建築物 ※1 〔最近の改正〕	② 特定行政庁指定の角地等	①かつ②
第1種低層住居専用地域 第2種低層住居専用地域 第1種中高層住居専用地域 第2種中高層住居専用地域 田園住居地域 工業専用地域	$\frac{3}{10}\cdot\frac{4}{10}\cdot\frac{5}{10}\cdot\frac{6}{10}$ のうちで都市計画で定める割合	原則$+\frac{1}{10}$	原則$+\frac{1}{10}$	原則$+\frac{2}{10}$
第1種住居地域 第2種住居地域 準住居地域 準工業地域	$\frac{5}{10}\cdot\frac{6}{10}\cdot\frac{8}{10}$ のうちで都市計画で定める割合	原則$+\frac{1}{10}$ （$\frac{8}{10}$の場合→$\frac{10}{10}$）※2 〔最近の改正〕	原則$+\frac{1}{10}$	原則$+\frac{2}{10}$
近隣商業地域	$\frac{6}{10}$または$\frac{8}{10}$のどちらかで都市計画で定める割合	原則$+\frac{1}{10}$ （$\frac{8}{10}$の場合→$\frac{10}{10}$）※2 〔最近の改正〕	原則$+\frac{1}{10}$	原則$+\frac{2}{10}$
商業地域	$\frac{8}{10}$	原則$+\frac{1}{10}$ （$\frac{10}{10}$）※2 〔最近の改正〕	$\frac{9}{10}$	$\frac{10}{10}$
工業地域	$\frac{5}{10}$または$\frac{6}{10}$のどちらかで都市計画で定める割合	原則$+\frac{1}{10}$	原則$+\frac{1}{10}$	原則$+\frac{2}{10}$
用途地域の指定のない区域 （無指定区域）	$\frac{3}{10}\cdot\frac{4}{10}\cdot\frac{5}{10}\cdot\frac{6}{10}\cdot\frac{7}{10}$ のうち、特定行政庁が決める割合	原則$+\frac{1}{10}$	原則$+\frac{1}{10}$	原則$+\frac{2}{10}$

※1：防火地域内にある耐火建築物等、または、準防火地域内にある耐火建築物等もしくは準耐火建築物等のこと
※2：防火地域内にある耐火建築物等の場合

耐火建築物「等」・準耐火建築物「等」とは、ざっくり言うと、耐火建築物または準耐火建築物と**同等以上の延焼防止性能がある建築物**のことです。

(1) 建築基準法は、用途地域では、**原則**として、建蔽率を、一定の数値の中から**都市計画**で定めるとしています。日照状況などに応じて、地域ごとに対応できるようにしたものです。

つまり、建築基準法で一律に定められているのではなく、原則として、用途地域に関する都市計画を定める際に、都市計画によって「任意にセレクトする」ということです。

ただし、**商業**地域のみは建築基準法自身が $\frac{8}{10}$ と定めています。

「デパートなどの売場面積を広げられるように」という政策的見地から、より大きな数値にしているのです。

なお、**用途地域の指定のないところ**では、**特定行政庁が都市計画審議会の議を経て定めます**。

(2) 建蔽率を規制する目的として延焼防止がありましたが、逆に言えば、延焼の可能性が低い場合ならば、建蔽率を緩めてもかまいませんよね。そういう場合が、次の２つです。

① まずは、**防火地域**内の**耐火**建築物等、または、**準防火地域**内の**耐火**建築物等・**準耐火**建築物等の場合です 最近の改正 。このような建築物を造る場合は、燃えにくいから $\frac{1}{10}$ をプラスできます。

さらに、建蔽率の原則的数値が $\frac{8}{10}$ のところでは、**防火地域**内の**耐火**建築物等 最近の改正 ならば、制限がなくなります。つまり、「$\frac{10}{10}$」、「制限なし」ということです。

② もう１つ、**特定行政庁指定**の**角地**等の場合。延焼の可能性は、両側に建物があるときよりも低くなります。そこで、緩和、$\frac{1}{10}$ プラスできます。

なお、この①②の両方に該当する場合は、$\frac{2}{10}$ をプラスすることができます。

❷ 敷地が地域の内外にわたる場合（53条2項・7項・8項）

(1) 規制の異なる複数の地域にまたがる場合

この場合の建蔽率は、<u>各地域の建蔽率の限度に、その敷地の当該地域にある各部分の面積の敷地全体の面積に占める割合を乗じた数値の合計</u>以下でなければなりません。
_{H27・R3}

その計算方法ですが、まず、それぞれの地域の建蔽率を出します。それに、その部分の面積の、敷地全体に占める割合をかけます。それを各地域について行い、そのうえで、各々算出された数値を合計します。

> この点は、後出 ❻ で具体的に説明します。

(2) 防火地域の内外にわたる場合

建築物の敷地が**防火地域の内外にわたる場合**で、その敷地内の建築物の全部が耐火建築物等であるときは、その敷地はすべて防火地域にあるとみなされます 最近の改正 。つまり、その建築物は、「防火地域の中にある耐火建築物等」として扱われ、原則として、$\frac{1}{10}$ プラスされる緩和措置が適用される、ということです。

(3) 準防火地域と防火地域・準防火地域以外の区域にわたる場合

建築物の敷地が**準防火地域と防火地域・準防火地域以外の区域**にわたる場合で、その敷地内の建築物の全部が耐火建築物等または準耐火建築物等であるときは、その敷地は、すべて準防火地域内にあるものとみなされます 最近の改正 。

> つまり、その建築物は、「準防火地域の中にある耐火建築物等または準耐火建築物等」として扱われ、$\frac{1}{10}$ プラスされる緩和措置が適用されます。

❸ 建蔽率の制限の緩和

❶-(2)の緩和措置以外に、**隣地境界線から後退して壁面線の指定がある場合**などで、壁面線などを超えない建築物で**特定行政庁が許可したもの**の建蔽率は、その許可の範囲内で**緩和**されるという規定もあります(53条4項)。

> 特定行政庁が街区における避難上・消火上必要な機能の確保を図るため必要と認めて前面道路の境界線から後退して壁面線を指定した場合の、その壁面線を越えない建築物で、特定行政庁が許可したものの建蔽率も、その許可の範囲内で緩和されます（53条5項）　最近の改正 。

❹ 建蔽率の制限の適用除外（53条6項）

❶-(2)では、防火地域内の耐火建築物等で建蔽率の原則的数値が $\frac{8}{10}$ の場合は、建蔽率の制限が「なし」となりましたが、そのほかに、次の場合も同様に「なし」となります。

①	巡査派出所、公衆便所、公共用歩廊その他これに類するもの
②	公園、広場、道路、川その他これらに類するもののうちにある建築物で、特定行政庁が安全上、防火上および衛生上支障がないと認めて許可したもの H28

重要！一問一答　　　　　　　　　　　　　　　　　　　　H24-問19-肢1

Q 街区の角にある敷地又はこれに準ずる敷地内にある建築物の建蔽率については、特定行政庁の指定がなくとも、都市計画において定められた建蔽率の数値に $\frac{1}{10}$ を加えた数値が限度となる。

A 特定行政庁の指定が必要。　　　　　　　　　　　　　　　✗

5 容積率　⚠ 重要

1 容積率とは

理解しよう　**容積率とは**

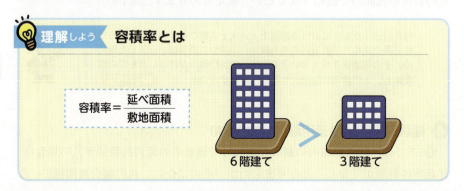

　容積率とは、建築物の延べ面積の、敷地面積に対する割合のことです。ある敷地に建築物を建てる場合、「敷地面積に対して、その延べ面積をこの割合までは設定できる」ということを表しています。

例えば、敷地面積が100㎡、各階の面積が50㎡で3階建てなら、容積率は $\dfrac{50(㎡) \times 3(階)}{100(㎡)} = \dfrac{150}{100}$、つまり、$\dfrac{15}{10}$ です。

　同じ敷地を前提に3階建てと6階建てを比べれば、延べ面積は当然、6階建てのほうが大きく、容積率も6階建てのほうが大きい。つまり、**容積率が大きければ、大きな建物をつくることができ、土地の利用度が高まります**。逆に容積率を抑えれば、小さな建築物（低い建物）しかつくれません。
　そして、大きな建物なら多くの人が出入りし、この敷地が面している道路もそれなりに広くないと<u>道路</u>が混雑してしまいます。そこで、例えば、道路の混雑を防止するためには、容積率を抑える必要が出てきます。

2 容積率の制限

❶ 地域別の容積率（52条1項）

本試験では、各地域の選択の対象となる**最大の数値**について出題されたことがあります。

試験に出る！POINT整理 容積率の制限

第1種低層住居専用地域 第2種低層住居専用地域 田園住居地域	$\frac{5}{10} \cdot \frac{6}{10} \cdot \frac{8}{10} \cdot \frac{10}{10} \cdot \frac{15}{10} \cdot \frac{20}{10}$ のうちで**都市計画**で定める割合
第1種中高層住居専用地域 第2種中高層住居専用地域 第1種住居地域 第2種住居地域 準住居地域 近隣商業地域 準工業地域	$\frac{10}{10} \cdot \frac{15}{10} \cdot \frac{20}{10} \cdot \frac{30}{10} \cdot \frac{40}{10} \cdot \frac{50}{10}$ のうちで**都市計画**で定める割合
商業地域	$\frac{20}{10} \cdot \frac{30}{10} \cdot \frac{40}{10} \cdot \frac{50}{10} \cdot \frac{60}{10} \cdot \frac{70}{10} \cdot \frac{80}{10} \cdot \frac{90}{10} \cdot \frac{100}{10} \cdot \frac{110}{10} \cdot \frac{120}{10} \cdot \frac{130}{10}$ のうちで**都市計画**で定める割合
工業地域 工業専用地域	$\frac{10}{10} \cdot \frac{15}{10} \cdot \frac{20}{10} \cdot \frac{30}{10} \cdot \frac{40}{10}$ のうちで**都市計画**で定める割合
用途地域の指定のない区域 （無指定区域）	$\frac{5}{10} \cdot \frac{8}{10} \cdot \frac{10}{10} \cdot \frac{20}{10} \cdot \frac{30}{10} \cdot \frac{40}{10}$ のうちで、特定行政庁が定める割合

　容積率は、用途地域では、表の中のそれぞれの数値から**都市計画**で定められます。これを、**指定容積率**といいます。
　なお、居住環境向上用途誘導地区内の一定の建築物の容積率は、居住環境向上用途誘導地区に関する**都市計画において定められた**数値以下とすることが定められており、**容積率の制限の緩和**が可能となっています。**最近の改正**。

また、居住環境向上用途誘導地区内の建築物の建蔽率の制限、壁面の位置の制限、高さの制限の規定も新設され、必要な床面積が確保できるようになりました（60条の2の2第1項〜第3項）最近の改正。

さらに、居住環境向上用途誘導地区内において、地方公共団体は、国土交通大臣の承認を得て、条例で、用途制限を緩和することができます（60条の2の2第4項）最近の改正。これにより、これまで居住エリアに建築できなかった病院や店舗など（生活利便施設）の立地の促進が可能となります。

❷ 前面道路の幅員による容積率（52条2項）

　敷地が面している前面道路が狭いとき、道路の混雑を防ぐためには、容積率をより厳しくしなければなりません。具体的には、前面道路の幅が12m未満の場合は、都市計画で定められている指定容積率と、道路幅（m）に一定の数値（乗数）をかけた数字とを比較し、より厳しいものが、その敷地の容積率となります。乗数は、住居系の用途地域の場合には、原則として$\frac{4}{10}$、その他の地域の場合には、原則として$\frac{6}{10}$です。

　例えば、その敷地が幅員6mの道路に接している場合は、住居系の用途地域なら、原則として$\frac{4}{10}$をかけた$\frac{24}{10}$になります。これと、都市計画で定められている数値、例えば、$\frac{30}{10}$を比較します。その結果、より厳しいほうの$\frac{24}{10}$が採用されるわけです。

なお、建蔽率に関しては、このような制限はありません。混同しないように注意。

　また、敷地が2以上の道路に面する場合で、各道路幅が、例えば6mと8mというようにそれぞれ違うときは、幅の広いほうの「8m」を、道路幅として採用できます。

広い道路のほうへ人が流れて行って、混雑が緩和されるからですね。

❸ 敷地が地域の内外にわたる場合（52条7項）

　敷地が規制の異なる複数の地域にまたがる場合の容積率は、建蔽率と同様です。つまり、各地域の容積率の限度に、その敷地の当該地域にある各部分の面積の敷地全体の面積に占める割合を乗じた数値の合計以下でなければなりません。

3　容積率の緩和措置

❶ 地階で延べ面積に算入されないもの（52条3項）

　建築物の地階で、その天井が地盤面からの高さ1m以下にあるものの**住宅**（店舗等との兼用住宅にも適用されます）または**老人ホーム・福祉ホーム**等の用途に供する部分の床面積は、延べ面積に算入されません（なお、次の❷の部分は、❷によります）。

> 地下の部分を延べ面積に含めなくてよいのですから、結果として、全体的に延べ面積の大きな建物をつくることができるのです。

　ただし、その地階の部分の床面積が、建築物の住宅・老人ホーム等の用途として使用する部分の床面積の合計の$\frac{1}{3}$を超える場合は、延べ面積に含めなくてよいのは、その建築物の住宅・老人ホーム等の用途に供する部分の床面積の合計の$\frac{1}{3}$までです。

❷ エレベータの昇降路部分等で延べ面積に算入されないもの（52条6項）

　建築物の延べ面積には、エレベータの昇降路の部分、共同住宅もしくは**老人ホーム**等の共用の廊下、または階段等の用に供する部分（エレベーターホール、エントランスホール等も含む）の床面積は、算入されません。

H27・R2

> そのぶん、例えば、マンションなどの専有部分（人が住む部分）の床面積を広くとることができます。

❸ 宅配ボックス設置部分に関する緩和措置（施行令2条4号）

宅配ボックスが設置された部分の床面積は、一定の範囲内で、延べ面積に算入されません　最近の改正　。

❹ その他の緩和措置（52条14項）

建築物の敷地の周囲に広い**公園・広場・道路**その他の**空地**がある場合、安全上・交通上・防火上・衛生上支障がないと認めて、建築審査会の同意を得て**特定行政庁が許可**したものは、**容積率が緩和**されます。

6　建蔽率と容積率の計算例

宅建士試験では、建蔽率や容積率に関する計算問題が出題されることがあります。特に、次のように「敷地が規制の異なる複数の地域にまたがる場合」の敷地全体の建蔽率や容積率を求める計算問題は、できるようにしておきましょう。

下図の敷地（合計面積200㎡）の建蔽率と容積率を、それぞれ求めてみよう。

[要件]
ⓐ 都市計画で定められた容積率：
　●第2種住居地域… $\frac{40}{10}$
　●近隣商業地域…… $\frac{50}{10}$
ⓑ 都市計画で定められた建蔽率：
　●第2種住居地域… $\frac{6}{10}$
　●近隣商業地域…… $\frac{8}{10}$
ⓒ 防火地域内にあり、耐火建築物を建築する予定
ⓓ 特定行政庁指定の角地でもある

（1）　まずは、敷地全体の建蔽率を求めてみましょう。
　　複数地域にまたがる場合の建蔽率の計算方法は、❹で学習したように、各地域の建蔽率の限度に、その敷地の当該地域にある各部分の面積の敷地全体の面積に対する割合を乗じた数値の合計です。

> Chapter **2** ▷ 建築基準法

① それぞれの地域の建蔽率を確定します。

⑦ 第2種住居地域は、ⓒとⓓの要件から、ⓑの第2種住居地域の建蔽率 $\frac{6}{10}$ に $\frac{2}{10}$ プラスして、$\frac{6}{10}+\frac{2}{10}=\frac{8}{10}$ です。

⑦ 近隣商業地域は、ⓑとⓒの要件から、$\frac{10}{10}$ です。

② 次のように、**加重平均**します。

建蔽率の $\frac{8}{10}$ に、$\frac{\text{第2種住居地域に属する部分の面積}}{\text{敷地全体の面積}}$、つまり、$\frac{80}{200}$ をかけます。また、近隣商業地域についても同様に、$\frac{10}{10}$ に、$\frac{\text{近隣商業地域に属する部分の面積}}{\text{敷地全体の面積}}$、つまり、$\frac{120}{200}$ をかけます。

以上より、計算式は、

$$\left\{\frac{8}{10}\times\frac{80}{200}\right\}+\left\{\frac{10}{10}\times\frac{120}{200}\right\}=\frac{184}{200}=\frac{92}{100} \quad \text{となります。}$$

(2) 次に、敷地全体の**容積率**を求めてみましょう。

5で学習したように、この場合の計算式も、建蔽率と同じように、各地域内の容積率の限度に、その敷地の当該地域にある各部分の面積の敷地全体の面積に対する割合を乗じた数値の合計です。

① それぞれの地域の容積率を確定します。

前面道路（広いほうの8mを採用します）の幅は12m未満のため、前面道路による数値と、都市計画で定められた指定容積率を比較して、小さいほうの数字を採用します。つまり、

⑦ 第2種住居地域は、「$8\,\text{m}\times\frac{4}{10}=\frac{32}{10}$」と「$\frac{40}{10}$」ですから、小さい「$\frac{32}{10}$」のほうを採用します。

⑦ 近隣商業地域は、「$8\,\text{m}\times\frac{6}{10}=\frac{48}{10}$」と「$\frac{50}{10}$」ですから、小さい「$\frac{48}{10}$」のほうを採用します。

② 次のように、**加重平均**します。

その計算式は、

$$\left\{\frac{32}{10}\times\frac{80}{200}\right\}+\left\{\frac{48}{10}\times\frac{120}{200}\right\}=\frac{832}{200}=\frac{416}{100} \quad \text{となります。}$$

7 敷地面積の最低限度

小さな敷地に、さらに小さな建物がたくさん立ち並んでいるような街は、ちまちまとして住みづらく感じます。それを避けるために、<u>すべての用途地域では、必要に応じて、都市計画によって、200㎡を超えない範囲内で敷地面積の最低限度を定めることができます</u>（53条の2）。
H24

土地を細分化して小さな敷地ばかりにして売却すること、いわゆる「ミニ開発」を防止するためです。

　なお、定める最低限の数値は、200㎡を超えてはならない、つまり「200㎡以下」でなければなりません。

最低限度の数値が大きくなりすぎると、土地所有者の負担が重くなるからです。

8 低層住居専用地域等内での規制

　例えば、第１種低層住居専用地域は、２階建てくらいの家が立ち並ぶ、ゆったりとした閑静な住宅街のイメージです。そのような街にするために、低層住居専用地域や田園住居地域では、次のような規制が設けられています。

1 建築物の絶対的高さの制限（55条）

　<u>低層住居専用地域</u>や<u>田園住居地域内</u>では、高さ制限が、**必ず**定められます。そして、原則として、<u>10ｍまたは12ｍ</u>のうち、都市計画で定められた建築物の高さの最高限度を超えてはなりません。つまり、10ｍか12ｍのどちらかです。

H24・30・R4

　なお、学校などの用途に供するもので、その用途により特定行政庁が建築審査会の同意を得て許可したものなどは、例外となります。

学校などは、その必要性からＯＫなのです。

重要！ 一問一答

H19-問22-肢3

Q 第二種低層住居専用地域に指定されている区域内の土地においては、高さが９ｍを超える建築物を建築することはできない。

A 原則として、10ｍ又は12ｍのうち、都市計画で定められた高さの最高限度を超える建築物を建築することはできない。　　　　　　　　　　　……… ✗

506

2 外壁の後退距離（54条）

　この規定の目的は、隣の敷地との境界線から一定距離をおいたところが建物の壁となるように建てることです。つまり、低層住居専用地域や田園住居地域内では、必要があれば、都市計画によって、建築物の外壁、またはこれに代わる柱の面から敷地境界線までの距離を、1.5mまたは1mと定めることができます。

9 建築物の高さの規制

　建築物の高さの制限には、「⑧低層住居専用地域等内での規制」のほか、高度地区内における、「都市計画で定められた高さに適合しなければならない」という制限（58条）などもありますが、ここでは、特に重要な斜線制限と日影規制について学習します。

1 斜線制限

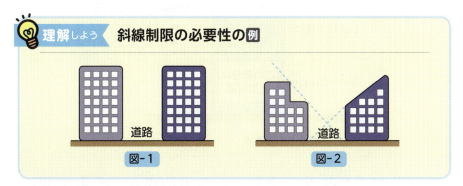

理解しよう　斜線制限の必要性の例

　例えば、図-1のように道路の上方をビルがふさいでいると、道路を通行していても圧迫感がありますし、日照が悪いため暗く感じますよね。そこで、図-2のように斜線を引き、その斜線を超えないように建築物をつくるという制限を課して建築物の高さの抑制を行うのが、斜線制限です。なお、建築物の敷地が制限の異なる2以上の地域等にわたる場合は、建築物の各部分の地域等の斜線制限によることに注意が必要です（56条5項）。

斜線制限には次の3種類がありますが、それぞれどの用途地域で適用され、どの用途地域では適用されないのかをしっかり覚えておくことが、本試験対策としては重要です。

❶ 道路斜線制限（56条1項1号）

先出の 図-2 の例が、道路斜線制限です。

道路斜線制限が適用されるのは、全用途地域および用途地域の指定のない区域で適用されます。

道路は、どの用途地域等にもあるからです。

❷ 隣地斜線制限（56条1項2号）

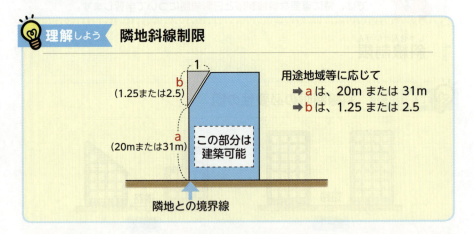

隣の敷地に日陰ができれば、そこに住んでいる人の暮らしは快適ではありません。そこで、隣の敷地との関係で建築物の高さを規制するのが、隣地斜線制限です。

隣地斜線制限の適用区域は、第1種・第2種の低層住居専用地域・田園住居地域を「除く」地域です。

なぜ「除く」のかといえば、低層住居専用地域等では、すでに都市計画で定められた「10mまたは12m」のいずれかの数値に高さが制限されていて、隣地斜線

制限の立ち上がりの高さ（住居系の用途地域では20m）の範囲内だからです。つまり、低層住居専用地域等の場合には、この隣地斜線制限はそもそも無意味なのです。

> なお、本試験対策として、「20m」や「1.25」等の数字は覚える必要はありません。

❸ 北側斜線制限（56条1項3号）

日本は北半球にあります。太陽は日本の南を移動しますので、建築物の北側は日陰になってしまうのです。そこで、建物を建てようと考えている敷地の北側の日当たりを確保するための規制が、北側斜線制限です。

北側斜線制限の適用区域は、**第1種・第2種の低層住居専用地域および田園住居地域**と、**第1種・第2種の中高層住居専用地域**だけです。

なお、第1種・第2種中高層住居専用地域における日影規制の適用区域内では、北側斜線制限は適用されません。

> 高さの制限は、日影規制のほうで足りてしまうからです。

2 日影規制（56条の2）

> 正確には「日影による中高層建築物の高さの制限」ですが、一般には「日影規制」といいます。

日当たりが悪いところには、できるだけ住みたくないですよね。そこで、建物を建てるときには、近隣の敷地の日当たりを確保するために、**一定の時間は、近隣の土地に日影を生じさせてはならない**という制限です。

> 例えば、次のように「地盤面から1.5mの高さで、敷地境界線から5mを超えて10mまでの範囲では、3時間以上は日影を作ってはならない」というように、具体的に規制されています。ただし、この数字も覚える必要はありません。

理解しよう 日影規制

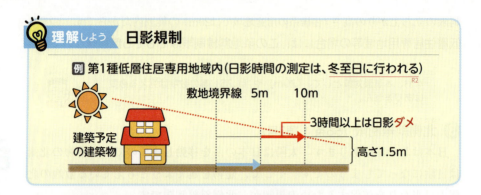

❶ 日影規制の対象区域と規制を受ける建築物

出題のポイントは、(1)日影規制の**対象区域**はどこか、そして、(2)どのような**規模**の建築物が対象となるのか、の2つです。

試験に出る！POINT整理　日影規制の対象

対象区域	規制を受ける建築物の規模
第1種低層住居専用地域 第2種低層住居専用地域 田園住居地域	① 軒高 **7** mを超える建築物　または 　　地上階数 **3** 以上の建築物
第1種中高層住居専用地域 第2種中高層住居専用地域 第 １ 種 住 居 地 域 第 ２ 種 住 居 地 域 準 　 住 　 居 　 地 　 域 近 隣 商 業 地 域 準 　 工 　 業 　 地 　 域	② 高さ **10** mを超える建築物
用途地域の指定のない区域 （無指定区域）	地方公共団体が、次の①②のどちらかを、条例で指定する 　① 軒高 **7** mを超える建築物　または 　　　地上階数 **3** 以上の建築物 　　　　　もしくは 　② 高さ **10** mを超える建築物

(1) ほとんどの用途地域が日影規制の対象区域ですが、**商業**地域・**工業**地域・**工業専用**地域の３つは対象区域外、と覚えておきましょう。いずれも、あまり人の居住に向いていないため、日当たりはたいして重要ではないからです。なお、用途地域の指定のない区域も、対象区域に含まれています。これらの地域で、かつ、**地方公共団体**が**条例**で指定した区域において、日影規制を受けます。

> ここで「地方公共団体の条例で指定される区域内」とあるのは、日当たりや土地利用の状況には地域性がありますから、地域の実情を考慮して決めればよい、ということです。

(2) 次に、規制を受ける建築物です。低層住居専用地域・田園住居地域の場合は、やはり快適な住環境を、よりいっそう確保したいため、①**軒の高さ７ｍを超える建築物**、または**地上**（地下は日影をつくりません）**階数３以上の建築物**が、規制の対象となります。その他の用途地域は、②**高さ10ｍを超える建築物**です。

> これらの用途地域の数字をしっかり覚えておきましょう。次のような**ゴロ合わせ**もいいですね。

ゴロで覚える ▷▷ **日影規制**

屋根が	**低**くて	**の**んき	**な**	**参**	**道**
	低層等	軒	7ｍ	3階	10ｍ

❷ 日影規制の特例

日影規制には、次のような特例（例外）があります。

① **特定行政庁**が、土地の状況等により周囲の居住環境を害するおそれがないと認めて建築審査会の同意を得て**許可**した場合には、日影規制は適用されません。また、その**許可**を受けた建築物に関して、周囲の居住環境を害するおそれがないものとして一定の位置・規模の範囲内において**増築・改築・移転**する場合には、再度**許可**を受けなくとも、日影規制は**適用されません**。

② 建築物の敷地が道路、水面、線路敷などに接する場合、建築物の敷地とこれに隣接する敷地との高低差が著しい場合などの特別の事情があるときには、日影規制の緩和措置があります。

> 日影を規制する必要性が、あまりない場合ですね。

❸ その他の特則
① 同一の敷地内に２以上の建築物がある場合は、これらの建築物を１つの建築物とみなして、日影規制を適用します。
② 対象区域外にある高さ10mを超える建築物で、冬至日に対象区域内に一定時間日影を生じさせるものは、対象区域内にあるものとみなされて、日影規制が適用されます。

3 高さ制限のまとめ

各制限について、適用の対象となる区域や建築物の規模を確認しましょう。

試験に出る！POINT整理 高さ制限のまとめ　〇…規制の対象区域　✕…対象区域外

地域等	道路斜線 (1❶)	隣地斜線 (1❷)	北側斜線 (1❸)	日影規制 (条例で指定された区域) (2)
第1種低層住専	〇	✕	〇	〇 (①軒高7m超、または地上階数3以上)
第2種低層住専	〇	✕	〇	
田園住居地域	〇	✕	〇	
第1種中高層住専	〇	〇	〇	〇 (②高さ10m超)
第2種中高層住専	〇	〇	〇	
第1種住居地域	〇	〇	✕	
第2種住居地域	〇	〇	✕	
準住居地域	〇	〇	✕	
近隣商業地域	〇	〇	✕	
商業地域	〇	〇	✕	✕
準工業地域	〇	〇	✕	〇 (②高さ10m超)
工業地域	〇	〇	✕	✕
工業専用地域	〇	〇	✕	✕
無指定区域	〇	〇	✕	〇 (上記の①②のどちらかを地方公共団体が条例で指定)

10 防火地域・準防火地域

　防火地域および準防火地域は、火事を防ぐ目的の地域地区です。例えば、人口が密集し建物がびっしり立ち並んでいる地域では、いったん火事が発生するとたくさんの人の命、健康、財産などに害を与えます。そこで、そのおそれがあるところを特に指定して、建物を建てるときには、燃えにくい建材等を使用しなければならないことなどが定められています。

それでは、それぞれ❶どのような地域があるのか、そして、❷建築物の種類を見ていきましょう。

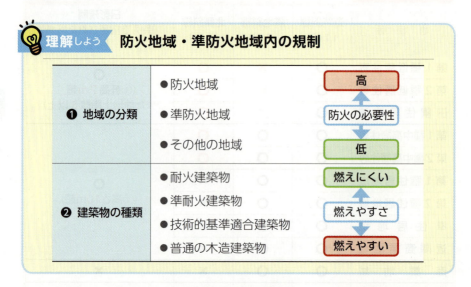

まず、❶の「地域」は、防火地域、準防火地域、その他の地域の3つに分けられます。そして、火事を防ぐ必要性は、「防火地域」が一番高い。人口が密集していて、火災が発生すると、多くの人が被害を受けるところです。反対に、その必要性が一番低いのは、「その他の地域」です。

❷の「建築物」は、耐火建築物、準耐火建築物、技術的基準適合建築物、普通の木造建築物と大まかに4つに分類することができます。

技術的基準適合建築物とは、例えば、木造であっても、防火性能が高くつくられている建築物のことです。

最も燃えにくいのが耐火建築物、その次が準耐火建築物、3番目が技術的基準適合建築物、最後に、普通につくられている木造建築物が最も燃えやすいと、その順番をざっとつかんでおけばOKです。

1 建築物の規制（61条）

防火地域または準防火地域内にある建築物は、
① その外壁の開口部（窓や出入口など）で延焼のおそれのある部分に防火戸等の政令で定める防火設備を設けることが必要です。

そして、なおかつ、

② 壁、柱、床などの建築物の部分やその防火設備を、延焼防止性能に関して防火地域および準防火地域の別、建築物の規模に応じて政令で定められた技術的基準に適合するもので、国土交通大臣の定めた構造方法または認定を受けたものとしなければなりません。

ただし、門または塀で、高さ2m以下のものなどを除きます。

このように、開口部など建物の外側の性能を向上させること等によって、周囲への延焼のリスクを減らすことができ、また、建物内部での木材の利用が可能となっています。

具体的には、建築物が所在する地域とその規模の関係によって、次のような制限が加えられます。

❶	耐火建築物相当としなければならないもの
❷	耐火建築物相当、または準耐火建築物相当としなければならないもの（つまり、準耐火建築物相当でもかまわない）
❸	耐火建築物相当・準耐火建築物相当・木造と非木造に応じて政令で定める技術的基準に適合する建築物の、いずれかとしなければならないもの

例えば、「耐火建築物相当」という表現は、条文上の文言ではありませんが、わかりやすくするためにここで用いています。これは、「耐火建築物だけでなく、耐火建築物に相当する一定の基準に適合している建築物を含む」という意味です。「準耐火建築物相当」についても、同様です。

防火地域・準防火地域内の建築制限

		防 火 地 域	準防火地域
❶	耐火建築物相当	(ア) 階数3以上の建築物 または (イ) 延べ面積100㎡超の建築物 H23	● 地上階数4以上の建築物 または ● 延べ面積1,500㎡超の建築物 H28
❷	● 耐火建築物相当 ● 準耐火建築物相当	上記以外の建築物	地上階数3、かつ、延べ面積1,500㎡以下の建築物 または 地上階数2以下、かつ、延べ面積500㎡を超え、1,500㎡以下の建築物
❸	● 耐火建築物相当 ● 準耐火建築物相当 ● 技術的基準適合建築物	──	延べ面積500㎡以下、かつ、地上階数2以下の建築物

地域と建築物の関係については、次の図で覚えれば簡単です。その際、"分かれ目"となる数字を頭に入れておきましょう。なお、色がはみ出している箇所は「超える」ということを意味しています。

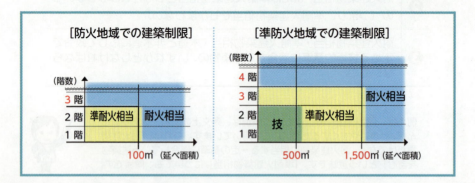

2 その他の制限（62条～64条）

 **その他の制限**

	防火地域	準防火地域
共通の制限	[屋　根] 市街地における火災を想定した火の粉による建築物の火災の発生を防止するために屋根に必要とされる性能に関して①一定の技術的基準に適合し、②国土交通大臣の定めた構造方法またはその認定を受けたものでなければならない	
	[外　壁] 外壁が耐火構造のものは、その外壁を隣地境界線に接して設けることができる H23・28・R3	
個別の制限	[看板等の規制] 看板・広告塔等で次の①②のどちらかに該当する建築物は、その主要な部分を不燃材料で造り、または覆わなければならない H23・26・R1 ① 建築物の屋上に設けるもの ② 高さ3mを超えるもの	―

防火地域と準防火地域に共通の規制と、防火地域の中だけで適用される規制とを区別することが重要です。

3 建築物が防火地域等の内外にわたる場合（65条）

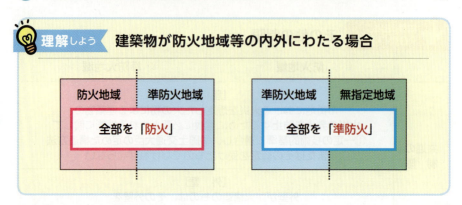

理解しよう 建築物が防火地域等の内外にわたる場合

建築物が、例えば防火地域と準防火地域とにまたがるなどの場合には、防火壁でその建築物が有効に区分されているときを除いて、最も厳しい地域の規制が適用されます。
H23・R2

> 燃えやすい素材で建物をつくると、防火地域のほうへも燃え移っていくからです。

重要！ 一問一答　　　　　　　　　　　　　　H23-問18-肢1

Q 建築物が防火地域及び準防火地域にわたる場合、原則として、当該建築物の全部について防火地域内の建築物に関する規定が適用される。

A 原則として、厳しい地域の規制、つまり、本肢では防火地域の規制による。　………○

第3編 法令上の制限　Chapter 2 ▷ 建築基準法

Section 4 建築基準法を守ってもらうために ～建築確認～

Introduction 建築確認に関してよく問われることは、確認が必要な場合と確認の手続の流れです。ポイントをきちんと押さえて、必ず得点しましょう。

▶▶ 分野別過去問題集　第3編「法令上の制限」問題 ⑳～㊳

1 建築確認の学習ポイント

　違反建築を未然に防止するために、一定の場合、建築にあたって事前に建築基準法等の規制に適合しているか否かのチェックを受けなければならず、このチェックをパスしない限り、工事に着手することができません。これが、**建築確認**の仕組みです。

　建築主は、建築主事という建築専門のお役人に「**確認申請書**」を提出します。そして、建設業者などの**工事施工者**は、確認済であることがわかる**標識**を、工事現場の見やすい場所に設置しなければなりません (89条)。

　なお、民間の**指定確認検査機関**の確認が建築主事の確認とみなされる制度も設けられています (6条の2)。

> 次の2つのポイントを、これからマスターしていきましょう。
> ① 建築確認の要否 ➡ **2**　　② 建築確認の手続 ➡ **3**

2 建築確認の要否（6条）

試験に出る！POINT整理　建築確認を必要とする建築物　　○……確認が必要

区域	建築物の種類		建築物の規模	新築	増築・改築・移転	大規模修繕・模様替え	用途変更
全国	A	一定の特殊建築物	用途に供する床面積の合計が200㎡超　**最近の改正**	○	○ (注1)	○	○
	大規模建築物	B 木造	❶ 階数3以上（地下含む） ❷ 延べ面積500㎡超 ❸ 高さ13m超 ❹ 軒高9m超　いずれかに該当	○	○ (注1)	○	—
		C 木造以外	❺ 階数2以上（地下含む） ❻ 延べ面積200㎡超　どちらかに該当	○	○ (注1)	○	—
都市計画区域等（注2）	D	一般の建築物	規模を問わない ⚠ 防火・準防火地域内である場合に注意	○	○ (注1)	—	—

（注1）：防火地域および準防火地域**以外**で建築物を**増築・改築・移転**する場合で、その増築・改築・移転に係る部分の床面積の合計が**10㎡以内**であれば、確認は**不要**。逆に、**防火地域または準防火地域内の場合は、10㎡以内であっても確認が必要**

（注2）：「都市計画区域等」とは、**都市計画区域**（都市計画審議会の意見を聴いて指定する区域は除く）・**準都市計画区域**（都市計画審議会の意見を聴いて指定する区域は除く）、もしくは準景観地区（市町村長が指定する区域は除く）**内**、または、都道府県**知事**が関係市町村の意見を聴いてその区域の全部もしくは一部について**指定する区域内**のことを指す

　この表をざっくり説明すると、全国どこででも**A～C**の建築物（一定規模の特殊建築物や大規模建築物など大きな建築物）について、新築、増築・改築・移転、大規模な修繕・模様替え、用途変更などをする場合、および、都市計画区域内等で**D**の建築物の新築、増築・改築・移転をする場合には、原則として、建築確認を受ける必要がある、ということです。

建築確認の要否の判断についての着眼点は、(1)その建築物の**大きさ**、(2)**行為**の種類、(3)その**場所**です。この３つから、建築確認がいるかどうかを判断することになります。前出の POINT整理 に沿って見てみましょう。

(1) 建築物の種類・規模（**大きさ**）

A〜Dが、建築確認が必要な建築物です。まず、**B・C**から見ていきましょう。一般的に大きな建築物であれば、建築基準法をきちっと守ってもらう必要性がより高いはずですので、**B**の木造の大規模建築物や**C**の木造以外（鉄筋造など）の大規模建築物については建築確認を受けるべき、となります。

表中の❶〜❹のいずれかに該当する建築物ならば、**B**の木造の大規模建築物です。そして**C**の木造以外、つまり鉄筋造などの場合は、❺か❻のどちらかに該当すれば大規模建築物となります。

このように、まずは**木造**か、**木造以外**かということを、きちっと区別をする必要がありますね。その上で、それぞれ、表中の数字を覚えましょう。

次に、**A**の特殊建築物は、用途に供する床面積の合計が200㎡を超える場合に、確認が必要です 最近の改正 。特殊建築物で、かつ、大きなものです。

特殊建築物とは、不特定多数が出入りするため、いったん火災などが発生すると多くの人命にかかわるような建築物のことです。

特殊建築物としては、次のようなものがあります。

 **特殊建築物の**例

劇場、映画館、公会堂、集会場、病院、診療所（患者の収容施設があるものに限る）、ホテル、旅館、下宿、寄宿舎、共同住宅、学校、体育館、百貨店、マーケット、展示場、キャバレー、バー、ダンスホール、遊技場、倉庫、自動車車庫、自動車修理工場　等

それでは、これらの**覚え方のヒント**です。

(ア) 例えば、鉄筋造の建築物が建築基準法に違反していることが発覚した際、頑丈ですから違反部分を改築することは難しい。そこで、**木造以外の建築物**は、木造に比べてより規模の小さなものから、事前の確認を受けてもらう必要があるのです。

(イ) 面積については、「基本的には200㎡、木造だけ500㎡」と覚えれば簡単です。

(2) 建築行為の種類（**行為**）

行為の種類は、①新築、②増築・改築・移転、③大規模な修繕・模様替え、④用途変更と4つに区分します。

特に②増築・改築・移転については、前出 **POINT整理** 建築確認を必要とする建築物の中の「**(注1)**」をよく読んでおきましょう。そこにあるように、増築等については、原則として、10㎡以内なら確認は**不要**ですが、**防火地域・準防火地域内**なら10㎡以内でも**確認が必要**です。

防火地域内などでは、たとえわずかな増築等であっても、いい加減な工事が行われれば、火事が発生した際には人命にかかわるからです。

なお、増築の場合は、**A～C**にあたるかどうかは、増築後の規模によって判断します。

そして、④用途変更とは、「出来上がるものが特殊建築物の場合」と考えてください。つまり、建築物の用途を変更して特殊建築物にすることです。

ここで注意が必要なのは、次のように、「**類似の用途**」相互間の用途変更の場合は確認は**不要**ということです。

例えば、劇場を映画館にする場合なら、劇場も映画館も同じような構造ですから、あまり大がかりな工事にならないからです。

【類似の用途の例】

① 劇場・映画館・演芸場　　② 公会堂・集会場
③ 診療所・児童福祉施設等　④ ホテル・旅館
⑤ 下宿・寄宿舎　　　　　　⑥ 博物館・美術館・図書館
⑦ 百貨店・マーケット等　　⑧ キャバレー・バー・ナイトクラブ等
⑨ 待合・料理店　　　　　　⑩ 映画スタジオ・テレビスタジオ
⑪ 体育館・ボウリング場・スケート場・水泳場

丸暗記しなくとも、だいたい判断できますね。

(3) 建築行為をする地域・区域（**場所**）

① **前出** POINT整理　建築確認を必要とする建築物の中の「**(注2)**」を見てください。都市計画区域、準都市計画区域内等における建築物の新築、増築・改築・移転をする場合には、**D**の建築物（**A**～**C**以外の建築物、つまり小さな建築物）でも、基本的に建築確認を受ける必要がある、ということです。なぜなら、都市計画区域等では、そもそも集団規定による規制が課されますから、**D**のような規模の小さい一般の建築物でも建築確認を受ける必要性があるのです。

② そして、都市計画区域の中でも、**防火地域・準防火地域内である場合に注意**しましょう。ここでは、小さな建築物であっても、新築の他、増築・改築・移転の面積が10㎡以内と小さくても、確認が必要です。

なお、以上を前提に、確認の要否を問われた場合に簡単に答えを出す方法をお教えしましょう。それは、問題文を読んだとき、その行為が、**都市計画区域・準都市計画区域等の区域内や防火地域・準防火地域内**で行われる場合は、「**新築**」か「**増築・改築・移転**」（10㎡を超えるかは、要チェック！）であるなら、建築物の規模を判断しなくても「**確認が必要**」と判断できます。

したがって、問題文中に、「**都市計画区域等**」や「**防火地域・準防火地域**」という言葉があったら、次に、「**新築**」か「**増築・改築・移転**」という言葉があるかどうかを探してみてください。案外、スグに答えが出ることがあるはずです。

3 建築確認の手続（6条〜7条の6）

 建築確認申請から使用開始まで（建築主事による手続）

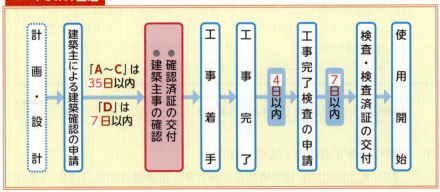

(1) まずは、建築主が、建築主事（以下は、指定確認検査機関ではなく、建築主事による手続の流れです）に、建築確認の申請をします。建築主は、建築等の計画が、「建築基準法令の規定（建築基準法・命令・条例の規定）」、その他建築物の敷地、構造または建築設備に関する法律・命令・条例の規定で、政令で定める「建築基準関係規定（これには都市計画法などの規定も含まれます）」に適合することについて、建築主事に、確認申請書を提出し、建築主事の確認を受け、確認済証の交付を受ける必要があります。

(2) 建築主事は、前出❷- POINT整理 建築確認を必要とする建築物の中の、A〜Cの大きな建築物の場合、それが法律などに適合していれば、申請を受理したときから35日以内に、Dの一般の建築物の場合は7日以内に、それぞれ確認を行います。ただし、建築主事は、一定の場合は35日の範囲内で期間を延長することができます。

なお、建築主事は、建築主から確認申請書を受理した際に、その建築物の計画が構造計算適合性判定を要する場合は、適合性判定通知書等の提出を受けたときに限り、建築確認を行うことができます。

> 「**構造計算適合性判定**」とは、建築物が一定の構造計算に係る基準に適合するか否かの判定のことです。**建築主**は、一定の場合に、都道府県知事や知事等の指定を受けた構造計算適合性判定機関に判定を**申請**し、その結果を記載した**通知書**（「適合性判定通知書」）**の交付**を受けます。

そして、建築主事は、建築確認を行う場合、建築物の工事施工地等を管轄する消防署長などの同意を得なければなりません。ただし、**防火地域**や**準防火地域以外**の区域で行う**住宅**（共同住宅は除く）の建築の場合は、**不要**です(93条1項)。

(3) (1)(2)を経て、建築主は、いよいよ工事に着手します。ただし、**階数が3以上の共同住宅の床およびはりに鉄筋を配置する工事の工程のうちの一定の工程**や特定行政庁が指定する工程（「**特定工程**」）に係る工事を終えたときは、その都度、**中間検査を申請しなければなりません**。

(4) 建築主は、工事が完了したら、**工事完了検査の申請**をします。その申請は、**工事完了の日から4日**以内に建築主事に到達することが必要です。そして、建築主事は、申請の受理後、**7日**以内に検査をして、問題がなければ**検査済証を交付**します。その後、建築主は、晴れて**使用開始**できる。これが原則的な流れです。

それでは、「使用開始の時期」を、前出の **2**- の**A〜D**の建築物と**重ねて**、見てみましょう。

建築物の使用開始の時期

建築物の種類	原則	例外
A〜C	検査済証の交付後	① 特定行政庁が安全上、防火上および避難上支障がないと認めたとき H29・R3 ② 建築主事（指定確認検査機関を含む）が、安全上、防火上および避難上支障がないとして国土交通大臣が定める基準に適合していることを認めたとき ③ 完了検査の申請が受理された日から**7日**を経過したとき
D	いつでも使用開始できる		

　使用開始にあたっては、**A〜C**にあたる建築物（つまり、**D**以外）は、原則として検査を受けて**検査済証の交付**を受けた後でなければ使用できません。ただし、**例外**として、モデルルームとして使うなど、検査済証交付前に、仮に使うことができる場合があります。それが、前出の表の「**例外**」である①〜③の場合です。

4　違反建築物に対する措置等（9条、9条の3）

　万一違反建築が行われてしまった場合、特定行政庁等は、意見書の提出の機会の付与などの一定の手続を経て、**建築主**や**工事請負人**または建築物の**所有者**などに、工事の**施行停止**や、猶予期間を設けた上で**使用禁止**などを命じることができます。また、緊急の場合は、一定の手続を経なくても、仮の使用禁止などを命じることもできます。

Chapter 2 ▷ 建築基準法

5 | **不服申立て（94条〜95条）**

　特定行政庁・建築主事等の処分や、これに係る不作為に対して不服がある者
は、**建築審査会に審査請求**することができます。さらに、建築審査会の裁決に
不服がある者は、**国土交通大臣に対して再審査請求**をすることも可能です。

Chap.
2
Sec.
4
建築基準法を守ってもらうために〜建築確認〜

第3編 法令上の制限
Chapter 2 ▷ 建築基準法

Section 5 みんなで決める建築の基準 〜建築協定〜

Introduction 建築協定は、あまり出題頻度は高くはないですが、簡単ですからマスターしてしまいましょう。出題されれば得点源になります。

▶▶ 分野別過去問題集 第3編「法令上の制限」問題 ⑳〜㊳

1 建築協定（69条〜76条）

　建築基準法上では許されていることであっても、地域の住民が集まって、自ら建築基準法より厳しい制限を課すのが、建築協定です。

> 例えば、ある地域では、建築基準法上はパチンコ店をつくることはOKなのですが、地域の住民で「ここではダメ」と決めてしまうようなことです。

1 建築協定の内容

　建築協定で規制できるのは、敷地・位置・構造・用途・形態（けいたい）・意匠（いしょう）・建築設備に関する基準です。

> 意匠とはデザインのことです。例えば、地域の住民としては静かな落ち着いた環境にしたい、けばけばしい建築物はつくってほしくないという場合には、その外観などに規制を加えることができるのです。

2 建築協定を締結できる区域

　建築協定を締結できる区域は、市町村が条例で「建築協定を結ぶことができる」と定めているところに限られます。本来、法律では許されていることをわざわざ規制するのですから、ダメな区域を定めるのも、民主的な「条例」によるのでなければ納得されないからです。

ところが、建築協定をやめてしまう場合は、加えられていた制限がなくなるだけですので、**過半数**の合意があれば**廃止**することができます。
H24

2 | 一人協定 （76条の3）

　例えば、分譲業者が建物を売り出した後に、閑静な住宅街を目指して建築協定を結ぶことは、協定の締結には全員の賛成が必要ですから事実上難しいですよね。そこで、分譲業者が、あらかじめ閑静な住宅街にする目的で、売り出す前に建築協定をつくってしまう。これが**一人協定**です。

　一人協定のポイントは、「いつから効力が生じるか」です。すなわち、認可の日から3年以内に、その土地の区域に2人以上の土地所有者などが存することになった日から、協定の効力が生じます。例えば、分譲業者が誰か1人に売ったら、その段階で、分譲業者と買った人を合わせて土地所有者が2人になった、その日からです。

わかって合格る　いますぐ解く！ 厳選過去問プレミアム 50　問38 へ

3 建築協定の締結

本来許されていることを規制するのですから、建築協定の締結につ
の地域の土地所有者や借地権者全員の合意が必要です。また、ある
権者がいる場合、建物をつくるのは借地権者ですから、所有者の合意
も借地権者の合意があれば○Ｋです。

4 建築協定のプロセス

まず、所有者などが建築協定を締結し、次に、特定行政庁にその協
します。その後、特定行政庁が認可・公告を行います。

5 建築協定の効力発生

特定行政庁による認可の公告があった日以後に、建築協定区域内の
有者や借地権者となった者に対しても、原則として、この建築協定の
びます。

> 後で土地を買った人に対しては建築協定の効力が及ばないのでは、
> せっかく決めたことが守られないからです。

6 建築協定の変更・廃止

例えば、「パチンコ店はダメ」から「喫茶店をつくるのはダメ」とい
建築協定に変えたとします。このように建築協定の変更をする場合は
合意で行います。
H24

> つまり、「新たな規制」になるため、建築協定を一からつくるのと一緒
> だからです。

第3編 法令上の制限

Chapter 3 国土利用計画法

国土利用計画法からの近年の出題は、基本的に毎年1問です。ここは、民法の理解が若干必要とされるものの、得点源となる法律です。まずは、出題の中心となる**事後届出制**を重点的に学習し、その後、**事前届出制**、さらに許可制については"比較の視点"で見ていけば、効果的にマスターできるでしょう。

Section 1 国土の計画的な利用や取引
〜国土利用計画法の全体像〜

Section 2 土地の売買は自由にできない-①
〜事後届出制〜

Section 3 土地の売買は自由にできない-②
〜事前届出制等〜

Chapter 3 ▷ 国土利用計画法

Section 1 国土の計画的な利用や取引 ～国土利用計画法の全体像～

> **Introduction**　まずは、国土利用計画法の目的と全体像を簡単に見ておきます。特に「目的」をしっかりつかんでおくことは重要です。

▶▶ 分野別過去問題集　第3編「法令上の制限」問題 ㊴～㊺

1 国土利用計画法の目的と体系

　国土利用計画法は、国土の計画的な適正利用が、その目的です。それとともに、投機的な土地取引を防止するなど、地価を抑制することもまた、大きな目的です。

　まず、①国や自治体は、そのための国土の利用に関する基本構想として国土利用計画を定め、そして各都道府県は、その区域内を5種類の地域（都市地域、農業地域、森林地域、自然公園地域、自然保全地域）に区分する土地利用基本計画を定めます。また、②適正な土地利用と地価の抑制を目的として、土地取引の規制が行われます。そして、③遊んでいる土地があることは、国土の計画的な利用にとって好ましくありませんから遊休土地に関する措置も設けられています。

> 宅建士試験に出題されるのは②の「土地取引の規制」ですから、本書では、この点について集中的に学習していきます。

2 国土利用計画法の学習の重点

　例えば、住宅地の価格が上がってしまうと、マイホームを取得しようと思ってもなかなか手に入りません。そこで、計画にマッチした土地利用を図ると同時に、土地の価格の高騰を防ぐために、土地取引の段階でいくつかの規制を加えています。

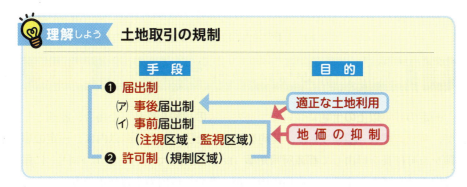

　土地取引の規制には、❶土地の売買などを行うときに届出をさせる方法（「届出制」）と、❷許可を受けさせる方法（「許可制」）の、２つの方法があります。
　そして、❶届出制にはさらに、㋐事後届出制と㋑事前届出制があります。これらは、売買契約などを結んだ後で届け出ればよいものと、契約を結ぶ前にあらかじめ届け出なければならないもの、つまり、「事後」と「事前」の２種類のチェックです。そして、㋐事後届出制は、適正な土地利用に目的の重点がありますが、㋑事前届出制は、注視区域や監視区域という区域内で行われ、地価の抑制も同時にその目的としています。契約前に届出が必要ですから、当然、事前届出制のほうが厳しい規制です。
　また、❷許可制ですが、規制区域というものを定めて、その区域の中で売買契約などを結ぶときに、事前に許可を受けさせるものです。これは、届出制よりもはるかに厳しい規制で、やはり適正な土地利用と地価の抑制が、その目的です。

第3編 法令上の制限
Chapter 3 ▷ 国土利用計画法

Section 2 土地の売買は自由にできない-① ～事後届出制～

Introduction
国土利用計画法の目的を達成するために、土地の売買契約などを規制するための制度が、Sec. 2・3の学習テーマです。規制の方法として「届出制」や「許可制」などがとられています。ここではまず、宅建士試験での出題のほとんどを占める「事後届出制」を見ていきましょう。

▶▶ 分野別過去問題集 第3編「法令上の制限」問題 ㊴〜㊺

1 事後届出制の内容（23条〜27条の2）

一定の面積以上の土地について土地売買等の契約を締結した場合、原則として、権利取得者（例 買主）は、契約を締結した日から2週間以内に、一定の事項を市町村長を経由して都道府県知事（政令指定都市ではその長。以下同じ）に届け出なければなりません。届出の内容が、その地域内の土地利用の方針にきちんとマッチしているかをチェックするのです。ここでは、利用目的の規制に重点があるため、土地を取得・利用する側の権利取得者が届け出ます。

なお、後出Sec. 3の「事前届出制」の場合は、両当事者、例えば、売買契約の場合ならば売主と買主の両方が届け出ます。

両者の大きな違いの1つですので、しっかり押さえておいてください。

1 対象区域

注視区域・監視区域・規制区域を除いた、全国の区域です。

注視区域と監視区域では事前届出制がとられていますし、規制区域では許可制がとられていますので、それら「以外」のすべてが、その対象となっています。

2 届出対象面積

　土地取引をする場合に届出が必要となる面積は、次のようになります。つまり、「一定の規模以上」のものを規制しておけば十分、ということです。

> 上から「2×5＝10」と覚えておけばいいですね。

試験に出る！POINT整理　事後届出制の届出対象面積

❶ 市街化区域内	2,000㎡以上
❷ 市街化区域以外の都市計画区域内	5,000㎡以上
❸ 都市計画区域外	10,000㎡以上

以下、留意点です。
① 共有者が持分を売却するときは、それぞれの持分相当の面積で、面積要件を判断します。
② 届出をするのは権利取得者ですから、この届出対象面積に該当するかどうかは、権利取得者を基準に判断します。

3 届出が必要な「土地売買等の契約」とは

　事後の届出が必要な「土地売買等の契約」は、次の表のように(A)権利性、(B)対価性、(C)契約性の3つの要件を満たしていなければなりません。
　なお、後出の「事前届出制」と「許可制」も、同様です。

届出・許可を必要とする土地取引（「土地売買等の契約」）

	❶ 届出をすべき要件	❷ 該当する例	❸ 該当しない例
(A) 権利性	土地に関する権利（土地の**所有権**、**地上権**、**賃借権**、また、それらの権利の取得を目的とする権利）の移転・設定であること	① 売買、売買予約、交換 ② 譲渡担保、代物弁済、代物弁済の予約	① 抵当権の設定、質権の設定、地役権の設定、永小作権の設定、使用貸借権の設定
(B) 対価性	土地に関する権利の移転・設定が、**対価**を得て行われること	③ 権利金など一時金の授受のある地上権・賃借権の設定 ④ 形成権（予約完結権・買戻権等）の譲渡 ⑤ 土地区画整理事業における保留地の処分	② 贈与、負担付贈与 ③ 信託契約 ④ 権利金等の授受のない地上権・賃借権の設定 ⑤ 形成権（予約完結権・買戻権等）の行使	⑥ 相続 ⑦ 換地処分、土地収用、時効
(C) 契約性	土地に関する権利の移転・設定が、**契約**（予約を含む）であること		

❶ 届出をすべき要件

まずは上の表中の(A)**権利性**です。土地に関する権利として、**土地の所有権、地上権、賃借権**のほかに、**それらの権利の取得を目的とする権利**（例 売買の予約をしたときの予約完結権等）があります。

次に、(B)**対価性**。地価の動向は、国土利用計画法では大きな関心事です。したがって、例えば、売買契約のように対価を伴う場合を、チェックしておく必要があるのです。

最後に、(C)**契約性**。土地に関する権利の移転または設定が、契約によって行われた場合です。

❷ 該当する例

「どういう取引のときに届出が必要か」がきちんとわかっていないと本試験の問題が解けませんから、次の「**土地売買等の契約**」の具体例が非常に重要です。ポイントは、先ほどの**権利性・対価性・契約性**の３つです。

まず、👆POINT整理 の❷-①の**売買契約**が該当し、それには、**停止条件付売買契約**も含まれます。**売買予約**も、予約契約ですから含まれます。そして、**交換契約**。例えば、Ａ地とＢ地を交換するときは、「Ａ地の対価がＢ地」ですから、対価性があるといえます。

そして、②の**譲渡担保**も該当します。これは、実質は担保なのですが、法律上は譲渡の形を取っているものです。また、例えば、1,000万円を支払う代わりに土地を渡すというような**代物弁済**も該当します。

③の**地上権・賃借権**の設定については、**権利金**等の一時金が伴っているときのみ対価性が認められることに注意してください。

④の形成権の**譲渡**とは、**予約完結権や買戻権などを譲渡**することです。先に❶で見たように、予約完結権は、「土地の所有権の取得を目的とする権利」にあたります。この権利を、売買契約によって譲渡するような場合です。

❸ 該当しない例

①の**抵当権**や**質権**の設定は、該当しません。❷-②の譲渡担保と異なり、抵当権や質権は、「土地に関する権利」ではないからです。

また、②の**贈与**も該当しません。これは、タダでもらう契約ですから、対価性がありません。同様に、負担付贈与も「対価性なし」とされています。

③の**信託契約**も、土地所有権移転のかたちをとりますが、その対価がないので、「対価性なし」とされています。ただし、**信託契約の受託者が信託財産である土地を売却する場合は、普通の売買契約**（＝「対価性あり」）となります。

⑤の予約完結権の「**行使**」は、形成権の**行使**に該当します。つまり、完結権を持っている者が一方的に「完結します」と言えば、それだけで売買契約が締結されたことと同じ効果が生じます。したがって、当事者間の「合意」によって行われるものではないため、契約にはあたりません。また、売買の予約の段階で既に届け出ていますので、完結権行使の段階のチェックは不要となります。

このように、形成権の行使と❷で学習した形成権の譲渡は異なります。
　❻の相続は、対価性も契約性もありません。❼の時効も同様です。

> **重要！一問一答**　　　　　　　　　　　　　　　　H23-問15-肢4
>
> **Q** Aが所有する市街化調整区域内の土地5,000㎡とBが所有する都市計画区域外の土地12,000㎡を交換した場合、A及びBは事後届出を行う必要はない。
>
> **A** 「交換」は、土地売買等の契約に該当する。また、A・Bそれぞれの取得面積は届出対象面積以上なので、A及びBは、双方とも事後届出が必要。
>
> ……… ✗

4　一団の土地の取引の場合

(1)　市街化区域内に所在するX地およびY地を取得する場合

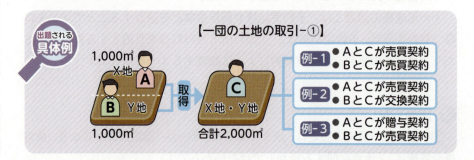

　市街化区域内の土地取引の場合、届出が必要なのは「2,000㎡以上」です。例-1でみると、AC間の取引は1,000㎡、BC間の取引も1,000㎡ですから、どちらも届出対象面積には達しません。では、届出が不要かというと、必ずしもそうではありません。
　例えば、Cさんが、隣り合っているX地とY地にまたがってマンションを造ろうと考えている場合であれば、X地とY地は隣り合っている、つまり、物理的に一体、そして、両地にまたがるマンションの建築という計画的にも一体といえます。このように、物理的・計画的一体性がある場合には、契約が時間的にズレていても、AC間の取引とBC間の取引の土地の面積を合わせて「一団の土地」と考えるのです。そうすると、「合計2,000㎡」ですから、市街化区域

の届出対象面積に達します。そして、事後届出制の場合には、権利取得者が届け出ますので、その届出対象面積に達するか否かは権利取得者、つまりＣさんを基準に判断するわけです。

したがって、この場合はＡＣ間の売買契約とＢＣ間の売買契約の両方について、Ｃさんによる届出が必要になります。

同様に、例-2 も一体性があれば、両方について、届出が必要です。

例-3 におけるＡＣ間の取引は、贈与契約で対価性がありませんから、ＢＣ間の取引だけを考えればよく、そうすると「1,000㎡」で、届出対象面積に該当しません。したがって、届出は不要です。

(2) 市街化区域内に所在するＺ地をＥとＦに分割して売却する場合

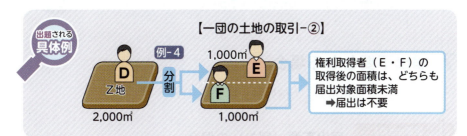

事後届出制では、例-4 の場合も、権利取得者が届出の基準になります。たとえＤＥ間・ＤＦ間両方の取引が「土地売買等の契約」であっても、ＥさんもＦさんも1,000㎡ずつの取得ですので、届出は不要です。

なお、後出の「事前届出制」「許可制」の場合は、両当事者が基準となりますので、この場合は「2,000㎡」の土地取引となり、両方の取引が「土地売買等の契約」にあたれば、両取引それぞれについて届出が必要になることに注意しましょう。

5 届け出る者

権利取得者です。「当事者」ではありません。

6 届出すべき事項

事後届出制の目的は「土地の適正利用」ですから、契約による土地に関する権利の移転または設定後における**利用目的**を届け出るのは当然のこと、契約にかかる**土地の対価の額**も、届出が必要です。

> 事後届出の場合、**対価の額**は**審査の対象ではありません**が、将来を考えて取引の動向を監視しておく必要があるからです。

7 届出不要となる場合

次のように、「届出不要」の例外があります。

試験に出る！POINT整理　届出不要（例外）の場合

❶	民事調停法による調停・民事訴訟法による和解に基づく場合
❷	農地法3条1項の許可を要する場合 （⚠農地法5条1項の許可の場合は届出が必要なことに注意）
❸	強制執行、担保権の実行による競売の場合
❹	非常災害の応急措置として行われる場合
❺	取引の当事者の一方または双方が**国・地方公共団体**等である場合　等

特に「❶民事調停法による調停」「❷農地法3条1項の許可」に注意しておきましょう。農地法3条1項の許可を受けるのは、例えば、農地が譲渡されても農地のまま利用されるような場合ですから、土地の利用目的についてそもそもチェックを受ける必要がないからです。5条1項の許可ではありません。

なお、❺は、「取引を行うのは公的機関だから問題はない」という趣旨です。

8 違反行為に対する措置

事後届出を怠った、または虚偽の届出をした（つまり、「届出義務違反」の）場合、罰則があります。しかしながら、契約自体は有効です。
R2・3

> その意味で、届出制は、緩やかな規制の方法と考えることができるのです。

2 事後届出制の手続

次のフローチャートについて、少し補足しておきます。

③の「審査」の対象は「利用目的のみ」ということに注意してください。なぜなら、事後届出制の目的自体が、適正な土地利用だからです。

また、③-2-(イ)aの「勧告に従わない場合」について、知事は、勧告の内容などを公表できますが、罰則はありません。なお、契約自体は有効です。

事後届出制の手続

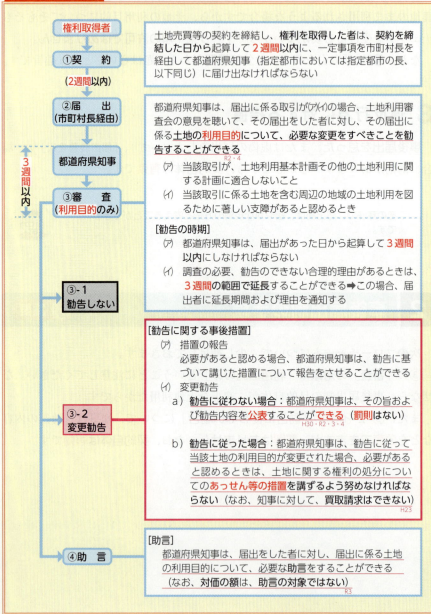

(1) まず、「届出対象面積」。注視区域の場合には、事後届出制と同じです。監視区域の場合には、注視区域の届出対象面積よりも小規模な土地取引についても事前の届出を求めるために、**都道府県知事が規則で定める広さ**とされています。

> 例えば、200㎡の土地取引であっても、こまめにチェックしたほうが地価上昇の抑制を期待できます。

また、「一団の土地」の面積要件については、事前届出制の場合には、**当事者双方が基準**になります。ですから、1人の売主から2人が買うような、**権利取得者が複数となる場合**でも、売主の段階で対象面積に該当するならば、各自、事前の届出が必要になることに、注意してください。

(2) 次に、「届出の内容」。届出者は契約の両当事者です。そして、届出後に当事者・予定対価の増額・利用目的等に変更が生じたときは、改めて届出が必要となります。反対に、減額（値段を下げる）だけの場合は、地価を抑制するという観点からは特に問題はないため、**再度の届出は不要**です。

3 事前届出制の手続

次のフローチャートを見てください。審査内容に問題がないなら、不勧告の通知をします。もし問題があれば、知事は届出を受けてから6週間以内に、変更勧告（「値段が高すぎるので下げなさい」など）や中止勧告をします。そして、変更勧告、あるいは中止勧告を受けた場合に勧告に従うときは、必要があれば、権利の処分について、あっせん等の措置を講ずる努力義務が知事にありますし、従わないときは、「事後届出制」と同様、公表することができます。

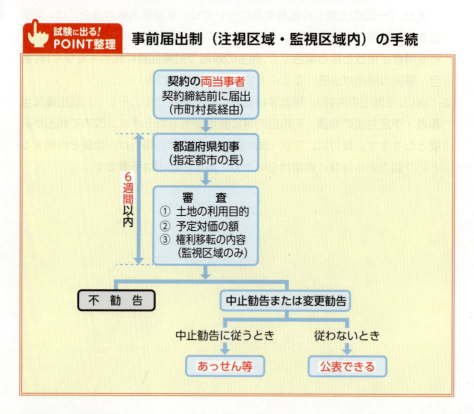

❶ 届出の効果

届出者は、その届出をした日から起算して6週間を経過するまでの間は、売買等の契約をしてはなりません。ただし、6週間を経過するまでに不勧告等の通知を受けた場合は、チェック済みのため、契約締結はOKです。

❷ 勧告の要件（審査基準）

　都道府県知事は、予定対価の額が、公示価格を規準として算定した価額に照らして著しく適正を欠く場合や、土地利用の目的が、土地利用基本計画等に適合しない、周辺の自然環境の保全上明らかに不適切である場合等に、勧告をします。

　なお、**監視区域**については、土地の値段を抑える必要性がさらに高いため、特例として、**短期間での転売によって**「**投機的土地取引**」（「**土地転がし**」）とみなされる場合にも勧告が行われます。

❸ 勧告に関する事後措置

　勧告に従わない場合、知事は勧告内容を公表することができます。しかし、罰則はありません。また、**契約自体は**有効です。

4　違反行為に対する措置

　違反行為をした場合（事前届出をしないで契約をした、虚偽の届出をした、**審査期間中に契約をした**、報告義務違反または虚偽の報告をした）には、罰則があります。しかし、**契約自体は**有効です。

5 「事後届出制」(Sec.2) と「事前届出制」の比較

ここで、事後届出制と事前届出制の違いを、比較しておきましょう。

試験に出る！POINT整理 「事後届出制」と「事前届出制」の比較

	事後届出制	事前届出制（注視区域・監視区域）
主 な 目 的	適正な土地利用	適正な土地利用と地価の抑制
届 出 者	取得者	両当事者
一団（面積）の 判 断	取得者が基準	両当事者が基準
審 査 事 項（勧告の対象）	利用目的 （ただし、取引対価も届出が必要）	利用目的・予定対価 （監視区域では、投機的取引か否かも勧告の対象）
手 続	●契約後2週間以内に届出 ●勧告は届出後3週間以内	●届出後6週間以内に勧告または不勧告の通知 　➡この間は契約締結はダメ 　⚠違反した場合、罰則はあるが、契約自体は有効 　➡不勧告の通知等があれば、契約OK ●変更が生じた場合 　原則……再度届出が必要 　例外……減額のみのときは不要
届出義務違反	契約は有効だが、罰則あり（勧告に従わないときは勧告内容等が公表されることがあるものの、罰則はなく、契約自体も有効）	

548

2 許可制（12条～19条）

　規制区域内で、一定の土地取引を行う当事者は、一定の手続を経て、都道府県知事の許可を受けなければなりません。

(1) 規制区域として指定されるには、都市計画区域内と都市計画区域外で若干の違いがありますが、「土地の投機的取引が相当範囲にわたり集中して行われ、または行われるおそれがある」ことが要件です。つまり、土地転がしが行われて地価が急激に上昇しているようなところが、規制区域に指定されるのです。

(2) 許可制については、届出制で学習したところと異なる点を中心に押さえましょう。

① 面積にかかわらず許可を受けることが必要です。地価高騰を防止する必要性が高いからです。

② 許可が必要な土地取引は、届出が必要な土地取引の場合と同様、「土地売買等の契約」です。しかし、取引の当事者の一方または双方が国・地方公共団体等である場合は、都道府県知事との協議の成立をもって許可があったものとみなされます。

③ 許可申請後、予定の対価の額（減額する場合は除く）や土地利用目的を変更しようというときは、改めて許可申請が必要です。

④ なお、許可申請の手続については、届出制と異なる重要なところがあります。許可を受けないでした契約は無効ということです。もちろん罰則もあります。そして、「不許可」とはなったが、依然処分したいという場合、知事に対して買取請求を行えます。

届出制の場合は「必要があれば、知事があっせん等に努める」でしたので、ここも大きく異なりますね。

第3編 法令上の制限

Chapter ▷ 4

農地法

農地法からは、必ず1問出題されます。問われる内容は比較的シンプル、かつ学習が容易ですので、得点源といえます。ぜひとも、1点ゲットしてください。国土利用計画法と同様、民法の知識を若干必要とします。出題の中心は「**農地等の処分制限**」、原則と例外の観点から整理していくのが、効果的です。

Section

 最大の目的は「食料の確保」
〜農地法の全体像〜

 農地も自由に売却できない
〜農地の処分制限〜

Chapter 4 ▷ 農地法

Section 1 最大の目的は「食料の確保」 ～農地法の全体像～

> **Introduction**　農地法は、農地においてちゃんと農業が行われるように、もっぱら農地の処分などを制限するための法律です。まずは農地法の目的をつかむことが、すべての出発点です。

▶▶ 分野別過去問題集　第3編「法令上の制限」問題 46 ～ 54

1 農地法の概要　！重要

理解しよう　農地法のポイント

(1) 目的…食料自給のための農地等の確保（食料の確保）
(2) 手段…農地等の処分制限・農地等の賃借人の保護
(3) 「処分」とは（次の❶～❸）

❶ 権利移動（3条）

❷ 転　用（4条）

❸ 転用目的の権利移動（5条）

(1) まず、農地法の「目的」ですが、食料自給のために（食料をちゃんと国内で生産できるように）、農地等を確保することです。
(2) そのための「手段」として、農地等の処分を制限しています。例えば、農地を宅地にすることや、農業をまじめにやらない人に農地が譲渡されることを防いでいます。

加えて、農地を借りて耕作している人たちを、安心して農業に打ち込めるように保護することも大事ですので、農地法は、**農地等の賃借人を守るための手段**も定めています。例えば、農地等の賃貸借は、その登記がなくても、農地等の引渡しがあれば第三者に**対抗**することができます(16条)。また、**農地等の賃貸借契約の解除**などを行うには、原則として、**都道府県知事の許可が必要**です(18条)。なお、農地等の賃貸借に関しては、存続期間の上限が**50年**と長く設定されています。

(3)　次に、出題の中心である農地等の**処分制限**を、重点的に見てみましょう。処分制限の「処分」には、次の❶～❸の３つのタイプがあります。

❶　**権利移動**。例えば、Ａさんが農地を持っていて、それを農地のままＢさんに売却するという場合です。**簡単に言ってしまえば、使う人（耕す人）が変わるだけです。**

❷　**転用**。**農地の用途が変わる**、例えば、Ａさんが、自分の持っている農地をつぶして宅地にすることです。この場合は、農地はなくなります。

❸　**転用目的の権利移動**。例えば、Ａさんが持っていた農地をＢさんに売り、Ｂさんがそれを宅地にすることです。**使う人が変わるとともに用途も変わる**、つまり、転用する目的で権利の移動が行われるから、「転用目的の権利移動」というわけです。

　これらを比べた場合に、**食料生産という観点からは**、単なる❶権利移動よりも、❷転用や❸転用目的の権利移動、つまり、「**転用**」を**含む場合のほうが重大な結果を招く処分**といえます。なぜなら、農地等がなくなれば食料事情への影響が大きいからです。だから、**より厳しい規制が必要**です。

これらの「考え方」を、頭にしっかりとどめておいてください。

2　用語の定義　

❶　農　地

耕作の目的に供される土地、つまり、耕して作物を作っているところを、農

地といいます（2条1項）。

　農地か否かは、**客観的な土地の事実状態**で判断します。つまり、例えば、現実に肥料を施して、農作物を作ったりするようなところかどうかです。**果樹園も含まれます。登記簿上の地目**が、たとえ「田」や「畑」でなくても、**関係がありません**。

　また、**休耕地・休閑地**も、いずれ再び耕しますから農地です。しかし、**家庭菜園**は、食料事情への貢献度は低いため、農地として扱う必要はありません。

❷ 採草放牧地

　簡単には、牧草地を考えてもらえればOKです。そこでは牛や馬が草を食べ、そのミルクや肉を人間が飲んだり食べたりしますので、**食料の供給**という観点からは、**間接的**です。

❸ 権利移動

　権利移動とは、使用・収益権の移転や設定のことです。「**単なる権利移動**」とは、使う人が変わるような場合です。そして、「**転用目的の権利移動**」とは、土地を使う目的（用途）および使う人の両方が変わるような場合です。

⑴　まず、**所有権の移転**です。AさんからBさんに所有者が変わる場合が、権利移動です。**有償か無償かは関係がありません**ので、売買の場合はもちろん、**贈与**（タダであげる）や競売による所有権の移転の場合も、権利移動に該当します。また、**売買予約は該当しません**が、**予約完結権を行使して所有権を取得する場合は含まれます**。完結させる意思表示によって、売買契約と同じ効果がこの段階で生じるからです。

⑵　そのほかには、**地上権、永小作権、賃借権、使用借権の設定・移転**のほか、**質権の設定・移転**も「**権利移動**」に含まれます。不動産質権の場合、不動産質権者がその不動産を支配し、原則として使用・収益できるからです。

⑶　なお、質権と同じ担保でも**抵当権の設定・移転は権利移動に該当しません**。融資を受ける際に自分の農地に抵当権を設定したとしても、抵当権設定者自身は、そのまま耕すことができるからです。

第3編 法令上の制限 Chapter 4 ▷ 農地法

Section 2 農地も自由に売却できない 〜農地の処分制限〜

Introduction
農地法は、「法令上の制限」の分野の他の法律に比べボリュームが少なく、得点源となり得る法律です。出題のポイントである「**3条・4条・5条の規制**」の原則・例外の他、市街化区域内の特例など、しっかり頭に入れてしまいましょう。

▶▶ 分野別過去問題集 第3編「法令上の制限」問題 46〜54

1 3条の許可（権利移動の場合）

1 許可を必要とする行為

農地法3条は、単なる**権利移動**について定めています。例えばAさんからBさんに、農地が農地のまま売られる場合や、採草放牧地が採草放牧地のまま売られる場合などです。そして、この場合には「**3条の許可**」を受けなければなりません。

なお、3条には、4条（**2**）、5条（**3**）のところで学習する**市街化区域内の特例はありません**。
H27・29

この点については、**2**の**4**を学習した後、再確認しておきましょう。

2 許可権者

農業委員会です。

3 許可不要の場合

権利移動の場合であっても、「3条の許可」がいらないという**例外**があります。
①権利を取得しようとする者が**国**または**都道府県**である場合や、②土地収用法などにより、農地が強制的に**収用**または**使用**される場合です。

そして、③相続、遺産分割、財産分与、包括遺贈、相続人への特定遺贈 最近の改正 、法人の合併の場合。この③の場合は、取得した旨を、原則として、農業委員会に届け出なければなりません。さらに、④民事調停法の農事調停による場合。

なお、③や④は、「3条の許可」だけの例外です。

4 許可基準

権利移動を受けた者が農業をしないとき、例えば次の①②の場合は、原則として、許可を与えるわけにいきません。これらを「3条の許可基準」といいます。

> ① 権利を取得する者、またはその世帯員等の耕作または養畜の事業に必要な機械の所有の状況、農作業に従事する者の数などからみて、これらの者が、取得後の農地等のすべてを効率的に利用して耕作や養畜の事業に供すると認められない場合
> ② 農地所有適格法人以外の法人が権利を取得しようとする場合

5 許可を受けずに権利移動を行った場合（3条6項、64条）

許可を受けずに権利移動を行った場合、権利移動に係る契約は無効になります。また、罰則も適用されます。

2　4条の許可（転用の場合）　

1 許可を必要とする行為

農地法4条は、農地を農地以外のものに転用（権利移動を伴わない）する場合について定めています。それには、一時的転用も含まれます。

これらの場合には、「4条の許可」を受けなければなりません。

> １の「3条」や次の３の「5条」と異なって、採草放牧地の転用は含まれていませんが、これは、食料事情への貢献度が低いため、農地に比べてあまり重視されていないことの表れですね。

2 許可権者

　この場合の許可権者は、「転用」という重大性から、原則として、農業委員会ではなく、原則として、都道府県知事です。ただし、農業上の効率的・総合的な利用の確保に関する施策の実施状況を考慮して、農林水産大臣が指定する市町村（「指定市町村」）の区域内では、指定市町村の長の許可が必要です。

　したがって、許可権者は、「都道府県知事等」（都道府県知事と指定市町村の長）ということになります。

3 許可不要の場合

　例外、つまり「4条の許可」が不要となる場合です。
(1)　まず、①国・都道府県等による一定の転用の場合です。ただし、転用規制の厳格化の観点から、国・都道府県等による転用であっても、許可不要となるのは道路・農業用の用排水施設等の場合とされています。

　　その一方で、学校・医療施設・社会福祉施設・庁舎等を造るための転用は、国または都道府県等と都道府県知事等との協議が成立することをもって「許可があったもの」とみなされます。

> 後者の場合は「許可不要」でないことに注意してください。

(2)　そのほかには、②土地収用法などで収用・使用した農地を転用する場合や、③すでに5条の許可を受けた農地を、その許可に係る目的のために転用する場合があります。
(3)　さらに、④耕作の事業を行う者が、その農地を「他の農地の保全または利用のために行う」、または、「農作物の育成等のための農業用施設（例 温室や畜舎）に供する目的で2a未満の転用を行う」場合もあります。

4 市街化区域内の特例

　「4条の許可」では、市街化区域内の特例も重要です。市街化区域とは都市化

を進めたいところですから、一般的には、その中に農地があるのはあまり好ましくありません。逆に、例えば農地を宅地にすることは、むしろ推奨されるという側面もあるため、許可を受けることに代えて、あらかじめ農業委員会への届出をすれば足ります。これが、市街化区域内の特例です。

なお、3条の「権利移動」の場合は、市街化区域内の特例はありませんでしたが、これは、単なる権利移動は、市街化区域だから好ましいというわけではないからです。

5 許可を受けずに転用を行った場合 （51条1項、64条）

許可を受けずに転用を行った場合、都道府県知事等は、原状回復・工事の停止等の違反行為を是正するための必要な措置をとるべきことを命じることができます。また、罰則も適用されます。

3 5条の許可（転用目的の権利移動の場合） 重要

1 許可を必要とする行為

農地法5条は、転用目的の権利移動について定めています。権利移動を伴うかたちで①「農地を農地以外にする場合」、または②「採草放牧地を採草放牧地以外にする場合」の2つの場合に、「5条の許可」が必要となります（3条と4条の両方の許可が必要なわけではありません）。

ただし、採草放牧地が、権利移動されて農地となる場合は、「3条の許可」で足ります。

農地は、人が直接食べる米や野菜などを作りますから、採草放牧地よりも食料事情への貢献度は大きいため、単に「使う人が変わる」という側面だけチェックすればいい、という趣旨です。

なお、数ヵ月間など、一時的な転用目的による権利移動であっても、「5条の許可」は必要です。

2 許可権者

許可権者は、4条同様、**都道府県知事等**です。

3 許可不要の場合

例外、つまり「5条の許可が不要」となる場合としては、①国・都道府県等による一定の転用目的での権利取得を挙げることができます。

内容的には、以下のように、**2**の「4条の許可」の場合と同様です。

ただし、転用規制の厳格化の観点から、国・都道府県等による転用目的での取得であっても、許可不要となるのは道路・農業用の用排水施設等の場合とされています。その一方で、学校・医療施設・社会福祉施設・庁舎等を造るための転用目的での権利取得は、国または都道府県等と都道府県知事等との協議が成立することをもって、「許可があったもの」とみなされます（「許可不要」ではありません）。

そのほかには、②土地収用法などにより**収用**・**使用**する場合も許可不要です。

4 市街化区域内の特例

「5条の許可」の場合も、「4条」と同様、**あらかじめ農業委員会**に**届出**をすれば足ります。あらためて、都道府県知事等の許可を受ける必要はありません。

5 許可を受けずに転用目的の権利移動を行った場合
（5条3項、51条1項、64条）

許可を受けずに転用目的の権利移動を行った場合、それに係る契約は**無効**になります。また、罰則も適用されます。そして、「4条」と同様、都道府県知事等による原状回復・工事停止等の措置が命じられることがあります。

試験に出る！POINT整理 農地・採草放牧地の処分制限のまとめ

農＝農地　採＝採草放牧地　他＝その他の用途

	権利移動（3条） (使う人が変わる)	転用（4条） (用途が変わる)	転用目的の権利移動（5条） (使う人が変わる) ＋ (用途が変わる)
対象	農➡農 採➡採 採➡農 （Aさん➡Bさん）	農➡他 （⚠ 採➡他は除く） （Aさんのまま）	農➡他 採➡他 （採➡農は「3条」） （Aさん➡Bさん）
誰の許可	農業委員会	知事等	知事等
許可不要となる「例外」 ❶	権利取得者が 国・都道府県の場合	㋐ 道路等にするために権利を取得・転用するものが国・都道府県等の場合 ㋑ 国・都道府県等が学校・医療施設・社会福祉施設・庁舎を造るために取得・転用する場合は、都道府県知事等との協議が成立することをもって「許可があったもの」とみなされる（「許可不要」ではない）	
❷	土地収用法等によって農地の権利が収用・使用（転用）される場合		
❸	相続・遺産分割・包括遺贈・相続人への特定遺贈・法人の合併の場合　等 （農業委員会に届出）	—	—
❹	民事調停法の農事調停の場合	農業用施設に供する目的での2a未満の場合	—
市街化区域内の特例	なし	あり （農業委員会に届出）	
違反したとき	契約は無効 罰則あり	原状回復等の措置・罰則あり	契約は無効 原状回復等の措置・罰則あり

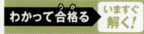

わかって合格る　いますぐ解く！　厳選過去問プレミアム 50　問40 へ

第 **3** 編
法令上の
制限

Chapter ▷ **5**

土地区画整理法

宅建士試験では、土地区画整理法からの出題は1問です。細部にわたって学習するとなると結構大変ですが、仮換地の指定や換地処分の効果、建築行為等の規制や保留地などの**頻出項目を重点的に学習**していけば、得点できるようになります。逆に言えば、そのような重要項目は最低限つかんでおく必要があるということです。ポイントは、まず**「土地区画整理のイメージをつかむ」**ことです。

Section

1 **" 土地の区画整理 " ってどんなこと？**
～土地区画整理法の全体像～

2 **土地区画整理事業はどのように進めるの？**
～土地区画整理事業の施行～

第3編 法令上の制限
Chapter 5 ▷ 土地区画整理法

Section 1 "土地の区画整理"ってどんなこと？
～土地区画整理法の全体像～

Introduction このSectionでは、まずは土地区画整理法の目的を把握したうえで全体像をつかむとともに、基本的な用語を見ていきます。特に、土地区画整理のイメージをつかんでおくことは、今後の理解に大きく役に立つはずです。

▶▶ 分野別過去問題集 第3編「法令上の制限」問題 ⑤～⑥

1 土地区画整理法とは

1 土地区画整理法の目的

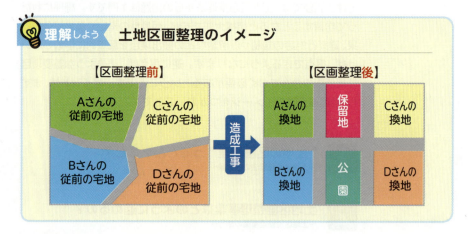

理解しよう　土地区画整理のイメージ

　図で見ると、区画整理前は道路が曲がりくねっていますが、区画整理後はビシッとまっすぐ通り、しかも広くなっています。加えて、公園もできていますし、宅地も整然としています。これが、**土地区画整理事業**、整っていなかった街並みをきれいにすることです。いわば街の"美容整形"です。このように、土地区画整理法は、宅地や道路等の整備によって**整理された街づくり**を行うことを目的とする法律です。

2 用語の定義（2条）

❶ 土地区画整理事業

　都市計画区域内の土地について、道路などの公共施設の整備・改善や宅地の利用の増進を図るために行われる、土地の区画形質の変更、および公共施設の新設・変更に関する事業を、土地区画整理事業といいます。

　そして、土地区画整理事業を行う区域を施行地区といいます。また、土地区画整理事業が都市計画事業（市街地開発事業）として行われるときは、行われる区域のことを施行区域といいます。

❷ 宅　地

　土地区画整理法にいう「宅地」とは、公共施設の用に供されている、国または地方公共団体の所有する土地「以外」の土地全般を指します。

> つまり、この法律における宅地の定義は広く、**森林や農地などでも該当**します。

3 土地区画整理事業の手法

　例えば、1の 理解しよう にある、区画整理前のAさんの土地を「従前の宅地」といいます。この従前の宅地に換えて、新たにAさんに割り当てられた区画整理後の土地を「換地」といいます。このように、換地を新たに提供することを、換地処分といいます。

　区画整理後の道路は、区画整理前に比べ広くなり、公園も造られていますね。それでは、これら公共の用地をどのようにして捻出したのでしょうか？　土地区画整理事業では、**土地の買収や収用などの手法は用いません**。それぞれの土地所有者から一定の割合で土地を提供してもらって、公共施設の用地に充てたりします。このように、土地を捻出することを、減歩といいます。

2 土地区画整理事業の施行者（3条、3条の4）

施行者としては、次のように(1)私的な施行者と(2)公的な施行者があります。

(1) 私的な施行者には、次の①〜③の3つがあります。

① 個人施行者	宅地の所有者・借地権者が1人か数人で行う
② 土地区画整理組合	宅地の所有者・借地権者が7人以上で組合を設立して行う
③ 区画整理会社	土地区画整理事業の施行を主たる目的とし、施行地区内の土地所有者等が議決権の過半数を有する等の株式会社を設立して行う

　これらの私的な施行者は、**知事の認可を受けて**（4条1項、14条1項、51条の2第1項）、区画整理事業を施行できます。

　そして、私的な施行者は、都市計画に定められた**施行区域外**でも施行することができます。_{H24}

つまり、「都市計画事業によらず」施行できる、ということです。

(2) **公的な施行者**には、次の4つがあります。

① 都道府県・市町村	② 国土交通大臣
③ 都市再生機構	④ 地方住宅供給公社

　そして、国土交通大臣以外の公的な施行者は、大臣や知事の認可を受けて（52条1項、71条の2第1項）、区画整理事業を施行できます。

　なお、これらの公的な施行者が事業を行うときは、**必ず都市計画事業**として、つまり、「**市街地開発事業**」として行われます。したがって、これらの施行者の場合は、必ず市街化区域および非線引き都市計画区域においてのみ施行され、**市街化調整区域では施行されません**。

564

第3編 法令上の制限
Chapter 5 ▷ 土地区画整理法

Section 2 土地区画整理事業はどのように進めるの? ～土地区画整理事業の施行～

Introduction
本試験では、手続などの細かい内容も出題されたりしますが、まずは仮換地の指定や換地処分など"Aランク"の重要な問題を落とすことのないように、完全に理解してください。さらに、建築行為などの制限や保留地などもねらわれやすい箇所ですので、カバーしておいてください。

▶▶ 分野別過去問題集 第3編「法令上の制限」問題 ㊺～㊿

1 土地区画整理事業の流れと建築行為等の規制

💡 理解しよう　**土地区画整理事業のフローチャート**

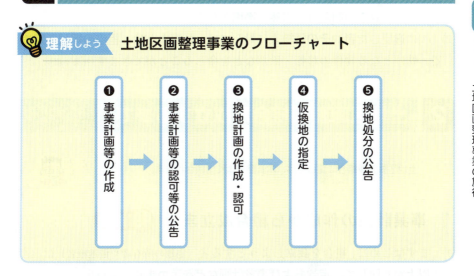

❶ 事業計画等の作成 → ❷ 事業計画等の認可等の公告 → ❸ 換地計画の作成・認可 → ❹ 仮換地の指定 → ❺ 換地処分の公告

　区画整理事業を行う間、工事のジャマになるものを排除する必要性から、次のような建築行為等に関する制限が設けられています。

(1) フローチャート中の「❷事業計画等の認可等の公告」から「❺換地処分の公告」までの間に、次の①～③の行為をしようとする者は、都道府県知事（市の区域内において個人施行者・組合・区画整理会社・市が施行する区画整理事業の場合は、その市長）の、または、国土交通大臣（国土交通大臣が行う区画整理事業の場合）の許可を受けなければなりません(76条1項)。
H23・28・30・R3・4

① 事業施行の障害となるおそれのある土地の形質の変更

② 事業施行の障害となるおそれのある建築物の建築（新築・増改築等）・工作物の建設

③ 移動の容易でない物件（5トンを超えるもの）の設置・堆積

つまり、制限を受けるのは、①造成・②建築等・③重い物を置くこと、の3つです。

なお、後出4で学習する、仮換地として指定された仮換地上で行う建築等についても、これらの制限は、当然、適用されます。

(2) (1)に違反した者やその承継人に対しては、知事などは、相当の期限を定めて、妨げとなる物件の移転・除却などを命じることができます(76条4項)。

2 土地区画整理組合が成立するまで

土地区画整理組合に関しては、本試験でよく出題されます。

1 事業計画の作成から組合成立まで 【重要】

(1) まずはじめに、組合を設立しようとする者（宅地の所有者や借地権者）は、**7人**以上が共同して、定款および事業計画などを定めます(14条1項)。

(2) そして、組合設立の認可を申請する者は、定款・事業計画・事業基本方針につき、施行地区となるべき区域内の宅地について「所有権を有するすべての者」および「借地権を有するすべての者」の両者の、それぞれ $\frac{2}{3}$ 以上の同意を得なければなりません(18条)。

(3) 組合設立の認可の申請は、都道府県知事に対して行います。そして、都道府県知事は、認可の申請を受けた場合、その事業計画を**2週間**、公衆の縦覧に供し、関係権利者に意見書の提出の機会を与えなければなりません(20条)。

(4) 都道府県知事が組合設立の認可をすれば、組合は成立します(21条)。これによって、「組合施行」として、土地区画整理事業を施行することができます。そして、施行地区内の宅地の所有者および借地権者は、すべてその組合の組合員となります(25条)。また、事業施行中に、組合員から宅地の全部または一部を取得して「所有者」となった者も、組合員となります。ただし、単なる借家人は組合員となりません。

2 借地権の申告(19条)

所有者に関しては、登記の有無は無関係ですが、未登記の借地権者は、市町村長に申告をしなければなりません。なお、未登記で、かつ申告のない借地権は「ないもの」とみなされ、組合設立に必要な同意数（**1**-(2)）や、組合の組合員（**1**-(4)）には含まれません。

3 換地計画の策定

(1) 施行者は、施行地区内の宅地の換地処分を行うに際し、あらかじめ換地計画を作らなければなりません(86条1項)。その作成にあたり、区画整理前の土地と区画整理後の土地は、位置・地積・土質・水利・利用状況・環境などが照応(うまく対応)するように定められなければなりません(89条)。これを換地照応の原則といいます。

> つまり、「同じような土地を割り当てる」ということです。

(2) 施行者が都道府県・国土交通大臣以外のときは、換地計画について都道府県知事の認可を受けなければなりません(86条1項)。また、組合施行のときは、換地計画の作成にあたり、組合の総会の議決が必要です(31条)。

> なお、組合員が臨時総会の招集につき書面を組合に提出する場合、電磁的方法により議決権及び選挙権を行うことが定款で定められているときは、組合員は、その書面の提出に代えて、電磁的方法により提供できることとされました。この場合、その組合員は、書面を提出したものとみなされます 最近の改正 。

(3) 都道府県・市町村、国土交通大臣等が施行者の場合は、事業ごとに設置され、宅地の所有者・借地権者などで構成される**土地区画整理審議会の意見を聴かなければなりません**(88条6項)。なお、土地区画整理審議会は、権利者等の意見をできるだけ反映できるように、**公的**施行主体の場合だけ、事業ごとに設置されることに注意してください。

(4) また、換地を定めるのが原則ですが、**宅地の所有者の申出または同意**（ただし施行者は、借地権者等の使用収益権者がいる場合は、その同意を得る必要があります）がある場合には、換地計画において**換地を定めなくても構いません**(90条)。その場合には、**清算金**で調整することになります。

4 仮換地の指定

土地区画整理事業は、一般に長期間に及びます。そこで、工事のジャマにならないように、とりあえず"仮に使ってもらう"ために他の土地を提供しておく必要があります。この、仮に使用する土地のことを、**仮換地**といいます。

> 仮換地の指定は、次に学習する「換地処分」と並んで、土地区画整理法のなかで、一、二を争う**重要な**テーマです。

1 仮換地の指定 (98条1項・3項・4項)

(1) 仮換地の指定は、①土地の区画形質の変更または公共施設の新設・変更のため、または、②**換地処分**を行うため、必要がある場合に行われます。

> ただし、仮換地として指定される土地は、将来そのまま「換地」となることが普通です。

(2) 組合施行のときは総会などの同意が、そして都道府県・市町村、国土交通大臣等の施行のときは土地区画整理審議会の意見を聴くことが必要です。

(3) また、仮換地を指定する場合、施行者は、従前の宅地について**借地権**等その他の宅地を使用・収益することができる権利を有する者があるときは、使

うところがわかるように、仮換地となる宅地を指定しなければなりません。なお、使用収益権のない抵当権者に対しては、その指定は不要です。

2 仮換地の指定の効果 (99条1項)

本試験では、次の「A所有の甲地とB所有の乙地」というケースを思い浮かべて考えれば、容易に正解を導くことができるはずです。ただし、本試験では、『条文上の表現』によって出題されます。そこで、仮換地の指定の効果は、条文の言葉などのように表現されるのかを、次の図で、きちんと押さえておきましょう。

試験に出る！POINT整理 仮換地の指定の効果と『その条文上の表現』

Aさん所有の宅地（甲地）について、仮換地として
Bさん所有の宅地（乙地）が指定された

甲地（従前の宅地）
- Aさんは使えない
- ただし、Aさん所有
 （Aさんは売却・担保権の設定ができる）

乙地（仮換地）
- Aさんが使える
- Bさんは使えない
- ただし、Bさん所有

1. 『従前の宅地について権原に基づき使用し、または収益することができる者』
 ➡ Aさんおよび甲地の使用・収益権者（Aさんから甲地を借りている者など）

2. 『仮換地について権原に基づき使用し、または収益することができる者』
 ➡ Bさんおよび乙地の使用・収益権者（Bさんから乙地を借りている者など）

上の図は、Aさん所有の甲地に換えて、Bさん所有の乙地が、その仮換地として指定されたケースです。

(1) 原則として、仮換地の指定の効果が生じた時から換地処分の公告の日まで、Aさんは甲地を使うことができません。

(2) 甲地は、換地処分の公告の日まで、施行者が管理します。したがって、施

行者は、Aさんの同意を得ることなく、工事を進めることができます。また、**甲地上の建物を移転・除却する必要がある場合は、原則として、施行者が移転等をします**が、施行者が定めた期限までは、Aさんが移転等をすることもできます(100条の2、77条)。

(3) Aさんは、仮換地として指定されたBさん所有の乙地を使用することになります。そうすると、乙地はAさんが使うわけですから、Bさんは使えません。

(4) なお、仮換地の指定の目的は、Aさんに「甲地を使わずに乙地を使ってください」というだけで、甲地の所有権をAさんから奪うわけではなく、**甲地は依然Aさんの所有**です。一方、**乙地も依然、Bさんの所有**です。したがって、Aさんが甲地の売却や甲地に抵当権を設定したりすることは、可能です。

3 仮換地の指定の方法(98条5項・6項)

仮換地の指定は、2-POINT整理 でいえば、Aさん・Bさんに対して、一定の事項を通知して行います。また、甲地や乙地上に、借地権者などその土地を使用・収益できる者がいるときには、その者に対しても通知します。通知する内容は、仮換地の位置・地積と、仮換地指定の効力発生日です。そして、その効力発生日から換地処分の公告の日までは、「Aさんは甲地を使用できない代わりに乙地を使用でき、Bさんは乙地の使用は不可」という仮換地の指定の効果が生じます。

4 使用・収益開始できる日を別に定めた場合 (99条2項)

施行者は、仮換地が使えないような特別の事情がある場合、**使用・収益を開始できる日を、仮換地指定の効力発生日とは別の日に定めることができます**。

つまり、例えば、Bさんの建物が依然、乙地に残っているように、仮換地に使用・収益の障害となる物件が残存する場合、施行者は、Aさんが仮換地の使用・収益を開始できる日を別に定めることができるのです。

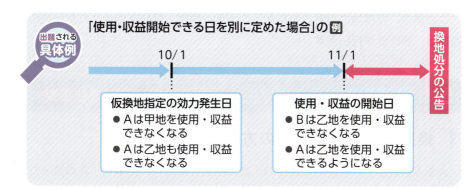

　この場合、仮換地指定の効力発生日である10月1日から、Aさんは甲地の使用・収益ができなくなります。さらに、仮換地である乙地を使用・収益できる日を別の日（11月1日）に定められた場合、Aさんは、11月1日まで乙地も使用・収益できません。そして、11月1日が来て初めて、Aさんは乙地を使用・収益できることになります。

　なお、そうすると、Aさんは10月1日～31日の間、甲地も乙地も使用・収益できませんが、その代わりに**損失補償**が行われることになります。

5 仮換地指定後に権利変動が行われた場合

　仮換地が指定された後に、甲地をCさんがAさんから買った場合、Cさんは、まず、仮換地である乙地を使用・収益することになります。つまり、Cさんが自宅を造りたい場合は、仮換地である乙地上に建築することになります。しかしながら、Cさんが所有権移転登記を行うのは所有権を取得した甲地についてですし、抵当権などの担保権の設定も所有地となった甲地について行います。

6 使用・収益の停止（100条）

　施行者は、必要があれば、換地計画において**換地を定めないとされる宅地の所有者**に対し、期日を定めてその宅地の**使用・収益を停止**させることができます。

その人の宅地を工事しなければならない可能性もあるからです。

この場合、仮換地に指定されなかった土地や使用・収益を停止された土地の管理は、**施行者**が行います。

5 換地処分

1 換地処分の内容とその方法（103条）

Aさんに対して、最終的に従前の土地に換えて新たに、工事完了後の整った土地を提供することが、**換地処分**です。

> つまり、換地を「正式に割り当てる」ということです。

(1) 施行者は、**原則として**、**換地計画に係る区域の全部**について、土地区画整理事業の**工事の完了後に遅滞なく**、換地処分を行わなければなりません。ただし、組合の規約などで別段の定めがある場合は**例外**となります。
(2) **換地処分**は、**関係権利者に通知**をして行います。そして、換地処分が行われた後は、知事などによって、**換地処分の公告**が行われます。この公告によって、正式に換地が完了し、換地処分の効果が生じます。

> そして、以下のように、**法律関係が一新**されることになるのです。

2 換地処分の効果（104条〜107条）

> 換地処分の効果に関しては、よくねらわれます。"いつそうなるのか"が重要ポイントです。

572

❶ 古い権利の消滅と新しい権利の発生

Aさんが元々所有していた甲地を「従前の宅地」、丙地を「換地」としましょう。換地処分の結果、Aさんは、甲地の所有権を失い、その代わりに、新たに丙地の所有権を取得します。そして、換地処分に伴い、元々甲地にあった権利が消滅したり、また、新たな権利が生じることになります。

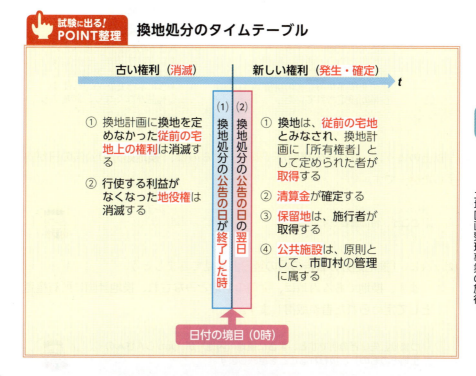

換地処分のタイムテーブル

(1) それでは、「換地処分の公告の日が**終了した時**」を見てみましょう。
　① まず、「**換地計画に換地を定めなかった従前の宅地上の権利**」の「**消滅**」。つまり、換地を定めなかった場合、従前の宅地である甲地上に存在していた古い権利（例 地上権など）は、すべて消滅します。
　② そして、**地役権**は、原則として、換地処分公告後も従前の宅地である甲地に**存続**しますが、「**行使する利益がなくなった地役権**」は、次のように「**消滅**」します。

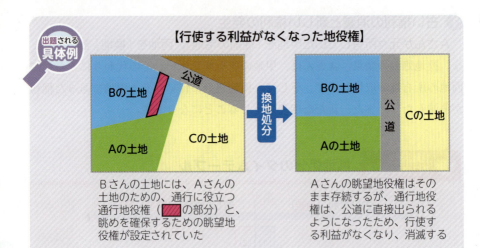

以上のように、これらの権利が「消滅」するのは、「換地処分の公告の日が終了した時」です。

> ここが、特に重要です。

(2) 次に、「換地処分の公告の日の翌日」を見てみましょう。
① まず、換地である丙地は、従前の宅地とみなされ、換地計画に所有権者として定められた者が取得します。

> つまり、先ほどの例ですと、まさに換地（丙地）が「元からAさんの土地そのもの」と扱われることを意味します。

その結果、原則として、抵当権等の権利や処分の制限が、そのまま新たな丙地に移転することになります。

> これが、「従前の宅地とみなされる」ということです。

② 次に「清算金の確定」です(94条)。金額の確定後、施行者が、徴収・交付します。

> 清算金とは、従前の宅地である甲地よりも、換地である丙地のほうが値打ちが高かったり、逆に、丙地のほうが甲地よりも値打ちが低かったりするときに、調整するための金銭のことです。

③ 「保留地」（➡次の**6**）は、施行者が取得します。
④ 換地上に新しく整備された公共施設は、原則として、それが所在する市町村が管理することになります。
　　　　　　　　　　　　　　　　　　　H26

　以上のように、これらの権利などが「発生・確定」するのは、「換地処分の公告の日の翌日」です。

> しっかり、頭に入れておきましょう。

重要！一問一答　　　　　　　　　　　　　H21-問21-肢4

Q 換地処分の公告があった場合、換地計画において定められた換地は、その公告があった日の翌日から従前の宅地とみなされ、換地計画において換地を定めなかった従前の宅地について存する権利は、その公告があった日が終了した時において消滅する。

A 権利の発生・確定は「公告の日の翌日」、そして、権利の消滅は「公告の日が終了した時」。　　　　　　　　　　　　　　　　……〇

❷ 変動の登記（107条）

　土地区画整理事業の施行によって、施行地区内の土地・建物に変動があったときは、施行者は、換地処分の公告後、遅滞なく、その変動に係る登記を申請し、または嘱託しなければなりません。区画整理事業後に確定した状態を、登記に反映させるためです。換地処分の公告後は、この変動に係る登記をした後でないと、原則として、施行地区内の土地・建物について、他の登記を行うことはできません。
　　　　　　H26・R1

6 保留地（96条、108条）

　区画整理事業には、多額の費用がかかりますので、その補塡などの目的で、誰

575

の換地にもしないで確保（留保）しておく土地が、**保留地**です。

(1) 土地区画整理事業を、①私的な施行者が行う場合と、②公的な施行者が行う場合とでは、保留地を決める目的やその要件などに違いがあります。例えば、②公的な施行者で保留地を決める際は、土地区画整理審議会の同意が必要ですが、①私的な施行者の場合は、そもそも土地区画整理審議会が設置されませんから、その同意も、当然不要です。

(2) 換地処分の公告の日の翌日に、その保留地を、まずは**施行者**が取得します。

例えば、施行者はその後、その保留地を売却し、代金を事業の費用に充てるのです。

(3) なお、保留地の購入者は、自由に使用・収益することができます。

もはや自分の土地になったからです。

試験に出る！POINT整理　保留地

	私 的 施 行	公 的 施 行
❶ 施 行 者	個人・組合・会社	都道府県・市町村・国土交通大臣等
❷ 定める目的	① 事業の**費用**に充てるため または ② 規準・規約・定款で定める目的のため	事業の**費用**に充てるためのみ
❸ 定める要件	ー	① 事業施行後の宅地価額の総額が、施行前の宅地の価額の総額を超えること ② 保留地は、①の差額の範囲内であること ③ 土地区画整理審議会の同意を得ていること
❹ 取　　得	換地処分の公告があった日の翌日に、**施行者**が取得する

第 **3** 編
法令上の
制限

Chapter ▷ **6**

宅地造成等規制法・
その他の制限法令

　まず、近年は、宅地造成等規制法から１問出題されるパターンになっていますから、しっかり学習しておいてください。**Chap.5** の土地区画整理法に比べれば内容的にはシンプルですから、得点源にしやすい法律です。

　次に、「その他の制限法令」に関する出題です。以前は、「宅地造成等規制法とあわせて１問」でしたが、最近は「国土利用計画法とあわせて１問」の形での出題もあります。ここでの学習のコツは、あまり時間を割かないこと。つまり、まずは、都市計画法等の主要法令をバッチリ頭に入れた上で、それでも時間が確保できるなら、本書で指摘した学習ポイントに沿って必要事項を頭に入れる。そうすれば、ほとんどの問題に対処できるはずです。

Section

1 **崖崩れを防止するための法律の全体像**
～宅地造成等規制法の目的等～

2 **宅地造成工事規制区域と造成宅地防災区域**

3 **その他の制限法令**

第3編 法令上の制限
Chapter 6 ▷ 宅地造成等規制法・その他の制限法令

Section 1 崖崩れを防止するための法律の全体像
〜宅地造成等規制法の目的等〜

Introduction
宅地造成等規制法は、いい加減な宅地造成工事が行われることを防ぐために、「許可制」を設けています。許可が必要な「宅地造成」や「宅地」などが定義づけられていますが、本試験では、その定義が頻出の重要ポイントです。

▶▶ 分野別過去問題集 第3編「法令上の制限」問題 64〜73

1 宅地造成等規制法の目的（1条）

崖崩れが発生するような危険な造成工事を放置すると、居住環境や財産だけでなく、人命に関わる事態となりかねません。そんなことを防ぐために、宅地の造成などを規制し、宅地を安全な状態にすることが、この法律の目的です。

理解しよう 宅地の造成に対する規制の流れ

① 都道府県知事（指定都市等のときは、その長も含む。以下同じ）が、「宅地造成工事規制区域」や「造成宅地防災区域」を指定する

② 規制区域内で宅地造成工事を行う者は、原則として、都道府県知事の許可が必要

③ 規制区域内の宅地の所有者等には、災害防止のため、その宅地を常時安全な状態に維持する義務がある　等

2 用語の定義　重要

❶ 宅　地
農地・採草放牧地・森林・道路・公園・河川・その他政令で定める公共施設の用に供されている土地「以外」の土地を、すべて「宅地」といいます。逆に

言えば、農地・採草放牧地・森林、道路などの公共施設用地は、宅地ではないということです。

> なぜなら農地・採草放牧地・森林などは、普通は人が住んでいないため災害防止の必要性が低いですし、公共施設用地は、その「管理者」である公共機関がしっかり管理しているからです。

❷ 宅地造成

試験に出る！POINT整理　宅地造成とは

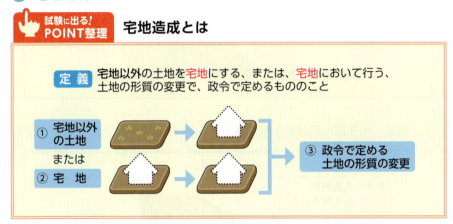

定義　宅地以外の土地を宅地にする、または、宅地において行う、土地の形質の変更で、政令で定めるもののこと

① 宅地以外の土地
または
② 宅地

③ 政令で定める土地の形質の変更

「土地の形質の変更」とは、土を盛る、掘る行為等のことです。

ここで注意が必要なのは、「宅地」➡「宅地以外のものにする」ための土地の形質の変更は、宅地造成ではないということです。「宅地を宅地以外のものにする」のであれば、出来上がるものが宅地以外ですから、崖崩れはあまり心配しなくていいですよね。（H26・30・R2）

つまり、たとえ宅地の中で工事を行うものであっても、その目的によっては、宅地造成に該当する場合と該当しない場合がある、ということです。

> 要は、出来上がるものが宅地かどうかです。以上のことは、肝に銘じて、覚えておいてください。

POINT整理 の③の「政令で定める土地の形質の変更」とは、次のような、崖崩れによる被害につながるような**危険性のある規模**の行為を指しています。

① **高さ2mを超える崖を生ずる切土**
H25・27・R3・4

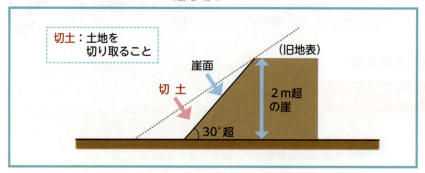

② **高さ1mを超える崖を生ずる盛土**
H25

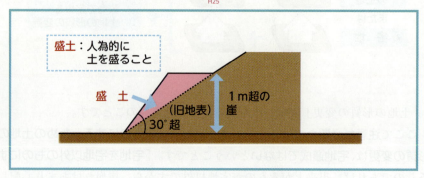

なお、「①切土」と「②盛土」を比べた場合、人為的に従来の土地の上に土を盛った「②盛土」のほうが崖崩れが起きやすいため、盛土の場合は、より規模の小さいもの（**1m超**）から規制をする必要があるのです。

③ 切土と盛土を同時にする場合であって、盛土により生ずる崖が1m以下であっても、切土と盛土により2mを超える崖を生ずるもの

④ ①～③に該当しなくても、切土または盛土をする土地の面積が**500㎡**を超えるもの
H25・27・30・R3

次の「ゴロ合わせ」で、まとめて覚えてしまいましょう！

 「宅地造成」の定義

にぎり	ひともり	500円
2mを超える切土	1mを超える盛土	造成面積500㎡超

❸ 造成主・工事施行者

宅地造成工事規制区域内での許可制や届出制の主体となるのは、**造成主**であり、工事施行者ではありません。

「造成主」	●宅地造成工事に関する工事の請負契約の注文者 ●請負契約によらないで自ら工事をする場合は、その者
「工事施行者」	●請負契約によるときは請負人 ●請負契約によらないで自ら工事をする場合は、その者

つまり、造成主は土地の持ち主などのことで、工事施行者は実際に工事を行う土木会社などのことです。

❹ 造成宅地

宅地造成に関する工事が施行された宅地のことです。

第3編 法令上の制限
Chapter 6 ▷ 宅地造成等規制法・その他の制限法令
Section 2 宅地造成工事規制区域と造成宅地防災区域

宅地造成等規制法では、宅地造成工事規制区域と造成宅地防災区域という2つの区域が出てきますが、いずれも重要です。

▶▶ 分野別過去問題集 第3編「法令上の制限」問題 ⑥④～⑦③

1 宅地造成工事規制区域の指定と許可制 ❗重要

1 宅地造成工事規制区域の指定（3条）

① 宅地造成工事規制区域は、宅地造成に伴う災害が生ずるおそれが大きい市街地、またはこれから市街地になると予定されている土地の区域で、宅地造成に関する工事について規制を行う必要があるものについて指定されます。
② 指定をするのは、都道府県知事です。
③ そもそも崖崩れなどの災害が生ずるおそれがあるから規制するため、都市計画区域の内外を問わず指定されます。

2 宅地造成工事の許可制

❶ 許可申請の手続（8条、10条、12条、13条）

手続の流れを、次のフローチャートに沿って見て行きましょう。

許可申請の手続

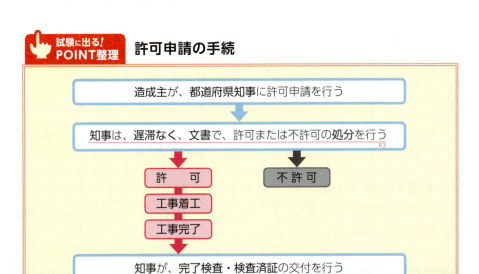

(1) **宅地造成工事規制区域内**で宅地造成工事を行おうとする**造成主**は、原則として、**都道府県知事**の許可を受けなければなりません。がけ崩れが起こらないような技術的な水準を満たしているか否かを事前にチェックをしたうえで、初めて工事を開始する仕組みになっています。

ただし、例外として、都市計画法の**開発許可**を受けた宅地造成に関する工事については、この宅地造成等規制法の**許可は不要**です。

宅地造成の技術的基準を満たしていることが、開発許可の基準として盛り込まれているからです。

なお、知事は許可をする場合は、必要な**条件**を付けることができます。

(2) 宅地造成に関して知事の許可を受けた者は、工事の計画を**変更**するときは、その内容について、都道府県**知事の変更の許可**を受けなければなりません。ただし、一定の**軽微**な変更（例 工事施行者の変更）であれば、変更の許可は不要ですが、その場合は遅滞なく、その旨を都道府県知事に**届け出**なければなりません(12条)。

(3) **造成主**は、工事を完了した時は、技術的基準に適合しているか否かについて、都道府県**知事の検査**を受けなければなりません。そして、知事は、基準に適合していれば、**検査済証**を交付しなければなりません(13条)。

❷ 技術的基準（9条）

規制区域内で行われる宅地造成に関する工事は、政令で定める技術的基準に従い、擁壁・排水施設などの設置、その他宅地造成に伴う災害を防止するため必要な措置が講ぜられたものでなければなりません。

> そして、高さが **5m** を超える擁壁の設置工事等については、一定の資格を有する者の設計によらなければならないとされています。
> R2・3

❸ 国等の特例（11条）

国や都道府県等が行う造成工事については、知事との**協議**の成立をもって、**許可**があったものとみなされます。

2 規制区域内での監督処分（14条）

知事は、工事の流れについてチェックを行い、万一問題がある場合は次のように、「監督処分」として許可の取消しをしたり、工事をやめさせるなど、それ相当の処置を命じます。

試験に出る！POINT整理　規制区域内における造成主等への監督処分

	監督処分を受ける者	処分の内容	処分を受ける事由
❶	許可を受けた者（造成主）	許可の取消し	●不正な手段で許可を受けた H23・R3 ●許可の条件に違反した H26
❷ 工事中	●造成主 ●工事請負人（下請人を含む） ●現場管理者	●工事の施行の停止 ●擁壁等の設置 ●その他災害防止のため必要な措置	●許可を受けずに工事を施行 ●許可の条件に違反 ●技術的基準に不適合
❸ 工事終了後	●造成主 ●宅地の所有者・管理者・占有者（借地人等）	●宅地の使用の禁止または制限 ●擁壁等の設置 ●その他災害防止のため必要な措置	●許可を受けずに造成 ●完了検査を受けていない ●技術的基準に不適合

以下、表中で注意が必要なポイントです。

(1) 「造成主」は、❶❷❸すべての監督処分を受けます。
(2) 工事請負人が監督処分を受けるのは❷の場合、つまり"工事中"に限られます。
(3) 監督処分の手続にあたっては、原則として、**弁明の機会**が付与されます。不利益な処分だからです。しかし、**工事の施行の停止**を命じようとする場合で、**緊急の必要**があり、かつ、**違反していることが明らか**なとき、知事は、弁明の機会の付与なしで、工事を停止させることができます。

3 規制区域内での届出制（15条）

規制区域内で、**宅地造成に該当しない**次の工事を行う場合でも、造成主等は、知事に対して届出をしなければなりません。

許可等を受けた場合は、もちろん届出不要です。

工事の届出

届出が必要な者	届出期間
❶ **規制区域**に指定された際、**現に宅地造成工事をしている造成主**（H27・R1）	指定後**21日**以内
❷ 高さ2mを超える擁壁、排水施設、地滑り抑止ぐい等の（H29・R4）全部または一部の**除却**工事を行おうとする者	工事着手の**14日**前まで（H28）
❸ **宅地以外の土地を宅地に転用**した者（R2）	転用後**14日**以内（H28）

ここで注意が必要なのは、❸の「**宅地以外の土地を宅地に転用**」した場合です。このように「一定規模以上の形質の変更を伴う宅地造成」に該当しない小規模な工事でも、チェックをする必要があることから、「届出」が必要とされているのです。

4 規制区域内の宅地の保全義務等（16条、17条、19条）

❶ 保全義務

規制区域内の宅地の**所有者・管理者・占有者**は、宅地造成（規制区域の**指定前**に行われたものも含まれます）に伴う災害が生じないよう、その宅地を常時安全な状態に維持するように努めなければなりません。
H23・30・R4

❷ 保全勧告

知事は、規制区域内の宅地について、宅地造成（規制区域の**指定前**に行われたものも含まれます）に伴う災害防止のため必要があると認めるときは、その宅地の所有者・管理者・占有者・造成主・**工事施行者**（土木会社など）に対し、擁壁や排水施設の設置・改造などの**必要な措置**をとることを**勧告**することができます。
H25・27

❸ 改善命令

知事は、規制区域内の宅地で、宅地造成（規制区域の**指定前**に行われたものも含まれます）に伴う災害防止に必要な**擁壁**等が設置されていない等のために災害発生のおそれが大きい場合は、その宅地・擁壁等の**所有者・管理者・占有者**に対して、相当の猶予期限を付けて、擁壁や排水施設の設置等の**工事を命じる**ことができます。また、知事はそれら**所有者等以外の者で工事等の行為を行った者**、つまり、土木会社などに対しても、一定の場合、改良等の工事を命じることができます。
H29

> なお、知事は、規制区域内における宅地の所有者・管理者・占有者に対して、その「宅地」や、その「宅地において行われている工事の状況」について、**報告を求める**ことができます。
> H24・29・R3

5 造成宅地防災区域

❶ 造成宅地防災区域の指定（20条）

規制区域内で行われる規制だけでは、災害防止には不十分であることから、造成宅地防災区域が設けられています。

Chapter 6 ▷ 宅地造成等規制法・その他の制限法令

都道府県知事は、必要があると認めるときは、関係市町村長の意見を聴いて、宅地造成に伴う災害で、相当数の居住者などに危害を生ずる災害が発生するおそれの大きい一団の造成宅地（これに附帯する道路その他の土地を含み、**宅地造成工事規制区域内**の土地は除かれます）の区域内での一定の場所を、造成宅地防災区域として**指定**でき、また、指定の事由がなくなった場合は、その指定を**解除**することができます(20条)。

2 造成宅地防災区域における災害防止措置等

❶ 災害の防止のための措置（21条）

造成宅地防災区域内の造成宅地の**所有者・管理者・占有者**は、災害が生じないよう、その造成宅地について、**擁壁等の設置・改造**などの必要な措置を講ずるように努めなければなりません。

また、知事は、必要があれば、それらの者に対して、災害の防止のため、擁壁等の設置・改造などの**必要な措置**をとることを**勧告**することができます。

❷ 改善命令（22条）

知事は、造成宅地防災区域内の造成宅地・擁壁等の**所有者・管理者・占有者**に対して、規制区域内の改善命令と同様の命令をすることができます。

また、知事は上記の所有者等以外の者、つまり、土木会社など**工事等の行為を行った者**に対しても、一定の場合、改良等の工事を命じることができます。

> **重要！ 一問一答**　H24-問20-肢4
>
> **Q** 都道府県知事は、関係市町村長の意見を聴いて、宅地造成工事規制区域内で、宅地造成に伴う災害で相当数の居住者その他の者に危害を生ずるものの発生のおそれが大きい一団の造成宅地の区域であって一定の基準に該当するものを、造成宅地防災区域として指定することができる。
>
> **A** 造成宅地防災区域は、宅地造成工事規制区域「外」で指定される。　……… ✗

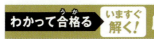

Chapter 6 ▷ 宅地造成等規制法・その他の制限法令

Section 3 その他の制限法令

Introduction 確実にマスターしておくべき主要法令の他にもたくさんある「その他の制限法令」からも、1問程度出題される可能性があります。そこで、ここでは簡単な対策を立てておきましょう。

▶▶ 分野別過去問題集 第3編「法令上の制限」問題 64〜73

1 「その他の制限法令」の効率的な学習方法

ここで学習することも、これまでと同じように、「どの法律において、どのような場合に、誰からの許可や誰に対する届出が必要か」についてです。

「その他の制限法令」の学習ポイント

- 原則 …… 知事 の 許可制
- 例外 …… ❶ 知事「以外」の許可制　❷ 届出制

都市計画法等の「主要な法令」における「制限のタイプ」の多くは、「知事の許可制」です。そしてこのことは、「その他の制限法令」においても同様です。

そこで、まず「制限のタイプ」の 原則 は「知事の許可制」と覚えておきましょう。

次に、「知事の許可制」を前提として、その「例外-❶」は「知事"以外"の許可制」、また、「例外-❷」は「届出制」と考えてください。

試験対策としては、「どの法律」の場合に「どんな例外」となるのかを、しっかり覚えていきましょう。

588

2 「その他の制限法令」のまとめ

ここで、**解法のマジック**をご紹介します。まず、原則をしっかり押さえた上で、例外となる場合を完璧に頭に入れる。そして、問題を解くときは、覚えている例外にあたるかどうかを判断しましょう。例外に該当するならここまででOK。該当しないなら「原則に戻る」（＝「知事の許可」が必要）。これで、確実に答えが出せます。

それでは、**1**及び上記 **学習のPOINT** の考え方に沿って、次の表をマスターしましょう。

「その他の制限法令」のまとめ

原則			知事の許可制
知事以外の許可制（例外①）		管理者	海岸法・道路法・港湾法・河川法・津波防災法
		市町村長	生産緑地法
		文化庁長官	文化財保護法
		環境大臣	自然公園法（国立公園内の普通地域**以外**）
例外	届出制（例外②）	市町村長	森林法（**民有林での立木の伐採の場合のみ**）・集落地域整備法
		知事	都市緑地法（**緑地保全地域**）・土砂災害防止法（**特定開発行為の廃止**）・公有地拡大推進法・土壌汚染対策法・廃棄物処理法・自然公園法（**国定**公園内の**普通**地域）
		文化庁長官	文化財保護法（**重要文化的景観**に関して現状変更・保存に影響する行為のみ）
		環境大臣	自然公園法（**国立**公園内の**普通**地域）
		景観行政団体の長	景観法

なお、前記の表中の「知事」については「市の区域内では市長」等の場合もありますが、重要ではないため、ざっくり「知事」と覚えておけばよいでしょう。

覚え方を具体的に説明しましょう。例えば「例外-❶」であれば「どの法律」の場合に「誰の」許可が必要か、また、「例外-❷」であれば「どの法律」の場合に「誰に」届出が必要か、を覚えてください。

「どのような場合に」許可や届け出が必要かについては、表中に記載されているもの以外は覚えないことが、"時短"のコツです。

なお、POINT整理の表は、これまで学習した、都市計画法などの主要な法律についての知識を前提にしていますので、例えば、地区計画の区域（地区整備計画が定められている区域等）内における建築等の場合の「市町村長への届出制」などは、ここに含まれていません。

あくまでも「主要法令」をマスターした後の、「その他の制限法令」攻略のためのテクニックであることに注意してください。

第 3 編

法令上の制限

さくいん

あ行

一団の土地	538,544,545
一人協定	530
一般承継	472
違反建築物	526
エレベータの昇降路	503

か行

改善命令	586
開発許可	466,467
開発許可制度	462
開発行為	462,463
開発審査会	470,477
開発整備促進区	449
開発登録簿	471
外壁	517
外壁の後退距離	507
確認済証	524
崖崩れ	578
仮換地の指定	568
監視区域	543
換地	563
換地計画	567
換地照応の原則	567
換地処分	563,570
監督処分	477,584
技術的基準適合建築物	514
技術的な基準	469
既存不適格建築物	483
北側斜線制限	509
許可基準	458,470,566
許可制	533,549,588
居住環境向上用途誘導地区	436,444,501
切土	580
近隣商業地域	438,441
区域区分	434,435
区画整理会社	564,565
形成権の譲渡	537
契約性	536
検査済証	473,525,583
建築	482
建築確認	519
建築確認の要否	520
建築基準法	480
建築協定	481,528

建築主事	482
建築主事の確認	519,524
建築審査会	482
建築主	482
建築物の建築	463
建築面積	482,495
減歩	563
建蔽率	442,495,496,504
権利移動	553,554
権利性	536
公共施設	467,473
工業専用地域	438,441
工業地域	438,441
公共用歩廊	494
工事完了公告	475
工事施行者	581
構造計算	484
構造計算適合性判定	524,525
高層住居誘導地区	444
構造耐力	484
後退距離	492
公的施行	576
公的な施行者	564,576
高度地区	444,445
高度利用地区	444,445
国土利用計画法	532
5条の許可	558
個人施行者	564
ゴルフコース	463

さ行

再開発等促進区	449
採草放牧地	554
3条の許可	555
市街化区域	433,465
市街化区域内の特例	557
市街化調整区域	433,465
市街化調整区域のうち開発許可を受けた開発区域以外の区域内	476
市街地開発事業	447
市街地開発事業等予定区域	447
市街地開発事業等予定区域内での制限	459
敷地が地域の内外にわたる場合	498
敷地面積の最低限度	505
事業地内での制限(都市計画法)	460
事後届出制	533,534,548

事前届出制	533,534,548
市町村が定める都市計画	454
指定確認検査機関	519
指定容積率	491
私的施行	576
私的な施行者	564,576
私道	494
斜線制限	507
住居地域	436,438
従前の宅地	563
集団規定	480,486
主要構造部	482
準工業地域	436,441
準住居地域	436,438
準耐火建築物	514
準都市計画区域	432,464
準防火地域	444,445,513,516
小規模開発	465
商業地域	436,441
清算金	575
石綿	485
絶対的高さの制限	506
接道義務	493
セットバック	492
前面道路	502
倉庫業の倉庫	489
造成宅地	581
造成宅地防災区域	586
造成主	581
その他の制限法令	588

た行

第1種特定工作物	463
耐火建築物	514,515
対価性	536
大規模建築物	484,520
大規模な修繕・模様替え	520
大規模の修繕	482
大規模の模様替え	482
第2種特定工作物	463
高さ制限	513
宅地	563,578
宅地造成	579
宅地造成工事規制区域	582
宅地造成等規制法	578
単体規定	480,484
地域地区	436
地階における住宅等の居室	485
地区計画	448

地区計画等……………………… 447
地区施設………………………… 449
地区整備計画…………………… 449
中間検査………………………… 525
中高層建築物…………………… 485
中高層住居専用地域……… 436,438
注視区域………………………… 543
停止条件付売買契約…………… 537
低層住居専用地域………… 436,438
低層住居専用地域等内での規制
………………………………… 506
田園住居地域………… 436,439,442
転用……………………………… 553
転用目的の権利移動…………… 553
道路斜線制限…………………… 508
道路内の建築制限……………… 494
道路の定義……………………… 491
特殊建築物………………… 520,522
特定街区…………………… 444,445
特定行政庁……………………… 482
特定工作物……………………… 463
特定工程………………………… 525
特定用途制限地域………… 443,490
特別用途地区…………………… 443
特例容積率適用地区…………… 443
都市計画…………………… 428,452
都市計画区域…………………… 428
都市計画区域外………………… 432
都市計画事業……………… 456,460
都市計画施設…………………… 446
都市計画施設等の区域内での制限
………………………………… 458
都市計画審議会………………… 453
都市計画制限…………………… 456
都市計画の決定手続…………… 453
都市計画法……………………… 430
都施設…………………………… 446
土地区画整理組合……………… 564
土地区画整理事業………… 562,565
土地区画整理審議会……… 568,576
土地区画整理法………………… 562
土地収用法……………………… 555
土地取引の規制………………… 532
土地の区画形質の変更………… 464
土地の形質の変更………… 459,580
土地売買等の契約………… 534,536
土地利用基本計画……………… 532
届出制……………………… 532,588

な行

2項道路………………………… 482
日影規制………………………… 509
農業委員会… 555,556,558,559,560
農地所有適格法人……………… 556
農地法…………………………… 552
軒高……………………………… 482
延べ面積…………………… 482,500

は行

非線引き都市計画区域…… 434,464
風致地区…………………… 444,445
不勧告等の通知………………… 546
袋路状道路……………………… 494
不服申立て………………… 477,527
文化財等………………………… 483
壁面線…………………………… 494
変更の許可……………………… 472
変動の登記……………………… 575
防火……………………………… 484
防火地域…… 444,445,499,514,515
保全勧告………………………… 586
保全義務………………………… 586
保留地…………………………… 576

ま行

マスタープラン………………… 434
民事調停法による調停………… 540
木造建築物……………………… 514
盛土……………………………… 580

や行

遊休土地に関する措置………… 532
容積率………… 442,500,501,503
用途制限………………………… 486
用途地域…………………… 436,438
用途変更………………………… 520
予約完結権………… 536,537,554
4条の許可……………………… 556

ら行

隣地斜線制限…………………… 508

それでは、ここでの合格圏内に入るための得点目標です。

次の表をご覧ください。これは、2017年度～2021年度の、本試験の合格点と合格者の平均的な「その他関連知識」における得点です（本書は2022年度に実施された本試験の出題を分析・検討の上作成していますが、執筆時点では全体の合格点等は未公表です。ただし、出題内容や難易度等から、2022年度本試験の合格者の平均的な『その他関連知識』での得点は概ね6点程度と推定されます）。ここから合格戦略が見えてきます。

	2017年度	2018年度	2019年度	2020年度10月	2020年度12月	2021年度10月	2021年度12月
本試験の合格点	35/50	37/50	35/50	38/50	36/50	34/50	34/50
合格者の平均的な「その他関連知識」での得点	6/8	6/8	6/8	6/8	7/8	5/8	5/8

この表からは、合格するには、5点～7点を得点する必要があることがわかります。少なくとも6点を目標にしましょう。

では、その6点を得点するためには、どうすればよいのでしょうか？

「その他関連知識」は、勉強すれば勉強しただけ点数が取れる投資効率のよいテーマと、勉強してもなかなか点数に結びつかない投資効率の悪いテーマに分けられますが、当然、投資効率のよいテーマに比重を置いて学習をするのがベストな方法です。例えば、印紙税、地方税、地価公示法、住宅金融支援機構法、不当景品類及び不当表示防止法、不動産に関する統計については、必ず得点できるように本書を使って徹底的に準備しておく。そのうえで過去問をしっかり学習する。これが、この分野で合格点をとるための万全の対策です。

> ＊　2022年度の詳細な合格ラインの分析や『わかって合格る宅建士シリーズ』を利用した2023年度の本試験対策など、読者の皆さまに役立つ情報を、TAC出版HPで公開いたします（2022年12月下旬予定）。
>
> URL ➡ https://bookstore.tac-school.co.jp/wakauka/

「その他関連知識」の全体像

　前出の図のように、この分野は、「税金」と「税金以外」に分けることができます。

　「税金」に関しては、税金の「基本的な知識」と、マイホームの取得の促進などのために設けられている「特例」を、それぞれ重点的にマスターする必要があります。本試験では、2問が出題されます。

　「税金以外」の出題は、多種多様です。もちろん「宅建士試験」の出題ですから不動産に関わる事項が出題の"メインテーマ"です。**不動産の値段**の算出方法、マイホームを取得する際の**住宅ローンの融資条件**、インチキな広告は困りますからマンションなどに関する不動産の**広告の規制**、土地取引件数や宅建業者の売上高などの不動産や宅建業者についての**統計データ**、宅地としての適否や各種建築物の長所・短所など、**土地・建物**についての知識――このように、ここで学習することは広範囲にわたります。

　したがって、この分野の合格学習のポイントは、手を広げすぎず、「時間対効果」を考えた学習を実行することに尽きます。先に述べたように、投資効率のよいところに比重を置いて学習しましょう。

　それでは、「その他関連知識」、頑張って見ていきましょう！

第**4**編
その他
関連知識

Chapter ▷ **1**

不動産に関する税金

宅建士試験では、**税金から2問出題**されます。合格するためには、少なくとも1点はとる必要がありますし、**案外得点しやすい分野**ですので、対策を立てておくのが得策です。頻出のテーマや問われるポイントが決まっている事項もあるため、やってみると意外に「そんなものか」と感じるでしょう。頑張ってみましょう！

Section

1 不動産に関する税金の全体像

2 不動産を取得したときに課される税金
〜不動産取得税（道府県税−地方税法）〜

3 不動産を保有しているときに課される税金
〜固定資産税（市町村税−地方税法）〜

4 儲けたときに課される税金
〜所得税（国税−所得税法）〜

5 その他の重要な国税
〜印紙税・登録免許税・相続税・贈与税〜

第4編 その他関連知識
Chapter 1 ▷ 不動産に関する税金

Section 1

不動産に関する税金の全体像

Introduction
ここでは、学習の前提となる税金の基本的な仕組みや用語について理解しましょう。これらをつかんでおけば、理解が容易になります。なお、税金に関しては**毎年改正**がありますし、また、**適用期限が限定されている特例**もありますから、**改正の動向には十分注意**しましょう。

▶▶ 分野別過去問題集　第4編「その他関連知識」問題 ❶〜⓲

1 税金が課せられるさまざまな場合

不動産に関する税金については、次のように**土地などの売却等を行った各場面をイメージする**とわかりやすいでしょう。つまり、「取得した段階」「保有している段階」「譲渡した段階」で、それぞれ課税されるわけです。

💡 理解しよう　課される税金の全体像

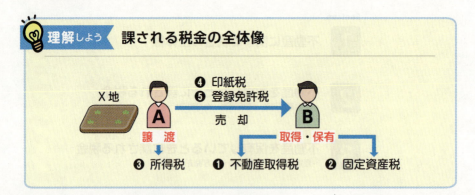

❶ 例えば、Aさんが自分のX地をBさんに売却したとします。BさんはX地という「不動産」を取得したので、税金を課せられます。それが、**不動産取得税**です。

❷ その後、BさんがX地を持ち続けている間は、不動産などの「固定資産」を保有しているときに課せられる**固定資産税**を納めなければなりません。

600

❸ AさんはX地をBさんに売却した時に「儲け」、利益を得ることがあります。この利益のことを「譲渡所得」といい、利益を得たAさんは、所得税を納めなければなりません。

❹ AB間で売買契約を結ぶ際には、契約書を作成してそれに印紙をペタッと貼ります。それが、印紙税です。

❺ Bさんは、売買を原因として、自分名義の所有権移転登記をする際は、登録免許税を納めなければなりません。

❻ なお、BさんがAさんからX地をタダでもらった場合であれば、Bさんは、贈与税を納める必要があります。

2 税金の分類

税の分類には、次のように大きく分けて❶国税（国に納める税金）と❷地方税（地方自治体に納める税金）の２つがあります。

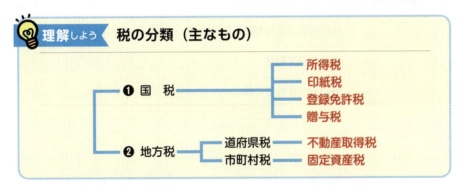

理解しよう　税の分類（主なもの）

宅建士試験の出題について、まずは❶国税ですが、所得税、印紙税、登録免許税、贈与税のいずれかから１問出る可能性が高いでしょう。なお、「国税から２問」という出題も考えられます。

それから、もう１問は、❷地方税からです。それは**不動産取得税と固定資産税**のどちらかから１問、または両方から「地方税」の複合問題として１問の出題も考えられます。

3 税金における用語の定義

1 基本用語

ここでは、それぞれどんなことか、簡単につかんでおけば十分です。

理解しよう　税における基本用語

課税主体	誰が課税するのか ●国　税……国 ●地方税……都道府県・市町村
課税客体	何に対して課税するのか （例 不動産の取得・資産の譲渡による所得）
納税義務者	税金を納める者は誰か
課税標準	税額を算定する基礎となる金額
税　率	税金を課す割合
税　額	納めるべき税金の額

2 その他の税法における用語

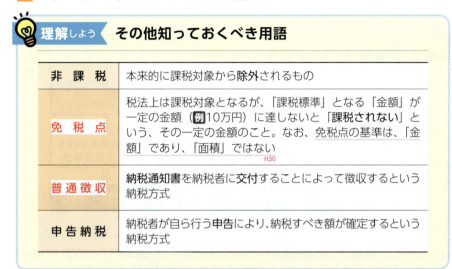

非課税	本来的に課税対象から除外されるもの
免税点	税法上は課税対象となるが、「課税標準」となる「金額」が一定の金額（例10万円）に達しないと「課税されない」という、その一定の金額のこと。なお、免税点の基準は、「金額」であり、「面積」ではない
普通徴収	納税通知書を納税者に交付することによって徴収するという納税方式
申告納税	納税者が自ら行う申告により、納税すべき額が確定するという納税方式

「免税点」に注意！ 「本来は課税されるはずなのにあまりにも少額」だから税金を取らない、という趣旨です。

4 税額算定の基本計算式と特例

課税標準に税率をかけると、税額が算出されます。これが、税金額を算出する「基本」となる計算式です。

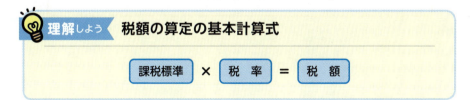

課税標準 × 税率 = 税額

ところで、例えば、不動産を手に入れたときにかかる不動産取得税が安くなれば、マイホームが取得しやすくなりますよね。このように「税金を下げる」ための施策が、特例です。

(1) 特例には、①課税標準を下げる、②税率を下げる、さらに③税額そのものを下げるという3つの方法があります。

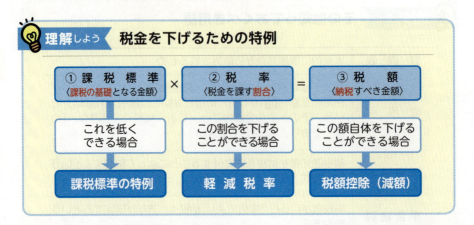

(2) さらに、特例は、(ア)住宅についてだけのもの、(イ)宅地についてだけのもの、(ウ)住宅・宅地の両方に適用されるものの3つに分けられます。これらの区別にも注意が必要です。

(3) 特例は、次のことを中心に押さえましょう。試験ではよく出題されます。

> ① どんなものがあるか
> ② その内容
> ③ どういう場合に適用されるか（適用要件）
> ④ 同時に使える（併用できる）のは、どの特例か
> ⚠ 「所得税」の場合に注意）

第4編 その他関連知識

Chapter 1 ▷ 不動産に関する税金

Section 2 不動産を取得したときに課される税金 ～不動産取得税（道府県税-地方税法）～

Introduction
ここでは、不動産を取得したときに納める税金について学習しましょう。「地方税」として1問出題される可能性が高い、重要なテーマです。後出の固定資産税もそうですが、地方税は、特例はもちろんのこと、課税主体などの"税金の基本部分"もよく問われることに注意。

▶▶ 分野別過去問題集 第4編「その他関連知識」問題 ❶～⓲

1 課税主体（73条）

例えば、東京都に住んでいるAさんが、大阪府にある土地を取得しました。このとき、不動産取得税を納めるのは、大阪府、つまり、取得者の住所地ではなく、その不動産が所在する都道府県に納めます。したがって、課税主体は、不動産が所在する都道府県ですので、課される税金は道府県税です。

2 課税客体（73条）

課税客体（課税の対象）は、土地や建物、つまり不動産の所有権の取得です。有償か無償かに関係なく、あくまでも「取得」すれば課税されるため、売買や交換のほか、贈与の場合も含まれます。また、所有権の取得が焦点ですので、登記の有無も問いません。さらに、建物の新築はもちろんのこと、増築や改築の場合でも「一部の所有権の取得」と考えられますから、不動産取得税が課税されます。なお、改築の場合に課税されるのは、改築により家屋の価値が増加した場合に限られます。

3 納税義務者（73条の2、附則10条の3）　⚠重要

納税義務者は、原則として、現実に不動産の所有権を取得した者です。個人

か法人かは問いません。

ただし、宅建業者による建売住宅などの場合は、住宅を新築した日から1年を経過しても使用や譲渡が行われないときは、「1年（本則は6ヵ月）が経過した日を取得の日と扱う」という特例措置があります。

つまり、新築後、1年経っても売れ残っているときは、建売業者などに課税されるわけですね。

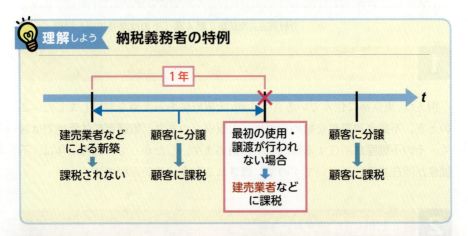

4 非課税の場合（73条の3、4、7）　重要

次のように、非課税になる場合があります。①相続や相続人に対して行われた遺贈および法人の合併・共有物の分割（分割前の持分割合を超える部分の取得を除く）による取得の場合や、②国や地方公共団体などが取得する場合です。①は形式的な所有権の移転だから、②は公共的な主体が取得者だからです。なお、独立行政法人の場合は、非課税・課税の両方の場合があることに注意してください。

5 課税標準　重要

1 原　則（73条の13）

課税標準は、原則として、不動産を取得したときの不動産の価格ですが、実

際の契約金額ではなく、固定資産課税台帳に登録されている価格です。公平な課税のためです。

なお、改築の場合は、当該改築によって増加した分の価格が、課税標準とされます。

2 住宅の課税標準の特例（73条の14等）

(1) マイホームを取得しやすくするために、住宅を取得したときの課税標準を少なくするという特例があります。なお、特例が適用される住宅のことを、特例適用住宅といいます。

(2) それでは、特例によって、課税標準はいくら安くなるのでしょうか？　既存住宅（中古）の場合は、建築後の経過年数によって金額が異なりますが（最高1,200万円）、新築住宅の控除額である1,200万円は覚えてください。

> なお、「認定長期優良住宅に関する優遇措置」については、試験対策上、重要性に乏しいことから、記載を省略します。

(3) 特例が適用される住宅の床面積は、50㎡（戸建以外の新築の賃貸住宅は40㎡）以上240㎡以下です。この面積要件は、数字も覚えておきましょう。
　① 新築住宅の場合は、個人だけでなく、法人が住宅を取得したときでも適用OKです。しかし、中古住宅の場合は、個人が自己の居住の用に供するときだけしか適用されません。法人はダメです。
　② 中古住宅に関しては、新耐震基準に適合するもの等、耐震性に関する要件があります。

3 宅地の課税標準の特例（附則11条の5）

宅地の場合は、その取得について、課税標準の特例があります。課税標準が、固定資産課税台帳価格の $\frac{1}{2}$ となります。

6 免税点 （73条の15の2）

重要です。数字を覚えておいてください。

試験に出る！POINT整理　免税点

区　　　分	課税標準
❶ 土地の取得	10万円 H24
❷ 建築による家屋の取得（新築・増築・改築）	1戸あたり23万円 H24
❸ その他の家屋の取得（売買・交換・贈与等）	1戸あたり12万円 H24

　例えば、❶土地の取得の場合、課税標準が10万円未満の場合は、不動産取得税は課税されません。

安すぎて、税金を取ってもたかが知れているからです。

　家屋の場合は、❷建築による取得の場合と、❸その他の取得（売買等）の場合とで、免税点が異なります。

7 税率 （73条の15、附則11条の2）

　不動産取得税の標準税率（本則）は$\frac{4}{100}$、つまり4％ですが、土地および家屋（住宅）の標準税率を3％とする特則があります。つまり、逆に、住宅以外の家屋は、本則どおり4％です。
H28・R2
H28
R3

8 税額減額の特例 （73条の24）

　一定の要件を満たす宅地には、その宅地上の建物が「特例適用住宅」である

場合に、税額の減額の特例があります。

9 納税の方法（73条の17） !重要

不動産取得税の徴収の方法は、**普通徴収**です。
H30・R3

> 納税通知書が送られてきて、納付期日までに納めるやり方です。

試験に出る！POINT整理 不動産取得税－課税標準・税率・税額のまとめ

課税標準
(1) 原則
　　固定資産課税台帳の登録価格
(2) 特例
　① 住宅を取得した場合の特例

住宅の要件	新築住宅	既存住宅（取得した個人の居住用のみ）
	●50㎡（戸建以外の新築賃貸住宅は40㎡）以上240㎡以下 ●価格要件なし	新耐震基準に適合する等の耐震性の要件あり
控除額	1,200万円（法人も対象）	築後経過年数による

　② 宅地を取得した場合の特例…登録価格×$\frac{1}{2}$

税率
(1) 標準税率（本則）…4％
(2) 特則…土地・家屋（住宅）…3％
　　　　（住宅以外の家屋　…4％）

税額
(1) 原則…課税標準×税率＝納付税額
(2) 特例…一定の宅地（その土地上の住宅が特例適用住宅）の場合、税額が減額される

第4編 その他関連知識 Chapter 1 ▷ 不動産に関する税金

Section 3 不動産を保有しているときに課される税金 〜固定資産税（市町村税-地方税法）〜

Introduction
固定資産税とは、文字どおり土地や建物の保有に対して課される税金です。学習の効果が出やすいテーマですから、出題されたときは必ず得点するつもりでマスターしてしまいましょう！

▶▶ 分野別過去問題集　第4編「その他関連知識」問題 ❶〜⓲

1 課税主体（341条）

　例えば、Aさんが横浜市の土地を持っている場合、Aさんが固定資産税を納めるのは横浜市です。つまり、固定資産が所在する市町村が課税主体であり、したがって、固定資産税は市町村税です。

2 課税客体（341条）

　課税対象となる固定資産は、宅地や農地などの土地、住宅や店舗・工場などの建物、事業用の機械装置や車両などの償却資産です。

3 納税義務者（343条）　❗重要

(1) 納税義務者は、原則として、固定資産の所有者です。そして、この所有者とは、土地・家屋については、賦課期日である1月1日現在において登記簿に所有者として登記されている者、または、登記されていない土地や家屋に関して作成される土地補充課税台帳や家屋補充課税台帳に、所有者として登録されている者です。なお、市町村は、固定資産の所有者の所在が震災などによって不明な場合は、使用者を所有者とみなすことができます。
(2) 例外として、質権または100年を超える存続期間の定めのある地上権が設定されている場合は、質権者または地上権者が納税義務者です。

実質的な"支配者"が納めるべきだからです。

(3) 共有のときは、各共有者が連帯して納付しなければなりません。また、マンションの場合、原則として、家屋および敷地については、一棟全体の固定資産税額を持分割合で**按分**します。

4 非課税（348条）

国や地方公共団体等が保有する固定資産などは、非課税です。

5 課税標準（349条等）　重要

1 課税標準

(1) 課税標準は、賦課期日現在における価格として**固定資産課税台帳**に登録されている価格（土地は更地価額）です。

> 固定資産課税台帳の価格は、3年に1度、評価替え（見直し）を行い、評価替えを行う年を基準年度といいます。ただし、地目の変更や市町村の廃置分合、家屋の増・改築などにより、そのままの評価が不適当となった場合には、第2年度や第3年度においても見直しが行われます。

(2) **市町村長**は、固定資産の**価格**などを毎年**3月31日**（年度末）までに決定しなければなりません。なお、固定資産の価格の具体的な求め方などは、**総務大臣**が定めて告示する**固定資産評価基準**によります。そして、市町村長は、価格等を記載した**縦覧帳簿**を毎年3月31日までに作成し、その**縦覧帳簿**またはその写しを、**一定期間**、納税者の縦覧に供しなければなりません。

(3) 市町村長は、**納税義務者等**（**借地権者**や**借家権者**なども含む）の求めに応じ、固定資産課税台帳のうち、納税義務者等に係る固定資産に関する一定の事項が記載されている部分またはその写しを、**閲覧に供しなければなりません**。また、**納税義務者等**は、台帳に記載されている一定の事項の**証明書**の交付を受けることができます。さらに、固定資産税の納税者は、台帳の**登録価格**につ

いて**不服**がある場合、台帳に価格等を登録した旨の公示日から納税通知書の交付を受けた日後**3か月**以内に文書をもって、固定資産評価審査委員会に審査を申し出ることができます。

2 住宅用地についての課税標準の特例 （349条の3の2）

> 理解しよう　住宅用地についての課税標準の特例
>
>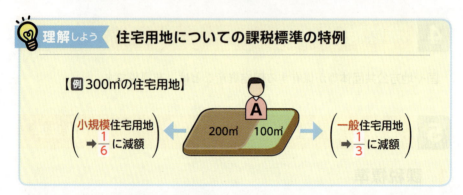

例えば、Aさんが300㎡の土地をマイホーム用の敷地として所有しています。その場合、**200㎡までの部分**を小規模住宅用地といい、その課税標準は、固定資産課税台帳価格の$\frac{1}{6}$になります。そして、**200㎡を超える部分**（この場合は残りの100㎡）を一般住宅用地といい、課税標準は、その台帳価格の$\frac{1}{3}$となります。

なお、空家を減らすことを目的として、この特例の対象からは、「空家等対策の推進に関する特別措置法」の規定により、所有者等に対し勧告された「**特定空家等**」の敷地の用に供されている土地は除かれています　最近の改正　。

空家を放置している所有者には厳しく課税する、という趣旨ですね。

用地の種類	課税標準となる額
小規模住宅用地 （200㎡以下の住宅用地、200㎡を超える住宅用地のうちの200㎡までの部分など）	台帳価格の$\frac{1}{6}$
小規模住宅用地以外の一般住宅用地 （200㎡を超える住宅用地のうちの200㎡を超える部分など）	台帳価格の$\frac{1}{3}$

6 免税点（351条） ⚠️重要

　同一**市町村内**で同一の者が持っている固定資産の課税標準となるべき額（一筆ごと・一戸ごとの額ではありません）が、次の免税点に満たない場合は、原則として、固定資産税は課税されません。

> 徴収額が、そのためのコストに見合わないからです。

試験に出る！POINT整理　免税点

土　地	家　屋	償却資産
30万円	20万円	150万円

7 税率（350条） ⚠️重要

　標準税率は$\frac{1.4}{100}$、つまり**1.4%**です。
　なお、この税率はあくまでも標準税率であり、**条例**によって1.4%を**超える**税率を定めることもできます。

8 住宅についての税額の減額の特例（附則15条の6、施行令附則12条） ⚠️重要

　税額の減額の特例はいくつかありますが、ここでは、**新築住宅**に関する**税額の減額**の特例が重要です。その内容は、新たに固定資産税が課されるときから、**中高層耐火建築物等**（地上**3**階以上）の場合は**5**年間、その他の場合は**3**年間にわたって、**120㎡**までの部分の**税額**が$\frac{1}{2}$に減額される、というものです。
　なお、この特例が適用される**住宅の床面積**は、**50㎡**（戸建以外の貸家住宅は40㎡）**以上280㎡以下**に限られます。

9 納税の方法（362条、364条）

納税方法は、不動産取得税と同様、**普通**徴収です。

また、その納期は、4月、7月、12月及び2月中において、市町村の条例で定めることとされていますが、特別の事情がある場合においては、これと異なる納期を定めることができます。

試験に出る！POINT整理　固定資産税─課税標準・税率・税額のまとめ

課税標準

(1) 原則　固定資産課税台帳の登録価格（原則として、3年に1回評価替えを行う）

(2) 特例　住宅用地に対する特例

用地の種類	課税標準
小規模住宅用地 （住宅用地の面積が200㎡以下の部分等）	登録価格×$\frac{1}{6}$
一般住宅用地 （住宅用地の面積が200㎡を超える部分等）	登録価格×$\frac{1}{3}$

税率

標準税率…**1.4**％（条例で**超える**ことも可能）

税額

(1) 原則　課税標準×税率＝納付税額

(2) 特例　新築住宅の税額の減額

	① 中高層耐火等（**3**階建以上）	② その他
床面積	50㎡（戸建以外の貸家40㎡）以上**280**㎡以下	
期間	**5**年間	**3**年間
減額される額	120㎡までの部分について$\frac{1}{2}$となる	

第4編 その他関連知識
Chapter 1 ▷ 不動産に関する税金

Section 4 儲けたときに課される税金
～所得税（国税-所得税法）～

Introduction

所得税は、"儲け"に対して課される税金です。特例はとりわけ重要です。特例にもよりますが、適用要件もしっかり覚えておいてください。さらに、いろいろある特例を重ねて適用（併用）することができるのか否かについても、非常に重要です。

▶▶ 分野別過去問題集 第4編「その他関連知識」問題 ❶〜⓲

1 課税主体等

(1) 課税主体は国です。したがって、国税です。
(2) 所得税の課税対象となるのは、「所得」です。つまり、これが課税客体です。「所得」には、給与所得や利子所得などいろいろありますが、宅建士試験で出題されるのは「譲渡所得」です。この譲渡所得とは、資産の譲渡による所得のことで(所得税法33条)、不動産を譲渡して儲けが生じれば、その儲けに対して課税する、という仕組みです。ただし、相続税を土地や建物などの現物で納付する物納の場合は、不動産の譲渡にはなりますが、性格上、課税されません（「非課税」）。
(3) 納税義務者は、資産の譲渡により所得を得た個人です。一方で、個人の宅建業者が、販売目的で所有している土地を譲渡した場合には、譲渡所得ではなく、事業所得として課税されます。

2 譲渡所得の算定（33条）

課税対象となる譲渡所得（要するに「儲け」）の金額は、譲渡収入金額から取得費と譲渡費用を差し引くことによって算出されます。それが、基本的な課税標準になります。

そして、土地・建物の譲渡所得は、その所有期間によって、次のように❶短期譲渡所得と❷長期譲渡所得に区別されます(租税特別措置法31条、32条)。

615

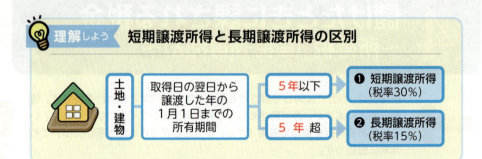

このように、譲渡した年の1月1日までの所有期間が、❶5年以下の場合が短期譲渡所得、❷5年を超える場合が長期譲渡所得です。

> 例えば、短期間しか所有していない土地を簡単に譲渡できてしまえば"土地転がし"につながりますので、その抑止のために高い税率によって税金を多く課し、それで短期での転売を抑えようとする趣旨です。反対に、長期間所有しているものは、そういう弊害が少ないため、むしろ、低い税率によって課税を少なくして、マーケットに物件を誘導することが、そのねらいです。

3 課税標準の特例（特別控除） ！重要

1 特別控除

> 特別控除の中では、次の❶❷が重要です。❶（2）の「収用交換等の場合の5,000万円特別控除」は、課税標準の算定にあたって5,000万円を引いてくれるものです。そして、❷（3）の「居住用財産を譲渡した場合の3,000万円特別控除」に関しては、適用要件も問われます。

特別控除の種類	控除額
❶ 収用交換等の場合（→2）	5,000万円
❷ 居住用財産を譲渡した場合（→3）	3,000万円

以下は、表中の❶❷を含めた「特別控除」全般の注意点です。

(1) **長期・短期問わず適用**されます。
(2) 1つの資産を譲渡した場合で、それが複数の特別控除に該当したとしても、適用される特別控除はいずれか1つに限られます。その一方で、複数の資産を譲渡した場合には、それぞれについて特別控除の適用が可能ですが、譲渡を行うその年において（通年で）、これらの特別控除の合計額は、5,000万円が上限です（つまり、**最高5,000万円が限度**）。
(3) なお、同一年に長期譲渡所得と短期譲渡所得の両方がある場合は、**まず短期譲渡所得から控除**されます。

短期譲渡所得のほうが、税率が高く税額が多くなるため、そちらから先に控除したほうが納税者に有利だからです。

2 収用交換等の場合の5,000万円特別控除（租特法33条の4）

「公共事業に必要」と言われて土地を手放さなければならないのに、所得税をたくさん取られるのでは、誰も協力しないですよね。そのような場合に物事をスムーズに運ぶために、**課税標準の算定にあたって5,000万円を控除**してくれる仕組みが、この特例です。

3 居住用財産を譲渡した場合の3,000万円特別控除（租特法35条）

マーケットに居住用財産（マイホーム用の土地・建物）を提供しやすくする目的から、**居住用財産を譲渡した場合は、その譲渡益から3,000万円が控除**されます。

この特別控除に関しては、まずは、次の表中の(1)の「居住用財産の要件」、さらに、(2)の「特別控除の適用が受けられない場合」を頭に入れることが、学習ポイントです。

 ## 居住用財産の3,000万円特別控除

(1) 譲渡する居住用財産の要件

① **現**に自己の**居住**の用に供している家屋の譲渡
② 現に居住の用に供している家屋とともに行う、その敷地の用に供されている土地もしくはその上に存する権利の譲渡
③ 家屋に居住**しなくなった**日以後**3年**を経過する日の属する年の**12月31日**までにその家屋・家屋の敷地の用に供されていた土地もしくはその上に存する権利の譲渡　等

⚠ 上記の他、特例によって、相続した家屋等のうち**空き家**となっているものを売却した場合にも適用される　**最近の改正**

(2) 居住用財産の特別控除の適用が受けられない場合

① **配偶者・直系血族・生計**を一にする親族・内縁関係者等の関係にある者へ譲渡した場合
② 新たに居住用財産を取得したときに**買換え等の特例**（後出）を選択し、その適用を受けている場合
③ 前年または前々年の譲渡所得について、すでにこの「**3,000万円特別控除の特例**」や「特定の居住用財産の**買換え等の特例**」（後出）の適用を受けている場合

① **配偶者**や**直系血族**などの身内に譲渡した場合は、この「3,000万円特別控除の適用」を受けることができません。
H24・R1

> 身内で回すのではなく、**一般のマーケットに提供**させたいというねらいによるものです。

② ほかの特例との適用関係にも注意が必要です。居住用財産を譲渡した場合に「買換え等の特例」の適用を受けようとするときは、「3,000万円特別控除の特例」を併用することはできません。つまり、**選択適用**です。

③ また、**前年**または**前々年**の譲渡所得について、すでにこの「3,000万円特別控除の特例」や「特定の居住用財産の買換え等の特例」を受けたという場合には、当年は3,000万円控除を受けることができません。

> 要するに、3,000万円特別控除の適用は「**3年に1度だけ**」です。

Chapter 1 ▷ 不動産に関する税金

4 軽減税率（租特法31条、31条の2、31条の3） ⚠ 重要

　譲渡所得にかかる税率は、短期は30％、他方、長期は15％と低く抑えられています。そして、すでに優遇されている長期譲渡所得については、さらに次のように、2つの税率を軽減する特例があります。

⑴　まず、「居住用財産を譲渡した場合の軽減税率の特例」です。税率が、譲渡益6,000万円以下の部分については10％に軽減されます（軽減税率）。この場合の居住用財産は、所有期間が10年を超えるものに限られます。また、適用要件には「居住用財産の3,000万円特別控除」と同様のものがあります。そのほか、配偶者や直系血族等への譲渡でないことも必要です。

譲　渡　益	軽　減　税　率
6,000万円を超える部分	15％
6,000万円以下の部分	10％

　さらに、先ほどの「居住用財産の3,000万円特別控除」や「収用交換等の5,000万円特別控除」とは、重ねて適用することが可能です。つまり、特別控除後の譲渡益に対し、この軽減税率の特例を適用できることになります。なお、後出の「特定の居住用財産の買換え等の特例」とは選択適用です。

⑵　もう1つは、「優良住宅地造成等のために土地等を譲渡した場合の軽減税率の特例」です。国や地方公共団体への譲渡や収用等による場合などに適用され、所有期間が5年を超えるものについて、譲渡益が2,000万円以下の部分は、10％に軽減されます（軽減税率）。

譲　渡　益	軽　減　税　率
2,000万円を超える部分	15％
2,000万円以下の部分	10％

　なお、「収用交換等の5,000万円特別控除」を適用したあとの長期譲渡所得については、この軽減税率の特例を重ねて適用することはできません。

619

5 買換え等の特例（課税の繰延べ） ❗重要

1 買換え等の特例とは

💡 理解しよう　買換え等の特例

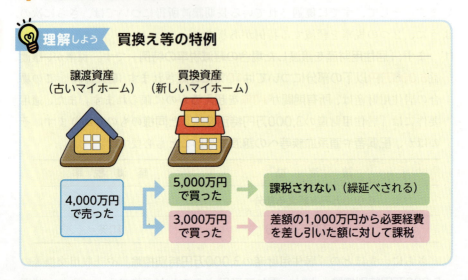

　例えば、これまで住んでいた古いマイホーム（譲渡資産）を4,000万円で売り、新しいマイホーム（買換資産）を5,000万円で買って（買換え）、結果的に"足"が出てしまった場合、この時点では課税されません（「課税の繰延べ」といいます）。他方、その古いマイホームを4,000万円で売り、新しいマイホームを3,000万円で買い換えた場合は、差額の1,000万円から必要経費を差し引いた額が、課税の対象となります。

> マイホームの買換えをしやすくするための措置ですね。

2 特定の居住用財産の買換え等の場合の長期譲渡所得の課税の特例
（租特法36条の2、36条の5、施行令24条の2）

「買換え等の特例」の内容に関しては、1で見たとおりですが、本試験で問われるポイントは、次の各表の「適用要件」です。

【譲渡資産の要件】

① 所有期間	10年を超えること
② 物件の種別	居住用財産であること（譲渡の対価が1億円以下）
③ 居住期間	10年以上であること

「譲渡資産」は古いマイホームのこと。「所有期間」「対価」「居住期間」が重要です。

【買換資産の要件】

① 面積要件	●建物…床面積50㎡以上 ●土地…面積が500㎡以下
② 築年数	既存住宅の場合は、建築後25年以内のもの、または、新耐震基準に適合しているものであれば、築年数にかかわらずOK
③ 取得の時期	譲渡した年の前年・譲渡した年・譲渡した年の翌年末までの間に取得
④ 居住の時期	●譲渡した年の前年に取得 ●譲渡した年に取得 ｝……譲渡した年の翌年末までに居住 ●譲渡した年の翌年中に取得……取得した年の翌年末までに居住

「買換資産」は新しいマイホームのこと。「面積要件」「取得の時期」が重要です。

【特定の居住用財産の買換え等の特例が受けられない場合】

①	譲渡した相手が、譲渡者の配偶者および直系血族・譲渡者と生計を一にしている親族などである場合
②	「収用交換等による5,000万円特別控除」を受けている場合など
③	その年または前年もしくは前々年に「居住用財産を譲渡した場合の3,000万円の特別控除」「居住用財産を譲渡した場合の軽減税率の特例」などを受けている場合

重要！ 一問一答

H19-問26-肢1

Q 特定の居住用財産の買換えの場合の長期譲渡所得の課税の特例において、譲渡資産とされる家屋については、その譲渡に係る対価の額が5,000万円以下であることが、適用要件とされている。

A 譲渡資産については、その譲渡に係る対価の額が「1億円以下」。 ········· ✗

6 居住用財産の買換え等の場合の譲渡損失の損益通算及び繰越控除等

　古いマイホームを売って新しく買い換えて売却損が発生したという場合、その損失額を、その年の翌年以降3年間の各年分の総所得金額等から繰越して控除できるという「**居住用財産の買換え等の場合の譲渡損失の損益通算及び繰越控除**」（租特法41条の5）や、新しく住宅に買い換えなくても繰越控除等が受けられる「**特定の居住用財産の譲渡損失の損益通算及び繰越控除**」という特例もあります（租特法41条の5の2）。

　どちらも、譲渡資産については、所有期間が5年を超える居住用財産であることが要件です。

所得税──課税標準・税率のまとめ

課税標準

(1) **原則**……課税譲渡所得金額

(2) **特例**
① 特別控除（長期でも短期でも適用あり。複数の資産の譲渡でも合計**5,000万円**が限度）

収用交換等	5,000万円
居住用財産の譲渡	3,000万円※

※：3,000万円特別控除の**適用要件**（主要なもの）
　(ア) 居住用財産の譲渡であること
　(イ) **配偶者等**に対する譲渡でないこと
　(ウ) **3年に1回**のみの適用

② 特定の居住用財産の買換え等の特例

譲 渡 資 産	買 換 資 産
(ア) 所有期間…**10年超** (イ) 居住期間…**10年以上** (ウ) 対　　価…**1億円以下**	(ア) 家屋…**50㎡以上** 　　土地…**500㎡以下** (イ) 取得の時期…譲渡した年の**前年**・**譲渡した年**・譲渡した年の**翌年末**までの間に取得

税率

(1) **原則** 　短期…原則として30％
　　　　　　長期…一律15％

(2) **特例**

居住用財産の軽減税率の特例	優良住宅地造成等の軽減税率の特例
［所有期間が10年超］ ● **6,000万円**を超える部分…**15％** ● **6,000万円**以下の部分……**10％**	［所有期間が5年超］ ● **2,000万円**を超える部分…**15％** ● **2,000万円**以下の部分……**10％**

7 所得税に関する特例の適用関係のまとめ ⚠ 重要

学習のPOINT
次の図は、所得税に関する出題のヤマといえます。選択適用とは「いずれかの特例のうち適用を受けられるのは1つのみ」、重複適用とは「複数の特例の適用を併せて受けることが可能」ということです。例えば「居住用財産の3,000万円特別控除」と「居住用財産の軽減税率の特例」は、要件さえ満たせば重複して適用できます。

試験に出る！POINT整理　所得税の特例の適用関係

```
                    優良住宅地造成等
                       のための
      選択適用 ──→   軽減税率の特例   ←── 選択適用
        │             （ 4 (2)）            │
        ↓                                   ↓
     特別控除  ←──    選択適用    ──→  買換え等の特例
      （ 3 ）                              （ 5 ）
        │                                   ↑
     重複適用OK  ──  居住用財産の    ←── 選択適用
      H24・R1       軽減税率の特例
                    （ 4 (1)）
```

8 住宅借入金等を有する場合の所得税額の特別控除（租特法41条）

いわゆる「住宅ローン控除（減税）」のことです。

マイホームを取得しやすいように、住宅ローンを抱えている人に課す通常の所得税について、ローン残高の一定割合に相当する金額を、一定期間にわたって少なくしてくれるものです。

Chapter 1 ▷ 不動産に関する税金

適用を受けるには、次のような要件を満たす必要があります。なお、所得税から住宅ローン控除分を差し引いても、なお控除しきれない残額がある場合には、**住民税からも控除**されます。

試験に出る！POINT整理 「住宅ローン控除」の適用要件等

❶ 控除対象等	● 居住用家屋を取得（新築も含む）または増改築（一定のバリアフリー改修・一定の省エネ改修工事を含む）等をした場合 ● 取得等の後**6ヵ月**以内に自己の居住の用に供し、適用を受ける各年の12月31日まで引き続き住んでいること ● 転出後に再入居した場合には、再適用を受けることが可能 ● 償還期間が**10年以上**の住宅取得借入金等であること ● 控除を受ける年の年間合計所得金額が**2,000万円**以下であること（**2,000万円**を超える年は、控除を受けることができない）
❷ 適用の対象となる住宅	● 床面積が**50㎡以上**であること。 ただし、特例居住用家屋等については、**40㎡以上50㎡未満**であること（この場合は、合計所得金額**1,000万円以下**の者に限る） ● 床面積の$\frac{1}{2}$以上を専ら自己の居住の用に供していること ● 既存（中古）住宅の場合は、**新耐震基準適合住宅**であること（昭和**57**年1月1日以後に建築された住宅は、新耐震基準適合住宅であると**みなされる**）
❸ 控除期間	新築の場合、居住の用に供した日の属する年以後、**13年間**（中古の場合、**10年間**）
❹ 控除額	ローンの年末残高のうちの一定額以下の部分につき、一定割合の金額が所得税額等から控除される
❺ 適用除外	居住者が居住の用に供した日の属する年の**前々年**から**翌々年**までのいずれかの年において、次の特例の適用を受けた場合または受ける場合は「住宅ローン控除」の適用は受けられない ① 居住用財産を譲渡した場合の3,000万円特別控除 ② 居住用財産を譲渡した場合の軽減税率の特例 ③ 特定の居住用財産の買換え等の特例 ⚠ ①～③と異なり、「**収用交換等の場合の5,000万円の特別控除**」や「**居住用財産の買換え等の場合の譲渡損失の損益通算及び繰越控除**」と「住宅ローン控除」の併用は可能

Chap.
1

Sec.
4

儲けたときに課される税金〜所得税〜

625

Chapter 1 ▷ 不動産に関する税金

Section 5 その他の重要な国税
～印紙税・登録免許税・相続税・贈与税～

所得税以外の国税もいろいろありますが、あまり手を広げすぎるのは得策ではありません。ここでは、不動産に関連する出題可能性の高い重要なものだけに絞って見ておきましょう。特に、**印紙税**を中心に、**登録免許税**と**贈与税**の重要ポイントは要確認です。

▶▶ 分野別過去問題集　第4編「その他関連知識」問題 ❶〜⓲

1 印紙税（国税－印紙税法） ❗重要

1 課税主体等

(1) 印紙税は、売買契約書などの課税文書の**作成者**が、原則として、印紙を貼付する方法で、国に納付します(印紙税法3条・4条、別表第1)。2人以上の者が共同して文書を作成したときは、連帯して納付する義務を負います。

(2) 印紙税が課税される書類（課税文書）は、不動産の譲渡に関する契約書（例 売買契約書や交換契約書）や、地上権または土地の賃借権の設定・譲渡に関する契約書、受取書などです。

　これらについては、譲渡の対価として記載されている金額など（複数の金額が記載されている場合は、その**合計額**）について課税されるのが原則です（消費税額が記載されている場合、**消費税は含めません**）。

ただし、次の①〜⑤については、注意が必要です。

① 変更契約書については、㈎契約金額を**増加**させる変更契約書のときは**増加**金額に対して課税され、㈏**減少**させる変更契約書のときは「記載金額がないもの」として「1通につき200円」が課税されます。

② 交換契約書については、㈎双方の金額が記載されているときは**高い**方の金額、㈏交換差金のみが記載されているときは交換差金の金額が記載金額となります。

③ 売買契約と請負契約の両方が併記されている場合は、㈎原則としては**売**

Chapter 1 ▷ 不動産に関する税金

買契約にかかる文書として、また、(イ)請負金額の方が高い場合は請負契約にかかる文書として課税されます（要するに、高い金額の方に課税されます）。

④ 地上権または土地の賃借権の設定・譲渡に関する契約書に関しては、賃借料を除いて、権利金や礼金など、後日返還されることが予定されていない金額に対して課税されます。逆にいえば、後日返還される予定がある保証金・敷金などは、記載金額には該当しません。したがって、権利金や礼金の記載がない場合、つまり、賃料および敷金等の記載だけしかない契約書の場合は、「記載金額のない文書」となります。

⑤ 記載金額のない契約書のときは、1通につき200円の印紙を貼ります。贈与契約書も、対価がないことから、記載金額のない契約書と扱われ、200円で足ります。

重要！ 一問一答   H21-問24-肢1改題

Q 「令和5年12月1日付建設工事請負契約書の契約金額3,000万円を5,000万円に増額する」旨を記載した変更契約書は、記載金額2,000万円の建設工事の請負に関する契約書として印紙税が課される。

A 記載金額を増額する変更契約書における記載金額は、その「増額した金額」（2,000万円）となる。　　　　　　　　　　　　　　　　　　　 ········· ○

---

2 非課税（5条）

国や地方公共団体などが作成した文書は、非課税です。また、次の文書も、同様に非課税です。

① 記載金額5万円未満の受取書	② 営業に関しない受取書
③ 建物の賃貸借契約書・抵当権設定契約書　　等	

3 納　付

① 文書1通ごとに納付しなければなりません。ですから、例えばA社を売主、B社を買主、C社を媒介業者とする土地の譲渡契約書を3通作成し、それぞ

れが1通ずつ保存する場合、媒介業者C社が保存する契約書にも印紙税は課税されます。また、証明力があれば、仮契約書や覚書などにも課税されます。

② 国や地方公共団体など、印紙税を課されない法人と私人とが契約書2通を作成し、互いに取り交わす場合には、私人が保存する文書は「非課税法人が作成したもの」とみなされるので、印紙を貼る必要はありません。逆に、国などの非課税法人が保存するものは、「私人が作成したもの」とみなされるので、印紙を貼らなければなりません(4条5項)。

③ 印紙を貼る場合には、その文書と印紙の彩紋とにかけて判明に消印しなければならず(8条)、また、作成者またはその代理人(法人の代表者を含む)、使用人その他の従業員の印章または署名で消さなければなりません(施行令5条)。逆に言えば、消印は必ずしも文書の作成者の印章または署名である必要はない、ということです。

④ 印紙の貼付が漏れた場合などは、過怠税を支払わなければなりません(20条)。貼付のない場合の過怠税は、原則として不貼付額の3倍です。ただし、文書の作成者が自己申告した場合は、1.1倍です。また、消印のない場合の過怠税は、消印のない印紙の額面金額に相当する額です。

2 登録免許税（国税－登録免許税法）

1 課税主体等

不動産の登記や登録、免許などについては、登記などを受ける者が、登録免許税を国に納める必要があります(登録免許税法3条)。ただし、表示に関する登記は、原則として、非課税です(5条)。また、登記等を受ける者が2人以上いるときは、連帯して納付します。

> 以下、宅建士試験で出題される不動産登記の場合を中心に、見ていきましょう。

2 課税標準

課税標準となる不動産の価額は、実際の取引価格ではなく、固定資産課税台

帳に登録されている価格です（9条）。

3 税率（別表第1、租特法72〜74条）

登録免許税に関する税率の本則（原則）および特例を、次の表で整理しておきましょう。

> 特に「建物の特例」が重要です。適用要件をしっかり押さえましょう。

【登録免許税の税率】

	本　　則	建物の特例※	土地の特例
所有権保存登記	$\dfrac{4}{1,000}$	$\dfrac{1.5}{1,000}$	—
所有権移転登記（売買）	$\dfrac{20}{1,000}$	$\dfrac{3}{1,000}$	$\dfrac{15}{1,000}$
所有権信託の登記	$\dfrac{4}{1,000}$	—	$\dfrac{3}{1,000}$
抵当権設定登記	$\dfrac{4}{1,000}$	$\dfrac{1}{1,000}$	—

※：「建物の特例」の対象となる「建物」とは、新築または取得（売買または競落に限る。相続・贈与・交換は含まない）する住宅用家屋であって、次の適用要件を満たすもののこと。なお、過去にこの特例の適用を受けた場合でも、次の適用要件さえ満たせば再度適用を受けることができる。

> ① 個人が自己の居住用の住宅として使用すること
> ② 新築または取得後1年以内に登記すること
> ③ 床面積50㎡以上であること
> ④ 既存住宅の場合は、新耐震基準適合住宅であること
> 　（昭和57年1月1日以後に建築された住宅は、新耐震基準適合住宅であるとみなされる）

Chap. 1　Sec. 5　その他の重要な国税〜印紙税・登録免許税・相続税・贈与税〜

4 税額（19条）

算出された登録免許税の金額が1,000円に満たない場合には、1,000円とされます。つまり、「最低でも1,000円は納付する」ということです。

5 その他の特例

地上権・賃借権などの設定の登記がされている土地・建物について、これらの権利の登記名義人が、その土地・建物の取得に伴って所有権の移転登記を受ける場合には、その税率は、通常の税率の$\frac{1}{2}$となります（17条4項）。なお、登記名義人以外の第三者がその所有権を取得した場合には、適用されません。

6 納付方法（8条、21条、22条）

登録免許税の納税地は、納税義務者が受ける登記等の事務をつかさどる登記所等の所在地です。納税義務者の住所地ではありません。納付時期は登記等を受ける時です。また、納付方法は、例外的な方法である「印紙納付」を除いて、原則として、現金納付です。

わかって合格る いますぐ解く！ 厳選過去問プレミアム 50 問44 へ

3 相続税・贈与税（国税－相続税法） ❗重要

1 相続税

　相続税は、相続等によって財産を取得した個人に課される国税です（相続税法1条の3）。近年、本試験では直接相続税に関して問われてはいませんが、社会的には重要な改正がいくつか行われています。例えば、基礎控除の引き下げです。相続税の算定の際は、遺産全額が課税の対象になるわけではなく、一定の金額を差し引くことができるのですが（これを「基礎控除」といいます）、この控除額が、「3,000万円＋〔600万円×法定相続人の数〕」と従前より引き下げられ、結果として相続税を払わなければならない人が増えています 最近の改正 。

2 贈与税の課税主体等

　贈与税は、贈与（死因贈与を除く）によって財産を取得した個人に課される国税（1条の4）であり、個人が生前にこっそり他の個人に贈与することによって相続税を免れることを防止する目的で、相続税を補完するために設けられた税です。

> つまり贈与税は、原則として、個人が他の個人からその財産をタダでもらった時に課税されるのです。

3 住宅取得等資金の贈与を受けた場合の相続時精算課税の特例（租特法70条の3等）

> 直系尊属から住宅取得等資金の贈与を受けた場合の贈与税の非課税（父母や祖父母など直系尊属から住宅の購入などのための資金を受けた場合、要件を満たせば、一定額まで贈与税がかからない制度）とは違うので、注意しましょう。

この特例は、**祖父母や親**（現在は**年齢要件なし**）から**18歳**以上 最近の改正 である**孫や子**が**住宅取得等資金**の贈与を受けた場合（**住宅自体**の贈与ではダメ）、贈与時には**軽減**された**贈与税**（非課税枠を2,500万円とし、2,500万円を超える部分には一律20％で課税）を納付し、相続時において**相続税**で**精算**するものです。

> この特例によって、贈与時に課される贈与税が少なくなり、もらった資金をマイホーム取得のために有効活用できるのです。

　特例を受けるためには、①**住宅取得等資金**の贈与で、②取得等をする家屋の床面積（増築の場合は増築後の床面積）が**40㎡以上** 最近の改正 で、かつ、床面積の$\frac{1}{2}$**以上**が自己の居住の用に供されるものであること、また、③住宅取得等資金の贈与を受けた年の翌年**3月15日**までに取得の資金に充て、そのうえで居住することなどの、一定の要件を満たすことが必要です。

　④中古住宅の場合は、**新耐震基準に適合**している必要がありますが、**昭和57年1月1日以後**に建築された住宅は、新耐震基準適合住宅であると**みなされます**。

　また、⑤この特例は、費用が**100万円以上の増改築**のための贈与にも適用されます。

　なお、⑥受贈者の**所得**金額要件はありません。

第4編 その他関連知識

Chapter ▷ 2
税金以外の関連知識

この分野からは、**6問出題**されます。結構な問題数ですから当然、学習効率のよい箇所に重点的に時間配分をして準備しておくのが得策です。特に ⚠️重要 マークのあるところは必ず得点するつもりで、**メリハリのある学習**を心がけてください。

Section

1 土地・建物の値段の決め方
〜不動産鑑定評価基準・地価公示法（価格の評定）〜

2 長期固定住宅ローンの支え手 5問免除科目
〜住宅金融支援機構法（需給および実務-①）〜

3 "インチキ広告" にだまされないぞ 5問免除科目
〜景表法（需給および実務-②）〜

4 土地の値上がり・値下がりの仕組み 5問免除科目
〜不動産に関する統計（需給および実務-③）〜

5 住みよい土地や建物とはどんなもの？ 5問免除科目
〜土地・建物〜

第4編 その他関連知識
Chapter 2 ▷ 税金以外の関連知識

Section 1 土地・建物の値段の決め方
~不動産鑑定評価基準・地価公示法（価格の評定）~

> **Introduction**
> **不動産鑑定評価基準**（**1**）は、範囲が広いため、難解なところはパスして、重要、かつ、よく出題される部分に絞って学習するのが得策です。そして、**地価公示法**（**2**）は、学習事項が比較的少ないため、**万全**の準備をしておきましょう！

▶▶ 分野別過去問題集　第4編「その他関連知識」問題 ⑲〜㉔

1 不動産鑑定評価基準　　　　　　　　　　　　　　❗ 重要

1 鑑定評価の「3方式」の概要

　不動産の鑑定評価を行うための基準が、**不動産鑑定評価基準**です。不動産の価格や賃料の鑑定評価にはどんな手法があるのか、次の表で確認しておきましょう。

【鑑定評価の3方式】

	① 原価方式	② 比較方式	③ 収益方式
着眼点	不動産の再調達に要する原価	不動産の取引事例または賃貸借等の事例	不動産から生み出される収益
価　格	(ｱ) **原価法** （積算価格）	(ｲ) **取引事例比較法** （比準価格）	(ｳ) **収益還元法** （収益価格）
賃　料	積算法 （積算賃料）	賃貸事例比較法 （比準賃料）	収益分析法 （収益賃料）

> ここでは、鑑定評価の基本的な3方式をまず確認したうえで、出題の中心である**不動産の価格を求める手法**について、集中的に見ていきます。

(1) 不動産の価格を判定する場合、次の点を考慮して行います。

① 原価方式	どれだけの費用が投じられたか？ ➡不動産の再調達に要する費用に着目して求める

634

② 比較方式	どれだけの価格で取引されているか？ ➡不動産の取引事例に着目して求める
③ 収益方式	どれだけの収益を得られるか？ ➡不動産から生み出される収益に着目して求める

(2) 原則として、(1)の①②③の方式から、対象不動産に係る市場の特性等を適切に反映した**複数の手法**を適用すべきとされています 最近の改正 。それが困難な場合でも、できるだけその考え方を参酌するように努めなければなりません。

(3) そして、不動産の価格を求める鑑定評価の手法としては、(ア)原価法、(イ)取引事例比較法、(ウ)収益還元法の３つの方法があり、それぞれ、原価法で求めた価格を**積算**価格、取引事例比較法で求めた価格を**比準**価格、収益還元法で求めた価格を**収益**価格といいます。

(4) 不動産の価格は、その不動産の効用が最高度に発揮される可能性に最も富む使用を前提として把握される価格を標準として形成されますが、これを**最有効使用の原則**といいます。

(5) 不動産の価格とは、基本的には**正常価格**のことですが、鑑定評価の依頼目的などに応じて、**限定価格・特定価格・特殊価格**を求めることが必要な場合もあります。

① 正常価格とは、市場性を**有する**不動産について、現実の社会経済情勢の下で**合理的**と考えられる条件を満たす市場で形成されるであろう市場価値を表示する適正な価格のことです。

> 要するに、通常の市場を前提とする、普通の価格です。

② 限定価格とは、**市場性**を**有する**不動産について、不動産と取得する他の不動産との併合などに基づき、正常価格と同一の市場概念の下において形成されるであろう市場価値と乖離することにより、**市場が相対的に限定**される場合における取得部分の当該市場限定に基づく市場価値を適正に表示する価格のことです。

> 例えば、隣りの土地を手に入れたいと考えるときは、当然、購入の対象は隣地に限定されますよね。その場合の隣接地の価格です。

③　特定価格とは、<u>市場性を有する</u>不動産について、法令等による社会的要請を背景とする評価<u>目的</u>の下で、正常価格の前提となる諸条件に足りないために、正常価格と同一の市場の下において形成されるであろう市場価値と乖離することとなる価格のことです 最近の改正 。

> 具体例としては、証券化対象不動産に係る鑑定評価目的の下で、投資家に示すための投資採算価値を表す価格を求める場合などが挙げられます。

④　特殊価格とは、文化財等の一般的に<u>市場性を有しない</u>不動産について、その利用現況等を前提とした不動産の経済価値を<u>適正に表示</u>する価格のことです。

> 例えば、重要文化財の指定を受けたお寺などについて、その保存に主眼をおいて求める価格です。

2　原価法

(1)　原価法とは、価格時点（不動産の価格は時の経過によって変わりますから、価格を判定する「基準となる日」を確定しておく必要があります。この基準となる日のこと）における対象不動産の<u>再調達原価</u>を求め、これについて<u>減価修正</u>を行って、対象不動産の試算価格（鑑定評価によって求められた価格のこと）を求める手法です。

> つまり、建物の価格を決めるときに、それと同じ建物をもう１度造り直した場合のコストを算出し、その額から古くなって傷んだ分などを差し引いて計算するという手法です。

なお、土地についての原価法の適用において、宅地造成直後と価格時点と

を比べて、公共施設や利便施設等の整備などによる環境の変化が価格水準に影響を与えていると認められる場合には、地域要因の変化の程度に応じた増加額を熟成度として加算できます。

> 例えば、近くに病院やスーパーができると、住宅地としての値打ちが上昇しますよね。それを価格に反映させるのです。

また、原価法における減価修正の方法としては、①耐用年数に基づく方法と、②観察減価法の2つの方法がありますが、①②を併用するのが原則です。

(2) 次に、原価法の適用についてです。原価法は、対象不動産が「建物」、または「建物およびその敷地」である場合は、再調達原価を容易に把握できるため有効です。また、対象不動産が「土地」のみの場合は、再調達原価を求めることが容易な造成地・埋立地などのときには有効ですが、既成市街地の土地は再調達原価を算定するのが難しいため、一般に原価法は適用できません。

> 宅建士試験では、それぞれの方法がどのようなケースに適用OKで、または適用NGなのかが、重要です。注意をしておいてください。

3 取引事例比較法

(1) 取引事例比較法とは、まず、多数の取引事例を収集し、適切な事例の選択を行い、これらに係る取引価格に必要に応じて①事情補正および②時点修正を行い、かつ、地域要因の比較および個別的要因の比較を行って求められた価格を比較考量し、これによって対象不動産の試算価格を求める方法です。

> 簡単に言えば、多くの取引のケースを集めてきて、それらのケースと対象不動産を比較して、「この物件ならいくらで取引できるか」と検討したうえで物件の価格を算出する手法です。

① 事情補正とは、例えば、買い急いだために値段が高く設定されてしまった可能性があるというような特殊事情を考慮して、適切に補正することです。

② 時点修正とは、取引事例が実際に取引された時点と価格時点とが異なり、価格水準に変動が生じたときに、その取引事例の価格を、価格時点の価格に修正することです。

> 集めてきた取引事例があまり古いと適切でないため、この時点修正を行い、古い事例を評価し直すのです。

(2) 取引事例の収集および選択については、次のことに注意しておきましょう。(イ)にあるように、投機的取引と認められる事例はダメです。H24

> "投機的"ですから、異常な価格形成が行われている可能性が高いため、選択の対象にはできません。

試験に出る！POINT整理　取引事例の収集・選択の留意点

(ア)	原則として、近隣地域または同一需給圏※内の類似地域に存する不動産から選択し必要やむを得ない場合には、近隣地域の周辺の地域に存する不動産等から選択する H24 ※：同一需給圏とは、一般に対象不動産と代替関係が成立して、その価格の形成について相互に影響を及ぼすような関係にある他の不動産が存在する圏域のこと。需要者の選好に左右されるため、その地域の範囲は、狭められる場合もあれば広域的に形成される場合もある H28
(イ)	取引事例は、「正常なもの」と認められるものであること、または正常なものに補正できるものであること。ただし、投機的取引事例はダメ H28
(ウ)	時点修正をすることが可能なものであること
(エ)	地域要因および個別的要因の比較が可能なものであること
(オ)	なお、以上のことは、取引事例比較法における取引事例のみでなく、原価法における建設事例や収益還元法における収益事例にもあてはまる H28

(3) 取引事例比較法を適用できない場合もあります。例えば、農地地域にある建物やその敷地など、不動産の取引が極めて乏しい地域における不動産や、神社・寺院・学校など取引が極めて少ない不動産については、取引事例比較法の適用は困難とされています。

Chapter **2** ▷ 税金以外の関連知識

> **重要! 一問一答**　　　　　　　　　　　　　　　　H24-問25-肢2
>
> **Q** 不動産の鑑定評価における各手法の適用に当たって必要とされる事例は、鑑定評価の各手法に即応し、適切にして合理的な計画に基づき、豊富に秩序正しく収集、選択されるべきであり、例えば、投機的取引と認められる事例は用いることができない。
>
> **A** 投機的取引と認められる事例等、適正さを欠くものはダメ。　　………○

4 収益還元法

(1) 収益還元法は、対象不動産が将来生み出すであろうと期待される**純収益**の現在価値の総和を求めることにより、対象不動産の試算価格を求める手法のことです。

> 要するに、例えば「その建物が使えなくなるまで人に貸した場合に、将来にわたって**賃料をどれくらい稼ぐ**ことができるか」という観点から、その物件の価格を算定する手法です。

収益価格を求める方法には、①一期間の純収益をベースに算定する**直接還元法**と、②連続する複数の期間に発生する純収益などを合計して算出する**DCF法**の、2種類があります。

(2) 収益還元法の適用については、重要文化財の指定を受けた建物等の、一般的に**市場性を有しない**不動産以外のものには、基本的に**すべて適用**すべきとされています。

賃貸用不動産のほか、一般企業用などの賃貸以外の事業の用に供する不動産に対して特に有効ですが、マイホームの用地等の**自用**の不動産の価格を求める場合にも、賃貸を想定することによって**適用できます** 最近の改正 。

ちなみに、収益還元法は、市場における不動産の取引価格の上昇が著しいときは、先走りがちな取引価格に対する有力な**検証手段**として活用されるべきとされています。

不動産鑑定評価基準──適用が有効な場合・困難な場合

	適用が有効な場合	適用が困難な場合
原 価 法	① 建物 または 　建物およびその敷地 ② 造成地や埋立地	既成市街地の土地
取引事例 比 較 法	近隣地域または同一需給圏内の類似地域等における類似の不動産の取引が行われている場合　等	① 取引のほとんどない地域（農地地域等）にある不動産 ② 取引が極めて少ない不動産（神社・学校等）
収益還元法	① 賃貸用不動産 ② 一般事業用不動産 ③ 自用の不動産にも適用可	重要文化財の指定を受けた建造物など、一般的に市場性を有しない不動産

2 地価公示法

1 地価公示法とは

　土地の価格を判定して、その価格を国民に公表するという一連の流れが、地価公示です。

　そして、地価公示法は、都市やその周辺の地域などで、地価公示の対象となる標準地を選定し、その正常な価格を公示することで、①一般の土地の取引価格に対して指標を与え、および②公共の利益となる事業用地に対する適正な補償金の額の算定などに役立て、もって適正な地価の形成に寄与することを、その目的としています（地価公示法1条）。

❶ 公示価格

　公示価格とは、標準地の1㎡あたりの価格が示されます。また、この価格が、「正常な価格」、つまり、土地について自由な取引が行われるとした場合において、通常ならば成立すると認められる価格のことです。なお、標準地が、実際には建物が立っている土地（要するに更地でない土地）や、借地権が設定されて

いる土地であった場合でも、それらの建物や借地権を「ないもの」とした、**更地**としての価格を求めることに注意が必要です（2条2項）。
_{H26・R1・2・4}

❷ 土地鑑定委員会

地価公示の"主役"です。土地鑑定委員会は、衆参両議院の同意を得て、国土交通大臣が任命した土地鑑定委員で構成されています。

2 地価公示の手続

❶ 地価公示の手続

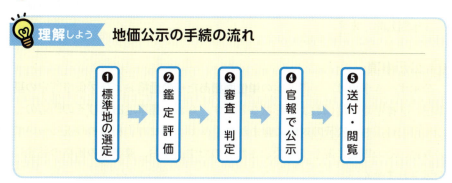

理解しよう　地価公示の手続の流れ

❶標準地の選定 → ❷鑑定評価 → ❸審査・判定 → ❹官報で公示 → ❺送付・閲覧

(1) まず、**❶標準地の選定**です。価格を判定し、公示する土地を選びます。標準地は、**都市計画区域その他**の土地取引が相当程度見込まれるものとして国土交通省令で定める区域（公示区域）内の土地から、**土地鑑定委員会**が選定します（2条）。また、その標準地は、**自然的および社会的条件**からみて類似の利用価値を有すると認められる地域において、**土地の利用状況、環境等**が**通常**と認められる一団の土地について選定しなければなりません（3条）。
_{H23・27・R1}
_{H25・29・R1}

(2) 次に、価格を決定する段階である**❷鑑定評価**と**❸審査・判定**です。**2人**以上の**不動産鑑定士**が、実際に鑑定評価を行います（2条1項）。標準地について、①近傍類地の**取引価格**から算出される推定の価格、②近傍類地の**地代**などから算定される推定の価格、および、③同等の効用を有する土地の造成などに要する推定の**費用**の額を勘案して、鑑定評価を行います（4条）。
_{H27・29・R2}
_{H25・26・R3}

> 不動産鑑定評価基準のところで学習した「3手法」ですね。

その鑑定資料をもとに、**土地鑑定委員会**が、1月1日現在の価格について判定を行います。

(3) そして、❹**毎年1回、官報で地価公示を行います**。これを行うのも**土地鑑定委員会**です（6条）。

(4) さらに、❺**土地鑑定委員会**は、関係**市町村長**に対して、公示事項のうち、その**市町村**が属する都道府県にある標準地に係る部分を記載した書面と、その標準地の所在を表示する図面を**送付**します（7条1項）。そして、送付を受けた**市町村長**は、その**事務所**（例えば、市役所など）で、その図面を一般の閲覧に**3年間公開**します。

❷ 公示事項

公示すべき事項は、①**標準地**の単位面積あたりの価格および②価格判定の基準日、③標準地の**地積**および**形状**などです。なお、**標準地およびその周辺の土地利用の現況**も、公示の対象に含まれます（6条）。つまり、利用の現況についてのみは、その周辺に関しても公示されるのです。なお、標準地の価格の総額は**公示されません**。

3 公示価格の効力

(1) 公示価格は、不動産取引を行う場合は指標とするよう、努めなければなりません(1条の2)。

あくまで"努力目標・目安にする"ということです。

なお、指標となる公示価格は、取引の対象土地に類似する利用価値を有すると認められる標準地についてのものです。

(2) それに対して、不動産鑑定士が鑑定評価をする場合には、規準としなければなりません(8条)。また同様に、公共事業の用に供する土地の取得価格の算定の際(9条)や、収用する土地に対する補償金額の算定の際(10条)も、規準としなければなりません。なお、「規準」とは、(1)の「指標」と比べて、類似の1または2以上の標準地(鑑定評価の対象土地に最も近接する標準地である必要はありません)との比較を行い、その結果に基づいて、公示価格との均衡を保たせることをいいます。つまり、「指標」よりもより拘束力が強いのが「規準」です。

ここは、「取引」という文字があれば「指標」、それ以外は「規準」と覚えればいいでしょう。

試験に出る！POINT整理　地価公示法——公示価格の効力

❶ 一般の土地取引の際 → 指標とするよう努める
❷ その他の場合 → 規準とする

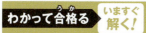
わかって合格る いますぐ解く！厳選過去問プレミアム50　問45へ

第4編 その他関連知識　Chapter 2 ▷ 税金以外の関連知識　「5問免除科目」-1問目

Section 2　長期固定住宅ローンの支え手
～住宅金融支援機構法（需給および実務-①）～

Introduction　2007年に成立した住宅金融支援機構は、（旧）住宅金融公庫が行ってきた直接融資は原則として行わず、**証券化支援業務**を行うことを中心業務としています。出題の中心は、その「業務」と「**フラット35**」です。1点ゲットすることが充分可能なテーマです。

▶▶ 分野別過去問題集　第4編「その他関連知識」問題 ㉕～㉗

1　住宅金融支援機構の目的（4条）

　独立行政法人住宅金融支援機構（以下「機構」）は、その業務によって、住宅の建設等に必要な資金の円滑かつ効率的な融通を図り、もって国民生活の安定と社会福祉の増進に寄与することを目的としています。

「誰もが銀行などの住宅ローンを利用してマイホームを取得できるようにしよう」という趣旨です。

2　住宅金融支援機構の主な業務（13条、施行令5条）❗重要

❶ 証券化支援業務

　機構は、原則として次のように、直接に個人向けの融資を行わず、間接的に、一般の金融機関による個人に対する融通の支援を行います。

(1)　機構は、住宅の建設等に必要な資金の貸付けに係る一定の金融機関の貸付債権の**譲受け**を行います。つまり、民間金融機関から個人の住宅ローン債権を買い取り、その債権を担保とする債券（「**MBS**〈資産担保証券〉」）を発行することで資金調達を行うとともに、それによって、民間金融機関が安定的に長期固定金利の住宅ローンを提供できるようにする仕組みが、「証券化支援業務（**買取**型）」です。
H23・24・30・R2・4

644

(2) 民間金融機関が貸し付けた長期・固定金利の住宅ローンなど一定の貸付債権を担保とする債券等の債務の保証も行います。これが、「証券化支援業務（保証型）」です。

❷ 融資保険業務

機構は、民間金融機関から貸付けを受けた住宅ローン債務者の滞納などによって生じた金融機関の損害を塡補する、住宅融資保険を引き受けています。
H30・R2

> 民間の金融機関が行う融資をバックアップすることによって住宅ローンの供給の促進を図っています。

❸ 住宅ローン・住宅建設等に関する情報の提供業務

機構は、住宅の建設・購入・改良・移転をする者、または住宅の建設などに関する事業を行う者に対し、**必要な資金の調達や良質な住宅の設計・建設等**に関する情報の提供、相談その他の援助を行います。

> 簡単に言えば、ローンの選別や良質な住宅の建設等に関する有用な情報の提供などを行うことです。

❹ 直接融資業務

(1) 機構は、原則として直接に融資を行いませんが、次の①～⑦の、民間の金融機関による融資が困難な災害関連等の分野に限り、一般の金融機関による融通を補完するための直接融資を行います。

①	災害復興建築物の建設・購入、被災建築物の補修に必要な資金の貸付け H25・R1・2・3
②	災害予防代替建築物の建設・購入、災害予防移転建築物の移転、災害予防関連工事、地震に対する安全性の向上を主たる目的とする住宅の改良に必要な資金の貸付け H26・R2
③	合理的土地利用建築物の建設、合理的土地利用建築物で人の居住の用その他その本来の用途に供したことのないものの購入に必要な資金、またはマンションの共用部分の改良に必要な資金の貸付け H26・R3　　　　　　　　　　　　　　　　　　　　H28・R1・3

645

④	子どもを育成する家庭もしくは高齢者の家庭に適した良好な居住性能および居住環境を有する賃貸住宅・賃貸の用に供する住宅部分が大部分を占める建築物の建設に必要な資金、または当該賃貸住宅の改良に必要な資金の貸付け H28・R3
⑤	高齢者の家庭に適した良好な居住性能および居住環境を有する住宅とすることを主たる目的とする住宅の改良（高齢者が自ら居住する住宅について行うものに限る）に必要な資金の貸付け H26・30
⑥	住宅のエネルギー消費性能の向上を主たる目的とする住宅の改良に必要な資金の貸付け **最近の改正**
⑦	勤労者財産形成促進法の規定による財形住宅貸付け

(2) 以下、上記(1)の直接融資業務に関する注意点です。

(ア) 例えば、①の「災害復興建築物」や②の「災害予防代替建築物」の建設・購入に付随する土地または借地権の取得等も含まれます。

(イ) 高齢者が自ら居住する住宅に対してバリアフリー工事や耐震改修工事をする場合に行う直接融資に関しては、債務者本人の死亡時に一括して借入金の元金を返済する制度（「高齢者向け返済特例制度」）が設けられています。 H23・24・27・R2 そして、機構は、この制度により貸付金の償還を受けるときは、当該貸付金の貸付けのために設定された抵当権の効力の及ぶ範囲を超えて、弁済の請求をしないことができます。

(ウ) 機構は、貸付けを受けた者が、経済情勢の著しい変動に伴い、元利金の H29 支払いが著しく困難となった場合は、償還期間の延長などの貸付条件の変更、または、元利金の支払方法の変更をすることができます。しかし、元利金の支払を免除することはできません。 H23・R3

❺ 団体信用生命保険業務

機構は、融資を受けた者とあらかじめ契約を締結して、その者が死亡した場合（重度障害の状態となった場合も含む）に支払われる生命保険の保険金を、貸付金債務の弁済にあてる団体信用生命保険を、その業務として行います。 H25・29・R2・4

Chapter 2 ▷ 税金以外の関連知識

❻ 既往債権の管理・回収業務

(旧)住宅金融公庫(「公庫」)は、機構の成立当時に解散し、その**一切の権利・義務**は、**機構が承継**しました(国が承継する資産を除きます)。したがって、機構が承継した、公庫が貸し付けた資金に係る債権の回収が終了するまでの間は、その債権の管理および回収を行います。

❼ 業務の追加

近年では、高齢者や子育て世帯、低所得者等の方たちが、住宅を借りたくても借りることができない事態に直面するケースを多々見受けます。そこで、その方たちを、住宅の確保に特に配慮を要する者(「住宅確保要配慮者」)として保護し、**住生活の安定を確保**するために、機構の業務として、次の内容が追加されました **最近の改正**。

① 機構は、住宅確保要配慮者の入居を拒まない賃貸住宅として、都道府県などに登録した空き家等(「登録住宅」)の**改良に必要な資金の貸付け**ができるようになりました。

② 家賃債務を保証する事業を行う**事業者**が、登録住宅に入居する**住宅確保要配慮者の家賃債務を保証する場合、機構**は、その保証の保険(「**家賃債務保証保険**」)を引き受けることができるようになりました。この場合は、機構が、家賃債務の保証事業者と保険契約を結びます。

3 業務の委託 (16条)

機構は、**地方公共団体**、一定の**金融機関・債権回収会社・法人**に対し、業務のうち一定の業務(元金・利息の回収等の業務)を**委託**することができます。

H27

4 役員・職員の地位等 (11条、12条)

機構の役員や職員は、**職務上知り得た秘密を漏らしてはなりません**(退職した後も同様です)。また、機構の役員等は、**刑法**などの**罰則の適用**については、法令により**公務に従事する職員**とみなされます。

647

5　フラット35　❗重要

　機構の中心的な業務である証券化支援業務によって、銀行などは、債務不履行による不良債権化を懸念することなく、**長期固定金利**による融資が可能となっています。その償還期間の上限を35年間とするローンが、「**フラット35**」です。
　なお、「フラット35」以外にも、**省エネ性・耐震性・バリアフリー性**などに優れた住宅を取得する場合には**貸付金の利率**を一定期間引き下げるとする「**フラット35 S**」や、認定長期優良住宅の購入については償還期間の上限を50年間とする「**フラット50**」なども設けられています。
_{H23・28・R1・3}

以下が、「フラット35（買取型）」の融資条件などです。

❶ 融資を受けられる者

　申込時の年齢が70歳未満であることが必要です。なお、「親子リレー返済」なら、70歳以上でもOKです。

❷ 融資金の使途

　本人または親族が住むための住宅の建設資金または購入資金。さらに、住宅の建設・購入に**付随**して取得する**土地**または**借地**権の取得資金についてもOKです。
_{H25・28・R2・3}
_{H25・30・R4}
　ただし、土地の購入資金のみに対する融資はダメです。また、**中古住宅**の購入資金としても使えますが、住宅の**改良（リフォーム）**のための資金としてはダメです（ただし、中古住宅の購入と併せて行うリフォームは除きます）。さらに、賃貸住宅を建設・購入するための資金としてもダメです。
_{H24・R1}
_{H26}
_{H29・R2}
　なお、ローンの**借換え**に使うのはＯＫです。
_{H28・R2・3}

Chapter **2** ▷ 税金以外の関連知識

❸ 融資対象となる住宅

次の要件を満たすことが必要です。

> ① 床面積の要件は、一戸建て等なら**70㎡以上**、マンション等の共同住宅なら**30㎡以上**（いずれも、上限なし）
> ② 一部分を店舗や事務所と併用する場合は、**住宅**部分の床面積が全体の$\frac{1}{2}$**以上**であること（ただし、融資の対象は「住宅部分」のみ）

❹ 融資金額

全国一律（地域・規模・構造等にかかわらず）、100万円以上**8,000万円**以下で、建設費または購入価額の**100**％まで○Kです **最近の改正**。

❺ 借入期間

原則として、「15年以上**35年以内**」、もしくは「完済時の年齢が**80歳**となるまでの年数」の、どちらか短いほうの年数です。

❻ 融資金利

全期間**固定**金利です。なお、金利は、**金融機関により異なり**、申込みの受付
H24・29・R2
時点ではなく、**資金受取り時点の金利**が適用されます。

わかって合格る いますぐ解く！ **厳選過去問プレミアム 50** **問46**へ

649

第4編 その他関連知識 Chapter 2 ▶ 税金以外の関連知識　「5問免除科目」-2問目

Section 3 "インチキ広告"にだまされないぞ ～景表法（需給および実務-②）～

Introduction

ここでは、景品や広告などに対する規制である「景表法」という法律と、それを前提とする具体的なルールである公正競争規約について学習します。本試験では、**規約**が出題の中心ですが、**常識を基準に判断**することができる内容ですので、その前提として、ここでの知識はしっかり頭に入れておきましょう。必ず1問出題されますので、ぜひとも得点してください。

▶▶ 分野別過去問題集 第4編「その他関連知識」問題 ㉘～㉛

1 景表法の目的

　景品が高価すぎれば、お客さんはそれに惑わされて合理的な選択ができず、ひいてはその利益が害されることになります。また、いいかげんな**広告**では、それを見たお客さんは判断を誤りますから、それを許すわけにはいきません。そのような不正に備えて、**不当景品類及び不当表示防止法**（「景表法」）という法律が用意されています。

　景表法は、商品などの取引に関連する不当な景品類および表示による顧客の誘引を防止するために、一般消費者（お客さん）による自主的かつ合理的な選択を阻害するおそれのある行為の制限および禁止を定めることによって、**一般消費者の利益を保護**することを目的としています(景表法1条)。

　この「景表法」という法律が、一般的に広告などを規制していますが、不動産業界ではそれをアレンジして、不動産業にマッチした「独自の判断基準」を定めておく必要があります。そこで、事業者の団体が、自主規制による規約として**公正競争規約**を設けています。

> 宅建士試験では、この公正競争規約に照らして、**不当な表示にあたるか否か**について判断を求めることが、出題の中心です。

2 景表法の規制

1 制限の内容

❶ 不当表示の禁止 (5条)

簡単に言うと「不当な表示や広告をしてはダメ」として、次の①②に該当し、不当に顧客を誘引し、一般消費者による自主的な選択等を阻害するおそれがあると認められるもの等が禁止されます。

①	商品や役務の品質その他の内容について、実際のものよりも著しく優良、または事実に相違してその事業者と同種の商品等を供給している他の事業者のものよりも著しく優良であると一般消費者に誤認される表示
②	商品や役務の価格その他の取引条件について、実際のもの、またはその事業者と同種の商品等を供給している他の事業者のものよりも取引の相手方に著しく有利であると一般消費者に誤認される表示

なお、広告代理店などに委託して作成した広告ビラでも、その内容が景表法に抵触するものであれば、委託した業者は、景表法上の責任を問われます。

❷ 景品類の制限・禁止 (4条)

内閣総理大臣は、不当な顧客の誘引を防止するため、景品類の価額の最高額・総額、種類、提供の方法などについて制限を加えたり、景品類の提供を禁止したりすることができます。

2 景表法に違反した場合の措置 (7条)

(1) 不当景品類の提供や不当表示が行われた場合、内閣総理大臣（ただし、消費者庁長官に委任されている）は、事業者に対して措置命令を出すことができます。この措置命令は、違反行為がすでになくなっている場合にも出すことができます。

> 措置命令の内容には、違反行為の差止め、その他、その行為の再発防止のために必要な措置なども含まれるからです。

(2) 措置命令の対象は、違反行為をした事業者の他、**合併後の存続法人・事業承継法人**などです。そして、措置命令に違反したときは、2年以下の懲役または300万円以下の罰金が課されます。

(3) 措置命令をするときは、事業者に対して**弁明の機会**が与えられます。そして、措置命令が実際に出されると、その旨の告示が行われます。

3 不動産の表示に関する公正競争規約 ！重要

公正競争規約（表示規約）は、「確かに常識的」などと判断しながら読み進め、もし逆に、**自分で納得できないと思えたら、それをしっかり覚えておいてください**。「**数字**」も覚えておきましょう。試験の本番でも、「**常識から考えればどうか**」という感覚は**大切**です。

それでは、広告を行う際に重要なポイントとなる各項目を、確認しておきましょう。

1 用語の定義（表示規約4条）

① 表　示	顧客を誘引するための手段として**事業者**（宅建業の免許を受けて宅建業を営む一定の者）が不動産（物件）の内容または取引条件その他取引（事業者自らが貸借の当事者となって行う取引を含む）に関する事項について行う**広告その他の表示**のこと。**インターネット**によるものも含まれる H29・R4
② 建築条件付土地	自己所有の土地を**取引**するにあたり、自己と土地購入者との間において、自己または自己の指定する建設業を営む者（建設業者）との間にその土地に建築する建物について一定期間内に建築請負契約が成立することを条件として、**取引**される土地のこと（請負契約の相手方を制限しない場合を含む） R1 最近の改正

③ 予告広告	販売区画数・販売戸数が2以上の分譲宅地・新築分譲住宅・新築分譲マンション・一棟リノベーションマンション、または、賃貸戸数が2以上の新築賃貸マンション・新築賃貸アパートで、価格または賃料が確定していないため、直ちに取引することができない物件について、一定の表示媒体を用いて、その本広告に先立って、その取引開始時期をあらかじめ告知する広告表示のこと 最近の改正

2 広告開始時期の制限（5条）

　事業者は、宅地の造成または建物の建築に関する工事の完了前においては、宅建業法33条に規定する許可等の処分があった後でなければ、その工事に係る宅地・建物の内容または取引条件その他取引に関する広告表示をしてはなりません。ただし、一定要件を満たす建築条件付土地の取引における建物に関する表示などには、この制限は適用されません。

3 特定事項の明示義務（13条、施行規則7条）

① 　市街化調整区域に所在する土地については、原則として、「市街化調整区域。宅地の造成および建物の建築はできません」と明示しなければなりません。そして、新聞折込チラシ・パンフレット等の場合には、16ポイント以上の大きさの文字を用いる必要があります 最近の改正 。

> 市街化調整区域では、造成や建築には許可制がとられているからです。

② 　土地が、建築基準法上の道路に2m以上接していない場合は、原則として「再建築不可」または「建築不可」と表示する必要があります。

> 「接道義務」を思い出してください。

③ 　路地状部分のみで道路に接する土地であって、その土地上の路地状部分の面積がおおむね30％以上を占めるときは、路地状部分を含む旨およびその割合または面積を明示しなければなりません。

④　建築基準法42条2項の規定により道路とみなされる部分（セットバックを要する部分）を含む土地については、その旨を表示し、セットバックを要する部分の面積がおおむね**10%**以上である場合は、併せてその面積を明示しなければなりません。

⑤　土地取引において、その土地上に古家・廃屋が存在するときは、その旨を明示しなければなりません。

⑥　土地の全部または一部が高圧電線路下にあるときは、**その旨**およびそのおおむねの面積を表示する必要があります。この場合で、建物その他の工作物の建築が禁止されているときは、その旨も併せて明示しなければなりません。

⑦　傾斜地を含む土地であって、傾斜地の割合が当該土地面積のおおむね**30%**以上を占める場合（マンションおよび別荘地等を除く）は、傾斜地を含む旨および傾斜地の割合または面積を明示しなければなりません。ただし、傾斜地の割合が30%以上を占めるか否かにかかわらず、傾斜地を含むことによってその土地の**有効な利用**が著しく阻害される場合（**マンション**を除く）は、その旨および傾斜地の割合または面積を明示しなければなりません。

⑧　建築工事に着手した後に、その工事を相当の期間にわたり**中断**していた新築住宅または新築分譲マンションについては、建築工事に着手した時期および**中断**していた期間を明示しなければなりません。

4　表示基準（15条、施行規則9条）

事業者は、以下の事項について表示するときは、それぞれ次のようにしなければなりません。

①　取引態様は、「売主」、「貸主」、「代理」又は「媒介」（仲介）の別を**これらの用語を用いて**表示しなければなりません。したがって、これらの用語以外の「直販」、「委託」等の用語による表示は、取引態様の表示とは認められません。

②　交通の利便については、公共交通機関を利用することが通例であるときは、鉄道・都市モノレール・路面電車の最寄りの駅または停留場（最寄駅等）の**名称**及び**物件から最寄駅等までの**徒歩所要時間を明示して表示しなければなりません **最近の改正**。

654

> つまり、「最寄駅から徒歩5分」という表示ではなく、「**最寄駅まで徒歩5分**」というように、**物件から**最寄駅に向かうまでの徒歩所要時間を明示することがポイント！

③ 公共交通機関は、現に利用できるものを表示し、特定の時期にのみ利用できるものは、その利用できる時期を明示して表示しなければなりません。ただし、**新設の路線**については、路線の新設にかかる国土交通大臣の許可処分またはバス会社等との間に成立している協定の内容を明示して表示することができます。 最近の改正 。

④ **新設予定の鉄道、都市モノレールの駅**もしくは**路面電車の停留場**またはバスの停留所は、その路線の**運行主体が公表**したものに限り、その**新設予定時期**を明示して表示することができます。
H23・28

> つまり、開業前でも、これらの新設予定駅等を表示できる場合があるということです。

⑤ 電車、バス等の交通機関の所要時間について表示する場合、**朝の通勤ラッシュ時の所要時間**を明示しなければなりません。なお、この場合、平常時の所要時間をその旨を明示して併記することができます。また、**乗換え**を要するときは、その旨を明示し、所要時間に**乗換えにおおむね要する時間**を含めなければなりません 最近の改正 。

⑥ 道路距離または所要時間を表示するときは、原則として、起点及び着点を明示して表示しなければなりません。

> なお、道路距離または所要時間を算出する際の物件の起点は、物件の区画のうち駅その他の施設に最も近い地点（**マンション・アパート**の場合は、**建物の出入口**）となり、駅その他の施設の着点は、その**施設の出入口**（施設の利用時間内において常時利用できるものに限ります。）となります 最近の改正 。

⑦ **団地**（一団の宅地・建物）と駅その他の施設との間の道路距離または所要時間は、取引する区画のうちそれぞれの施設ごとに、その施設から最も近い区画（**マンション・アパート**の場合は、その**施設から最も近い建物の出入口**）を起点として算出した数値とともに、その施設から**最も遠い区画**（**マンション・アパー**

ト の場合は、その施設から最も遠い建物の出入口）を起点として算出した数値も表示しなければなりません。最近の改正。

たとえば、2棟以上販売する新築分譲マンションの場合であれば、最も近い棟の出入り口からの徒歩所要時間等だけでなく、最も遠い棟の出入り口からの徒歩所要時間等も表示する必要があります。

⑧ 徒歩による所要時間は、「道路距離80mにつき1分間」を要するものとして算出した数値を表示しなければなりません。この場合において、1分未満の端数（はすう）が生じたときは、1分として算出します。つまり、道路距離がもし380mであれば、「5分」と表示しなければなりません。

直線距離ではなく、道路距離であることにも注意。

⑨ 建物の面積（マンションにあっては、「専有面積」）は、延べ面積を表示し、これに車庫・地下室等（地下居室は除きます）の面積を含むときは、その旨およびその面積を表示しなければなりません。この場合、取引する全ての建物の面積を表示する必要があります。ただし、新築分譲住宅、新築分譲マンション、一棟リノベーションマンション、新築賃貸マンション、新築賃貸アパート等については、パンフレット等の媒体を除き、最小建物面積及び最大建物面積のみで表示することができます 最近の改正。

⑩ 建築基準法において居室と認められない納戸その他の部分については、その旨を「納戸」等と表示しなければなりません。

⑪ 遮音・断熱等を目的とした建築部材自体の性能を表示する場合において、実際の住宅内における遮音・断熱性能等が、用いられる建築構造等により、その部材自体の性能とは異なる可能性がある場合には、その旨を表示しなければなりません。

⑫ 宅地・建物の写真または動画は、取引するものを表示しなければなりません。ただし、取引する建物が、建築工事の完了前である等、その建物の実際の写真や動画を用いることができない事情がある場合は、取引する建物の施工者が過去に施工した建物であり、かつ、次の(ア)(イ)に限って、他の建物の写真や動画を用いることができます 最近の改正。

㋐　建物の**外観**は、取引する建物と構造・階数・仕様が**同一**であって、規模・形状・色等が**類似**するもの。ただし、その写真または動画を**大きく掲載**するなど、取引する建物であると誤認されるおそれのある表示をしてはなりません。

㋑　建物の**内部**は、写される部分の規模・仕様・形状等が**同一**のもの

> なお、この場合は、その写真や動画が**他の建物である**旨、及び（㋐）に該当する場合は、取引する建物と**異なる部位**を、写真の場合は**写真に接する位置**に、動画の場合は**画像中に明示**する必要があります【最近の改正】。たとえば、「この外観写真は、過去に販売した１号棟のものです。外壁や窓の形状は異なります。」というように表示します。

⑬　温泉法による温泉については、温泉に**加温**・加水したもの等については、その旨を明示して表示しなければなりません。

⑭　学校、病院、官公署、公園等の**公共・公益施設**は、**現に利用**できるものを表示し、**物件からの道路距離**または**徒歩所要時間**を明示しなければなりません【最近の改正】。そして、原則として、その施設の名称を表示する必要があります。

⑮　デパート、スーパーマーケット、コンビニエンスストア、商店等の商業施設は、**現に利用**できるものを、**物件からの道路距離**または**徒歩所要時間**を明示して表示しなければなりません。ただし、**工事中である等その施設が将来確実に利用**できると認められる場合は、その**整備予定時期**を明示すれば表示できます【最近の改正】。
_{H24・R3}

⑯　住宅（マンションにあっては、住戸）の価格は、１戸当たりの価格を表示しなければなりません。この場合、取引する**全ての住戸の価格**を表示する必要があります。ただし、新築分譲住宅・新築分譲マンション・**一棟リノベーションマンション**の価格については、パンフレット等の媒体を除き、１戸当たりの**最低**価格・**最高**価格・**最多価格帯**ならびにその価格帯に属する住宅・住戸の**戸数**のみで表示することができます。また、販売戸数が**10戸**未満であるときは、最多価格帯の表示を省略することができます【最近の改正】。

⑰　土地の価格についても、⑯と同様の規制があります。
_{H23・R3}

⑱ 管理費（共有部分の公租公課等を含み、修繕積立金を含まない）については、1戸当たりの月額（予定額であるときは、その旨）を表示します。ただし、住戸により管理費の額が異なる場合、その全ての住宅の管理費を示すことが困難なときは、最低額及び最高額のみで表示できます。
R2・4

5 特定用語・物件の名称の使用基準（18条、19条）

(1) 事業者は、以下の用語を使って表示するときは、それぞれ次のような意味で使用しなければなりません。

① 新築 H25・R1	建築工事完了後1年「未満」であって、居住の用に供されたことがないもの 最近の改正 H25・R1 ⚠例えば、居住の用に供されたことがなくとも、建築工事完了後2年経過していれば、「新築」と表示してはダメ。他方で、半年しか経っていないが、誰かが住んだことがあるなら、新築ではない
② 新発売	新たに造成された宅地・新築の住宅（造成工事または建築工事完了前のものを含む）または一棟リノベーションマンション H27 について、一般消費者に対し、初めて購入の申込みの勧誘を行うこと（一団の宅地または建物を数期に区分して販売する場合は、期ごとの勧誘）をいい、その申込みを受けるに際して一定の期間を設ける場合は、その期間内における勧誘をいう 最近の改正
③ リビング・ダイニング・キッチン（LDK）	居間と台所と食堂の機能が1室に併存する部屋をいい、住宅の居室（寝室）数に応じ、その用途に従って使用するために必要な広さ・形状・機能を有するもの

(2) 事業者は「業界一」「特選」「最高」「激安」等の用語を用いて表示するときは、その表示内容を裏付ける合理的な根拠を示す資料を現に有している場合を除いて、その用語を使用できません。なお、特に「最高」「激安」等の用語は、その表示内容の根拠となる事実を併せて表示する場合に限って使用することができます。

(3) 物件の名称として地名等を用いる場合、原則として、次のように使用しなければなりません 最近の改正 。

Chapter **2** ▷ 税金以外の関連知識

① 物件が、公園・庭園・旧跡その他の施設または**海（海岸）・湖沼・河川の岸・堤防**から**直線距離で300m以内**にある場合は、これらの名称を用いることができます。

② **街道**など道路の名称（坂名を含む。）は、物件から**直線距離で50m以内**であれば、用いることができます。

> ✎ **重要! 一問一答**　　　　　　　　　　　　　　　　H25-問47-肢4
>
> **Q** 完成後８か月しか経過していない分譲住宅については、入居の有無にかかわらず新築分譲住宅と表示してもよい。
>
> ┈┈┈┈┈┈┈┈┈┈┈┈┈┈┈┈┈┈┈┈┈┈┈┈┈┈┈┈┈┈┈┈┈
>
> **A** 「新築」と表示するためには、「居住の用に供されたことがない」ことが必要。
> 　　　　　　　　　　　　　　　　　　　　　　┈┈┈┈┈ **✕**

6 不当表示の禁止等

❶ 不当な二重価格表示（20条、施行規則12条）　最近の改正

　事業者は、物件の価格、賃料または役務の対価について、**二重価格表示**（実際に販売する価格〈実売価格〉にこれよりも高い価格〈比較対照価格〉を併記すること）をする場合は、事実に相違する広告表示または実際のものもしくは競争事業者に係るものよりも有利であると誤認されるおそれのある広告表示をしてはなりません。

　なお、**過去**の販売価格を比較対照価格とする二重価格表示については、①過去の販売価格の**公表日**および**値下げした日**を明示すること、②値下げの**直前の価格**であって、値下げ前**２ヵ月以上**にわたり実際に販売のために公表していた価格であること、③値下げの日から**６ヵ月**以内に表示するものであること、④過去の販売価格の公表日から二重価格表示を実施する日まで物件の価値に**同一性**が認められるものであること、⑤一定のものを除いて**土地・建物**についての表示であること、のすべてに適合し、そのうえで、実際に当該期間は当該価格で販売していた事実を資料により客観的に明らかにすることができる場合を除き、不当な二重価格表示に該当します。

659

逆に言えば、必要な要件が満たされるなら、土地や中古住宅についても、過去の販売価格を比較対照価格とする二重価格表示が許される、ということです。

❷ おとり広告（21条）

事業者は、次のような物件に関する表示をすることはできません。

> ① 物件が**存在しない**ため、実際には取引することができない物件
> ② 物件は存在するが、実際には取引の**対象となり得ない**物件
> _{R4}
> ③ 物件は存在するが、実際には取引する**意思がない**物件

例えば、広告物件の難点をことさら指摘するなどして、その案内を拒否し取引に応じず、顧客に他の物件を勧めるような場合は、「おとり広告」として不当表示に該当します。

7 表示の修正・取止め（24条1項）

事業者は、<u>継続して物件に関する広告その他の表示をする場合で、それらの内容に変更があったときは、速やかに修正し、またはその表示を取り止めなければなりません</u>。
_{H28・R2}

4 不動産業における景品類の提供の制限に関する公正競争規約（景品規約3条）

　事業者は、一般消費者に対して、景品類を**懸賞**により提供する場合は、**取引価額の20倍または10万円のいずれか低い額**を超えて提供してはなりません。ただし、この場合に提供できる景品類の総額は、その懸賞にかかる取引予定額の$\frac{2}{100}$以内に制限されます。

　また、**懸賞によらないで**（もれなく）提供する場合は、**取引価額の$\frac{1}{10}$または100万円のどちらか低い額**の範囲内です。

> つまり、「懸賞による」「よらない」それぞれに、上限額が設定されているのです。

第4編 その他関連知識 Chapter 2 ▷ 税金以外の関連知識 「5問免除科目」−3問目

Section 4 土地の値上がり・値下がりの仕組み
〜不動産に関する統計(需給および実務−③)〜

Introduction　統計に関しては、**毎年必ず1問**出題されます。できるだけ準備をし、得点できるようにしておきたいものですが、出題の範囲は多岐にわたるため、**頻出の部分に絞って**対策を立てておくのが賢明です。

1 不動産に関する統計　⚠️ 重要

　統計は、おおむね次の3つのテーマに分けることができます。そのうち、**地価公示統計**、**土地取引統計**、**建築着工統計**、**法人企業統計**などが頻出項目です。
H23〜26・28・R2・3・3・4　　H23・26・27・29・30・R2・3・3・4　　H23〜R2・2・3・3・4　　H23〜R2・2・3・3

💡 理解しよう　統計のポイント
① **土地**に関するもの　② **建物**に関するもの　③ **不動産業**に関するもの

　なお、2023年本試験対策用の統計データは、本書刊行時点ではまだ出揃っていないため、以下、学習の着眼点を知ってもらうために、「参考」として令和4年本試験対策用のデータを掲載しています（もちろん覚える必要はありません）。

> 2023年試験対策用の重要データは「法律改正点レジュメ」をご確認ください。また、最新のデータを本書の内容に沿って整理をしたものを、ＴＡＣ出版ＨＰに掲載します（2023年夏公開予定）。

2 公示地価の動向
（土地の値段は上がっているの？　下がっているの？）

	住 宅 地	商 業 地	工 業 地
全　　　国	上昇	上昇	上昇
三大都市圏	上昇	上昇	上昇
地　方　圏	上昇	上昇	上昇

Chapter **2** ▷ 税金以外の関連知識

令和３年１月以降の１年間の地価は、**全国平均**では、全用途平均・住宅地・商業地のいずれも２年ぶりに**上昇**に転じた。工業地は６年連続の**上昇**であり、上昇率が**拡大**した。**三大都市圏**では、全用途平均・住宅地・商業地のいずれも２年ぶりに**上昇**に転じた。工業地は８年連続の**上昇**であり、上昇率が**拡大**。**地方圏**では、全用途平均・住宅地・商業地のいずれも２年ぶりに**上昇**に転じた。工業地は５年連続の上昇であり、上昇率が**拡大**した。

新型コロナウィルス感染症の影響が徐々に薄れる中で、昨年からは全体的に回復傾向が見られる。

3 売買による土地所有権移転登記（取引）件数
（土地取引は増えているの？　減っているの？）

令和３年の全国の土地取引件数（売買による土地の所有権移転登記の件数）は、約133万件となり、ほぼ横ばいで推移している。

4 新設住宅着工戸数の動向
（住宅の新築は増えているの？　減っているの？）

令和３年の新設住宅着工戸数は、持家、貸家及び**分譲住宅**が増加したため、85万6,484戸（前年比5.0％増）、全体としては５年ぶりの**増加**となった。

5 法人企業統計等（不動産業は儲かっているの？）

令和２年度の不動産業の**売上高**は、**約44.3兆円**。前年度比2.3％減で、２年連続の**減収**。全産業売上高の約3.3％となっている。

経常利益は、**約5.35兆円**。前年度比16.1％増で、３年ぶりの**増益**。全産業経常利益の約8.5％を占めている。

宅地建物取引業者数（令和２年度末現在）は、**12万７千強**（127,215）業者（前年度末比1,577業者増）と、７年連続の増加。そのうち、国土交通**大臣免許**業者が約２千７百、都道府県**知事免許**業者が約12.5万。

わかって合格る ▶ **いますぐ解く！** 厳選過去問プレミアム **50** **問48** へ ≫

663

住みよい土地や建物とはどんなもの？
～土地・建物～

第4編 その他関連知識　Chapter 2 ▷ 税金以外の関連知識　「5問免除科目」-4・5問目

Introduction
土地・建物に関しては、それらの特性などについて出題されます。毎年それぞれ1問ずつ、合計2問の出題ですが、宅建士試験対策としては、深入りは禁物。短縮した時間は、ほかの分野の学習にあてたほうが効果的です。ここでは基本的なことを確認したうえで、過去に出題されている事項のみをチェックします。なお、本試験では、常識的な判断も大いに役立ちます。

▶▶ 分野別過去問題集　第4編「その他関連知識」問題 ㉜～㊲

1 土地　⚠️ 重要

1 宅地としての適否

どのような土地が、宅地として適切か、また、好ましくないかについて見ていきましょう。

❶ 山麓部
地すべりや土石流、崩壊などの災害が起こることがあり、一般的に、宅地には適していません。背後の地形・地質・地盤についての吟味が必要です。
H28
崩壊のおそれがある古い土石流の堆積でできた地形や、再度地すべりが発生する危険性のある地すべりによってできた地形、さらに、鉄砲水の危険性のある谷の出口にあたるところなどは、特に注意が必要です。
H23
ただし、山麓部であっても地層が安定している場合は、地すべりの危険も少なく、宅地に適しているといえます。

❷ 丘陵地・台地・段丘
一般的に水はけがよく、地耐力もあり、洪水や地震に対する安全度も比較的高いので、一般的には、宅地として適しています。
H24・25・29・R1・2
しかし、丘陵地や台地の縁辺部は崖崩れの危険がありますし、丘陵地や台地
H26・28

664

内の浅い谷は、軟弱地盤であることが多く、また、豪雨時には一時的に浸水することがあり、特に注意が必要です。さらに、切土と盛土により造成した地盤の場合は、その境目では地盤の強度が異なるため、不同沈下が起こりやすいことにも注意してください。

❸ 低地部

洪水・津波や地震に弱く、一般的に、宅地としては適していません。

この中でも、低いデルタ地域（河川の河口付近で見られる三角州）・旧河道・沼沢地・自然堤防（河川の上流から運ばれてきた土砂が、川岸に堆積した微高地）に囲まれた後背湿地などは、特に地震、洪水に弱く、とりわけ宅地には適さないと考えられます。

その一方で、低地であっても、扇状地（山地から河川により運ばれてきた砂礫等が堆積し、扇状の平坦地となった地盤で、等高線は同心円状になる）・旧天井川の廃川敷（昔は川だったが、今は水がなくなり、周りより川底が高い土地）・砂丘・砂州・自然堤防などは、比較的宅地に適しています。

低地は、大部分が水田や宅地として利用され、大都市の大部分もここに立地しています。

【三角州・自然堤防・扇状地】

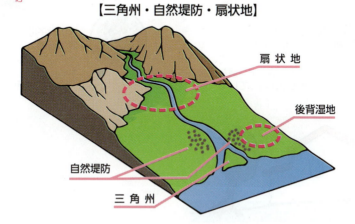

❹ 干拓地・埋立地

一般的には、宅地には適していません。ただし、埋立地は干拓地と異なり、立地が海面より高いことが多いので、干拓地よりは安全であると考えられます。

2 土地に関するその他の注意事項

過去に問われている重要知識を見ておきましょう。

① 液状化現象

　地震等の際、河川や海面などを埋め立てて造成した地盤などにおいて、振動によって水分と砂が混ざり合い、その結果、互いに摩擦力が失われ軟弱な地盤になってしまう現象のことです。比較的粒径のそろった砂地盤で、地下水位の高い、地表から浅い地域で発生しやすく、したがって、例えば、台地上の池沼を埋め立てた地盤は、液状化に対して必ずしも安全であるとはいえません。
H24・26・R1・2
H27・R1

【液状化の仕組み】

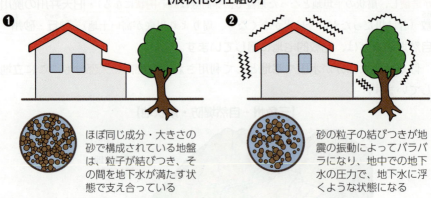

❶ ほぼ同じ成分・大きさの砂で構成されている地盤は、粒子が結びつき、その間を地下水が満たす状態で支え合っている

❷ 砂の粒子の結びつきが地震の振動によってバラバラになり、地中での地下水の圧力で、地下水に浮くような状態になる

❸ 水よりも比重が重い建物が沈んだり傾いたり、逆に水よりも軽い下水道のマンホールなどが浮き上がる状態になる

② 崖錐堆積物(がいすいたいせきぶつ)
　山から崩れ落ちて堆積した砂や小石のことをいいます。これらに覆われた地域は、一般的に、透水性は高いですが、切土をすると、崩壊や地すべりを起こしやすくなります。また、集中豪雨の時には、土石流が発生する危険性が高いといえます。

③ 支持力(しじりょく)
　建物の基礎の支持力は、粘土地盤よりも、砂礫地盤の方が発揮されやすいといえます。

④ 崩壊跡地(ほうかいあとち)
　微地形(びちけい)（極小規模で見た地形）的には馬蹄形状の凹地形を示すことが多く、また地下水位が高いため竹などの好湿性の植物が繁茂し、周辺と異なる植生を示しているのを多く見かけます。このような土地は、再度の崩壊のおそれがあり、安全とはいえません。

⑤ 等高線(とうこうせん)
　地形図で見ると、急傾斜地については等高線の間隔は密になっているのに対し、傾斜が緩やかな土地については等高線の間隔は疎となっています。

⑥ 断層(だんそう)
　ある面を境にして地層が上下または水平方向に食い違っている状態のことです。その周辺では地盤の強度が安定していないため、断層に沿った崩壊や地すべりが発生する危険性が高いといえます。

⑦ 地すべり
　特定の地質や地質構造を有する地域に集中して分布する傾向が強く、多くは地すべり地形と呼ばれる特有の地形を形成し、棚田(たなだ)などの水田として利用されることもあります。また、山麓の地形の中で地すべりによってできた地形については、その末端の急斜面部等は斜面崩壊の危険度が高いといえます。なお、地すべり地の等高線の多くは、乱れて表れます。

2 建物　❗重要

1 建築材料の特性

> 建物の構造は、その主要構造部を構成する材料により、木造、土造、ブロック造（れんが造、石造、コンクリートブロック造など）、鉄骨造、鉄筋コンクリート造、鉄骨鉄筋コンクリート造などに分けることができます。

① 鉄骨は熱に**弱く**、一定の温度になれば強度が急激に低下するため、鉄骨構造を「耐火構造」とするには**耐火被覆**をするひつよう必要があります。また、**鉄骨造**は、鉄筋コンクリート造と比べれば自重が**小さく**、木造と比べて**靭性**（材料の粘り強さ）が大きいことから、**大空間**の建築や高層建築に使用されています。

> なお、鉄骨造は、錆びやすいという特性がありますので、**鋼材の防錆**処理を行う必要があります。

② 木材に一定の力をかけたときの**圧縮に対する強度**は、繊維に対して直角方向に比べて**繊維方向のほうが大きく**なります。また、**木材は、気乾状態に比べて湿潤状態のほうが強度が小さく**、さらに、**湿潤状態では、白アリなどの虫害や腐朽菌の害を受けやすく**なります。その他、木材の**辺材**（樹木の外周部）は、樹液を多く含み虫害にも弱いため、**心材**（樹木の中心に近い部分）よりも**腐朽しやすい**とされています。なお、**集成木材構造**とは、変形や割れ等を生じさせないように単板等を積層した集成木材で骨組が構成されたもので、体育館などの**大規模な建物にも使用**されています。

③ **鉄筋と普通コンクリート**を比較すると、常温常圧において、温度上昇に伴う体積の膨張の程度（熱膨張率）は**ほぼ等しく**、また、**コンクリート**は、**圧縮強度は強い**が引張強度は**弱く**、引張強度は一般に、圧縮強度の$\frac{1}{10}$程度です。

なお、**鉄筋**は、**炭素含有量が多いほど、引張強度・硬度が増大**する傾向にあります。

2 各種建築物の補強方法

地震に対する構造面での対策としては、耐震構造（柱などで剛性を高め、地震に対して十分耐えられるようにした構造）、免震構造（積層ゴムなどで、揺れを減らす構造）、制震構造（制震ダンパーなどで、揺れを制御する構造）を挙げることができます。

❶ 木造建築物の耐震性の補強方法

一般的に、木造建築物は耐震性が低いといわれ、耐震性の補強には、次のような方法があります。

試験に出る！POINT整理　木造建築物の耐震性の補強方法

❶	接合部	仕口や継手などの接合部は、金物等を用いて緊結する
❷	屋根	軽量にし、下地に緊結する
❸	壁	●筋かいを入れた壁を均等に配置する。また、合板を打ち付ける ●真壁造りより大壁造りのほうが耐震的である
❹	柱	1・2階の隅柱などは、通し柱とする
❺	基礎と土台	鉄筋コンクリート造の布基礎に、アンカーボルトで緊結する
❻	上下階	●間仕切壁は、上下階とも同じ位置にする ●広い部屋は、上階に配置する

以下、補足します。

❶ 仕口とは、部材に角度をもたせて継ぐ接合部のこと、継手とは、部材の長さを増すための接合部のことです。

❷ 屋根が重すぎると、地震のときの揺れに弱くなり、柱が重みに耐えられなくなるおそれがあります。

❸ 真壁造りとは、柱を外に露出する壁の工法で、和風住宅などに主に用いられていますが、耐震的にはやや不利な構造です。
　それに対して、大壁造りとは、柱・間柱・筋かいなどを壁の仕上げで隠す工法で、洋間や洋風建物に用いられます。筋かいや断熱材を入れることも容

易ですので、**真壁造りと比べて、耐震的**で、**遮音**や**断熱**の面でも優れています。ただし、結露による湿気には注意する必要があります。

❹ 日本の在来工法以外にも、北米から導入された枠組壁工法（ツーバイフォー工法）や丸太組工法（いわゆる「ログハウス」）などがあります。**ツーバイフォー工法は、２×４インチの枠組みと構造用合板を用いて壁と床により構成する工法で、壁で支える仕組みのため、耐震性が高く、通し柱の必要もありません。**

❺ **布基礎**は、連続基礎ともいわれ、壁の下などに連続して設けられるもので、比較的、地盤沈下の影響を受けにくいものです。

❻ １階に大きな部屋を設けると１階部分の柱が少なくなり、２階に対する支えが弱くなるため、広い部屋を階下に設けることは避けたほうがベターです。

❷ 鉄筋コンクリート造・鉄骨鉄筋コンクリート造建築物の耐久性の補強方法

鉄筋コンクリート構造は、鉄筋とコンクリートのそれぞれの特性を活かした構造です。耐火性・耐久性があり、耐震性・耐風性にも優れた構造であるといえますが、用いている鉄が錆びると、構造体の耐久性に影響を及ぼしますので、錆を防いでいるコンクリートのアルカリ性が空気中の炭酸ガスによって失われて**中性化**することを防ぐ必要があります。また、雨水等の浸入を防ぐことも重要です。さらに、コンクリートそのものに、**酸**や**塩分**などが含まれないようにしなければなりません。

なお、**鉄筋コンクリート造**では、鉄筋に対するコンクリートのかぶり厚さ（鉄筋の表面からこれを覆うコンクリート表面までの最短の寸法）は、耐力壁にあっては**３cm以上**としなければなりません（建築基準法施行令79条１項）。

従来、鉄筋コンクリート造の超高層建築物は難しいとされていました。しかし、近年、コンクリートと鉄筋の強度が向上しており、鉄筋コンクリート造の超高層共同住宅建物もみられるようになりました。

第4編 その他関連知識

さくいん

あ行

圧縮強度	668
一般住宅用地	612
印紙税	601,626
埋立地	665
液状化現象	666
LDK	658
大壁造り	669
おとり広告	660

か行

買換資産	620,621
買換え等の特例	620
崖錐堆積物	667
過去の販売価格	659
課税客体	602
課税主体	602
課税標準	602
課税標準の特例	604,607,616
課税文書	626
過怠税	628
壁	669
干拓地	665
鑑定評価	641
記載金額のない契約書	627
規準（公示価格）	643
基準年度（固定資産税）	611
基礎と土台	669
旧河道	665
丘陵地	664
居住用財産の買換え等の場合の譲渡損失の損益通算及び繰越控除	622
居住用財産を譲渡した場合の軽減税率の特例	619
居住用財産を譲渡した場合の3,000万円特別控除	617
近隣地域	638,640
軽減税率	604,619,623
傾斜地	654
消印	628
減価修正	636
原価法	636
原価方式	634
建築条件付土地	652
建築着工統計	662

さ行

限定価格	635
高圧電線路下	654
広告開始時期の制限	654
公示価格	640
公示事項	642
公正競争規約	650,652,661
後背湿地	665
国税	601
固定資産課税台帳	611
固定資産税	600,610
個別的要因	637,638
最有効使用の原則	635
更地価額	611
三角州	665
山麓部	664
事業所得	615
仕口	669
事情補正	637
支持力	667
地すべり	667
自然堤防	665
市町村税	601
時点修正	638
指標（公示価格）	643
収益価格	635
収益還元法	639
収益方式	634
集成木材構造	668
住宅確保要配慮者	647
住宅借入金等を有する場合の所得税額の特別控除	624
住宅金融支援機構法	644
住宅取得等資金の贈与を受けた場合の相続時精算課税の特例	631
住宅用地についての課税標準の特例	612
住宅ローン控除	624
収用交換等の場合の5,000万円特別控除	617
縦覧帳簿（固定資産税）	611
純収益	639
小規模住宅用地	612
償却資産	610
証券化支援業務（買取型）	644
証券化支援業務（保証型）	645
譲渡資産	620,621
譲渡所得	601,615

た行

自用の不動産	639
所得税	601,615
真壁造り	669
申告納税	603
心材	668
新築	658
新発売	658
税額	602
税額控除	604
税額の減額の特例	609,613
正常価格	635
税率	602
積算価格	635
接合部	669
扇状地	665
選択適用	624
相続税	631
贈与税	601,631

耐震性	669
台地	664
短期譲渡所得	615
段丘	664
断層	667
団体信用生命保険業務	646
地域要因	637,638
地価公示統計	662
地価公示法	640
地方税	601
中性化	670
長期譲渡所得	615
重複適用	624
直接融資業務	645
ツーバイフォー工法	670
継手	669
DCF法	639
低地部	665
鉄筋コンクリート造	668,670
鉄骨造	668
鉄骨鉄筋コンクリート造	668,670
同一需給圏	638
投機的取引	638
統計	662
等高線	667
道府県税	601
登録住宅	647
登録免許税	601,628
通し柱	669

特殊価格……………………… 636
特定空家等……………………… 612
特定価格………………………… 636
特定事項の明示義務…………… 653
特定の居住用財産の買換え等の場合
　　の長期譲渡所得の課税の特例
　　………………………………… 621
特定の居住用財産の譲渡損失の損益
　　通算及び繰越控除………… 622
特別控除（所得税）…………… 616
特例（不動産に関する税金）
　　……………………… 604,624,630
特例適用住宅…………………… 607
土地鑑定委員会…………… 641,642
土地取引統計…………………… 662
徒歩による所要時間…………… 656
取引事例比較法………………… 637

な行

納戸……………………………… 656
二重価格表示…………………… 659
布基礎…………………………… 670
熱膨張率………………………… 668
納税義務者……………………… 602

は行

柱………………………………… 669
比較方式………………………… 635
非課税………………… 606,615,627
比準価格………………………… 635
引張強度………………………… 668
標準税率………………… 608,613
標準地…………………………… 640
標準地の選定…………………… 641
賦課期日………………………… 610
普通徴収………………… 603,614
物納……………………………… 615
不当景品類及び不当表示防止法
　　………………………………… 650
不動産鑑定士…………… 641,643
不動産鑑定評価基準…………… 634
不動産取得税…………… 600,605
フラット50……………………… 648
フラット35……………………… 648
フラット35S……………………… 648
辺材……………………………… 668
崩壊跡地………………………… 667
法人企業統計…………………… 662

ま行

丸太組工法……………………… 670
免税点………………… 603,608,613
木材……………………………… 668
木造建築物……………………… 669

や行

家賃債務保証保険……………… 647
屋根……………………………… 669
融資保険業務…………………… 645
優良住宅地造成等のために土地等を
　　譲渡した場合の軽減税率の特例
　　………………………………… 619
予告広告………………………… 653

ら行

類似地域………………………… 638
路地状部分……………………… 653

わ行

枠組壁工法……………………… 670

今年の出題予想を徹底カバー!!

今年の出題が予想される事項とズバリ論点が重なる"選りすぐられた過去問・計50問"です。問題の配列は、効果的な学習の順序に合わせたことから本試験とは異なりますが、本試験と同じ出題分野・項目で構成されています。この50問を通じて、問題解決力をイッキにアップさせることができます。しっかり取り組んで、"合格力"を養成しましょう!!

▶解説中、例えば わかって合格る 第1編 Chap.2 Sec.2 は、第1編 Chapter2 - Section2 を表します

厳選過去問プレミアム **50**

問1 錯　誤

過去問
R2（10月）－問6

　AとBとの間で令和2年7月1日に締結された売買契約に関する次の記述のうち、民法の規定によれば、売買契約締結後、AがBに対し、錯誤による取消しができるものはどれか。

1　Aは、自己所有の自動車を100万円で売却するつもりであったが、重大な過失によりBに対し「10万円で売却する」と言ってしまい、Bが過失なく「Aは本当に10万円で売るつもりだ」と信じて購入を申し込み、AB間に売買契約が成立した場合

2　Aは、自己所有の時価100万円の壺を10万円程度であると思い込み、Bに対し「手元にお金がないので、10万円で売却したい」と言ったところ、BはAの言葉を信じ「それなら10万円で購入する」と言って、AB間に売買契約が成立した場合

3　Aは、自己所有の時価100万円の名匠の絵画を贋作だと思い込み、Bに対し「贋作であるので、10万円で売却する」と言ったところ、Bも同様に贋作だと思い込み「贋作なら10万円で購入する」と言って、AB間に売買契約が成立した場合

4　Aは、自己所有の腕時計を100万円で外国人Bに売却する際、当日の正しい為替レート（1ドル100円）を重大な過失により1ドル125円で計算して「8,000ドルで売却する」と言ってしまい、Aの錯誤について過失なく知らなかったBが「8,000ドルなら買いたい」と言って、AB間に売買契約が成立した場合

解説　　わかって合格る　第1編　Chap.1　Sec.3

1　**✕**　錯誤がAの重過失による場合で、相手方BがAの錯誤について過失なく知らなかったとき、Aは、売買契約の取消しをすることはできません。

2　**✕**　時価100万円の壺を10万円程度であると思い込んでいるAには、動機の錯誤がありますが、Bにその事情を表示しないでその壺を売却しているので、Aは、売買契約の取消しをすることはできません。

3　**〇**　時価100万円の絵画を贋作だと思い込んでいるAには、**動機の錯誤**があり、Bにその事情を**表示**しています。そして、これを受けてBも贋作であると思い込んでおり、**Aと同一の錯誤**に陥っています。以上より、たとえAに重過失があった場合でも、Aは、売買契約の取消しをすることができます。

4　**✕**　肢1で述べたように、錯誤がAの重過失による場合で、相手方BがAの錯誤について過失なく知らなかったとき、Aは、売買契約の取消しをすることはできません。

〔　**正解　3**　〕

✔ここに注目！

　本問では、錯誤の分野で習得した知識を、具体的な事例にあてはめて考えていく力が要求されています。実戦力をつけるための良問ですから、何度もチャレンジしてみましょう！

厳選過去問プレミアム **50**

問2 代 理

過去問
H22−問2改題

　ＡがＡ所有の甲土地の売却に関する代理権をＢに与えた場合における次の記述のうち、民法の規定によれば、正しいものはどれか。なお、表見代理は成立しないものとする。

1　Ａが死亡した後であっても、ＢがＡの死亡の事実を知らず、かつ、知らないことにつき過失がない場合には、ＢはＡの代理人として**有効**に甲土地を売却することができる。

2　Ｂが死亡しても、Ｂの相続人はＡの代理人として**有効**に甲土地を売却することができる。

3　16歳であるＢがＡの代理人として甲土地をＣに売却した後で、Ｂが16歳であることをＣが知った場合には、ＣはＢが未成年者であることを理由に売買契約を**取り消すことができる**。

4　Ｂが売主Ａの代理人であると同時に買主Ｄの代理人としてＡＤ間で売買契約を締結しても、あらかじめ、Ａ及びＤの承諾を受けていれば、この**売買契約は有効**である。

解 説

わかって合格る 第 **1** 編　Chap. **1**　Sec. **4**

1　✗　本人が死亡したときは、代理人の代理権は消滅します。したがって、ＢはＡの代理人として有効に甲土地を売却することができません。

2　✗　代理人が死亡したときは、代理人の代理権は消滅します。したがって、Ｂが死亡しても、Ｂの相続人は、代理権を相続しないことから、Ａの代理人として有効に甲土地を売却することはできません。

3　✗　制限行為能力者が任意代理人として行った行為は、行為能力の制限によっては取り消すことができません。したがって、ＡのみならずＣも、Ｂが未成年者であることを理由に、売買契約を取り消すことはできません。

4　○　同一の法律行為について、相手方の代理人として、又は、**当事者双方の代理人**として行った行為は、債務の履行及び**本人があらかじめ許諾した行為を除いて**、**無権代理行為**とみなされます。したがって、本肢の売買契約は、あらかじめ、Ａ及びＤの承諾を受けていれば、有効です。

〔 **正解　4** 〕

✅ ここに注目！

　代理は毎年出てもおかしくない重要分野です。なぜなら、宅建業に関わる者にとって、必要不可欠な知識だからです。今年は、代理の基本部分や復代理に関して、しっかり準備しておきましょう。

厳選過去問プレミアム 50

問3 債務不履行・契約の解除

過去問 H21－問8

売主Aは、買主Bとの間で甲土地の売買契約を締結し、代金の3分の2の支払と引換えに所有権移転登記手続と引渡しを行った。その後、Bが残代金を支払わないので、Aは適法に甲土地の売買契約を解除した。この場合に関する次の記述のうち、民法の規定及び判例によれば、正しいものはどれか。

1 Aの解除前に、BがCに甲土地を売却し、BからCに対する所有権移転登記がなされているときは、BのAに対する代金債務につき不履行があることをCが知っていた場合においても、Aは解除に基づく甲土地の所有権をCに対して主張できない。

2 Bは、甲土地を現状有姿の状態でAに返還し、かつ、移転登記を抹消すれば、引渡しを受けていた間に甲土地を貸駐車場として収益を上げていたときでも、Aに対してその利益を償還すべき義務はない。

3 Bは、自らの債務不履行で解除されたので、Bの原状回復義務を先に履行しなければならず、Aの受領済み代金返還義務との同時履行の抗弁権を主張することはできない。

4 Aは、Bが契約解除後遅滞なく原状回復義務を履行すれば、契約締結後原状回復義務履行時までの間に甲土地の価格が下落して損害を被った場合でも、Bに対して損害賠償を請求することはできない。

解説

わかって合格る 第**1**編 Chap.**2** Sec.**1**

1 **O** 契約の解除をもって、第三者の権利を害することはできません。ただし、第三者は、その善意・悪意を問わないが、登記などの対抗要件を備えることが必要。

2 **×** 解除されたとき、各当事者は、その相手方に対する原状回復義務を負います。そして、給付された物などから生じた果実や使用利益も返還すべきとされています。

3 **×** 解除による双方の原状回復義務は、同時履行の関係にあります。

4 **×** 解除した債権者は、契約を解除しても、損害が生じていれば、損害賠償請求をすることができます。そして、この損害賠償請求権は、債務不履行によって発生したものであり、「通常損害」（相当因果関係にある損害）の賠償請求が可能です。したがって、「相当な範囲内」であれば、Bに損害賠償を請求することができます。

〔 **正解 1** 〕

✓ ここに注目！

契約の解除に関しては、解除の当事者間での効果、および、第三者との関係に関してしっかり押さえておくべきです。

厳選過去問プレミアム 50

問4 売買の契約不適合（売主の担保責任）

過去問 H19−問11改題

宅地建物取引業者でも事業者でもないＡＢ間の不動産売買契約における売主Ａの責任に関する次の記述のうち、民法の規定及び判例によれば、誤っているものはどれか。

1 売買契約に、契約の内容に適合しない瑕疵についてのＡの担保責任を全部免責する旨の特約が規定されていても、Ａが知りながらＢに告げなかった瑕疵については、Ａは担保責任を負わなければならない。

2 Ｂが不動産に契約の内容に適合しない瑕疵があることを発見しても、当該瑕疵が売買契約をした目的を達成することができないとまではいえないような瑕疵である場合には、Ａは担保責任を負わない。

3 Ｂが不動産に契約の内容に適合しない瑕疵があることを契約時に知っていた場合や、Ｂの過失により不動産に瑕疵があることに気付かず引渡しを受けてからその瑕疵があることを知った場合でも、Ａは担保責任を負うことがある。

4 売買契約に、担保責任を追及できる期間について特約を設けていない場合、Ｂが契約の内容に適合しない瑕疵に関して担保責任を追及するときは、Ｂが契約内容不適合を知った時から１年以内にその旨をＡに通知しなければならないのが原則である。

解説

わかって合格る 第**1**編 Chap.**2** Sec.**3**

1 **○** 売主は、担保責任を負わない旨の特約をしたときでも、知りながら告げなかった事実については、その責任を免れることができません。

2 **✗** 引き渡された売買の目的物が種類・品質に関して契約内容に適合しないものであるときは、**売主は、一定の担保責任を負います**。つまり、**目的不達成の場合に限定されません。**

3 **○** 引き渡された売買の目的物が、種類・品質に関して契約内容に適合しないものであるときは、売主は、一定の担保責任を負います。この場合、買主の善意・悪意は問われません。

4 **○** 売主が種類・品質に関して契約内容に適合しない目的物を買主に引き渡した場合、買主がその不適合を知った時から１年以内に、その旨を売主に通知しないときは、買主は、原則として、その不適合を理由として、売主の担保責任を追及できません。

〔 **正解　2** 〕

☑ここに注目！

　この分野は、近年大きく改正されたところです。宅建士の本試験では、「改正点がよく出題される」という特徴がありますので、確実に準備をしておきましょう！

厳選過去問プレミアム 50

問5 抵当権

過去問
H15-問6

　普通抵当権と元本確定前の根抵当権に関する次の記述のうち、民法の規定及び判例によれば、正しいものはどれか。

1　普通抵当権でも、根抵当権でも、設定契約を締結するためには、**被担保債権を特定する**ことが必要である。

2　普通抵当権でも、根抵当権でも、現在は発生しておらず、**将来発生する可能性がある債権**を被担保債権とすることができる。

3　普通抵当権でも、根抵当権でも、**被担保債権を譲り受けた者は、担保となっている普通抵当権又は根抵当権を被担保債権とともに取得する。**

4　普通抵当権でも、根抵当権でも、遅延損害金については、**最後の2年分を超えない利息の範囲内**で担保される。

解説

わかって合格る　第**1**編　Chap.**2**　sec.**4**

1　✕　普通抵当権と異なり、根抵当権は、一定の範囲に属する不特定の債権を担保するために設定されるもの。したがって、設定契約を締結する段階で、被担保債権を特定する必要はありません。

2　○　普通抵当権の場合、期限付債権など将来発生する可能性がある債権を被担保債権とすることができます。また、根抵当権は、一定の範囲に属する不特定の債権を極度額の限度において担保するために設定されるものですから、当然、**将来発生する可能性がある債権**を被担保債権とすることを予定しています。

3　✕　普通抵当権とは異なり、根抵当権は、法律関係が複雑になることから、個別の被担保債権に随伴しません。

4　✕　普通抵当権と異なり、根抵当権の場合は、極度額の限度内であれば、最後の2年分に制限されず担保されます。

〔 **正解　2** 〕

☑ここに注目！

　普通抵当権と根抵当権を対比する「比較問題」。普通の抵当権と比べながら、根抵当権の特性が尋ねられており、根抵当権の重要ポイントをマスターするのに絶好の1問といえます。

厳選過去問プレミアム 50

問6 対抗問題

過去問
H24－問6

　A所有の甲土地についての所有権移転登記と権利の主張に関する次の記述のうち、民法の規定及び判例によれば、正しいものはどれか。

1　甲土地につき、時効により所有権を取得したBは、**時効完成前にAから甲土地を購入して所有権移転登記を備えたC**に対して、時効による所有権の取得を主張することができない。

2　甲土地の賃借人であるDが、甲土地上に登記ある建物を有する場合に、Aから甲土地を購入したEは、**所有権移転登記を備えていないときであっても**、Dに対して、**自らが賃貸人であることを主張することができる**。

3　Aが甲土地をFとGとに対して二重に譲渡してFが所有権移転登記を備えた場合に、AG間の売買契約の方がAF間の売買契約よりも先になされたことをGが立証できれば、Gは、**登記がなくても**、Fに対して自らが所有者であることを主張することができる。

4　Aが甲土地をHとIとに対して二重に譲渡した場合において、Hが所有権移転登記を備えない間にIが甲土地を善意のJに譲渡してJが所有権移転登記を備えたときは、Iがいわゆる背信的悪意者であっても、Hは、Jに対して自らが所有者であることを主張することができない。

解説　　わかって合格る　第1編　Chap.2　Sec.6

1　✖　時効完成前の第三者と時効取得者との関係は対抗問題ではなく、時効取得者Bは、第三者Cに対して、登記なしに所有権の取得を主張することができます。

2　✖　賃借人Dが賃借権の対抗要件を備えている本肢のように、賃貸人の地位がその譲受人（新所有者）に移転した場合であっても、新所有者Eは、その所有権の移転について登記を備えなければ、賃貸人である地位を賃借人Dに主張することができません。

3　✖　不動産の物権変動は、その登記をしなければ、第三者に対抗できません。つまり、登記で優劣を決めます。したがって、Fが所有権移転登記を備えた以上、Gは、Fに対して自らが所有者であることを主張することはできません。

4　〇　たとえ**Iが背信的悪意者**に当たるとしても、Hに対する関係で**J自身が背信的悪意者と評価されるのでない限り**、**登記を備えたJ**は、甲土地の所有権取得をもって**Hに対抗できます**。したがって、Hは、善意のJに対して、自らが甲土地の所有者であることを主張することはできません。

〔　正解　4　〕

✓ ここに注目!

　頻出事項である対抗問題については、まず、「登記の早い者勝ち」で決着をつけるのが原則であることを確認しましょう。それがわかっていれば、肢3でひっかかることはないはずです。そして、「取消し後」「解除後」「時効完成後」の第三者との関係も対抗問題ですから、例えば、第三者が時効完成後に登場したのかどうかをしっかり読み取って、「登記の早い者勝ち」で考えていきましょう。

厳選過去問プレミアム 50

問7 不動産登記法

過去問
H17－問16

不動産登記の申請に関する次の記述のうち、誤っているものはどれか。

1 登記の申請を共同してしなければならない者の一方に**登記手続をすべきこと**を命ずる確定判決による登記は、当該申請を共同してしなければならない者の他方が**単独**で申請することができる。

2 相続又は法人の合併による権利の移転の登記は、登記権利者が**単独**で申請することができる。

3 登記名義人の氏名若しくは名称又は住所についての変更の登記又は更正の登記は、登記名義人が**単独**で申請することができる。

4 所有権の登記の抹消は、所有権の移転の登記の有無にかかわらず、現在の所有権の登記名義人が**単独**で申請することができる。

解 説　わかって合格る　第**1**編　Chap.**2**　sec.**7**

1・2・3は、共同申請の原則の例外で、「**○**」。

4 **✕**　所有権の移転の登記がない場合において、所有権の保存の登記を抹消するときは、単独申請が認められますが、所有権の移転の登記がある場合は、原則どおり**共同申請**によります。

〔　**正解　4**　〕

☑ここに注目！

　この問題は、「消去法」で解くべき問題。消去法を活用するためには、基本的な知識を確実なものにしておくことが重要です。また、不動産登記の手続については、"原則－例外パターン"で、頭に入れておくことが必要。

厳選過去問プレミアム **50**

問 8 借地権

過去問
H21－問11

現行の借地借家法の施行後に設定された借地権に関する次の記述のうち、借地借家法の規定によれば、正しいものはどれか。

1 借地権の当初の存続期間中に借地上の建物の滅失があった場合で、借地権者が借地権設定者の承諾を得ないで残存期間を超えて存続すべき建物を築造したときは、**借地権設定者は地上権の消滅の請求又は土地の賃貸借の解約の申入れをすることができる。**

2 借地権の当初の存続期間が満了する場合において、借地権者が借地契約の更新を請求したときに、建物がある場合は、**借地権設定者が遅滞なく異議を述べたときでも、その異議の理由にかかわりなく、従前の借地契約と同一の条件で借地契約を更新したものとみなされる。**

3 借地権の当初の存続期間中に借地上の建物の滅失があった場合、**借地権者は地上権の放棄又は土地の賃貸借の解約の申入れをすることができる。**

4 借地権の当初の存続期間が満了し借地契約を更新する場合において、当事者間でその期間を**更新の日から 10 年と定めたときは、その定めは効力を生じず、更新後の存続期間は更新の日から 20 年となる。**

解 説　　わかって合格る 第**1**編 Chap.**3** Sec.**2**

1 ✗ 契約の更新後に借地上の建物の滅失があった場合、借地権者が無断再築したときは、借地権設定者は、地上権の消滅の請求等をすることができますが、本肢のように、借地権の当初の存続期間中に建物が滅失しても、その適用はありません。

2 ✗ 借地権設定者の異議に正当事由があれば、契約は更新されません。

3 ✗ 契約の更新後に借地上の建物の滅失があった場合、借地権者は、地上権の放棄又は土地の賃貸借の解約の申入れをすることができますが、借地権の当初の存続期間中に建物が滅失しても、その適用はありません。

4 ○ **最初の更新**であるから、当事者間で存続期間を 10 年と定めても、その特約は無効となり、更新後の存続期間は **20 年**となります。

〔 正解　**4** 〕

☑ここに注目！

借地権の更新と借地上の建物の再築は、いずれも重要テーマ。借地権の更新に関しては、その要件と更新後の期間がポイントです。また、借地上の建物の再築については、当初の期間中の滅失・再築なのか、更新後なのかを区別することが重要です。

厳選過去問プレミアム 50

問9 借家権

> 過去問
> H19-問14改題

借地借家法第38条の定期建物賃貸借（以下この問において、「定期建物賃貸借」という。）と同法第40条の一時使用目的の建物の賃貸借（以下この問において「一時使用賃貸借」という。）に関する次の記述のうち、民法及び借地借家法の規定によれば、正しいものはどれか。

1 定期建物賃貸借契約は書面（電磁的記録による場合を含む。）によって契約を締結しなければ有効とはならないが、一時使用賃貸借契約は書面ではなく**口頭で契約しても有効となる。**

2 定期建物賃貸借契約は契約期間を1年以上とすることができるが、**一時使用賃貸借契約は契約期間を1年以上とすることができない。**

3 定期建物賃貸借契約は契約期間中は**賃借人から中途解約を申し入れること**はできないが、一時使用賃貸借契約は契約期間中はいつでも賃借人から中途解約を申し入れることができる。

4 賃借人が**賃借権の登記もなく建物の引渡しも受けていない**うちに建物が売却されて所有者が変更すると、定期建物賃貸借契約の借主は賃借権を所有者に主張できないが、**一時使用賃貸借の借主は賃借権を所有者に主張できる。**

解説 ｜ わかって合格る ｜ 第**1**編 ｜ Chap.**3** ｜ Sec.**1・3**

1 **○** **定期建物賃貸借**は、**電磁的記録**による場合を含めて、公正証書による等**書面**によって契約をする必要がありますが、一時使用目的の建物の賃貸借は、民法の契約成立の原則どおり、諾成契約であり、口頭でOK。

2 **✕** 定期建物賃貸借も、一時使用賃貸借契約も、「1年以上」とすることができます。

3 **✕** 定期建物賃貸借の賃借人は、転勤等一定の場合、賃貸借の中途解約の申入れをすることができる場合がありますが、一時使用賃貸借契約では、期間の定めがあるときは、特約がない限り、賃借人からの中途解約申入れは認められません。

4 **✕** 一時使用賃貸借の借主も、賃借権の登記がない以上、賃借権を新所有者に主張できません。

〔 **正解　1** 〕

☑ここに注目！

定期建物賃貸借と一時使用目的の建物賃貸借の対比を問う問題、つまり、定期建物賃貸借と民法上の賃貸借との「比較問題」です。また、定期建物賃貸借は超頻出事項ですから、成立要件などの定期建物賃貸借独自のポイントはもちろんのこと、借地借家法上の普通建物賃貸借との比較もしておきましょう。比較の視点が重要です。

厳選過去問プレミアム 50

問10 請負契約

過去問
H18−問6改題

AがBに対して建物の建築工事を代金3,000万円で注文し、Bがこれを完成させ、Aに引き渡した。この場合に関する次の記述のうち、民法の規定及び判例によれば、正しいものはどれか。

1　請負契約の目的物たる建物に契約の内容に適合しない瑕疵がある場合、瑕疵の修補が可能であっても、AはBに対して当該建物の**修補を請求すること**はできない。

2　請負契約の目的物たる建物に契約の内容に適合しない**重大な瑕疵**があるためにこれを建て替えざるを得ない場合には、Aは当該建物の**建替えに要する費用相当額の損害賠償を請求することができる。**

3　請負契約の目的物たる建物に契約の内容に適合しない瑕疵がある場合でも、Aは請負契約を**解除することができない。**

4　請負契約の目的物たる建物に契約の内容に適合しない瑕疵がある場合でも、Bが**担保責任を負わない旨の特約**をしたときには、Aは当該建物の瑕疵についてBの責任を一切追及することができなくなる。

解説

わかって合格る　第**1**編　Chap.**4**　Sec.**2**

1　✕　請負人が、種類・品質に関して契約の内容に適合しない仕事の目的物を注文者に引き渡した場合、注文者は、原則として、請負人に対して、目的物の修補等による履行の追完を請求することができます。

2　◯　請負人が、種類・品質に関して**契約の内容に適合しない**仕事の目的物を注文者に引き渡した場合、注文者は、原則として、請負人に対して、**損害賠償**を請求することができます。そして、本肢のような重大な瑕疵があるためにこれを建て替えざるを得ない場合、Aは、当該建物の**建替えに要する費用相当額の損害賠償**を請求することができます。

3　✕　請負人が、種類・品質に関して契約の内容に適合しない仕事の目的物を注文者に引き渡した場合、注文者は、原則として、請負契約を解除することができます。

4　✕　請負人は、仕事の目的物が契約の内容に適合しない場合における担保責任を負わない旨の特約をしたときであっても、請負人が知りながら告げなかった事実等については、その責任を免れることができません。

〔 正解　**2** 〕

✅ ここに注目！

請負では、契約内容に不適合な場合の請負人の担保責任について、大きく改正がなされています。特に、肢3にあるように、仕事の目的物が「建物」などであっても、契約不適合を理由とする解除が認められるようになったことは、要注意！

厳選過去問プレミアム ㊿

問11 時 効

過去問
R2 (12月) −問5

時効に関する次の記述のうち、民法の規定及び判例によれば、誤っているものはどれか。なお、時効の対象となる債権の発生原因は、令和2年4月1日以降に生じたものとする。

1 消滅時効の援用権者である「当事者」とは、**権利の消滅について正当な利益を有する者**であり、債務者のほか、保証人、物上保証人、第三取得者も含まれる。

2 裁判上の請求をした場合、裁判が終了するまでの間は時効が完成しないが、当該請求を途中で**取り下げて権利が確定することなく当該請求が終了した場合**には、その終了した時から新たに時効の進行が始まる。

3 権利の承認があったときは、その時から新たに時効の進行が始まるが、権利の承認をするには、相手方の権利についての処分につき**行為能力の制限を受けていないことを要しない。**

4 夫婦の一方が他方に対して有する権利については、婚姻の解消の時から6箇月を経過するまでの間は、時効が完成しない。

解 説

わかって合格る 第1編 Chap.4 Sec.4

1 ○ 消滅時効の援用権者である「当事者」とは、債務者のほか、保証人、物上保証人、第三取得者その他権利の消滅について正当な利益を有する者も含まれます。

2 ✕ 裁判上の請求がなされると、それが終了するまでの間、時効の完成が猶予されますが、その請求について**訴えを取り下げ、権利が確定することなく裁判が途中で終了**したときは、その**終了の時から6か月間**は、**時効の完成が猶予**されます。つまり、訴えの**取下げ**の場合には、**時効は更新しません。**

3 ○ 時効は、権利の承認があったときは、その時から新たにその進行を始めますが、この承認をするには、相手方の権利についての処分につき行為能力の制限を受けていないこと又は権限があることを要しません。たとえば、被保佐人は、単独で有効に承認することができます。

4 ○ 夫婦の一方が他の一方に対して有する権利については、婚姻の解消の時から6か月を経過するまでの間は、時効は完成しません。夫婦間において相互に権利を行使することは、事実上難しいからです。

〔 正解 **2** 〕

✓ここに注目!

時効は、近年よく出題されており、また、令和2年になされた改正事項の多い分野です。肢2・3にも関連しますが、改正点である時効の完成猶予事由と更新事由については、確実にマスターしておきましょう！

685

問12 相 続

過去問 H22-問10改題

遺言に関する次の記述のうち、民法の規定によれば、正しいものはどれか。

1　自筆証書遺言は、その内容を全てワープロ等で印字していても、日付と氏名を自書し、押印すれば、有効な遺言となる。
2　疾病によって死亡の危急に迫った者が遺言する場合には、代理人が2名以上の証人と一緒に公証人役場に行けば、公正証書遺言を有効に作成することができる。
3　未成年であっても、15歳に達した者は、有効に遺言をすることができる。
4　夫婦又は血縁関係がある者は、同一の証書で有効に遺言をすることができる。

解説

1　✗　自筆証書によって遺言をするには、遺言者が、その全文、日付及び氏名を自書し、これに押印しなければなりません。なお、最近の改正によって、自筆証書にこれと一体のものとして相続財産目録を添付する場合、その目録は自書不要とされました。ただし、その目録の各ページに署名押印が必要です。
2　✗　本肢のような場合、証人3人以上の立会いをもって、その1人に遺言の趣旨を口授して、遺言を作成することができます。
3　○　未成年であっても、15歳に達した者は、遺言をすることができます。
4　✗　遺言は、2人以上の者が同一の証書ですることができません。遺言が適正になされないおそれがあるからです。

〔正解　3〕

ここに注目！

遺言に関する基本的な出題です。基本事項が出題されたときには必ず正解できるよう、確実に準備をしておきましょう。

問13 不法行為　 過去問 H17-問11

　Aは、所有する家屋を囲う塀の設置工事を業者Bに請け負わせたが、Bの工事によりこの塀は瑕疵がある状態となった。Aがその後この塀を含む家屋全部をCに賃貸し、Cが占有使用しているときに、この瑕疵により塀が崩れ、脇に駐車中のD所有の車を破損させた。A、B及びCは、この瑕疵があることを過失なく知らない。この場合に関する次の記述のうち、民法の規定によれば、誤っているものはどれか。

1　Aは、損害の発生を防止するのに**必要な注意**をしていれば、Dに対する損害賠償責任を免れることができる。
2　Bは、瑕疵を作り出したことに**故意又は過失**がなければ、Dに対する損害賠償責任を免れることができる。
3　Cは、損害の発生を防止するのに**必要な注意**をしていれば、Dに対する損害賠償責任を免れることができる。
4　Dが、車の破損による損害賠償請求権を、損害及び加害者を知った時から3年間行使しなかったときは、この請求権は時効により消滅する。

解説　わかって合格る 第1編 Chap.4 Sec.6

1　✗　工作物責任において、所有者の責任は、**無過失責任**。したがって、Aは、必要な注意をしていても、Dに対する損害賠償責任を免れることはできません。
2　○　Bに不法行為が成立するためには、瑕疵を作り出したことについてBに故意又は過失が必要。
3　○　工作物の占有者が、損害の発生を防止するのに必要な注意をしたときは、所有者が賠償責任を負い、占有者はその責任を免れます。
4　○　不法行為による損害賠償請求権（人の生命・身体を害する場合を除く）は、被害者等が、その損害及び加害者を知った時から3年間、又は、不法行為の時より20年間経過することによって消滅します。

〔 正解　1 〕

ここに注目！

　工作物責任においては、第1次的に占有者が、第2次的に所有者が責任を負い、所有者の責任は言い逃れのできない無過失責任です。世の中は所有者にキビシイのです。

問14 区分所有法

過去問 H21-問13

建物の区分所有等に関する法律(以下この問において「法」という。)についての次の記述のうち、誤っているものはどれか。

1 管理者は、少なくとも毎年1回集会を招集しなければならない。また、招集通知は、会日より少なくとも1週間前に、会議の目的たる事項を示し、各区分所有者に発しなければならない。ただし、この期間は、規約で伸縮することができる。

2 法又は規約により集会において決議をすべき場合において、これに代わり書面による決議を行うことについて区分所有者が1人でも反対するときは、書面による決議をすることができない。

3 建替え決議を目的とする集会を招集するときは、会日より少なくとも2月前に、招集通知を発しなければならない。ただし、この期間は規約で伸長することができる。

4 他の区分所有者から区分所有権を譲り受け、建物の専有部分の全部を所有することとなった者は、公正証書による規約の設定を行うことができる。

解説

わかって合格る 第1編 Chap.4 Sec.8

1 ○ 管理者は、少なくとも毎年1回集会を招集し、そして、集会の招集通知は、会日より少なくとも1週間前に、会議の目的たる事項(議題)を示して、各区分所有者に発しなければなりませんが、この期間は、規約で伸縮することができます。

2 ○ 区分所有者全員の承諾があるときは、書面又は電磁的方法による決議をすることができます。したがって、区分所有者が1人でもこれに反対すればダメ。

3 ○ 建替え決議を目的とする集会を招集する招集通知は、その集会の会日より少なくとも2ヵ月前に発しなければなりませんが、この期間は、規約で伸長することができます。

4 × 最初に建物の専有部分の全部を所有する者は、公正証書により、規約共用部分に関する定めなど一定の事項について、規約を設定することができます。しかし、本肢の場合、「最初に」「全部を」所有していたわけではないから、公正証書による規約を設定することはできません。

〔 正解 〕

ここに注目!

区分所有法からは、最近は、「集会の招集手続」「議事録や規約に関する事項」がよく出題されます。これらを重点的にマスターしておきましょう。

厳選過去問プレミアム 50

問15 「宅建業」の意味

過去問
H16-問30

宅地建物取引業の免許（以下この問において「免許」という。）に関する次の記述のうち、正しいものはどれか。

1　Aが、その所有する農地を区画割りして宅地に転用したうえで、一括して宅地建物取引業者Bに媒介を依頼して、不特定多数の者に対して売却する場合、Aは免許を必要としない。

2　Cが、その所有地にマンションを建築したうえで、自ら賃借人を募集して賃貸し、その管理のみをDに委託する場合、C及びDは、免許を必要としない。

3　Eが、その所有する都市計画法の用途地域内の農地を区画割りして、公益法人のみに対して反復継続して売却する場合、Eは、免許を必要としない。

4　Fが、甲県からその所有する宅地の販売の代理を依頼され、不特定多数の者に対して売却する場合、Fは、免許を必要としない。

解説　わかって合格る　第2編　Chap.1　Sec.1

1　✗　媒介を依頼したAは、自ら売主となり、「取引」を行うので免許が必要。

2　〇　自ら貸借も、管理も「取引」に該当しません。

3　✗　用途地域内の農地は「宅地」であり、公益法人のみであっても「業」に該当するゆえ、Eは免許必要です。

4　✗　代理の依頼主が、国や地方公共団体であっても、Fは、免許が必要。

〔 **正解　2** 〕

✅ ここに注目！

　「自ら貸借」は「取引」ではない。これは最高度に重要な受験生の常識。もう1つ、国や地方公共団体には宅建業法自体が適用されません。もちろん、免許は不要ですし、宅建業法の規制も関係がありません。

689

厳選過去問プレミアム **50**

問16 免許の基準

過去問
H21－問27

　宅地建物取引業の免許（以下この問において「免許」という。）に関する次の記述のうち、正しいものはいくつあるか。

ア　破産者であった個人Aは、**復権を得てから5年を経過しなければ、免許を受けることができない。**

イ　宅地建物取引業法の規定に違反したことにより罰金の刑に処せられた**取締役がいる法人Bは、その刑の執行が終わった日から5年を経過しなければ、免許を受けることができない。**

ウ　宅地建物取引業者Cは、**業務停止処分の聴聞の期日及び場所が公示された日から当該処分をする日又は当該処分をしないことを決定する日までの間に、相当の理由なく廃業の届出を行った。この場合、Cは、当該届出の日から5年を経過しなければ、免許を受けることができない。**

エ　宅地建物取引業に係る営業に関し**成年者と同一の行為能力を有する未成年者Dは、その法定代理人が禁錮以上の刑に処せられ、その刑の執行が終わった日から5年を経過しなければ、免許を受けることができない。**

1　一つ　　2　二つ　　3　三つ　　4　四つ

解　説　　　　　　　わかって合格る　第**2**編　Chap. **1**　Sec. **2**

ア　✗　復権を得れば欠格要件に該当しないので、Aは5年を待たずに免許を受けることができます。

イ　〇　法人の役員が宅地建物取引業法の規定に違反して罰金の刑に処せられた場合は、免許の欠格要件に該当。**5年を経過しなければ**、Bは免許を受けることが**できません。**

ウ　✗　業務停止処分の聴聞では、免許の欠格要件と関係なしです。免許取消処分の聴聞の場合と混同しないように。

エ　✗　宅地建物取引業に係る営業に関し成年者と同一の行為能力を有する未成年者は、その未成年者が欠格要件に該当しなければ、免許を受けることができます。

　以上から、正しいものは、**イ**の1つだけで、正解は肢**1**となります。

〔**正解　1**〕

☑ここに注目！

　最近の試験では、「個数問題」がたくさん出題されるようになりました。1つ1つの肢を確実に判断しなければ正解できないので、正答率は下がるのが通常。そこで、基本的で重要な知識を「確実に」頭に入れることをお勧めします。そして、難しい肢を含む個数問題は多くの方が不正解となるのですから、そんな問題自体気にしないことにしましょう。

厳選過去問プレミアム 50

問17 変更の届出と免許換え

過去問
H6−問38改題

宅地建物取引業者Aが事務所の廃止、新設等を行う場合に関する次の記述のうち、宅地建物取引業法の規定によれば、誤っているものはどれか。

1　甲県知事の免許を受けているA（事務所数1）が、甲県の事務所を廃止し、乙県に事務所を新設して、引き続き宅地建物取引業を営もうとする場合、Aは、直接乙県知事に免許換えの申請をしなければならない。

2　甲県知事の免許を受けているA（事務所数1）が、事務所を廃止し、又は甲県内で増設した場合、Aは、甲県知事に、それぞれ、廃業の届出又は変更の届出をしなければならない。

3　国土交通大臣の免許を受けているA（事務所数2）が、甲県の従たる事務所を廃止し、乙県の主たる事務所だけにした場合、Aは、国土交通大臣を経由して、乙県知事に免許換えの申請をしなければならない。

4　国土交通大臣の免許を受けているA（事務所数2）が、甲県の主たる事務所を従たる事務所に、乙県の従たる事務所を主たる事務所に、変更した場合、Aは、国土交通大臣に変更の届出をしなければならない。

解説

わかって合格る 第2編　Chap. 1　Sec. 2

1　**○**　事務所が甲県内のみから乙県内のみゆえ、乙県知事への免許換えが必要。そして、乙県知事に直接免許換え申請が必要。

2　**○**　廃止のときは廃業の届出が、甲県内で増設のときは事務所の名称・所在地に変更があるから変更の届出が必要。

3　**✗**　経由でなく乙県知事に直接免許換え申請が必要。

4　**○**　事務所の名称・所在地の変更だから変更の届出が必要。

〔 **正解　3** 〕

☑ ここに注目！

免許換えの手続を確認しよう！
- ①知事免許への免許換え→直接免許換えの申請
- ②大臣免許への免許換え→本店管轄知事経由

厳選過去問プレミアム 50

問18 登録と宅建士証

過去問 H18−問32改題

甲県知事の宅地建物取引士資格登録（以下この問において「登録」という。）を受け、乙県内の宅地建物取引業者の事務所に勤務している宅建士Aに関する次の記述のうち、宅地建物取引業法の規定によれば、正しいものはどれか。

1　Aは、不正の手段により登録を受けたとして、登録の消除の処分の聴聞の期日及び場所が公示された後、自らの申請によりその登録が消除された場合、当該申請に相当の理由がなくとも、登録が消除された日から5年を経ずに新たに登録を受けることができる。

2　Aが甲県知事から事務の禁止の処分を受け、その禁止の期間が満了していないときは、Aは宅建士としてすべき事務を行うことはできないが、Aは乙県知事に対して、甲県知事を経由して登録の移転の申請をすることができる。

3　Aは、宅地建物取引士証の有効期間の更新を受けようとするときは、必ず甲県知事が指定する講習で交付の申請前1年以内に行われるものを受講しなければならない。

4　Aは、禁錮以上の刑に処せられ登録が消除された場合は、速やかに、宅地建物取引士証を甲県知事に返納しなければならない。

解説

わかって合格る 第2編 Chap.2 Sec.2・3

1　✗　自らの登録消除申請によって監督処分から逃げることを許すわけにはいきません。5年間は再登録ダメ。

2　✗　事務の禁止期間が満了していないときは、登録の移転は認められません。

3　✗　交付申請前6ヵ月以内の講習です。

4　◯　登録が消除されたのですから、宅建士証は返しましょう。

〔 **正解　4** 〕

✓ ここに注目！

登録の基準は、免許の基準とよく似ていますが、違うところをしっかりつかんでおきましょう。まずは「成年者と同一の行為能力を有しない未成年者」、そして肢1のような「登録消除がらみ」です。

厳選過去問プレミアム **50**

問19 宅建士複合問題

過去問
H20-問33改題

次の記述のうち、宅地建物取引業法（以下この問において「法」という。）の規定によれば、正しいものはどれか。

1　**禁錮以上の刑**に処せられた宅建士は、登録を受けている都道府県知事から登録の消除の処分を受け、**その処分の日から**5年を経過するまで、宅建士の登録をすることはできない。

2　宅地建物取引士資格試験に合格した者で、宅地建物の取引に関し2年以上の実務経験を有するもの、又は**都道府県知事がその実務経験を有するものと同等以上の能力を有すると認めたもの**は、法第18条第1項の登録を受けることができる。

3　甲県知事から宅地建物取引士証（以下この問において「宅建士証」という。）の交付を受けている宅建士は、その**住所を変更したときは、遅滞なく、変更の登録の申請をするとともに、宅建士証の書換え交付の申請を甲県知事に対してしなければならない。

4　宅建士が**破産者**に該当することになったときは、その日から30日以内にその旨を登録している都道府県知事に**破産管財人**が届け出なければならない。

解説　わかって合格る　第2編　Chap.2　Sec.2・3

1　✗　刑の執行を終わり又は執行を受けることがなくなった日から5年です。
2　✗　都道府県知事ではなく、国土交通大臣が認める必要あり（具体的には、登録実務講習の受講）。
3　〇　氏名や「**住所**」の変更のときは、遅滞なく、**変更の登録の申請をするとともに、**宅建士証の**書換え交付の申請**が必要。
4　✗　破産管財人ではなく、本人が届け出ます。

〔　**正解　3**　〕

✓ここに注目！

　書換え交付の申請が必要なのは、「氏名」と「住所」の変更のときだけと覚えておきましょう。本籍等の変更については、変更の登録は必要ですが、宅建士証の書換え交付の申請は不要です。宅建士証の記載事項ではありませんからね。

693

厳選過去問プレミアム 50

問20 宅建業者と宅建士

過去問
H8−問39改題

　甲県に本店を、乙県に支店を設けて国土交通大臣免許を受けている宅地建物取引業者Aは、甲県知事の宅地建物取引士資格登録（以下この問において「登録」という。）を受けている宅建士Bを本店の専任の宅建士として従事させている。この場合に関する次の記述のうち、宅地建物取引業法の規定によれば、正しいものはどれか。

1　Aが商号又は名称を変更した場合には、Aはその旨を甲県知事を経由して国土交通大臣に届け出なければならず、Bは甲県知事に変更の登録を申請しなければならない。

2　Bが住所を変更した場合には、Aはその旨を甲県知事を経由して国土交通大臣に届け出なければならず、Bは甲県知事に変更の登録を申請しなければならない。

3　Bが支店の専任の宅建士になった場合には、Aはその旨を甲県知事を経由して国土交通大臣に届け出なければならず、Bは甲県知事に変更の登録を申請しなければならない。

4　Aが本店を廃止し、乙県内にのみ事務所を有することとなった場合には、Aは乙県知事を経由して国土交通大臣に免許換えの申請をしなければならないが、Bは乙県知事に登録の移転の申請をする必要はない。

解説　わかって合格る　第2編　Chap.1　Sec.2、Chap.2　Sec.2・4

1　**O**　宅地建物取引業者が商号又は名称を変更したときは、業者は、**変更の届出**を、勤務している宅建士は、**変更の登録申請**が必要。

2　**✕**　業者は、変更の届出不要。専任の宅建士の住所は、宅建業者名簿の記載事項ではないからです。

3　**✕**　勤務先のどの「店舗」で仕事をしているかは、宅建士資格登録簿の登載事項ではありません。

4　**✕**　乙県知事に対して、直接免許換えの申請をします。

〔　**正解　1**　〕

✓ここに注目！

　宅建業者名簿で、住所が出てくるのは「事務所の名称・所在地」のみ。あとは、すべて「名前」。この点は、しっかり頭に入れておきましょう！　もう一度、本文に立ち戻って、変更の届出が必要な事項と、変更の登録が必要な事項をしっかり確認！

厳選過去問プレミアム **50**

問21 営業保証金

> 過去問
> R2（10月）－問35

宅地建物取引業者Ａ（甲県知事免許）の営業保証金に関する次の記述のうち、宅地建物取引業法の規定によれば、正しいものはどれか。

1 Ａから建設工事を請け負った建設業者は、Ａに対する**請負代金債権**について、営業継続中のＡが供託している営業保証金から弁済を受ける権利を有する。

2 Ａが甲県内に**新たに支店を設置**したときは、本店の最寄りの供託所に政令で定める額の営業保証金を**供託すれば、当該支店での事業を開始**することができる。

3 Ａは、**営業保証金の還付**により、営業保証金の額が政令で定める額に不足することとなったときは、甲県知事から不足額を供託すべき旨の**通知書の送付を受けた日から２週間以内**にその不足額を供託しなければならない。

4 Ａが甲県内に**本店及び２つの支店を設置**して宅地建物取引業を営もうとする場合、供託すべき**営業保証金の合計額は 1,200 万円**である。

解説

> わかって合格る 第**2**編 Chap.**3** Sec.**1**

1 ✕ 請負代金債権は、請負契約に基づく債権であって、宅建業の「取引」により生じた債権ではないので、建設業者は、営業保証金から弁済を受ける権利を有しません。

2 ✕ 宅建業者は、供託しただけでその届出をしていなければ、新たに設置した支店での事業開始はできません。

3 ◯ 宅建業者は、営業保証金の還付により、供託すべき営業保証金の額が政令で定める額（本店 1,000 万円、支店は１か所につき 500 万円の割合の合計額）に不足したときは、免許権者から不足額を供託すべき旨の**通知書の送付を受けた日から２週間以内**にその不足額を供託しなければなりません。

4 ✕ 供託すべき営業保証金の額は、2,000 万円（本店 1,000 万円＋支店 500 万円×２）です。

〔 **正解 3** 〕

✅ ここに注目！

還付以降の流れは超頻出事項です。２週間という数字は、通知書の送付を受けた日からということも含めて、必ず覚えておきましょう！

厳選過去問プレミアム 50

問22 保証協会

過去問
H26 − 問39改題

宅地建物取引業保証協会（以下この問において「保証協会」という。）に関する次の記述のうち、正しいものはどれか。

1　還付充当金の未納により保証協会の社員の地位を失った宅地建物取引業者は、その地位を失った日から2週間以内に弁済業務保証金を供託すれば、その地位を回復する。

2　保証協会は、その社員である宅地建物取引業者から弁済業務保証金分担金の納付を受けたときは、その納付を受けた日から2週間以内に、その納付を受けた額に相当する額の弁済業務保証金を供託しなければならない。

3　保証協会は、弁済業務保証金の還付があったときは、当該還付に係る社員又は社員であった者に対して、当該還付額に相当する額の還付充当金を保証協会に納付すべきことを通知しなければならない。

4　宅地建物取引業者が保証協会の社員となる前に、当該宅地建物取引業者に建物の貸借の媒介を依頼した者（宅地建物取引業者ではないものとする。）は、その取引により生じた債権に関し、当該保証協会が供託した弁済業務保証金について弁済を受ける権利を有しない。

解 説

わかって合格る　第2編　Chap. 3　Sec. 2

1　✗　保証協会の社員の地位を失った場合、宅建業者が、弁済業務保証金を供託すればその地位を回復する旨の規定はありません。

2　✗　保証協会は、分担金の納付を受けた日から1週間以内に、弁済業務保証金を供託する必要があります。

3　○　保証協会は、弁済業務保証金の還付があったときは、その還付に係る社員等に対して、還付充当金を保証協会に納付すべきことを通知しなければなりません。

4　✗　社員が社員となる前に取引した者も含めて、その取引により生じた債権に関し、弁済業務保証金から弁済（還付）を受けることができます。なお、宅建業者は、還付の対象から除かれています。

〔 正解　3 〕

✓ここに注目！

　弁済業務保証金（保証協会制度）について訊く、定番の肢ばかりの問題ですから、このような問題は必ず得点してほしい。保証金に関する出題は、供託・還付・取戻し等に関して、1つ1つ整理して頭に入れておけば得点できます。

厳選過去問プレミアム **50**

問23 広 告

過去問
H26-問30

宅地建物取引業者Aが行う業務に関する次の記述のうち、宅地建物取引業法の規定によれば、正しいものはどれか。

1 Aは、新築分譲マンションを建築工事の完了前に販売しようとする場合、建築基準法第6条第1項の確認を受ける前において、当該マンションの売買契約の締結をすることはできないが、当該販売に関する広告をすることはできる。

2 Aは、宅地の売買に関する広告をするに当たり、当該宅地の形質について、実際のものよりも著しく優良であると人を誤認させる表示をした場合、当該宅地に関する注文がなく、売買が成立しなかったときであっても、監督処分及び罰則の対象となる。

3 Aは、宅地又は建物の売買に関する広告をする際に取引態様の別を明示した場合、当該広告を見た者から売買に関する注文を受けたときは、改めて取引態様の別を明示する必要はない。

4 Aは、一団の宅地の販売について、数回に分けて広告をするときは、最初に行う広告以外は、取引態様の別を明示する必要はない。

解 説

わかって合格る 第**2**編 Chap.**4** Sec.**1**

1 ✕ 宅建業者は、未完成物件について、工事に必要な許可・確認等の処分を受けた後でなければ、売買契約の締結をすることも、販売に関する広告をすることもできません。

2 ◯ **誇大広告の禁止規定**は、誇大広告をすることの禁止であり、当該広告に基づき**契約が成立することは不要**です。そして、誇大広告の禁止規定に違反した場合、監督処分及び罰則の対象となります。

3 ✕ 宅建業者は、取引態様の別についての明示を、①広告をするときと、②売買等の注文を受けたときの二段階で行うことが必要。

4 ✕ 広告のたびごとに、取引態様の別を明示する必要があります。

〔 **正解　2** 〕

☑ここに注目！

広告に関する総合問題です。肢2の誇大広告については、罰則が問われることが多いので、必ず覚えておきましょう。なお、本問もそうですが、広告については3つのテーマ（広告開始時期の制限・誇大広告の禁止・取引態様の明示）に関して横断的に出題されます。1点ゲットしましょう！

697

厳選過去問プレミアム 50

問24 事務所・案内所・標識

過去問 H9−問42改題

宅地建物取引業者Aが一団の宅地建物の分譲を行う案内所に関する次の記述のうち、宅地建物取引業法の規定によれば、正しいものはどれか。なお、この問において、「契約行為等」とは、宅地建物の売買若しくはその代理・媒介の契約（予約を含む。）を締結し、又はこれらの申込みを受けることをいう。

1 Aは、契約行為等を行わない案内所についても、宅地建物取引業法第50条に規定する標識（以下この問において「標識」という。）を掲げなければならない。

2 Aが、契約行為等を行わない案内所に置かなければならない成年者である専任の宅建士の数は、当該案内所において業務に従事する者の数にかかわらず、1名である。

3 他の宅地建物取引業者Bが、Aに対し一団の宅地建物の分譲の販売代理を一括して依頼した場合、Aが契約行為等を行う案内所に、Aの標識とともに、Bも、自己の標識を掲げなければならない。

4 Aは、その事務所及び契約行為等を行う案内所ごとに、公衆の見やすい場所に、国土交通大臣が定めた報酬の額を掲示しなければならない。

解説

わかって合格る 第2編 Chap.4 Sec.2

1 **〇** その案内所で契約行為等をしなくとも、**標識**は、**掲示しなければなりません。**

2 **✕** そもそも契約行為等を行わない案内所には、専任の宅建士は不要。

3 **✕** Aが設ける契約行為等を行う案内所において、Aには標識を掲げる義務がありますが、Bにはありません。設置者に義務があるということ。

4 **✕** 報酬額の掲示は事務所ごと。

〔 **正解 1** 〕

✓ここに注目！

①「標識」は、ちゃんとした業者の証（あかし）だから、とりあえずザックリ、業者が仕事をする場所ならどこでも必要（事務所や案内所はもちろん、物件の所在地にも）と覚えておく。

②「専任の宅建士」は、契約がらみの所（事務所のほか、契約行為等をする案内所等）。

③「報酬額」と「従業者名簿」と「帳簿」は、事務所だけ。

厳選過去問プレミアム 50

問25 専任媒介契約

過去問
H21－問32改題

　宅地建物取引業者Aが、B所有の甲宅地の売却の媒介を依頼され、Bと**専任媒介契約**を締結した場合に関する次の記述のうち、宅地建物取引業法の規定によれば、正しいものはどれか。

1　Aは、甲宅地の所在、規模、形質、売買すべき価額のほかに、甲宅地の上に存する**登記された権利の種類及び内容を指定流通機構に登録**しなければならない。

2　AがBに対して、甲宅地に関する所定の事項を指定流通機構に登録したことを証する書面（電磁的方法による提供を含む。）を引き渡さなかったときは、Aはそのことを理由として指示処分を受けることがある。

3　AがBに対して、当該専任媒介契約に係る**業務の処理状況を14日**（ただし、Aの休業日は含まない。）に**1回報告するという特約は有効**である。

4　Aは、指定流通機構に登録した甲宅地について売買契約が成立し、かつ、甲宅地の引渡しが完了したときは、遅滞なく、その旨を当該**指定流通機構に通知**しなければならない。

解説

わかって合格る　第2編　Chap.5　Sec.1

1　✕　登記された権利の種類等は、登録事項には該当しません。
2　〇　**電磁的方法による提供**も含めて、**書面の引渡しは宅地建物取引業者の義務であり、これに反する行為**は宅地建物取引業法違反として**指示処分**を受けることがあります。
3　✕　休業日を含まないとすると2週間に1回（専任媒介）よりも長い期間報告をしないことになり、依頼者にとって不利な特約となるので無効。
4　✕　契約が成立したときは遅滞なく、指定流通機構に通知が必要。

〔 **正解　2** 〕

✓ここに注目！

　肢3は、勘違いしませんでしたか？　指定流通機構への登録期間のような「宅建業者の休業日を除く」とする規定は、報告に関してはないので、混同しないように注意しましょう。また、「休業日を含まない」とするとどうなるかを、きっちり具体的にあてはめることが必要です。

699

厳選過去問プレミアム 50

問 26 重要事項の説明

過去問
R 1 −問 28

　宅地建物取引業者が建物の貸借の媒介を行う場合における宅地建物取引業法第 35 条に規定する重要事項の説明に関する次の記述のうち、正しいものはどれか。なお、説明の相手方は宅地建物取引業者ではないものとする。

1　当該建物が住宅の品質確保の促進等に関する法律第 5 条第 1 項に規定する**住宅性能評価を受けた新築住宅**であるときは、その旨を説明しなければならない。

2　当該建物が**既存の建物**であるときは、既存住宅に係る住宅の品質確保の促進等に関する法律第 6 条第 3 項に規定する**建設住宅性能評価書の保存の状況**について説明しなければならない。

3　当該建物が既存の建物である場合、**石綿使用の有無の調査結果の記録がない**ときは、**石綿使用の有無の調査を自ら実施し、その結果について説明しなければならない。

4　当該建物が建物の区分所有等に関する法律第 2 条第 1 項に規定する区分所有権の目的であるものであって、同条第 3 項に規定する**専有部分の用途その他の利用の制限に関する規約の定めがあるときは、その内容を説明しなければならない。

解説　　　　　　　わかって合格る　第 2 編　Chap. 5　Sec. 2

1　✕　宅建業者は、建物の売買の媒介等を行う場合、当該建物が住宅性能評価を受けた新築住宅であるときは、その旨を重要事項として説明しなければなりません。しかし、建物の貸借の媒介等を行う場合は、その説明の必要はありません。

2　✕　既存建物について、宅建業者がその売買の媒介等を行う場合は、建設住宅性能評価書の保存の状況について、重要事項として説明しなければなりません。しかし、貸借の媒介等を行う場合は、その説明の必要はありません。

3　✕　建物について、宅建業者が売買や貸借の媒介等をする場合、石綿使用の有無の調査結果の記録が保存されているときは、その内容を重要事項として説明しなければなりません。しかし、これは、宅建業者に石綿使用の有無の調査の実施自体を義務付けるものではありません。

4　〇　宅建業者が**区分所有建物**の**売買**や**貸借**の媒介等をする場合、**専有部分の用途その他の利用の制限**に関する規約の定めがあるときは、その内容を**説明しなければ**なりません。

〔　**正解　4**　〕

✓ここに注目！

　重要事項の説明は受験生にとって最大の難関。皆さん四苦八苦されています。しかし、宅建士試験ですから、とにかく整理して覚えることが不可欠。学習は、次の 2 ステップ。①まず売買交換の場合を頭に入れて、貸借はそれとの違いに注意を払う、②その際、規約などで決められる独特の事項であるマンションの追加的説明事項についても、貸借との違いを確認しつつ、頭に入れる。最初は大変ですが、やってしまえば得点源。

厳選過去問プレミアム 50

問27 37条書面

過去問
H25－問35改題

宅地建物取引業者が媒介により建物の貸借の契約を成立させた場合、宅地建物取引業法第37条の規定により当該貸借の契約当事者に対して交付すべき書面（電磁的方法による提供を含む。）に**必ず記載しなければならない事項**の組合せとして、正しいものはどれか。

ア　保証人の氏名及び住所
イ　建物の引渡しの時期
ウ　借賃の額並びにその支払の時期及び方法
エ　媒介に関する報酬の額
オ　借賃以外の金銭の授受の方法

1　ア、イ
2　イ、ウ
3　ウ、エ、オ
4　ア、エ、オ

解説

わかって合格る　第2編　Chap.5　Sec.3

以下、必要的記載事項であるものを○、そうでないものを×とします。

ア　✗　保証人の氏名及び住所は、必要的記載事項ではありません。
イ　○　建物の**引渡しの時期**は、必要的記載事項。
ウ　○　**借賃の額並びにその支払の時期及び方法**は、必要的記載事項。
エ　✗　媒介に関する報酬の額は、必要的記載事項ではありません。
オ　✗　借賃以外の金銭の「授受の方法」は、必要的記載事項ではありません。

よって、必要的記載事項は**イ**、**ウ**であり、正解は肢**2**。

〔　正解　2　〕

✓ ここに注目！

「組合せ問題」も最近の出題パターン。肢の組合せ自体がヒントになることから、個数問題とは逆に簡単な問題になりやすい出題形式です。本問でも、すべての肢が判断できなくとも「消去法」で正解を導くことができます。ところで、この機会に、①ローン、②契約内容不適合責任、③税など公課の負担関連の3つが、貸借の37条書面の任意的記載事項に含まれていないことは、押さえておきましょう。

厳選過去問プレミアム 50

問28 媒介・35条・37条書面

過去問
H30-問27改題

　宅地建物取引業者Aは、Bが所有し、居住している甲住宅の売却の媒介を、また、宅地建物取引業者Cは、Dから既存住宅の購入の媒介を依頼され、それぞれ媒介契約を締結した。その後、B及びDは、それぞれA及びCの媒介により、甲住宅の売買契約（以下この問において「本件契約」という。）を締結した。この場合における次の記述のうち、宅地建物取引業法（以下この問において「法」という。）の規定によれば、正しいものはどれか。なお、この問において「建物状況調査」とは、法第34条の2第1項第4号に規定する調査をいうものとする。

1　Aは、甲住宅の売却の依頼を受けた媒介業者として、本件契約が成立するまでの間に、Dに対し、建物状況調査を実施する者のあっせんの有無について確認しなければならない。

2　A及びCは、本件契約が成立するまでの間に、Dに対し、甲住宅について、設計図書、点検記録その他の建物の建築及び維持保全の状況に関する書類で国土交通省令で定めるものの保存の状況及びそれぞれの書類に記載されている内容について説明しなければならない。

3　CがDとの間で媒介契約を締結する2年前に、甲住宅は既に建物状況調査を受けていた。この場合において、A及びCは、本件契約が成立するまでの間に、Dに対し、建物状況調査を実施している旨及びその結果の概要について説明しなければならない。

4　A及びCは、Dが宅地建物取引業者である場合であっても、法第37条に基づき交付すべき書面（電磁的方法による提供を含む。）において、甲住宅の構造耐力上主要な部分等の状況について当事者の双方が確認した事項があるときにその記載を省略することはできない。

解説

わかって合格る　第2編　Chap.5　Sec.1・2・3

1　✕　宅建業者は、既存の建物の売買・交換の媒介契約を締結したときは、依頼者Bに対する建物状況調査を実施する者のあっせんに関する事項（あっせんの有無）を記載した媒介契約書面（電磁的方法による提供を含む）を作成して、遅滞なく、Bに交付する必要がありますが、本肢のようなDへの確認は不要です。

2　✕　宅建業者は、既存建物の売買・交換の契約を締結するまでに、買主等に対し、設計図書その他の建物の建築及び維持保全の状況に関する一定の書類の保存の状況を重要事項として説明しなければなりませんが、それぞれの書類に記載されている内容は、説明不要です。

3　✕　宅建業者は、既存建物の売買・交換の契約を締結するまでに、買主等に対し、建物状況調査（実施後1年を経過していないものに限ります）を実施しているかどうか、及びこれを実施している場合におけるその結果の概要を、重要事項として説明しなければなりません。

4　○　37条書面（電磁的方法による提供を含む）への法定事項の記載は、**買主が宅建業者**であったとしても、**省略することはできません。**

〔　正解　4　〕

✓ ここに注目!

　平成30年度本試験では、「建物状況調査等」に関する当時の改正点について、本問のように集中的に尋ねられました。これらの事項は、今後も引き続いて出題される可能性が高いと考えられます。十分準備しておきましょう。

厳選過去問プレミアム **50**

問29 手付金等保全措置

過去問
H26−問33

　宅地建物取引業者Aが、自ら売主として買主との間で建築工事完了前の建物を5,000万円で売買する契約をした場合において、宅地建物取引業法第41条第1項に規定する手付金等の保全措置（以下この問において「保全措置」という。）に関する次の記述のうち、同法に違反するものはどれか。

1　Aは、宅地建物取引業者であるBと契約を締結し、保全措置を講じずに、Bから手付金として1,000万円を受領した。

2　Aは、宅地建物取引業者でないCと契約を締結し、保全措置を講じた上でCから1,000万円の手付金を受領した。

3　Aは、宅地建物取引業者でないDと契約を締結し、保全措置を講じることなくDから手付金100万円を受領した後、500万円の保全措置を講じた上で中間金500万円を受領した。

4　Aは、宅地建物取引業者でないEと契約を締結し、Eから手付金100万円と中間金500万円を受領したが、既に当該建物についてAからEへの所有権移転の登記を完了していたため、保全措置を講じなかった。

解説　わかって合格る　第2編　Chap.6　Sec.1・2

以下、違反しないものを「〇」、違反するものを「✕」とします。

1　〇　宅建業者間の取引には、8種規制の適用はありません。

2　〇　未完成物件では、代金額の100分の5を超える額の手付金等を受領する場合、その受領前に保全措置を講じることが必要です。

3　✕　すでに受領した手付金100万円と合計した600万円について保全措置を講じた後でなければ、中間金500万円を受領できません。

4　〇　買主への所有権移転登記がなされたときは、手付金等の保全措置は不要です。

〔　正解　**3**　〕

✓ここに注目！

　保全が必要な金額になったときは、すでに受領している額を合わせた「受領額全額について保全が必要」、このことが頭に入っていましたか？　手付金等保全措置の問題では、この知識や「手付金等」の意味等の基本的な知識が確実につかめていなければ、混乱してしまいます。本問で、しっかり頭に入れてしまいましょう。

厳選過去問プレミアム 50

問30 クーリング・オフ

過去問
H16-問42

売主を宅地建物取引業者であるA、買主を宅地建物取引業者でないBとの宅地の売買契約において、宅地建物取引業法第37条の2の規定に基づく売買契約の解除に関する次の記述のうち、正しいものはどれか。

1 　Bが契約の解除ができる期間は、売買契約の解除ができる旨及びその方法について告げられた日から起算して8日間とされるが、特約で当該期間を10日間に延長したり、7日間に短縮した場合、これらの特約は有効である。

2 　AがBに対し、売買契約の解除ができる旨及びその方法について口頭でのみ説明を行った場合、当該宅地の引渡しを受けていなければ、当該告知から何日を経過していても、Bは契約の解除が可能である。

3 　Bが当該売買契約の解除を行う場合は、Aに対して国土交通大臣が定める書式の書面をもってその意思表示を行わなければならない。

4 　Aが他の宅地建物取引業者Cに当該宅地の売却の媒介を依頼している場合、Cの事務所において当該売買契約の申込みを行った場合であっても、Bは当該売買契約の解除を行うことができる。

解説

わかって合格る 第2編 Chap.6 Sec.2

1 ✗ 　7日に短縮する特約は、買主に不利なものとして無効。

2 ◯ 　クーリング・オフの規定による契約の解除は、書面で告げられた日から起算して8日を経過するまで。告知が**口頭のみ**によるときは、8日の期間が**起算しない**ことになります。

3 ✗ 　一定の書式による必要なし。

4 ✗ 　媒介業者Cの事務所も「事務所等」にあたるゆえ、解除はできません。

〔 **正解　2** 〕

✓ここに注目！

クーリングオフによる解除等ができるかどうかを判断するためには、①場所（「事務所等」）、②期間（書面告知から8日）、③履行終了（代金全額の支払い・引渡しの終了）の3点を、1つ1つチェックしていけばいいのです！

厳選過去問プレミアム 50

問31　8種規制総合

過去問
H22-問40改題

　宅地建物取引業者Ａが、自ら売主として宅地建物取引業者でないＢとの間で宅地（代金 2,000 万円）の売買契約を締結する場合における次の記述のうち、宅地建物取引業法の規定によれば、正しいものはどれか。

1　当該宅地が品質に関して契約の内容に適合しない場合におけるその不適合を担保すべき責任をＢがＡに追及するためには、ＢはＡに対して契約不適合を当該宅地の引渡しの日から3年以内に通知しなければならない旨の特約をすることができる。

2　Ａは、当事者の債務不履行を理由とする契約の解除に伴う損害賠償の予定額を 300 万円とし、かつ、違約金を 300 万円とする特約をすることができる。

3　Ａは、Ｂの承諾がある場合においても、「Ａが契約の履行に着手した後であっても、Ｂは手付を放棄して、当該売買契約を解除することができる」旨の特約をすることができない。

4　当該宅地が、Ａの所有に属しない場合、Ａは、当該宅地を取得する契約を締結し、その効力が発生している場合においても、当該宅地の引渡しを受けるまでは、Ｂとの間で売買契約を締結することができない。

解説

わかって合格る　第**2**編　Chap. **6**　sec. **2**

1　**〇**　契約内容不適合責任の通知すべき期間に関しては、**例外**的に、**引渡しの日から2年以上**とする**特約**なら認められます。

2　**✕**　損害賠償の額を予定し又は違約金を定めるときは、これを合算した額が代金の10 分の2を超えることとなる定めをすることはできません。

3　**✕**　解約手付に基づく解除は、相手方が履行に着手するまでとされていますが、本肢の特約は、売主Ａの着手があってもＢの解除を認めるもので、買主Ｂに有利なものだから〇Ｋ。

4　**✕**　他人物売買でも、宅地の所有者とＡとの契約さえ締結されていれば、ＡはＢと売買契約を締結できます。Ａが、宅地の引渡しを受ける必要はありません。

〔　**正解　1**　〕

☑ ここに注目！

　本問では問われていませんが、8種規制はプロ同士の取引、つまり業者間では適用されないことは常に頭に入れておきましょう。本試験でも、引っかけ的に出題されることがあります。

厳選過去問プレミアム **50**

問32 報　酬

過去問
H15－問44

　宅地建物取引業者Aが、単独で又は宅地建物取引業者Bと共同して**店舗用建物の賃貸借契約の代理又は媒介業務**を行う際の報酬に関する次の記述のうち、宅地建物取引業法の規定によれば、正しいものはどれか。なお、消費税及び地方消費税に関しては考慮しないものとする。

1　Aが、単独で貸主と借主双方から媒介を依頼され契約を成立させた場合、双方から受けることができる報酬額の合計は**借賃の1ヵ月分以内**である。

2　Aが、単独で貸主と借主双方から媒介を依頼され1ヵ月当たり借賃50万円、権利金1,000万円（権利設定の対価として支払われる金銭であって返還されないもの）の契約を成立させた場合、双方から受けることのできる報酬額の合計は50万円以内である。

3　Aが貸主から代理を依頼され、Bが借主から媒介を依頼され、共同して契約を成立させた場合、Aは貸主から、Bは借主からそれぞれ借賃の1ヵ月分の報酬額を受けることができる。

4　Aが貸主から、Bが借主からそれぞれ媒介を依頼され、共同して契約を成立させた場合、Aは貸主から、Bは借主からそれぞれ借賃の1ヵ月分の報酬額を受けることができる。

解説
わかって合格る 第**2**編　Chap. **7**　Sec. **1・2**

1　**○**　貸借契約の媒介（代理でも）の場合、**報酬額の合計**は、借賃をベースにするときは、**借賃の1か月分以内**。

2　**✕**　居住用建物以外なら権利金を売買代金とみなして計算することができます。1,000万円（権利金）×3％＋6万円＝36万円で、双方からの媒介依頼だから、その2倍の72万円までOK。

3　**✕**　1つの取引に複数の宅地建物取引業者が関与した場合、報酬額の限度は合計で借賃の1か月分。

4　**✕**　肢3と同様に、合計で借賃の1か月分。

〔　**正解　1**　〕

☑ここに注目！

　賃貸借契約の代理又は媒介の場合、報酬額の合計は、借賃をベースにするときは、「借賃の1か月分以内」です。この知識は、賃貸借の場合の報酬を考える際の最重要知識。なお、前提文にあるように、本問では、消費税及び地方消費税を考慮する必要はありません。

厳選過去問プレミアム 50

問33 監督処分

過去問 H18-問45

宅地建物取引業者A（甲県知事免許）に対する監督処分に関する次の記述のうち、宅地建物取引業法の規定によれば、誤っているものはどれか。

1 Aが、乙県の区域内の業務に関し乙県知事から受けた業務停止の処分に違反した場合でも、**乙県知事は、Aの免許を取り消す**ことはできない。

2 Aが、乙県の区域内の業務に関し乙県知事から指示を受け、その指示に従わなかった場合でも、**甲県知事は、Aに対し業務停止の処分をする**ことはできない。

3 Aが、甲県の区域内の業務に関し甲県知事から指示を受け、その指示に従わなかった場合で、情状が特に重いときであっても、**国土交通大臣は、Aの免許を取り消す**ことはできない。

4 Aの取締役が宅地建物取引業の業務に関し、**建築基準法の規定に違反した**として**罰金刑に処せられた**場合、甲県知事は、Aに対して必要な指示をすることができる。

解 説　**わかって合格る** 第**2**編 Chap.**8** Sec.**1**

1 ○ 免許取消処分ができるのは、免許権者である甲県知事です。

2 ✕ 業務停止処分は、現地の知事の他、**免許権者等もすることができます**。

3 ○ 免許取消処分ができるのは、免許権者等。たとえ、大臣でもダメ。

4 ○ 免許権者は、宅建業者が、「業務に関し他の法令に違反し、宅地建物取引業者として不適当」であると認められるときは、必要な指示をすることができます。

〔 **正解　2** 〕

☑ ここに注目！

　監督処分で、最も重要な知識は、免許取消処分は免許権者等しかできないということです。ゼッタイ忘れないで！

厳選過去問プレミアム50

問34 住宅瑕疵担保履行法

過去問 R2（10月）－問45

宅地建物取引業者A（甲県知事免許）が、自ら売主として宅地建物取引業者ではない買主Bに新築住宅を販売する場合における次の記述のうち、特定住宅瑕疵担保責任の履行の確保等に関する法律の規定によれば、正しいものはどれか。

1 Aが媒介を依頼した宅地建物取引業者又はBが住宅販売瑕疵担保責任保険契約の締結をしていれば、Aは住宅販売瑕疵担保保証金の供託又は住宅販売瑕疵担保責任保険契約の締結を行う必要はない。

2 Aが住宅販売瑕疵担保保証金の供託をし、その額が、基準日において、販売新築住宅の合計戸数を基礎として算定する基準額を超えることとなった場合、甲県知事の承認を受けた上で、その超過額を取り戻すことができる。

3 新築住宅をBに引き渡したAは、基準日ごとに基準日から50日以内に、当該基準日に係る住宅販売瑕疵担保保証金の供託及び住宅販売瑕疵担保責任保険契約の締結の状況について、甲県知事に届け出なければならない。

4 Bが宅地建物取引業者である場合であっても、Aは、Bに引き渡した新築住宅について、住宅販売瑕疵担保保証金の供託又は住宅販売瑕疵担保責任保険契約の締結を行う義務を負う。

解説　　わかって合格る　第2編　Chap.9　Sec.1

1 ✗ 宅建業者Aが自ら売主として宅建業者ではない買主Bに新築住宅を販売する場合、Aは、資力確保措置を講じなければなりません。Aが媒介を依頼した宅建業者や買主Bが資力確保措置を講じたか否かとは無関係です。

2 ○ 供託している額が、基準日において、供託すべき基準額を超えることとなったときは、**免許権者**（甲県知事）**の承認**を受けて、その**超過額を取り戻すことができます**。

3 ✗ 新築住宅を買主に引き渡した自ら売主である宅建業者は、基準日ごとに、基準日から3週間以内に、その基準日に係る資力確保措置の状況について、免許権者（甲県知事）に届け出なければなりません。

4 ✗ 買主が宅建業者である場合、新築住宅の自ら売主となる宅建業者は、資力確保措置を講ずる義務はありません。

〔 **正解　2** 〕

✅ここに注目！

　肢2の知識はやや難しいですが、消去法で正解を導ける問題です。本問の他の肢を含め、過去の本試験で出題された住宅瑕疵担保履行法に関する知識は、ほとんど一定のものに集中していますから、そこに的を絞って重点的に覚えていけば、確実に得点できます。覚えるべき知識は、案外少ないのです。

厳選過去問プレミアム **50**

問35 都市計画

過去問
H22-問16改題

都市計画法に関する次の記述のうち、正しいものはどれか。

1　市街化区域については、少なくとも用途地域を定めるものとし、市街化調整区域については、原則として用途地域を定めないものとされている。

2　準都市計画区域は、都市計画区域外の区域のうち、新たに住居都市、工業都市その他の都市として開発し、及び保全する必要がある区域に指定するものとされている。

3　区域区分は、指定都市、中核市及び特例市の区域の全部又は一部を含む都市計画区域には必ず定めるものとされている。

4　特定用途制限地域は、用途地域内の一定の区域における当該区域の特性にふさわしい土地利用の増進、環境の保護等の特別の目的の実現を図るため当該用途地域の指定を補完して定めるものとされている。

解説

わかって合格る　第**3**編　Chap.**1**　Sec.**1・2**

1　**○**　**市街化区域**には、**少なくとも用途地域を定めるもの**とし、**市街化調整区域**には、**原則**として**用途地域を定めない**ものとされています。

2　**✕**　新たに住居都市、工業都市その他の都市として開発し、及び保全する必要がある区域を指定するのは、「都市計画区域」です。「準都市計画区域」ではありません。

3　**✕**　三大都市圏の一定の区域等であれば、必ず区域区分を定めなければなりませんが、それ以外では、都市計画区域について無秩序な市街化を防止し、計画的な市街化を図るため必要があるときは、都市計画に、区域区分を定めることができます。

4　**✕**　本肢は、「特別用途地区」の定義です。

〔 **正解　1** 〕

✅ここに注目！

　都市計画法で学ぶ用語の定義問題は、多くの受験生が苦戦するところですが、次の2つの視点でアプローチすれば攻略できます。①まずは、その用語が何を意味しているのか、具体的なイメージをもつようにしましょう。②次に、問題を解きながら、定義のキーワードを確実に覚えていきましょう。もちろん、定義を一字一句覚える必要はありません。

厳選過去問プレミアム **50**

問36 開発許可の要否

過去問
R2 (12月) −問16

都市計画法に関する次の記述のうち、正しいものはどれか。ただし、許可を要する開発行為の面積については、条例による定めはないものとし、この問において「都道府県知事」とは、地方自治法に基づく指定都市、中核市及び施行時特例市にあってはその長をいうものとする。

1 市街化調整区域において、**非常災害のため必要な応急措置**として 8,000㎡の土地の区画形質の変更を行おうとする者は、あらかじめ、都道府県知事の許可を受けなければならない。

2 市街化区域において、社会教育法に規定する**公民館**の建築の用に供する目的で行われる 1,500㎡の土地の区画形質の変更を行おうとする者は、都道府県知事の許可を受けなくてよい。

3 **区域区分が定められていない都市計画区域**において、店舗の建築の用に供する目的で行われる 2,000㎡の土地の区画形質の変更を行おうとする者は、あらかじめ、都道府県知事の許可を受けなければならない。

4 **市街化調整区域**において、自己の居住の用に供する住宅の建築の用に供する目的で行われる 100㎡の土地の区画形質の変更を行おうとする者は、都道府県知事の許可を受けなくてよい。

解 説
わかって合格る **第3編** Chap. **1** Sec. **5**

1 **✕** 非常災害のため必要な応急措置として行う開発行為であれば、その区域や面積にかかわらず、知事の許可は不要です。

2 **O** 公益上必要な建築物（駅舎その他の鉄道の施設・図書館・**公民館**・変電所等）で一定の要件を満たす建築物の建築の用に供する目的で行う開発行為であれば、その区域や面積にかかわらず、**知事の許可は不要**です。

3 **✕** 区域区分が定められていない都市計画区域において、3,000㎡未満（本肢は2,000㎡）の開発行為を行おうとする者は、原則として知事の許可を受ける必要はありません。

4 **✕** 市街化調整区域の場合、規模がいくら小さくても、知事の許可を受ける必要があります。

〔 **正解 2** 〕

✓ ここに注目！

開発許可制度は、ほぼ毎年出題されます。特に重要な「開発許可の要否」については、開発行為の「意義」と許可不要の「例外」の2つが、問題解決の最大ポイントです！ 必ず、再確認しておきましょう。

厳選過去問プレミアム 50

問37 建蔽率・用途制限・道路・容積率

過去問 H29−問19

建築基準法（以下この問において「法」という。）に関する次の記述のうち、正しいものはどれか。

1 都市計画区域又は準都市計画区域内における用途地域の指定のない区域内の建築物の**建蔽率の上限値**は、原則として、法で定めた数値のうち、**特定行政庁**が土地利用の状況等を考慮し当該区域を区分して都道府県都市計画審議会の議を経て定めるものとなる。

2 **第二種中高層住居専用地域**内では、原則として、**ホテル又は旅館**を建築することができる。

3 幅員４ｍ以上であり、法が施行された時点又は都市計画区域若しくは準都市計画区域に入った時点で現に存在する道は、**特定行政庁の指定**がない限り、**法上の道路**とはならない。

4 建築物の前面道路の幅員により制限される容積率について、前面道路が２つ以上ある場合には、これらの前面道路の幅員の**最小の数値**（12ｍ未満の場合に限る。）を用いて算定する。

解説

わかって合格る 第**3**編 Chap.**2** Sec.**3**

1 ◯ **用途地域の指定のない区域の建蔽率**は、法で定めた数値（10分の３・10分の４・10分の５・10分の６・10分の７）のうち、**特定行政庁**が土地利用の状況等を考慮し当該区域を区分して都道府県都市計画審議会の議を経て定めた数値以下でなければなりません。

2 ✕ 第二種中高層住居専用地域内では、原則として、ホテル・旅館の建築はできません。

3 ✕ 原則として、幅員４ｍ以上で一定の要件を満たせば、建築基準法上の道路です。したがって、本肢のように、「幅員４ｍ以上」であれば、特定行政庁の指定にかかわらず、法上の道路となります。

4 ✕ 前面道路が２つ以上ある場合は、これらの前面道路の幅員の最大の数値（12ｍ未満の場合に限ります）を用いて算定します。

〔 **正解　1** 〕

☑ここに注目！

　本問は、建築基準法の集団規定を複合的に問うてはいますが、基本的知識に関する出題がほとんどです。最近の建築基準法の問題にはこのような特徴がありますから、各項目の重要基本論点を確実にマスターできるかどうかが、合否を分けます。そのためには、本問のような過去問を数多く解くことがとても効果的です！

厳選過去問プレミアム 50

問38 集団規定・建築協定

過去問 H24-問19改題

建築基準法に関する次の記述のうち、正しいものはどれか。

1 　街区の角にある敷地又はこれに準ずる敷地内にある建築物の建蔽率については、**特定行政庁の指定**がなくとも都市計画において定められた建蔽率の数値に 10 分の 1 を加えた数値が限度となる。

2 　第一種低層住居専用地域又は第二種低層住居専用地域内においては、建築物の高さは、12 m または 15 m のうち、当該地域に関する都市計画において定められた建築物の高さの限度を超えてはならない。

3 　用途地域に関する都市計画において建築物の敷地面積の最低限度を定める場合においては、その最低限度は 200㎡ を超えてはならない。

4 　建築協定区域内の土地の所有者等は、特定行政庁から認可を受けた建築協定を**変更**又は廃止しようとする場合においては、土地所有者等の**過半数の合意**をもってその旨を定め、特定行政庁の認可を受けなければならない。

解 説

わかって合格る 第3編 Chap.2 Sec.3・5

1 ✗ 　特定行政庁の指定が必要。

2 ✗ 　「10 m」又は 12 m です。

3 〇 　すべての用途地域内では、建築物の敷地面積の最低限度に関する制限を都市計画で定めることができます。この場合、**200㎡を超えない範囲**で定めなければなりません。

4 ✗ 　「変更」しようとする場合は、土地所有者等の「全員」の合意が必要。

〔 **正解　3** 〕

✅ ここに注目！

　集団規定や建築協定に関する基礎知識を訊く総合問題。建築基準法は、1 問で、このような総合問題の形をとって様々なことを訊いてきます。全般にわたって準備をしておくことが必要です。

厳選過去問プレミアム 50

問39 国土法（事後届出）

過去問 R2（10月）－問22

国土利用計画法第23条の届出（以下この問において「事後届出」という。）に関する次の記述のうち、正しいものはどれか。

1　Aが所有する**市街化区域内**の1,500㎡の土地をBが購入した場合には、Bは事後届出を行う必要はないが、Cが所有する**市街化調整区域内**の6,000㎡の土地についてDと**売買に係る予約契約**を締結した場合には、Dは事後届出を行う必要がある。

2　Eが所有する**市街化区域内**の2,000㎡の土地をFが購入した場合、Fは当該土地の**所有権移転登記を完了した日**から起算して2週間以内に事後届出を行う必要がある。

3　Gが所有する都市計画区域外の15,000㎡の土地をHに**贈与**した場合、Hは事後届出を行う必要がある。

4　Iが所有する**都市計画区域外**の10,000㎡の土地とJが所有する**市街化調整区域内**の10,000㎡の土地を**交換**した場合、I及びJは事後届出を行う必要はない。

解 説

わかって合格る 第**3**編 Chap.**3** Sec.**2・3**

1　**○**　**市街化区域**では、土地の面積が**2,000㎡以上**であれば届出の対象となりますから、1,500㎡の土地を購入したBは、事後届出を行う必要はありません。他方、**市街化調整区域**では**5,000㎡以上**が届出の対象であり、**予約契約も土地売買等の契約に含まれる**ので、6,000㎡の土地についてCと売買に係る予約契約を締結したDは、事後届出を行う必要があります。

2　**✕**　事後届出制の届出のタイミングは、「契約を締結した日」から2週間以内です。「移転登記を完了した日」からではありませんから、注意しましょう。

3　**✕**　「贈与」は、対価性がなく、土地売買等の契約に該当しません。したがって、Gから土地の贈与を受けたHは、事後届出を行う必要はありません。

4　**✕**　土地取引の届出対象面積は、市街化調整区域では5,000㎡以上、都市計画区域外では10,000㎡以上です。また、「交換」は、土地売買等の契約に該当します。したがって、I及びJは事後届出を行う必要があります。

〔 **正解　1** 〕

☑ここに注目！

近年の国土法は、事後届出制を中心に、比較的やさしいレベルの問題が出題されているといえます。ですから、基本知識を確実に身につけて、取りこぼしのないように。肢3のような、届出不要となる場合についてもよく出題されています。

713

厳選過去問プレミアム 50

問40 農地法

過去問
H24－問22改題

農地法（以下この問において「法」という。）に関する次の記述のうち、誤っているものはどれか。

1　登記簿上の地目が山林となっている土地であっても、現に耕作の目的に供されている場合には、法に規定する農地に該当する。

2　法第3条第1項又は第5条第1項の許可が必要な農地の売買について、これらの許可を受けずに売買契約を締結しても、その所有権は移転しない。

3　市街化区域内の農地について、あらかじめ農業委員会に届け出てその所有者が自ら駐車場に転用する場合には、法第4条第1項の許可を受ける必要はない。

4　砂利採取法による許可を受けた砂利採取計画に従って砂利を採取するために農地を一時的に貸し付ける場合には、法第5条第1項の許可を受ける必要はない。

解説　**わかって合格る** 第3編 Chap.4 Sec.1・2

1　○　農地法上の農地かどうかは、客観的な事実状態によって判断されます。したがって、登記簿上の地目が何であろうと、客観的に耕作の目的に供されている土地は、農地に該当します。

2　○　3条および5条の許可を要する農地取得（本肢では売買）について、許可を受けずにした契約は無効です。

3　○　農地の所有者がその農地を駐車場に転用する場合、その農地が市街化区域内にあるときは、農業委員会に届け出ればよく、4条の許可は不要。

4　✕　農地を、**砂利採取するために一時的に貸し付ける**場合でも、**転用目的の権利移動**に該当します。したがって、5条の許可が必要です。

〔 **正解　4** 〕

☑ここに注目！

農地法は、「農地等の意義」「制限の原則・例外」「市街化区域内の特則」「違反の場合」等、押さえるべき事項が限られており、得点源にできる分野です。しっかり準備しておきましょう。

厳選過去問プレミアム 50

問41 土地区画整理法

過去問 H21－問21

土地区画整理法に関する次の記述のうち、誤っているものはどれか。

1 土地区画整理事業の施行者は、換地処分を行う前において、換地計画に基づき**換地処分を行うため必要がある場合**においては、施行地区内の宅地について**仮換地を指定することができる**。

2 仮換地が指定された場合においては、**従前の宅地について権原に基づき使用し、又は収益することができる者**は、仮換地の指定の効力発生の日から換地処分の公告がある日まで、仮換地について、従前の宅地について有する権利の内容である使用又は収益と**同じ使用又は収益をすることができる**。

3 土地区画整理事業の施行者は、施行地区内の宅地について換地処分を行うため、換地計画を定めなければならない。この場合において、当該施行者が**土地区画整理組合**であるときは、その**換地計画について都道府県知事及び市町村長の認可**を受けなければならない。

4 換地処分の公告があった場合においては、換地計画において定められた**換地は、その公告があった日の翌日から従前の宅地とみなされ**、換地計画において**換地を定めなかった従前の宅地について存する権利**は、その公告があった日が終了した時において**消滅する**。

解説

わかって合格る 第**3**編 Chap. **5** Sec. **1・2**

1 **○** 施行者は、①工事のために必要がある場合、又は、②換地処分を行うために必要がある場合に、仮換地を指定できます。

2 **○** 仮換地が指定されたとき、従前の宅地について権限に基づき使用収益できる者（従前の宅地の所有者等）は、仮換地指定の効力発生日から換地処分の公告日まで、仮換地を使用収益できます。

3 **✕** 都道府県・国土交通大臣以外の施行者は、換地計画について、知事の認可を受けなければなりません。

4 **○** 換地処分の公告日の翌日に、換地は従前の宅地とみなされます。また、換地処分の公告日が終了した時に、換地を定めなかった従前の宅地上の権利は消滅します。

〔 **正解 3** 〕

✔️ここに注目！

　土地区画整理組合に関する知識は頻出事項ですが、本問は、正解肢である肢3がわからなくても、消去法で得点できる問題です。超重要事項である、仮換地の指定の効果や換地処分の効果については、確実にマスターしましょう！

厳選過去問プレミアム 50

問42 宅地造成等規制法

過去問
H27-問19改題

　宅地造成等規制法に関する次の記述のうち、誤っているものはどれか。なお、この問において「都道府県知事」とは、地方自治法に基づく指定都市等にあってはその長をいうものとする。

1　都道府県知事は、宅地造成工事規制区域内の宅地について、宅地造成に伴う災害を防止するために必要があると認める場合には、その宅地の所有者に対して、擁壁等の設置等の措置をとることを勧告することができる。

2　宅地造成工事規制区域の指定の際に、当該宅地造成工事規制区域内において宅地造成工事を行っている者は、当該工事について改めて都道府県知事の許可を受けなければならない。

3　宅地造成に関する工事の許可を受けた者が、工事施行者を変更する場合には、遅滞なくその旨を都道府県知事に届け出ればよく、改めて許可を受ける必要はない。

4　宅地造成工事規制区域内において、宅地を造成するために切土をする土地の面積が500㎡であって盛土が生じない場合、切土をした部分に生じる崖の高さが1.5mであれば、都道府県知事の許可は必要ない。

解説　**わかって合格る**　第3編　Chap.6　Sec.1・2

1　〇　所有者等に対して、擁壁等の設置等の措置をとることを勧告できます。

2　✕　規制区域指定日から**21日以内**に、当該工事について知事に**届出**をしなければならず、「改めて知事の許可」を受けるのではありません。

3　〇　工事施行者の変更は「軽微の変更」に該当するので、遅滞なくその旨を知事に届け出ればよく、改めて許可を受ける必要はありません。

4　〇　規制区域内で、宅地造成をするために、切土をした土地の部分に高さ2m超の崖を生ずることとなる場合や、切土又は盛土をする土地の面積が500㎡超の土地の形質の変更を行う場合等は、知事の許可が必要ですが、本肢の場合は該当しません。

〔　**正解　2**　〕

✓ここに注目！

　肢1の「保全勧告」、肢2の「届出制」、肢4の「宅地造成の定義」は頻出事項。しっかり頭に入れておきましょう。この分野も出題される事項が限られており、それらはまさに得点源です。

問43 固定資産税

過去問 R1-問24

固定資産税に関する次の記述のうち、地方税法の規定によれば、正しいものはどれか。

1 居住用超高層建築物（いわゆるタワーマンション）に対して課する固定資産税は、当該居住用超高層建築物に係る固定資産税額を、各専有部分の**取引価格**の当該居住用超高層建築物の全ての専有部分の**取引価格**の合計額に対する割合により按分した額を、各専有部分の所有者に対して課する。

2 住宅用地のうち、**小規模住宅用地**に対して課する固定資産税の課税標準は、当該小規模住宅用地に係る固定資産税の課税標準となるべき価格の**3分の1**の額とされている。

3 固定資産税の納期は、他の税目の納期と重複しないようにとの配慮から、4月、7月、12月、2月と定められており、市町村はこれと**異なる納期を定めることはできない**。

4 固定資産税は、**固定資産の所有者**に対して課されるが、**質権又は100年より永い存続期間の定めのある地上権**が設定されている土地については、所有者ではなくその**質権者又は地上権者**が固定資産税の納税義務者となる。

解説　わかって合格る　第4編 Chap.1 Sec.3

1 ✕ 区分所有家屋の家屋の部分の固定資産税は、各区分所有者が持分割合（専有部分の床面積）であん分して課されるのが原則ですが、居住用超高層建築物にあっては、階層別専有床面積補正率等により補正して課されます。本肢は、専有部分の「取引価格」で按分するとしており、また、「補正」をしていない点で誤りです。

2 ✕ 本肢の課税標準は、当該小規模住宅用地に係る固定資産税の課税標準となるべき価格の「6分の1」の額とされます。

3 ✕ 固定資産税の納期は、4月、7月、12月及び2月中において、市町村の条例で定められます。ただし、特別の事情がある場合は、これと異なる納期を定めることができます。

4 〇 固定資産税は、**固定資産の所有者**（質権又は100年より永い存続期間の定めのある地上権の目的である土地については、その**質権者又は地上権者**とする）に対して課されます。

〔 正解　**4** 〕

✓ ここに注目！

地方税の出題については、固定資産税なのか、不動産取得税なのか、判断が難しいところです。どちらも、基本的な知識と特例措置をしっかり準備しておきましょう。

厳選過去問プレミアム50

問44 登録免許税

過去問 H26-問23改題

住宅用家屋の所有権の移転登記に係る登録免許税の税率の軽減措置に関する次の記述のうち、正しいものはどれか。

1　この税率の軽減措置は、一定の要件を満たせばその住宅用家屋の敷地の用に供されている土地に係る所有権の移転の登記にも適用される。
2　この税率の軽減措置は、個人が自己の経営する会社の従業員の社宅として取得した住宅用家屋に係る所有権の移転の登記にも適用される。
3　この税率の軽減措置は、以前にこの措置の適用を受けたことがある者が新たに取得した住宅用家屋に係る所有権の移転の登記には適用されない。
4　この税率の軽減措置は、所有権の移転の登記に係る住宅用家屋が、築年数が25年以内であり、かつ、新耐震基準に適合しているものであっても、床面積が50㎡未満の場合には適用されない。

解説

わかって合格る　第4編　　

1　× 本問の税率の軽減措置は、住宅用家屋に係る所有権の移転登記に適用されます。つまり、「住宅用家屋」に限定されていることから、住宅用家屋の敷地の用に供されている「土地」に係る所有権の移転登記には適用されません。
2　× 本問の税率の軽減措置の適用要件として、「個人が自己の居住用の住宅として使用すること」が必要です。したがって、本肢のように、「個人が自己の経営する会社の従業員の社宅として」使用する場合には、適用されません。
3　× 過去に本問の税率の軽減措置の適用を受けた場合でも、適用要件を満たせば、再度適用を受けることができます。
4　○ 本問の税率の軽減措置は、住宅用家屋の床面積が50㎡以上である場合に適用されます。なお、「新耐震基準に適合」していることは、本問の税率の軽減措置を中古住宅に適用する際の要件の1つです。

〔 正解　4 〕

✓ここに注目!

登録免許税の出題の中心は、住宅用家屋の所有権移転登記に対する税率の軽減措置についてです。どのような場合に税率が安くなるのか、軽減措置が適用される要件を確実にマスターしておけば、得点は難しくありません。繰り返し過去問を解き、間違えた箇所を覚え直すことによって知識を身につけていくことが、合格への近道です！

厳選過去問プレミアム 50

問45 地価公示法

過去問
R1－問25

地価公示法に関する次の記述のうち、正しいものはどれか。

1　都市及びその周辺の地域等において、土地の取引を行う者は、取引の対象土地から最も近傍の標準地について公示された価格を指標として取引を行うよう努めなければならない。

2　標準地は、都市計画区域外や国土利用計画法の規定により指定された規制区域内からは選定されない。

3　標準地の正常な価格とは、土地について、自由な取引が行われるとした場合におけるその取引（一定の場合を除く。）において通常成立すると認められる価格をいい、当該土地に関して地上権が存する場合は、この権利が存しないものとして通常成立すると認められる価格となる。

4　土地鑑定委員会は、自然的及び社会的条件からみて類似の利用価値を有すると認められる地域において、土地の利用状況、環境等が特に良好と認められる一団の土地について標準地を選定する。

解 説

わかって合格る　第4編　Chap.2　Sec.1

1　✕　都市及びその周辺の地域等において、土地の取引を行う者は、取引の対象土地に「類似する利用価値を有すると認められる標準地」について公示された価格を指標として取引を行うよう努めなければなりません。

2　✕　標準地は、規制区域内からは選定されませんが、都市計画区域外からは選定されることがあります。

3　〇　標準地の正常な価格とは、土地について、自由な取引が行われるとした場合におけるその取引（一定の場合を除く）において通常成立すると認められる価格をいい、その土地に、建物等又は地上権等が存する場合には、これらの建物等又は権利が存しないものとして通常成立すると認められる価格をいいます。

4　✕　土地鑑定委員会は、自然的及び社会的条件からみて類似の利用価値を有すると認められる地域において、土地の利用状況、環境等が「通常」と認められる一団の土地について標準地を選定します。

〔　正解　3　〕

✓ここに注目！

　本問は、過去によく問われている知識が集約されている良問です。地価公示法の問題は、基本的に難しくありませんから、標準地の選定や公示価格についてここでしっかりとマスターして、1点ゲットしましょう。また、本問では出題されていませんが、地価公示法の問題では、公示すべき事項についてもよく出題されています。標準地だけでなく、標準地周辺の土地利用の現況も公示事項です。

厳選過去問プレミアム **50**

問46 住宅金融支援機構法

過去問
H24－問46

独立行政法人住宅金融支援機構（以下この問において「機構」という。）に関する次の記述のうち、誤っているものはどれか。

1 機構は、証券化支援事業（買取型）において、民間金融機関から買い取った住宅ローン債権を担保として MBS（資産担保証券）を発行している。

2 証券化支援事業（買取型）における民間金融機関の住宅ローン金利は、金融機関によって異なる場合がある。

3 機構は、証券化支援事業（買取型）における民間金融機関の住宅ローンについて、借入金の元金の返済を債務者本人の死亡時に一括して行う高齢者向け返済特例制度を設けている。

4 機構は、証券化支援事業（買取型）において、住宅の建設や新築住宅の購入に係る貸付債権のほか、中古住宅を購入するための貸付債権も買取りの対象としている。

解説　　　　　　わかって合格る 第**4**編 Chap. **2** Sec. **2**

1 ○ 機構は、MBS（資産担保証券）を発行することにより、債券市場（投資家）から資金を調達しています。

2 ○ 証券化支援事業（買取型）における民間金融機関の住宅ローン金利は、取扱金融機関ごとに異なる場合があります。なお、全期間固定金利が適用されます。

3 ✕ この制度は、**機構が直接貸付けをする場合の制度**であり、証券化支援事業（買取型）の場合の制度ではありません。

4 ○ 中古住宅の購入のための貸付債権も含まれます。

〔 正解 **3** 〕

✅ここに注目！

　住宅金融支援機構の業務全般の他、最近の宅建士試験では、フラット35に関する知識も織り交ぜて出されています。例えば、フラット35（買取型）の金利は、長期固定金利であるものの金融機関によって異なる、等は頻出。

厳選過去問プレミアム 50

問47 景表法

過去問
R2（10月）－問47

宅地建物取引業者が行う広告に関する次の記述のうち、不当景品類及び不当表示防止法（不動産の表示に関する公正競争規約を含む。）の規定によれば、正しいものはどれか。

1　路地状部分（敷地延長部分）のみで道路に接する土地であって、その**路地状部分の面積が当該土地面積のおおむね30％以上**を占める場合には、路地状部分を含む旨及び路地状部分の割合又は面積を明示しなければならない。

2　新築住宅を販売するに当たり、当該物件から最寄駅まで**実際に歩いたとき**の所要時間が15分であれば、物件から最寄駅までの**道路距離にかかわらず**、広告中に「**最寄駅まで徒歩15分**」と表示することができる。

3　新築分譲住宅を販売するに当たり、**予告広告**である旨及び契約又は予約の申込みには応じられない旨を明瞭に表示すれば、当該物件が**建築確認を受けていなくても**広告表示をすることができる。

4　新築分譲マンションを販売するに当たり、住戸により管理費の額が異なる場合であって、すべての住戸の管理費を示すことが**広告スペースの関係で困難**なときは、全住戸の管理費の平均額を表示すればよい。

解説

わかって合格る 第**4**編　Chap.**2**　Sec.**3**

1　**〇**　路地状部分のみで道路に接する土地を取引する場合は、その**路地状部分の面積**が当該土地面積の**おおむね30％以上**を占めているときは、**路地状部分を含む旨**及び**路地状部分の割合又は面積**を**明示**しなければなりません。

2　**✕**　徒歩による所要時間は、「道路距離80メートルにつき1分間」を要するものとして算出した数値を表示しなければなりません。したがって、実際に歩いたときの所要時間で表示することはできません。

3　**✕**　未完成物件であっても、宅建業法33条に規定する許可・確認等の処分があった後であれば、広告表示をしてもかまいません。しかし本肢は、建築確認を受ける前ですから、たとえ予告広告等であっても、広告表示をすることはできません。

4　**✕**　管理費については、原則として1戸当たりの月額を表示しなければなりませんが、住戸により管理費の額が異なる場合、そのすべての住宅の管理費を示すことが困難なときは、「最低額及び最高額のみ」で表示することができます。

〔　**正解　1**　〕

☑ ここに注目！

不動産の表示に関する公正競争規約及び同施行規則からの基本問題ですが、景表法の問題は、常識的判断でも正解を導くことが可能。

厳選過去問プレミアム **50**

問48 統 計

過去問
R4－問48

次の記述のうち、正しいものはどれか。

1 建築着工統計調査報告（令和3年計。令和4年1月公表）によれば、令和3年の新設住宅の着工戸数のうち、持家は前年比で増加したが、**貸家及び分譲住宅は前年比で減少した**。

2 令和4年地価公示（令和4年3月公表）によれば、令和3年1月以降の1年間の住宅地の地価は、**三大都市圏平均では下落した**ものの、それ以外の地方圏平均では上昇した。

3 令和4年版土地白書（令和4年6月公表）によれば、令和3年の全国の土地取引件数は約133万件となり、**土地取引件数の対前年比は令和元年以降減少**が続いている。

4 国土交通省の公表する不動産価格指数のうち、**全国の商業用不動産総合の季節調整値は、2021年（令和3年）においては第1四半期から第4四半期まで連続で対前期比増**となった。

解 説　　わかって合格る　第**4**編　Chap.**2**　Sec.**4**

1 ✗ 令和3年（令和3年1月〜令和3年12月）の新設住宅の着工戸数のうち、貸家（前年比4.8%増）も分譲住宅（前年比1.5%増）も、前年比で「増加」しました。

2 ✗ 令和4年地価公示における、令和3年1月以降の1年間の住宅地の地価は、三大都市圏平均でも、2年ぶりに「上昇」に転じました。

3 ✗ 令和3年の全国の土地取引件数は、約133万件となり、対前年比は「ほぼ横ばい」で推移しています。

4 ◯ 全国の商業用不動産総合の季節調整値は、2021年（令和3年）においては、第1四半期から第4四半期まで連続で対前期比「増」となりました。

〔 **正解　4** 〕

✅**ここに注目！**

　この問題は、令和4年度実施の本試験問題ですが、統計に関して、**どんなことが、どのように問われるのかを知るための参考**としてください（もちろん、本問のデータ自体を覚える必要はありません）。今年の宅建士試験用のデータについては、2023年度版『法律改正点レジュメ』等をご参照ください。

厳選過去問プレミアム 50

問49 土 地

過去問
R1－問49

土地に関する次の記述のうち、最も不適当なものはどれか。

1　台地、段丘は、農地として利用され、また都市的な土地利用も多く、**地盤も安定している。**

2　台地を刻む谷や台地上の**池沼を埋め立てた所**では、**地盤の液状化が発生し**得る。

3　台地、段丘は、水はけも良く、宅地として積極的に利用されているが、自然災害に対して安全度の低い所である。

4　旧河道や低湿地、海浜の埋立地では、地震による地盤の液状化対策が必要である。

解 説　　わかって合格る　第4編　Chap.2　Sec.5

以下、適当であるものを◯、最も不適当であるものを×とします。

1　◯　台地・段丘は一般に水はけがよく地盤が安定しており、低地に比べ自然災害に対する安全度は高いといえます。農地としても、また都市的な土地利用も多いです。

2　◯　台地を刻む谷や台地上の池沼を埋め立てた所では、地盤の液状化が発生し得るため、注意が必要です。なお、台地上の浅い谷や縁辺部は、豪雨の際、浸水や崖崩れによる被害を受けることが多いため、注意を要します。

3　✕　台地・段丘は、水はけも良く、宅地として積極的に利用されており、**自然災害に対して安全度の高い所**です。

4　◯　旧河道や低湿地、海浜の埋立地では、液状化が起こりやすく、地震による地盤の液状化対策が必要です。

〔 **正解　3** 〕

✓ ここに注目!

土地に関しては、「宅地としての適否」の観点から準備しておくことはもちろん、最近よく出題されている液状化現象についても押さえておきましょう。

厳選過去問プレミアム 50

問50 建物

過去問
H29-問50

建物の構造と材料に関する次の記述のうち、最も不適当なものはどれか。

1 木材の強度は、含水率が小さい状態の方が低くなる。

2 鉄筋は、炭素含有量が多いほど、引張強度が増大する傾向がある。

3 常温、常圧において、鉄筋と普通コンクリートを比較すると、熱膨張率はほぼ等しい。

4 鉄筋コンクリート構造は、耐火性、耐久性があり、耐震性、耐風性にも優れた構造である。

解説

わかって合格る 第**4**編 Chap.**2** Sec.**5**

1 **最も不適当** 木材の強度は、含水率が小さい状態の方が高くなります。木材が乾燥している状態の方が、湿っている状態よりも強度が高いことを想像してみてください。

2 **適当** 鉄筋は、炭素含有量が多いほど、引張強度・硬さが増大する傾向があります。なお、炭素含有量が多いと加工しにくくなるため、一般に建物の材料としては、炭素含有量が少ない鋼が用いられます。

3 **適当** 常温、常圧において、鉄筋と普通コンクリートを比較すると、熱膨張率はほぼ等しい。熱膨張率がほぼ等しいことにより、鉄筋コンクリート構造は、長期間の寒暖差にも関わらず一体性を保つことができるのです。

4 **適当** 鉄筋コンクリート構造は、火熱に弱い鉄筋を火熱に強いコンクリートで補う等、鉄筋とコンクリートの特性を活かした構造であり、かつ、耐火性・耐久性があり、耐震性・耐風性にも優れています。

〔 **正解 1** 〕

☑ここに注目!

各種建築物の構造や材料についての準備には、できるだけ多くの過去問を解くことが不可欠です。まず、過去に問われている知識を中心にマスターしていきましょう。